U0587300

世界未解之谜

文若愚　编著

中国华侨出版社

图书在版编目（CIP）数据

世界未解之谜 / 文若愚编著 . —北京：中国华侨出版社，2013.8
ISBN 978-7-5113-3942-3

Ⅰ . ①世… Ⅱ . ①文… Ⅲ . ①科学知识–普及读物 Ⅳ . ① Z228

中国版本图书馆 CIP 数据核字（2013）第 196040 号

世界未解之谜

编　　著：文若愚
出 版 人：方　鸣
责任编辑：高文喆
封面设计：凌　云
文字编辑：徐胜华
美术编辑：杨玉萍
图片摄影：孔　群　郝勤建　韩立强
部分图片来自：www.quanjing.com & www.ICpress.cn
经　　销：新华书店
开　　本：720mm × 1020mm　1/16　印张：27.5　字数：780 千字
印　　刷：鑫海达（天津）印务有限公司
版　　次：2013 年 10 月第 1 版　2021 年 6 月第 7 次印刷
书　　号：ISBN 978-7-5113-3942-3
定　　价：29.80 元

中国华侨出版社　北京市朝阳区西坝河东里 77 号楼底商 5 号　邮编：100028
法律顾问：陈鹰律师事务所
发 行 部：（010）58815874　传　　真：（010）58815857
网　　址：www.oveaschin.com　E-mail：oveaschin@sina.com

前言

PREFACE

人类在地球上繁衍生息了几百万年，但人类的起源究竟在哪里？充满神秘力量的金字塔，其中的超自然现象到底做何解释？恐怖的百慕大三角是无数飞机与船只的梦魇，而它的魔力究竟何在？令人神往的黄金城与黄金湖，是否真的就是印加宝藏的埋藏地？风情万种的玛丽莲·梦露神秘自杀，其死因与肯尼迪兄弟有何关联？出现在世界各地的 UFO 真真假假，它真的是外星人存在的证据吗？轰动一时的尼斯湖水怪到底是人为的闹剧还是真有其物……关于文明、关于地球以及人类自身，有太多太多的谜团等待人们去挖掘。

这些令人感到困惑不解的事件和现象广泛而真实地存在着，有些是人类当前的认知能力和科技水平所不能完全解释的，有些是其真实面目被历史尘封，还有些则是由于当局者的刻意隐瞒和篡改，它们所散发出来的神秘魅力，像磁石一般吸引着人们好奇的目光，并激发起人们探求其真相的强烈兴趣。在对种种谜团的破译和解析过程中，人们不但能获得知识上的收益，还能得到愉快的精神体验。

鉴于此，我们组织编写了这本《世界未解之谜》，本书以知识性和趣味性为出发点，多层面、多角度地展示了从神秘宇宙到生命探奇、从远古文明到科学奥秘、从帝王后宫到军事政界等方面具有研究价值、富有探索意义和为人们所关注的未解之谜，内容涉及天文、地理、政治、经济、历史、文化、军事、科技、动物、植物等诸多领域，从宏观无限大的宇宙到微观无限小的病毒均有涉猎，可谓包罗万象。对于每个未解之谜，编者并未以一家之言取信于读者，而是在参考了大量文献资料、考古发现的基础上，结合新近研究成果，客观地将多种经过专家学者分析论证的观点一并提出，展示给读者，或引经据典，或独辟蹊径，或提供佐证，或点明主题，使读者既多了一个与大师们面对面交流的机会，又多了一条了解真相的途径，从而见微知著、去伪存真，努力揭示出谜团背后的真相。写作风格上，本书力求通俗易懂、精准生动，将大量未知的事物与现象用深入浅出的语言完整表达出来，可读性强，符合不同层次读者的阅读需求。

同时，编者精心挑选了 1000 幅精美图片，包括实物、自然风光、建筑景观、出土文物、摄影照片等。人物背后的故事，历史背后的真相，谜团背后的惊悚，大量珍贵图片直击未解之谜，与文字互为补充诠释，为读者展示出更为广阔的认知视野和想象空间。

生动流畅的叙述语言、逻辑严密的分析推理、图文并茂的编排形式、新颖独到的版式设计，将读者感兴趣的疑点与谜团立体地展现出来，使读者在轻松获取知识、提升科学和文化素养的同时，得到更深切的审美感受和愉快体验。

世上没有不可认识的事物，只有尚未被认识的事物，生命的全部意义就在于探索那些未被认识的事物。

——伽利略

目录
CONTENTS

神秘宇宙

远古文明

帝王之谜

后宫之谜

政界之谜

生命探奇

军事之谜

历史悬案

神秘宝藏

文化迷踪

建筑之谜

奇域之谜

科学奥秘

动植物之谜

神秘宇宙

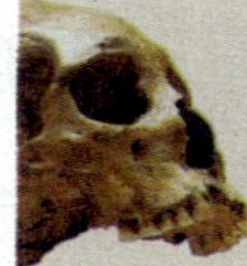

宇宙的诞生

21世纪来临了，世纪更替，千年狂欢，但人们并没有忘记那些长期困扰人类的疑问。人们渴望通过找寻这些问题的答案来更多地了解大自然。

宇宙是永恒不变的吗？宇宙有多大？宇宙是什么时候诞生的？宇宙中的物质是怎么来的？关于宇宙的疑问太多了，人们从远古时代就提出了许多诸如此类的问题。

今天，科学技术的日益发展，使人类有了强大的认识自然的工具，但关于宇宙的成因还没有定论，还处在假说阶段。人们总结了一下，大致有以下几种假说。

第一种假说是“宇宙永恒论”。这种假说认为，宇宙并不是动荡不定的，宇宙中的星体、星体的数目和分布以及它们的空间运动从开天辟地时开始，就一直处于一种稳定状态，宇宙是永恒的。持这种假说的天文学者把宇宙中的物质分门别类，分成了恒星、小行星、陨石、宇宙尘埃、星云、射电源、脉冲星、类星体、星际介质等几大类，认为在大尺度范围内，这些物质处于一种力和物质的平衡状态。也就是说，一些星体在某处湮灭了，另一些新的星体一定会在另一处产生。宇宙在整体范围内是稳定的，即使发生了变化，也只是局部的变化。

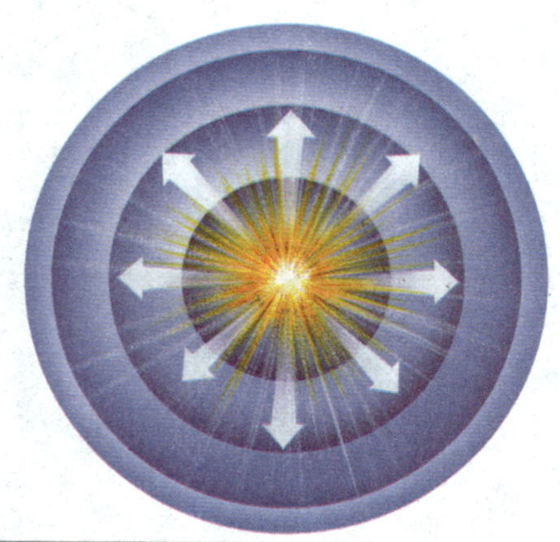

创世大爆炸示意图

约150亿年前，宇宙经过一次巨大的爆炸（即“创世大爆炸”），开始了它膨胀和变化的过程，而这种膨胀和变化至今仍在继续进行着。经过千百万年之久的变化，星系、恒星以及我们今天所知道的宇宙逐渐形成。

第二种假说是“宇宙分层论”。这一观点认为宇宙的结构是分层次的，恒星是一个层次，恒星集合组成星系是一个层次，若干个星系结合在一起组成的星系团是一个层次，一些星系团再组成超星系，成为一个更高的层次。

第三种假说就是到目前为止许多科学家都比较赞同的“宇宙大爆炸”理论。这一观点是由美国著名天体物理学家加莫夫和弗里德曼提出来的。他们认为，大约在200亿年以前，我们今天所看到的天体的物质都集中在一起，形成一个密度极大、温度高达100亿℃的原始火球。这个时期的天空中，到处充满了辐射，恒星和星系并不存在。后来因为某种未知的原因，这个原始火球发生了大爆炸，组成火球的物质被喷发到四面八方，并逐渐冷却下来，密度也开始降低。爆炸发生2秒钟之后，质子和中子在100亿℃的高温下产生了，随后的11分钟之内，自由中子衰变，进而形成了重元素的原子核。大约1万年以后，氢原子和氦原子产生。在这1万年的时间里，散落在空间中的物质开始在局部联合，这些物质凝聚成了星云、星系的恒星。大部分气体在星云的发展中变成了星体，因受星体引力的作用，其中一部分物质变成了星际介质。

此后，科学家建造了太空望远镜，并以“哈勃”命名，希望能够借它来确定哈勃常数。哈勃常数是以“哈勃”命名的宇宙膨胀率，多年以来成为宇宙中最为重要的数字。哈勃常数的物理意义就是星体互相抛离的速度和距离之比。常数数值越大，表示宇宙扩张到今天的大小所需的时间就越短，宇宙就越年轻。它与宇宙现在的年龄有关，不但涉及宇宙的过去，还将决定宇宙的未来。宇宙有一个开始，是否一定会有一个结束？宇宙产生于“无”，

1990年发射的哈勃太空望远镜

是否最后的归宿也是“无”呢?

从一开始，人们就围绕哈勃常数展开了激烈的争论。按照哈勃本人测得的数值可以推算出宇宙的年龄约为20亿岁，但是地球就有40多亿岁，这显然是不可能的。很显然，宇宙应该比在它其中的星球诞生得更早。科学家们自20世纪70年代开始，不断地采用各种手段测算哈勃常数，并得出了不同的结果。但是人们从这些数值出发，推算出的宇宙年龄是大相径庭的。

科学家们一方面围绕着哈勃常数展开喋喋不休的争论，而另一方面，科学家们对某些星体年龄的测定却更为准确。现阶段，天文学家们已经测知，银河系中一些最古老的星系的年龄约为160亿岁。按这样推测，大爆炸只能在160亿年以前发生，而根据科学家们最近用哈勃望远镜得到的一些观测结果分析，推算出宇宙的年龄约为120亿岁。这个结论证明：宇宙确实比存在于它其中的古老星系更年轻。如果测算结果是正确的，那么只能说明原先的假设出现了错误，宇宙可能不是从爆炸中诞生的。

宇宙的年纪这么“小”，再度让其身世在人们眼中变得神秘起来。

1999年9月，印度著名天文学家纳尔利卡尔等人对大爆炸理论发起挑战，并提出了一种新的宇宙起源理论。他们把自己的研究成果命名为“亚稳状态宇宙论”，这是纳尔利卡尔和另外3名科学家共同提出的新概念中最重要的观点。

他们认为，宇宙不是由一次大爆炸形成的，而是由若干次小规模爆炸共同形成的。这种新理论认为，宇宙在最初的时候是一个巨大的能量库，被称为“创物场”，而大爆炸理论所描述的是没有时间和空间的起点。在这个能量场中，接二连三的爆炸逐渐形成了宇宙的雏形。此后小规模的爆炸还在不断地发生，导致局部空间的膨胀，局部膨胀时快时慢，综合在一起便形成了整个宇宙范围的膨胀。

以前，人们认为宇宙在时间上是无始无终的，在空间上是无穷无尽的，是无限的。后来在观测中人们发现宇宙仍在膨胀，但速度却慢了下来，这就形成了一个全新的宇宙有限观，这一观点几乎将宇宙无限的旧观念完全代替了。宇宙学家根据观测，推算宇宙在超空期中的一个小点上爆炸，先膨胀再收缩，到最后死亡消散，大约要经过800亿年。现在大约只过了160亿年，宇宙间的一切在以后的600亿年中将逐渐向中心一点集拢，当时空都到了尽头，宇宙也就不复存在了。就像超巨星在热核燃烧净尽，引力崩溃，所有物质瞬间向中心收缩，形成我们至今仍不可见的黑洞一样，成为存在而不可见的超物质，也许这就是宇宙死亡的模型。

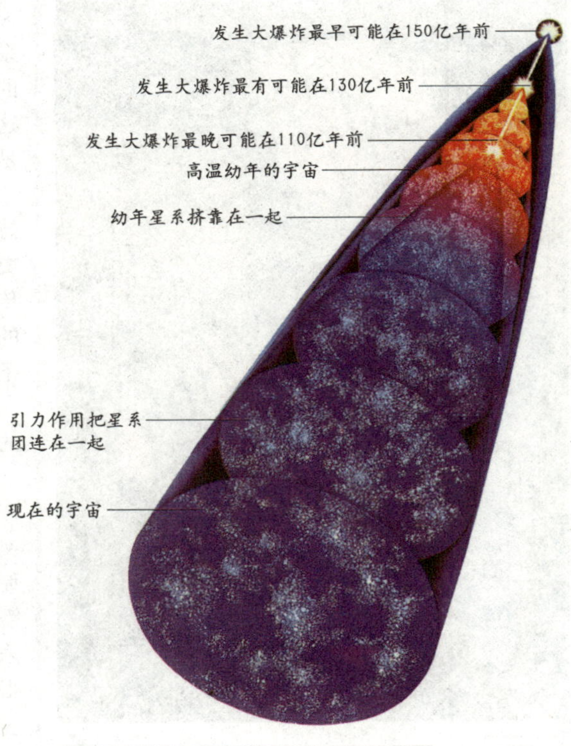
发生大爆炸最早可能在150亿年前
发生大爆炸最有可能在130亿年前
发生大爆炸最晚可能在110亿年前
高温幼年的宇宙
幼年星系挤靠在一起
引力作用把星系团连在一起
现在的宇宙
天文学家推测的宇宙诞生理论示意图

寻找宇宙中心

从古至今，人们每天都能看见太阳东升西落，好像太阳在围绕地球运转，自然会产生地球位于宇宙中心的想法，后来这种观点被日心说所推翻，它认为太阳才是宇宙的中心。那么宇宙的中心到底是什么？地球、太阳、银河系还是其他河外星系，更或者宇宙根本就没有中心？其实很久以前就有人思考过这个问题，人们通过大量的观测工作记录了许多测量数据，并根据这些数据形成了一些观点和看法，但到目前为止还未形成一个系统的具有说服力的学说。

早在公元90~168年，古希腊学者托勒密就建立起了世界上第一个完整的地心宇宙体系。他在总结前人的观点和测量数据的基础上，特别是针对那时关于行星的观测结果，提出地球处在宇宙的中心静止不动这一说法。恒星均位于被称作"恒星天"的固体球壳上，其他的天体如太阳、月亮、五大行星等都沿各自的轨道绕行在地球周围，每颗行星都在一个小圆轨道上做匀速转动，人们将这些小圆轨道称为"本轮"。"本轮"的中心又在一个被称为"均轮"的大圆轨道上围绕地球匀速转动。这样，在以地球为中心的轨道上，"恒星天"和太阳、月亮、五大行星等各自做匀速运动。

托勒密像

就当时的科学状况而言，托勒密的地心说中许多内容是比较科学的。例如，托勒密在研究天体运动时，建立了新的几何学模型和坐标参考系。另外，他把恒星固定在被他称为"恒星天"的固体球壳上，俗称"水晶球"，至今人们还将这种假想的"天球"概念保留在天文观测上。但是托勒密的理论是错误的。

在中世纪，欧洲教会就是利用这个错误来维持统治的，使西方认为地球是宇宙中心的错误历史延续了1400多年。在这段时期，教会总是宣传上帝居住的极乐天堂是最高天堂，"上帝选定的宇宙中心是地球"。教会把地心宇宙观奉为神圣不可侵犯的真理。

但是，教会的统治并不能阻止人们探寻真理的脚步。

从14世纪中期开始，随着人类不断扩大生产活动、发展经济，社会需求提高了，一种新的文化潮流在欧洲兴起。15世纪，航海事业的发展促进了天文学的进步，为了正确导航，天文学家需要精确地观测和预报天体的位置，这时就发现采用托勒密理论计算出来的行星位置与实际偏差很大，因此他的理论显得非常不实用。

即使是这样，仍有一些人坚决地维护地心说理论，他们采取在"本轮"上再加"本轮"的方法来处理出现的偏差，若计算出来的行星位置仍与实际位置存在偏差时，就再加上一个本轮，以此类推进行下去直到不再有偏差存在为止。有时几颗行星的“本轮”数多达80多个，而且某颗行星究竟应该被加上多少个“本轮”才合理，谁也无法确认。天文学由此陷入了尴尬的局面。

1543年，波兰天文学家哥白尼在《天体运行论》一书中向传统的地心说提出了挑战，认为地球是一颗不断转动的普通行星，太阳才是宇宙的中心，其他的天体都围绕太阳运转。那么哥白尼是一个什么样的人，他的宇宙观又是如何形成的呢？

伟大的哥白尼于1473年2月19日诞生在波兰西部维斯杜拉河畔的托伦城。21岁时，哥白尼求学于欧洲最文明的国家，也就是当时文艺复兴的中心——意大利。

在意大利生活的10年当中，哥白尼深受当时文艺复兴思想的影响，例如他曾拜访过达·芬奇这位文艺复兴的代表人物。年长他20岁的画家兼科学家十分蔑视宗教神学，认为教会利用天堂来做买卖，而天堂全是虚构出来的。达·芬奇企图恢复一些古典哲学家的天文学说，主张宇宙的中心不是地球。和达·芬奇一样，意大利天文和数学家诺瓦拉也反对地心说，哥白尼经常和他在一起观测天象，探讨怎样改进“地心说”。当时，哥伦布发现新大陆的消息也将哥白尼创立新的天文学说的热情和勇气激发出来了。

哥白尼仔细阅读了各种古罗马和古希腊的哲学著作后，初步提出了“地动”的思想。这个在今天看来十分古老的科学见解在当时却显得很新鲜。

回到波兰后，哥白尼将全部的精力投入天文学研究工作上。经过数十年的辛勤工作，他终于创立了新的宇宙结构理论。哥白尼认为，巨大的天球并没有动，人们看到的天球的运动只是一种表面现象。只是因为地球在自转，所以人们产生了错觉，认为天球在动。他大胆指出，地球不是宇宙的中心，地球只是绕着太阳在转，太阳才是宇宙的真正中心。

随着科学技术的发展，有人又提出一种新的观点，认为太阳仅是太阳系的中心，银河系也有中心，它周围所有的恒星也都绕着银河系的中心旋转，但是宇宙是没有中心的，即不存在一个中心，让所有的星系围着它转。这种观点可用宇宙不断膨胀的理论加以解释。因为在三维空间内，宇宙的膨胀一般不发生，只有在四维空间内宇宙才有可能膨胀。四维空间不仅包括普通三维空间的长度、宽度和高度，还包括时间。尽管描述四维空间的膨胀困难重重，但也许我们可以通过气球的膨胀来解释它。

表现哥白尼《天体运行论》理论的图绘

假设宇宙是一个不断膨胀的气球，而星系遍布在气球表面的各个点上，我们人类就住在某个点上。此外还需要假设星系只能沿着表面移动而不能进入气球内部，或向外运动而不会离开气球的表面，在某种意义上我们被描述为一个存在于二维空间的人。假如宇宙不断膨胀，即气球的表面不断地变大，那么表面上的每个点的距离就会越来越大。其中，若以某个人所在的某一点为定点，这个人将看到其他所有的点都在后退，而且距离他越远的点，其退行速度越快。

现在，倘若我们要寻找气球表面上的点的退行起点，那么我们就会发现它其实已经不在气球表面上的二维空间内了。由于气球的膨胀实际上是在三维空间内从内部的中心开始的，而我们所处的位置在二维空间上，所以我们无法将三维空间内的事物探测清楚。

同样的道理，三维空间内部不是宇宙膨胀的起点，而我们却只能在宇宙的三维空间内运动。在过去的某个时间，即宇宙开始膨胀的时候，或许是亿万年以前，虽然我们可以看到，可以从中获得有关的信息，而回到那个时候却是不可能的。所以说宇宙没有中心。

但这种观点同样无法解释所有的现象，宇宙到底有没有中心仍有待证明。

黑洞！黑洞！

为了研究太空中看不见的光线，美国宇航局研制发射了高能的天文观察系统。在其发回的X射线宇宙照片中，天文学家发现了最惊人的一幕：那些人们认为已经湮灭了的星体依然放射出比太阳这样的恒星体更为强烈的宇宙射线。这证明了长久以来人们的一个大胆设想：宇宙中确实存在着看不见的"黑洞"。

什么是黑洞呢？要解释这个问题，我们要先从万有引力谈起。

牛顿的万有引力定律认为，地球和宇宙间的一切天体，都具有强大的相互吸引力，它们能牢牢地吸引住附近的一切物体。比如地球的引力吸引着地表的物质，使之不能随意地飞离地球；人们想要把人造卫星送上围绕地球运行的轨道，至少要使发射的火箭有每秒8千米的速度。如若不然，因为地球的引力，人造卫星就会被拉回地面，我们称这个速度为第一宇宙速度；如果我们要把一只飞船送到火星上去，也就是说要让飞船摆脱地球引力的控制，那么发射的火箭就要把速度提到每秒11千米，这个速度叫作第二宇宙速度，又被称为天体的表面脱离速度。不同天体的表面脱离速度也不同，这与质量关系密切。比如说，月球的质量比地球小，表面脱离速度就比地球的表面脱离速度小很多；而太阳的质量比地球大许多倍，表面脱离速度就会相应大许多。

著名科学家爱因斯坦

那么，人们不禁又要问：有没有可能在宇宙中有这样一些天体，它们的表面脱离速度能超过每秒30万千米，比光速还要快？由于它自己的引力如此之大，以至连它所发射的光都跑不出来？

1798年，法国天文学家拉普拉斯从牛顿力学出发，预言了宇宙中可能存在引力如此之大的大天体。他认为"宇宙中最明亮的天体，很可能我们根本就看不到它"。他大胆地假设说，如果有一个天体的密度或质量很大，达到了一个限度，这时它很可能是不可见的。因为光速也低于它的表面脱离速度，也就是说光无法离开它而最终到达我们这里。他的预测其实就是一种早期的黑洞理论。

近代以来，爱因斯坦发表了广义相对论，越来越多的自然科学家从牛顿力学和广义相对论出发，得出了类似结论，纷纷预言"黑洞"的存在。依据牛顿的万有引力理论，科学家得出，一个球形的天体，一旦它的质量超过太阳质量的2倍，就可能引发"引力崩溃"。也就是说，它可能会向自己的中心引力坍缩，成为一个体积无限小、质量无限大的质点。依据爱因斯坦的广义相对论，德国科学家史瓦西计算出了一个可能具备无穷大引力的天体半径。他进一步阐述说，一个天体一旦半径达到了这个大小，就很可能有无限大的引力，任何物质都不能从它那儿逃脱出来，只能被它吸引进去。即便光线速度极快，也"难逃噩运"。这个有能力把一切吸引住的地方，人们无法看到它，因而称之为黑洞。

当今科学家们更加确切地定义了黑洞，他们认为黑洞是广义相对论能够预言的一种特殊天体。这种天体具有一个封闭的边界称为"视界"，这是它最基本的特征。视界的封闭也是相对而言的，外界的物质和辐射可以进入视界，而视界内的一切都无法逃逸到外面去。更简单地说，黑洞不向外界发射和反射任何光线，人们就没办法"看到"它，这就是黑洞之所以"黑"的原因；同时任何东西一旦进入其中，就再也出不来了。

黑洞似乎永远都处于饥饿的状态，是个填不饱的“无底洞”，有人形象地把它叫作“星坟”。

人们已不再置疑是否有黑洞，那么黑洞里面的情况如何呢？由于目前对黑洞还没有直接的观测依据，科学家们只能从理论上推测。假如有一位无畏的科学家驾驶飞船向黑洞飞去，他最先感到的是巨大的吸引力。他要是从窗口望出去，就会看到一个平底锅似的圆盘在周围星光衬托下很显眼。走得更近，远方似乎有“地平线”，发出X射线，那似乎深不见底的黑洞便是被这“地平线”包围着。光线在黑洞附近变形，成为一个光环。宇航员这时要返航已不可能了，双脚受到的巨大引力使得他向黑洞中心飞去。他如同坐在刑具台上，头和脚之间出现巨大的引力差，这巨大的引力差早在距“地平线”4800千米之外的地方就把他撕碎了。

科学家一直在寻找能说明黑洞存在的证据。黑洞本身是不能被直接观测到的，但它有相当大的引力场，这就会影响附近天体的运动。于是人们找到了间接观测黑洞的方法，那就是由附近天体的运动来推测黑洞的存在。如果有物质落向黑洞，当它接近但还没有到达视界时，就会围绕着黑洞外围做高速旋转，运动轨迹呈盘状或喇叭状，而且这些物质在高速旋转时会因摩擦而产生高温，同时释放出强大的高能X射线。人们用仪器是可以探测到X射线的，所以这类高能辐射也成为科学家们寻找黑洞的重要线索。根据这一点，天文学家开始在浩瀚的宇宙中细细搜寻。终于人们发现在天鹅座附近有奇特的强X射线源，这就是著名的“天鹅X-1射线源”，有一颗比太阳大20倍的亮星和它相互围绕着旋转。估计这个X射线源便是一个黑洞，而且这个黑洞大概拥有8倍太阳的质量。人们还估计，在一个名叫M87的椭圆星系的核心，很可能有一个质量巨大的黑洞，而它竟有90亿倍太阳的质量。

从这些结果出发，科学家们大胆地做了更深一步的设想。他们认为，在整个宇宙中，普遍存在着黑洞，而且组成宇宙的主要天体很有可能就是黑洞。他们还进一步预言，在银河系中心，很可能也存在着一个质量相当于500万个太阳质量的巨大黑洞。正是它巨大的引力，才将成千上万颗恒星吸引住，这些恒星和气体的运行速度极快，而且都围绕着银河系中心旋转，成为一个十分巨大的集合体，银河系由此而成。

那么，什么原因导致宇宙中黑洞的形成呢？有人认为，恒星到了它的晚年，耗尽全部的核燃料，自身引力发生坍缩。如果坍缩物质的质量比太阳质量大3倍，那么最终的坍缩产物就是黑洞。此类黑洞的质量一般不会很大，不超过太阳质量的50倍。另外有人还认为由于在星系或球状星团的中心部分密集分布了很多恒星，以至星与星之间极易发生大规模的碰撞，导致超大质量天体的坍缩，质量超过太阳1亿倍的黑洞就这样形成了。还有一种说法认为，也许是在宇宙大爆炸时，产生了极为强大的力量，一些物质被如此强的力量挤压得非常紧密，于是产生了“原生黑洞”。

一旦证实了黑洞的普遍存在，那么宇宙不但神秘如同我们的想象，甚至神秘得超乎我们的想象。我们知道宇宙仍处于不断的扩张中，这是宇宙大爆炸的结果，爆炸中心的宇宙核仍是一切物质的来源。宇宙是否会在宇宙核的物质变得很稀薄时停止扩张？是否会因为各天体的自身引力而导致收缩？相对论的回答是肯定的，黑洞的存在部分地证实了相对论的判断。也许宇宙不会消失在一个黑洞中，那么很可能会消失在几百万个黑洞中。因此，彻底地揭开黑洞之谜，还关系着人类对于宇宙归宿的追问。

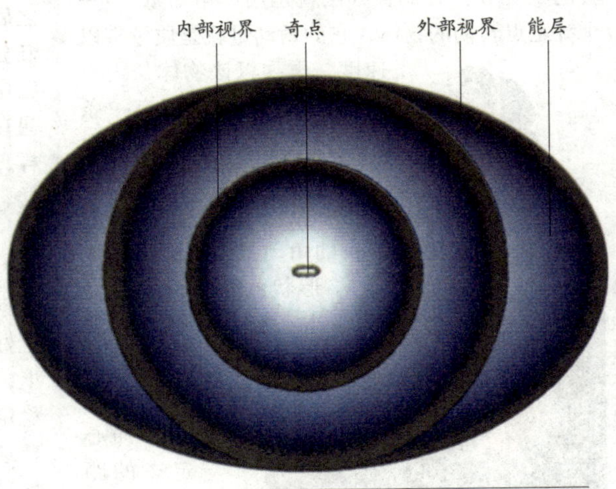

旋转黑洞的构造

所有的黑洞基本结构相同，中心的奇点部分被一个不可见的边界围着，我们称为“视界”，没有东西可以从里面逃出来。视界的尺码叫史瓦西半径，它的名字得自于一个认识到它重要性的物理学家。旋转的黑洞就更复杂了，它有一个能层（一个像宇宙旋涡的区域），里面还有一个内部视界，其奇点的形状像个戒指。

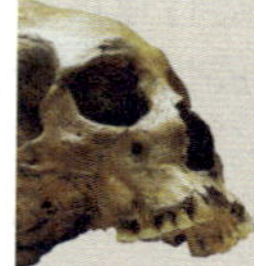

旋转的地球

是什么力量驱使地球如此永不停息地运动——在围绕地轴自转的同时，又在一个椭圆形轨道上环绕太阳公转，带来昼夜交替和季节变化，使人类及万物繁衍生息？

宇宙间的天体都在旋转，这是它们运动的一种基本形式，但要真正说明这个问题，首先要弄清楚地球和太阳系是如何形成的，因为地球自转和公转的产生与太阳系的形成密切相关。

天文学家认为，太阳系是由古代的原始星云形成的。原始星云是非常稀薄的大片气体云，因受到某种扰动影响，再加上引力的作用而向中心收缩。经过漫长的演化，中心部分物质的气温越来越高，密度也越来越大，最后达到了可以引发热核反应的程度，从而演变成了太阳。太阳周围的残余气体，慢慢形成了一个旋转的盘状气体层，经过收缩、碰撞等复杂的过程，在气体层中凝聚成固体颗粒、微行星、原始行星，最后形成了一个完整的太阳系天体。

大家知道，如果要测量物体直线运动的快慢，应该用速度来表示，但是如何来衡量物体旋转的状况呢？有一种办法就是用“角动量”。一个绕定点转动的物体，它的角动量就是质量乘以速度，再乘以该物体与定点的距离。物理学中有一条非常重要的角动量守恒定律，说的是一个转动的物体只要不受外力作用，它的角动量就不会因物体形状的变化而发生变化。例如一个芭蕾舞演员，当他在旋转的时候突然把手臂收起来（质心与定点的距离变小），他的旋转速度就会自然而然地加快，因为这样才能保证角动量不变。这一定律在地球自转速度的产生中有非常重要的作用。

牛顿像

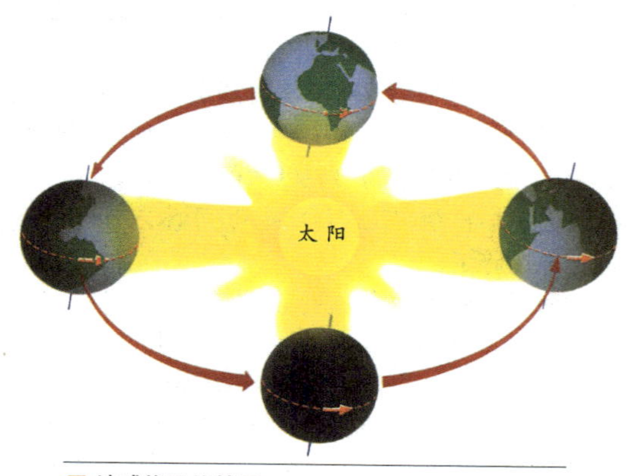

地球绕日旋转图

因为二者之间的引力作用，地球围绕太阳运行。

原始星云原本就带有角动量，在形成太阳系之后，它的角动量仍然不会损失，但已经进行了重新分布，各个星体在漫长的演变过程中都从原始星云中得到了各自的角动量。由于角动量守恒，行星在收缩的过程中转速也将越来越快。地球也是这样，它获得的角动量主要分配在地球绕太阳的公转、地月系统的相互绕转以及地球的自转中。

我们很容易产生错觉，常常以为地球的运动是匀速运动，否则每一日的长短也会改变。物理学家牛顿就这样认为，他把宇宙天体的运动看成上好发条的钟，认为它们的运行准确无误。实际上，地球的运动也是在不断变化的，而且非常不稳定。有人研究“古生物钟”时发现，地球的自转速度逐年变慢。距今4.4亿年前的晚奥陶纪，地球公转一个周期需要412天；而到了4.2亿年前的中志留纪，每年只有400天；到了3.7亿年前的中泥盆纪，一年为398天；到了一亿年前的晚石炭纪，每年大约是385天；到了6500万年前的白垩纪，每年是376天；而现在一年是

宇宙结构示意图

宇宙内有很多星系，地球仅仅是绕太阳旋转的一颗细小的行星，而太阳也只是银河系无数恒星中的一颗。

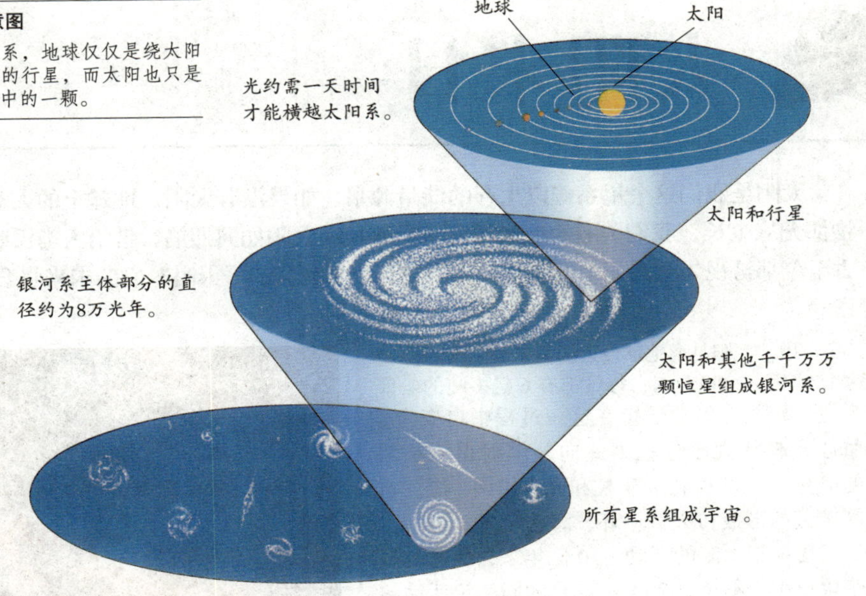
地球
太阳
光约需一天时间才能横越太阳系。
太阳和行星
银河系主体部分的直径约为8万光年。
太阳和其他千千万万颗恒星组成银河系。
所有星系组成宇宙。
最远星系的光需要150亿~200亿光年才能到达地球。

365.25 天。天体物理学的计算证明了地球的自转正在变慢。科学家认为，产生这种现象的原因，是由于月球对地球潮汐作用的结果。

由于人类发明了石英钟，便可以更准确地测量和记录时间。通过一系列观测和研究发现，在一年内，地球自转存在着时快时慢的周期性变化：春季自转比较缓慢，秋季则加快。科学家认为，这种周期性变化的原因，与地球上大气和冰的季节性变化有关。另外，地球内部物质的运动，如重元素下沉、轻元素上浮等，都会影响到地球的自转速度。

除此之外，地球公转也不是匀速运动。地球公转的轨道是椭圆形的，最远点与最近点相差大约 500 万千米的距离。当地球由远日点向近日点运动，离太阳近的时候，受太阳引力的作用就会加强，速度也就变快。由近日点到远日点时则相反，地球的运行速度会减慢。

另外，地球自转轴与公转轨道并不是垂直的，地轴也并不是稳定的，而是像陀螺一样在地球轨道面上作圆锥状旋转。地轴的两端也不是始终指向天空中的某一个方向，而是围绕着一点不规则地画圆。地轴指向的不规则，是地球运动所造成的。

由此可知，地球的公转和自转包括了许多复杂的因素，并不只是简单的线速或角速运动。地球就像体衰的病人，一边时快时慢地围绕太阳运动，一边又颤颤巍巍地自转着。

地球还同太阳系一起围绕银河系运动，并随着银河系在宇宙中飞驰。地球在宇宙中运动不息，这种“奔波”可能在它形成时便开始了。

地球仍然在运动着，它的加速、减速与太阳、月亮以及太阳系其他行星的引力有关。那么，地球最初是怎么运动起来的呢？以后又将如何运动下去呢？它的自转速度会一直慢下来吗？

也许有人会问，地球运动是否需要能量呢？能量又从何而来？假如地球运动不需要消耗能量的话，那么它是“永动机”吗？地球最初是如何开始运动的呢？是否存在所谓的第一推动力呢？这些问题现在都还没有答案。

第一推动力到现在为止只是一种推断。牛顿在发现了三大运动定律和万有引力定律之后，曾用他后半生的全部精力来研究和探索第一推动力。后来他得出了这样的结论：上帝设计并塑造了这完美的宇宙运动机制，且给予了第一次动力，使它们运动起来。这显然与现代科学格格不入。而对于第一推动力的科学解释，还有待于人们进一步的探索发现。

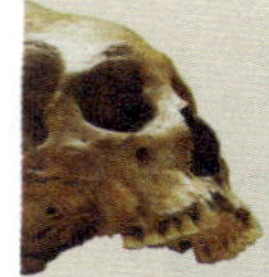

太阳末日

太阳是我们这个星系赖以生存的能量源泉。如果没有太阳，地球上的人类、动物和植物都无从生长，我们美丽的地球将会一片死寂。太阳如同烈焰，带给人类温暖和光明，从古至今都被视为至高无上的象征。太阳会有衰老死亡的一天吗？它的未来将会如何？

宇宙中，太阳是离地球最近的恒星。其核心温度高达 1500 万 ~2000 万 K，每秒都有 6 亿多吨的氢聚变为氦，每 4 个氢原子核在这一过程中聚变为 1 个氦原子核，太阳也就因此向外辐射出一小部分的能量。地球植物的生长和光合作用，煤、石油等矿藏的形成，大气循环、海水蒸发、云雨生成等，均源于太阳的活动。10 亿年来，地球的温度变化很小，不超过 20℃。这是太阳稳定活动的证据，这也为生命的孕育、演化打下良好基础。

太阳上的氢聚变反应至今为止已经历了几十亿年，从不间断。氢持续减少，氦不断产生，太阳的未来是怎样的呢？

恒星演化理论诠释了“主星序阶段”，即从恒星中心核内的氢开始燃烧直至全部生成氦。恒星在主星序阶段上称为“主序星”。各恒星体根据各自质量在主星序中存在的时间是不同的。天文学家爱丁顿发现，恒星体的质量与它为抗衡万有引力而产生的热量成正比；星体膨胀速度与产生热量成正比。产生的热量越多，星体膨胀速度越快，相应的留在主星序中的时间越短。太阳现在就处于主星序阶段，科学家计算，太阳最多有 100 亿年左右的时间停留在主星序阶段，至今为止它已有 46 亿年处于这一阶段了。大于太阳 15 倍质量的恒星只能在主星序阶段停留 1000 万年，相当于 1/5 太阳质量的恒星则可以存在长达 10000 亿年之久。

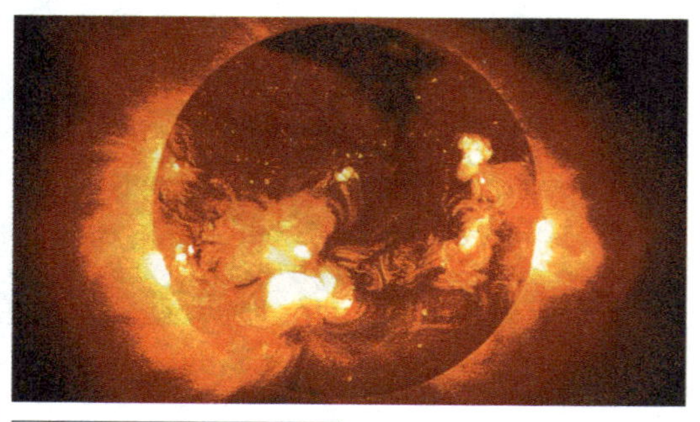

↗ 高倍太空望远镜下的太阳

恒星漫长的青壮年期——主星序阶段一旦度过，进入老年期就会成为“红巨星”。在这个阶段，恒星将膨胀到大于本来 10 亿多倍的体积，因此被称为“巨星”。之所以被加上“红”，是由于随着恒星迅速膨胀，其外表面越来越远离中心，温度也随之降低，发出的光也越发偏红。红巨星

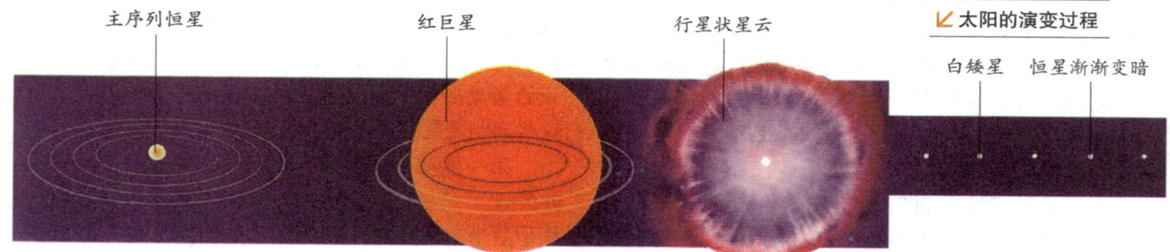

↙ 太阳的演变过程

稳定燃烧

大多数恒星因为质量太轻而不能变成超新星。像太阳这样的恒星，在悄无声息地结束生命之前，会在主序列恒星带用几十亿年的时间燃烧其氢气。

膨胀的恒星

当所有的氢气耗尽时，太阳将膨胀成一个红巨星，用燃烧氦气代替氢气；当氦气耗尽时，太阳会喷出其外层物质来形成一团行星状星云。

白矮星

行星状星云将消散，留下裸露的太阳中心；这一中心是一个白矮星——一个不留任何核燃料的、由灰烬构成的大密度小球体；再过几十亿年，它将冷却下来并消失得无影无踪。

尽管温度降低，光度却增大，变得极其明亮。人类肉眼能看到的亮星，就有许多是红巨星。我们熟悉的即是猎户星座的“参宿四”，其直径为太阳直径的800倍，达11亿千米。若“参宿四”在太阳的位置发光，红光会遍及整个太阳系。“主序星”到“红巨星”的衰变过程，变化不仅是外在的，内核也发生了巨大的转变——从“氢核”成为“氦核”。氦核逐渐增大，氢燃烧层也不断向外扩展。

一旦形成红巨星，它便会发展到恒星演化的下一阶段——“白矮星”。外部区域迅速膨胀，氦核受反作用力向内收缩，其中的物质温度增高，内核温度最终将超过1亿℃，引发氦聚变。氦核经过几百万年燃烧殆尽，而恒星的外壳混合物仍然以氢为主。这时恒星结构复杂了许多：氢混合物外壳下隐藏着一个氦层，还有一个碳球埋藏在内。这样，恒星体的核反应更加复杂，其内部温度上升，最终使其变为其他元素。红巨星外部与此同时也开始急剧地脉动振荡：恒星半径大小不定，稳定的主星序恒星变为多变的大火球。火球内部的核反应更加动荡，忽强忽弱。恒星内部核心的密度增大到每立方厘米10吨左右，此刻一颗白矮星便诞生在红巨星内部。

白矮星的特征是体积小、亮度低、质量大、密度高。例如天狼星伴星，体积类似地球，却差不多和太阳一样重！它的密度为每立方米1000万吨左右。由白矮星的半径和质量，算出其表面重力差不多是地球表面重力的1000万~10亿倍。任何物体在这样高的压力下都将毁灭，即使是原子也会被压碎；电子也将脱离原子轨道而自由运动。

由于没有热核反应来为单星系统提供能量，白矮星一边发光，温度一边降低。100亿年的漫长岁月过去后，白矮星将停止辐射而死亡，躯体会变成硬过钻石的巨大晶体——“黑矮星”，在宇宙中孤单地飘浮。

一些科学家们认为，几十亿年后，太阳会在快要灭亡时迅速膨胀，所有太阳系内的星体和星际物质都会被“吞噬”掉。到那时，太阳会剧烈地抖动，大量物质在脉动过程中被抛入星际空间，而太阳会失掉大部分的质量，其余部分则缩为白矮星。银河系中发现的大量变星表明，恒星死亡过程中脉动和质量的抛失极为普遍，一些变星每年能够抛出等于地球质量的大量物质。为了更好地了解包括太阳在内的恒星如何灭亡，可以研究这种质量的抛失。

一些科学家认为，虽然目前还不太清楚恒星的演化过程，但50亿年后，可以基本肯定太阳会成为红巨星。随之地球上的一切生命都会灭亡，地面温度将高于现在两至三倍，北温带夏季最高温度会达到100℃；而地球上的海洋也会蒸发成为一片沙漠。太阳大概会在红巨星阶段停留10亿年，光度会提高到今天的几十倍；体积也将极大地膨胀，若从地面观察，会看见整个天空都是太阳。

当然“世界末日”距现在还很遥远，但因为提前几十亿年了解这样的“大结局”，人们不禁会疑惑：“生命的进化必将是一场悲剧，那其意义究竟为何呢？”

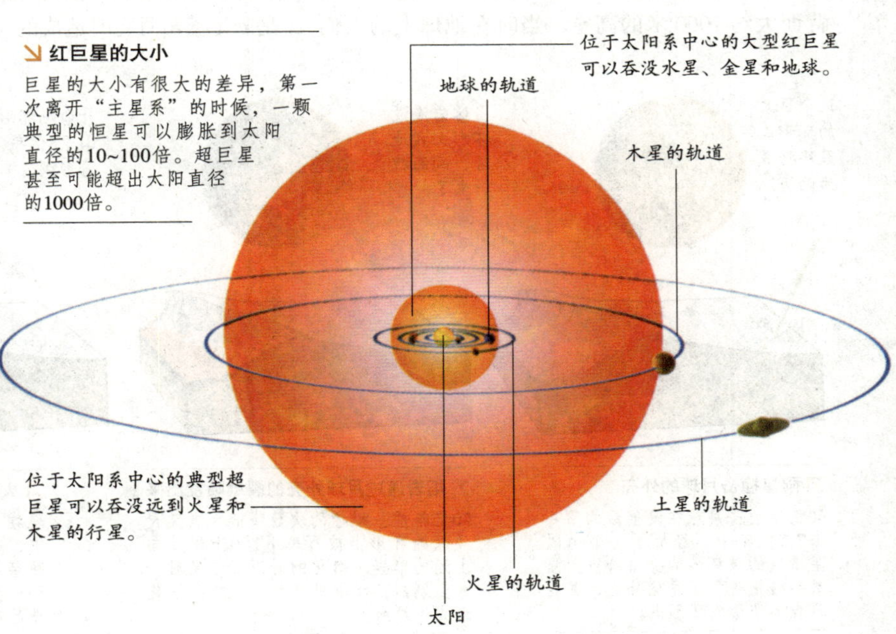
位于太阳系中心的大型红巨星可以吞没水星、金星和地球。
地球的轨道
木星的轨道
位于太阳系中心的典型超巨星可以吞没远到火星和木星的行星。
土星的轨道
火星的轨道
太阳

↘红巨星的大小

巨星的大小有很大的差异，第一次离开“主星系”的时候，一颗典型的恒星可以膨胀到太阳直径的10~100倍。超巨星甚至可能超出太阳直径的1000倍。

月亮背面

自古以来，人们就喜欢仰望月亮，然而无论何时何地人们看到的总是月亮的同一面。为什么人们无法观察到月亮的另一面呢？原因在于月球绕轴自转的周期与绕地球公转的周期刚好相同，因此人们用肉眼始终只能观察到月球的半个球面。

地球的公转轨道面和月亮的公转轨道面存在一个交角，这就使月亮自转轴的南端和北端，每月轮流朝向地球，因而在地球上有时也能看到月亮两极以外的一小部分，占月亮表面的59%。那么其余的41%的月面（月亮的背面）呢？它始终背着地球，让人难窥其实。有人说，月亮的背面，也许有空气和水的存在，重力可能要比正面大一些；也有些人预言那里有一片既广阔、又明亮的环形山；还有一部分人认为月亮正面的中央部分是最高地，而背面的中央部分则是一片“大海”——呈暗色的平原。

1959年1月2日，苏联发射的“月球1号”探测器在1月4日飞抵离月亮6000米的上空，并拍摄了一些照片传回地球。1959年10月4日，苏联又发射了“月球3号”。它于10月6日开始进入月球轨道飞行，7日6时30分，转到月亮背面大约7000米的高空。当时在地球上的人们看到的是“新月”景象，而在月亮上正是太阳照射其背面的白天，是照相的大好时机。就这样有史以来拍摄到的第一批月亮背面的照片公之于众。

月亮的背面也像正面一样，中央部分没有“海”，绝大部分是山区，其他地方虽有一些“海”，也都比较小。背面的颜色相较于正面稍红一些。

1966年美国“月球太空船”所拍摄的照片，使人们能够看清同美国西北部的圆丘相似的月面上那些大量错落、形状不一的圆丘。科学家认为，是月亮内部熔岩向月面鼓涌形成了这一月貌。

科学家对现代科学仪器观测的结果和宇航员带回的月亮岩石进行分析，提出了这样的假设：在月貌的形成过程中，火山活动和陨星撞击这两种自然力量都起了作用。在火山活动中形成了许多圆丘和较小的环形山，而那些大环形山则是陨星撞击月亮时造成的。

这个巨大的环形山最终将成为雨海。

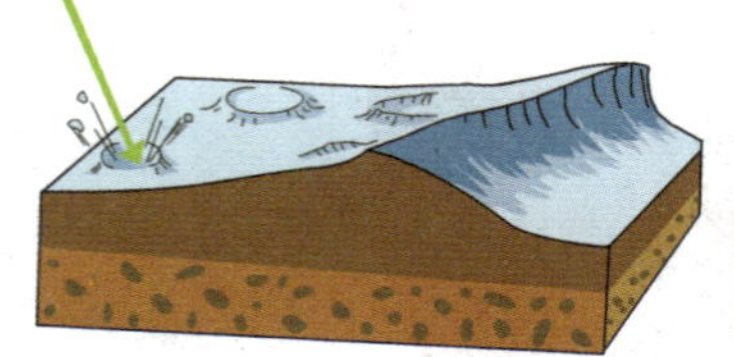

陨星撞击月球的外壳

40亿年前：月球在诞生后的第一个7.5亿年中，经历了一个由陨星造成的破坏性的撞击阶段。陨星的碰撞破坏了月球外壳，并在月表各处形成环形山。

当熔岩淹没环形山盆地时，雨海就产生了。

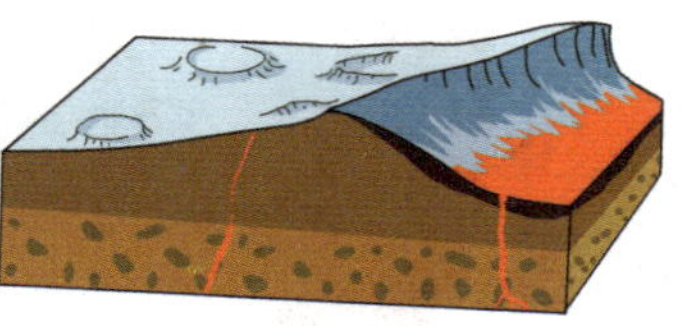

熔岩通过月球外壳的裂缝喷发出来

30亿年前：碰撞的次数降低。当又大又深的环形山被月表下100千米处向上涌的熔岩（熔化的岩石）注满时，火山剧烈活动期就来临了。熔岩固化形成了月海。

哥白尼环形山于8亿年前形成。

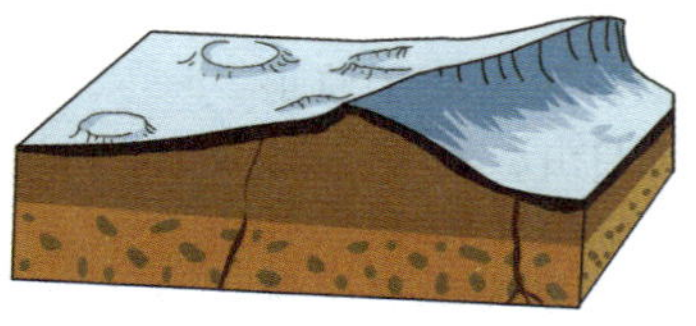

火山活动已经全部停止

现在的月球：在过去的16亿年中，月球表面变化不大。一些明亮年轻的环形山，例如哥白尼环形山显露了出来。大部分原始外壳已在形成环形山时被破坏。

而随着科学家观测的深入，产生的有关月背的疑团却越发复杂。第一件怪事是月球的最长半径和最短半径都在月背。月球半径最大处比平均半径长 4 千米，最小处比平均半径短 5 千米（月球半径的平均值通常被认为是 1738 千米）。

第二件怪事则是月球的正面集中了所有的月瘤。月瘤也叫月质量瘤，是月球表面重力比较大的地方。科学家们估计，在这些地方的月面以下有许多高密度物质。此外，月球上还有些地方重力分布小于平均值。令人不解的是，月瘤所在的正异常区和重力偏小的反异常区都在正面，而月背上却没有一处。

另外，月球“海洋”“湖”“沼”“湾”等凹陷结构占了月球正半球面积的一半，共有 30 余处这样的凹陷分布在月球上，但 90%以上都集中在正面，完整的“海”只有两个是在月背上，不足背半球面积的 10%，月背其余 90%的面积都是由起伏不平的山地所组成，山地的分布结构呈现出几个巨大的同心圆，地形凹凸悬殊，剧起剧伏，而这种地势是正面所没有的。

人们不禁要问，月球正面与背面的这些差异是怎样形成的？自从看到了月球背面的“本来面目”，科学家们便对这一问题从各种角度展开了研究。经过长期的努力，科学界形成了几种不同的见解。

有人认为，在地球引力的作用下月球发生了“固体潮”，即月球地层也出现类似地球上的潮汐现象，结果就导致了正背面的差别。也有人认为，月球正背面的差异是由巨大的温差造成的。当地球运转到太阳与月亮之间，月亮上便会发生日全食，此时月球正面的温度会急剧降低，因而形成巨大温差，反复的温度骤变引起了正背面的差别。

↗ 月球

知识链接

为什么月球会改变形状？

月球看起来似乎会改变形状，这是因为我们只能看到月球被太阳照射到的那一部分。新月时，没被太阳照射到的那一面正对地球，所以我们看不到它。逐渐地，随着月球围绕地球运动，我们能看到月球上越来越多地被太阳照射到的区域，直到整个月球，也就是满月。接着我们看到的部分又变得越来越小，直到消失。两个新月出现的时间间隔是 29.5 天。

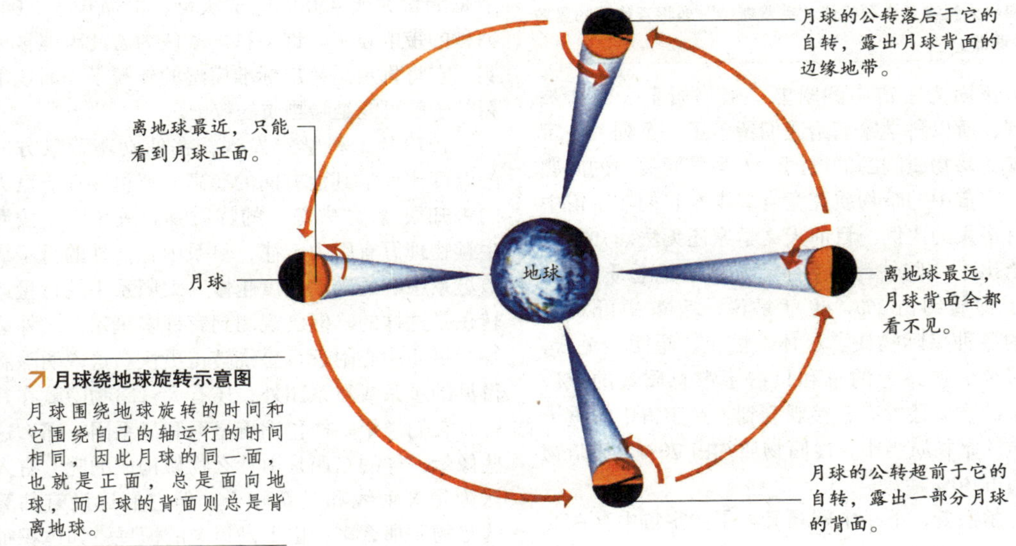
月球的公转落后于它的自转，露出月球背面的边缘地带。
离地球最近，只能看到月球正面。
月球
地球
离地球最远，月球背面全都看不见。
月球的公转超前于它的自转，露出一部分月球的背面。

↗ 月球绕地球旋转示意图

月球围绕地球旋转的时间和它围绕自己的轴运行的时间相同，因此月球的同一面，也就是正面，总是面向地球，而月球的背面则总是背离地球。

暗物质之谜

宇宙大爆炸理论认为：宇宙诞生之前，没有时间，没有空间，没有物质，也没有能量。约150亿年前，一个很小的点爆炸了，逐渐膨胀，形成了空间和时间，宇宙随之诞生，并经过膨胀、冷却演化至今，星系、地球、空气、水和生命便在这个不断膨胀的时空里逐渐形成。

最近的天文观测和膨胀宇宙论研究表明，宇宙的密度可能由约70%的暗能、5%的发光和不发光物体、5%的热暗物质和20%的冷暗物质组成。也就是说，宇宙中竟有九成看不见的暗物质，其中可能包含宇宙早期遗留至今的一种看不见的弱相互作用的重粒子——冷暗物质正是支持膨胀宇宙论的关键。

↗科研人员在意大利检修“克雷斯特”弱相互作用的重粒子探测器。

正因为宇宙中的暗能、暗物质至今尚未被发现，所以科学家们给我们留下了一系列关于宇宙中的暗物质问题的谜团。人类共同关心的问题是：宇宙中的暗物质究竟有多少？它们在宇宙中占有多大的比例？目前天文学家还无法确知。只是给出了一些估计的数字：在宇宙的总质量中，重子物质约占2%，也就是说，宇宙中可观测到的各种星际物质、星体、恒星、星团、星云、类星体、星系等的总和只占宇宙总质量的2%，98%的物质还没有直接观测到。在宇宙中非重子物质的暗物质当中，冷暗物质约占70%，热暗物质约占30%。

紧接着，下一个问题又来了：宇宙中存在的大量非重子物质的暗物质组成成分究竟是些什么粒子？它们的形成及运动规律又是怎样的呢？于是寻找暗物质、探求暗物质的性质就成了世界高能物理研究的热点之一，寻找的途径包括在超大型加速器上的实验，还包括在地下、地面和宇宙空间对宇宙线粒子的测量。中国科学院高能物理研究所在寻找暗物质的研究方面在国际上一直处于领先地位。1972年高能所云南高山宇宙线观测站曾观测到一个奇特现象，即观察到一个从宇宙射线中来的能量大于3000亿电子伏特的粒子碰撞石墨中的粒子后，产生了3个带电粒子。分析表明，其中一个是负介子，一个是质子，还有一个是能量大于430亿电子伏特、寿命长于0.046纳秒的带电粒子。许多科学家认为若此事能被证实，它将肯定是超出标准模型的新粒子，而这个新粒子就可能是暗物质的粒子。

1979年，科学家发现，在仙女座背景方向的温度比天空其他方向的要高，那里存在着巨大的未知质量。“失踪”的物质哪里去了呢？按照牛顿物理万有引力定律，星系中越往外的行星绕该星系中心的转动速度越慢。太阳系中的行星运转正是这样的。但已观测到有许多星系，其外边缘行星比中心附近行星绕转得更快。这说明除看得见的星系或星系团外，还有大量暗物隐藏在其中，它们像晕一样包围着星系和星系团。那么这些像晕一样的东西是由什么物质构成的呢？有人认为是X射线和星系际云，但它们远没有估算的暗物质那么多；也不是年老的恒星，如体积很小的中子星和白矮星，它们行将死亡时会抛出大量物质，但人类并未观测到。英国剑桥大学的物理学家霍金认为有可能是黑洞。还有不少科学家认为是“中微子”，并提出了暗物质的“中微子”模型。但研究这个模型还存在一定的困难，例如，按此模型只有在超星系团周围才有晕，但实际上在星系周围也观测到晕；而且中微子是否有质量，科学实验也未最终确证。

20世纪80年代，美国和苏联的一些科学家提出了暗物质的“轴子”模型。按照这个模型，混沌伊始（宇宙爆炸后不久有一个混沌不分的时期），宇宙就如一坛重子和轴子混合交融的浓汤。后来重子由于辐射能量，慢慢地转移到团块中心去了，结果普通发光物质的核被冷子晕包围，形成了星系似的天体。这个模型简洁美妙，有人用计算机对这种模型进行了模拟演算，最终得到的宇宙演化图像与我们今天观测到的宇宙十分吻合。但这个模型毕竟是假想的产物，它能否成立，还需要更多的实验来验证。

宇宙幻景

这张哈勃图像上发光的弧弦就像宇宙蜘蛛网的一缕缕网线。这为暗物质的存在提供了强有力的证据。阿贝尔2218是距地球30亿光年的一个星系团，它相当于一个引力透镜。来自更遥远星系的光的射线受到其引力的影响，聚集而成为明亮的曲线。聚集光所需的引力要比可见星系提供的引力强10倍，所以这个星团90％的质量必定存在于暗物质上。

从理论上说，冷暗物质粒子应该具有一种质量很重的中性稳定粒子，它不直接参与电磁相互作用，但可以参与弱相互作用和引力相互作用。这种粒子肯定是超出标准模型的粒子，如果能在实验中直接观测到这种粒子，将是探讨物质微观世界结构和基本规律方面的重大突破。目前中科院高能所参加了由意大利罗马大学牵头的意中DAMA（暗物质）合作组的冷暗物质粒子研究。为了避免各种信号干扰，意大利国家格朗萨索实验室建在一个高速公路穿过的山洞下，岩石厚度有1000米。中意科学家研制的100千克低本底碘化钠晶体阵列安装在意大利格朗萨索国家地下实验室。经过8年的实验，已经探测到这种物质粒子偶尔碰撞碘化钠晶体中的原子核时发出的微弱光线，已获得了这种信息的3个年调制变化周期，并据此推算出这种粒子很重，它的质量至少是质子的50倍。实验的初步结果提供了宇宙中可能存在一种重粒子，即冷暗物质粒子的初步证据。

科学家们认为，这种粒子的存在将非常有力地支持暴胀宇宙论和超对称粒子模型，困扰天文学家70多年的谜团就能澄清，粒子物理、天体物理、宇宙学将有突破性进展。但实验上要确认冷暗物质的存在及特性，尚需进一步的观测数据和可靠证据，我们期待着关于暗物质的一系列谜团早日揭开。

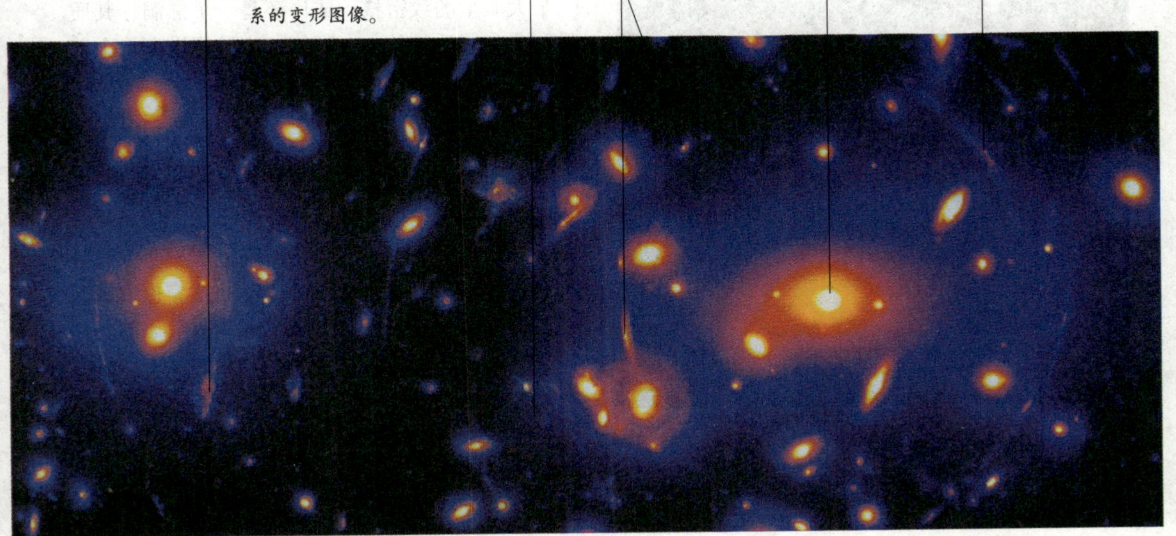
80亿光年以外的星系的变形图像。
阿贝尔2218星系团质量相当于50万亿个太阳。
70亿光年以外的一个星系的两张放大图。
阿贝尔2218星系团（产生透镜化的星系团）中最亮的星系在30亿光年之外。
100亿光年以外的星系，由于受到透镜作用而变亮。

银河系的中心到底是什么

在科学技术不发达的古代，无论是中国人还是西方人，都毫无例外地把人类居住的地球看成宇宙的中心，这就是有名的“地心说”。直到16世纪，哥白尼才提出了“日心说”，向“地心说”挑战。经过长时间艰苦的努力，哥白尼的“日心说”才逐渐占了上风，取得了这场争论的胜利。“日心说”的主要贡献是把地球降为一颗普通行星，而把太阳作为宇宙中心天体。到18世纪，赫歇尔又进一步指出，太阳是银河系中心。到20世纪，卡普利批驳了太阳是银河系的中心的说法，他把太阳流放到银河系的悬臂上，认为太阳离银河系中心有几万光年之遥。

当太阳离开“银心”之后，谁坐镇银河系的中心就成了天文学家特别关注的大问题。因为，银心距离人类并不算太遥远，理应把它的“主人”搞清楚。但是，由于银心处充满了尘埃，对银心的观测并不容易，要想透过这层厚厚的面纱，看清银河系中心的真相，实在不容易。

随着科学技术的进步，观测银河系的手段在不断改进，人们对“银心”的了解也在不断增加。这种方法主要是接收尘埃无法遮挡的红外线和射电源，然后对之进行分析研究。就像医生测人体心电图一样，天文学家们从红外线和射电波送来的大量有用信息来观测银河系的内部结构。

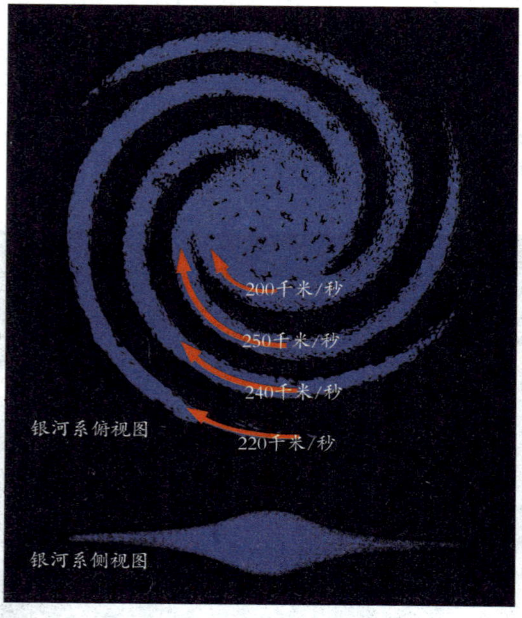

银河系的自转原理示意图

银河系并不是匀速自转的，其速度受各方面引力的影响各不相同，位于猎户臂中的太阳就是一个高速运行着的天体。

最先接收到银心射电波的科学家是美国贝尔实验室的工程师詹斯基。

由于银心核球的红外线和射电波信号很强，詹斯基认为，它似乎不是一个简单的恒星密集核心，而很可能是质量极大的矮星群。1971 年，英国天文学家提出了这样的假设：核球中心部有一个大质量的致密核，或许还是一个黑洞，其质量约为太阳质量的 100 万倍。这种假设有一个前提，那就是如果核球中心真有一个黑洞，那么银心应有一个强大的射电源。于是，天文学家们开始了对银心射电源的探测。

20 世纪 80 年代，美国天文学家探测到以每秒 200 千米的速度围绕银心运动的气体流，这种气体流离中心越远速度越慢，他们估计这是银心黑洞射电源的影响造成的。另一些美国天文学家也宣布探测到银心的射电源，这说明银心可能是一黑洞。

但这种说法遭到了苏联的天文学家的质疑，他们认为证明银心是黑洞的证据不足，并提出了另一种假设：银心可能是恒星的诞生地，因为其中心有大量的分子云，总质量为太阳质量的 10 万倍，温度为 200K~300K。

由于天文学家对于银心是否为黑洞的问题争论不休。为了解决这个问题，美国天文学家海尔斯提出了一个假设，即一对质量与太阳相当的双星从黑洞旁掠过时，其中一颗被黑洞吸进后，另一颗则以极高速度被抛射出去。这个判据得到了天文学家们的认同。但经过计算，根据掠过黑洞表面的距离，这样的机会并不大。海尔斯的判据虽不能最终解决问题，但不失为一条探测的路子。然而，要最终搞清楚银心的构成，大概仍有许多工作要做。

不可见的宇宙射线，主要成分是穿梭在星际介质之间的由超新星所发散出来的高能量质子。
磁场，太空中的磁场使尘埃排成一列列的，从而使马头星云后面的星际介质呈现出条纹状的外观。
参宿一，组成猎户座腰带的恒星之一。
猎户座的马头星云，它是一个密集的分子云的一部分。从“马鼻子”到“马鬃毛”的距离约为4光年。
分子云，由厚厚的尘埃组成，遮挡了云中所有新生恒星的光。

星际介质

在广袤的太空中，这些星际尘埃占了星系总质量的10%，剩下的空间中有足够的气体，形成200亿颗与太阳类似的恒星。这个尘埃和气体的混合物，就是星际介质。它一直在不断地翻腾，产生新的恒星并且吸收消亡恒星的剩余物质。消亡恒星返还的物质和它们形成时的物质有些微妙的不同。因此，星际介质的组成也在不断变化。

知识链接

关于银河的神话

世界各地有许多创造天地的神话围绕着银河系衍生出来。在东亚，人们相信在天空中群星间的雾状带是银色的河流，也就是我们所说的天河。Akashaganga是印度人给银河的名称，意思是天上的恒河。

依据希腊神话，银河是赫拉发现宙斯以欺骗的手法诱使她去喂食年幼的赫尔克里斯而溅洒在天空中的奶汁。另一种说法则是赫耳墨斯偷偷将赫尔克里斯带去奥林匹斯山，趁赫拉沉睡时偷吸她的奶汁，而有一些奶汁被溅入天空，于是形成了银河。

在芬兰神话中，银河被称为鸟的小径，因为他们注意到候鸟在向南方迁徙时，是靠银河来指引的，他们也认为银河才是鸟真正的居所。现在，科学家已经证实了这项观测是正确的，候鸟确实在依靠银河来引导，在冬天才能到温暖的南方陆地居住。即使在今天，芬兰语中的银河依然使用Linnunrata这个字。

在瑞典，银河系被认为是冬天之路，因为在斯堪的纳维亚地区，冬天的银河是一年中最容易被看见的。

古代的亚美尼亚神话称银河系为麦秆贼之路，讲述有一位神祇在偷窃麦秆之后，企图乘一辆木制的运货车逃离天堂，但在路途中掉落了一些麦秆。

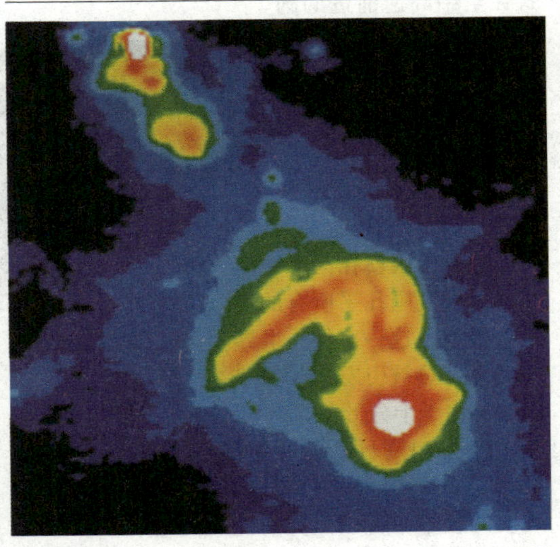

银心射电图片

这一射电望远镜所呈现出的银心的射电，覆盖了一个跨幅约450光年的区域。在图片中心的下方就是人马座A复合体（白色的明亮块），而弯曲的特征区就是弧弦，图左上端是人马座B2的巨型分子云。

UFO解密

长久以来，人们都自以为人类才是宇宙中唯一的生命，可是UFO的出现使人类开始重新考虑并关注其他星球是否存在生命的问题，以及这些生命是否与地球、人类之间存在着某种联系。关于神秘的UFO的故事不断充斥在各种杂志、报纸和影视中，那么UFO是不是外星人的交通工具呢？它真的是天外来客吗？

UFO 是英文 Unidentified Flying Object 的缩写，中文意思为“不明飞行物”，它主要是指出现在地面附近或天空中的一种奇异的光或物体，也称“飞碟”。这个缩写最早是在美国 1947 年 6 月 24 日出现飞碟时由一名记者在报纸上使用的，一直沿用至今。

最早记载不明飞行物出现的时间是在 1878 年 1 月，美国得克萨斯州的天空中突然出现了一个圆形物体。当地农民 J. 马丁发现这一圆形物体后，这条新闻同时登载在美国 150 家报纸上。1947 年 6 月 24 日，美国爱达荷州的企业家肯尼斯·阿诺德驾驶私人飞机飞经华盛顿时，发现雷尼尔山附近出现了 9 个以一种奇特的跳跃方式在空中高速前进的圆形物体。它们就像一种类似鸢形的闪光物，更像碟盘一类的器具。这些物体以大约 2000 千米 / 小时的速度疾飞而过，转眼就在天空中消失了……美国几乎所有的报纸都报道了这一事件，世界性的飞碟热被引发，“飞碟”的名称由于十分形象、贴切而开始流传。

飞碟想象图

随着 UFO 目击事件的日益增多，人类也尝试着想与之较量一番，但是在几次的较量中都以人类的失败而结束。1956 年 10 月 8 日，一个 UFO 出现在日本冲绳岛附近，适逢附近正在实弹演习的一架西方盟国的战斗机飞过，机警的战斗机炮手马上向它开炮。结果炮弹爆炸后，“先下手为强”的战斗机碎成残片，机毁人亡，而被攻击的 UFO 却安然无恙。1996 年 8 月的一天，美国西部某导弹基地附近也出现了一架长期滞留的 UFO。自作聪明的人类在对它拍完录像之后，立即启动基地几乎所有的导弹发射装置来攻击它。奇怪的现象又一次发生了，基地所有的装置在同一时刻瘫痪，而 UFO 依然安然无恙。特别是一束神奇的射线击中了一套最先进的导弹发射装置，使它在顷刻间“熔为一堆废铁”！科学家们闻讯赶来，一致认为可能是一种高脉冲的东西把这套先进的装置“化”为废铁的。

几次“以卵击石”的事件造成了巨大损失之后，专门研究 UFO 的科学家们开始对“妄自尊大”的人们提出忠告：“与 UFO 相遇时，‘先下手为强’是绝对不可取的；因为与 UFO 相比，人类的飞机与炮弹就像一个与坦克较量的弹弓。除了无谓的牺牲外，我们别无选择，只能静观其变。”

然而，人类并没有停止对 UFO 的研究。1967 年，由美国政府授权、美国空军协助，以哥诺兰大学著名物理学家爱德华·U. 康顿博士为首，组成了歌诺兰大学调查委员会。他们全面分析鉴别了 1948 年以来美国空军搜集到的 12618 起 UFO 报告。整整 18 个月以后，他们的研究结果被整理成了一份名为《不明飞行物体的

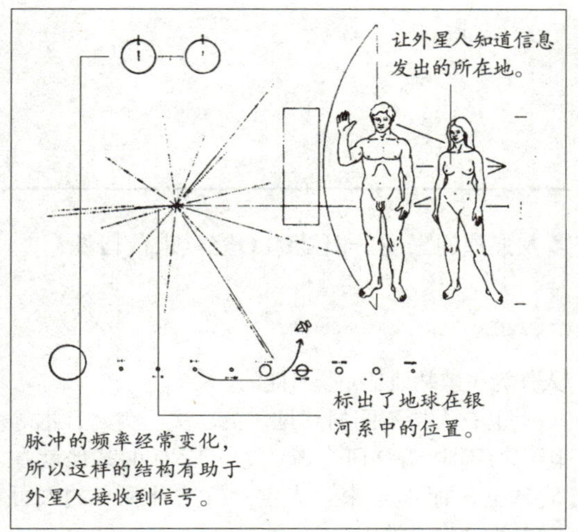
让外星人知道信息
发出的所在地。
标出了地球在银
河系中的位置。
脉冲的频率经常变化，
所以这样的结构有助于
外星人接收到信号。

"先锋号"携带的与外星生物交流的信息

星球爆炸的地图印在"先锋10号"和"先锋11号"的箔金属上。它标出了地球在银河系中的位置，也可以让外星人知道信息发出的所在地。

科学研究》（亦称《蓝皮书计划》）。这份共有2400页、重达4.5千克的报告认为，由于UFO对国家安全并无具体威胁，所以不应再重视UFO的研究了。英国国防部同期也开展了同样性质的研究，他们调查研究了1967~1972年英国境内的1631起UFO事件，认为除了极少数"未能查实"的不明飞行物以外，绝大部分只是高空气球、飞行器碎片、大气现象和飞机等物体。

罗勃·D.巴利先生是美国"20世纪UFO研究会"的主席，也是研究UFO的权威人士。据他所知，美国军方目前掌握着一架1962年坠毁在美国墨西哥州某空军基地的UFO的最详尽的资料。这个UFO有16.8米的直径，它的主要原料是一种地球上找不到的金属，外形是典型的碟状飞船。飞碟的飞行速度在着陆时达到144千米/小时，但它的着陆装置未放下来。各种专家对写有文字内容的飞碟碎片进行了分析鉴定，但仍破解不了其中的奥秘。

按照巴利先生的说法，UFO显然真实存在，事情却另有蹊跷。2001年3月10日，美国中情局首次大规模解密了859份秘密情报文件。这批从1947年至1991年的内容五花八门的秘密文件，包括美国中情局从20世纪40年代末一直到现在对UFO现象展开的研究。这50年来的研究结果让人瞠目结舌：UFO的存在并没有确凿证据，换句话说，也许根本就没有UFO！

以美国侦察部为研究对象的历史学家海恩斯将20世纪90年代美国中情局所有关于UFO的秘密内参全部翻阅后，得出的结论是：在1950~1960年，所谓的UFO超过半数都是美军人员驾驶的侦察飞机。

他认为美国一直在撒一个弥天大谎！海恩斯主要由两个方面确定和推测美国政府的行为：一是当时苏联对美国领空的入侵造成了美国民众的恐慌，美政府假借UFO可以安抚民众；二是因为美国当时的SR–71和A–12是最机密的情报收集机，但它们总是在飞临敌方上空时受到致命的威胁。所以中情局就以UFO这枚"烟幕弹"来为其护航，这样就会麻痹被侦察国的防空警报系统，从而改变原来的被动状况，同时达到浑水摸鱼的效果。

根据中情局的一些解密文件和海恩斯的研究，许多人认为：苏联政府在早期曾经创造了UFO现象，目的就是为了引起美国社会混乱。但是这种阴谋反而被美国政府所利用，制造了后期的UFO现象，并指望UFO能够遮掩政府进行的绝密间谍飞机的实验，但到目前为止，这种说法仍缺乏足够的证据。

无论UFO是否存在，全世界仍有约1/3的国家还在对不明飞行物进行持续的研究工作。美国的一些理工大学甚至把对这种不明飞行物进行分析与讨论正式列入了博士论文的选题。

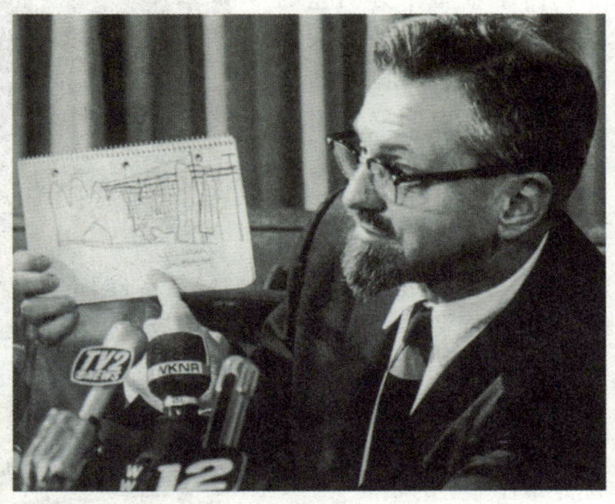
VKNA
12

美国顾问海奈克展示UFO草图

在1966年3月的一次记者招待会上，美国空军蓝皮书作业组织的顾问海奈克展示一幅密歇根UFO目击者所绘的草图。美国政府自此开始调查UFO事件。

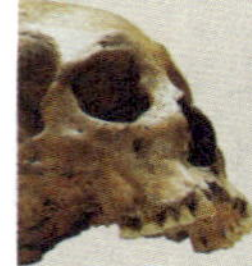

UFO溯源

在神秘莫测的太空探索中，UFO引起了许多人强烈的兴趣。但是UFO究竟来自何处，一直是一个不解之谜。

许多UFO研究者通过大量的研究，提出了两种假设：一种是宇宙基地说；一种是地球基地说。

支持宇宙基地说的UFO研究者认为，太空也就是银河系或其他星系是UFO的来源地。它们由统一的UFO母舰即一艘或若干艘身形庞大的宇宙飞船携带到太阳系附近，为了建立一个基地或者寻找合适建立基地的星球，母舰会放出子碟。这些子碟要么由母舰控制并无人驾驶，要么由机器人或类似生命的物体驾驶，单独或列队进入地球空间。UFO可能曾在太阳系的月球、金星或其他行星上建立过中转站，有很多证据可以证明月球是UFO的基地。而飞碟经常出没在火星附近是否可以下结论说，火星是飞临地球的飞碟的来源地之一呢？至少，火星是外星人进行考察的中继基地是完全可能的。

由于金星十分明亮灿烂，所以古今中外的人都十分喜爱它。中国用“长庚星”和“启明星”来称呼金星，欧洲人则将美神“维纳斯”的称号用在它身上。1989年1月，苏联发射了一枚穿过金星表面大气层的探测器，对探测器发回的照片进行科学分析后，科学家惊异地发现，有2万座类似于城市的遗迹分布在金星的表面。

谁也不能否认在金星城市的废墟下面存活着金星人的可能性，所以金星被外星人作为飞碟基地是完全可能的。

也有人持不同的意见，英、法、美、日本等国就有不少UFO研究者认为，UFO的基地就在地球上，而不是来自太空。持这种观点的人可以大致分为4类。

第一类，认为地球中心是UFO的基地。该派以德国UFO专家威廉·哈德森为代表。他们认为，UFO是地球上一种高等智慧生物的交通工具，由于他们不习惯生活在地球表面，所以长期居住在地球深处并形成了发达的地下文明。他们进出的工具就是UFO这种特殊的飞行器。他们将出口建在深山峡谷或荒凉的沙漠中，或者建在地层裂缝中，还有人认为就在北极孔洞。

曾任美国海军少将的拜尔德就曾经驾机探访了飞碟基地。他公开了自己神奇的经历之后，美国再一次引发了外星人和飞碟热。拜尔德曾于1947年2月率领一支探险队，从北极进入地球内部，发现那里有一个庞大的飞碟基地和许多地面上已经没有的动植物，当然那里还有拥有高科技的生命体。但美国政府长期封锁这一信息，所以外人很少知道，直到拜尔德公开自己的日记。

第二类，认为南极是UFO的基地。有的UFO研究者比如UFO专家安东尼奥·里维拉认为飞碟可能是德国纳粹的秘密武器。因为经过调查得知，德国人在二战时期设计了几个

↗1939年出版的科幻杂志对UFO的模样做了艺术的再现。

↗这张拥有经典外观的UFO照片拍摄于1967年美国罗得岛州。

飞碟，并用潜艇运往南极和南美。另一个现象也证明了这个假设：在南美洲的巴西、阿根廷等地都有十分频繁的UFO现象，而大部分的UFO都来自南极。因此，一些人据此认为南极存在着UFO基地。

第三类，认为海底是UFO的基地。这种假设首先由加拿大的让·帕拉尚等人提出。他们经过调查研究之后认为，大西洋上百万年前有个高度文明的大西国，后来由于洪水与战争的发生，大西国和大西国人都转入洋底生活，并在那里建立了永久的基地。他们偶尔乘坐UFO冒出海面，在地球上遨游。帕拉尚等人用这个观点来解释水下玛雅人与百慕大三角的神秘事件及频繁出没的UFO，认为他们都有关系。在不少人亲眼看见的UFO案中，亲历者都曾看见过UFO从海洋中飞出或从高处直接钻入海中。百慕大三角区频繁出现的UFO让生活在其周围广大地区的居民都对此习以为常了，而且人们把这里经常失踪的船只和飞机与频繁出没的飞碟联系起来。

人们在百慕大三角区水下已经发现了数量极多的人工建筑和两座巨大的金字塔，人们在这个水域发现了诸如“幽灵潜艇”及其他一些让人莫名其妙而又无法解释的事情。一个名叫马丁·梅拉克的探险者于1966年9月在离佛罗里达海岸数千米的12米深的海水中发现了一个形似火箭的东西。梅拉克立即向军队作了报告，并于9月27日与2名海军潜水员再次来到这里，将那个物体找到并送到了美国海军部。可是，美国最优秀的专家也分析不出这个非地球人制造的东西究竟是什么。

这些事件让一些UFO研究者得出外星人在地球上的基地很可能是百慕大三角区的结论。

第四类，认为UFO基地可能在戈壁、沙漠和群山中。这是一个让人十分感兴趣的事情。中国新疆某农场于1979年9月20日前后一个晚上，深夜1时许，天空中出现了一个状如满月的橘红色的飞行物。这个边缘整齐、比月亮稍小的飞行物是一个技术员发现的，但它仅停留了两三分钟，马上就消失在地平线上。由于它无声无息，形状也不像飞机，所以它不可能是飞机。当晚刮的是西南风，因此也不可能是有超音速且逆风飞行的气球。这个农场仅与被称为“死亡之海”的塔克拉玛干大沙漠有几十千米的距离。在戈壁周围的阿勒泰、奇台地区，人们都曾多次发现不明飞行物。因此，UFO出没在中国的西北沙漠地区是确实无误的事。

法国新闻记者、飞碟作家亨利·迪朗在他1978年出版的《外星人的足迹》一书里，最先提出中国西北茫茫的戈壁中存在UFO基地的观点。在这之前，他从1954年起便利用采访的机会，对发生在欧洲及其他地方的UFO事件进行了大量的调查，《飞碟黑皮书》《不明飞行物资料》和《外星人的足迹》等书就是他调查分析之后的杰出作品。

非洲的撒哈拉大沙漠也频繁有UFO的光顾，已故著名女作家三毛就多次在电视上作证，证实UFO的确存在，因为她在撒哈拉沙漠两次目击了UFO的出现。

许多UFO的研究者从大量的飞碟着陆案中判断，外星人降临地球的重要目的只是希望全面地考察地球或采集标本。他们之所以回避地球人，是因为他们还不想与地球人公开交往。基于这样的目的，如果他们真要在地球上选择理想的地方作为永久性基地的话，渺无人烟的荒漠戈壁滩无疑是最好的选择。

无数案例表明UFO存在的可能性极大。我们可以对UFO及其基地进行多层面的考虑，比如外星人或宇宙中的生命体驾驶UFO光临地球“出差”、“执行任务”或“旅游”，要么就是他们去别的地方正好路过地球，不小心被地球人发现。所谓的基地可以理解为他们的临时居住地，或者根本就不存在基地这么一回事。人类在探索UFO方面所做的努力以及寻找其基地的研究活动，无疑对我们尽早揭开UFO来自何处的谜题是大有裨益的。

神奇的麦田怪圈

20世纪70年代末，英国威尔特郡的农民在成熟的玉米和小麦地里收割庄稼的时候，发现许多庄稼遭到了破坏。从高处看，很多庄稼倒伏，并呈现出有规则的和对称的圆圈现象。

经新闻媒体报道后，英国的麦田怪圈引起了很多人的兴趣，到威尔特郡考察观光的游人络绎不绝。但是，因为这种奇观仅仅在收获季节前的几周内出现，而且是在尚未收获的田地里，所以并不是每一个到威尔特郡的人都能看到这种奇观。

科学家根据观察到的现象猜测，可能是一股小的台风导致了这一奇观。但后来出现了包括三角形在内的其他几何图案，而小旋风的涡旋只能形成圆圈，因此，这个谜团又笼罩上了一层迷雾。这个据说容易出现外星人削平庄稼的地方竟然成了旅游热点，农田主也趁机向来参观的游客收取费用，发了一笔小财。但是这种奇异的现象到底是怎么发生的呢？热衷于此的人对此仍然好奇不已。此后不久，在英国汉普郡的 Chilbolton 天文台附近的麦田里，人们再次发现了两个图案。其中之一是一个如同电影里常常虚拟的外星人形象的脸形，另一个是人类 1974 年 11 月向 M13 球状星云发射的信息修改后的图案。

自此以后，每年都有麦田怪圈在世界各地被发现，并且地域逐年扩大，形状逐年复杂，数量也逐年增多。

2000 年 6 月 24 日，一家名为“公众”的俄罗斯电视台插放了一组画面，显示发生在俄罗斯南部斯塔夫洛波尔地区的一块成熟的大麦田里的四个有规则的对称的圆圈，似乎有人以顺时针的方向把圆圈中的庄稼削平。这 4 个圆圈中最大的直径长达 20 米，其余 3 个的直径分别为 3~5 米。另外，人们发现一个深 20 厘米的土洞，位于最大的圆圈的中心处，洞面光滑。

安全官员排除了人力所为的可能，但是在现场也没有发现任何化学物质和辐射现象。这样，他们就猜测这个麦田怪圈是外星人造成的，而且推测“他们可能使用了与人类不同的起飞和着陆原理”。而当地的一些居民也声称，他们曾经看见了所谓的外星人降落。据说这些外星人从降落到重新起飞离去只用了几秒钟时间，那么，外星人制造的那个深 20 厘米的土洞又是干什么用的呢？“公众”电视台将此解释为这是外星人用来“土壤取样”的。

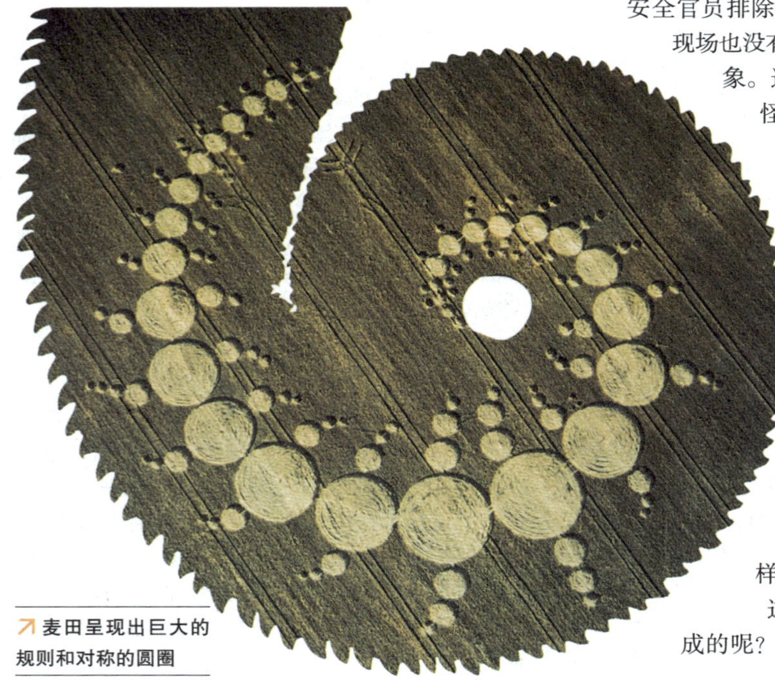

↗麦田呈现出巨大的规则和对称的圆圈

这些麦田怪圈究竟是怎样形成的呢？这成了世界各国科学家和相

关媒体关注的话题，并提出了各种推断和假说。大致可以分为两类：一种认为是大自然的杰作，一种则说是外星人所为。

支持前种说法的大多是考古学家、气象学家、物理学家、地质学家、动物学家和农学家等。

一些考古学家认为：可能在怪圈生成的地下埋藏有石器时代的圆形巨石建筑，或是青铜器时代的埋葬品呈圆形分布。这些地下的埋藏品和建筑可能影响到土壤结构，因而农作物也做出特定的反应。气象学家则提出：大量尘埃包含在陆地上生成的小型龙卷风中，在风的作用下，尘埃与空气剧烈摩擦产生静电荷。神秘的怪圈就是在带有静电荷的小型龙卷风的作用下产生的。一些地质学家提出了“球形闪电说”：球形闪电和其他因素即“等离子体旋流”共同形成了怪圈，此外，太阳表面黑子活动增强亦与怪圈有一定关系。日本科学家声称，根据“球形闪电说”，他们在实验室里利用球形闪电设备已成功地模拟了怪圈现象。还有一些地质学家认为由地球核心发出的大地射线导致了怪圈这一奇怪现象。植物会因这种射线发生有规则的倒伏，动物和人也会因此而得病。动物学家则提出：动物发情求偶的季节一般在5~7月，雄性动物围绕雌性动物打圈，从而制造出怪圈。那些有在田间做窝习性的动物如刺猬和一些鸟类也可能有类似的创作。农学家则称：田地之所以出现怪圈地，是因为其土壤成分不一。霉菌病变及施肥分布的不均都有可能使农作物发生某种形状的倒伏，让人们误以为是一种奇异的现象。

除以上说法外，仍有许多人坚持认为：这些出现在各地的麦田怪圈是天外来客——外星人留下的。当他们乘坐飞碟光临地球时，飞碟刚好降落在麦田上，旋转的强烈气流造成了一个个怪圈。

正当持这两种不同论调的人们争论不休时，1990年，8个法国青年向世界宣布：所谓的怪圈不是什么大自然的创作，而纯属某些人的恶作剧行为。

这一年的夏天，8名法国青年出于对自然的热衷慕名来到英国，对麦田怪圈进行科学考察。在多次出现怪圈的麦田附近的山丘上，他们架设了高清晰度的夜视仪及敏感度很高的红外摄像机。7月24日，在发现麦田里出现了10个怪圈、3条直线之后，他们随即观看录像带，结果发现其中有一些模糊的影像。经分析，确认这些模糊的痕迹是人体物质的热辐射留下的。第二天夜里，摄像机里又出现了6个不太清晰的影像。

1991年9月，英国名叫多格·鲍尔和戴维·柯莱的两名男子向公众宣布，是他们制造了麦田怪圈。利用一根弹簧、两块木板以及一个将其固定在棒球罩上的古怪器具，就可以制造这样的怪圈。研究怪圈的英国专家德尔加多闻讯后承认自己上当受骗，并指责这是十分肮脏的把戏。

麦田怪圈真的是某些人的恶作剧吗？但为什么所有怪圈的周围都没有留下任何人的足迹？一些人也曾守候在麦田边，希望当场捉住这些恶作剧者，但至今什么也没有发现，而怪圈却不断地出现。由此看来，这个问题似乎并没有我们想象的那么简单。怪圈的神秘恶作剧者到底是谁呢？

1980年英格兰西部出现的倒伏的麦田怪圈

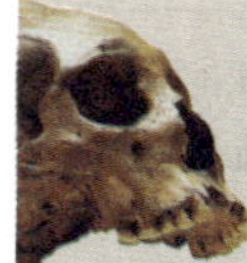

太阳系地外生命探疑

地球是幸运地拥有生命的唯一天体吗？人类是孤独的吗？在广袤无垠的宇宙中，是否还有同样具有生命的天体？

自从人们知道了地球不是宇宙的中心，就开始猜测有地外文明的存在，也创造出了关于外星生命的神话传说。

随着现代天文学、生物学、无线电技术和航天技术的日益发展，更多的人开始接受这样的观点：宇宙中的天体数目如此庞大，其中不可能没有适合生命生存的另一个天体，不可能没有与我们地球人相似的、有智慧的、能创造自己文明的生物存在;甚至很有可能有些地外生物创造出的文明比我们地球上的人类文明更为先进、更为优秀。对地球外文明的研究早已不是人们所传说的神话故事，而成为一门严肃的科学。

人类对地外生命的研究由来已久，离地球较近的月球首先进入了人类的视野。早年有人猜想月球很可能是一个空心体，里面居住着外星人。其主要理论依据是因为当年阿波罗登月飞船在月球上登陆的时候，指令舱中的记录仪记录到的持续震荡波长达 15 分钟，这一结果使科学家感到极为惊异。有学者认为，如果月球是实心体，那么在碰击后产生的震荡波不会回荡这么长时间，至多维持 5 分钟。由此，便出现了月球可能是空心体的设想。但在仔细研究月岩标本后，科学家发现其中金属含量较高，而且其中的亲氧金属如铁等并没有被氧化。据此有人居然得出了一个大胆的假设：月球很可能是一个空心体，而且是外星人人工制造的。也有了诸如月球的内部可能是一个奇特的生态系统，也许居住着一些比人类更文明的“月球人”，那里可能是外星生命为了监视地球而设置的一个巨大的航天站等各种奇思妙想。但是这种种设想都被无情的事实推翻了，一切不过是人类依据科学观测做出的主观猜想，也可以认为是半真半假的神话故事。

↗通过登月探测，基本排除了月球存在生命的可能。

而在 19 世纪 30 年代，曾出现过一个“月亮骗局”的故事，影响极大，轰动一时。事情的经过是这样的：1835 年 8 月，美国新创办了《纽约太阳报》，该报为吸引读者和打开销路、扩大销量，诚邀英国作家洛克撰稿。当时英国天文学家约翰·赫歇耳正前往非洲南部的开普敦去观测研究南天星空。洛克便选中了这件事，用自己的生花妙笔杜撰出了一个神奇而又引人入胜的月亮的理性生物的故事。他在故事中说，赫歇耳的望远镜在不久以前已能分辨出月球表面有约 18 英寸，即大小约 45 厘米的物体。用这样高分辨率的望远镜，他看见了月亮上有鲜花和紫松等树木，也有一个碧波千里的湖泊，还有一些类似野牛、齿鲸等动物的大型动物。他还惊讶地看到了一种长有翅膀并且外貌有些像人的动物。文章这样写道：“他们的姿势看上去充满了热情而且很有力度，因此我们推论这种生物是有理性的。”结果许多人对这一重大新闻深信不疑，人们奔走相告，该报一度成为当时最畅销的报纸。

天文学家们很快把这个骗局拆穿了。科学证

明，如果要把月面上 45 厘米大小的物体分辨出来，光学望远镜的口径至少需要 570 米那么大，这么大的望远镜到今天人们仍没有能力造出来。同时，当时虽然还没有一位天文学家登上月球亲眼看见月球的样子，但由地面天文观测分析也能推知，月球上没有水，也没有大气，是一个死气沉沉的荒凉世界。

随着科学技术的发展，人类对地外生命的研究也变得更加科学。为了寻找地外生命，科学家们首先研究了地球人的进化过程。他们认为：地球人虽是“万物之灵”，具有很高智慧，但起源也和地球上的动植物一样，是从地球上进化而来的。换言之，地球上的碳、氢、氧、氮等元素，先是发生了长期的化学变化和物理变化，后来又经历了复杂而漫长的生物演化过程，最后才演化出了人类。科学实验也已经证明，人类生命的化学基础是蛋白质和核酸，而蛋白质又是由各种氨基酸构成的，氨基酸则是由复杂的有机分子组成的。在宇宙中，不仅碳、氢、氧、氮等元素广泛存在，而且在温度极低的星际空间也发现了几十种复杂的有机分子，在许多陨石中甚至找到了十几种重要的氨基酸的存在。这就可以认定，只要地球外的星球环境适于生命体的存在，那么就很可能发生大量的有机体演化。

当然，如果以我们地球生命的形成、演化历史作为标准，还需要很多条件才能从氨基酸逐渐演化成生命。如合适的温度、足够厚的大气层的保护、水的存在、液态的氨或甲烷的存在、足够长时间而且较为稳定的光和热。

在宇宙中，地球只是一个再平凡不过的行星，但对于人类来说，它是我们生命的摇篮，是最重要也是最熟悉的天体。地球是如此适合我们人类生活，有充足的水，空气中富含氧气，温度不冷不热，这与它距离太阳的位置等条件有关系。譬如水星和金星是离太阳最近的两颗行星，水星的白天热得如火，夜晚却冷得比冰还凉；厚厚的金星大气成分以二氧化碳为主，温室效应很明显，导致环境极为恶劣，任何生物根本就生存不下去。火星在地球轨道以外，虽说距离太阳并不是很远，但比起地球来，不但气候极其寒冷，而且根本没有水，生物在这种情况下也不可能生存下去。土星和木星上没有任何生命存在，这一点十几年前宇宙飞船的空间探测就已证实了。位于太阳系边远空域的 3 颗大星是天王星、海王星和冥王星，科学家们通过空间探测以及各种地面观测知道，它们同样不具备适宜智慧生命生存的环境。到目前为止，所有的太阳系探测结果都表明，太阳系中的行星中只有地球是适于像人类这种智慧生命生存繁衍的星球。

不过一些科学家，尤其是化学家认为，生命可能不需要以碳和水为基础。在高温情况下，生命的化学基础有可能是硅。另一种有理性的生命不一定有物质外壳，其存在形式可能是以能的形式。

由此看来，太阳系中是否存在有生命的星球，至今仍无定论。不过，随着科学技术日新月异的发展，人类探索太空的足迹将出现在更多的星球上，到那时这个问题一定会大白于天下。

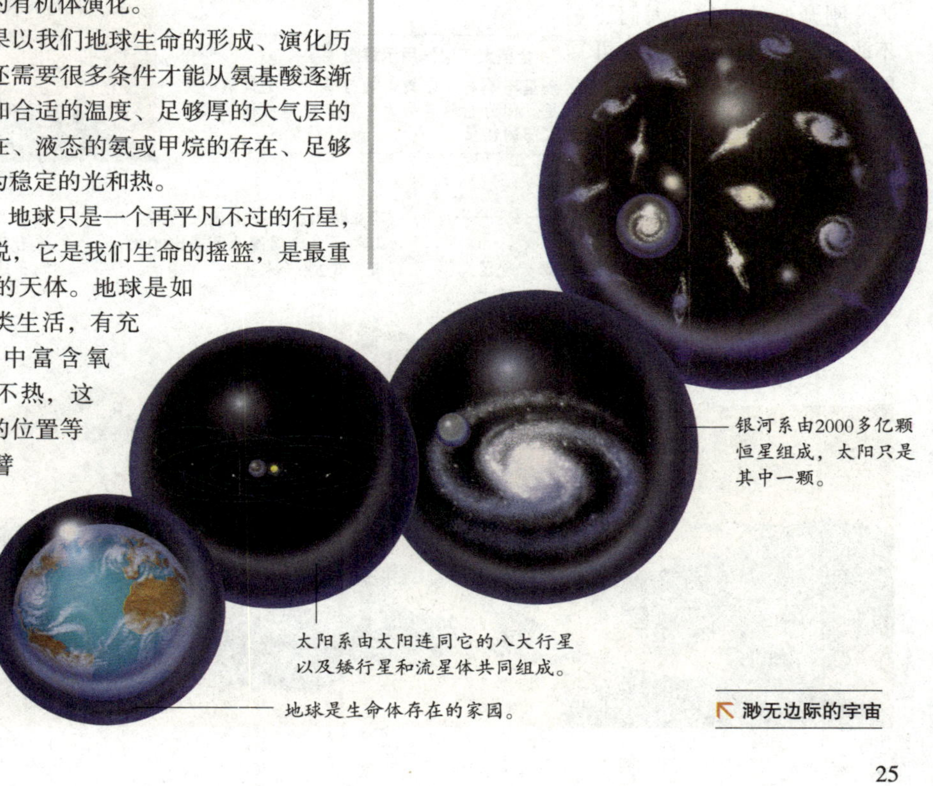

宇宙的微小部分，约由30个星系构成的星系团。

银河系由2000多亿颗恒星组成，太阳只是其中一颗。

太阳系由太阳连同它的八大行星以及矮行星和流星体共同组成。

地球是生命体存在的家园。

↖ 渺无边际的宇宙

金星上的神秘城墟

据人类目前所知，相对于火星来说，金星的自然环境要严酷得多。其表面温度高达500℃，大气中的二氧化碳占到90%以上，时常降落巨大的具有腐蚀性的酸雨，还经常刮比地球上12级台风还要猛烈的特大热风暴。金星的周围是浓厚的云层，以致二十余年间（1960~1981年）从地球上发射的近20个探测器仍未能认清其真面目。20世纪80年代，美国发射的探测器发回的照片显示金星上有大量城墟。

经分析，金星上共有城墟2万座，这些城墟建筑呈“三角锥”形金字塔状。每座城市实际上只是一座巨型金字塔，门窗皆无，可能在地下开设有出入口；这两万座巨型金字塔摆成一个很大的马车轮形状，其圆心处为大城市，呈辐射状的大道连着周围的小城市。

研究者认为，这些金字塔式的城市可以有效地避免白天的高温、夜晚的严寒以及狂风暴雨。

苏联科学家尼古拉·里宾契诃夫在比利时布鲁塞尔的一个科学研讨会上首次披露了在金星上发现城墟的消息。1989年1月，苏联发射了一枚探测器。该探测器带有能穿透浓密大气的雷达扫描装备，也发现了金星有2万座城墟这一重大秘密。

刚开始的时候，人们还不敢断定这就是城墟，认为可能是探测器出了问题，也可能是大气层干扰造成的海市蜃楼的幻象。但经过深入研究，人

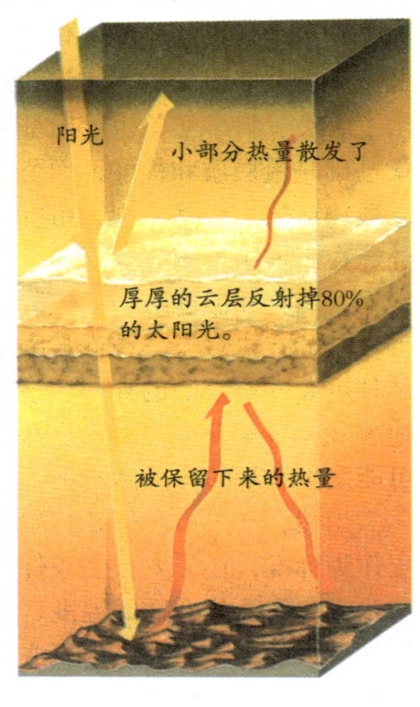

小部分热量散发了
厚厚的云层反射掉80%的太阳光。
被保留下来的热量

金星大气层作用示意图

金星不是离太阳最近的行星，却是最热的行星。因为它厚厚的大气层有效地留住了来自太阳的热量。

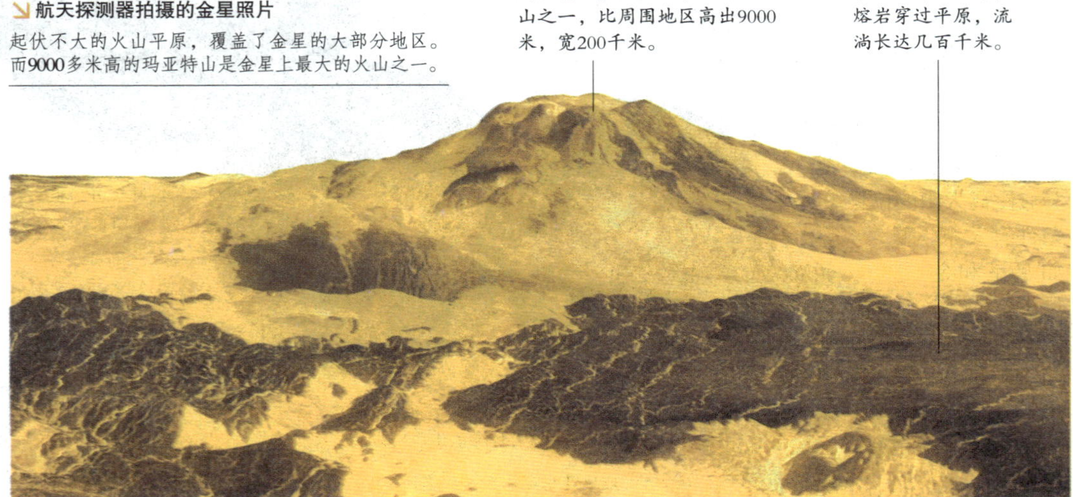

玛亚特山，金星上最大的火山之一，比周围地区高出9000米，宽200千米。
在玛亚特山底部，熔岩穿过平原，流淌长达几百千米。

航天探测器拍摄的金星照片

起伏不大的火山平原，覆盖了金星的大部分地区。而9000多米高的玛亚特山是金星上最大的火山之一。

们确信这些是城市的遗迹，并推测是智能生物留下来的。不过，这些智能生物早已绝迹了。

里宾契诃夫博士在会上指出，“我们渴望弄清分布在金星表面的城市是谁造的，这些城市是一个伟大的文化遗迹”。这位苏联科学家详细地介绍说：“在那些以马车轮的形状建成的城市的中间轮轴部分就是大都会。根据我们推测，那里有一个庞大的呈辐射状的公路网将其周围的一切城市连接起来。”他说：“那些城市大多都倒下或即将倒塌，这说明历史已经很悠久了。现在金星上不存在任何生物，这说明那里的生物已绝迹很久了。”

由于金星表面的环境极差，因此不具备派宇航员到那里实地调查的条件。但里宾契诃夫博士强调说，苏联将努力用无人探险飞船去看清楚那些城市的面貌，无论代价多大，都在所不惜。

而在1988年，苏联宇宙物理学家阿列克塞·普斯卡夫则宣布：金星上也存在“人面石”，这一点与火星一样。联系到金星上发现的作为警告标志的垂泪的巨型人面建筑——“人面石”，科学家推测，金星与火星是一对难兄难弟，都经历过文明毁灭的悲惨命运。科学家还说，800万年的金星经历过地球现今的演化阶段，应该有智能生物的存在。后来，金星大气成分中的二氧化碳越来越多，以致温室效应越来越强烈，进而使得水蒸气散失，最终使得金星的环境不再适合生物的生存。

迄今为止，人们在月球、金星、火星上都找到了文明活动的遗迹和疑踪，甚至在距离太阳最近的水星表面也发现了一些断壁残垣被发现。地球、月球、火星、金星上都存在金字塔式的建筑。人们将这些联系起来后认为，地球并不是太阳系文明的起点，而是其终点。

倒塌的金星城市中，究竟隐藏着什么秘密呢？那个垂泪的人面塑像到底是否经历了金星文明的毁灭呢？由于这实在太令人捉摸不透了，所以只有等待未来人类的实地探测，但愿这一天能尽早到来。

知识链接

金星独特的自转

金星是全天中除太阳和月亮外最亮的星，亮度最大时为 -4.4 等，比天狼星（除太阳外全天最亮的恒星）还要亮 14 倍，犹如一颗耀眼的钻石，于是古希腊人称它为阿佛洛狄忒——爱与美的女神，而罗马人则称它为维纳斯——美神。

金星的自转很特别，是太阳系内唯一逆向自转的大行星，自转方向与其他行星相反，是自东向西。因此，在金星上看，太阳是西升东落。金星绕太阳公转的轨道是一个很接近正圆的椭圆形，且与黄道面接近重合，其公转速度约为每秒 35 千米，公转周期约为 224.70 天。但其自转周期为 243 天，也就是说，金星的自转恒星日一天比一年还长。不过按照地球标准，以一次日出到下一次日出算一天的话，则金星上的一天要远远小于 243 天，是地球上的 116.75 天。这是因为金星是逆向自转的缘故。

金星逆向自转现象有可能是很久以前金星与其他小行星相撞而造成的，但是现在还无法证明。除了这种不寻常的逆向自转以外，金星还有一点不寻常。金星与地球距离最近时，金星总是以同一面来面对地球。这可能是潮汐锁定作用的结果——当两颗行星靠得足够近时，潮汐力就会影响金星自转。当然，也有可能仅仅是一种巧合。

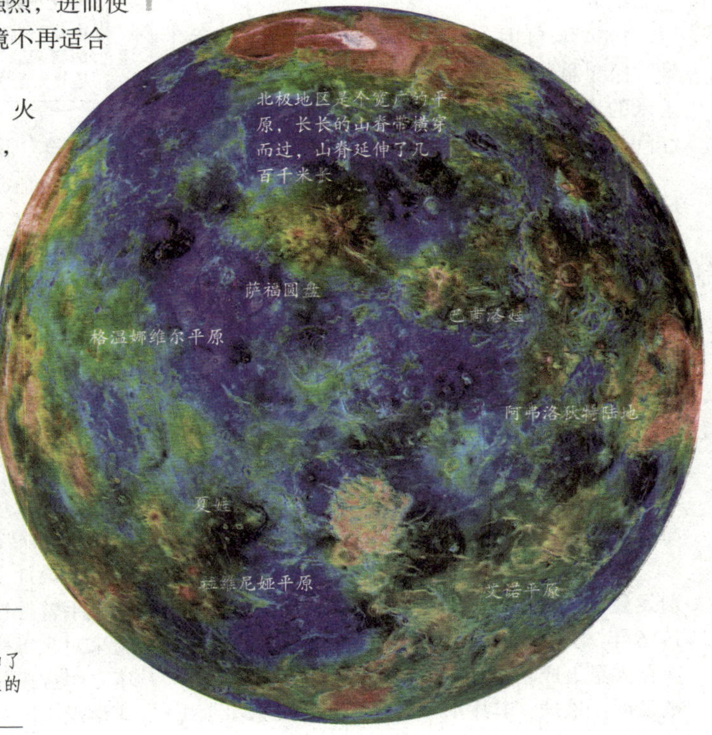

金星的表面

“麦哲伦”号提供的数据给金星全景图增加了大约4000个表面地貌。它们都是以著名女性的名字命名的，例如《圣经》里的人物夏娃。

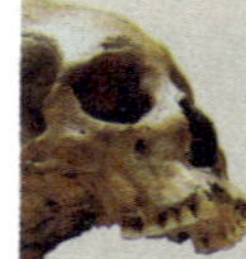

寻找火星生命

1890年，美国天文学家珀西瓦尔·罗威尔利用大型望远镜观测火星，偶然发现在火星表面存在着一些沟壑，这些东西和地球上人工开凿的运河看起来极为相似。人们开始怀疑有“火星生命”的存在。大量关于“火星人”的科幻故事从此也广为流传。科学家们一直相信火星上有水资源的存在，而且可能是在火星两极或大气高层中以冰雪及水蒸气的形式存在。甚至有许多科学家相信，火星上也可能曾分布着河流和冰川。因为从目前观测到的照片来看，火星上有许多峡谷和沟壑看起来应该是水流冲击而成的。

为了证明火星上的确有生命之源——水的存在，美国和苏联两个超级大国从20世纪60年代起就开始了大量的火星探测工程。

1960年10月，苏联先后两次发射了火星探测器，但不幸的是都没有飞到火星的轨道就失事了。

1962年11月1日，苏联又发射了3个火星探测器，其中一个在飞往火星的途中与地球失去了联系，而另外两个只飞到火星的轨道上便停留在那里了。

1964年11月28日，美国发射了“水手4号”探测器在1965年7月14日飞至距火星9280千米的地方，成功地在近距离拍到了22张这颗红色星球的照片。

1971年5月19日和5月28日，苏联连续发射了“火星2号”和“火星3号”探测器。同年的12月15日，苏联的“火星3号”首次在火星上着陆，并从火星表面向地球发送数据达20秒。

1971年5月30日，美国成功发射了“水手9号”探测器，同年11月14日驶入距火星1280千米的轨道，并在该轨道上运行将近1年时间，拍摄照片7328张。依据这些照片资料，美国第一次为火星上的高地、火山、洼地和峡谷等地形命名。

1975年8月20日和9月9日，美国又分别发射了“海盗1号”和“海盗2号”探测器。1976年7月20日和9月3日，这两个探测器依次在火星上成功着陆，大量新的宝贵数据和图像被发回了地球。其中的“海盗1号”在火星上工作了6年，两次登陆都没有在火星上找到任何有生命的特征或痕迹。

火星上干涸的河床

“海盗号”轨道探测器拍摄到的图片，清晰地显示出了火星上的河床，在数十亿年前，河床里可能有原始生命存在。尽管火星在现在的冰冻条件下，不可能有液态水。

由上述事实可看出，在这些早期的火星探测中，最成功的应该是美国的“海盗1号”和“海盗2号”探测器。美国宇航局1975年发射了这两艘“海盗号”火星探测器。探测器经过为期一年的星际旅行，终于成功进入了火星大气层，并分别在火星软着陆。科学家们在这两个着陆器上装备了大量的精密仪器。利用这些仪器能分析火星的土壤，同时也能对火星上的气压、风速、温度等指标进行测量，并确定了组成火星大气的元素构成。为了探测火星上是否存在生命的迹象，还专门设计了一些实验。在这些实验中，先是用机械手臂挖掘采集了火星的土壤样本，再通过实验来对土壤样本进行分析研究，结果发现火星土壤中释放出气体。然而那时的科学家将之归因于化学反应。

在1999年，曾为美国宇航局工作过的南加利福尼亚大学的神经生物学家约瑟夫·米勒却要求美国宇航局重新研究20多年前的实验结果。因为米勒坚信，美国宇航局在1975年发射的“海盗号”火星探测器探测收集到的资料中，有可以证实火星上存在生命的证据。但后来有关的资料丢失了，致使人们知道这个发现时，已经晚了25年。到目前为止，美国宇航局的研究还只能证明火星表面发生过化学反应。米勒进一步指出，是美国宇航局把实验的数据弄丢了。美国宇航局考虑了米勒的意见，彻底查找了档案里的资料，终于有一份被忽视已久的电脑记录被找了出来。由于这份记录所用的是极为陈旧的编码格式，已经没有能识别这种编码程序的设计师在世。因此米勒只能靠美国宇航局人员保留下来的数据备份进行自己的研究工作。那些数据很少，只是原来的1/3而已。米勒把资料集中起来进行分析，终于得出结论，认为在火星上很可能有生命出现。2001年11月28日，他在参加在圣迭戈召开的科学研讨会时，将研究成果公布于世。

进入20世纪90年代以后，由于苏联的解体，火星探测几乎成了美国人的“专利”。美国在这期间先后进行了多次火星探测。

1992年9月24日，为了考察火星的地理和气候状况，美国发射了“火星观察者号”探测器，为载人飞船今后飞往火星探测道路。

1996年，美国将“火星探路者号”探测器发射到太空中，并把相当多的火星照片发回地球。3个月后，美国“火星全球测量者号”探测器进入火星轨道，开始绘制火星地图。

2001年10月29日，美国火星探测器“2001火星奥德赛”又在火星上取得了大量的探测结果。

2001年11月底，美国科学家对火星探测器发回的新照片进行了研究，后来提出了火星表面部分地区很可能存在水的固态形式即冰的设想。火星上曾经有水的猜测终于为这项新研究所证实，同时这项新研究也支持了火星早期有可能存在生命的假设。这项研究结果认为，火星表面在早期也分布着广阔的海洋，甚至估计火星上每平方千米拥有的水量比地球还多。

美国布朗大学的科学家在英国《自然》杂志上发表文章说，“火星环球勘探者”探测器仍在围绕火星飞行，并向地球发回了8000多张高清晰度照片。在对这些照片进行研究后，发现有一种地形较为光滑。科学家认为，这种地形表明该区域的土层是多孔的土壤里面渗入了水后结冰、凝固而成的，或者是水混合了冰、尘土和岩石所成的状态，在火星表面形成了一层厚度达90厘米的覆盖层。在庞大的火星表面，从火星寒冷的南极直到大约南纬60度的很大一片区域里都被含水区所占据。

研究显示，在火星大气高层中包含着大量的氢原子。组成水分子的主要元素便是氢原子，这些氢原子应该是水分子分解后形成的，而且由于氢原子的质量相比较于同样构成水分子的氧原子比较低，所以氢原子最后才会升至大气高层。

研究还表明，早期的火星上有一个海洋，其深度最深可达1.6千米。由于发生了化学反应，加上小行星和彗星的撞击，致使火星在过去几百万年中逐渐失去了足够覆盖火星27米高的水分。

2008年6月15日，美国“凤凰”号火星着陆探测器在挖掘火星表面的红土时发现了一些发亮的小方块，在阳光的照射下，四天后这些小方块消失了。之后，“凤凰”号在加热火星土壤样本时鉴别出有水蒸气产生，从而确认火星上有水存在。接下来，美国“凤凰”号火星探测器项目小组准备研究两个重要课题：一是火星上的水冰在过去长时间内是否曾大量融化，从而能支持生物存在；二是火星上是否存在含碳化学物质或其他可能构筑生命的“原材料”物质。

说不定有一天，人类就会成为“火星生命”呢！

火星北极的地形

在火星北极有被称为冰帽的永不融化的冰层，大气层中的二氧化碳凝华形成干冰。

远古文明

庞贝古城是怎样覆灭的

1748年，那不勒斯国王的御前工程师阿勒比尔奉命去勘测一条150年前开凿的引水隧道。他在那不勒斯西北部20多千米的地方开始挖掘。挖到6米多深时，发现了一具手握金币的木乃伊和一些色彩鲜艳的绘画。经历史学家认定，阿勒比尔下挖的地方正好就是已经失踪了1600多年的古罗马名城庞贝。人们在阿勒比尔的率领下，开始对庞贝古城展开发掘工作。当时发掘的目的，主要还在于寻找一些艺术珍品和金银财宝。到了1763年，有一个叫约翰的德国人，凭着自己苦学来的知识，从挖掘出的杂乱零碎的遗迹中，第一次整理出庞贝古城的原样。

从1860年以后，经过100多年系统的大规模发掘，庞贝古城基本上已经重见天日了。发掘的结果表明，庞贝古城是一座背山临海、繁荣热闹的避暑胜地。它位于维苏威火山东南脚下，离罗马241千米，距那不勒斯23千米。庞贝城建在面积约0.63平方千米的五边形台地上，有一堵长3千米的城墙。城墙共有7个城门和14座城塔。城里“井”字形的纵横街道，把全城分成9个地区。街道由石块铺成，在主要的街道上，还有马车留下的车辙。

画家笔下的庞贝末日

公元79年，维苏威火山的喷发悲剧触动了那些19世纪参观过庞贝城的艺术家，图为一幅表现庞贝末日的油画。

在街道的十字路口上，有带有雕像的石头水槽。水槽和城里的水塔相通，供市民使用。街道两旁有商店、饭馆。墙上还有广告和标语。城南还有一座可容纳1200名观众的大剧院。此外，竞技场、体育场、酒店、赌场、妓院和公共浴室应有尽有。这表明，庞贝古城当时已经成为古罗马帝国达官贵族们的游乐场了。

在重现的庞贝古城里，人们可以清楚地看到，生活突然中断时的情景。餐桌上放着没有吃完的带壳的熟鸡蛋和鱼，面包炉里有烤好的面包，商店前柜上放着硬币，瓶罐中有栗子、橄榄、葡萄、小麦和水果。已经化成化石的蒙难者完好地保留了当时遇难时的表情、姿态和动作：有蹲在地上双手捂住面孔的；有趴在地上不断挣扎的；有头顶枕头仓皇外逃的；还有小女孩抱着

知识链接

庞贝古城的壁画成就

被发掘出来的庞贝城，其中保留了大量壁画。根据这些壁画，罗马壁画被划分为庞贝第一、第二、第三、第四风格。第一风格为镶嵌风格，即在墙上用灰泥塑好建筑细部，做出凹槽分割墙面，涂上颜色，造成彩色石板镶嵌的幻觉效果；第二风格为建筑风格，即在墙面上用色彩画出建筑细部，用透视法造成室内空间比实际上要宽敞得多的幻觉效果，并在墙面中央安排场面较大的情节性绘画；第三风格是埃及风格，强调平面感，描绘精致，在墙面用彩色绘制小巧玲珑的静物和小幅神话场面，具有典雅的装饰感；第四风格是庞贝的巴洛克风格，与17世纪欧洲流行的巴洛克风格相近似，在墙上描绘一层层非常逼真的景物，既烦琐又富丽，具有空间感和动感，色彩很华丽。

庞贝城有名的壁画《密祭》就是第二风格的代表作，表现了对酒神狄奥尼索斯的秘密献祭。在深红色的背景上，密祭的场面一步步展开，那些紧张的少女、狂饮的萨陀尔和焦虑的女信徒都处于一种肃穆、神秘和紧张的气氛中。

母亲的双膝号啕大哭的；乞丐拼命攥住零钱袋；奴隶角斗士死在挣不开的铁链上；看家犬前腿跃起，猫儿钻进柜底……整个庞贝城好像一部电影定格在某一瞬间。这些尸骨周围被火山灰泥石浆包得严严实实，形成硬壳。后来，遗骸腐朽，化为乌有，而尸体原型的空壳却保留下来。考古学家门就地灌注石膏，让死难者保持原状。庞贝古城当年居民约有 3 万人，至今掘出 2000 多具尸骨。

庞贝古城的大部分居民跑到哪里去了？留在古城里的人为何死得这样悲惨？人们在探索着答案。

有人说，庞贝古城毁于维苏威火山爆发。公元 79 年 8 月 24 日中午，维苏威火山发出了震耳欲聋的巨响。一瞬间，喷出的岩浆直冲云霄。浓浓的黑烟裹挟着滚烫的火山灰砂，弥漫着令人窒息的硫黄味，铺天盖地地降落在庞贝城。几个小时之内，14 米厚的火山灰就毫不留情地将这座生气勃勃的古城埋没得无影无踪了。

庞贝古城毁于维苏威火山爆发基本上是没什么疑问的，问题的症结在于庞贝古城是否是在一瞬间毁灭的呢？有人提出了异议。维苏威火山的爆发有一个过程，前后经历了八天八夜，古城居民完全可以从容地逃生。火山盖被冲开时，岩浆、碎石、烟灰、水蒸气一起喷上天空，天地顿时漆黑一团。半小时后，喷出物才飘到庞贝城，无孔不入的粉尘和硫黄气体使人窒息。4 小时后，等到飘落到屋顶的火山灰够重时，建筑质量较差的屋顶才塌下来，人们仍可从废墟中爬出来逃命。在第一次的袭击中，几乎无人丧生。48 小时后火山喷出物减少，天空渐渐明朗，逃出城的人以为没事了，纷纷返回，其中尤以回家取财宝的富豪居多。就在这时，第二次大喷发降临了，灼热的气体和烟灰置人于死地，今日所见的遗骸大约都是由这一次袭击所致。

那么庞贝城又是如何在火山爆发中变成“化石城”的呢？

这要归功于“水熔岩”。当年火山灰阵雨足足下了八天八夜，蒸汽遇冷凝成水滴，聚合空气中的灰尘，落下瓢泼大雨。大雨扫荡山顶灰渣，形成滔滔泥流。泥浆流就像水泥一样，干燥后坚如岩石，给积灰的城市盖上了一层硬壳，这就是地质学上所说的“水熔岩”。“水熔岩”将庞贝 3 座城市严严实实地密封起来，阻止了后人的盗窃，为人类保存了 1600 年前最完整的“城市博物馆”。

庞贝灾变中还有一大谜就是那不勒斯为何不曾覆灭？那不勒斯目前有人口 140 万，占那不勒斯湾一带人口的 2/3，为意大利第四大城市。它比庞贝城更靠近维苏威火山，可是它为什么始终未受破坏？从地理方面考虑，那不勒斯地势略高于庞贝三城，维苏威火山爆发时盛行西北风，火山缺口在东北方，火山灰奈何不了那不勒斯。可惜，繁盛一时的庞贝古城就这样不幸消失了。

这张画所描绘的景象，是1799年时已挖出来的庞贝剧场区。它是由一名去意大利旅行观光的画家所画。

尼尼微城的雕塑探秘

尼尼微城建于公元前8世纪末，位于中东的美索不达米亚地区，即今天的摩苏尔地区。这里被考古学家们视为文物的“富矿带”，主要部分是库羊吉克土丘，公元前612年被新巴比伦王国毁灭。它曾是亚述帝国的首都，在当时影响极大且极其兴盛，尤其是在辛赫那里布和亚述巴尼拔王统治时期（公元前7世纪），尼尼微城的宫殿和壁画等巨型浮雕记载了人类神秘而辉煌的过去。它还是《圣经》中所说的先知约拿布道的城市，为人们所传诵多年。

传说公元前883~前627年，在国王辛赫那里布和国王亚述巴尼拔王在位期间，尼尼微开始形成一座真正的城市，并成为美索不达米亚地区的文化中心之一。亚述巴尼拔王当政时，尼尼微成为亚述帝国的首都，从此开始了自己的鼎盛时期。辛赫那里布对战争不感兴趣。他把大部分时间和精力都用在尼尼微的建设方面。他兴建了一座每边长近200米的“盖世无双王宫”。这座王宫包括两座亚述风格的大殿、一幢椭圆形建筑物，以及一个植物园和一座凉亭。王宫里的浮雕长达3000米。辛赫那里布还在他的“盖世无双王宫”的西北，为他的后妃们盖了一座后宫，为皇太子盖了一座东宫。他还拓宽了尼尼微的马路，增设了城市公园，修建了供水网，并且从郊外60千米处的山上引水入城，以保证尼尼微城里的供水。辛赫那里布王的继承者阿萨尔哈东王在位时，仍继续扩建尼尼微，从而使它成为一座像《圣经·约拿书》中所描绘的有12万多居民的大都城。阿萨尔哈东的继承者就是大名鼎鼎的亚述巴尼拔王。他除了大量收藏亚述人的图书——泥板文书外，还兴建了巨大豪华的亚述巴尼拔王宫。

公元前7世纪中叶，亚述帝国渐渐衰落。公元前626年，居住在新巴比伦的迦勒底人和东边的米底人联合起来进攻亚述。公元前612年，新巴比伦和米底联军攻进了尼尼微。尼尼微在被洗劫一空后，又被放了一把大火，一代名城尼尼微和庞大的亚述帝国一起，就这样从地面上消失了，同时消失的还有那些巨型浮雕。

几千年过去，人们除了从史书上知道曾经有过尼尼微城和其巨型浮雕之外，其他的东西就一无所知了。而美索不达米亚，这个“两河流域间的土地”的地区，众所周知的古代文明之乡，以一种特别的诱惑力，使19世纪的欧美人分外疯狂，尤其是尼尼微城这座非凡的城市和它的巨型浮雕。

尼尼微城的发掘是一个漫长的过程。最早进入这个地方探索的人是一位意大利人，他于1616

尼尼微城的巨型浮雕

尼尼微城古城墙遗址和贵族男子的头部雕像

年进入美索不达米亚，带着许多巴比伦遗迹中的纪念品返回了欧洲，其中包括刻有楔形文字的陶碑。1802年，对古代史和古遗迹充满兴趣的英国外交官利奇也在这里收集了大量的楔形文陶碑，但是他还梦想寻找到消失了的尼尼微城，可惜在库羊吉克的土丘顶发现了一个破碎的陶器和一些刻有楔形文字的陶砖后就因霍乱死了。后来，英国考古学者亨利·罗林逊在波斯小镇比里斯屯发现了一面百余米高的巨大悬崖石刻，上有大量的人物像，用3种楔文语言描述了古波斯国王达林斯准备惩罚造反诸侯的故事，约1200行。与此同时，一个叫波塔的法国人带领了一些人发掘了库羊吉克土丘，但一无所获。随后，在往北几千米外的一个叫喀霍沙巴德的地方，他们可以找到大量的刻文砖，看见了刻有巨大的人和怪兽的墙壁，有的是公牛像，有的是大胡子人像，还有的是带翅膀的狮身人面像。

不久，英国人勒亚德按照《圣经·约拿书》中对尼尼微城址的描述，在这里找到了两个亚述宫殿遗址，发掘出了象牙雕刻，还有楔形文字碑和记载战斗场面的雕塑画板。1847年，勒亚德开始发掘库羊吉克，经过6年的发掘，发现大量的文物，找到了辛赫那里布的王宫和亚述巴尼拔王的部分藏书室。证明这里就是亚述帝国的首都尼尼微。王宫拥有71间房间，至少有27个入口，每一个都由巨大的牛、狮或者狮身人面石雕卫士守卫，最令人难忘的要算是那些记载着亚述历史和神话的石雕壁画。勒亚德估计，如果把画一幅接一幅地排列起来，几乎有3千米长。而在亚述巴尼拔王的藏书室里，堆满了刻有亚述楔形文字的大大小小的泥板。最大的一块楔形文字泥板长达3米，宽2米多；最小的一块还不到1寸长，只刻着一两行文字。这些泥板就是2500年前亚述人的图书，包揽了古亚述历史、法律、宗教以及文学、天文、医学等方面的知识，是研究当时历史的最宝贵的文献资料。

过了几年，伊拉克考古学家拉萨姆，再次来到这里。他在1852年到1854年期间，又在库羊吉克土丘下发现了亚述巴尼拔王的王宫，找到了许多新的楔形文字泥板和浮雕。他在亚述巴尼拔王王宫废墟的墙上，发现了著名的浮雕“皇家狩猎图”。

在新发现的泥板文书上，刻有许多亚述和古巴比伦的神话，其中就有著名的神话史诗《吉尔伽美什》，诗中描述了关于古巴比伦时期，上帝派大雨和洪水来惩罚邪恶有罪的人类时的情景。在那次大灾中，一个名叫尤特纳·比利姆的人造了一只木船，载上家人和许多动物，在洪水中幸存了下来。这个描述跟《圣经》中挪亚方舟的故事几乎完全一样，而且，用的是第一人称，表明这是一位亲眼洪水的幸存者的记叙。还有一块描绘当时亚述的奴隶劳动情景的浮雕，这些奴隶多半是亚述人俘获的战俘，他们带着手链脚镣，有的被铁索相互系在一起，旁边有手执武器的亚述士兵在监督。这些浮雕现在都收藏在大英博物馆。

经过几代探险者、考古学家和学者们的努力，尼尼微城消失了的辉煌再次被展现在了当今世人眼前，所有的遗迹都远去了，只留下空旷的尼尼微城在岁月的风雨中感受历史的沉重。

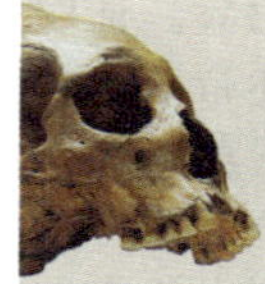

尼雅古城为何消亡

20世纪初，在我国西北部塔克拉玛干大沙漠边缘的尼雅地区，英国探险家斯坦因发现了一座古城。这个遗址规模庞大，东西宽约7千米，南北长约26千米，许多城墙、房舍、街道、佛塔的轮廓依然保存得相当完好，其气势磅礴，堪与著名的古罗马庞贝城相媲美。更令人惊讶的是，从这里挖掘出了大量珍贵文物，其中还有很多书写了奇怪符号的木简。这些发现立刻使尼雅一夜间轰动了世界，那些奇怪的符号是文字吗？若是，写的又是什么？为什么在这沙漠之地会有具有高度文明的古城？这座古城是如何从历史上消失的？这些疑问，吸引了众多考古学家前去考察，一步步揭开尼雅城的神秘面纱。

在尼雅考古发掘中发现的奇怪的木简符号，经专家考证确实是文字，名叫佉卢文。这是一种早已消失的文字，起源于公元前4世纪印度西北部，公元前3世纪印度孔雀王朝的阿育王时期就是使用此种文字，全称“佉卢虱底文”。公元2~4世纪曾流行于新疆楼兰、和田一带。随着印度贵霜王朝的灭亡，佉卢文也消失了，至今已经绝迹1600余年，当今世上只有少数专门的研究者能读懂它。佉卢文为何能在异国他乡流行起来，至今还没有非常合理的解释。这似乎并不重要，重要的是木简上的佉卢文写的是什么内容呢？

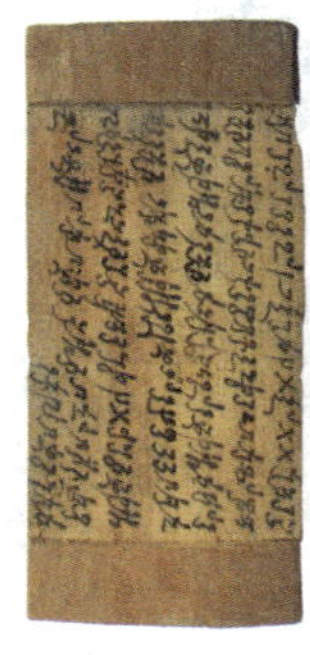

佉卢文木简

经解读后发现，木简内容也许能够揭示尼雅消亡的原因。其表述的多是各种命令，如“有来自某国人进攻的危险……军队必须上战场，不管还剩有多少士兵……”“现有人带来关于某国人进攻的重要情报”“某国人之威胁令人十分担忧，我们将对城内居民进行清查”“某国人从该处将马抢走”。这些文字字体是弯曲形的，没有标点，字与字之间无间隔，给解读带来了困难。但就从一些零星的只言片语我们可知，尼雅王国受到了某个王国的威胁，而且该国力量异常强大，尼雅几乎无力抵抗，只有忐忑不安地等待着悲惨的命运。因此尼雅的消失，是不是因为那个令尼雅害怕的王国的

人物印花棉布　东汉

这件棉布是尼雅遗址出土的文物中最为精美的一件，织造精密，文化内涵丰富。左侧手持丰饶角的头带背光的女像，可以认为是佛像，也可以认为是中亚丰收女神阿尔多克洒，还可以认为是希腊女神雅典娜；右下方的龙则是中原汉王朝的文化特征；右上方的狮子已成残躯，但仍可看出印度的风尚。

尼雅遗址

中国的尼雅文明由于英国人斯坦因的发现而闻名于世。它充分体现了作为东西方文明交会处的地理重要性。它的文明具有中国、波斯、罗马、希腊、印度及中亚各国的综合特点。

致命一击呢？

新疆一带古时又称西域，公元前后有诸多小王国，当时都臣服于强大的汉王朝。汉代曾在那里设立政府机构，并派重兵把守，“投笔从戎”的故事便是指东汉名将班超率军进驻西域、雄镇一方之事。尼雅遗址就是属于当时某个小王国当属无疑，但又是哪个小王国呢？有人认为是史籍中记载的西域众多王国之一的精绝国，其位于昆仑山下，塔克拉玛干大沙漠南缘，地理位置与今天的尼雅遗址十分接近，而且精绝国的消失也是在公元二三世纪，与尼雅王国的消失时间上重合。不过当时的精绝国可不是滚滚黄沙，而是气候宜人、水草丰茂的一片绿洲。公元2～3世纪，中原处于东汉末年和三国两晋的荒乱与纷争中，无暇他顾，致使西域诸多势力强的王国没有顾忌，也掀起了兼并弱小王国的战争。木简上的另一种说法是，尼雅被毁是尼雅人自己造成的。从遗址及所发现的文物可看出，当年的古城盛极一时。清澈的尼雅河从城郊缓缓流过，众多水道交织，大小湖泊星罗棋布，周边茂密的林木将遥远的大沙漠隔离，加上位于古丝绸之路上的必经之地，东西方文明在这里交流与碰撞，自然环境与人类文明成果共同造就了尼雅的辉煌。但尼雅人的活动不断对环境造成了破坏，特别是在1700多年前，生产方式粗放，人口的增加破坏了植被，又大肆砍伐树木，致使水源枯竭。塔克拉玛干大沙漠开始对这失去了树木保护的尼雅城施虐，最终把它吞噬。

现在的尼雅遗址，着实令人触目惊心，房屋建筑被厚厚的黄土掩埋，只露出一些残垣断壁，到处是破碎的陶器、累累的残骨，干尸也常常暴露在废墟中。发现干尸在当地是习以为常的事，也是尼雅遗址的一大特色。由于干燥的气候，这里的干尸不经过任何处理便可形成。如果当年富庶的尼雅人能看到今天的破败景象，也许他们就会珍惜那片神赐的绿洲。

尼雅的命运令人扼腕叹息，同时又告诫人们：我们只有一个地球，如果不珍惜，即使再辉煌的文明也会成为一片荒凉的废墟。

知识链接

尼雅古城的突出价值

和田古称“于阗”，历史上曾与疏勒、安西、龟兹并称为安西四都，是丝绸之路上的重镇。西域的玉石、宝马、瓜果等经由这里传到中原，中原的丝绸也从这里源源不断地运往西域。尼雅古城是和田最具影响力的景点，自1901年英国科学家斯坦因首次发现尼雅废墟至今，这里一直是世界各地探险家、考古学者们关注的焦点。

尼雅遗址是丝绸之路南道、塔克拉玛干沙漠南缘现存规模最大的聚落遗址群，是《汉书·西域传》记载的“精绝国”故地。尼雅遗址现存各类遗址数百处以上，特殊的沙漠埋藏环境使尼雅遗址保存状况良好，有大量的丝绸、毛织物、木器、玻璃饰品、人类学干尸标本等珍贵文物。尼雅遗址地处丝绸之路南道的交通要冲，是古代东西方文化交流融汇之地，汉文化、古代印度文化、贵霜文化、希腊罗马文化和早期波斯文化曾在此交会。遗址保存状况之完好，文化内涵之丰富，规模之宏伟，为世界罕见。对荒漠绿洲城邦聚落人类文化与环境变迁关系的研究，对古代东西方文化交流、中亚文明历史进程的研究和揭示，具有极其重要的价值和意义。

"大西洲"为何沉没于海底

关于大西洲的传闻是世界历史上最大的谜团，世界各地都流传着这个传闻。据说大西洲是一块神奇的大陆，那里曾经产生过人类文明史上的奇迹，那里生活着智慧超凡的人。他们创造了高度发达的物质和精神文明。千百年来，这一奇特的传闻吸引无数人们探询和追踪它的由来，遗憾的是，迄今为止人们还未发现大西洲的踪迹。

最早对大西洲的故事进行记录的是古希腊著名哲学家柏拉图，他所记述的有关大西洲的传说，是从他表弟柯里西亚那里听来的。而柯里西亚又是从他曾祖父卓彼得斯那里得知的，而卓彼得斯又是听当时雅典人梭伦所说的。梭伦是当时著名政治改革家和诗人，曾用长达10年时间游历埃及、塞浦路斯、小亚细亚等地。他回国后想把在埃及听到的有关大西洲的传闻，编写成叙事诗传给后人，可惜他未来得及完成便去世了，到柏拉图所在的时代，关于大西洲的故事已经广为流传、妇孺皆知。

柏拉图像

古希腊哲学家柏拉图最早在其文献中提到大西洲的情况，当然这也是道听途说，没有确切的证据。

传说柏拉图为证明其真实性曾经亲自到埃及去做实地考察。他访问了当地许多有名望的僧侣和祭司，但是，也只是听到些传闻罢了，并没有找到他所需要的材料。柏拉图在公元前350年写过两篇对话录《克里斯提阿》和《泰密阿斯》，他在文中这样写道：9000年前在大西洋有座孤岛，名叫亚特兰蒂斯，面积比利比亚还要大。那里土地肥沃，物产富饶，矿藏丰富，人们冶炼、耕作和建筑。那里的道路通畅、运河纵横交错，对外贸易发达。为攫取更多财富，他们凭借强大的船队向外扩张，曾一度征服了包括埃及在内的地中海沿岸大片地区。不幸的是，一场毁灭性的地震和随后的海啸，使得整个岛屿包括都市、寺院、道路运河乃至全体居民，在顷刻之间沉入海底，消失在滔天的波浪之中……

历史上真的出现过这么一个大西洲吗？

"反对大西洲派"的人认为，亚特兰蒂斯岛根本没有存在过，它仅仅是柏拉图等人诗意般的浪漫幻想。反对者主要从时代和地理位置两方面进行了批判和驳斥。

首先是在时间上。依据柏拉图所指来推算，大西洲沉没的时间应是距今11500年，即公元前9600年。就目前所知，最早的耕作出现在公元前7000年的伊拉克和公元前6000~前5000年中国原始农业萌芽的河北磁山新石器文化，而最早的农业文明是公元前4000~前3000年地处两河流域的苏美尔文明。同时，时代的矛盾也反映在冶金和建筑上，试想公元前9600年，亚特兰蒂斯岛真的有可能出现那样灿烂的文明吗？

其次是在地质学上。业内人士普遍认为，像利比亚这么大面积的古国，在顷刻间沉没大海是极端不可思议的事情。从理论上讲，大陆板块所进行的漂移，因地质构造运动所导致的地势升降，因纬度冰消雪融引起的海平面升降，无一不是相当迟缓的过程，每年平均不超过厘米量级。据称，目前所知陷入地震时地面裂口中的最大物体是1906年旧金山大地震时的一头母牛。所以，整个岛屿陷没是不可能的事。

同时，根据大陆漂移说的理论来分析。在很久以前，几乎所有大陆都是一个整体，后来分裂成几大板块陆地，这些板块陆地好像巨大的岛屿漂移在岩石圈的软流圈层上，随时间的推移渐渐分裂开来，形成了现在的地形地貌。假如用一把剪刀把各个大陆板块剪下来，然后拼接在一起，人们会惊奇地发现原来所有的大陆板块都能够对接，而且吻合得很巧妙。这时也就没有大西洲的立足之地了。

这种大陆漂移说和板块构造理论已经被当今地质地理学界所普遍认可和接受了。

但是另一方面，“支持大西洲派”认为，大陆拼接本身是“天衣有缝”的，特别是在大西洋部分拼接得不严密，露出部分缝隙；它的面积尽管没有大西洲大，但那是大西洲向下陷落所导致。

此外，他们还找到了一个地质学上的证据来说明，在亚速尔群岛外围，还发现少量的海豹，但海豹不可能自己游到海洋中心，它们是近海生物。假如没有大西洲，这里又怎么会曾是近海呢？在亚速尔群岛上还发现有大量野兔，它们来自何方呢？14 世纪加那利群岛被人们第一次发现时，当时岛上还没有船只，却有人、牛、山羊和狗，它们又是来自何方呢？美洲印第安人曾经普遍以大象和猛犸象骨为艺术和建筑的主题，而现在美洲仅仅发现过它们的残骸，并没有这些动物。

诸如此类的现象还有很多，只有一个道理能够解释得通，那就是：历史上曾经出现过一座“陆桥”，用来连接着欧洲、美洲和非洲，因此动物们可以在“陆桥”上进行迁移活动。

这座陆桥应该出现于大西洋，但它究竟是不是那个传说中的大西洲呢？目前还不知晓。

大西洲俯瞰示意图

从空中俯瞰大西洲，可以看出它是一个布局十分整齐的城市，最中央是王室宫殿，其后依次是军队驻地、居民区和城防设施。

知识链接

关于“大西洲”

传说中，创建亚特兰蒂斯王国的是海神波塞冬。在一个小岛上，有位父母双亡的少女，波塞冬娶了这位少女并生了五对双胞胎，于是波塞冬将整座岛划分为十个区，分别让十个儿子来统治，并以长子为最高统治者。因为这个长子叫作“亚特拉斯”，因此称该国为“亚特兰蒂斯”王国。大陆中央的卫城中，有献给波塞冬和其妻的庙宇及祭祀波塞冬的神殿，这个神殿内部以金、银、黄铜和象牙装饰着。亚特兰蒂斯的海岸设有造船厂，船坞内挤满三段桨的军舰，码头上都是来自世界各地的商船和商人。亚特兰蒂斯王国十分富强，除了岛屿本身物产丰富外，来自埃及、叙利亚等地中海国家的贡品也不断。

十位国王在各自的领土上握有绝对的权力，并实行不同的国家组织，彼此间为了保持沟通，每隔五到六年便在波塞冬神殿齐聚一堂，讨论彼此的关系及其统治权力，当协议成立后就割断饲于波塞冬神殿中的牡牛喉部，以其血液在波塞冬神殿的柱子上写下决议条文，以增添决议神圣不可侵犯的权威性。十位国王都很英明，各自的国家也都很富强。不幸的是，这些国家不久以后便开始出现腐化现象。众神之首宙斯为惩罚人们的堕落，引发地震和洪水，亚特兰蒂斯王国便在一天一夜中没入海底。

而据《扬子晚报》2010 年 6 月 3 日报道，法国一个匿名的“海底科学家小组”日前声称，不久前他们曾前往中美洲加勒比海的海底下进行探测，并拍下了大量照片。而当他们事后对这些海底照片进行查看时，惊讶地发现在海底的海床上竟貌似有一个巨大的矩形图案，它看上去就像一座古代城市的遗址。这座“海底古城”的矩形几何轮廓清晰可见，其中遍布着纵横交错的“街道”和各种形态各异的“建筑”。这批海底科学家相信，他们发现的这座“海底古城”，很可能就是传说中 12000 年前沉入海底的“大西洲”。

非洲原始岩画之谜

在世界文明发源地之一的非洲有许多史前原始岩画。这些岩画精美绝伦，分布极为广泛，约有十多个国家，如阿尔及利亚、埃塞俄比亚、埃及、莫桑比克、肯尼亚等都有这种原始的艺术作品保留下来，而且数量非常多，流传也很广。其中有1.5万幅岩画遗址在塔西里被发现，而在撒哈拉地区有3万幅。

这些岩画有相当复杂的表现形式和手法，还有丰富多彩的内容。粗犷朴实的笔画使用的是水混合台地上的红岩石磨成的粉末冷制而成的颜料，由于颜料中的水分能充分渗入岩壁，长久接触后发生化学变化，使颜料溶进岩壁。因而很多年后，画面依然鲜艳夺目。

科学家们根据这些岩画所反映的内容，推断撒哈拉地区以前并不是沙漠，而是存在着一群生活在旧石器时代和新石器时代的人们，他们的谋生手段是猎取大型水栖动物，也放牧羊群。大量考古资料证实，公元前8000~前2000年，撒哈拉地区并不是沙漠，而是一片布满热带植物的草原，这种草原正适合狩猎。

非洲原始岩画中，有许多神秘的人物形象，有的是手持长矛、圆盾的武士，他们乘坐战车迅猛飞驰，仿佛雄伟的战士；有的场面则是人们射杀野鹿和狩猎野牛，他们手持弓箭，个个身材魁梧。科学家们由此得出以下结论：当时战争频繁，甚至成了人们的职业，而在经济中占突出地位的是狩猎。画面上有些人戴着小帽子，身缠腰布；有些没有武器，做出敲击乐器的样子；有些人像欢迎“天神”的降临，做出贡献物品的样子，仿佛是描述祭神的画面；有些人则像是跳舞，舞姿呼之欲出。其中还有画着巨大的圆脑袋的人像，他们的服饰非常厚重笨拙，除了两只眼睛，脸上什么也没有，而且表情呆滞。人类发明了宇宙飞船以后才明白这些画面的意思，现在的宇航员穿上宇宙服、戴上宇宙帽后，与那些圆头人像有着惊人的相似。

羚羊与人

大羚羊的形象较为写实，造型准确，姿态优美；而人物形象则采用了夸张手法，图案性较强，富有节奏感。

究竟是谁创作了非洲原始岩画呢？许多人认为是当地的土著布须曼人创作的。布须曼人的文化中心正是撒哈拉地区，在这个中心地区发现的许多岩画都可以证明这一点。北边的塔西里，东北的西班牙，南边的非洲中部及南部，东边的埃及的岩画都是从这个中心地区传播开来的。

而一些欧洲学者则坚持认为外来文化的传播创造了非洲史前岩画，有的干脆说非洲史前岩画是欧洲史前岩画的复制品。他们认为首批欧洲移民尼安德特人在公元前5万年左右来到非洲，大批克罗马侬人在4000年后移居非洲，他们是欧洲史前岩画的创造者，是他们把岩画带到了非洲。

但不少专家指出，岩画中表现了非洲一些部族的人种特征，例如非洲人一般都有较突出的臀部，这是欧洲史前岩画中不可能有的。非洲岩画究竟是天外来客的随心之作，还是非洲土著布须

撒哈拉沙漠岩石水彩画，表现的是正在放牧的早期牧人的生活。

曼人的智慧结晶，或是欧洲史前岩画的复制品？现在仍然众说纷纭。然而非洲岩画的发现对世界原始文化研究有着重要的意义，它能使我们了解、考察非洲原始部族的生活与社会形态，这一点是毋庸置疑的。

而在所有的非洲原始岩画中，撒哈拉大沙漠的壁画尤为壮观。撒哈拉大沙漠位于非洲北部阿特拉斯山脉与苏丹草原以及大西洋与红海沿岸之间，它巨大的面积几乎占据了非洲全部面积的一半。

考古学家在沙漠中还发掘出许多的村落遗址，它们都是新石器时代的人类遗址。从发掘出的大量文物来看，撒哈拉在距今10000~4000年是一个草木茂盛的绿洲。当时在这里劳动、生息、繁衍的部落和民族，创造了高度发达的文化。磨光石器的广泛流行和陶器的制造是其主要特征。当时的文化已发展到相当高的水平，从壁画中的撒哈拉文字和提斐那文字可以看出这一点。

壁画中绘有很多的马匹，还有形象生动、神态逼真的鸵鸟、大象、羚羊、长颈鹿等，甚至有描绘水牛形象的壁画。科学家断言，以塔西利台地为起点，南到基多湖畔，北到突尼斯洼地，构成了撒哈拉地区庞大的西北水路网。台地在多雨期出现了许多积水池，沿着这些积水池，繁殖出各种各样的动植物，撒哈拉文化得到高度发展，昌盛一时。

人们同时发现，只有极少数地区才有关于骆驼的壁画，而且这些骆驼形象的壁画都属于非洲岩画的后期作品。

公元前400~前300年，撒哈拉成为沙漠，骆驼才从西亚来到这里，罗马共和国的疆土扩张时期也在此时。根据壁画内容可以推测当时人们很可能喜欢在战争、狩猎、舞蹈和祭祀前后在岩壁上画画，用画来鼓舞情绪，或者是表达对生活的热爱。这些画生活气息非常浓郁，非洲人民勤劳勇敢、乐观豪迈的民族性格和鲜明的地方特色得到了充分的体现。

正如前文所说，另外一些学者以人种学为研究方向，认定并非非洲本土的布须曼人绘制了岩画，其中的根据之一是布须曼人对透视法一无所知，而非洲岩画中却充分运用了这一技法。在西班牙东部、北非、撒哈拉、埃及等地区岩画之间的相似之处，一些考古学家推测在遥远年代，有一群人从地中海漂泊到好望角去了，当他们漫游到撒哈拉及东非大平原时，那里是一片充满生机的绿洲，正是他们理想的狩猎区和栖息的家园，而后他们停留在山区高原，在那里创作了许多最早的非洲岩画，他们就成为最早的狩猎者和狩猎艺术家。

然而这些只是他们的主观猜测和臆想，毫无根据可言。至于说岩画不是布须曼人的作品的原因是他们不懂透视法，则更显得荒谬。因为即使说后来的布须曼人不懂岩画知识和技巧，也并不代表那些已灭绝的布须曼人不懂。这种知识与技巧只有极少数人才能掌握，而且传授方法非常神秘，所以后来的布须曼人看不懂前人所画的岩画并不足为奇。何况因年深日久，不少岩画已模糊不清，后来者也难以辨认了，以人种学观点为依据是一种种族偏见，缺乏足够的说服力。

还有个别学者认为很难弄清岩画究竟是非洲本土的古老艺术还是外界文化的辐射，而且他们认为任何伟大艺术都是国际性的，没有必要把任何艺术都贴上民族的标签，这种工作是毫无意义的。如同世界其他地区的画廊一样，非洲文化也兼容诸多民族及其原始宗教派别的艺术。尽管这种泛论并不能让所有的人满意，但它提供的认识非洲岩画出处的思路仍有可取之处。

撒哈拉大沙漠的岩画究竟是谁绘制的呢？这至今仍是一个未解之谜，如果能找到答案，将对人类更全面地认识撒哈拉大沙漠的史前文明和发展历程有不小的帮助。

谁绘制了最早的古地图

世界的七大洲中，南极洲是最晚被人们认识的大洲。并且因为南极洲终年有暴风雪，气候条件十分恶劣，鲜有人类居住在南极洲。可是，一幅古地图的发现却打破了人们这固有的观念，这幅古地图说明了早在几千年前，人类就已经开始了对南极的探险，并且绘制了最早的地图，这是多么不可思议的事情，令人惊讶不已又令人高度兴奋。

最早的古地图是皮瑞雷亚斯的地图，它不是任何的骗局，而是1513年在君士坦丁堡绘制成的。1957年，古地图被送到美国海军制图专家、休斯敦天文台主任汉南姆那里，经过科学分析研究，认定古地图不仅异常准确地描绘了地球外貌，而且包括了一些我们今天也很少勘察或者根本没有发现过的地方。这幅古地图被称为“古地图之谜”，是世界的重大奇迹之一，那么，它的“奇”究竟在什么地方表现出来的？

第一，南极洲图形之谜。这幅古地图描绘的是“冰层下的地形”，也就是南极洲穆德后地被冰雪覆盖之前的真正面貌。自从公元前4000年，穆德后地被冰雪覆盖以来，世人就无缘一睹它的真面目。直到1949年，英国和瑞典的一支科学考察队抵达南极，对穆德后地展开全面的地震调查，人们才一睹它的“芳容”。

难以想象18世纪之前，在任何人都不可能知道南极洲的真实面目的情况下，古地图的绘制者却绘制了精确而且清晰的南极洲，他们难道到过南极？更令人不解的是，几千年来，人们并不知道南极洲的厚达4500多米的冰层的下面有山脉，但是古地图不但绘制了这些山脉，有的甚至标出了高度。我们今天的地图是借助回声探测仪才绘制出来的，那么古地图的绘制者是怎么知道这一切的？

第二，“泽诺地图”之谜。“泽诺地图”上的挪威、瑞典、德国、苏格兰等地的精确度以及岛屿经纬的精确度，达到了令我们今天的现代人吃惊的地步。除了精确之外，“泽诺地图”还绘有今天并不存在的岛屿，根据专家的猜测，这些岛屿以前确实是存在过，不过现在已经沉入了海底，还有一种可能就是它们已经被南下的巨大的冰块所覆盖了。这些岛屿的存在证明了地图的真实性，难道会有今天的人们来绘制早就已经不存在的岛屿吗？地图的真实性反而使我们有了更多的困惑：远古的人类，科学难道已经发达到如此的地步，以至他们竟然可以绘制这样精确的地图？他们的地图有什么作用吗？他们应该不是为了绘制而简单地描画了远古的地形的，那么，地图的用途是什么呢？难道是古人远航所用的吗？

第三，地图是空中绘制的吗？现存两块羊皮纸的地图残片，上面分别写有“回历919年”（1513年）

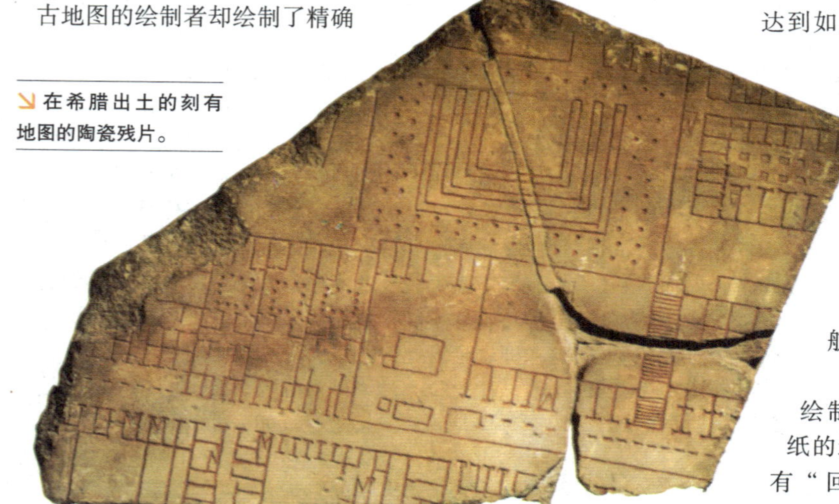

在希腊出土的刻有地图的陶瓷残片。

↗ 这是卫星从空中拍到的南极洲的形状

和“回历934年”（1528年）的日期。这两块羊皮纸吸引人的地方在于它们的独特绘制。地图上的陆地与海岸线呈现明显的歪斜现象，并且南美洲看上去比实际大了许多。人们本来以为是地图绘制者的失误，然而经过仔细的研究却发现，它们竟然与第二次世界大战中美国空军的地图十分相似，而美国空军的地图是采用正距方位作图法绘制的。正是因为从空中俯视地面，所以陆地与海岸线呈现了明显的歪斜现象。由于地球是一个球体，离开地图中心的区域就好像“下沉”了，歪斜了，所以南美洲看上去比实际大了许多。古地图的绘制情况是如此的，而美国登月飞船上所拍摄的地球的照片竟然与古地图有惊人的相似之处。难道这又是一个巧合？难道古地图是古人在天空中绘制出来的？有这样的猜测的确是匪夷所思的，但是除此之外，我们还有什么更好的答案呢？

如果要绘制这样精确的地图，就必须具备两个基本的条件，其一是必须在空中飞行，其二是必须有在空中拍摄的器具与技术。

人类掌握空中拍摄的技术不过是20世纪的事情，古代的人们是如何掌握了这样的技术？他们的拍摄的器具又是如何制造的呢？如果古人不具备这样的条件，他们又是怎样绘制出地图的呢？并且地图的精确度是这样的令我们赞叹！

是外星人帮助我们的古人绘制的地图吗？很明显，许多学者并不赞同这样的观点。那么，如果不是天外来客的帮助，我们的祖先是怎样绘制出地图的呢？到底是什么人绘制了地图？他们又是采用了什么样的方法来绘制的呢？他们绘制这样的地图的用意是什么呢？他们为什么要绘制在今天看来是超出了他们实际需求的地图呢？

面对这样的疑问，我们期盼学者们的研究能给我们一个满意的答案，我们或许只能期盼来自未来的回答了。

↗ 这是18世纪欧洲人绘制的世界地图。从中可以看出人们对世界的认识的不全面。

金字塔是怎样建造的

谈及埃及，就不能不说代表其灿烂文化的“世界七大奇迹”之一的金字塔建筑群——胡夫金字塔、卡夫拉金字塔和门卡乌拉金字塔。胡夫金字塔位于开罗西南郊，是埃及最大的金字塔，由230万块巨石建造，其中最轻的2.5吨，最重的达40吨。这些金字塔由于修建时期在6000年前，目前没有发现任何记录它建造的文字，却在建筑学、数学、几何学、物理学等方面给后人留下了种种离奇、有趣的暗示，留下了无数的难解之谜！

胡夫金字塔的底面呈正方形，每边长230多米，绕金字塔一周，要走1千米的路程。胡夫金字塔除了以其规模的巨大令人惊叹以外，还以其高超的建筑技巧而著名。塔身的石块之间没有任何黏着物，而是一块石头叠在另一块石头上面的。每块石头都磨得很平，至今已历时数千年，人们也很难用一把锋利的刀刃插入石块之间的缝隙，这不能不说是建筑史上的奇迹。另外，在大金字塔身的北侧离地面13米高处有一个用4块巨石砌成的三角形出入口，因为如果不用三角形而用四边形，那么，100多米高的金字塔本身的巨大压力将会把这个出入口压塌。而用三角形，就使那巨大的压力均匀地分散开了。在4000多年前，对力学原理就应用得如此巧妙，不能不令人叹为观止。

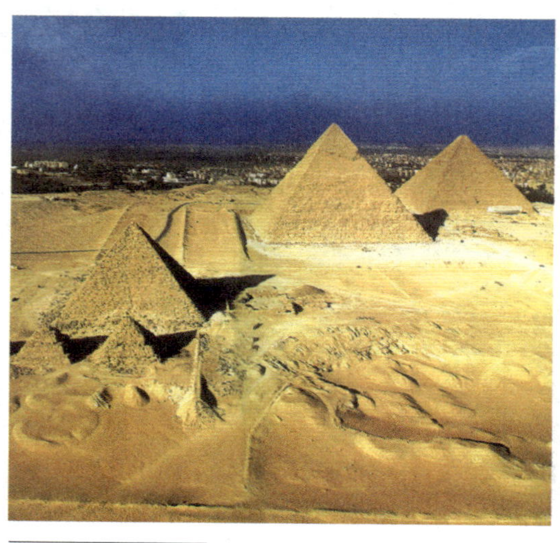

埃及金字塔建筑群

究竟是什么力量、什么机器和什么技术，把这块岩石地带整平的？建筑师是如何挖掘通向地层下的隧道的？他们如何使光线渗入内部？

多年来，人们公认的说法是，埃及金字塔是由埃及的劳动者在公元前3000多年用手工建造的。当时的劳动者用没有轮子的运载器械运送如此沉重的石块，而且他们只能借助于畜力和滚木来艰难地移动石块。把巨石运到建筑地点后，他们又将场地四周天然的沙土堆成斜面，把巨石沿着斜面拉上金字塔。就这样，堆一层坡，砌一层石，逐渐加高金字塔。每批10万人，每一大群人要劳动3个月，历经20多年的劳动才换来胡夫金字塔的建成。多年来，专家们认为金字塔建造者都是被强迫来做工的奴隶。然而新的发现使他们相信劳动者并不是奴隶，他们是埃及的公民。在金字塔的一些石块上发现的标记为这种想法提供了证据。专家们认为这些标记是劳动者写明他们的工作以表示他们为建造金字塔而自豪的方式。这些标记是以古代象形文字书写的，它们是劳动者的人名。美国耶鲁大学和埃及考古学家在金字塔附近还发现了一座大建筑物的废墟。他们相信这里曾经是储藏粮食和烘烤面包的场所。他们认为这个地方所产生出来的食物可供养10万名工人。

但这种说法在今天受到了考古学家们的挑战。根据金字塔的建造规模，有关专家估计，在修建大金字塔时，埃及居民至少应有5000万人，否则难以维持工程所需的粮食和劳力。然而，据历史资料统计，在那个时期，世界总人口才有2000万人，这是一个多么惊人的矛盾。更令人不解的是，建造金字塔的石块都是从很远的地方运到吉萨沙漠去的。这些石块大的有40吨，小的也有2.5吨，仅胡夫大金字塔就用了230万块这样的石块。从埃及当时的科技水平来看，还没有能力运输如此又重又多的大石块。因此，有人大胆设想，石块不是从陆地或水上运输的，而是由宇宙来客在空中运输的。这种大胆设想或许被认为太荒谬了。但是，以胡夫金字塔来说，该塔底边各边长230米，误差不到20厘米。塔高146.5米，相当于40层楼高，东南角与西北角的高度误差仅为1.27厘米，如此低的误差率，即使许多现代建筑也望尘莫及。更让人惊奇的是，胡夫大金字塔的塔高乘上10亿等于地球到太阳的距离；用2倍塔高除以塔底面积，等于圆周率，即3.14159，而该塔建造好差不多过了3000年后，人们才把圆周率算到了这个精确度。塔的四边正对着东南西北四个方向，塔的周长米数正好与一年的天数相吻合（即365.24天），其周长乘以2正好是赤道的时分度，坡面的高是纬度的6%，塔的自重乘以10的15次方正好是地球的重量。因此，无论是谁选定这个塔址，都应该对地球体的球结构、陆地和海洋的分布等有充分了解。

古埃及人建造金字塔示意图（想象）

一位叫戴维杜维斯的法国化学家，提出了一个关于金字塔建造的全新见解。他认为，建造金字塔的巨石是人工浇筑的。他把从金字塔上取下来的小石块逐个加以化验，结果证明，这些石块是由人工浇筑贝壳灰石组成。尽管考古证明，人类在几千年前就已掌握混凝土制作技术，但这些贝壳石灰石浇筑得如此坚如磐石，以至很难将它们与花岗岩区别开来，实在是令人难以置信。由此他推测，在埃及，奴隶建造金字塔很可能是采用“化整为零”的办法，先将搅拌好的混凝土装进筐子，再抬上正在建造中的金字塔。这样，只要掌握一定的技术，就能浇筑成一块块巨石，将塔一层一层加高，这种做法既省力又省工，或许是上天特意为了证明他所说是正确的，这位法国科学家还在石块中发现了一缕人的头发。

可惜的是，这些推论都是后人的一种猜测，当时的人是如何建造这样的一个奇迹，我们无从知晓。但修建金字塔，一定是集中了当时古代埃及人的所有聪明才智。今天，当我们再次漫步在金字塔世界时，只有陶醉在她谜一般的神话传说中。

知识链接

阶梯金字塔

古埃及的第1座金字塔于公元前2650年为国王佐瑟修建，它被称为阶梯金字塔，因为它沿层层巨大的台阶逐渐增高。阶梯金字塔位于孟菲斯古城遗址上。后来的金字塔表面都砌上了石头，于是每个面都变得很光滑。不过今天金字塔的表面看起来已经被磨损和侵蚀得很粗糙了。

古埃及的阶梯金字塔

看上去很像修建于美索不达米亚（即今天的伊拉克）的金字形神庙。金字塔下是由地道、走廊和房间构成的迷官。

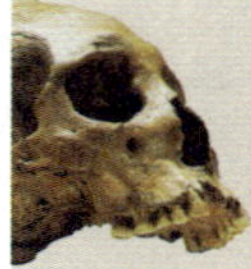

神秘的奥尔梅克石像

奥尔梅克文明的历史，可以追溯到公元前2000年，但是在阿斯特克帝国崛起之前的1500年，这个古老的文明就已经消失了。但是仍然留下了很多关于奥尔梅克人的美丽动人的传说，人们甚至亲切地称呼他们为“橡皮人”——根据传说，他们居住在墨西哥湾沿岸的橡胶生产基地。

传说中的奥尔梅克人的家乡，正是科泽科克斯河注入墨西哥湾的地方。“科泽科克斯”这个地名的意思就是“蛇神出没的地方”。相传远古时代，奎札科特尔和他的门徒就是在这个地方登陆墨西哥的——他们搭乘“船身光亮有如蛇皮一般的”船舶，从地球的另一端渡海而来。也就是在这里，奎札科特尔登上一艘“蛇筏子”扬帆而去，从此离开了中美洲。

就在科泽科克斯西边，从圣地亚哥·图斯特拉镇出发，向西南方向行驶25千米，穿过葱翠的原野，便是崔斯萨波特古城；科泽科克斯的南边和东边则是圣罗伦佐城和拉文达城，在这些地方，无数的典型奥尔梅克人雕刻品相继出土。有些雕刻的是庞大的头颅，重达30吨，其他的是巨型的石碑，上面镌刻着两个相貌完全不同的种族——都不是美洲印第安人——相会的情景。制作这些杰出艺术品的工匠，肯定是属于一个精致的、高度组织化的、繁荣富裕的、科技上相当发达的文明。令研究者们困惑的是，除了艺术品之外，这个文明没有留下任何东西让后人探寻它们的根源和性质，它们的存在又有什么样的代表意义？唯一能够确定的是奥尔梅克人在公元前1500年左右，带着已经得到了充分发展的、高度文明的文化，突然出现在中美洲这片神奇的土地上。

↗人头石像　公元前900~前600年　奥尔梅克文明

考古学家挖掘出的巨大人头像中，最大的一尊是在耶稣基督诞生之前不久雕制完成的，也就是公元前100年左右制作的，它重达30多吨，大约高1.8米，圆周为5.4米。它们呈现的大多是非洲男子的头部——戴着紧密的头盔，绑着长长的颚带，耳朵穿洞，鼻孔宽阔，鼻梁两旁显露出一道道很深的沟纹，嘴巴肥厚下垂，下巴紧贴着地面，有的两只大眼睛冷冷地睁着，宛如两颗杏仁，有的则是安详地闭着双眼。在那顶古怪的头盔底下，两道浓密的眉毛高高翘起，显出一脸怒气。看上去总会感觉有一种阴郁、深沉的凝重气息。奥尔梅克人留下5座非同一般庞大的雕像，描绘的是面貌具有明显黑人特征的男子。当然，两千年前的美洲并没有非洲黑人，直到白种人征服了美洲之后，黑人才被抓来当奴隶。考古学家发现的人类化石却显示，在最后一个冰河时代，移居美洲的许多种族中，就有非洲黑人。

这一尊尊人头像，都是用整块的巨大玄武岩雕成，竖立在粗糙的石板叠成的基座上。尽管体积十分庞大，雕工却显得十分细致老练，五官的比例均匀完美。

在清除了周围的泥土之后，它立刻呈现出一种令人望而生畏的严肃的气概。和一般的非洲土著的雕刻品不同的是，它所使用的是写实的雕刻方法。五官的线条简洁而且有力度，表现出黑人身上所独有的面貌特征。

显然，奥尔梅克人曾经建立了相当辉煌灿烂的雕刻文明，进行过大规模的工程计划。他们发展了高超的技艺，有能力雕琢和处理巨大的石块（他们遗留下的人头像，有些用一整块巨石雕刻而成，重达20吨以上）。不可思议的是，尽管研究者一再地努力挖掘，却始终没有在墨西哥找到任何的证据和迹象可以证明奥尔梅克文化曾经有过“发展阶段”。这个最擅长雕刻巨大黑人头像的民族，仿佛从石头里蹦出来，突然出现在墨西哥。有趣的是，这些让考古学家百思不得其解的5尊巨大的、显露黑人五官特征的人头雕像，被刻意埋藏在地下，以一种独特的形式排列着。

安第斯文明

这幅地图显示的是查文的安第斯文明以及他们主要的城市查文·德·万塔尔。它也显示了奥尔梅克的遗址，奥尔梅克文明出现在墨西哥。奥尔梅克文明的宗教中心与主要城市是拉文塔。

那么这些巨型的人头像雕刻品，代表什么意思呢？有人推测是奥尔梅克人自己的自画像；有人认为那不是他们制作的，而是出于另一个更加古老的、已经被遗忘的民族之手。

正统学界一贯主张，1492年之前，美洲一直处于孤立的状况之中，跟西方世界没有接触。思想比较前卫的学者，拒绝接受这种教条式的观念。他们认为，奥尔梅克雕像所描绘的那些深目高鼻、满脸胡须的人物，可能就是古代活跃于地中海的腓尼基人，早在公元前1000年之前，他们就已经驾驶船舶，穿过直布罗陀海峡，横越大西洋，抵达美洲。提出这个观点的考古学家进一步指出：奥尔梅克雕像所描绘的那些黑人，具体地讲，是腓尼基人的“奴隶”，他们是在非洲西海岸捕捉到这些黑人，然后千里迢迢地将他们带到了美洲。

还有一个问题，纵横四海的腓尼基人，在古代世界的许多地区留下了他们的独有的手工艺品，却没有在发现的奥尔梅克人聚居地留下属于他们的任何东西。事实上，就艺术风格来讲，这些强劲有力的作品似乎并不属于任何已知的文化、传统和艺术类型。不论是在美洲还是在全世界，这些艺术品都没有先例。

奥尔梅克文化究竟从何形成，又是如何衰亡？这是个连历史学家都无法回答的问题，刻在石头上的日历以及历史，就更加难以解释了。总之，奥尔梅克文化隐含着诸多未知数，历史学家和科学家们不知还要经历多少年的不懈的努力，才能够找到它的谜底。

大头孩

这个陶制小孩有着拉长的头和歪斜的眼睛，这是奥尔梅克画像的特征。考古学家们对这一特征一直迷惑不解。这可能是留在庙宇中的一个宗教供品。

克诺罗斯王宫的毁灭

在希腊神话和传说里，记载着这样一个故事：米诺斯国王是诺色斯、克里特和整个爱琴海的国王。有一次他派他的儿子安德罗吉到大陆去参加运动会。不料，安德罗吉遭到了雅典国王的妒忌并被谋害致死。米诺斯在震怒之下发动战争，众神也纷纷降灾荒和瘟疫到雅典，雅典被迫求和，答应定期送童男童女到克里特。而米诺斯国王把他们关禁在迷宫里，或是让恶兽吃掉，或是饥饿而死。为此，雅典人惶惶不安。

这自然是久远的希腊传说了，尽管流传得相当广泛，但一直以来都没能引起人们足够的重视。19世纪70年代，德国著名考古学家谢里曼根据《荷马史诗》提供的线索找到了传说中的特洛伊城，从那时起，考古学家们开始试图寻找一座希腊神话传说里的王宫——克诺罗斯王宫。英国的考古学家阿瑟·伊文斯带考古队来到克里特岛，经过3年的发掘，终于在克里特岛的伊拉克利翁市发现了米诺斯文明中最大最重要的王宫遗址——克诺罗斯王宫。于是，希腊神话中的记述不再是无稽之谈，人们密切关注这一发现。

伊文斯所发现并复原的王宫，位于克里特岛的伊拉克利翁市东南大约8千米远的地方，具体来讲，这里是新王宫。在历史上，克诺罗斯王宫最初始建于大约公元前1900年左右，此后成为米诺斯王国的政治、经济、文化中心，并且逐渐染上某种宗教色彩。在进入文明时代后，它又和王朝法院的崇拜紧密结合起来，宗教圣地的气息变得越来越浓厚，带有神圣庄严的色彩。相应地，米诺斯王权也具有了浓厚的宗教色彩，国王兼任祭司司长的职位，王宫就是最高的祭坛。

米诺斯宫殿

米诺斯王及其大臣居住的宫殿，不只是政治权力的中心，它们还主宰全国经济。宫殿里充满了浓厚的宗教气氛，犹如令人敬畏的神庙。

伊文斯所发现的新王宫，建立在公元前1700~前1500年，是在旧王宫的基础上不断扩建的，它的建筑设计也更加完善。王宫建成后面积为2.2万平方米，即使是最保守的估计，王宫里的厅堂房间总数也至少在1500间以上，更别提梯道交错、廊檐低回了，外人很难搞清楚它究竟是怎样建起的。或许这也是王宫叫作迷宫的缘故吧。

王宫建筑总体上呈长方形，四周没有围墙和望楼。中心是长方形

↗ **克诺罗斯宫殿俯瞰，它是唯一幸存下来的米诺斯人的文明遗址。**

的中央庭院，长60米，宽30米，可以说是所有米诺斯王宫中最大的庭院了。由于王宫是依仗山势而建，地势东高西低，所以从东侧望去楼房高耸，门窗长廊错落有致，仿佛建筑是巧夺天工的杰作。

王宫的中央庭院两边都有楼房，西边的楼房是主要作为国王自已办公、祭祀、贮藏之用的。一层是一系列的神龛、楼梯、神坛还有祭仪大厅，二层则作为办公集会厅、档案馆等。墙外还有10间库房，里面有许多大型的陶瓮、陶罐。祭仪大厅正中放着一把专供国王享用的椅子。所以，大厅还叫“御座宝殿”。东边的楼房却可以称为“生活区”，这里包括国王及其后妃的寝宫、接待厅、学校等。楼层有四五层之多，布局也更加复杂了，主要的有“双斧大厅”。大厅墙上挂着高大的盾牌，也就是在荷马史诗中曾有提及的那个盾牌。当然，所有布置十分豪华，在墙上绘有海豚戏水等自然景色的壁画。另外，王宫的壁画是很值得一提的，它为研究米诺斯文化与社会生活提供了丰富的资料。

考古学家的研究为克里特岛的历史填补了光辉的一页。公元前2300~前1500年，克里特王国的文化曾经盛极一时，而其最辉煌的时候，正是米诺斯王朝。米诺斯国王精明强悍，治国有方，使得国家发展到极盛时期。当时的爱琴海诸岛纷纷向他称臣，雅典也被迫纳贡。无疑，这里曾经有着高度灿烂的文明。

然而，颇为令人感到奇怪的是，公元1500年前后，克里特岛上的所有城市，几乎在同一时间全部被毁坏了，克诺罗斯王宫也没有能够幸免，不久，强盛的王国也在地球上销声匿迹了。这是什么原因促成的呢?

1967年，美国的考古学家揭开了历史的谜团。

原来，在距离克里特岛以北约70千米的地方，有一个叫桑托林的火山岛。虽说这座火山的海拔仅仅为566米，20世纪以来的3次喷发规模也较小。但是，在岛上60多米厚的火山下竟然挖出了一座古代的著名商业城市，这使得人们的看法改变了。根据有关研究，这里曾经发生过人类历史上最严重的一次火山喷发。时间就在公元前1500年前后，桑托林火山喷出的火山灰渣达到了162.5千米，岛上的城市霎时间被湮没到厚厚的火山灰下。火山喷发十分猛烈，据记载，当时的埃及上空出现了连续3天漆黑一片的景象。而且，火山喷发引起的海啸，浪头高达50米，滔滔的巨浪很快就冲到克里特岛，淹没了岛上的一切。

就是这样绝无仅有的一次火山大喷发，葬送了一个古老的文明社会，克里特王国就这样永远消失在人类的文明史上，渐渐被人们所遗忘了，仅仅留下了神秘莫测的零星传说。

↗ **在克里特岛上发现的坛子。这些坛子是古代克里特人用来盛粮食、橄榄油及酒的。**

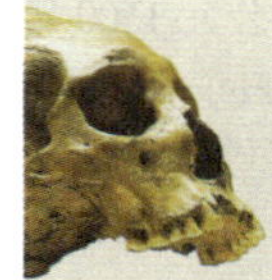

摩亨佐·达罗的消失与核战争有关吗

巴基斯坦信德省的拉尔卡纳县南部，印度河的右岸，有一座半圆形的佛塔废墟。这里白天狂风怒吼、沙尘飞扬，夜晚寒风习习，尽收眼底的只有一望无际的沙漠。多少年来，这里一片荒芜，满目凄凉，被当地人称为"死亡之丘"，但许多学者更喜欢称它为"核死丘"。

1922年，印度勘察队员偶然在这里的佛塔废墟内，找到了几块刻着动物图形和令人费解的文字的石制印章。此后60多年，考古学家在这里发掘出了一个建于4500年前的古城遗址，向世人证明了印度河文明与两河流域的苏美尔文明一样古老而灿烂。这就是举世闻名的摩亨佐·达罗，标志"印度河文明"的古城，1980年被列入《世界遗产名录》。

这座规模宏大的城市建于印度河流域，全部由毛坯砖建成，包括一座卫星城，周围建有壁垒，是青铜时代的古城遗址。城址占地约8平方千米，按城市规模推算，当时的人口在4万人左右。城镇街道大部分是东西向和南北向的直路，成平行排列，或直角相交。主要街道宽达10米，下面有排水道，用拱形砖砌成，形成一个独特的排水系统。数千间房屋好像棋子般布满全城。每个住宅都有6~10间房，并有院子，最突出的是一幢包括许多间大厅和一个储存库的建筑物。它可能就是当时摩亨佐·达罗城的国王或首领居住的地方。住宅大都有水井和整洁的浴室，而且有一条修得很好的排水沟，把废水引入公共排水渠中。大小住宅多半都在外墙里面装有专用的垃圾滑运道。居民可以把废物倒进滑运道，滑到屋外街边小沟。小沟又连接下水道系统。如此复杂的污物和污水处理系统，不仅在上古时代是无与伦比的，就是当今世界上的许多城镇也望尘莫及。

古城大体可分为上城和下城两部分。上城首先看到的是高达15米的圆形古堡。从古堡往下走，是著名的大浴池和粮仓，大浴池由红砖和灰浆砌成，四周还有精巧的上下水道。研究印度河文明的专家认为，这座大浴池很可能是为宗教仪式服务的。现在，印度河一些地区仍保留着将沐浴用于宗教仪式的传统。下城离上城约1000米，当人们置身于两人多高的街墙之间时，迎面会有凉风习习吹来，使人们对古代建筑师巧妙地利用季风进行自然通风的技巧惊叹不已。

摩亨佐·达罗古城遗址

从这一片废墟中似乎可以看出它曾经遭受过人为的破坏，所以有的学者怀疑它遭受过核打击。

古城出土了数百件奇异的人形陶俑，描绘了当时的“圣母”祭祀仪式，体现了古摩亨佐·达罗人的艺术创作特点，表现了他们对“神力”的敬畏和虔诚。出土文物中有一尊似是教王一类首领人物的塑像，头系发带，面蓄胡须，左肩上斜搭一件饰有三瓣花图案的大氅，双目微睁，显出沉思的模样。另一件精巧的文物珍品是一个舞女的塑像，全身赤裸，叉腰翘首，栩栩如生，一副高傲尊严的神态。此外还出土了大量石制印章、陶器、青铜器皿等文物。印章上刻有牛、鱼和树木的图形文字，很像古埃及的象形文字和苏美尔人的楔形文字。不过，遗憾的是，这些“天书”至今还没有被人们识读。

城市是文明发展水平的一个重要标志，有学者认为类似摩亨佐·达罗先进发达的城市规划与1000多年后的古罗马时代竟处于同等的水平！而在其所处的时代，世界上绝大部分的人们还居住在山洞中，或是住在用树枝树叶、泥土搭起、垒起的简陋棚屋里，最多也不过是1000人以下的村落。

可是，在3500年前的一天，这座城市神秘地消失了，葬身于黄沙之下。而且种种迹象表明，这里的居民在一个短暂的时间内突然无影无踪地消失，并遗弃了这座城市。为什么会发生这样的事情？摩亨佐·达罗人在离开这个城市后去了哪里？为什么在别的地方没有再现这个城市的文明？这些谜一直困扰着考古学家们。有意思的是，在印度语中，摩亨佐·达罗的意思是“死亡之丘”。为什么叫这样一个名字呢？难道一开始就蕴含着某种不解的神秘？

史学家认为，昔日摩亨佐·达罗郊外也是郁郁葱葱，有着和尼罗河一样宽阔古老的印度河。它不仅灌溉着千里沃野，也孕育着人类的文明。只是到了后来，过度的放牧和种植，破坏了生态平衡，使得植被稀疏，表土裸露，在强烈的阳光照射下，水分迅速蒸发，最终沦为一片沙洲。可是，这样的解释无法说明摩亨佐·达罗人为什么也消失了。

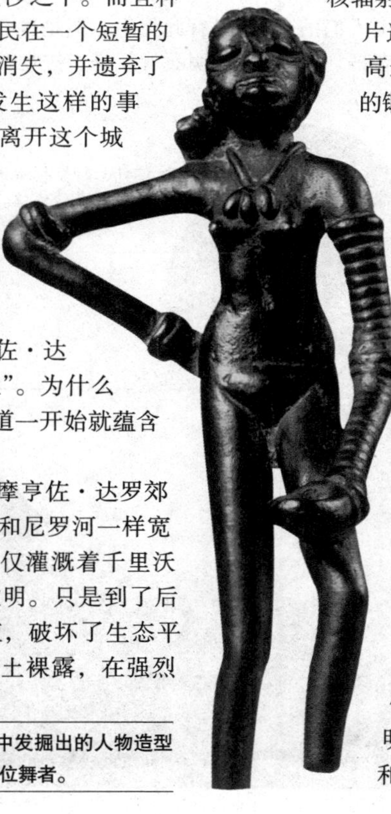

↗ 从摩亨佐·达罗古城遗址中发掘出的人物造型的青铜器，这可能是当时的一位舞者。

也有人提出，是一次大地震毁灭了城市，可是，这里丝毫没有地震遗留下来的痕迹；有人认为，是一场瘟疫使居民们远走他乡，可是，为什么他们没有在其他地方创造同样的文明呢？还有人认为，是别的部落占领并且洗劫了城市。可是，谁又相信，最文明的国度会被原始野蛮的部落征服呢？最后，英国科学家杰文波尔力排众议，提出了摩亨佐·达罗城遭受了原子弹袭击。研究者们在城中发现了许多爆炸的痕迹，并且找到了爆炸中心。在爆炸中心1平方千米半径内所有建筑物都成了齑粉，距离中心愈远建筑受毁坏程度愈小。在距中心的较远处，发现了许多人骨架。从骨架摆放的姿势看，死亡的灾难是突然降临的，人们对此毫无察觉。而且这些骨骼中都奇怪地含有足以与广岛、长崎核袭击死难者相比的辐射线含量。不仅如此，研究者们还惊奇地发现：这座古城焚烧后的瓦砾场，看上去像极了原子弹爆炸后的广岛和长崎，地面上还残留着遭受冲击波和核辐射的痕迹。对遗址中的大量黏土和矿物碎片进行的分析表明，它们被烧熔时的温度高达1400℃~1500℃，而这种高温，当时的锻造条件是无论如何也达不到的。

联系到古印度史诗《摩诃婆罗多》对5000年前史实的生动描述，后人也可对“核死丘”的遭遇领悟一二：“空中响起轰鸣，接着是一道闪电。南边天空一股火柱冲天而起，比太阳耀眼的火光把天割成两半，房屋、街道及一切生物，都被这突如其来的天火烧毁了……可怕的灼热使动物倒毙，河水沸腾，鱼类等统统烫死。死亡者烧得如焚焦的树干，毛发和指甲脱落了；盘旋的鸟儿在空中被灼死，食物受到污染……”难怪美国“原子弹之父”奥本海默认为这部印度古代叙事诗中记载的分明是史前人类遭受核袭击的情形。

现在这里仅剩下一片片砖瓦残迹。但摩亨佐·达罗遗址因其惊人的古代文明、神奇的难解之谜，吸引着无数学者和游客的到来。

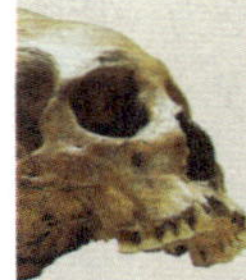

“斯芬克斯”究竟何时诞生

埃及人很崇拜狮子，他们认为狮子是力量的化身，因此古埃及的法老把狮身人面像放在他们的墓穴外面作为守护神。著名的狮身人面像位于开罗市西的吉萨区，在卡夫拉金字塔的南面，距胡夫金字塔约350米。斯芬克斯狮身人面像是世界上最大的狮身人面像，石像脸长达5米，头戴奈姆斯皇冠，额头上刻着“库伯拉”圣蛇浮雕，下颌雕有象征帝王威严的长须，在阿拉伯文中，它被称为“恐惧之神”，象征着君主的威严与权力。

关于斯芬克斯石像的出现时期在学术界也有很多种说法，至今不能得到统一，于是斯芬克斯的谜依然存在着，不同的只是谜的内容从人换成了石像而已。

斯芬克斯是传说中的恶魔，以关于人的谜语为难题吞食掉了许多人。当俄狄浦斯准确无误地回答出它的问题之后，它羞愧至极，觉得无颜再活在世上，于是跳崖自杀。当时的国王瑞翁为了让人们记住这个罪恶滔天的恶魔，便在斯芬克斯经常出没的地方，即今天狮身人面像所在之地，造了一座石质雕塑，流传保存至今成为文化珍宝。也许只是因为时代久远，于是就有了人们的种种想象和猜测，这些都不能用科学去考证。严谨的考古学界则有确切的研究行动，并一直认为狮身人面像大约修建于公元前2500年，处于古王国时代第4王朝的埃及法老卡夫拉统治时期，下令雕刻石像的就是卡夫拉而不是瑞翁，他要求按照自己的脸型雕刻，把狮身人面这一奇特而浩大的工程作为礼物送给后世的人们。这可能是因为狮身人面像与卡夫拉的容貌比较相近的缘故，所以有此猜想。但是也有反驳者认为，这完全不能证明石像就是卡夫拉自己建造的，因为他完全

这件头饰象征着法老至高无上的地位。
由石灰石建成的狮身因风沙、日晒等原因，已被严重侵蚀。
对狮身人面像的修复
经过修复的部位

狮身人面像

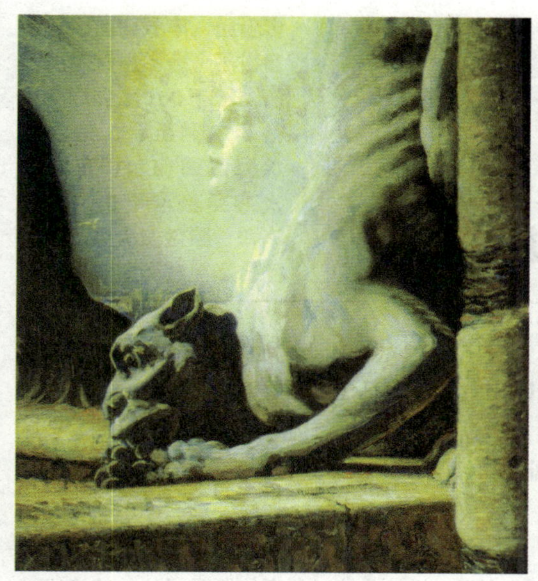

传说中吃人的怪物——斯芬克斯

可以在自己统治的时期将石像进行修改，使之成为自己脸型的样式。

然而科学家们发现，狮身人面像比人们认为的年代可能要更早，甚至早一倍。波士顿大学的地质学家罗伯特·M. 肖赫第一次从地震角度切入，对吉萨遗址进行了研究，结果表明，狮身人面像最初雕刻的时间比通常人们认为的要久远，因为这座石像裸露在外面，与周围的石灰石床岩受风化和侵蚀的时间要比人们认为的长得多。另外，狮身人面像和其他年代确凿的建筑物侵蚀程度有着显著的差异，这也表明了存在于时代之间的距离。

科学家们利用各种先进的仪器和方法对狮身人面像进行了研究，经过声波穿行速度等科技测试，他们惊奇地发现，狮身人面像的“尾部”是卡夫拉统治时期出现的，要比石像前面的部位和两边部位的壕沟年代晚一半以上的时间。也就是说早在卡夫拉修建狮身人面像之前，狮身人面像的头部就已经存在 1000 年了。这一发现使他们大为振奋，并且深信不疑，地质学家于 1919 年 10 月 22 日在圣地亚哥举行的美国地质学年会上提交了他们的研究报告：狮身人面像的实际修建时间是公元前 7000~ 前 5000 年。

然而考古学家们完全不能接受这样的研究结论，他们认为这与他们所了解的古埃及的情况完全不相符合。就他们所掌握的考古知识来看，在卡夫拉统治的几千年前，古埃及人根本不可能拥有建造这一巨型建筑物的技术，甚至也完全不可能有这种愿望的产生。狮身人面像的修建技术比已经确定年代的其他建筑物的技术已经先进很多，如果再将它的建造年代提前将是不可思议的事情。如果承认地质学家的结论，那么几千年前，修建狮身人面像的不应该是古代埃及人，而只可能是另外的一群高级智慧生物，或者只能是还不能确定到底存在与否的外星人。

宇宙学的研究者根据金字塔建筑群与天文现象的种种巧合神奇之处，以及金字塔内遗存的超前于现代的物品，推测金字塔是外星人在不同时期单独或帮助法老建造的。科学家以先进的仪器探测发现，狮身人面像之下也有类似金字塔内的秘密通道和密室。于是有人猜想斯芬克斯也是出自外星人之手，原本是作为宇航导向的标志，而后又被法老发现并占为己用。

斯芬克斯像雄伟壮观，它表情肃穆，凝视远方。当年土耳其人攻打埃及时，曾以斯芬克斯的鼻子和胡须做靶子打炮，被打掉的鼻子和胡须现存于伦敦的大英博物馆内。学术界的争论与猜测使斯芬克斯到现在为止仍扑朔迷离，它凝视远方的眼睛里充满了等待被理解的渴望，但是它到底出自谁手，来自哪个久远的年代，都没有准确的答案。期待研究者找到更能让大家信服的证据，拨开深藏在狮身人面像后面沉重而神秘的历史云雾，见到一个完整的、有着明确历史内涵的狮身人面像。

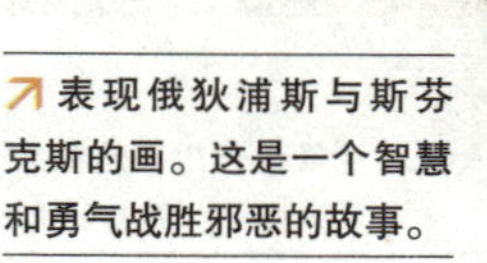

表现俄狄浦斯与斯芬克斯的画。这是一个智慧和勇气战胜邪恶的故事。

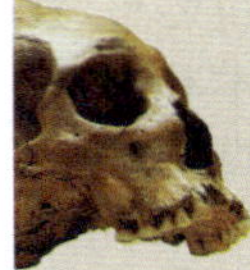

《荷马史诗》中的特洛伊城真实存在吗

特洛伊古城位于土耳其西北部的西拉沙立克山丘下，紧临碧波万顷的达达尼尔海峡，隔海与巴尔干半岛相望。长期以来，人们一直以为它是《荷马史诗》中虚构的一座城市，并且为此引起过一些争论。19世纪70年代，考古学鼻祖海因里希·谢里曼通过执着而卓越的考古发现，使这座荒丘下的古城终于在世人面前从虚幻走向隐约的真实。

谢里曼从小就被特洛伊战争的故事所吸引，故事里海伦的美、阿喀琉斯与部将帕特洛克纳斯之间的忠诚和友谊都让谢里曼深深感动，但给他印象最深的还是《伊利亚特》里特洛伊城被焚烧时火光冲天的描述及插图，它唤起了谢里曼强烈的好奇心，给他幼小的心灵留下了深刻的烙印。1870 年，谢里曼带着年轻的妻子来到濒临爱琴海的土耳其西北部沿海地带，开始了一生中梦寐以求的伟大事业——寻找特洛伊城。谢里曼召集了 100 多个民工开始了旷日持久的发掘工作。谢里曼没有科学的考古经验和科学的发掘技术，他遇到年代较晚的建筑物遗址时，不像现代的考古发掘者，给予绘图、照相、记录和测量，而是立即把它毁掉。这样他发掘了一层又一层，每一层都是属于某一历史时期的居民区，一代代的人在这里生活过，一座座城市在这里繁华过。每天他都会有不一样的收获，包括他所要寻找的特洛伊城在内，他发掘出了总共 9 个城市的遗址，都是不为人知的原始古迹。但问题出现是这 9 个遗址里哪一个才是他要找的特洛伊城呢？在第 9 层他发现了自以为是“普里阿蒙宝藏”的遗址，而事实上，后来的考古发现谢里曼早已经挖过头了，特洛伊战争时的遗址应该在这一层的三层之上。

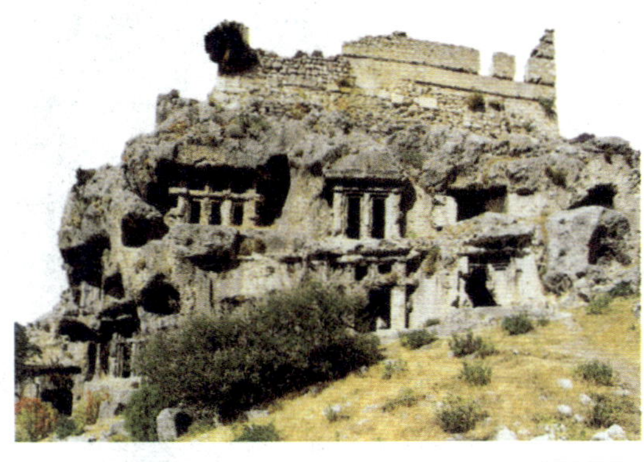

特洛伊古城的城堡遗址

这种坚固的城堡对防止外敌的入侵起了很大作用。这些古城堡大约建于公元前6~前3世纪。

从考古看来，特洛伊城前后延续时间较长，城市是不断发展、扩大的。特洛伊城遗址自下而上分为 9 层。第 1 层是公元前 3300~ 前 2500 年的一座直径只有 90 多米的石筑小城堡，有城墙和城门，出现了铜器，有磨光黑陶和灰陶。还发现有一个刻着人面的石碑。第 2 层在公元前 2500~ 前 2200 年，城市开始繁荣，筑有坚固的城堡，城堡较第 1 层有所扩大，直径达 120 多米，有城墙、城门，城内有居住住址和铺砌的道路，谢里曼发现的所谓“普里阿蒙宝藏”就是在这一层出土的，该层有大量的灰烬，估计是于战火硝烟之中被毁掉的。第 3、4、5 层在公元前 2200~ 前 1800 年，城市范围较大，但其发展规模和水平都不高，建筑不如以往雄壮。第 6 层在公元前 1800~ 前 1275 年，特洛伊城发展到历史上最大的规模，城墙更为坚固，总长达 540 米，至少有 6 座城门。居址平面呈长方形，布局井然有序，城内发现有火葬墓，葬具为骨灰瓮。德普费尔德认为它属于特洛伊战争时期，但是有的科学家不同意这一观点。他们认为这一层与其他层次的建筑风格有很大差异，而且从墓藏的不同葬俗也能看出不同，所以

知识链接

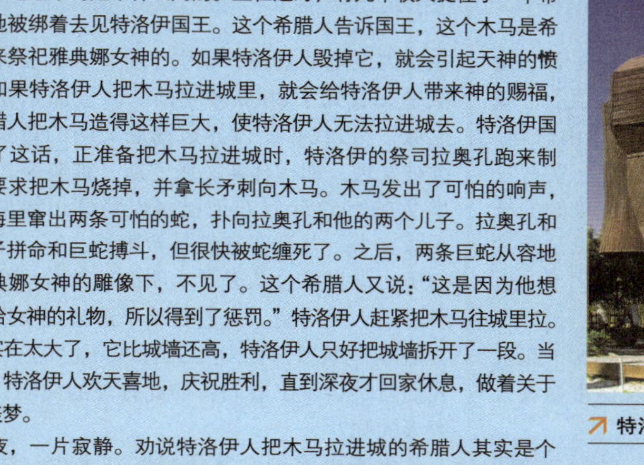

木马屠城

特洛伊战争是以争夺世上最漂亮的女人海伦为起因，道出以阿伽门农及阿喀琉斯为首的希腊军进攻以帕里斯及赫克托尔为首的特洛伊城的十年攻城战。第十年，希腊一位多谋善断的将领奥德修斯想出了一条妙计。

这一天的早晨非常奇怪。希腊联军的战舰突然扬帆离开了。平时喧闹的战场变得寂静无声。特洛伊人以为希腊人撤军回国了，他们跑到城外，却发现海滩上留下一只巨大的木马。特洛伊人惊讶地围住木马，他们不知道这木马是干什么用的。正在这时，有几个牧人捉住了一个希腊人，他被绑着去见特洛伊国王。这个希腊人告诉国王，这个木马是希腊人用来祭祀雅典娜女神的。如果特洛伊人毁掉它，就会引起天神的愤怒。但如果特洛伊人把木马拉进城里，就会给特洛伊人带来神的赐福，所以希腊人把木马造得这样巨大，使特洛伊人无法拉进城去。特洛伊国王相信了这话，正准备把木马拉进城时，特洛伊的祭司拉奥孔跑来制止，他要求把木马烧掉，并拿长矛刺向木马。木马发出了可怕的响声，这时从海里窜出两条可怕的蛇，扑向拉奥孔和他的两个儿子。拉奥孔和他的儿子拼命和巨蛇搏斗，但很快被蛇缠死了。之后，两条巨蛇从容地钻到雅典娜女神的雕像下，不见了。这个希腊人又说："这是因为他想毁掉献给女神的礼物，所以得到了惩罚。"特洛伊人赶紧把木马往城里拉。但木马实在太大了，它比城墙还高，特洛伊人只好把城墙拆开了一段。当天晚上，特洛伊人欢天喜地，庆祝胜利，直到深夜才回家休息，做着关于和平的美梦。

↗ 特洛伊大木马

深夜，一片寂静。劝说特洛伊人把木马拉进城的希腊人其实是个间谍。他走到木马边，轻轻地敲了三下，这是约好的暗号。藏在木马中的全副武装的希腊战士一个又一个地跳了出来。他们悄悄地摸向城门，杀死了睡梦中的守军，迅速打开了城门，并在城里到处点火。隐蔽在附近的大批希腊军队如潮水般涌入特洛伊城。希腊人把特洛伊城掠夺成空，烧成一片灰烬。海伦也被墨涅依斯带回了希腊。特洛伊战争就此结束。

他们怀疑它应该属于另外一种文化，可能是又一个新的民族占领了该城。第7层在公元前1275~前1100年，可以分为A、B两个阶段，A属于特洛伊战争时期，是与第8层属于同一文化系统的人创造的。布利根认为特洛伊在被希腊军队围困10年之后，因中木马计而陷落，即是这一时期。B属于后期青铜器时代至铁器时代。第9层属于希腊时代文明堆积。亚历山大大帝率领马其顿军队越过达达尼尔海峡，进入土耳其，占领特洛伊。第10层属于罗马时代文化堆积。公元前168年罗马灭掉马其顿，特洛伊也随之落到罗马人的控制之下。

现今的史学界普遍认为，历史上确实存在过特洛伊城。这座城市始建于公元前16世纪，坐落在土耳其西北部的达达尼尔海峡入口处，地处欧亚大陆交通要冲。公元前13~前12世纪，特洛伊城发展到鼎盛时期，普里阿蒙王国拥有无数的珍宝，令周围的邻邦垂涎欲滴。当时，希腊各城邦逐步发展壮大，图谋向外扩张，富庶的特洛伊城就成为被掠夺的目标。公元前12世纪，希腊各城邦组成联军进攻特洛伊，围困10年方才攻下。《荷马史诗》描述的就是这次战争的故事。特洛伊城陷落后，遭到洗劫和焚毁，然后随着岁月慢慢地沉淀下去，成为地下需要发掘的遗址。

特洛伊城遗址的发现启示我们，文学作品包括神话传说的创造，都可能有其真实的现实存在。但是从历史考古来看，谢里曼对特洛伊城遗址的发掘，仍然有许多不能让人信服的地方。比如，他是通过什么方式确定各个层次遗址的年代及其特征属性的？关于特洛伊城的几个层次有一些不一样的观点存在。谢里曼被称为考古学鼻祖，是因为他从神话的角度为考古学开辟了一个新的领域，而并不是因为他准确地展现了特洛伊城。

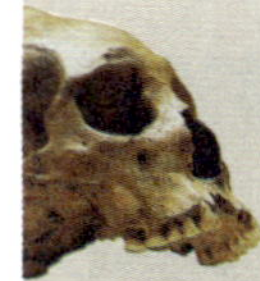

迈锡尼文明及其毁灭

公元前2000年左右的早期青铜时代是迈锡尼文明的萌芽时期，大约在公元前17世纪，希腊人的一支——阿卡亚人在迈锡尼兴建了第一座城堡和王宫。据《荷马史诗》描述，兴盛时期的迈锡尼以金银制品名扬天下，被人们称为“富于黄金”的城市。但是，它最终毁灭了。

现存的迈锡尼城堡的平面形状大致呈三角形，位于查拉山和埃里阿斯山之间的山顶上，城墙高8米，厚达5米，用巨大的石块环山修建。有一座宏伟的大门开在西北面，门楣上立有三角形石刻，雕刻着两只虽无头但仍威武雄健的雄狮。这两只狮子左右对称的雕刻形式显然是受到东方文化的影响，是欧洲最古老的雕塑艺术。迈锡尼城堡的正门也因而被称为“狮子门”。

迈锡尼城门上的一对石狮子从1876年起就再也不能保持安静了。德国考古学家谢里曼等人在城内发现的墓圈，吸引了全世界的目光，人们似乎又看到了3000多年前“多金而繁荣的迈锡尼城”。古代希腊世界迈锡尼文明的重要遗址陆续被发现，如梯林斯、派罗斯、雅典等。M. 文特里斯在1952年宣布他已可以释读迈锡尼时代的泥版文书，并证实它们是希腊语文字。至此，当前历史学界已公认爱琴文明的这部分历史是讲希腊语的人的历史。人们目睹了迈锡尼文明时代王宫的残垣断壁，面对令人惊叹不已的王室宝藏，我们自然会发出疑问：如此辉煌的文明，是怎么毁灭的呢？

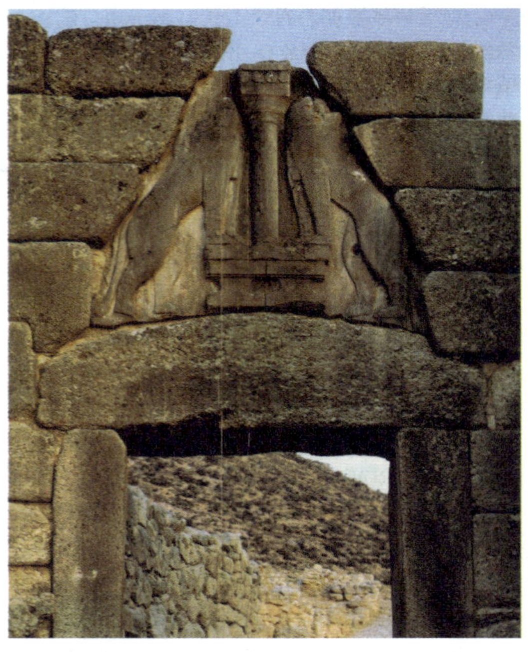

狮子门

位于迈锡尼城堡的入口处，除了防御功能，城门还具有浓厚的宗教色彩：门楣上方的石狮分立在巨柱两侧，时刻守护着女神。

由于可靠的文字资料实在太少，线形文字泥版文书和《荷马史诗》所提供的信息又过于简单，于是许多学者都不约而同地从考古学的角度去研究。最初，谢里曼夫妇在这里发现了五座坟墓，后来，第六座坟墓又被希腊考古学会派来监督他们的斯塔马太基发现。这六座长方形的竖穴墓大小、深度不同，深0.9~4.5米，长2.7~6.1米，以圆木、石板铺盖墓顶，但大部分已经坍塌。共有19人葬在这六座墓穴中，有男有女，还有两个小孩，同一墓中的尸骨彼此靠得很近，大多用黄金严密地覆盖着这些尸骨。妇女头上戴着金冠或金制额饰，身旁放着各种名贵材料做的别针以及装饰用的金匣，衣服上装饰着雕刻有蜜蜂、玫瑰、乌贼、螺纹等图案的金箔饰件；男人的脸上罩着金面具，胸部覆盖着金片，身边放着刀剑、金杯、银杯等；两个小孩也被用金片包裹起来。

在谢里曼发掘圆形墓圈A的75年之后，即1951年，希腊考古学家帕巴底米特里博士发现了被称为圆形墓圈B的第二个墓区。这个墓区在狮子门以西仅百米之遥，发掘出来的珍宝完全可以与谢里曼的发现相媲美，而且时代与前者十分相近。

英国考古学家韦思等在大约与帕巴底米特里发现圆形墓圈B的同一时期，又发掘了9座史前公墓，地点是在独眼巨人墙以西、狮子门之外的地区。这些圆顶墓（因形似蜂房，又叫蜂房墓）建于公元前1500~前1300年，均属于青铜时代中期。

公元前1400~前1150年左右的青铜时代末期是迈锡尼发展的鼎盛时期。从迈锡尼城遗留下来的城堡、宫殿、墓葬及金银饰品中都能看出这一王国当年的强盛，但是要找到其消亡的原因，确实不是一件容易事。我们尽管能从考古发掘中得到一些启示，但要把不会开口说话的遗迹、遗址、遗物唤醒，实在是一件困难的事。

有人认为，迈锡尼世界的毁灭与一些南下部落的入侵有关，特别是多利亚人更是祸首元凶。但也有人持与此认识相反的见解，他们指出，迈锡尼世界在西北方的入侵者来到之前已经衰落。迈锡尼文明的统治至公元前13世纪后期已开始动摇。据考古资料看，多利亚人在公元前13世纪并未进入希腊世界，他们涉足此地是在迈锡尼文明的不少城市已经变成废墟的很长一段时间以后，多利亚人面对的是一个已经不可避免要毁灭的世界。因而，公元前13世纪末以来迈锡尼文明世界的各地王宫连遭毁灭之灾，与多利亚人无关。考古资料也提供不出当时多利亚人到来的物证，于是J.柴德威克在对古文字研究的基础上提出大胆假设。他指出，多利亚人臣属于迈锡尼人的历史事实，可以从神话传说中有关赫拉克利斯服12年苦役的故事中反映出来，多利亚人作为被统治者早就遍布在迈锡尼世界各地。赫拉克利斯的子孙返回伯罗奔尼撒，却道出了多利亚人推翻迈锡尼人只不过是内部的阶级斗争的真情，根本不存在所谓的多利亚人入侵。以派罗斯为例，当时便存在很严重的经济问题，青铜不够用，青铜加工业已衰落，国家经济组织疲惫不堪，税收不齐，经济面临崩溃的边缘。有限的土地不能满足经济发展之需，国家只能靠积蓄的产品度日，要么就从地方额外征收黄金。当时受到挑战的还有神权，村社不按祭司要求行事，有的人甚至敢不履行宗教义务。由于受到其他部门或其他国家的过分压力，中央的高度集中化受到了破坏。在这种形势下，派罗斯的王宫随时都有覆灭的危险。这一切都可能是导致派罗斯毁灭的主要原因。

↗迈锡尼纯金面具，据说是依照阿伽门农的面部特征而制成的。

另有一些人认为天灾是祸根，天灾造成人口减少，食物短缺，大量小村庄被放弃，王宫经济发生危机。迈锡尼为了远征小亚细亚富裕的城市特洛伊，倾国出兵，围攻10年方才攻陷。迈锡尼大量的人力、物力和财力在这场旷日持久的战争中严重消耗，从此国力一蹶不振。

还有人提出，迈锡尼文明遗址中有几个地方是毁于不知什么原因引起的火灾中的。这样，活跃于东地中海的海上民族便吸引了这些猜测者的目光，他们认为是这些海上民族破坏了小亚细亚、巴勒斯坦、叙利亚、埃及等地的许多城市，促使赫梯帝国灭亡、埃及帝国衰弱，当然迈锡尼世界也受到了影响。甚至有人说当时的派罗斯有一支装备着20条船的大舰队，可最终被海上侵略者打败。反驳者指出海上民族在公元前13世纪时并未进入希腊。从泥版文书中看，在派罗斯陷落之前，国家除了正常的换防之外，一直没有任何特殊的军事行动。如果说派罗斯的灭亡是由于大意所致，那迈锡尼、太林斯等地不仅有保证战时水源的设施，而且有巨石筑就的高墙，可谓壁垒森严，固若金汤，却也没能免于灭亡。

学者们经过一番深入的研究之后，不但没能解开迈锡尼文明的衰弱之谜，同时又提出了一些新的问题：迈锡尼没有金矿，而黄金又是从何而来？固若金汤的迈锡城怎么会屡遭沦陷？还有埃及人、腓尼基人都在其坟墓墙上刻下了文字，后来的希腊罗马人也树立了有文字的墓碑，迈锡尼人已普遍掌握了线形文字，并且用来记写货物清单，可是他们为什么不将死者的姓名和业绩刻在墓碑上呢？这到底如何解释呢？一切还有待于后人的深入考察。

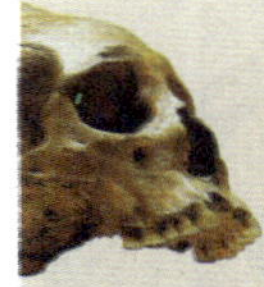

玛雅都市是怎样消失的

大约从公元1700年开始，美洲的学者就已经发表了一批介绍中美洲玛雅文化的考察报告，可惜只是浮光掠影，表述得不很详尽。1885年，年轻的美国探险家桑普逊由印第安人作向导，在古代玛雅帝国所在的墨西哥尤卡坦半岛丛林中艰辛跋涉，终于发现了奇琴伊察城。后来在他担任尤卡坦领事的24年里，他几乎都泡在那里挖宝。1930年前后，相关部门曾经动用飞机对该遗址进行了多次空中拍摄，并于1947年开始在这里进行有组织的大规模的发掘，终于使奇琴伊察城得以重见天日。

奇琴伊察遗址位于今天墨西哥尤卡坦州的中南部，是古代中美洲玛雅文化的三大城市之一。这里属于干旱区域，水源主要是来自石灰岩溶洞的天然井，所以水源在这里备受重视。“奇琴”在玛雅语中的意思就是“井口”，“伊察”意思是“伊察人”，“奇琴伊察”的意思就是“伊察人的井口”。

有的学者认为，早在公元前1500年到公元300年，玛雅民族就已经占领了这个地区，并且在公元6世纪占据了奇琴伊察城。早期的奇琴伊察建筑中有神秘文字大厅、鹿厅、神堂等，公元10世纪被异族占领后，又修建了大金字塔、大祭祀冢、武士神庙等。1450年前后，城市被废弃，玛雅文化随之消失。今天我们所见到的遗址就是后期的建筑。

奇琴伊察的一个天文观测台，它位于奇琴伊察遗址的中心（上图）。古老的交易市场（下图）。

总体来讲，整个遗址大约占地6平方千米，南北长为3千米，东西宽为2千米，各种建筑物总共有数百座之多。其中，卡斯蒂略金字塔、战士金字塔、球场等处保存得还算完整。至于“圣井”中的宝物早就已经被打捞殆尽了。

卡斯蒂略金字塔是一座巧妙的天文台。它高24米，有9层，四面对称，底边各个边长为75米。四面各有364级台阶可以通到塔顶，加上台基共365级，恰好与一年的天数相吻合。塔顶是平顶庙宇，三面开门，南面开着窗户。正门的大门两侧，分别立着一座羽蛇像石柱，每年的春分和秋分时节可见到“光影蛇形”之奇景。古代的玛雅人就在大门前面的广场上载歌载舞，宣告春耕、秋收的开始。

在距遗址大约1.5千米的地方，有两口直径约为60米的水井。井的旁边有一座大理石柱建成的金字塔，塔基边长是60米，宽30米，顶部的平坛有神庙。在塔庙到另一处神泉之间，有宽4.5米、长60米的石径连接着。另一处神泉就是玛雅的“神泉”，是“雨神”居住的地方，奇琴伊察的名字就是来自这个神泉。

当年桑普逊在察看这口圣泉时，发掘出一些美洲狮、鹿的残骸，还有玛雅人专用的祭祀香料。当然，也陆续发现了古瓶、矛头、翡翠碗，

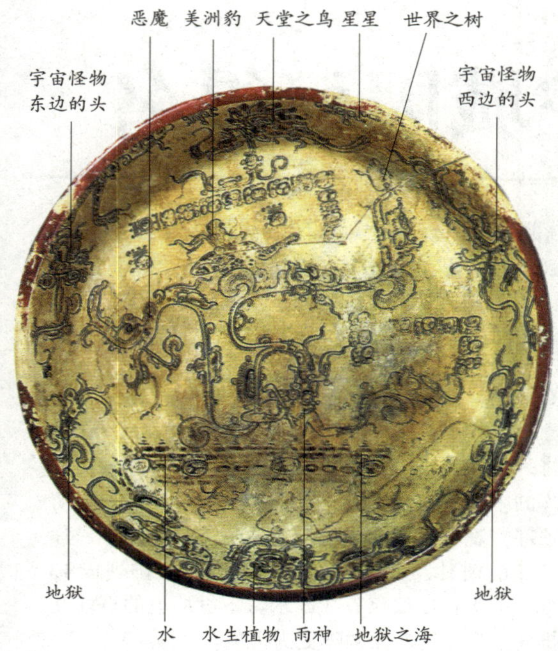

玛雅“宇宙盘”

这只盘子表达了玛雅人的宇宙观。

甚至人的骸骨，还有更多的是金盘、金铃铛、玉石……可以说，桑普逊的探宝活动获得了巨大的成功。此外，他还意外地证实了玛雅人用活人祭雨神的传说。玛雅人崇拜雨神，相信天气的变化、作物的丰歉都是由它来主宰的，所以人们会不定期地给雨神送美女做“新娘”，也就是从全族中挑选出最漂亮的少女，在献祭的当天全族人在神庙面前，把打扮好的少女连同陪嫁的金童玉女一同投入神泉中，随后投入大量的金银财宝，以便压着他们下沉。

值得注意的是，在奇琴伊察城还有几个球场。最大的一个位于城北，总体面积达到了22576平方米。场地的两头有石墙，墙上面镶有石环，以供投篮之用。据民间传说，1200年前，玛雅人就已经普遍流行着类似现代的篮球赛了。球像排球那样大小，是实心橡胶的，很重，要将球投入墙上的石环中得有很好的体能和技巧。比赛中禁止用手、脚接触球，所以球的命中率极低。胜利者会受到很高的荣誉，甚至可以随意向观众索取财物作为奖赏；失败者却往往丧失一切，也可能被砍头示众。球场墙壁上就刻有一个球员被斩首、首级插在看台杆顶的浮雕。这种生死比赛，是何等的激烈和悲惨啊！

众所周知，玛雅文明达到登峰造极的地步，是在6~9世纪的时候，但在10世纪后急转直下，乃至湮没消亡。那么，是什么原因造成了他们的灭亡呢？难道是气候的巨变、地震、风灾、瘟疫等自然灾害的流行，令人们无法维持生存，以至于田陌荒芜、人烟稀少？还是由于遭到了内乱、外族的入侵，迫使他们背井离乡而逃往别处？他们后来又去了哪里呢？在人类的文明史上，再也没有出现过关于他们的记录。一个偌大的民族难道就这样不明不白地毁于旦夕之间？

透过以上的种种迹象，有关学者认为，玛雅文明实际上是毁于自己手中，是他们自作自受。他们刀耕火种的生活方式，造成了林地毁坏、水土流失、地力衰竭。同时人口急剧增长，特别是从公元前800年开始，人口每隔400年就翻一番，在公元900年已经到500万人，远远超出了土地的承载力，所以社会崩溃也是必然的趋势。再者，如前文所述，玛雅人的文明有高度发达的一面，也有落后的一面。他们狂热地崇拜鬼神，用活人祭祀，甚至还从自身的耳朵、舌头、生殖器上钻孔取血，以便献给神灵，结果导致人们体弱多病，一代不如一代，最终使得整个民族灭亡！

从奇琴伊察古城遗址出土的雕有人物形象的石柱，它形象地反映了当时玛雅人的特征。

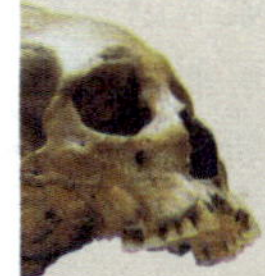

神奇的羽蛇城因何得名

在法国布列塔尼半岛上，有一群庞大的石柱群，平列蜿蜒，远远望去犹如长蛇在空中飞舞。其平列总长度达近10千米，巨石总数达4000块，最重的达到350吨，可以称得上是世界上迄今为止已发现的最壮观的石柱群了。

众所周知，布列塔尼半岛突出在大西洋的海面上，而卡纳克石柱群就是在半岛上的卡纳克镇附近。在那里，现在竖立于地的花岗岩巨石有3000多块，另外还有近1000块残破或者失落了。每块立石一般的高度是1~5米，而且石柱以天然大理石作为垫底。具体讲来，它一共包括3个石阵。

第一石阵距离卡纳克镇500米左右，石柱成12行纵队排列，呈东西方向，蜿蜒在高低起伏的土地上，一直延伸到松林极目的远处，总长度已经达到4000米之多，蔚为壮观。石柱行列微微弯曲，石与石间距离长短不一，石面打磨得相当平滑。在石阵的起点处有甬道，甬道的两壁和顶部是由花岗岩石板砌成的，里面很黑很低，必须手持电筒、屈身前进。过了甬道，就进入一个小石室里，石室的四壁雕有图案，相当美观。

大约隔有一个小丘的距离，就是第二石阵。排列成7行，在总体长度上超过第一石阵。在石阵的中间有一座古老的磨坊，游人可以登上磨坊顶部，观看两旁绵延不绝的石柱阵容。过了一片稀疏的树林，就会看到第三个石阵。排列成13行，可惜长度仅仅有355米。不过那里的石柱在排列上，远比前面两阵更为密集。

考古学家试图将石柱与当时的拜蛇教联系到一起。历史上，当地高卢人是十分崇拜蛇神的，因而那些弯弯曲曲的石阵，有可能是模仿蟒蛇蜿蜒爬行的姿势来建造的。又因为那些石柱匍匐于高低起伏的大地上，远远望去，颇有振翅飞动的气势，因此称其为“羽蛇城”。

这么惊人的石阵阵容，18世纪以前的史书上竟然没有一个字的记载！当今的各种地理图书也极少提及，那么这么神奇的“羽蛇城”，是什么年代建造的，又是如何建造起来的呢？

1764年，有位考古学家偶然路过这里，见到了石柱群，并作了报道，他认为这是罗马时代的遗物，这才引起了世人的注意。而他的论说也仅仅是依据民间传说而已。公元3世纪，罗马军队不断进犯布列塔尼半岛，卡纳克的守护神康奈里大展神威，亲临山巅，玉手

卡纳克镇上部分伸入大西洋的石柱

布列塔尼半岛上的许多石柱都具有像这些伸入海中的石柱一样的特征。

法国布列塔尼半岛海岸的自然风光

一指，将追赶的罗马士兵封死在原地，一个一个地化成了石柱，那罗马的统帅就化成了最大的一块。这位考古学家虽不信这样的神话，但他坚信这是罗马时代的遗物。

当然还有更多的猜测，有认为是庙宇祭坛的，有认为是外星人访问地球石的“登陆台”的，如此等等，莫衷一是。

20世纪60年代，考古学家使用放射性碳测试技术，确定石柱存在于公元前4650~前4300年，距今约6000年，比英国的斯通亨石环要早得多，可谓人类新石器时代最早的文化遗址之一。

但是，石阵所在地没有石头，须从4000米以外的山岩上开采。古人最先进的搬运工具也就是绳索、滚轴、杠杆、滑车，还有土坡的斜力下滑。他们是如何搬动350吨重的大石柱的呢？是什么鼓动他们狂热地进行这么浩大的工程呢？英国考古学家哈丁翰只能说：“卡纳克石柱群比金字塔更神秘，是考古学史上历史最久而又未被人类攻破的秘密。”如果要揭开石柱的秘密，必须先弄清营造石阵的那批古人的来源，继而了解当年的生活情景。留存下来的墓葬，为此提供了可靠的间接物证。

1900~1907年，法国的考古学家勒胡西率领着一支队伍，发掘卡纳克附近的圣米谢尔古墓。该墓的体积是7.5万立方米，出土大量公元前4000年前后的遗物。1979~1984年，另一位考古学家勒霍斯带队发掘卡纳克的格夫尔林尼斯岛上的甬道墓，发现该墓是个可以经营的地下建筑，大理石块砌成的同心圆台如同露天运动场的看台一样，墓壁上还有精美的浮雕图像。他们还在距那里20千米外发现了另一古墓，墓内的石雕也有类似的图案。格夫尔林尼斯岛上的甬道墓，今天已经辟为地下博物馆供游人参观。新石器时代的石雕令人叹为观止。29块墓道墙壁石板中有27块刻有图案，6000年前的无名大师雕刻了许多的同心圆弧、枞树、斧头、蛇、牧羊者手杖等精美图案，还有类似女神的人像。墓内室顶端的一块巨石上面，刻着一头长角的牛头和其前半身以及一把斧头。

卡纳克人有高超的本领营造这样的“地下宫殿”，就已经充分说明：6000年以前的卡纳克人已经具有相当高的文化素养了，自然也有足够能力来架设简单的“地面柱林”，建造出显示着高度文明的石柱群落来。也就是说神奇的“羽蛇城”实际上正是卡纳克人高度文明的最佳体现。

位于布列塔尼半岛上卡纳克镇的石制古堡

复活节岛石雕的创作者是谁

1772年，一支荷兰舰队在雅可布·罗赫文的率领下前往非洲，在距离智利西海岸3000多千米的南太平洋上，他们发现了一个地势险峻的小岛。发现小岛这天恰好是西方的复活节，所以这座小岛就被命名为“复活节岛”。复活节岛面积只有120平方千米，人烟稀少，岛上没有树林，在长满青草的山坡上，留有许多火山爆发的痕迹。岛上居民是一些土著人，人口不足6000名。最引人注目的是在小岛靠近岸边的地方，矗立着许多巨大的石雕人像，大的足有10米高，小的也高达5米。这些巨像双耳下垂，前额低垂，面无表情。此外，岛上还有上百件民用铁器。但是岛上居民甚至可能连最简单的工具都不会使用，按他们的能力是根本无法雕出那么多巨像的。那么这些巨像及岛上的建筑又是什么人留下的呢？有什么作用或象征意义呢？

另外，许多石像的头上原来都有圆形的帽子或头饰。巨像倾倒后，这些头饰滚落在旁。这些头饰是用岛上火山口的红石雕成的，又大又重，它们是怎样戴到巨大的雕像头上的呢？这一切都给这座小岛涂上了一层神秘的色彩，吸引了无数的科学家和探险家前来考察。遗憾的是，直到现在仍然是收效甚微，得到的只是一些说服力不强的猜测。

有人研究了岛上刻有文字的木板后认为，复活节岛原是南太平洋扩大后的一部分，曾经拥有灿烂的文明。大约在一两万年前，一场突然爆发的大地震使得这块古大陆遭到劫难，只有复活节岛幸免于难。岛上的石雕像和石建筑，都是那个时代的遗迹。

挪威的人类文化学家特尔·海尔塔尔认为，岛上的居民来自离此较近的北美洲。为这种说法

复活节岛上的石雕造型奇特，别具风采。它们屹立在那里，像是俯视着岛上络绎不绝的游人，又像是等待着人们来揭开其神秘面纱。

提供根据的是，岛上有原产南美大陆的甘薯。但是一支法国探险队在对复活节岛进行了全面考察后，提出了全新的见解。他们认为，岛是外星人访问地球时留下的，这个小岛很可能是外星人的基地。

很多人相信了这种说法，但法国的科学家不这样认为。他们为了再现当年的景象，用坚硬的石头当“凿子”，用葫芦装水洒在石头上帮助“雕刻”，这样就在岩石上凿出了一个个小坑。经多次重复后还可以在岩石上“雕”出形状来。他们又用木头和绳子模仿了巨像的搬运工程。尽管如此，他们还是得不到令人信服的结论。绳子和棍子也是工具，当时的人会使用吗？在岩石上凿个小坑容易，但要想雕出一座五官俱全、高达10米的石像，用“洒水雕刻”的方法能办到吗？

法国科学家们找到的最有希望的线索，是一些岛上原住居民留下的木制牌，上面刻着一些类似文字的符号。根据这些推测，长耳人就是印第安人，短耳人就是波利尼西亚人。这些石像是为纪念长耳人自己的首领而雕刻的。石像是已故酋长和宗教领袖的象征，是神化死者的偶像，长耳人相信它有超自然的力量足以抵御天灾人祸，保佑海岛风调雨顺，于是激发起部族巨大的创作热情，一代接一代地雕刻下去。洛加文将军登岛时，目睹岛民点燃火把，诚惶诚恐蹲在石像面前，双手合十，不停叩头。于是他最早提出偶像崇拜的看法：石像就是岛民膜拜的神灵。然而所有这一切都没有确凿的证据，难作结论。

欧洲人另有一种说法。公元前4世纪，马其顿帝国曾有一支远征舰队失踪了，实际上就是远航到太平洋，流落并定居于复活节岛上，那些石像都是高鼻子，正是欧洲人的特征。他们认为，有两点事实必须肯定。第一，复活节岛曾经存在过灿烂的文明，人口最多时超过2万人；第二，优越的自然环境、丰饶的物品、众多的人口，支撑了这个文明，又由于滥垦滥伐，人口负荷过大，招致环境恶化，森林被砍光，两族为生存而断杀，导致文明的崩溃。

1914年英国一位女学者指出，石像中的一部分代表神，另一部分是现实人的影子，如同“照片”。1934年来岛定居的法国神父认为，石像纯粹是为当时岛上的活人竖立的。1962年，法国学者玛泽尔又另提一说，他说石像不是神，也不是活人，而是太空来客搞的名堂。太空人因技术事故迫降于复活节岛上，教土著人基本语言和星空常识，临走前造了这些石像留作纪念。有些专家却认定石像是镇岛的卫士。岛民没有自卫的力量，想用这些“哨兵”威慑，吓退来犯之敌。

即使搞清了石像的用途和创作者，仍然没法解开石像运输到位之谜。远古时人们没有任何机械，单靠人力是怎样搬运几十吨重的石像？又如何把巨像从采石场拽到海边？又如何起重定位？

1986年，挪威学者海尔达尔提出了一种论点，他在捷克工程师巴夫的协助下，组织18名岛民分成两组，一组用绳索使石像倾斜，一组用绳索紧拉石像底部，几个人用木杆撬动，两组用力牵拉，几十吨重的石像竟在沙滩上摇晃移动。用同样的方法，可使石像升到石台之上。依此计算，15个劳动力一天之内就可将150吨重的石像移动200米。躺在采石场的半成品底部棱角尖锐，海边的石像底部平滑而无棱角，正是长途拖拽磨损的见证。

复活节岛的这些谜团何时能够彻底解开，依然是考古学家和历史学家的大课题。

复活节岛上的土著居民还保持着传统的习俗与装束。

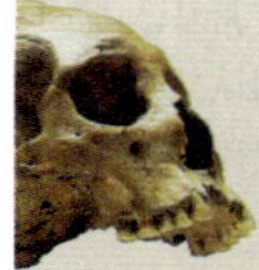

"巨石阵"到底有什么用处

在英国南部的索尔兹伯里平原上，有一群排列得相当整齐的巨大石块，这便是举世闻名的斯通亨治"巨石阵"。

巨石阵的主体是一根根排成一圈的巨大石柱。每根石柱高约4米，宽约2米，厚约1米，重约25吨，其中两根最重的有50吨。在不少石柱的顶端，又横架起一些石梁，形成拱门状。巨石阵的主体是由一根根巨大石柱排列成的几个完整的同心圆。周围由一道深6米多、宽约21米的壕沟勾勒出轮廓。沟是在天然的石灰土里挖出来的，挖出的土方正好作为土岗的材料。紧靠土岗的内侧，56个等距离的坑构成又一个圆圈。由于考古学者奥布里于17世纪首先发现这里，所以这些坑被称为"奥布里坑"。坑用灰土填满，里面还夹杂着人类的骨灰。在这个范围内有两个巨型方石柱一般大小的圆形石阵，并列在一个小村旁边。这些巨石高七八米，平均重量28吨左右，直立的石块上还架着巨石的横梁。砂岩圈的内部是5组砂岩三石塔，排列成马蹄形，也称为拱门，其中最高的一块重达50吨。这个马蹄形位于整个巨石阵的中心线上，开口正好对着仲夏日出的方向。

据考古学家们分析，那平均重达二十五 六吨的青色巨石、砂岩石是从30~200千米以外运来的。建造者们首先挖出一道圆形的深沟，并把挖出的碎石沿着沟筑成矮墙，然后在沟内侧挖了56个洞，但这些洞挖好之后又被莫名其妙地填平了。也就是说，奥布里坑就是这一时期所造。约公元前2000年开始的是巨石阵建筑的二期工程，这次最早修筑的是一条两边并行的通道。三期工程大约始于公元前1900年，建成了庞大的巨石圆阵。在其后的500年间，巨型方石柱的位置被不断调整，二期工程的青石也重新排列，终于形成了欧洲最庞大的巨石结构。可惜的是双重圆阵西面部分始终没有竣工。

据英国考古学家考证，巨型方石阵于公元前2750年开始建造，距今已将近5000年，其建造时间可能比埃及最古老的金字塔还要早。据估算，以当时的生产力水平，建造巨石阵至少需3000万小时的人工，也就是说，至少需1万人连续工作1年。

在发掘中，始终没有发现用轮载工具或牲畜的痕迹。建造者们是如何从数十千米甚至数百千米外把巨石运来的？曾有专家组织人用最原始的工具试图把1块重约25吨的巨石从几十千米外运来，但几经努力，都没有成功。从实际操作技巧看，有些巨型石块单靠滚木和绳索，恐怕得用上千人才能移动起来，所以有理由相信，建造者们绝对不是一个未开化的民族。

有人认为，巨石阵很可能是一个刑场。原因是最近从巨石阵挖掘出了一颗年代久远的人类头骨。现代分析技术认为，这是一具男性骨骸，曾有一把利剑将他的头颅齐刷刷地砍下。考古学家在这颗头颅的下颌下发现了一个细微的缺口，同时在第四颈椎上发现了明显的切痕。由于其墓穴孤独地埋在那里，人们有理由相信，他并非死于一场战争，而是被一柄利剑执行了死刑。在巨石阵及其周围还曾发现数具人类遗骸。1978年，一具完整的人类骨骼在围绕巨石阵周围的壕沟中被发现，这个男人是被像冰雹一样密集的燧石箭射死的。

流行的说法是，巨石阵有天文观测的功用。早在18世纪，就有人发现巨石阵有以下特点：巨石阵的主轴线指向夏至时日出的方位，巨石阵中现在标记为第93、第94号的两块石头的连线，正好指向冬至时日落的方向。

21世纪初，英国天文学家洛基尔进一步指出，如果站在巨石阵的中央观察，那么第93号石头正好指向立夏（5月6日）和立秋（8月8日）这两天日落的位置，第91号石头则正好指向立春（2月5日）和立冬（11月8日）这两天日出的位置。因此，洛基尔认为，早在建造巨石阵的时代，人

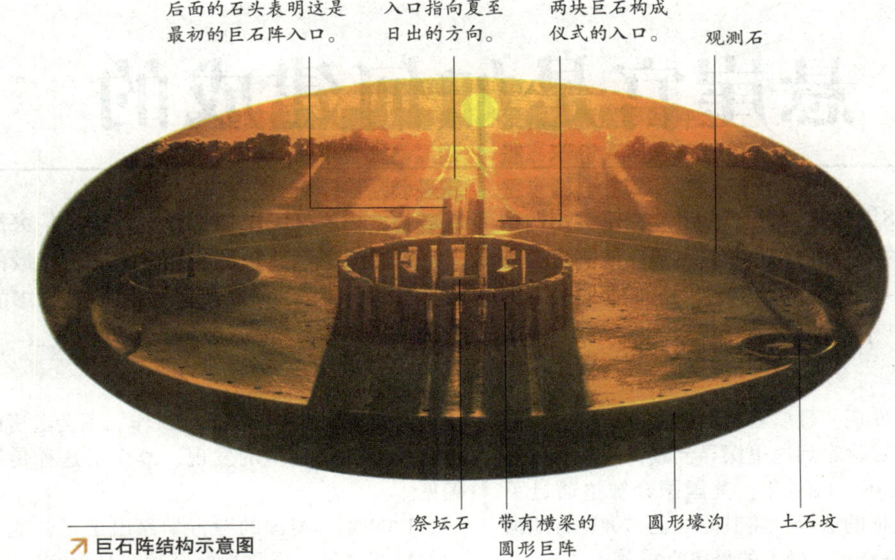
后面的石头表明这是最初的巨石阵入口。
入口指向夏至日出的方向。
两块巨石构成仪式的入口。
观测石
祭坛石
带有横梁的圆形巨阵
圆形壕沟
土石坟

巨石阵结构示意图

们就已经把一年分为 8 个节令了，即立春、春分、立夏、夏至、立秋、秋分、立冬、冬至。洛基尔的研究引起了天文学家和考古学家们的浓厚兴趣。他们联想，巨石阵大概是远古时代人们为观测天象而建造的，是一座非常非常古老的“天文台”。

20 世纪 60 年代初，一位名叫纽汉的学者宣称，他找到了指向春分日和秋分日日出方位的标志，并指出第 91、第 92、第 93、第 94 号石头构成了一个矩形，矩形的长边正好指向月出的最南端和月落的最北端。后来，英国天文学家霍金斯用电子计算机进行了大量计算，用巨石阵来预报月食。巨石阵里还有 56 个围成圈的坑穴，坑内有许多人的头骨、骨灰、骨针和燧石等。霍金斯认为，古人就是用这些坑穴来预告月食的。

后来天文学家霍伊尔更认为巨石阵能预报日食。果真如此的话，那么石阵的建造者在天文学和数学方面的造诣，将远比希腊人、哥白尼甚至牛顿还高。天文学家迈克·桑德斯则认为，石阵是在已经了解太阳系构造的基础上建造的。

对于把巨石阵称为天文台的说法，有人提出疑问：建造者们为什么不用既轻便又很容易从当地得到的木材和泥土来建造这座天文台，而非要到很远的威尔士山区去运来这些大石块呢？再说，上面提到的那些坑穴中的人类墓葬又和天文学有什么关系呢？所以，不少人坚持认为巨石阵实际上是一种神秘的宗教场所，它和天文台根本沾不上边。

现在，又有人提出一种观点，认为巨石阵既可能是用来祭祀的宗教活动场所，又是墓葬场所，同时也可能是观测天象的天文场所。这就好像在中国已经发掘出的不少古墓那样，其中也发现了古代的星图。

究竟是天文台，还是宗教活动场所，或者是二者兼而有之，还在争论之中。巨石阵犹如强劲的磁铁，吸引着人们的目光。也许这是远古祖先有意留给后人的一个巨大谜题。

知识链接

史前巨石阵建造的三个阶段

20 世纪 50 年代，考古人员研究发现，史前巨石阵的建造期大概经历了三个阶段。

第一阶段可追溯至公元前 2800 年左右的新石器时代晚期。不过当时并没有巨石，只是建造了一个能容纳数百人的圆形土堤，在土堤内挖出了 56 个圆形坑。据考证，坑内当时很可能埋入了木桩，而木桩的作用是用来测量季节变化的。公元前 2000 年，铜器时代初期，人们对巨石阵的进口进行了改造，当时铺设了壕沟和两道 500 米长的人行道，被称作“斯泰申石碑”的四座石柱，竖立在了巨石阵内侧。在这个阶段，似乎曾决定在中央竖起两圈蓝砂岩石柱，大约竖起四分之三圈石柱之后，可能由于计划改变，这项工程突然停止，于是石柱被搬走，坑被填平。大约在公元前 1000 年，巨石阵进入了建筑的第三个阶段，人们运来了 100 多块巨大的砂粒岩，并且建成了有 30 多个石柱的外圈，在外圈里侧布置了马蹄形。在第三阶段中期，在这 5 座石碑坊的里侧布置了许多蓝砂岩石柱，其中蓝砂岩的石柱残存到了今天。

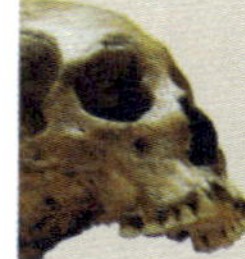

悬崖宫是如何建成的

1888年的冬天，在美国科罗拉多州西南部高原上，两个牧民正在赶着牛群行走，突然被眼前的一片悬崖挡住了去路。他们定睛一看，原来那悬崖竟然是层层叠叠的房子，最前面还有一座巨大的"宫殿"呢。他们惊奇万分，这么"蛮荒的地方"怎么会出现这样多的房子呢？于是他们随口称这个地方为"悬崖宫"。

当然，发现"悬崖宫"的消息很快传遍全世界，一批批冒险家到这里探寻宝藏，许多珍贵文物遭到了破坏。1906 年，美国国会被迫通过了保护悬崖遗址的法令，将其定名为"弗德台地国家公园"。1909 年，最大的悬崖宫村落正式出土，1979 年，这里被联合国教科文组织列为"人类文化遗产"予以保护。

这里是遍布悬崖绝壁的台地，地面上长着草，树木稀疏，很适于放牧。"弗德"就是"绿色"的意思。16 世纪末，西班牙占领墨西哥后，侵入科罗拉多高原，称这里的印第安人为"普韦布洛人"。普韦布洛是西班牙语"村、镇"的意思。19 世纪初，台地同科罗拉多州一同成为美国的一部分。

在弗德台地发现的 1300 年前的"普韦布洛人"村落遗址，迄今已经达到 300 多个，面积达到 210.7 平方千米。几万人聚居在这个台地上，各村落之间相对的独立，又由于彼此近在咫尺，既能互助互济，又可以共同对付强敌。每个村落就是一个家族的集体聚居地，外有土砖墙加以维护，内有多层成套住房和公共建筑。多层房仿照印第安人的原始祖先悬崖穴居的样式，逐层向上缩进，使整幢房屋好像呈锯齿形的金字塔。下层房顶就成为上层的阳台。上下层之间有木梯，上层大部分房间与邻室有侧门相通，底层则是专供贮藏食物之用的，也就不开侧门。在中心庭院有供集体使用的活动空地、祭祀房，地下还有两个礼堂（地穴）。

在哥伦布发现新大陆之前，人们关于美洲社会，仅仅知道这样的情况：在中美出现过有玛雅文明、托尔特克文明、阿兹特克文明，在南美仅仅有印加文明，并且大多建立了农业王国。至于北美的印第安人基本上被看作不懂耕作、不会造房的野蛮部落。弗德台地的发现，改变了这种传统的偏见。

1909 年，美国的考古学家出土了台地上最大的村落遗址，俗称梅萨维德"悬崖宫"。这座村落依傍崖壁而建，占地近 1.4 万平方米，据估计当年施工周期达 50 年。村落的布局十分紧凑，有许多方形、圆形的高楼，其内共有 150 间民房、23 间地穴祭祀房间。著名的云杉大楼，也就是两个牧民见到的"崖宫"，因楼板是由云杉板铺成而得名。该楼是 3 层楼，长达 203 米，宽为 84 米，地面有 114 间住房，地下还有 8 间祭祀房间，而其中最大的一间地穴祭祀房竟然有 7 间住房那么大。云杉楼的北边有个"杯子房"，里面藏有 430 只彩陶杯子、盆子、饭碗之类，这里或许是祭器贮藏室。

村落的四周都是悬崖绝

考古学家在"弗德台地国家公园"进行考古发掘。

↗ **“弗德台地国家公园”古村落遗址**

这些村落体现当时印第安人高超的建筑技巧和对地理环境巧妙的利用。

壁，天生自然，即使野兽都难以攀登。在壁面有凿出的一个个小洞，仅能容手指和脚趾插入进去。村民便是靠着这些小洞来攀爬崖宫，进出村落。显然，这有对付外敌入侵的功用。村落周围还陆续发掘出蓄水灌田的水渠、水塘，编织篮筐的作坊，精美的陶器、玉器、骨器等。总之，村落处处体现着普韦布洛人的智慧和文明。

那么，普韦布洛人是以何为生，又是如何建造其悬崖宫的呢？

考古证明，早在公元初始时，西方称之为“编篮者”的北美印第安人就已经能编织篮筐，栽种玉米。这些人居住在洞穴或者土穴的圆形小屋里，过着频繁迁徙的生活。到了5~10世纪，这些“编篮者”居民制作陶器、种棉织布，还建造房屋。大约7世纪时，他们进入弗德台地，12世纪前后达到全盛期。在那里，这些“编篮者”居民聚族而居，建筑其规模宏大的“悬崖宫”聚落，使外族不敢轻易靠近和进犯。当时的“编篮者”居民尚处于母系社会，部落长是女性，妇女掌管着祭祀大权，把持家政，专司制陶工艺。男人则从事农耕狩猎、编织和保卫村寨等活动。此外当时集市贸易兴起，已经实行物物交换了。

尽管西方殖民国家称这些居民为“普韦布洛”，“编篮者”也被称为“普韦布洛人”，但实际上他们有自己的族名：阿纳萨齐族。

几代人辛勤建造而成的弗德台地大村落，后来为什么又被弃置了呢？这是到现在也没有搞清楚的谜团。目前，持自然灾害说的人最多。他们认为，普韦布洛人在弗德台地上平平稳稳地度过了几百年，人口基本趋于饱和，地力负荷也近于极限。1276~1299年，这里发生了一场长达24年之久的大旱灾，饮水枯竭。人们被迫忍痛放弃家园，向东逃荒到水源充足的地方去。从此，“悬崖宫”大村落湮没于大地。

知识链接

弗德台地是美洲印第安人的一支——阿纳萨齐人在13世纪为自己修建的家园。1829年，由一个西班牙探险队首次发现弗德台地“悬崖宫”。1859年，地质学约翰·纽伯利博士等人首次登上了弗德台地“悬崖宫”；1874年，摄影师威廉·亨利·杰克逊开始向外界宣传弗德地“悬崖宫”；1882年，弗吉尼亚·麦克郎等人发起了对弗德台地“悬崖宫”的保护运动；1916年，美国政府宣布这里为国家公园。

荒原石头标记之谜

在秘鲁首都利马南部，一个叫毕斯柯湾的地方。那里有一个古印加人建造的红色岩壁，高达246米。在岩壁上雕刻着一个巨大的图案，这个图案看上去呈三叉戟或者三足烛台形状，而且，三叉戟的每个股有3.9米宽，也是用含有像花岗岩一样硬的雪白磷光性的石块雕成的，所以，假如没有现在的沙土覆盖，它将会发出耀眼的光芒来。

那么，是什么样的动机使印加人建造这样的石头标记呢？

后来，一些考古学家推测说，在毕斯柯湾的岩壁上的这个石头标记，可能是为了指示船只航行的路标。但是大多数的考古学家不同意这个说法。他们指出，在这个海湾中，即使绘制出这个三叉戟石头标记图案，也不能使所有航行的船只都可以看到它；另外，在那样遥远的古代，是否存在远洋航行这回事本身就是值得怀疑的。假如有些航行的确可能要航标来指路的话，那么古代的印加人为什么不利用两座岛屿呢？况且，这两座岛屿就在三叉戟石头标记的中古延伸线的同一个海平面上，这已经提供了有利的自然条件，不管船只是从哪个方向驶向海湾的，这两个岛屿都是在遥远的地方就可以被看到了。但若是用三叉戟石头标记当航标的话，从南方或者北方来的船员就不可能看到了。而且，最重要的一点是，当初绘制三叉戟石头标记的人，是使它的方向朝着天空的。另外还有值得提的一点，在三叉戟石头标记所在的位置，除了一片沙滩之外，实在是没有任何东西能够可以吸引船员的。

岩壁上的条线标记和花纹。人们一直在探讨这些标记到底意味着什么。

岩壁上的奇怪图案

基于此，考古学家们认为，这个曾经在古时候光芒闪耀的三叉戟石头标记图案，一定是作为某些会“飞”的人的航空标记而设立的。

考古学家们推测，假如三叉戟石头标记是航空标记，那么它的周围应该还有另外的一些东西。果不出所料，20世纪30年代，在距三叉戟石头标记图案160千米外的纳斯卡荒原上，考古学家又发现了许多的神秘图案。这些已经发现的图案遍布广泛，在从巴尔帕荒原北部到纳斯卡的南部的大约59.2千米的狭长地带，都有发现。他们主要是一些几何图案、动物雕绘，以及排列得很整齐的石块，这些布局，看上去十分像一座飞机场的平面图。

假如坐飞机在这个荒原上空飞行，人们就可以发现许多闪闪发光的巨大的线条。这些线条常常绵延达到数千米，时而平行，时而交错，时而又构成巨大的不等边四边形。另外，人们还可以看到一些巨型的动物的轮廓，其中有长长的鳄鱼，有卷尾的猴子……还有一些地球上从未见过的奇禽怪兽。

到底是谁制作出的这些图案呢？又为什么要把它们绘制得那么巨大呢？以至于只能从一个极高的高度——比如飞机上面——才可以见得到整个图案的全貌呢？这许多的问题已经引起了考古学家们的浓厚兴趣。

据当地传说，在过去的某一时间段里，曾经有一群来历不明的智慧生物，登陆在今天的纳斯卡城郊附近一块无人居住的荒原上，并在那里为他们的宇宙飞船开辟了一座临时机场，还设置了一些可作着陆向导的醒目标记。从那以后，就不断有他们的飞船在那里升降，直到他们完成使命后回去为止。

考古学家们对这个近乎神话般的传说没有太多的怀疑，他们还进一步推测说，假如纳斯卡荒原是作为登陆点的话，毕斯柯湾上的三叉戟石头标记就极有可能是登陆航标，假如真是那样的话，应该在纳斯卡的南边还会有一些航标才对。

果然，后来在距离纳斯卡400千米的玻利维亚共和国英伦道镇的岩石上，人们又发现了许多航标。在智利的安陶法格斯塔省的山区以及沙漠中，也陆陆续续地发现了这样的航标。在那附近的许多地方，有着呈现三角形、扶梯形、直角形的图形，在同一个平面内的整个区域里，峭壁山还刻画着光芒四射的圆盘以及棋盘形状的椭圆形图案。更令人惊奇的是，在人迹罕至的泰拉帕卡尔沙漠的山坡上，有一幅规模巨大的机器人图案。据估计，这幅机器人图案大约有99米高，总体呈现长方形，形状像棋盘，两腿笔直，脖子纤细，特别是长方形的头颅上面，居然有12根同样长度的天线似的东西竖立着。在从臀部到大腿之间，又像超音速战斗机的粗短翅膀那种的三角鳍连接着身体的两边。这幅图案现在位于距纳斯卡荒原大约有960千米的地方。

到目前为止，考古学家们推测，这些图案可能与“宇宙来客”有关系，而且它们作为古代遗址，是值得进一步研究的。

秘鲁毕斯柯湾岩壁上远眺图

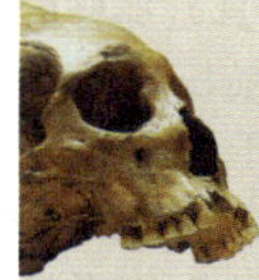

墨西哥人头石像有何玄机

1938年，11座全部由玄武岩雕刻而成的人头石雕像在墨西哥的原始森林里被发现了。这一发现轰动了国际考古界，来自墨西哥及世界各地的考古学家和历史学家都对这11座人头雕像表现出了巨大的兴趣，纷纷前往墨西哥进行考证、研究。

这11座人头雕像的外貌很奇特，最大的长16米，最小的长6米，最重的有20吨。最奇怪的是，所有的这些雕像都只有脑袋，没有身躯和四肢。看着这些奇特的雕像，人们不禁要问：古人为什么要雕刻这些只有脑袋的雕像呢？雕刻它们的意图是什么呢？又为什么把这些石脑袋放置在原始森林中呢？更加令人惊奇的就是，其中一颗石脑袋上雕刻了许多奇形怪状的图画式的象形文字，科学家推测这或许就是石像雕刻者留下的线索，告诉后人他们的意图以及石像作用的文字。但是，迄今为止，这条重要的线索还没有被人识破，这些文字至今仍然没有人能够全部认识。

这些石像都是威武的军士，雕刻极其精细，细致地刻画出了人物的面部表情，神态逼真，表明了当时的雕刻艺术已经具有相当的水准。这些雕像被考古学家看作古代美洲雕刻艺术的代表作品，完全代表了那时的艺术水平。

这些石刻人头雕像的作者是谁呢？有的学者认为很有可能是传说中的拉文塔族人，原因在于：根据历史学家的考证，在墨西哥地区流传着这样一个古老的传说：远古时代苍茫的原始丛林中，生活着一个创造了高度文明的部落，即拉文塔族。他们居住的宫殿金碧辉煌，传说他们的许多宏大建筑物都是用巨大的金块砌成的拱门，因此，有理由认为是拉文塔族创造了这些巨石雕像。

但是，有的学者认为，这样的理由太过勉强。第一，根据史书的记载，拉文塔族是1000多年前突然消失得无影无踪的。他们究竟到什么地方去了？他们又是怎么样消失的？他们的失踪之谜已经成为人类历史的一个千古之谜。直到今天，谁也无法说出他们曾经生活过的具体地点以及他们生活的具体情况，怎么可以单凭口头流传的、没有事实根据的传说就认定是拉文塔族的雕像呢？第二，雕刻巨型石像的原料是玄武岩，竟然全部是从3000多千米外的地方搬运而来的。因为石像所在的原始森林中是没有这样的玄武岩的。根据科学考察，当时的墨西哥以及整个南美洲都没有车轮，也没有牛、马等畜力运输工具，只靠人力，是用什么办法把重达数十吨的整个的石块运到了遥远的原始森林的？这同样是一件让人觉得匪夷所思的事情。

古人雕刻石像的用意以及用途是什么呢？为什么雕像只有“脑袋”呢？它们的“脸型”又是以谁作为“模特儿”的呢？人们百思不得其解。

↗ 栩栩如生的女性雕像

中华民族为什么叫“华夏”

汉族的形成和发展，是以华夏为主体，融合他族，不断发展壮大起来的。在中华五千年文明的漫漫发展历程中，随着各民族在经济文化上互相交流、互相渗透，形成统一的中华民族——华夏民族。“华夏”是中华民族的称号，凡是今天在中华大地上生活的56个民族，都称之为“华夏民族”。对于“华夏”的由来，却很难给出一个定论，作为一个未解之谜，自古至今，有很多说法。

关于“华夏”的由来，上古时代就流传这样一个传说。蚩尤原来是炎帝的大臣，是个很有野心的人，他想独霸天下，于是联合苗氏，想把炎帝从南方赶到涿鹿，自称南方大帝。决定胜负的一战开始了，他们大战于涿鹿的野外。大战当时，蚩尤一夫当关，手持长剑，指挥着自己的士兵冲向炎帝的阵营，炎帝部落明显处于下风。不得已，炎帝被迫一面抵抗，一面带着部队仓皇地撤离战场，并向黄帝求援。这时蚩尤已向涿鹿进军，黄帝下令重整队伍，两军开始了新一轮的对垒，黄帝心想，只要我和炎帝携手并肩、齐心协力，一定可以打败蚩尤。但他们低估了蚩尤的法力，蚩尤竟然施起了妖法，刹那间，天地间扬起一片浓雾，而且天黑得伸手不见五指，炎黄的军队什么都看不见，被打得节节败退。面对一意孤行、制造战争、祸害百姓的蚩尤，黄帝决定奋力一搏，他找到了炎帝商量作战计划，并让人利用太极推测演算，后来又派人到蚩尤的大本营，探听军情，知道蚩尤马上就要反攻再次施妖法。黄帝掌握了战争的主动权。当蚩尤的部队冲上来时，便被炎黄联军团团包围。此时炎黄联军把骨头做的战鼓擂得震天响，使得联军的士气大振，士兵们个个变得更英勇了。最后终于将蚩尤的部落打得落花流水，蚩尤也被俘虏。不肯投降的蚩尤被黄帝下令斩首，而炎黄部落最后团结一致，统一了整个中原。从此以后，中原各部落都尊黄帝为共主，炎、黄等部落在黄帝的领导下融合成华夏民族，这就是“华夏”的由来。

炎帝像

炎帝即神农氏，姓姜，号烈山氏或厉山氏。炎帝最初居于姜水（岐水）流域，后东向发展，进入中原地区。

还有另外一个关于华夏由来的传说，对此有不同的解释。相传，我国历史上第一个朝代是夏朝。大禹历时数年，成功治水，被舜选拔为继任者。之后他开启了一个清明的历史时代。所以在当时，以禹代表的夏后族在当时独领风骚，成为盛极一时的氏族部落。又加上夏后族以华山作为自己的活动中心，所以他们又被人们称为华夏族。这也是禹的儿子建立的第一个王朝叫夏的原因。

今天，对于华夏由来的争论，仍然不断。一些专家学者将众多观点归纳为两类。第一种观点认为，“华夏”是民族的名称。他们认为我国古代以“夏”为族名，“华夏族定居在华山之周、夏水之旁，故而得名”，讲的就是这个意思。“夏”这个名词是由“夏水”得到的。中华民族自古以来就是融合了别的不同的民族构成的一个庞大的民族。她尽管不是一个单纯的民族，但是在历史的长河中她始终以一个核心民族为中心，逐渐地融合和同化别的民族，形成一种“单元性的多元化民族”，这就是今天的中华民族。在先秦时代，她被称为华族或夏族。而“华”指的是居住在华山，以玫瑰花（华）作图腾的“华族”；“夏”则指的是居住于长江中下游，“夏族”的祖先的夏后氏。华夏民族的称谓，由此而来。

尽管现阶段我们还没有完全解开华夏之名由来的谜底，但我们相信，“华夏儿女”将永远是我们每一个中国人自豪的称呼。

《河图》《洛书》是上古的无字天书吗

《河图》《洛书》都是中国上古时期传下来的神秘图案。关于它们的传说是易学史上争论最多，被弄得最复杂、最混乱，但同时又是内容最为丰富的问题。

相传在我国远古的伏羲氏时代，有一个丑陋的怪物游到黄河边上的城市孟津，背上负着一块刻有一幅古怪的图案的玉版，这个怪物大得吓人，吃了百姓们的稻谷和庄稼，最后竟然开始生吞人类。伏羲听到这件事，带着利剑来到河边要斩除这头妖怪，妖怪打不过伏羲，跪地嗷嗷求饶，自称是黄河里的龙马，并将背上的玉版献给了伏羲。由于它是来自黄河的宝贝，伏羲称这张图为“《河图》”，后来，伏羲还按照《河图》做出了“八卦”，可以用来推算历法，预测吉凶等。

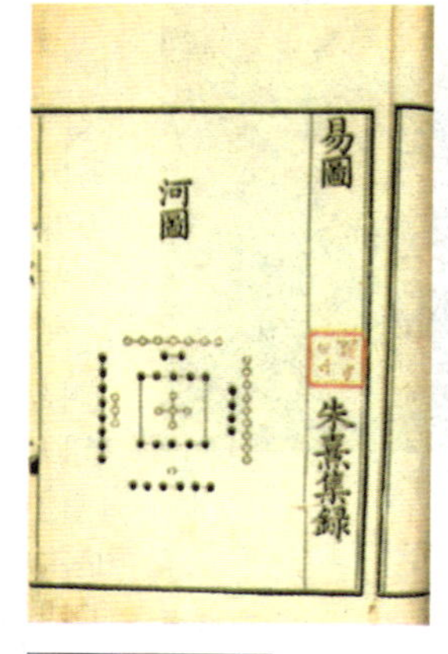

《河图》书影

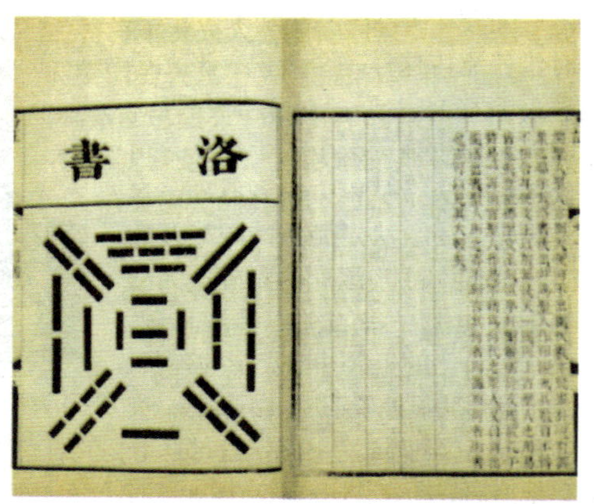

《洛书》书影

到了大禹治水的时候，有一次大禹在洛河引水疏通河道，从干涸的河底浮出来一只可以驮起百十人的巨龟，大禹认为这是一只通灵神龟就将它放生了，不久后，大龟腾云驾雾再次来到洛河，将一块光芒四射的古老玉版献给大禹，上面同样有一些神秘的文字和图画，大禹将这块玉版命名为“《洛书》”。传说在《洛书》上有大禹一个也不认识的65个红字。后来经过大禹反复揣摩，整理出历法、种植谷物、制定法令等九个方面的内容，古人又根据这九章大法，整理出一本一直传至今日的科学法典《洪范篇》。

上述这些传说在我国最古老的典籍《周易》《尚书》《论语》中都有记载。其中比较可靠的是《周易》中的系辞篇，里面是这样记载的：“河出图，洛出书，圣人则之。”这与上述传说十分吻合。直到宋代，朱熹解《周易》时，还曾派他手下的学者蔡元定去四川，用高价在民间收购到了华山道士传出的《河图》《洛书》等，都是由一些圆圈点构成的图形。另外，还有一个可信的证据是在现在洛宁县长水一带有“洛出书处”石牌两块。1987年，安徽含山县凌家滩原始社会末期墓葬中出土大量的玉片和玉龟，据专家考证是距今5000年无文字时代的原始的《洛书》和八卦图。

据说《河图》《洛书》在古代出现的时候都有普通人无法识别的文字，但后来都慢慢地散失，现在人们经常看到的两幅图是宋时朱熹的《易学启蒙》中的，因为有图无字又神秘难解，人们把它们叫作“无字天书”。其中《河图》是用黑白环点示数、排列成图的。即一六居下，二七居上，三八居左，四九居右，五十居中。而洛图书也只有用黑白环点示数的图。有人形容它:"戴九履一，左三右七，二四为肩，六八为足，五环居中。"关于《河图》《洛书》上的这些神秘的图案，自古以来无人能破译。

早在春秋战国时期，《河图》《洛书》已经开始与天命、阴阳、占卜等有关了。孔子周游列国不得意时悲叹说:"鸟不至，河不出图，吾已矣夫。"那时就已经有老子、孔子写的关于天命的书《河洛谶》各一种。在两汉时期的算命的文献中，《河图》《洛书》更复杂和神秘了，共有《河图括地象》《河图始开图》等37种，《洛书甄曜度》《洛书灵准听》等9种。宋时出现的《河图》《洛书》又加进了新的内容，是融天文、人体、阴阳、象数为一体的易学图像，是一种理念的阴阳消长的坐标图，暗喻的范围非常广泛。

对《河图》《洛书》的解释非常之多，有些人认为它是古人对天象的观察活动的记载。原因是有关《河图》的记载最早曾见于《尚书·顾命》篇。记载周康王即位时，在东边厢房有：大玉、夷玉、天球、《河图》。后人就认为《河图》是测日晷仪与天象图标，这些实物在当时是测日观天察地的仪器，在古人眼中带有神圣和神秘的性质，因而才有可能和代表古代王权威严的古玉器陈列在一起。还有根据《魏志》中说的"宝石负图"是一幅《河图》《洛书》的八卦综合图，看上去像罗经盘，磁针居中，外面围着八卦，最外层为二十八宿。所以这些《河图》是古代测量太阳的晷仪时根据日影来画出的；而《洛书》则是张天文图，用来概括天文的原理。还有人认为西安半坡出土的石板上用锥刺的圆点排成的等边三角形图案是它们的原形。但这还不过是一种有一定联系的设想，还无法看出这种图案与《河图》《洛书》的起源有什么联系。

最近，西南电子技术研究所退休高工杨光和儿子杨翔宇发现，《洛书》的核心"十"字与墨西哥发现的"阿兹特克"（Aztec）历石中心人像的"十"字、金字塔俯视图中心的"十"字完全吻合。他们提出《洛书》是外星人遗物;《河图》则描述了宇宙生物的基因排序规则，而"阿兹特克"历石则是外星人向地球人的自我介绍。

各种关于《河图》《洛书》的说法都还没有真正找到依据，《河图》究竟是一个什么样的图案，《洛书》究竟是一些什么样的书写符号呢?《河图》《洛书》的原形是什么?古人又是如何按《河图》《洛书》画出八卦的?还有待解答。

鸟形玉饰　新石器时代

鸟为鹰或为鹫，两翼宽广，为猪头形，中间为八角星形太阳纹。这件玉器出土于安徽省含山县长岗乡凌家滩，是鸟负太阳的象征。联想远古时期的"龙马负图"的传说，可以发现，原始社会人仍对动物有自然的崇拜与懵懂。同墓出土的玉龟、玉图也是中国目前最早的关于八卦、《河图》《洛书》的文化遗存。

玉龟及玉图　新石器时代

这两件玉器出土于安徽省含山县长岗乡凌家滩的距今约五千年的新石器时代晚期墓葬中。出土时，玉图放置在龟腹甲和龟背甲之间，正面阴刻原始的八卦图形，许多学者认为这是古代《河图》《洛书》和八卦有关的珍贵遗存。

汉字起源真是“仓颉作书”吗

早在几千年前就产生的汉字孕育和记录了中华民族古老的历史文化，传承了黄土地上悠久的文明。汉字以它独特的形状和用法而在诸多文字中独树一帜，汉字是怎样产生的？又是什么人发明的？对于这个问题，历来有不同的说法，最为流行的是“仓颉造字”说。

汉代淮南王刘安著的《淮南子》一书中说：“颉作书，天雨粟，鬼夜哭。”汉代最伟大史学家司马迁在《史记》一书中也说：“造端更为，前始未有，若仓颉作为……是也。”到了东汉，许慎更是很明确地在《说文解字》中写道：“黄帝之史仓颉，见鸟兽蹄之迹，知分理之可相别异也，初造书契。”《兖州续志》中说“仓颉，冯翊人，黄帝史官也。生四目，观鸟迹而制字”。此外，为了纪念仓颉造字的功劳，后人根据传说把河南新郑县城南仓颉造字的地方称作“凤凰衔书台”，到了宋朝时还有人在这里建了一座叫“凤台寺”的庙宇。甚至仓颉的坟墓也有多处，其中文物考古工作者在现在的铜城镇王宗汤村调查发现一处龙山文化遗址，距今约4000余年，据说原来就被当地人称“仓王坟”，坟前原先还建有“仓王寺”。可以看出，仓颉造字的说法还是很有来历的。

但是如果客观和理性地分析的话，汉字的复杂和多变根本不可能由一个人在一个较短的时间内发明出来。仓颉所处的时代还是原始社会，人们每天风餐露宿，最基本的生活都无法保障，如此低的生产水平和文化水平，要发明像汉字这样既是独立发展又有相当久远历史的文字，对仓颉这种原始人简直不可能。此外，根据学者的考证，当时的文字有许多异体字，无疑产生于很多人的手中，所以人们认为“仓颉造字”是一种不太可信的说法，可能性大些的是他对这种形体不一的文字进行了整齐划一的工作。荀子就曾经认为：古时候，创造文字的人很多，文字是众人发明的，仓颉的功劳只是在于整理它们罢了。一个很有说服力的考古史实是：有人发现西安半坡出土的陶器上有一些刻画符号，笔画简单，距今大约6000年，比仓颉造字的时代早1000年。除了仓颉外，还有传说中的神农作穗书，黄帝作去书，祝融作古文，少昊作鸾凤书，曹阳氏作蝌蚪文，曹辛氏作仙人书，帝尧作龟书，大禹铸九鼎而作钟鼎文；等等，可以说各有各的道理。文人学者们为此考证了2000多年，提出了各种看法，但谁也没能排除众议，成为权威。

不管“仓颉作书”的真相是怎么样的，不论它是严肃的史实还是美丽的传说，它都反映了人们对祖国文字的热爱，是传承中华民族悠久文化的重要媒介。正因为人们对那些造字的祖先怀着热烈的感激和景仰，这些动人的传奇才能流芳千古。

甲骨文　商

商代的甲骨文是中国目前最古老的可系统识别的文字，距今有3000多年的历史。

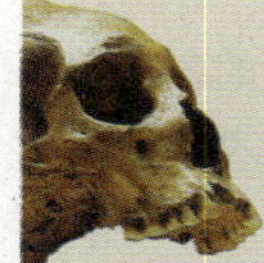

三星堆文化之谜

三星堆遗址位于四川省广汉市南兴镇北，这里有一条古河道叫“马牧河”，河道北岸的阶地形似月牙，人们便给它起了个美丽的名字——“月亮湾”，而三星堆则得名于河道南岸的3个大土堆。三星堆遗址的最初发现，是非常偶然的。1929年2月的一天，家住广汉市太平镇月亮湾的燕氏父子在浇灌农田的过程中，锄头锄到了一块石板，他们满怀惊奇地撬开石板，竟发现了满坑光彩夺目的玉石器。不懂文物的他们却肯定这是宝物，于是燕氏父子便在深夜偷偷将一共300多件玉石器取出，搬回家中。过了一年，燕氏父子见周围并无异常反应，为了牟利，他们便携带这些玉石器到城市的少城路——当时最大的古董市场去卖。据说这些被他们变卖的玉器至今仍下落不明。如此多的罕见之宝涌入市场，一时间，广汉玉器在古董商和古玩家之间炒得沸沸扬扬。大批所谓的“淘金者”纷纷涌向月亮湾，去寻觅宝物。

三星堆遗址能以真面目示人也得益于一个机缘，就在燕氏父子出卖那些玉石器的时候，也带了一些送给当地驻军旅长陶宗凯。此人乃一介武夫，对古董一无所知，但他找到了当时在华西大学地质系任教的葛维汉先生，请他帮助鉴别。葛维汉先生来自美国，对古董有所研究，他看到这些玉石器后，眼前为之一亮，没想到如此精美的玉石器也会出现在西南地区，他初步认定了这些玉器是周代礼器，是稀世珍宝。就在1933年秋，葛维汉先生与同是华西大学教授的林铭钧先生、戴谦和先生等人组成了对三星堆遗址的考古发掘队。考古队在发掘中，发现了许多陶器、石器、玉珠、玉圭等稀世珍宝。1936年，考古队将发掘所获加以整理分析，在《华西边疆学刊》上发表了《汉州初步发掘报告》的文章。在报告中，有关遗址文物被称为“广汉文化”。不幸的是，第一次发掘工作仅仅持续了4年，就被1937年开始的日本侵华战争阻断了。

第二次正式的发掘工作开始于20世纪50年代初期。为配合宝成铁路的建设，考古学家们又一次来到了月亮湾进行考古调查，继续十余年前对遗址的勘探。他们采集了大量石器和陶器标本，根据初步考证，他们确定该遗址可能是西周时期的古遗址。1963年的一次规模较大的发掘，是由四川大学历史系考古学教授冯汉骥带领他的学生进行的。他们来到月亮湾的高地上，极目远眺，顿感这是一个不凡之地。冯先生深有感慨，他认为这里极有可能是古代蜀人的“都城”。后来的考古发掘证明了他的预言是正确的。

戴黄金罩青铜像　三星堆文化

横径16.7厘米，纵径21.4厘米，高48.5厘米，四川省广汉市三星堆出土。由铜头像和金面罩组成。倒八字眉，丹凤眼，蒜头鼻，鼻梁直。阔口，闭唇，长条形耳郭，粗颈。金面罩用金箔制成，大小、造型和铜头像面部特征相同，双眼双眉镂空。古代蜀人将黄金制成面罩作为青铜人头像的面部装饰，更是古代蜀人的杰作。

1980年，在全面发掘条

件成熟的情况下，由四川省文物管理委员会组织的对三星堆遗址抢救性的发掘全面展开了。这次历时3个月的发掘，收获颇丰，不仅出土了不少的陶器、玉器、石器，并且发现了大量的房屋基址和4000多年前的墓葬。这些陶器、石器让人们了解了4000多年前古蜀人的文化特点，从而也从它们身上见识到了古蜀文化和古蜀人的生活方式。在这次成功发掘的激励下，考古学家们锲而不舍、继续前进，试图进一步揭开古蜀王国之谜。1986年7月23日凌晨2时30分，他们又有了一个重大收获。考古学家以竹签为工具，在谨慎的挑土过程中，发现了一小点在灯光照耀下闪闪发光的黄色物体，他们耐住性子，继续挑土，不一会儿，黄色物体显露的面积越来越大，还显出花纹来。先是一尾雕刻逼真的鱼映入眼帘，接着人们又发现了一只振翅欲飞的小鸟。这弯弯曲曲的黄色物体不断地延伸，竟长达一米多，令人惊奇的是，上面除了刻有鱼、鸟纹外，竟然还刻有一个王者之像。考古人员将这一发掘物称为“金腰带”。意识到此发现非同小可，他们立即向政府请派军警保护现场，局面得以控制后，考古人员才公开了发现古蜀王“金腰带”的消息。一时间舆论哗然，三星堆又一次成为世人关注的焦点。继“金腰带”之后，大量的玉器、象牙、青铜器及金器也被陆续发现，尤其是青铜器中的各式人头像和黄金面罩是中国考古史上的首次发现，具有十分重要的意义。

青铜立人像

在考古人员不知疲倦的奋战下，一具具神奇的青铜面具，一件件晶莹剔透的玉器，闪闪发光的金鱼、金叶，离开了它们沉睡的泥土，发出了熠熠光辉。尤其是1986年发现的两座器物坑，是三星堆遗址的代表，它们的发现令世人瞩目。其中一号器物坑位于三星堆土堆南侧100米左右，坑是一个口大底小的长方形，坑内大概有400多件文物出土；二号器物坑位于祭祀坑东南，相距大概20米，是一个坑壁稍微有些倾斜的长方竖穴，从这个坑里出土了439件青铜器，131件玉石器，此外还有骨、象牙等器物。这些3000年前的青铜人像雕塑，在中国古代文明史上十分罕见，在东方乃至世界艺术史上都占有十分重要的历史地位。那件大型青铜人像的发掘，填补了美术史上商代大型雕塑的空白，它总体身高将近3米，是目前为止发现的几尊最大的青铜铸像之一。人像面部的器官雕刻得栩栩如生，头上还戴着用羽毛装饰的发冠。它手臂的动作好像是在进献贡品，人像身着饰有巨龙、云雷、人面花纹的衣服，看上去十分华丽。无论是从它的面部表情、身体动作，还是衣着来看，都体现了浓厚的宗教色彩。因此，有的专家推断这个青铜大立像可能是一个象征着王者的“司巫”。在二号祭祀坑还出土了41件铜人头像，它们的大小、面部比例、神色与真人非常接近，大概也反映了巫师的形象。

在这两座器物坑中，人们还发现了一种被专家称为有“不死”或“通天地”功能的神树，那就是用青铜器制作的铜树。其中最大的一棵，高近4米，由树座、主杆和三层树枝组成，体态挺拔，装饰十分精美。树下底盘为圆环形，上有一个描绘着云气状花纹的山形树座。高大的树杆一共有3层，一层向外伸出3根枝条，每一根枝条上都站立着一只鸟，枝端挂着一颗桃形的果实，十分精巧。除此之外，更让人称奇的是，在树座下面背朝着树干跪着3个人像，他们的表情十分威严庄重，愈加使神树显得神圣无比。这棵神树是目前世界上发现时代最早、形体最大的一株，据推测，后世兴起的“摇

知识链接

三星堆出土文物的"眼睛"刻画

在三星堆出土文物中，表现人"眼睛"的文物不仅数量众多，而且这些文物本身珍贵、奇特，如一件大面具，眼球极度夸张，瞳孔部分呈圆柱状向前凸出，长达 16.5 厘米。此外，还有数十对"眼形铜饰件"，包括菱形、勾云形、圆泡形等十多种形式，周边均有榫孔，可以组装或单独悬挂、举奉，表现了对眼睛特有的重视。

古蜀人为什么如此重视刻画眼睛？铜面具眼睛瞳孔部分为什么要做圆柱状呢？原来，这与古蜀人崇拜祖先有关。《华阳国志》记载，"蜀侯蚕丛，其目纵，始称王"，其墓葬称为"纵目人冢"。据学者研究，所谓"纵目"，即是指这种铜面具眼睛上凸起的圆柱，三星堆出土的凸目铜面具等，正是古代蜀王蚕丛的神像。

据史书记载，蜀王蚕丛原来居住于四川西北岷山上游的汶山郡。而这一地方"有碱石，煎之得盐。土地刚卤，不宜五谷"。直到近代，该地仍是严重缺碘、甲亢病流行的地区。我们知道，甲亢病患者的一个重要特征，就是眼睛凸出。因此，蜀王蚕丛很可能是一个严重的甲亢病患者，生前眼睛格外凸出。而他的后人在塑造蚕丛神像时，抓住了这一特点并进一步"神化"，这就是蜀王蚕丛神像被刻画成"纵目"的原因。

钱树"可能就是在此基础上发展而成的。两座器物坑中除了青铜人像和铜树外，还有玉石器和青铜礼器也是颇为重要的。出土的玉器，其中一部分像斤、斧、凿、刀、锄、舌形器、椭圆形穿孔附饰等，具有浓厚的地方特色，很明显是当地人制造的、蜀人本来就有的玉器；而另一部分像玉璋、玉琮、玉戈、玉瑗等，它们的制造则体现出中原文化的影响。

三星堆遗址重新出现在世人面前，它的社会影响和学术意义是十分重大的。英国《独立报》曾以《中国青铜像无与伦比》为题发表文章，称三星堆青铜像是"古代最杰出的艺术制品"，而这次大量青铜文物的出现，也将使人们对中国金属制造的认识上升到一个新的高度，让我们感受到了一个高度发达的早期蜀王国文明的无穷魅力。从对三星堆遗址的研究来看，商的势力和文化的影响确已到达了成都平原。虽然过去专家们在研究殷墟卜辞时也曾发现有"征蜀""伐蜀""至蜀"的记载，然而遗憾的是，由于人们怀疑商王朝根本无力攻入像四川这样的遥远之地，所以这些记载以前并没有引起人们足够的重视。至于商文化是如何从遥远的中原地区传入四川的，专家们提出种种推测。著名历史学家李学勤先生经过考察三星堆出土的若干青铜器，认为商文化可能是在向南推进的过程中，经由淮河流域，穿过洞庭湖，沿着长江流域逐步发展到四川地区的。

历史离我们很远，唯有在这些遗迹和遗物中，我们才能探寻到过去的讯息。当然，我们从中所感受到的只是一个早期蜀王国灿烂文明的物质表现，至于它那深厚的文化底蕴和神秘的青铜艺术则需要我们慢慢地去品味、去欣赏。

青铜面具　三星堆文化

高82.5厘米，宽78厘米。四川省广汉市三星堆出土。这件硕大的青铜面具面部呈长方形，两耳向两侧展开，倒八字形长刀眉，臣字形眼，鹰钩鼻，阔口，露舌，方头，额饰成勾云状，可能用于古蜀王国举行的盛大祭祀活动，象征蜀王或群巫之长。

巴人王朝为何湮没

神秘的巴人早在公元前十几世纪就有可以与中原强大的商王朝相媲美的青铜文明。巴人祖先和黄帝是同一支，还是独立地创造长江文明的源头？曾经极其辉煌的巴国社会生活状态怎么样，最终又为何湮没？对此人们有不同的猜测。

巴人起源于湖北清江下游长阳的武落钟离山。巴人为夺取盐业资源曾与以“盐水神女”为代表的某个母系民族展开争战，并赢得了战争。这是巴人与盐的第一次结合。其后，“巴盐”与“盐巴”在三峡一带上演了一场横贯数千年的大剧。巴人领袖廪君战胜盐水神女后，在清江边（清江古称夷水）建筑夷城，建立了巴王国。这是一个奴隶制国家，是巴人建立的第一个巴国。巴人以虎为图腾，好鬼神，实行祖先崇拜，廪君则是他们最伟大的祖先。在以后的历史中，巴国的军队参加了周武王伐纣的联盟军，成为前锋部队，戴着百兽面具，跳着“巴渝舞”冲锋陷阵，打败了殷商军队。战后巴人受封子国。这就是《华阳国志》中所称的“巴子”“巴子国”。此后，巴国在楚国和秦国两大强国的夹缝中艰难求存，节节退守，终被秦国所灭。

对于巴国的文明，有人说是同黄河文明并列的长江文明的源头。巴人在湖北的生活有个漫长发展过程，独自由原始氏族形成众多部落，再到后来组成5个核心部落——“巴、樊、覃、相、郑”，他们在很长的时间里平等相处、无君臣之分。当各部落不断壮大，终于到了需要一个君主统领联盟的时候，“乃共掷剑于石穴，约能中者，奉以为君。”廪君胜出，成为巴人领袖，由于团结，从此强盛起来。而后在长期的发展中迁入四川，在险山恶水中，独立产生了高度的物质文明和精神文化。在迄今发现的巴人许多文物上，都有着被专家们称为“巴蜀图语”的刻画符号，动物的、植物的、人物的、奇特的造像、古怪的印痕，这究竟是发源于巴人原始的艺术灵性，是大自然神秘莫测的烙印，还是装饰品，或还是占星术？至今仍是一个难以破译的悬念。不过可以肯定这是巴人的精神文化创造。

虎纹钲　春秋

四川省广汉市出土，这件钲是南方地区特别是巴国故地的一种军乐器。由虎、星及图饰组成的巴蜀符号是巴蜀两国的文字，但直至今日，人们仍无法破译。

长江三峡

巴国另一个未解之谜是巴人为何突然失踪，在历史中毫无音讯。十数万巴人神奇失踪之谜，千百年来无数人为之苦苦追寻，试图找出谜底，但都难得其解。

有人说，巴国被秦军灭后，其人口也被全部坑杀，这种说法也许更多是基于秦军的残暴和坑杀赵军40万人之说上的猜测。

有人说，巴国人在灭国后，除死伤外都大规模迁移了。最近陕西商洛地区考古专家在探寻商洛900多个神秘洞窟起源时，又有了关于失踪巴人的惊人发现。据了解，商洛发现的神秘洞窟均面山、临水，故每每进洞，须越过湍急的河流。洞内呈长方形，四壁平整，人工开凿痕迹清晰。就目前已知的巴人习性而言，神秘洞窟的本身就与巴人在川生活有着许多相同之处。又发现了船棺葬的残存物，而且还有一些巴人文物相继出土。这些文物与三峡地区出土的巴人文物几乎如出一辙，其器具上的符号也惊人的一致。于是人们产生了一个大胆的猜想：一度失踪的巴人是否像陶渊明《桃花源》所描述的那样，为躲避战乱而隐居起来？神秘洞窟莫非是已经消失了的古代巴人的桃花源？

第三种说法是巴人并没有失踪，没有离开本土，巴人就是现在土家族的祖先。从20世纪90年代中期开始，专家们试图利用DNA遗传技术分析古代巴人和今天土家族的关系，并多次对三峡和清江流域一带的土家族人的血液和悬崖峭壁上的骨骸进行了基因对比实验。持这一观点的人认为：后来史料上之所以不见巴人，是因为巴国不存在了，也就没有人称呼巴人，而他们的后裔依然生活在这片土地上，形成土家族。通过考查，人们发现土家族的生活方式、习俗与遥远的巴人的确很相似。不过这种说法也没有得到公认。

奇异的巴人王朝曾有过血与火的历史，在史书记载上无一不是与战争相关联，这个伟大的王国还存在太多的谜无法解开，我们暂时也无法进一步窥探巴人的奋斗历程。但相信随着研究的不断深入，人们终将解开巴人失踪之谜。

知识链接

巴文化

巴文化是巴国王族和巴地各族所共同创造的全部物质文化、精神文化及其社会结构的总和。

“巴渝舞”——古代巴渝地区民间武舞。中国古代典籍记载最古老的音乐创作产生于巴地。巴渝舞来源于商末巴师伐纣时的“前歌后舞”。巴渝舞舞风刚烈，音乐铿锵有力，属武舞、战舞类型。“剑弩齐列，戈矛为之始。进退疾鹰鹞，龙战而弱起”，“退若激，进若飞。五声协，八音谐”。汉初，巴渝舞被刘邦移入宫中，成为宫廷乐舞，也是王朝祭祀乐舞。那时巴渝舞几乎成了国家乐舞。唐以后，巴渝舞从宫廷乐舞中消失。尽管如此，在民间，巴渝舞遗风犹存，川东巴人后裔的踏蹄舞、摆手舞、腰鼓舞、盾牌舞，就是古代巴渝舞的流变，现在的薅草锣鼓、花鼓调、花灯调、莲花落、川剧帮腔、川江号子、船工号子、劳动号子、翻山铰子等都和巴渝舞曲密不可分。

“巴乡清”——古代巴人的酒，以“巴乡清”著称于世。《水经·江水注》记载：“江水又迳鱼腹县（今奉节）之故陵……江之左岸有巴乡村，村人善酿，故俗称‘巴乡清’，郡出名酒。”此酒名贵，饮誉遐迩。清酒酿造时间长，冬酿夏熟，色清味重，为酒中上品。巴人善酿清酒，表明其酿酒技术已达到相当高的水平。

土家族摆手舞

巴人神话——巴人自然神话有“比翼齐飞”“巴蛇吞象”“白虎神话”等。巴人英雄神话有“廪君传奇”等。巴人神女传奇有“巫山神女”“盐水神女”等。

根据考古发掘，巴文化代表还包含巴人诗作、巴国符号文字和青铜文化等内容。由于秦朝大规模的“焚书坑儒”，加之战乱、灾荒和历史年代久远等，其史料逐渐绝迹，巴文化已埋藏在滚滚的历史长河中，融汇在大巴山人民的民俗文化里。

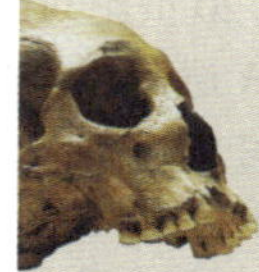

楼兰古城消失之谜

1979年，一支由我国新疆考古研究所组织的楼兰考古队进驻楼兰，将这座沉睡了数千年的古城唤醒。在这里，人们发掘了古城的建筑遗址，出土了4000年前的楼兰女尸，还有大量的铜器、铁器、石器、饰物和文书等，这让人们充分感受到了往昔楼兰的繁荣景象。

古城遗址东西长335米，总面积为10万平方米。城墙与敦煌附近的汉长城相似，采用夯筑法建造。城墙的四面有城门，城内有石砌的渠道。城区以古渠道为中轴线，分为东北和西南两大部分。东北部以佛塔作为标志，西南部以“三间房”为重点，三间房周围散布着一些大小宅院。

佛塔与古印度佛塔相似，外形如同覆钵。在佛塔附近，考古队采集到了许多精美的丝毛织品，西汉及东汉的五铢钱、各色饰珠，来自外国的贝壳、珊瑚等，还发现了木雕坐佛像和饰有莲花的铜长柄香炉等物品。大量的物品表明，这里曾是“丝绸之路”上的贸易中转站，有过繁荣昌盛的历史。

考古人员对楼兰古城中唯一现存的用土垒砌的建筑遗迹——三间房遗迹进行了清理，发现了织锦、丝绢、棉布和小陶灯等物，另外发现了一件比较完整的汉代文书。从文书的内容上判断，这里曾是一个官署。在三间房西南的宅院遗址里，考古队清理出了骨雕花押、木盘、门斗、木桶、牛骨、木纺轮、羊骨等。呈现在眼前的众多器物，都是楼兰昔日文明和历史沧桑的见证物。

考古学家在通往楼兰的古老通道上还发现了一大批古墓，这些奇特而壮观的古墓里存放着几具完好的楼兰女尸。这些女尸脸庞不大，高鼻梁大眼睛，双眼微闭，下颏尖圆，体态安详，几乎个个都是风姿绰约的年轻姑娘。这些姑娘都全身赤裸，以毛织布毯裹住全身，以骨针或木针连缀为扣，双脚穿短筒皮靴。她们的头上戴有素色小毡帽，帽边插着几支色彩斑斓的雉翎，帽缘缀着红色毛线。墓中出土的器物种类很多，有木器、角器、骨器、石器、草编器等，其中木器还有碗、盆、杯和锯齿形刻木。这些女尸是些什么人？为什么她们在这里沉睡千百年保存得如此完好？对于今天的人们来说，这些依然是难解之谜。

考古工作者们面对茫茫的沙漠，不禁发问：是什么原因导致楼兰古国消失的呢？

据说，楼兰古国曾经是塔克拉玛干沙漠罗布泊地区一个富庶繁荣的国家。它是丝绸之路的主要中转站，周围绿树环绕，水流清澈，水土肥美。这里寺院林立，商业发达，还能铸铁并制造工具和兵器。

根据历史资料记载，汉朝时楼兰国改名为鄯善国，是西域的一个重镇；三国时期归魏国管

楼兰女尸

新疆维吾尔自治区若羌县出土的这具女尸已有3800年的历史，具有白种人特征。身着羊皮衣服和鞋子，头戴装饰着鹅羽的羊毛帽子。对这具有着1.5米高、40岁左右的女性尸体检查表明，她的肺部被沙漠风尘和煤烟侵入。随着气候的变化，环境日益恶劣，这里的人们不得不面对那几百米高的流沙，加之河流枯涸，居民开始迁移，最终楼兰如其他古城一样被风沙所湮没。

罗布泊

辖；西晋时期，鄯善王被封为归义侯；公元4世纪时被零丁国所灭，此后鄯善国便消失了。

到了唐代，已经看不见楼兰的踪影，唐代著名诗人王昌龄在《从军行》中写道：

青海长云暗雪山，孤城遥望玉门关。

黄沙百战穿金甲，不破楼兰终不还。

这里的“楼兰”只是西域的象征罢了。元朝时，马可·波罗尽管对楼兰很向往，却无缘见到。楼兰就这样神秘地消失了，消失得没有一点声息。

千百年来，进入塔克拉玛干沙漠的考古队满怀着希望一次次深入这个白骨遍地的不毛之地，但每次都一无所获，失望而归。有的甚至一去不复返，永远地留在了荒漠之中。

直到1900年，神秘的楼兰终于重见天日。那是瑞典的一支探险队，他们来到了荒凉的塔克拉玛干罗布泊一带，带路的向导爱尔迪克偶然发现了一处废弃古城的遗址。第二年这个探险队又来到了这里，并从这里发掘出大量的文物，其中包括古钱币、粮食、丝织品、毛笔、陶器、竹简等。考古学家对这些文物进行分析和鉴定，认为这里就是古楼兰。从此，楼兰成了著名的考古圣地。

那么，一个楼兰人世代眷恋的家园，一个异常迷人的绿洲为什么会突然变为一座空城，成了被一片荒沙掩埋的废墟呢？考古学家从发掘的文书中了解到，当时这里的环境不断恶化，生态失衡，水源日益不足，士兵的口粮越来越少。这一切都表明，到了公元4世纪，罗布泊地区的自然环境发生了很大的变化，楼兰人曾和恶劣的自然环境斗争过，但终无回天之力，只好将这个美好的家园放弃。那么，这些楼兰人后来迁居到了什么地方？谁是他们的后代？直到今天这一切仍没有一个确切的说法。

知识链接

楼兰古城的典型建筑

官衙。“三间房”是并排的三间房子，是楼兰城中两座土坯建筑之一，是城中规格最高的建筑，可能是当时的官衙。自从斯文·赫定发现楼兰古城并在三间房的墙角下发掘出大量珍贵的文书以后，来自日本的橘瑞超、英国的斯坦因都曾在这里大肆挖掘，并将文物带运出国，之后国际上兴起了“楼兰学”的热潮。

民居。由红柳、芦苇搭建而成，如今屋顶、四壁不存，但从残留的墙根可以看出当时的布局。

佛塔。大约10米高的佛塔，是楼兰城中最高的建筑。

楼兰遗址

新疆维吾尔自治区若羌县，楼兰是塔克拉玛干沙漠中丝绸之路上繁荣的商旅驿站和贸易中心之一。而今天都湮没在历史的黄沙之中，不过残存的遗址仍然能显示出昔日这里所拥有的辉煌。

僰人悬棺为何置于万仞绝壁

在我国四川南部的珙县境内，曾经生活着一支特立独行的少数民族：僰人。从春秋时期到明代万历年间长达2000年的时间里，他们一直在这片土地上耕作、生息、繁衍。在春秋时期，他们被称为“僰人野人”，在汉代，被称为“滇僰、僰僮”，明朝则呼为“都掌族”。然而在明神宗万历元年（1573）的“僰汉大战”之后，这个部落从此就神秘地销声匿迹了，除了高悬在离地高达百米的断壁悬崖上的265具棺材，他们没有给这个世界留下任何其他的信息。

这些高高在上的“僰人悬棺”总重超过千斤，都是用质地坚硬的整木雕凿而成。其外形主要有船形和长方形两种。有的选择最为险峻的天然或人工凿成崖石安放，棺木还裸露在外面；有的在绝壁上凿孔，插入木梁，把棺木架在上面。悬棺离地面数十米到100多米，在山风中凌空俯视地面，令人可望而不可即。这些悬棺已经在高高的空中悬挂了数百年，经历着风风雨雨的剥蚀，至今仍牢牢地迎空而立。悬棺的崖壁上有许多红色彩绘壁画，内容丰富，线条粗犷，构图简练，形象逼真。

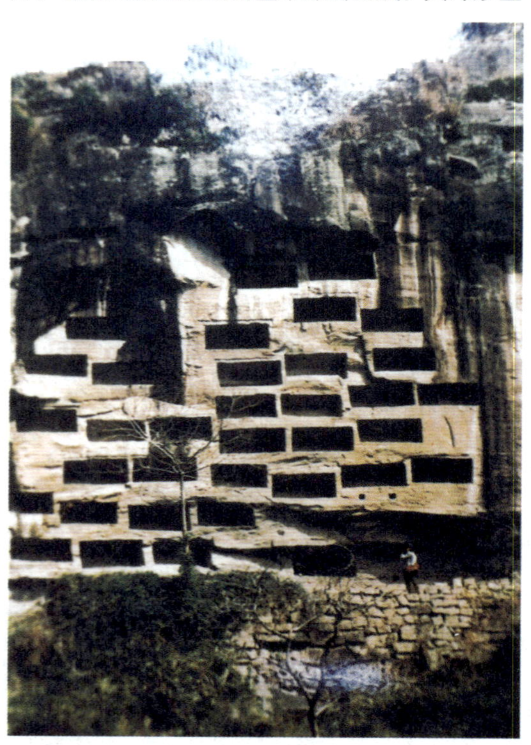

悬棺

四川省珙县。据学者研究，悬棺文化最早起源于吴越地区特别是现在福建、浙江两省交界的地区。之后，由于战乱，这支具有特殊墓葬风格的文化由山路（也有水路）迁入江西，分为两支。一支由江西至湖北，沿长江而上，到达四川。从四川北达陕西，由南到达云南（再由云南传入贵州、广西及越南等地）。另一支从江西入湖南，再由湖南进入贵州、广西（也可能成为传入越南的悬棺文化的一支）。

现存悬棺最集中的地方是宜宾地区珙县洛表乡的麻塘坝和曹营乡的苏麻湾两处景区。其中麻塘坝亦称僰人沟，距四川省珙县城60千米，南北狭长，东西两侧奇峰挺拔，险拔峻峭的岩穴之间现存有悬棺160多具，许多棺木半悬山崖，距地面一般高约25~50米，最高的有100多米。

苏麻湾距麻塘坝10多千米，在陡峭的石灰岩壁上分布着48具悬棺，沿着浩浩荡荡的江水，人们在船上就可以看见这些奇特的悬棺。

僰人为何要把棺木高悬于千仞绝壁之上呢？专家们认为，按古僰人的意思，悬棺入云是吸日月之精气。从科学上来说，西南地区的少数民族由于长期居住在山水之间，他们对山水产生无比崇高的感情，死后葬在靠山临水的位置表明亡灵对山的依恋和寄托之情。至于把棺木放得很高，那是因为高处可以防潮保尸，并可以防止人兽的侵扰。

可是所有放置悬棺的地方，上至峰顶、下距空谷，都有数十米到一二百米，而且到处都是异常陡峭的石壁，没路可走。古人是怎样将这些悬棺放置到悬崖峭壁上的呢？对此众说纷纭，代表性的解释有“栈道论”和“吊装论”，还有“洪水说”“隧道说”“天外来客说”等，悬棺因此被蒙上了一层异常神秘的色彩。

悬棺中发现的古人的衣物

“栈道论”认为，悬棺是通过修栈道运到悬崖上的洞穴中的。古僰人可能就像今天造房子搭架子那样沿着悬崖向上搭，当搭到洞穴口时便可将棺一层层递上来，直至送入洞中，或者由山顶搭栈道向下直至洞口。证据是现在只要乘竹筏沿九曲而游还可以在两岸的岩壁缝隙处看到一些残存的木料，这就是安置船棺后为确保它的安全而将栈道拆除的遗物。但是存放船棺的悬崖多是单独成峰的，突兀峭拔，崖壁坚硬，由下而上搭架子能搭到数百米谈何容易，特别是在工程技术还极其落后的古代少数民族地区就更难实现。“吊装论”认为悬索下柩可以解决千斤之物如何挂上悬崖的问题。1973 年 9 月，公安部门曾侦破了一起盗悬棺案。两名盗贼供认，他们买了数百千克粗铁丝制成软梯，上端紧绑在岩顶的大树根部，一人把风，一人顺梯而下至洞穴，再设法在崖壁上开辟一条栈道，随后盗棺而出。有些人因此认为僰人是反其道而行：先找到安葬洞口，在洞口前架设数米长的栈道，棺木在峰顶就地制成，装殓死者后吊坠而下至洞口，再由人推进洞去。但人们至今不能断定古人是用什么机械将悬棺放到洞穴里。因为山顶到涧谷一般均有一二百米，鞭长力微，即使百人在峰顶一起用力绞拉辘轳之类的简单机械来吊升岩底的棺木，吊到洞口时也不能放进穴内。

悬棺隐身在云雾缭绕的峭壁之上，充满了永恒的神秘色彩，它作为文化发展史中的一个奇迹，沉积了往日逝去的回忆。僰人为何悬棺而葬？刀耕火种的年代如何置棺高岸？僰人是怎样消失的？棺上的红色岩画又在讲述什么故事？这些谜还有待今人解答。

知识链接

僰人悬棺周围的神秘岩画

僰人悬棺主要集中于珙县麻塘坝和苏麻湾两地，约有 200 具。放置方法，有凿岩为穴横放者；有凿岩孔嵌木桩，棺木平置桩上者；也有几具并放或叠放者。棺行似船，头大尾小，多为整根楠木挖凿而成。悬棺葬地周围，还有许多僰人岩画。

这些僰人岩画极富神奇色彩，仅珙县麻塘坝现存就有近 400 幅。这些岩画饱经风雨而不褪色，画面、色泽清晰可辨，多为砂彩绘，均用较原始的平涂技法，线条粗犷，其题材和内容丰富多彩，形似而传神，物富于变化和动感。既有体育、狩猎、征战、动物、兵器、车轮等图案，还有不知名的怪兽和一些不规则的几何形图案，受到社会各界的高度重视。

僰人在悬棺周围画上岩画的目的，也有各种推测，大多数人认为僰人如汉族和其他统治阶级重视在墓室中做壁画和雕刻一样，其目的不外乎安慰死者，或借此提高死者威望以慑服生者，或作为表示死者所属的世族、部落的徽志。那岩画又有什么含义呢？

有人认为是反映僰人生产生活情景及某些葬仪，如岩画中的铜鼓图案和众多舞蹈、游戏状人物画就是悬棺葬过程中“打鼓路歌，饮宴舞戏”场面真实而生动的反映。也有人认为是反映僰人的宗教信仰和精神世界，有祖宗崇拜和图腾崇拜的痕迹。但对于那些奇形怪状、充满神秘色彩的图案，它们又蕴含什么意义，目前却无从考究。

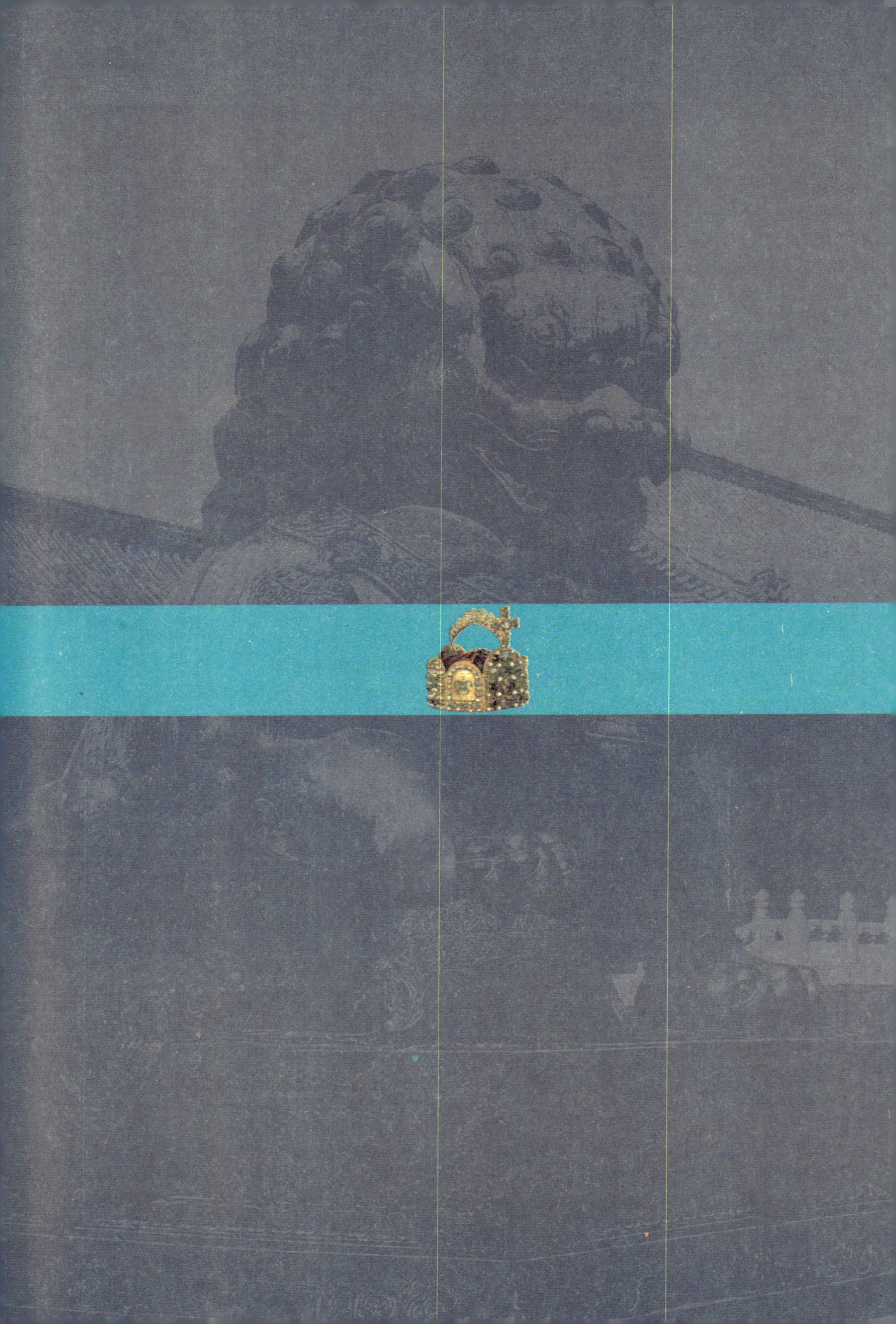

帝王之谜

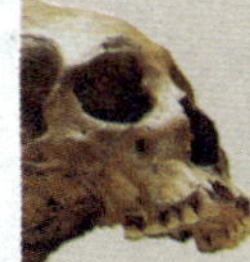

皇帝提比略为何选择隐居生活

在许多人的眼中，皇帝是一国之尊，荣华富贵，权势显赫。为了它，古往今来，多少英雄豪杰争夺不休，成功的人被称为千古风流人物，失败者也付出了毁身灭家的代价。而罗马皇帝提比略则在大权在握的时候离开繁华的都城罗马，避居乡野，过着流放般的生活。这位行为怪异的皇帝，引起了后人的极大兴趣。

公元26年仲夏的一天，天刚蒙蒙亮，一支十来人组成的小队伍匆匆忙忙地离开了罗马城，走在人群最中央的便是如日中天的皇帝提比略。当时的占星术士说，从提比略离开罗马时行星相互的位置来看，他是绝不可能再回来，还有人宣称他不仅不会回来，而且不久就会死在外面。除了第二个预言的时间不太准之外，这两个预言都神奇地应验了。谁也没有想到皇帝的这次出行竟真的会成为和罗马城的永别！

宝石浮雕

奥古斯都坐在一位象征着罗马的女神身旁，正在接受花环加冕。与此同时，提比略从胜利女神维多利亚驾驶的战车上下来。

提比略生于公元前42年，是罗马帝国的创建者屋大维（即奥古斯都）的养子。他9岁丧父，母亲改嫁屋大维，他也开始生活在皇帝的身边，15岁时就曾跟随屋大维到高卢视察前哨阵地，22岁时初次指挥战役，夺回了多年前罗马军团失去的几面旗帜，从此开始声名大振。他不仅以常打胜仗出名，更是以体恤士兵著称，因而得到了人们的爱戴。提比略登上皇帝的宝座也并非一帆风顺，屋大维最先选中的是大将阿格里巴，但阿格里巴不幸死在战场上；然后屋大维把提比略收为养子，但实际上平日里最器重的是提比略的弟弟德鲁苏斯，可德鲁苏斯又不幸少年夭折。为了达到能成为帝国领导者的愿望，提比略被迫与已经怀孕的妻子离婚，娶了屋大维寡居在家的女儿朱莉亚为妻。朱莉亚嫁给提比略的时候，还带来了和死去的前夫所生的两个儿子，日后他俩也成了提比略的有力的竞争对手。屋大维在他的两个外孙渐渐长大的时候，就开始慢慢疏远提比略，把所有的希望都寄托在外孙盖恩斯和卢西乌斯身上。提比略一气之下离开罗马城。公元2年和4年，屋大维钟爱的两个外孙相继死去，德意志和高卢等地又发生了叛乱，屋大维紧急召回了提比略，并立即派他去镇压叛乱。提比略经过5年的艰苦战争，终于平定了叛乱。当他当上罗马皇帝时，已经是一个55岁的老人了。

离开罗马的皇帝并没有像占卜师预言的那样很快死去，也许是他命不该绝。有一次他们在一个山洞吃饭，洞口的岩石突然塌陷下来了，压死了一些仆人，近卫军长官谢雅努斯不顾个人的安危，全身跪伏在提比略的身上，使他幸免于难。

↗ **青铜罐　古罗马**

这个青铜罐上刻有提比略乘车出行的场景。古罗马的诸皇帝在合眼的那刻不是轰轰烈烈战死疆场，就是暴虐过度被碎尸万段，要不就是毫无防备地遇刺身亡，唯有提比略直至生命的最后一刻依然驻守在自我放逐之地坎巴尼亚。

但 11 年后，他还是死在了那个地方。

在隐居期间，提比略数次变换居住地点，有时在米塞努姆海角的一个山洞里暂住，但待的时间最长的还是卡普里岛。当时位于坎巴尼亚海岸的这些地方多是罪犯的流放地，因此也有人认为提比略是“自我流放”。这些地方的地理位置优越，交通非常方便，风景如画，气候宜人。卡普里岛这个地方还有一个最大的好处，它只有一条路通向陆地，靠海的三面全是悬崖峭壁，这样外人就很难接近，幽静而安全。虽然身居乡野，提比略还是能通过书信遥控国家的政治生活。

据说在隐居期间，提比略曾经有两次想返回罗马。一次是公元 32 年，他的船驶到了靠近人工湖的花园，在台伯河沿岸设置了警卫以防止人们接近他，但他最终还是没有登陆。另一次是公元 33 年，他沿着阿庇安大道走到第七个里程碑（离罗马城不到 6.4 千米），但他只是在遥望了罗马的城墙后便返回了。除此之外，他还时常独自漫步在罗马城郊，多次站在台伯河边长久地凝望着自己的都城，流露出恋恋不舍的神情。作为堂堂帝国皇帝，他本来随时都可以跨入自己的都城。虽然罗马近在咫尺，但好像有一条看不见、不可逾越的鸿沟阻挡了他的脚步，他为什么要视罗马城为不可接近的洪水猛兽呢？

提比略长期离群索居，引来了历史学家不同的猜测。有人认为，提比略这样做，是为了遮掩自己的“庐山真面目”，制造一种神秘感，躲在暗处发号施令，既隐蔽又主动，对维护他的统治非常有利。

古罗马历史学家塔西佗认为皇帝归隐原因有二：一是近卫军长官塞亚努阴谋篡位；二是提比略曾以恐怖政策闻名，隐居生活多少可以消弭个人恩怨。另一个历史学家苏托尼乌斯则认为，提比略是因为儿子们的死亡受到打击，心灰意冷才隐居的。

提比略在位 23 年，因性格怪诞、行为诡异而使得后人对他评价不高。但现代的一些历史学家还是公正地指出：一些人可能由于政见关系，夸大和渲染了他的“怪异”和“残暴”，事实上他统治时期的罗马虽然比不上奥古斯都时代，但也算国泰民安；他个人崇尚节俭，与当时罗马盛行的以挥霍浪费为主的流行风气格格不入；他从不轻易对外用兵，使罗马得到几十年和平发展；他还注重发展手工业和贸易，使国库积累丰厚，这些都是不能否认的。至于他为什么会隐居，只有期待未来考古发现来解决这个历史悬案了。

↙ **提比略殿遗址**

从图中残存的石柱和破损的地面依然可以看出罗马帝国昔日的辉煌。

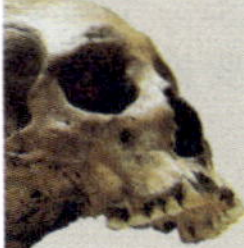

从魔鬼到天使的罗马皇帝提图斯

提图斯是以贪婪出名的罗马皇帝韦斯巴香的儿子，但是与他臭名昭著的父亲相反的是，他在位的两年多里，让人无法找到任何瑕疵，得到了民众最高的赞誉。但提图斯刚上台的时候，人们对他充满怀疑甚至是恐惧，而且公开宣称他会是第二个尼禄（曾被怀疑放火烧了罗马城，以残暴闻名）。

少年时代的提图斯就表现出与众不同的体格和气质，在许多方面堪称完美，他相貌英俊，既威武又和蔼，身体非常健壮，精通武艺和骑术。他在文化上的修养也很深厚，以记忆力超强著称，对一切学问都很感兴趣，而且不用打草稿就能顺口用拉丁文和希腊文作诗。他在音乐方面也很有天赋，吹拉弹唱，无一不精。即使有这样高的才华，提图斯也未能得到罗马公众的喜爱，反而遭到他们的谴责和憎恨。

提图斯拥有一大群狐朋狗友，而这些朋友大都是罗马城中名声最坏的人，其中包括很多同性恋者和太监。提图斯却和他们通宵达旦地厮混在一起，并且他和犹太国王阿格里巴一世的女儿贝勒尼斯的关系暧昧，据说甚至有和她结婚的意图。人们还怀疑他营私舞弊和谋取贿赂。除了这些罪名外，人们还觉得他是一个冷酷残暴的人，在担任近卫军长官时，他的行为既专横又暴虐，只要有人引起他的怀疑，他就秘密地派遣卫队去把对方干掉；而在向耶路撒冷发动的最后攻击中，他残忍地用12支箭射杀了12名守卫者。

对于这样一个魔鬼般的人物，罗马民众早已不抱任何希望了，可是当上皇帝后的提图斯来了一个180度的大转变，仿佛完全变了一个人似的，充分展示了一个统治者所应具有的美德。他一上台就把贝勒尼斯送出罗马城，对于他和贝勒尼斯来说，这个决定都是非常痛苦的。他最喜欢的情人中有一些是舞艺高超的舞女，很快她们就成了舞台明星，但是他不仅断绝了和她们的来往，而且绝对不到公共剧场观看她们的表演。他很尊重别人的财产，甚至连正当的和习以为常的捐资都不肯接受，更不用说是像他的父亲那样向民众勒索财物了。

提图斯像

这位集魔鬼与天使于一身的罗马皇帝，其怪异的性格令人捉摸不定。

对于别人的要求，他都尽量给予满足。当家人向他进谏说他许诺太多难以兑现时，他回答说，不应该让任何人在同自己的皇帝交谈后大失所望地离开。每天晚上，他都会回想自己一天的光阴，有时会为没有给任何人做件好事而悔恨不已。当罗马发生天灾时，他把自己的钱财拿出来救济难民，把自己别墅中的装饰物拿去修复神庙。

更可贵的是提图斯还表现出前所未有的宽容和忍耐，为了让自己的双手从此不沾任何血腥，他宣布接受大祭司的职务。他没有违背自己的诺言，从那以后，他就再也没有签下过判决任何人死亡的命令。当两名贵族青年被揭发有反叛的意图后，提图斯没有对他们采取任何处罚措施，只是警告他们放弃这种念头，因为皇权是命运赐给他的，谁也夺不走。如果他们想要别的东西，他倒是情愿相让。而在对待自己的弟弟时，他的表现就特别宽容。自从他登上皇位后，他的弟弟就一直没有停止过暗算他，甚至公开煽动军队暴动，但是提图斯不但没有处死或流放他，还一如既往地对外宣称他是自己王位的继承人，坚持让他享有从前的所有荣誉。有时提图斯还私下同弟弟交谈，流着泪恳求弟弟收手，希望兄弟俩能够继续像从前那样相亲相爱。

提图斯凯旋门

提图斯是公元70年耶路撒冷的征服者。公元81年，为纪念他们的胜利而建造这座门，就是迄今仍屹立于罗马广场入口处的凯旋门。

公元 81 年 9 月 13 日，提图斯病逝在自己的别墅中。噩耗传开后，罗马民众悲痛不已，如丧考妣。元老院的元老们等不及发布讣告，不约而同地聚集到元老院的议事大厅里，用最美妙的词汇对提图斯进行百般颂扬，抒发自己对皇帝的感激之情。总之，一切提图斯活着的时候没有得到的荣誉，在他死后都加倍地得到了。

这块浅浮雕出自提图斯拱顶，是为了庆祝提图斯皇帝在公元70年时成功征服犹地亚而雕刻的。浮雕上的场景表现的是一列古罗马士兵正在从毁坏的耶路撒冷神殿中运走战利品。

提图斯年轻时以残忍而出名，后来又因为生活散漫而污损了名声。即位后，他不仅没有被万能的权力迷倒，反而改善了自己的道德，使他和他的政府成为智慧与荣耀的模范。提图斯在位只有两年就病故了，时间没有给他滥用权力和放纵欲望的机会，他留在人们记忆中的永远是他的慷慨、慈爱和宽容。

是什么原因使提图斯这样一个人人厌恶的魔鬼变成了圣洁的天使？这是英年早逝的提图斯留给后世人的最大疑惑。可惜由于史料的缺乏，我们还不能准确地解释这个问题。如果我们找到了这个难解之谜的答案，很多教育、个人修养方面的难题也许就会迎刃而解。

查理大帝的加冕事出偶然吗

法兰克王国是公元5世纪末到10世纪末由法兰克人在西欧建立的封建王国，在罗马帝国逐渐衰落的时候，法兰克人正逐步崛起。他们原来居住在莱茵河下游地区，属于日耳曼人的一支。486年，一位叫克洛维的人率领军队把西罗马人赶出了高卢地区，以巴黎为首都，建立了墨洛温王朝。8世纪前期，管理宫廷事务的权臣查理·马特逐步掌握了王国的实权。751年，马特之子“矮子丕平”废掉墨洛温王朝国王，自立为帝，建立了加洛林王朝，但新王朝最强大的局面是由丕平的儿子——查理大帝开创的。后来，查理加冕为“罗马人皇帝”，史称查理大帝。

查理生活的年代正是西欧封建化过程急剧进行的时候，查理所实行的政策措施客观上加速了这一进程，得到新兴封建地主阶层的拥护。查理是位好战的国王，为了建立一个强大的国家，他长年累月率军四处征战，使法兰克王国的版图不断扩张。经过50多次战争，查理使法兰克王国成为控制西欧大部分地区的大帝国：西临大西洋，东到多瑙河，北达北海，南至意大利中部，差不多囊括了昔日西罗马帝国的全部国土。

795年，罗马教皇阿德一世逝世，查理支持利奥三世当选为新的教皇。利奥三世为了答谢查理，在罗马为他大唱赞歌，从而引起了罗马贵族的不满。反对者冲进教皇官邸，逮捕了利奥三世，准备将他送进修道院受刑，扬言要刺瞎他的双眼、割掉他的舌头。利奥首先向拜占庭国王求救，却遭到了无情的拒绝。逃出监狱后他又向查理求援，查理亲自带兵护送利奥三世回罗马，并用武力平息了这场纠纷。利奥三世对查理感激涕零，抓住一切机会报答他。公元800年的圣诞节，罗马教皇利奥三世给查理加冕为“罗马人皇帝”，史称查理大帝。

关于查理加冕称帝的问题，历史上存在着不同的说法，有人认为查理根本无意加冕，那只是教皇一厢情愿的报恩行为。在《查理大帝传》中详细记述了加冕的全过程：公元800年12月25日，教皇召集了附近地区所有愿意参加弥撒的人们来到圣彼得大教堂，当晚一切显得格外隆重，教堂内灯火通明，音乐悠扬地回荡着。弥撒仪式开始了，查理望着基督像，全心地沉浸在仪式的庄严之中。突然，教皇利奥三世大踏步地走到查理面前，将一顶西罗马皇

↗ 为奥托一世加冕仪式制作的皇冠，被称为“查理曼皇冠”，反映了查理大帝在中世纪欧洲的传奇地位。

↗ 查理大帝像

帝的皇冠戴到他头上，并高声宣布："上帝为查理加冕，这位伟大的、带来和平的罗马皇帝，万寿无疆，永远胜利！"参加仪式的教徒也齐声高呼："上帝以西罗马皇帝的金冠授予查理，查理就是伟大、和平的罗马皇帝和罗马教皇的保护人！"

教皇利奥三世本想用这样的方式给查理一个意外的惊喜，但他的做法并没有得到预期的效果，反而使查理感到突然和无所适从。查理觉得，"皇帝"这样的称号太令人反感了，自己并不需要被授予这些所谓的荣誉。他更担忧这个加冕背后的无穷隐患：拜占庭的罗马人对于他的皇帝称号肯定会万分仇恨，这甚至会对法兰克王国产生不可估量的后果。查理事后后悔地说："如果知道教皇的策谋，就不会在那天去教堂，尽管那是一个伟大的节日。"

查理会见教皇利奥三世

查理与教皇的关系在他的政治生涯中起到了重要作用。

这是爱因哈德在自己的书中记录的情况，依此看，查理大帝是不愿意被加冕称帝的。很多学者采取这一说法，是因为爱因哈德从20岁起便被查理聘请到宫中掌管秘书，参与机要，一生中大部分时间都跟随在查理左右，深得查理的宠信，他的记载应该是比较可信的。

查理大帝崇尚武力，经年累月率军四处征战。

如果说爱因哈德说的是真的，查理不愿意称帝，除了顾忌拜占庭的罗马人的仇恨，还会不会有别的原因？普遍认为他忌讳的是教皇利奥三世。教皇主动给他加冕表面上看来是报恩，但同时也会趁机夺回一些权力。查理虽然是个纯粹的基督徒，但他也并不希望教会干预政权，为此，他曾刻意保持了"法兰克及伦巴德国家"的称号，当立他的儿子为王时，查理亲自主持了这一神圣仪式。

现代许多西方史学家对查理不愿意加冕称帝的说法表示怀疑，他们认为当时的查理拥有至高无上的权力，完全能够控制当时的局势。如果他不愿意，教皇利奥三世绝不敢做出冒犯他的事情。

事实上，不管查理是否愿意罗马教皇为他加冕，他在实质上已经成为古罗马帝国的合法继承人和基督教世界的保护者。这次加冕是中世纪历史上的一件大事，影响极其深远，奠定了教廷和王廷对西欧进行双重统治的政治思想基础，开创了中世纪教皇为皇帝加冕的先例。它象征着皇帝的权力来自上帝，受之于教皇，暗含着教皇权力依然高于皇帝的意思，为日后的教权与王权之争埋下了祸根。

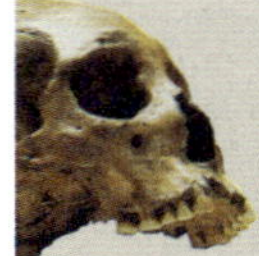

伊凡雷帝杀死了亲儿子吗

伊凡雷帝是俄国历史上第一位沙皇，他3岁就继承了莫斯科和全俄罗斯大公位，人称伊凡四世。他性情凶残又生性多疑，独断专行且手段残酷，因而得名“雷帝”。这与伊凡四世幼年的生活环境有着重要的关系，他17岁亲理朝政以前可以说生活在一片黑暗中，先是他的母亲倒行逆施且不明原因地暴亡，然后是贵族们为了争权夺利而每天火拼厮杀，没有人顾及年幼的小沙皇的教育。从这种尔虞我诈的环境中成长起来的伊凡四世，过早地目睹了宫廷生活的黑暗和丑恶，在他的性格中埋下了暴戾多疑的种子。俗语说：虎毒不食子，伊凡雷帝却被怀疑亲手杀死了自己的儿子。

俄国著名画家列宾创作过一幅名为《伊凡雷帝杀子》的油画：在灰暗压抑气氛笼罩下的画面上，奄奄一息的皇太子伊凡无力地靠在父亲的胸前，伊凡雷帝惊恐地搂着儿子，他用一只苍老的、血管突出的手抱着伊凡的身体，另一只手紧紧按住儿子流血的伤口，试图挽回儿子的生命。但死神快要降临了，儿子的身体软绵绵地支撑在地毯上，用一双绝望却宽恕的眼睛看着衰老的父亲。而伊凡雷帝的双眼中充满着悔恨，两人的眼神形成了强烈的对比，整幅画有着一种摄人心魄的艺术魅力。

人们为什么会怀疑伊凡雷帝呢？主要是伊凡雷帝的性格非常残忍，在他还是个孩子时，就经常把捉住的小鸟一刀一刀地杀死，或是站在高高的墙上，将手中的小狗摔死，从而发泄心中的不满。而在他13岁的时候，就放出豢养的恶狗，将执掌朝政的皇叔伊斯基活活咬死。而当他刚登上皇位后，为了加强皇权，就在全国范围内实行恐

伊凡雷帝杀子　俄国　列宾　1855年

伊凡雷帝的惊恐与其子的无奈绝望形成鲜明对照，伊凡雷帝真的误杀了儿子吗？

纪念“恐怖的伊凡”1552年占领喀山胜利而归、向莫斯科行进的壁画。

报喜节大教堂，它是莫斯科大公和沙皇的专用教堂。

怖政策，惩罚反对皇权的大贵族，也不可避免地杀害了许多无辜的平民，用尖桩刑、炮烙、活挖人心、抽筋剖腹等酷刑处死了数万人，得到了“雷帝”的称谓，意思就是“恐怖的伊凡沙皇”。

他的暴政和独裁不仅使遭到镇压的大贵族们心怀怨恨，也引起了广大人民的强烈反对，就连沙皇身边的人，也有“伴君如伴虎”的危机感。本来，伊凡雷帝的这种暴戾性格在他娶了年轻美貌、温柔善良的皇后之后有所改变，她能理解他，开始以自己的爱温暖着沙皇那颗受伤的心灵，总是像天使一样地抚慰着他。可是，保佑他的天使没有永远伴随他，1560年，他亲眼看着心爱的女人被疾病夺去了生命。失去了皇后之后，童年时期形成的性格又激发出来了。到了晚年，孤独的伊凡雷帝性情更加乖戾、喜怒无常，他总是疑神疑鬼，觉得有人要害他。但是，对于他的长子、未来的皇位继承人伊凡，他还是宠爱有加的，经常让他跟随在自己左右。可以说，除了这个儿子，他已经不再相信任何人了。可是这位皇太子却死在伊凡雷帝的前面，上演了一出“白发人送黑发人”的悲剧。

伊凡太子的死因有着不同的说法，最普遍的一种是：从1581年起，伊凡雷帝开始怀疑太子有夺取皇位的嫌疑，多疑的性格使这种想法日益强烈，父子关系也因为他的提防而紧张起来。有一天，伊凡雷帝看见伊凡的妻子叶莲娜只穿了一件薄裙在皇宫中走来走去，违反了当时俄国妇女至少要穿三件衣裙的惯例。伊凡雷帝勃然大怒，动手打了儿媳，使已经怀孕的叶莲娜因惊吓而流产。伊凡听到这个消息后，对伊凡雷帝大吼大叫，伊凡雷帝也很生气，一边大骂着“你这个可耻的叛徒”，一边举起手中的铁头权杖向儿子刺去。晚年的伊凡雷帝手里常常拿着一根铁头杖，这是一根顶端包有铁锥尖、柄上刻有花纹的长木杖。伊凡四世一旦发怒，就会随时用这个铁尖木杖向对方刺去，所以宫内的人只要听到木杖敲击地面的声音，就会吓得赶紧躲起来。可是没想到当时伊凡雷帝的铁杖正好刺中了儿子伊凡的太阳穴，然后就是列宾笔下《伊凡雷帝杀子》悲剧场面，最后伊凡因伤势过重而死去了。

俄罗斯历史学家斯克伦尼·尼科夫却不同意这种说法，他认为，当时伊凡父子虽然发生了激烈的争吵，但父亲只不过在儿子身上用权杖敲了几下，并没有造成致命的伤害。太子伊凡原先就有病，再加上丧子和恨父，心情极度悲伤，以致癫痫病发作，后来又引起并发症死去了。因为伊凡雷帝在争吵前几天的信中曾写道：“儿子伊凡病倒了，今天他仍在病中。”所以，伊凡的死主要是病死，而不是伊凡雷帝失手杀死了他。

各国历史上宫廷内部血雨腥风，像这样的父子相残、兄弟反目的事情层出不穷。伊凡雷帝有没有杀死自己的亲儿子，只有让历史来慢慢寻找真实答案了。

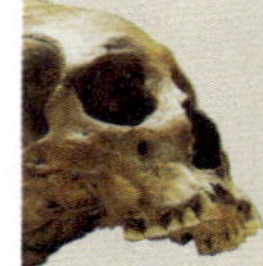

英王威廉二世真是死于意外吗

自古宫廷多纷争。在权势和财富的驱使之下手足相残、杀母弑父之事可谓比比皆是。人称“红面庞”的威廉二世似乎也是因为此类原因而丧命于狩猎场的。

1100年8月的一个下午，英王威廉二世在新林骑马狩猎。新林占英国南部一大片土地，当时是皇家狩猎苑。威廉的弟弟亨利和一些随从同行。一行人分为几个狩猎小组，国王和他的亲信顾问蒂雷尔一组猎鹿。国王看见一只赤鹿跑过，立刻射了一箭，射中了赤鹿，但是它没有死。很长一段时间威廉坐在马鞍上不动声色，他用手挡着夕阳的斜照光线，想看清楚那只受伤赤鹿的行走路线。

蒂雷尔就在此时射了一箭，鹿没有射到，却把国王射中，国王向前面倒下去，那支箭在国王摔到地上的时候更深地插入他的胸膛，国王当时便没了气息。蒂雷尔急忙跑出树林向法国逃去。亨利则和其他的人策马飞奔，赶到邻近的收藏皇室财宝的曼彻斯特，亨利把财宝抢到并确实予以掌握后，便马上赶回伦敦，加冕登基为亨利一世。此时，距威廉去世之日仅3天，众人从猎鹿的树林离开时，威廉二世仍然暴尸荒野。

但是国王之死至今仍然疑点重重：威廉二世是死于意外，还是被他那充满野心的弟弟谋害了呢？或是如有人所说的威廉二世心甘情愿依照教规自杀身亡呢？大多数人当然相信传说中所出现的凶兆，这凶兆是威廉到新林行猎前夕所做的一个噩梦：他梦见自己躺在血泊中而被惊醒，惊醒时不断狂叫。此外，还有人说听见国王命令蒂雷尔杀死他，因为根据威廉信仰的“宗教”，他已经老而无用，作为一个权力逐渐衰落的国王，必须在仪式中引颈就戮。

威廉二世中箭图

在宫廷纷争极端敏感的时候丧命，威廉二世的死真是意外吗？

威廉一世共有3个儿子，威廉二世是老二。威廉一世在世时已给3个儿子分家，留给长子罗伯特的是法国的诺曼底，给次子威廉的是英国，亨利则没有土地，只获得一笔财富。大哥与二哥经常争执不下，甚至兵戈相见，但是二人在1096年以诺曼底为抵押，罗伯特向威廉借了他们所需的钱。罗伯特在1100年夏季启程返国时，还娶了一个十分富有的女人。威廉决定，决不让哥哥还债把诺曼底赎回，他开始计划强夺诺曼底。新林猎鹿驾崩事件就是在做这种准备的时候发生的。

同时，如果亨利真的企图篡夺英国王位，他一定已把形势看得非常清楚。出乎意料的新发展对他篡位的计划有所妨碍，所以亨利先下手为强，其后只需对付一个哥哥而不必再与两位兄长争雄。威廉驾崩，罗伯特又远在他乡，亨利就能篡夺他原本无权过问的王位。证明亨利要对猎鹿时发生“意外事故”负责的一个有力证据是：他从未试图抓蒂雷尔回来以弑君之罪论处，甚至没有没收蒂雷尔的土地以示惩罚。

可是，以亨利的本领和为人是否能组织这样一个谋朝篡位的大阴谋呢？蒂雷尔跟主谋勾结杀掉恩公和朋友，又会得到什么好处呢？事实上自惨祸发生后直到威廉二世去世时，蒂雷尔都不承认他有弑君行为。

依上所述，亨利的嫌疑可谓最大。但他要策划这样一个缜密的阴谋也不是件容易的事情。真凶何在，我们拭目以待。

沙皇彼得三世死于叶卡捷琳娜之手吗

雄才大略的彼得大帝1725年驾崩后，俄国就陷入了长期动荡中。1762年，沙皇彼得三世的王后叶卡捷琳娜发动宫廷政变，推翻了他的统治。7月，彼得三世在狱中突然死去。彼得三世因何而死？他的死与叶卡捷琳娜是否有关呢？

彼得从小生活在德国，他非常崇拜普鲁士军事制度与德国文化，却对自己的祖国毫无兴趣。他甚至认为俄国是个令他厌烦的国家，他不愿意治理这种国家。1761年，伊丽莎白女皇逝世，彼得继位。由于国内政局长期动荡，人们都希望彼得三世可以整顿一下国家。然而刚刚上台的彼得三世却经常以自己的喜好对俄国现行制度和法令乱加改动。他推动的一些政策损害了教会与贵族的利益，令他们十分不满，尤其是在对外政策上，彼得三世的所作所为让政界和军界非常反感。

叶卡捷琳娜原名索菲亚·奥古斯特，出生于德国什未青一个贫穷的家庭。当她知道自己成了彼得未婚妻后非常激动，她当即和母亲一起，不远万里来到俄国首都彼得堡。为了做个称职的皇后，她努力学习俄语，还改信了东正教，不久她就能用标准的俄语虔诚地朗诵东正教的誓言，在场的大主教和教徒们听后十分感动，并流下泪来。1745年8月，彼得正式娶叶卡捷琳娜为妻。但是婚后，叶卡捷琳娜才发现彼得是个好色之徒，他甚至把情妇领到家中。而同时伊丽莎白也对她这个异邦女子有所怀疑，并派人监视她，年轻的叶卡捷琳娜暗暗地记着这些仇恨，并未作过多的反抗。她一面刻苦读书学习如何治国，一面在政界和军队中扶植、拉拢亲信，并将情夫们都安排到重要部门，以为她夺权做准备。

1762年6月24日，彼得三世离开彼得堡去奥拉宁堡发动对丹麦的进攻，叶卡捷琳娜被留在彼得堡。7月9日凌晨5时，叶卡捷琳娜发动政变，控制了首都局势，成为女皇。彼得三世要求与女皇平分政权，但遭到了断然拒绝。他只好宣布退位，最后的条件就是女皇能归还他的情人、小提琴和一只猴子，以便他能度过后半生。7月18日，叶卡捷琳娜在枢密院正式登基，史称叶卡捷琳娜二世。就在叶卡捷琳娜就任皇位的同一天，彼得三世暴死在了狱中。

彼得三世像

俄国古老的封建宫廷中始终存在着阴险欺诈与不择手段的争斗，专制独裁与宫廷政变经常一起发生，彼得三世正是这种独裁政治的牺牲品。但彼得三世因何而死？一种说法称他是被人毒死的，当时法国外交部档案记载：一些人按照俄国风俗吻彼得三世的遗体以示告别，这些人的嘴唇后来却奇怪地肿了起来。还有一种说法称彼得三世是在酒后与人打骂被人失手打死的。第三种说法则是为除后患，女皇派人勒死了彼得三世。彼得三世的真正死因是什么？叶卡捷琳娜又在其中做了什么手脚呢？这一切都不得而知。

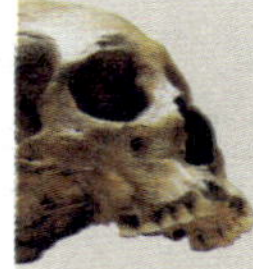

“尧舜禅让”是礼让还是篡位

尧是远古时期有名的贤德君主，他是三皇五帝中的第四个帝。他不唯亲属是举，大力举荐有才干的舜为自己的继任者，这就是历史传说中有名的“尧舜禅让”。但是现在有人开始怀疑这种说法的准确性，毕竟这仅仅是远古流传下来的一个传说，到了春秋时期，才有人把它诉诸文字。所以，关于尧舜之间权力交接的真相，就成了一个千古疑案，后世的人们众说纷纭、莫衷一是。争论的同时，这个千古未解之谜也为我们留下了很多美丽的传说。

大部分人还是比较认可“举贤”说的，因为这反映了我们中华民族的大公无私、唯才是举的传统美德。传说中，舜姓姚，他的父亲是个瞎子，他的母亲很早就去世了。后来，他的瞎父亲又娶了一个妻子，舜的后母心胸狭窄，而且心地狠毒。后母生了个儿子，取名叫象。象好吃懒做且飞扬跋扈，在父母面前经常说哥哥舜的坏话。舜的父亲也被他们拉拢到一起，站在他们的战线上。所以，夫妻俩和象常在一块儿商量，如何找机会害死舜，这样，象就一个人继承父母的全部财产。但舜心地善良，并不介意他们的故意刁难。他还是一如既往地孝顺自己的瞎父亲，对后母和弟弟也很好。

尧帝像

尧是中国古代传说中的五帝之一，姓祁，名放勋，号陶唐氏，史称唐尧。陶唐氏是黄帝的后裔，最初定居在冀方（今河北唐县），后来迁移至晋阳（今山西太原）。帝尧为陶唐氏部落首领后，建都平阳（今山西临汾），命鲧治水，又命羲、和二人掌管时令，制定历法，教民按时农作。尧年老之时，叩询四岳的首领，举贤者，命舜摄政，经过3年的考核，让位于舜，史称“禅让”。

舜帝像

中国古代传说中的五帝之一，姓姚，名重华，号有虞氏，史称虞舜。舜是黄帝之孙昌意的七世孙，冀州人，耕于历山，渔于雷泽，建都蒲阪。20岁时被推举为尧的继承人。他能正确处理各族的关系，分别任用大禹、皋陶、契、后稷等人治水作刑，执掌教化、农业等，是后人心中的伟大君主。

那时候，尧已经86岁了。他觉得自己年老力衰，于是叫大家推举贤能的“接班人”，大家一致推举很有威望的舜。尧听了人们的推举后，决定先考验考验舜。于是，尧把自己的两个女儿娥皇和女英都嫁给了舜，并且派舜到各地去同人们一起干活。他先派舜来到历山脚下去种地。在舜来之前，那里的农民经常为了争夺土地不时地发生一些冲突。等到舜到了那儿后，农民们在舜的教化和领导下就变得互相谦让，经常你帮我，我帮你，把生产搞得很好。舜又到河滨去烧制陶器。原来那儿的陶工干活粗制滥造，陶器质地粗劣，等到舜一去，陶工们在舜的组织下，认真工作，制作出来的陶器十分精美。总之，舜每到一个地方，人们都愿意跟随着他。那时候，父权制已经确立，人人可以拥有财产。由于舜的才能，舜拥有了许多私有财产。

舜的瞎父亲和弟弟象听说舜有很多财富，又起了坏心。有一次，父亲叫他修补粮仓的屋顶。当舜沿梯子爬上屋顶的时候，他们就在下面放起火来，想借机把舜烧死。舜在屋顶看见起火了，想找梯子时，梯子已经被狠心的父亲和弟弟藏得不知去向。幸好当时舜随身带着两顶遮太阳用的笠帽。他灵机一动，双手平举笠帽，像鸟张开翅膀一样跳下来。舜轻轻地落在地上，一点也没受伤。舜并没有怪罪父亲和弟弟，还是像以前一样尊老爱幼。一计不成，他们又设计了一个陷阱。一天，他们叫舜去掏井。当看到舜跳下井后，象

尧舜时期想象图

舜在汉魏南北朝时期经常被作为儒家和民众歌颂的对象，经常出现在表现另类人世生活的墓葬中。此图是北魏时期贵族墓中石棺的一部分线刻画，描绘了后人想象中的尧舜时代的场景。

和他的瞎眼父亲，就在地面上把一块块石头丢下井去，把井填没了。他们企图把舜活活埋在里面。后来聪明的舜在井边掘了一个孔道，钻了出来。尽管父母兄弟对待自己不好，但舜还是像过去一样和和气气地对待他的父母和弟弟。于是，一家人就开始和和睦睦地在一起生活。

尧听说舜这样宽宏大量后感到很放心。于是在一个风和日丽的黄道吉日，尧在京城南郊举行了重大的禅让仪式。当尧庄严地把代表权力的皇杖交给舜，舜恭敬地接过权杖的一瞬之间，臣民们响起了雷鸣般的欢呼声。这就是一般历史书所说的“尧舜禅让”。因为它以群众推举或领袖授权为基础，所以人们称这种说法为“举贤说”。

还有一种说法是“拥戴说”。据说尧年老的时候，并没有想把皇权交给舜，而且当时尧的儿子丹朱也非常想继承父亲的大权，但碍于当时舜的声望迟迟没有下手。所以在尧死后，为了避免冲突发生，舜就避开丹朱到了南河之南。但那时天下的诸侯不到丹朱那里去朝见，反而跑来朝见舜。如果想打官司，他们不到丹朱那里去，都跑来找舜。人们编出的歌谣不歌颂丹朱，却歌颂舜。所以，经过诸侯和民众的拥戴，舜便接受了大家的好意，接替尧登上了帝位。关于这个典故，荀子和孟子是比较赞同的。荀子认为，舜之所以能登上帝位，那是靠了他自身的道德；孟子也说过，舜登上帝位是靠了上天的赐予和民众的拥护。

关于“尧舜禅让”，有人甚至从根本上进行了否定，他们认为禅让只不过是被儒家神圣和美化了的精神价值取向罢了，实际上舜是篡夺了尧的大权。这就是比较流行的“篡夺说”。史学专家是根据《史记》的记载：舜取得了行政管理大权后，曾经进行了一系列的人事改组。例如，舜启用了被尧长期排除在权力中心之外的“八恺”“八元”，历史上称之为“举十六相”，这表明了舜在扶植亲信。而尧信用的混沌、穷奇等，则被排出了权力中心，这在历史上被称之为“去四凶”，这显然是排除异己。不过历经这次人事改组之后，尧大势已去，他的悲惨命运也就开始了。《括地书》引用《竹书纪年》说：“昔尧德衰，为舜所回也。”又说：“舜困尧，……使不与父相见。”意思大约是，尧先被舜软禁起来，后来也不准同儿子、亲友见面，以此来逼迫他让位。就连尧的儿子丹朱也被放逐到了丹水。

关于尧舜之间的权力交接，是和平交接，还是被迫让位，从古至今就存在着很多猜测。由于当时没有确切的历史记载，这也成为一个千古未解之谜。

舜耕历山砖雕　金

与宋朝对峙于北方的金政权深受中原汉文化的影响。这件舜耕历山砖雕是作为“二十四孝”出现在墓室中的，刻画的是舜被尧派往历山与民众一起耕田的情形。

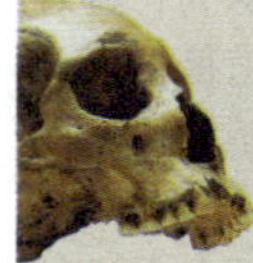

秦始皇铸造十二金人之谜

秦始皇是中国历史上第一个统一的王朝——秦王朝的开国皇帝。关于他的传奇故事在民间流传得甚为广泛。在传说中，他既是一位功不可没的大英雄，是中华民族的骄傲，几乎又成了暴君、残忍的代名词。秦始皇为了永世享用他的征战功绩，做出了种种至今在世界上仍让人叹为观止的壮举，为世人留下了很多解不开的历史之谜，十二金人的铸造便是其中的一个。

秦始皇嬴政像

秦始皇（前259~前210）即嬴政，又称赵政，公元前246~前210年在位。

在秦都咸阳，秦王宫阿房殿前，屹立着十二个铜器铸造的大铜人，因为铜是黄色的，所以又称作“金人”。它们身着外族服装，每个都非常巨大和沉重，很难运输，而且它们浑身雕有精细的花纹，且个个耀武扬威、精神抖擞、英勇无比，日夜守护着秦王宫殿。铜人造形之大，制作之精巧考究，为历史上所罕见。在这方面，有很多历史书籍记载。如据《史记·秦始皇本纪》记载：“二十六年……收天下兵，聚之咸阳，销以为钟鐻金人十二，各重千石，置廷宫中。”贾谊的《过秦论》也有“销锋铸，以为金人十二”记录了十二金人的故事。

令人奇怪的是，秦始皇要铸造这十二个金人的目的是什么呢？为什么耗费巨资铸造这既笨重又没有实际作用的金人呢？围绕这个问题，存在两种主要说法：

在统一全国后，秦王嬴政创立了“皇帝”的尊号，自称始皇帝。但由于吕不韦曾经专权的阴影和辛辛苦苦征战得来的皇位不易，为了实现自己当初“宣布子孙称二世、三世，以至万世，代代承袭”的宏伟愿望，所以他坐稳皇帝后始终在忧虑和思考着如何确保长治久安，使江山传之万世的问题。要坐稳天下，必须要解决的一个问题就是收缴和销毁流散民间的各种兵器，只有这

样，才能防止别人的武力夺权。于是，他总是在寻找一个合理的借口，来收缴全国的兵器。机会终于来了。一天，在大臣们的陪同下，秦始皇观看舞灯笼和各种杂耍。正当在看得高兴的时候，忽见一队杀气腾腾、手里拿着刀剑等兵器的武士上场表演。秦始皇看见后，又想到了自己的长久以来的心病。这时候，恰巧临洮一个农民送来一条消息，说是见到12个巨人，而且他们当地还传唱着一首童谣："渠去一，显于金，百邪辟，百瑞生。"秦始皇听后，龙颜大悦。于是他假托征兆，说这是顺应天意，下令收缴民间兵器，集中到大都咸阳，铸成十二个金人。实际上，秦始皇收兵器铸造铜人，完全是出于巩固自己皇位的考虑。

还有另外的一个版本。有一天，秦始皇正在阿房宫中休息。突然，梦到天气大变，天空昏暗无光，并且伴有鬼神妖魔作怪，于是他非常惊恐害怕。正在他手足无措之际，忽然有一位白发苍苍、长髯飘飘的老道来到他的面前。这个老道精神矍铄、神采奕奕，他挥动着手中的拂尘，指点迷津道："制十二金人，方可稳坐天下。"说完，随着眼前金光一闪，老道人便不见了。秦始皇也从梦中惊醒了。秦始皇梦醒后，宁可信其有不可信其无，立即下令将全国的兵器收到咸阳，铸成了十二个金人。有很多专家学者也曾经指出，秦始皇一生非常相信方士道人的话，再加上建国之后的担忧心情，这种说法是可信的。

但遗憾的是，今天我们看不到这十二个金人的踪影了。那么，它们究竟到哪里去了呢？难道如此巨大的金人会不翼而飞？目前，关于金人的下落问题存在着三种猜测：

有人认为，当初西楚霸王项羽在攻克秦都咸阳后，曾经火烧阿房宫。在火烧阿房宫时，连同象征秦王朝永固的这十二个金人也一起烧毁了。

还有一些历史学者指出，这十二个金人毁在董卓的手上。东汉末年，董卓率军攻入长安，将其中的十个金人销毁，并铸成铜钱，而剩下的两个被他下令迁到长安城清门里。到三国时期，魏明帝曹睿下令把这两个铜人运到洛阳。当成百上千的工匠们将之运到溺城时，由于金人太沉，不得不放弃了这个巨大的工程，于是停止了搬运。到了东晋十六国时，后赵的石季龙又把这两个金人运到了邺城。后来前秦的秦王苻坚统一北方，他又把这两个金人从邺城运回长安销毁。至那时，存在于世间约600年的十二个金人全部被销毁了。

另有一种说法是比较乐观的，他们根据史料记载认为，这十二个金人并未被毁掉。因为十二个金人是秦始皇生前的最喜爱之物，所以在秦始皇陵墓营造好后，这十二个金人和其他精美的奇珍异宝一起作为随葬品而葬于秦始皇陵墓之中。现在，由于一些技术等方面的原因，秦始皇陵墓的发掘工作暂时还不能开展，因此十二金人的下落问题至今仍是一个未解之谜。也许到了我们的考古技术达到秦始皇陵墓开掘的那一天，这个历史上的未解之谜才有可能被解开。

十二金人像

秦始皇时期的十二金人像因为岁月的流逝，已无从寻找。图中的十二金人像是后人根据历史记载重塑的。

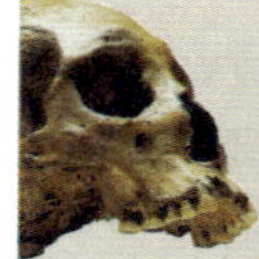

建文帝是自焚而死吗

明洪武三十一年即1398年，明太祖朱元璋驾崩。临终前他立下遗诏，把皇位传给皇太孙朱允炆，史称为“建文帝”。第二年，建文帝的四叔燕王朱棣以“清君侧”为由在北平起兵，史称“靖难之役”。经过3年苦战，朱棣终于攻破南京。正当曹国公李景隆等人打开金川门迎接朱棣进城的时候，后宫忽然起了一场大火，建文帝就在这大火中下落不明，其去向至今仍然是一桩疑案。

被载入正史的是最先传出来的“阖宫自焚说”。

《太宗实录》记载说，朱棣攻破南京城，率领众人抵达金川门。“诸王文武群臣父老人等皆欲出迎，左右悉散，惟内侍数人而已”。看着身边几个内侍，建文帝不禁叹息说：“我还有什么脸面见他？”遂“阖宫自焚”。朱棣进宫后，到处寻找建文帝，最后在一片灰烬中找到一具面目全非的尸体，有人说这就是建文帝。于是朱棣令人以皇帝的礼仪将其埋葬。夺取皇位这一年，朱棣在给朝鲜国王的诏书中说：“高皇帝弃群臣，建文嗣位，权归奸慝，变乱宪章，戕害骨肉，祸几及朕。于是钦承祖训，不得已而起兵，以清敦恶。不期建文为汉奸逼胁，阖宫自焚。”假惺惺地表明，自己不过是想要“清君侧”而已，根本没有想到会导致建文帝的自焚。

朱棣像

明成祖朱棣（1360~1424），1402~1424年在位。洪武三年（1370），受封燕王。十三年，就藩北平。建文元年（1399）以反对建文帝削藩为名，起兵于北京，史称“靖难之役”。四年攻入南京，改元永乐。

首位创“焚死”说的是清代的王鸿绪，他在其所著的《明史稿·史例议》中花了大量篇幅专门论述建文帝必定是焚死之说。此外，清代的学者钱大昕在作《万斯同传》的时候，也采用了这个说法。至于永乐年间的《实录》和清代修编的《明史》，也都是重复这个说法。建文帝自焚而死一说大有盖棺定论之意。

但是，大多数人认为焚死说不可信，他们认为建文帝并没有丧生火海中。这些人从“正史”的字里行间，找到了另外一些蛛丝马迹。其中最能引起人们怀疑的即是《明史》。

《明史·恭闵帝本纪》中关于建文帝死亡的记载如下：“都城陷，宫中起火，帝不知所终，燕王遣中使出帝后尸于火中，越八日壬申葬之。”人们以此为发端，提出疑问：既然是“不知所终”，怎么能辨认出那个被烧得面目全非的尸体就是建文帝？而既已发现了帝尸，为何又说是“不知所终”？这种自相矛盾的记载难道不值得人怀疑吗？更有人认为这段话根本就是含混的话语，因为“帝后尸于火中”似乎可以理解成仅仅得到了皇后的尸体。而康熙帝年间补纂《明史本纪》称：“棣遣中使出后尸于火，诡言帝尸。”则更为明确地道出当时根本就没有找到建文帝的尸体，不过是“诡言”而已。

于是，另外一种说法就出现了，说在朱棣攻破南京那天，建文帝正欲拔刀自刎，被身边人救下，然后由程济等贴身亲信22人带领，从地道或御沟中逃跑了。那么，逃走后的建文帝又匿向何方？有人说他由宫中的主录僧溥洽为他削发，假扮成和尚，藏匿于某处寺院了。当然，也有南逃至海外的种种传闻。

众多说法中流传较为广泛的是出家为僧说。有记载说，建文帝在南京城被攻破后出亡为和尚，晚年还曾经返回京师，去世后埋葬于北京西山。在《明史·程济传》中写道：“金川门启，济亡去。或曰帝亦为僧出亡，济从之，莫知所终。”在《明朝小史》中的记述则更为生动：“高皇大渐时，封钥一小匣，甚固，密授帝，戒以遇危难始启。及靖难兵入城，启之，乃杨应能度牒也。遂削发披缁，自御沟中逃出。”从此，建文帝以僧人身份四处流浪，直到朱棣死后才回归。建文帝在朱棣死后回归的故事在明代王鏊《震泽纪闻》及其他明代四家记述中有传奇般的记载。据说，这个流浪四方多年的老僧在宫内安然地度过了最后的日月，死后葬在北京西山，未加封号，号称“天下大师”。

记载这段故事的王鏊生于1450年，同“老僧”出现的时间相近，后来又做了户部尚书、文渊阁大学士的高官，其说基本可信。

关于建文帝并没有死的消息在社会上的广泛流传，对朱棣来说震动自然很大。他当然知道，

中华门　明

建于明洪武初年，属城堡类建筑，当时叫聚宝门，共有瓮城三道，门四重，内有藏兵洞27个，可藏3000士兵。

南京皇城校尉铜牌　明

洪武十五年，建锦衣卫，设南北镇抚十四司，其编制将军、力士、校尉，专门为皇帝护驾，并巡查缉捕，是为御林军。校尉是御林军的低级军官，负责皇城安全，检验出入皇城人员的证件，若有失察，从重治罪。此铜牌为值夜班的军士佩带。

自己是冒着“夺嫡”和“篡位”的罪名登上皇位的，正式的皇帝在世或者出逃，对他的帝位是一个极大的威胁。为了安定人心，他一方面不得不煞有其事地发布建文帝已死的诏书，另一方面又不得不根据传闻中的蛛丝马迹苦苦寻觅。关于朱棣寻找建文帝的故事自然有很多。

如《明史·姚广孝传》说，84岁高龄的姚广孝病危的时候，永乐皇帝亲自到广寿寺看他，姚广孝说：“和尚溥洽关押太久，希望能够放掉他。”溥洽是谁？就是皇宫里的主录僧，他就是传闻中替建文帝剃头改装、被认为知道建文帝下落的人。这样一个和尚被关押16年，可见永乐皇帝对建文帝的下落有多么担心。《明史·胡濙传》则记载了永乐皇帝派遣胡濙暗察建文帝下落一事。永乐二十一年，以寻访仙人张三丰为名、通行天下州郡乡邑遍访建文帝下落的胡濙还朝时，已经就寝的永乐皇帝深夜召见他，直到四更才出。这再次暴露了朱棣的紧张。

还有人说郑和之所以下西洋，其主要目的也是寻找建文帝的下落。《明史·郑和传》记载：“成帝疑惠帝（建文帝）亡海外，欲踪迹之，且欲耀兵异域，示中国富强。”看来，朱棣自己也认为“不知所终”才是建文帝结局的最真实的结论。

随着时间的推移，建文帝的遗迹屡有发现，随之而来的便是新的疑问和谜团。著名历史学家顾颉刚在北大求学期间，居然在颐和园后面的红山上，找到了“前明天下大师之墓”。1928年的《艺林旬刊》还刊出了“明建文帝衣钵塔”及云南武定狮山佛寺塑造的“明天下大师像”的照片，照片的图注肯定地说：“天下大师者，明建文帝也。”看来，建文帝下落之谜，仍然是史学家及对此有兴趣的读者探究的一个话题。

顺治帝出家之谜

在清朝第二位皇帝顺治帝短短的一生中，一共娶了19个妻妾，但是最讨他欢心的，只有董鄂妃一人。在顺治帝眼里，董鄂妃就是他的心。虽然两人不曾有过任何誓言，但是，那种难舍难分的感情的确能感天地、泣鬼神。顺治十七年八月十七日，皇贵妃董鄂氏因病去世，顺治帝痛不欲生。为哀悼董鄂妃，他5天不理朝政。没过多久，他又亲自给礼部下了一道圣旨，特意采用追封的方法，给董鄂妃加封谥号：孝献庄和至德宣仁温惠端敬皇后。至于追加皇后应举行怎样的大礼，他命礼部要认真、详细、迅速商讨并递交他审议。顺治帝最后是否出家了？如果出家，又是为何？

蔡东藩在《清史演义》里写道："顺治帝经此惨事，亦看破世情，遂于次年正月，脱离尘世，只留重诏一张，传出宫中。"此外，还有《清稗类钞》《清代野史大观》等书中均有关于顺治帝因董鄂妃去世而削发出家的故事。

顺治帝的离家出走，令清宫上下惊慌失措。他们为了不引起世人的非议，只得向外宣布：顺治皇帝驾崩。但是，这种谎言也瞒不了多久。很快，堂堂的大清皇帝为了一个女人而削发为僧的事就在民间广为流传了。

顺治帝一向好佛，宫中奉有木降、玉琳二禅师，印章有"尘隐道人""痴道人"等称号。他曾对木降说："愿老和尚勿以天子视朕，当如门弟子旋庵相待。"他早有削发为僧的念头。临宣布他去世前几天，他还叫最宠信的内监吴良辅去悯忠寺削发为僧，因此一些人认为顺治帝出家之因是与孝惠皇后不合，所以宠爱的董鄂妃一死，他就以此为借口皈依了净土。据说清圣祖康熙帝亲政后，曾经以进香为借口，多次到五台山看望顺治帝，希望顺治帝能回到宫中，但是顺治帝不为所动。康熙帝有诗哀悼："又到清凉境，岩旋复垂。芳心愧自省，瘦骨久鸣悲。膏语随芳节，寒霜惜大时。文殊色相在，惟愿鬼神知。"语气十分悲恸。又传说在康熙帝年间，两宫西狩，经过晋北，地方上无法准备供御器具，却在五台山上找到了内廷器物，这似乎又是一个顺治帝出家的证据。但民国时，明清史专家孟森的《世祖出家事考实》举出《东华录》等史书的记载，认为清世祖死于痘疹，没有出家。所以顺治帝出家与否，仍然是一个谜。

↗ 顺治帝像

↖ **山西五台山佛光寺**

一种说法认为顺治帝于五台山出家。

雍正帝暴死之谜

雍正帝于雍正十三年（1735）八月二十三日清晨突然暴死在圆明园离宫中。官方记载说他是忽然发病身亡。作为第一手资料的《起居注册》中这样记载：“八月二十一日，上下豫，仍办事如常。二十二日，上下豫。子宝亲王、和亲王终日守在身旁。戌时（午后七时至九时）皇上病情加重，急忙在寝宫发布遗诏给诸王、内大臣及大学士。龙驭上宾于二十三日子时（夜十一时至翌日一时）。由大学士宣读朱笔谕旨，着宝亲王继传。”而民间却流传着雍正帝遇刺身亡的故事。

《满清外史》《清宫遗闻》《清宫十三朝》等记载说吕留良的孙女吕四娘刺杀了皇帝。吕留良文字狱于雍正帝六年发生。雍正十年十二月，留良、葆中父子被处死。其亲人也被严加处置，另一子毅中斩决，孙辈发配极边为奴。传说四娘以宫女身份混入皇宫侍奉皇上，伺机行刺。还有传说四娘在吕案发生后逃亡外地，练就一身功夫潜入宫内，以飞剑砍去雍正帝脑袋。还有人传说除四娘外，还有一位名为鱼娘的女子做帮手。

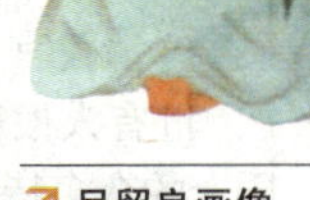

吕留良画像

野史记载，吕留良的孙女吕四娘，为给祖父报仇，刺杀了雍正帝。

但有人认为这种行刺之说纯属谣言。首先，吕案发生后，其家人皆受罚，无漏网之鱼。其次，四娘根本不可能混进宫。虽然曾经也有过罪犯眷属特别是15岁以下女子，没收入宫为奴，像株连在吕案中的严鸿逵、黄补，其妻妾子妇即服侍于功臣家，然而吕氏的孙辈在宁古塔已成为奴隶。犯大罪的人犯多是这样下场，所以四娘不可能混入宫内。

还有，皇帝实际上一年之中2/3的时间都驻跸在圆明园这个离宫。紫禁城内明令整肃，与有“亭台园林之胜”称号的圆明园根本不可比较。因此，他“自新正郊礼毕移居园宫，冬至大祀前始还大内”，“盖视大内为举行典礼之所，事毕即行，无所留恋也”。园内内阁及各部院等机构规模之宏大与大内不相上下。雍正二年起，圆明园便设护军营，一个女子根本不能轻易地进入寝宫，刺杀皇帝。

又有人认为雍正帝既不是遇刺身亡，也不是寿终正寝，他可能是服丹药中毒而亡。这是从宫中档案等资料中推出的结论。雍正帝生前在宫中曾蓄养了一些僧道异能之士，他死后第三天，也就是八月二十五日，嗣主乾隆忽然下了驱逐炼丹道士出宫的谕旨。

新君刚登基，尚有众多事务待理，而紧急驱逐数名道士，这种做法确有奇怪之处。乾隆说其父视僧道如俳优，未听一言，未服一药，这显然在为父亲辩解，否则又怎会突下逐客令？他又说这几个道士早就该受驱逐，但为何雍正帝容忍他们在宫中？乾隆如果为的是崇正道、黜异端，就应该加以排斥，然而他却沾沾自喜地称：“朕崇敬佛法……仰蒙皇考嘉奖，许以当金法会中契超无上者，朕为第一。”他还善待超盛、元日两僧，让他们来京瞻仰梓宫。

驱逐道士的同日，乾隆另降一道谕旨谕令内监、宫女，告诫他们不许妄行传说国事，“恐皇太后闻之心烦”，“凡外间闲话，无故向内廷传说者，即为背法之人”，“定行正法”。此事也值得注意，“中毒身亡论”认为此事必与雍正帝横死有关，否则为何皇太后听见外间闲话会心烦。

雍正帝的死因变得扑朔迷离。

雍正帝嗣位之谜

清康熙帝驾崩以后，第四皇子胤禛在激烈的皇位争夺中登上了皇帝的宝座，这就是历史上有名的雍正帝。雍正帝究竟如何嗣位至今仍是一个谜，是按遗诏之言登位还是篡位?

史书中记载，康熙六十一年（1722）十一月冬至（初九）前，胤禛奉命代祀南郊。当时，康熙帝患病住在畅春园疗养，“静摄”政权。胤禛请求侍奉左右，但康熙帝认为祭天是件大事，命他应在斋所虔诚斋戒，不得离开。到了十一月十三日，康熙帝的病情突然恶化，这时才不得不破例把胤禛召到畅春园来。而未到之前，康熙帝命胤祉、胤祐（七阿哥）、胤禩、胤䄉、胤䄉（十阿哥）、胤祹（十二阿哥）、胤祥和理藩院尚书隆科多至御榻前，向他们宣布：“皇四子胤禛人品极好，令人敬重，与朕很相似，因此他肯定能够继承大统。”此时，恒亲王胤祺因冬至奉命在东陵行祭奠，胤禄（十六阿哥）、胤礼（十七阿哥）、胤禑（十五阿哥）、胤祎（二十阿哥）等小皇子都在寝宫外候旨。当胤禛来到康熙帝面前时，康熙帝还能够说话，告诉胤禛他的病情日益恶化的原因，但是到了夜里戌时，康熙帝就归天了。隆科多即向雍正帝宣布“遗诏”。胤禛听后昏扑于地，痛不欲生，而胤祉等其他兄弟则向胤禛叩头，并劝他节哀顺变，因此雍正帝就履行新皇帝的职权，主持康熙帝的丧葬之事。雍正帝曾特别强调：当日情形，“朕之诸兄弟及宫人内侍与内廷行走之大小臣工所共知共见者”。

雍正帝朝服像

从上面的情况来看，雍正帝的即位是在父皇康熙帝寿终正寝后才开始的，是属于正常并且合乎法理的。对此，清代官书众口一词，都是同一个口径。后世有人根据雍正帝在品格、才干、年龄和气质上的众多特点以及雍正帝本人在皇宫中深藏不露、暗自修炼多年的特征，康熙帝对雍正帝的认

雍正帝临雍讲学图　清

描绘了雍正帝在国子监讲学的场面。

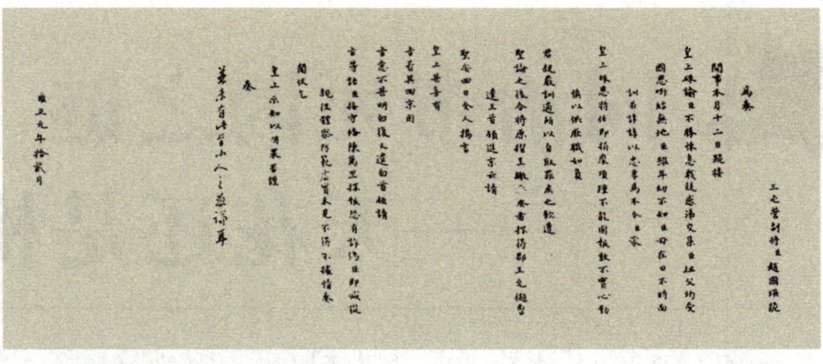

赵国瑛奏胤祯扬言回京折　清

识和父子感情基础以及当时诸子争储互斗的背景，还有康熙帝在死之前留下遗诏的在场人物、地点、时间以及情节等来综合分析，认为雍正帝根据皇父“仓促之间一言而定大计”，是合法即位的，可信的。

但是民间传说中，雍正帝即位是非法的，是篡位夺权。

早在雍正帝在世时，社会上就盛传康熙帝要将皇位传给胤祯，并称在他患病的最后几日，曾经下旨要召胤祯回到京城，但是胤禛的死党隆科多隐瞒了谕旨，致使康熙帝去世当日，胤祯不能赶到。隆科多于是假传圣旨，拥立胤禛为皇帝。此所谓“矫诏篡立说”的由来。另外有一种说法是，康熙帝原来就有了手书，要把皇位传给十四阿哥胤祯，是胤禛把“十”改成了“于”字，于是遗旨明明传位于胤祯，却变成了传位于胤禛，此所谓“盗改遗诏说”的来源。那么，是谁来盗改了这个遗诏呢？有的说是雍正帝本人改的；有的说康熙帝把遗诏写在隆科多的掌心，而隆科多将“十”字抹去了；也有的说是由一些雍正帝府中所收养的武林高手所改写的；又有的说是雍正帝的亲生父亲卫某参与改的……

还有人认为，康熙帝原本要在胤禛和胤祯两人中选立皇储，而最终胤禛被选中，胤祯被任命为抚远大将军，确实说明康熙帝选择皇太子时他是候选人之一。而胤禛在康熙帝四十八年晋封为亲王，在皇子中的地位日益提高，先后 22 次参与祭祀活动，次数比其他皇子都多。此外，康熙帝对胤禛之子弘历宠爱有加，称赞其母是“有福之人”。由此可见，雍正帝是后来居上的皇太子候选人。也有人认为，临终时康熙帝本想让胤祯继承皇位，但他远在边疆，若将他召回再宣布诏书，在空位阶段必定会引发皇位纠纷，无奈之下只好传位于雍正帝。

总而言之，雍正帝继承皇位有着种种让人难以理解的疑点。这些问题使一些清史专家耗费了很多的精力，直到现在也没有能够得到很好的解释。可以说，在没有获得新的可靠材料之前，雍正帝的即位是否合法，仍然是个谜。这不仅仅是因为雍正帝在继承皇位上有很多令人费解的问题，而且他即位后的很多言行，尤其是与大肆诛戮，贬斥功臣、兄弟、文人等事连在一起，更令人感到扑朔迷离。

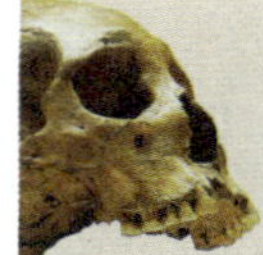

同治帝死因之谜——天花还是梅毒

清入关后第八代皇帝同治帝，是叶赫那拉氏（慈禧太后）于咸丰六年（1856）所生，同时也是咸丰皇帝（奕詝）的独子。同治帝6岁时即咸丰十一年（1861）登基称帝，同治十二年（1873）亲政。但他于同治十三年十二月初五日病逝，距其亲政日期不到两年。

对于同治帝的死因，众说纷纭，有的说同治帝是死于天花，有的说是死于梅毒。

近来，在清代档案中发现了属于清代皇帝脉案档簿（以下简称"脉案"）的《万岁爷进药用药底簿》一份。

据记载，同治帝于同治十三年十月三十日得病卧床。当天下午，太医院派李德立和御医庄守和诊断，结果是："脉息浮数而细。系风瘟闭来，阴气不足，不能外透之症，以致发热头眩，胸满烦闷，身酸腿软，皮肤发出疹形未透，有时气堵作厥。"御医只诊第一次脉就能做出上述的明确诊断，主要是因为同治帝之病来势很凶，"疹形"表发得较显著。御医对此开出了用生地、元参、牛蒡子、芦根等十二味药配制的"益阴清解饮"进行避风调理。同治帝仅服了一次药，效果便显出来了。第二天早上，夹杂着瘟痘的疹形即透出，也不似前一日那样烦闷堵厥了。但是，疹痘初发，未至出透，致使"瘟热熏蒸肺胃，以致咽喉干痛，胸满作呕，头眩身热，气颤谵言"。御医议用"清解利咽汤"对此进行调理。巳初三刻服药后，效果明显，是日午刻即"脉息浮洪，头面周身疹中夹杂之痘颗粒透出"。

这样，经御医们精心医治护理，不足两天，同治帝身上的痘颗虽然开始表发了，有些症状也有减退的迹象，但是由于瘟热毒滞过盛，以致头面、颈项发出的痘粒很稠密，而且痘颗颜色紫滞，又有咽痛作呕，身颤口干，便秘溺赤之内症。很明显，痘料透出后过盛的毒滞并没完全随之表发出来，最后用药无效，以致身亡。

根据这些记载，有人便认为同治帝是死于天花，但这些记载只是宫廷里的片面记载，而民间的大多传闻却认为同治帝是死于梅毒。

在一些正规学术著作里都记载着同治帝微服出宫，嬉戏游乐，甚至出入烟馆妓院的故事，如萧一山所著《清代通史》中就有同治帝因出游而患梅毒终致死亡的记载。

据记载，同治帝与皇后阿鲁特氏相亲相爱，但慈禧太后不喜欢阿鲁特氏。慈禧太后开始常命

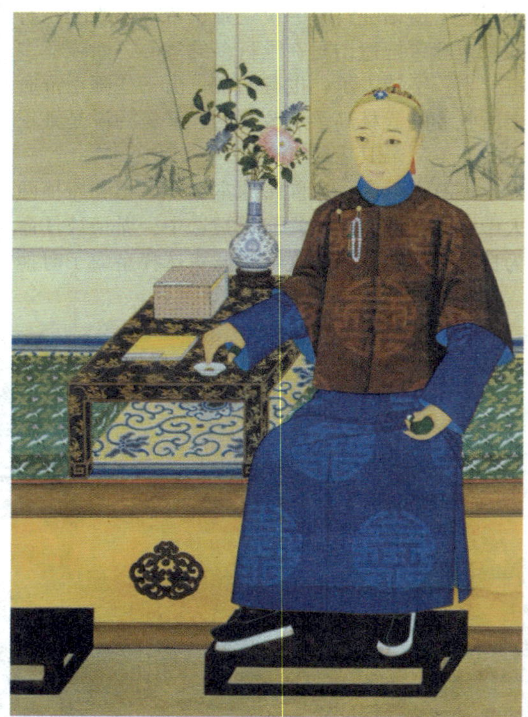

同治帝便装像

皇后等人陪她看戏，但皇后文静、不爱热闹，每次看到男女私情，则面壁而坐。慈禧太后本来对皇后就不满意，这样就更加不喜欢她了。皇后多次受责怪却依旧我行我素，慈禧太后便觉皇后故意不给她面子。而皇后对同治帝则是笑脸相迎，慈禧太后更认为她狐媚惑主，于是限制同治帝宠爱皇后，强令其移爱慧妃。同治帝偏偏讨厌慈禧太后所喜欢的慧妃，于是，与太监佞臣常常微服外出寻花问柳。同治帝怕臣下看见，不敢去京中较大的妓院名楼，专门找隐蔽的小妓院、暗娼等处。起初，人们对他的身份毫无所知，后来知道了也佯装不知。

一些王公大臣注意到同治帝微服外出纷传内外，屡次劝谏同治帝，却毫无成效。一次，同治帝对醇亲王奕譞当面劝谏一再抵赖，醇亲王只好把时间、地点一一指明，同治帝又一再追问他消息的来源。

虽然这些传闻的真实性还有待考证，但却传扬甚广，而同治帝又死得可疑，因此许多人怀疑他死于梅毒也就不奇怪了。

据说，同治帝从烟花巷院染上梅毒，开始时毫无察觉，后来脸面、背部显出斑点，才召太医诊治。御医一见大惊，不知如何是好，因此请命于慈禧太后。慈禧太后传旨，向外界宣布说皇上只是染上天花。于是，御医们按照出痘的医法开药，没有效果。皇帝大怒，责问："为何不按我的病医治我？"太医回奏："太后命之。"《翁同龢日记》中记载说："风声过大，且非两宫圣意。"同治帝愤恨不已。梅毒在当时是绝症，以天花治之，显然是为了掩盖丑闻，以免丢皇家脸面。所以同治帝后来就日益病重，下部溃烂而死。

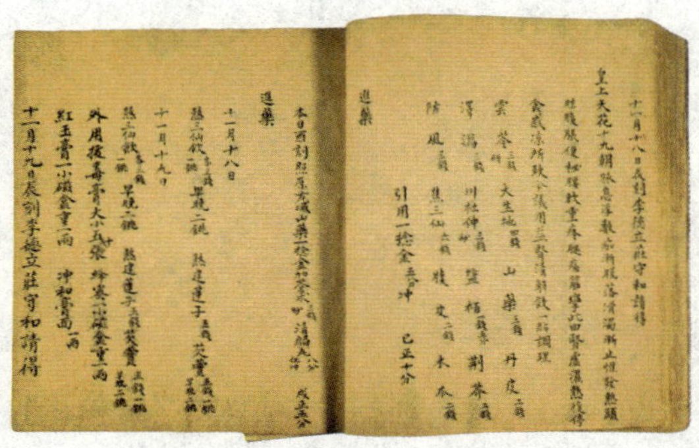

同治帝患天花进药档　清

同治帝究竟是死于天花还是死于梅毒，这两种说法各有各的来源，而且都能找出各自的证据，让人难以辨明，遂成清宫又一疑案。

知识链接

辛酉政变

1860年，英法联军进逼京师，咸丰帝逃亡热河（今河北承德）。恭亲王奕䜣奉命为钦差，便宜行事全权大臣，与英、法等国议和，签订《北京条约》。其间，奕䜣不但得到外国的支持，而且在朝廷中结成自己的势力集团，其重要成员包括大学士桂良、户部左侍郎文祥、礼部侍郎宝鋆、大学士周祖培，兵权在握的僧格林沁、胜保也与他合作。1861年8月21日，咸丰帝病危，立六岁长子载淳为皇太子，任怡亲王载垣、郑亲王端华、御前大臣景寿、户部尚书肃顺及军机大臣穆荫、匡源、杜翰、焦祐瀛为顾命大臣。次日，咸丰帝病死，肃顺等即以赞襄政务王大臣的名义总摄朝政。9月4日，定明年改元祺祥。八大臣不让奕䜣分享权柄，仅命他在京办理一切事宜，时载淳生母慈禧太后和东宫慈安太后与八大臣争权，心怀不满，召醇郡王奕譞（慈禧妹婿）密商罢斥肃顺等人，并与在京的奕䜣联系。9月5日，奕䜣奉太后召赶至热河，参与密谋。旋促御史董元醇出面奏请两太后"权听朝政"，在赞襄政务王大臣八人之外，更派亲王一二人（意在奕䜣、奕譞）参政。9月15日，朝廷会议董折，辩论激烈。八大臣称赞襄皇帝不可听命太后，决定对董折发诏驳斥。

1861年10月26日，慈禧、慈安两太后偕幼帝载淳与载垣、端华等离热河回京。肃顺、奕譞等护送咸丰帝灵柩后发。两太后抵京后，即召见先行返京的奕䜣，部署对策。11月2日，奕䜣示意大学士贾桢、周祖培等再次奏请两太后"垂帘听政"，胜保亦上奏附和，并请以近支亲王辅政。当日太后下诏，历数载垣、端华、肃顺等罪状，称上年海疆不靖为在事王大臣筹划乖方所致，而其与外不能尽心和议，使朝廷失信各国，皇帝避走热河。并令载垣、端华、肃顺解任听勘，景寿、穆荫、匡源、杜翰、焦祐瀛退出军机处。不出一日，又下诏将肃顺等三人革职拿问。11月3日，任命奕䜣为议政王，掌管军机处，桂良、沈兆霖、文祥、宝鋆并为军机大臣。7日，下诏废祺祥年号，以次年为同治元年。次日，再下诏命载垣、端华自尽，斩肃顺于市；景寿、匡源、杜翰、焦祐瀛皆革职，穆荫革职后发往军台。随后，又清除了赞襄政务王大臣的党羽。11日，同治帝载淳正式即位。从此，慈禧、慈安两太后开始垂帘听政。但实际上，慈禧掌握清政府的最高权力，历时四十七年之久。

后宫之谜

埃及艳后的神秘之死

生活在公元前69~前30年的埃及女王克里奥帕特拉七世是托勒密王朝最后一个国王。她以惊人的美貌与智慧闻名于世。罗马帝国两位最伟大的人物恺撒与安东尼都曾经疯狂地爱上她，而她不到40岁便自杀而香消玉殒，不仅令人感叹不已，也让她传奇的经历中又多了一抹神秘色彩，成为一个千百年来让人猜不透的谜。

克里奥帕特拉七世生于公元前69年，是埃及国王托勒密十二世和克里奥帕特拉五世的女儿，从小生长于宫廷，身上有马其顿人的血统，聪明伶俐，貌美如花。公元前51年，国王托勒密十二世去世，克里奥帕特拉按照遗诏和当时的法律规定，嫁给了比她小6岁的异母弟弟，当时她也只有21岁，夫妻二人一起掌管朝政。公元前48年，她在与其弟夺权的宫廷斗争中失败，被其弟驱逐，被迫离开了亚历山大城。但她雄心不死，一心想回埃及跟弟弟争夺王位，不断在埃及与叙利亚边界一带招兵买马。

当时，罗马国家元首恺撒为了追击自己的政敌庞培，率兵来到埃及，以自己尊贵的身份和重兵在握的权势调停埃及王位之争。在这种情势中，克里奥帕特拉的一个拥护者向她提出了一个巧妙的计谋。他让士兵化装成商人，把包在地毯里赤裸的女王抬到恺撒居住的行馆。恺撒以为是行囊，而出现在他面前的竟是一位风姿绰约的美女。她身段曼巧无双，神情妩媚可人，容貌艳丽娇美。恺撒立刻为她的美貌而倾心，而女王也为恺撒的气度着迷。二人离奇的相会和一见钟情的经历，为后世留下了一段香艳的故事，也成为国际政治联姻的佳话。

当然，克里奥帕特拉夜闯军营的“壮举”自然也得到了满意的回报。恺撒率领大军帮助克里奥帕特拉七世反戈一击，击败了她的弟弟成为埃及女王。后来女王与恺撒有了一个儿子，取名托勒密·恺撒。

公元前47年9月，恺撒平定小亚细亚的战乱，也消除了庞培余党的叛乱回到罗马，女王克里奥帕特拉的美丽倩影时时在他脑海中萦绕，难忍相思之苦的恺撒邀请克里奥帕特拉七世来罗马。恺撒亲自去迎接她进城，整个罗马的上层社会都为之轰动，能够亲眼看见女王非凡的风采令很多罗马贵族感到极为荣幸。大学者西塞罗身为名重一时的高士，也来到艳后面前表达自己的仰慕之情。但令人遗憾的是，公元前44年3月15日，恺撒被刺身亡，克里奥帕特拉黯然地离开了罗马。

恺撒死后，安东尼称雄罗马。公元前43年，他与屋大维、李必达结成后三头政治联盟，一起将刺杀恺撒的共和派贵族打败，成功后的安东尼出治东部行省。

也许是历史的巧妙安排，当在东方殖民地巡视时，安东尼在小亚细亚的塔尔索马城见到了女王克里奥帕特拉七世。克里奥帕特拉明白安东尼当时的权势地位，刻意讨好这位刚雄霸罗马的统治者。很快，甜蜜的爱情让安东尼忘记了自己到东方的使命，他乘坐克里奥帕特拉七世的游艇和

在大多数人心目中，克里奥帕特拉美艳绝伦，艺术家根据自己的想象描绘出这位风华绝代的埃及女王。

↗克里奥帕特拉之死
海战的失利和安东尼的死，使埃及艳后失去了活下去的勇气。

她一起到了女王的国度。他们在埃及亚历山大的王宫如胶似漆，恩爱无比，共同度过了5年的美好时光。在这期间，安东尼也曾回过一次罗马。因为政治上的需要，他只得背叛爱情。为了缓和与政敌屋大维的冲突，安东尼娶了屋大维的姐姐。但他仍思念着埃及女王，找了借口离开他不爱的妻子，回到东方与克里奥帕特拉结为正式夫妻，并举行了盛大的婚礼。

安东尼宣布把罗马帝国在东方的大片殖民地送给埃及女王，只是为了得到她的欢心。这种行为显然损害了罗马的国家利益，让罗马人大为不满，而且他抛弃妻子的举动也不合罗马的婚姻习俗，舆论开始谴责他。屋大维抓到机会，说服罗马元老院和公民大会取消了安东尼的罗马执政官职务以及他的一切权力。

公元前31年，安东尼组织自己的军队，在阿克提乌姆海角与屋大维大战。双方相持不下，正在双方拼死战斗的时候，克里奥帕特拉却突然将自己旗下的舰队撤出了作战队伍。而安东尼身为全军的主帅，见到女王率舰离开，竟然忍心丢下忠心跟随自己浴血奋战的10万将士，乘一只小船跟随女王而去，大军溃败，安东尼从此便留在埃及。屋大维率兵攻打埃及，埃及军队叛变，安东尼大败。安东尼见大势已去，没有翻身的可能，便除去自己身上的披甲，拔出佩剑，结束了自己的生命，时年仅52岁。

屋大维生擒了克里奥帕特拉，这时一向自负于自己美貌的她也存在一丝幻想，希望屋大维也会迷恋于自己的美色，但屋大维并没有如她所愿。罗马执政者决定将克里奥帕特拉作为战利品带到罗马游街示众，她得到这个消息后，向屋大维提出一个要求，要为去世的安东尼祭奠。随后她留下一份遗书，更衣沐浴后享用了最后的晚餐。克里奥帕特拉进入自己的卧室，黯然神伤，平静地躺在一张金床上，从此再也没有醒来。

遗书中，女王恳求能够让她与安东尼合葬，词情恳切，哀婉感人。她的自杀令屋大维感到十分失望，而她的举动又令屋大维有些神伤，于是同意了她的请求，将女王的遗体与安东尼合葬在一起。

埃及艳后的自杀给古今中外史学家留下了一个至今也无法解开的谜。

传统的观点认为女王早有准备，她事先安排一位农民把一条名叫“阿斯普”的小毒蛇放入一只篮子，再装满无花果，然后将篮子带进墓堡，故意让毒蛇咬伤自己的手臂，中蛇毒昏迷致死。另一种说法是，女王早就把蛇喂养在花瓶里，自杀时，她用自己头上的金簪刺伤毒蛇的身体，毒蛇负痛发怒报复，缠住她的手臂咬伤她，令她中毒而死。

还有人认为，女王并非被毒蛇咬伤致死，而是用一只空心锥子刺入了自己的头部亡命。但女王尸体上找不到刺伤和咬伤的痕迹，而且在墓堡中也没有发现任何有毒的小蛇。

无论是“毒蛇论”还是“毒药论”，抑或是“锥子论”，都带给后人以无尽的谜思。

伊丽莎白女王为何终身不嫁

伊丽莎白一世是英国都铎王朝最后一位杰出的女王，在她统治期间（1558~1603年），英国国力达到了最鼎盛的阶段。她确立了英国的国教制度，国内政治稳定，经济发展；对外方面英国取得了海上霸权，在东方不断扩张势力。女王在内政外交上创造了无数的辉煌，而个人婚姻方面却始终"独善其身"，成为人们百思不得其解的谜题。

伊丽莎白是英国国王亨利八世的女儿，1533年9月7日出生在泰晤士河畔的格林尼治宫。她的母亲安妮·博琳原来是亨利八世的宫女，这桩婚姻也没有得到天主教会的承认，而亨利和博琳结婚才三个月，她便来到了人世。因此，伊丽莎白被认为是私生女。根据天主教规，她不能成为天主教徒，这决定了伊丽莎白日后向新教靠拢。在她2岁的时候，妈妈因没有生下男孩，被亨利八世以不忠的借口下令处死。年幼的伊丽莎白从小便饱尝失去母亲的凄凉，忧郁的种子在她的心灵扎下了根。但是她很聪明，而且接受了良好的教育，学习也十分刻苦，博览群书，通晓意大利、法兰西和西班牙等国语言，还能翻译难度很大的法文诗。

16岁时的伊丽莎白

作为王室中的女孩，她可能并未想过日后会成为英国的一代女王，也可能未曾想过会终生未嫁。

1553年，伊丽莎白的异母姐姐玛丽登上英国王位，她就是玛丽一世。她是一个狂热的天主教徒，对于亨利八世的宗教改革极为不满，一上台就致力于恢复天主教地位，残酷镇压新教教徒，人称"血腥的玛丽"。本来就仇视妹妹的玛丽，更是以伊丽莎白涉嫌卷入新教运动，毫不留情地将她关进伦敦塔囚禁起来，伊丽莎白开始了终日生活在死神阴影下的岁月。1558年，玛丽女王的死改变了她的命运，由于玛丽没有子女，伊丽莎白当晚就在英格兰新兴资产阶级、新贵族和新教徒的拥戴下登上英王宝座。

伊丽莎白登基时只有25岁，她身材细挑，婀雅多姿，漂亮的鹅蛋脸上嵌着一双水汪汪的大眼睛。她喜欢打扮，也很会打扮自己，白皙的皮肤，配上闪亮的珠宝，时髦的衣饰，优雅的谈吐，是当之无愧的美女，再加上头顶上的王冠，吸引着欧洲大陆不少王公贵胄争相拜倒在她的脚下，用尽心机，以求成为她的丈夫。因为关系到以后英国王位的继承和国家的稳定，伊丽莎白女王的婚事曾被提上英国的政治日程，议会里的大臣们纷纷要求女王早日结婚。可是，伊丽莎白就像一盏蜡烛，任凭群蛾飞扑而不为所动。

最先向伊丽莎白求婚的是她的姐夫、西班牙国王腓力二世，他早就对伊丽莎白青睐有加，在她被囚期间给予过特别的关照。但西班牙是一个顽固的天主教国家，玛丽女王和腓力二世的结合带给英国的危害，人们记忆犹新。初登王位的伊丽莎白由于私生女的身份，英格兰女王的合法地位一直得不到承认，西班牙在当时的国际社会中有着举足轻重的地位。她不动声色地利用起腓力二世来，对他的求婚态度暧昧，当她的地位合法化后，便以宗教信仰不同明确拒绝了腓力二世。后来，伊丽莎白又经常以自己的婚姻为筹码，周旋于欧洲各大国之间，为英国谋求利益。

1578年，仍待字闺中的伊丽莎白差点就结婚了。当时，法国国王亨利二世的四弟、年仅

23 岁的安休公爵到英国做客，年龄相差近一倍的两人一见钟情，手拉手地在御花园里嬉笑调情，甚至当众拥抱。据说伊丽莎白还答应了安休公爵的求婚，但后来似乎是考虑到英、法、西班牙之间复杂的国际关系，在将要举行婚礼的前几天，女王突然变卦。她郑重宣布解除婚约，并表示会一辈子独身。同时她向国民发表了一番这样的谈话："我无须再选佳婿结婚，因为我在举行加冕典礼时，已将结婚戒指戴与我国臣民的手指上，意即我与全体臣民为伴，将我的生命与贞节献于英国。" 深受感动的英国人民也常用 "贞洁女王" 的美名来称呼伊丽莎白。

美貌多情的伊丽莎白女王为什么终身不结婚，后人有过种种猜测：女王的父亲亨利八世三次杀妻、六娶皇后，使伊丽莎白从小就蒙上了一层心理阴影，不信任男人和家庭，患上了 "婚姻恐惧症"；女王的政敌则宣称她根本没有正常的生理功能，是一个阴阳人，因为宫中曾传出女王的月经少得可怜；而另一些持相反意见的人则说女王有过私生子；还有人认为，从古至今各国王室成员的婚姻，无不烙上深深的政治烙印，只是国家政治、国际关系的附属物，包含了太多的阴谋与利益关系，聪明的女王宁愿选择独身也不愿终生生活在龌龊的交易中。

总之，女王在位 45 年，大臣们为了她的不嫁之谜可以说是绞尽了脑汁，但都未能解开这个死结。随着女王的逝世，更难有解开之日了。

知识链接

伊丽莎白女王的逝世

伊丽莎白从未结婚，她的死结束了都铎王朝。在她的晚年，当她不得不确定她的继承人时，她越来越倾向于她的表侄孙，被她处死的苏格兰玛丽女王的儿子詹姆士。但她从未正式立他为继承人。1603 年 3 月 24 日伊丽莎白死于萨里的列治文宫，她被安葬在西敏寺。她的继承人是詹姆士一世。这位詹姆士当时已经成为苏格兰的詹姆士六世了。此时，英格兰和苏格兰同归一个君主，一个王朝的统治下，开始了不列颠统一进程的第一步——王室联合，但英格兰和苏格兰两个国家的政府依然保持各自的独立运作。伊丽莎白逝世 40 年后，英国内战爆发。

该画作于1600年。画中伊丽莎白坐在撑着华盖的轿椅上，穿过伦敦街道，伴随和服侍左右的是穿着华丽盛装的朝臣和宫女。

格拉沃利纳海战

茜茜公主童话的背后是什么

茜茜公主出生于1837年，她的母亲路德维佳女公爵是奥地利公国索菲皇太后的妹妹。据说，茜茜公主健康而美丽，自小受尽家人的宠爱，她更是经常跟随父亲爬山、骑马、打猎，所以养成了非常活泼开朗的性格，全身洋溢着阳光般灿烂的活力与朝气，很招人喜爱，大家都称她“茜茜”。

茜茜公主有一个姐姐叫海伦。海伦同奥地利公国索菲皇太后的儿子——23岁的弗兰茨·约瑟夫订有婚约。弗兰茨虽然年轻，却已经是奥国的皇帝、匈牙利和波希米亚的国王。

1853年8月，年轻的皇帝弗兰茨为了探望未婚妻海伦来到了巴伐利亚，没有想到的是这次旅行却改变了茜茜的命运。当时的茜茜还是个15岁的孩子，正处于天真烂漫之时，对男女情事浑然无知，但是她那种摄人心魄的朝气与活力却一下子迷住了年轻的皇帝。于是弗兰茨不顾母亲的反对，放弃了与海伦的婚约，转而向茜茜求婚。8个月后，年满16岁、仍然带着一身孩子气的茜茜就同皇帝弗兰茨·约瑟夫结了婚，站在维也纳的圣坛上，成了“皇后陛下”。

茜茜公主像

貌美如仙、活泼开朗的茜茜公主嫁到皇室的前4年时间里，生育有3个子女。虽然婆母的专制和丈夫因公务繁忙而有所忽略让她备受煎熬，但她将空闲时间用于不懈的近乎痴狂的锻炼，通过骑马、远足等诸多运动，她的身材保持得相当苗条。

不过，这桩皇族的婚姻一开始就充满了隐患。一方面皇帝的母亲索菲皇太后素以严肃著称，她不喜欢活泼而不拘小节的茜茜；另一方面生性天真烂漫的茜茜对维也纳宫廷生活的繁文缛节也感到无法适应。更重要的是，这次婚姻显然是仓促的，男女双方实际上并没有彻底地了解对方的性情。茜茜嫁给弗兰茨·约瑟夫的时候还只是一个16岁的孩子，对男女情爱一无所知，她是否真的爱着弗兰茨，这大概连她自己也不清楚。随着他们婚姻生活的开始，种种暗藏的隐患便如同冰山一样一一浮出水面。

茜茜和弗兰茨难以磨合的性格成为他们婚姻最大的绊脚石。弗兰茨生性果断冷静，处理任何事情都是一丝不苟，这同天真活泼的茜茜可以说是格格不入的。茜茜向往自由，渴望温情，感情世界极为丰富。然而，身处冷冰冰的维也纳宫廷之中，她所热爱的那种在丛林中奔跑欢叫的自由自在的生活已经成了旧梦，所以她是不可能得到心灵上的慰藉与满足的。在初婚的这段日子里，茜茜转而阅读大量的文学作品，并且学习语言。她非常聪明，可以说一口流利的英语和法语，并且对哲学、历史很感兴趣。同时，她自己也进行文学创作，写下了大量的浪漫诗词，但这些都无法从根本上改变她乏味、不幸的婚姻生活。

↗1866年，哈布斯堡皇室统治的奥地利帝国的军队被普鲁士士兵打败后，皇帝弗兰茨·约瑟夫在茜茜公主（即伊丽莎白皇后）的苦苦哀求下，同意将奥地利帝国更改为“二元”君主国的奥匈帝国，成为一个两个主权国家的联合体。图为弗兰茨与伊丽莎白加冕为匈牙利国王与王后的典礼。右边举手臂者为安德烈伯爵，他是匈牙利第一任君主立宪首相，相传与茜茜公主相恋过。

在维也纳豪华奢美的宫廷里，茜茜毫无自由的权力可言，她只是被当作一种门面、一个必要的摆设、一个传宗接代工具，她的一切均由婆母索菲一手安排。恶劣的婆媳关系几乎让茜茜感到窒息，甚至连孩子的抚养、教育，她都无法插手，体会不到初为人母的喜悦。婚后10个月，茜茜生下了她的第一个女儿，皇太后索菲以茜茜的性格不适合教育孩子为由，一手揽过了养育这个孩子的责任。茜茜本人则被完全排斥在孩子的教育之外，后来的两个孩子也是这样。茜茜在维也纳宫廷中处在了完全孤立无援的状态下。

这样毫无欢乐可言的生活毁掉了茜茜那种阳光般迷人灿烂的朝气与活力，她的健康出现了严重的问题。她开始剧烈地咳嗽，一上楼梯就不住地哆嗦。到了1860年，她的病情每况愈下，她不但患了贫血，而且得了严重的肺病。这时候，医生劝她到马德里去疗养。她很高兴地离开了维也纳和帝国宫廷，来到了马德里。这里迷人的风光和没有拘束的生活方式使茜茜受压抑的心情很快好转，咳嗽也停止了。然而当她重返维也纳，只待了4天，便又开始剧烈地咳嗽和发烧，肺病复发。为了治疗病情，茜茜又离开维也纳去了卡夫，奇怪的是当她的船一离开皇宫，病情严重的皇后便立刻大有好转，几周之后，咳嗽居然完全停止了。从此以后，茜茜寻找各种理由离开维也纳，尽量多和巴伐利亚的家人待在一起。她这个时期经常以“身体不好”为托词而避免公开露面。人们对此议论纷纷，开始猜测茜茜的婚姻生活是否如传说中那样美满欢乐。

1866年，奥地利的军队被普鲁士人打败，第二年，皇帝、皇后前往动荡不安的匈牙利访问。在布达佩斯，茜茜一度陷入了与安德烈伯爵热烈的爱情中。1868年，茜茜的第四个孩子玛丽出世，并在布达佩斯接受洗礼。这一回，茜茜决定自己养育这个孩子。

40岁以后的茜茜依然貌美如昔，但她比以往任何时候都更热切地关注自己的容貌和身材。她开始了各种健身活动，尤其是坚持散步，刮风下雨从不间断。她还寻求各种各样可以保持青春的秘方，施用在自己身上。到了57岁时，茜茜的身材由于多年的节食、每日的锻炼和从不间断的散步而依然苗条，体重始终保持在50千克以下。

美貌的茜茜仍然得不到丈夫的关爱。就在这段时间，弗兰茨·约瑟夫和一个女演员的暧昧关系被公开了。令人惊讶的是，茜茜对此事并不介意，相反还很高兴，认为自己外出旅行将不会再受到阻挠。这件事之后，茜茜漫游了整个欧洲和非洲。

1898年，60岁的茜茜丧失了活力，她面色苍白，精神萎靡。9月9日这天，茜茜被人刺杀在日内瓦的一个湖边。

她为何被杀，以及她与丈夫的关系到底怎样，恐怕只有她自己清楚。

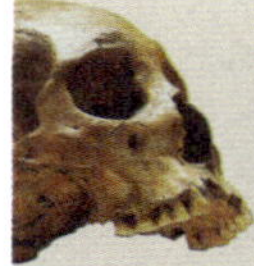

香消玉殒戴安娜

戴安娜是英国王储查尔斯的王妃，曾是世界上最受世人瞩目的女性之一。她的美貌和独特的地位是任何明星都无法比拟的。1981年7月29日，戴安娜在白金汉宫与年长她12岁的查尔斯王子举行了隆重的婚礼，从而成为英国王室的一员。这是一场盛大的“世纪婚礼”，全球约有7.5亿人通过电视看到了这场婚礼。媒体大肆渲染，称他们的婚姻为“20世纪最美丽的童话”。然而现实并不像童话故事所说的——“王子与公主从此幸福地生活在一起”——那样完美。

戴安娜和查尔斯年龄相差12岁，性格爱好也迥然不同。查尔斯钟爱打马球，戴安娜对此却一点兴趣也没有；戴安娜喜欢跳舞，而处世稳重的王子也没有办法接受。戴安娜逐渐发现要融入皇室生活并不是自己想象的那么容易，自己要遵从一大堆宫廷礼仪，要承担作为王妃的数不清的责任。

安德鲁·莫妮写了《戴安娜的真实故事》一书，在书中，她描述了戴安娜的不幸生活，提到戴安娜不甘被皇室漠视，曾5次自杀，用割腕、撞柜、滚下楼梯等各种方式伤害自己，只是为了让丈夫与英女王关心与注视自己而已。

1982年，戴安娜生下了威廉王子，1984年又生下了第二位王子哈里，然而她和查尔斯王储的关系变得更为恶劣。1986年夏天，在地中海马约卡岛，一家4口人原本是来度假的，但查尔斯却提前3天离开，说是去钓鱼。人们猜测查尔斯王子之所以匆匆离开并不是要去钓鱼，多半是因为想念他早年的情人卡米拉而赶去苏格兰与她约会。

1996年2月双方正式同意离婚，戴安娜与王储维持了15年的婚姻关系终于结束，查尔斯王子要付给戴安娜2500万美元的赡养费。人们大都认为查尔斯王储应对双方婚姻破裂负主要责任，觉得戴安娜王妃是受害者，对她都很同情。

离婚后的戴安娜结识了一名叫多迪·法耶兹的男子，并很快与他共坠爱河。1997年戴安娜与法耶兹共度地中海之旅。他们在8月31日返回巴黎丽斯酒店，并共进晚餐，随后要乘车一同去法耶兹在巴黎第16区的住宅休息。饭店方面考虑到二人可能被记者追踪，派

皇家的婚礼

查尔斯和戴安娜从相识、相爱到结婚，是一个同平常人一样美好的过程。

保罗为他们开车。但记者们仍然紧追不舍，不得已保罗以时速160千米的高速行驶。行至阿尔马桥下隧道时，前面出现急转弯，由于车速实在太快，已经无法控制，轿车一下子便撞到隧道隔带的立柱上，接着翻滚着撞到右墙，最后摔了回来，停在车道中央。汽车受到如此强大的冲力，几乎变成一堆废铁。司机保罗与多迪当场身亡，戴安娜坐在后座，也受了重伤。记者们追踪到现场，但他们不是对伤员实施抢救，反而纷纷上来围住汽车残骸，举起照相机从各个角度拍照。幸好警察和救护人员很快赶到，尽管后来戴安娜被火速送往医院救治，但她的心肺受重伤大出血，离开了人世。保镖重伤后幸存。

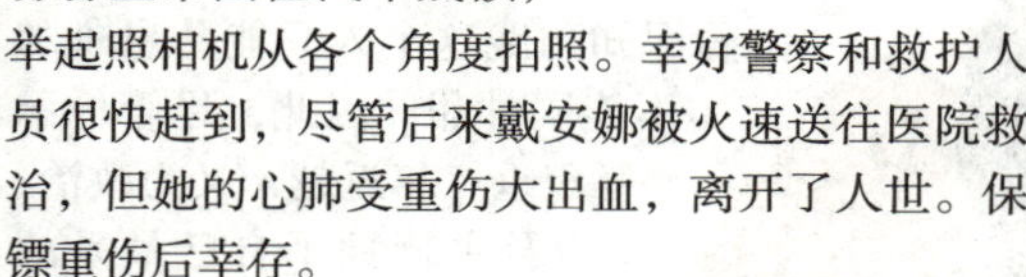

纪念戴安娜

戴安娜的死在英国是公共悲剧，成千上万的人们将鲜花放在白金汉宫前。在她的灵车经过伦敦街道时，数万名群众为她送行。

戴安娜遭车祸身亡的消息传出，举世皆惊。巴黎警方迅速着手开始调查戴安娜的死因。最初调查导致车祸的原因是保罗酒后驾车，对他的血液检测后，发现他的每升血液酒精含量达到1.75克。但是保罗早已戒酒，这件事不断有人证实，而且保罗开车当晚也根本没有喝酒。

因为戴安娜的死，媒体及记者很快遭到众人的指责。戴安娜很早以前就指责过英国媒体，批评其对她的骚扰。戴安娜的弟弟斯潘塞伯爵强烈指责媒体："那些报业主编们，是你们鼓励摄影记者不顾一切去拍摄戴安娜的照片，你们的双手终于沾染了戴安娜的鲜血！"

1999年，经法国地方法院裁定，造成车祸的原因是司机保罗酒后驾车而且超速行驶。但控方又提出，法官没有考虑摄影记者的因素就做出了判决，事实上导致车祸的直接原因是记者的追赶，于是向最高上诉法院提出上诉，指控9名摄影记者和1名报社摩托车手与戴安娜车祸遇难有关。但法国最高上诉法院后来经过重审，做出的判决仍是支持下级法院的决定，宣判这9名摄影记者和1名报社摩托车手杀人罪名不成立。这场诉讼大战终于因为最高上诉法院做出判决而结束了。不过，这9名摄影记者由于在车祸发生后对车内进行拍照，惹来另一场诉讼，仍需接受侵犯隐私指控的调查。

2010年6月1日，英国媒体报道称，跟戴安娜一同遇难的、她的男友多迪的父亲近年来一直在调查当年的车祸真相。其聘请的一名顶级律师迈克尔说，戴安娜曾表示过，称她有一篇"曝光日记"，她打算揭露与英国地雷制造商关系密切的人物，而这可能跟戴妃的最终遇难不无关系。

这名叫迈克尔的律师，是英国《泰晤士报》评出的英国最具影响力的100名律师之一，他说，所有人都知道英国深深卷入军火贸易，尤其是地雷贸易，这是个巨大的利益集团。而一位曾经见过这本日记的人说，戴安娜曾打算把那些卷入地雷贸易的人公之于众。这可能给她惹来杀身之祸。迈克尔不相信那场车祸仅仅是个意外，他说："两个如此显赫的人物突然死于车祸，我开始思考谁会从中得到好处，这一切是如何发生的。"他介绍说，自己通过许多渠道调查本案，找到了包括一些高级安全部门官员和政治家做证人，或许正是这些人给了他这个"大胆的猜想"。迈克尔的说法让不少人认为他是一个阴谋论者。

一朵玫瑰就这样香消玉殒了，世界各地成千上万的人以不同的方式表达着对戴安娜的哀思与怀念，年仅36岁的一代王妃从此留在无数爱戴她的人的心中。

西施香魂归何处

绝代佳人西施，春秋时期越国人，是我国历史上著名的四大美女之一，她天生丽质、秀媚出众。然而她为历史所记载的不仅仅是她的美貌，更是她在吴越争霸中所充当的重要角色，以及她最后的归宿。

根据史料记载，西施与越国大夫范蠡在若耶溪边相遇。西施仰慕范蠡言谈举止的不凡，范蠡也倾倒在西施绝美的姿色之中，两人一见钟情，相许终生。这段绝美的邂逅和爱情被后人写成小说和戏曲，尤其是明代戏曲家梁辰鱼笔下的《浣纱记》，可谓美丽绝伦。但是不久，战争开始了。吴王夫差为了给自己当初在吴越战争中被越国刺伤致死的父亲报仇，带兵攻打越国，而且大败越国，几乎使越国亡国。越国被迫成为吴国的臣属国，越王勾践和一些大臣到吴国做吴王的奴仆。勾践忍辱负重，过了3年奴隶般的耻辱生活，范蠡也跟随勾践夫妇为夫差服役3年才得归国。勾践回到越国后，励精图治，休养生息，时刻为报仇做准备。但是报仇不仅仅需要自己的强大，还需要对方的削弱。为了达到这个目的，勾践采取了范蠡的“美人计”。范蠡设计献出了自己心爱的西施给吴王，来扰乱吴国的政治。

范蠡像

范蠡，字少伯，春秋末楚国宛（今河南南阳）人。他助越王勾践灭吴之后，浮海到齐，称鸱夷子皮。到陶（今山东定陶）改称陶朱公，成为巨富。

西施来到吴国后，因其绝世的美丽很快使夫差沉湎于女色之中，渐渐放松了对越国的警惕。从此以后，他听信小人的奸佞之言，对伍子胥等贤良忠臣则百般厌恶乃至将他们赐死。伍子胥死后，吴王身边更加缺少了忠臣的劝谏，国力日下。同时，他又大兴土木，耗费国力民力，又发动了很多进攻中原的战争。可以说，吴国这些自取灭亡的行为，都是越国献西施这个美人计所预期的结果。越国不成功就是不正常了。彼竭我盈，果然，越国终于灭掉了吴国，夫差自杀谢罪先祖，为天下所笑。这个时候，西施到哪里去了呢？

广泛流传在百姓中间的是一种较为圆满的结局，说越国灭掉吴国后，范蠡深知勾践这个人只能共患难却不能同甘甜，因此，尽管他忍辱负重三年返越，又为政治、为君主牺牲了自己最爱的女子，可以说是越国最后胜利的最大功臣，但是他选择了功成身退。于是吴国灭亡后，他接走了西施，与之泛舟江上，隐居江湖。一段时间以后，他们定居在陶地，范蠡改名为陶朱公，从此经商致富，并凭借自己的聪明才智成为大富人，地位不下公卿。司马迁在《史记·货殖列传》以及《越世家》中都盛赞了范蠡的智慧。这样西施也就从昔日的屈辱生活中走了出来，与范蠡度过了富足安宁的一生。这个结局反映了人们对这个美丽无辜的女子的同情，人们不忍心在她付出了自己的青春后遭遇更大的不幸。明代梁辰鱼的《浣纱记》用的就是这个皆大欢喜的结局。

而与此相反的结局则是残忍的，带有对统治阶级忘恩负义的丑恶嘴脸的谴责和抨击。这种说法认为西施在战争之后被沉江淹死。《墨子·亲士》篇中曾经提到说西施被沉于江水中，因为西施实在是太美丽了。墨子的记载因在时间上接近事情发生的时间而颇具可信性，可惜记载得实在太简单。后来，又有史料说，吴国灭亡之后，越王将西施装入了皮袋中沉江致死。唐诗和宋词中也有“肠断吴王宫外水，浊泥犹得葬西施”以及“蛾眉宛转，竟殒鲛绡，香骨委尘泥”等说法，都反映了西施的悲惨结局。这种说法尽管残酷，但是也有可能性。范蠡早就说过勾践“长颈鸟喙，可与共患难，不可与共乐”；勾践灭掉吴国后杀死当初帮助他振作奋起、治理国家立下卓越功勋的文种不就是证明吗？西施一个出身微贱的女流，被派去吴国施行美人计，这原本就是隐情，如果被别国知道勾践是靠一个女子这样一种不光明正大的手段来取得吴越战争的胜利，一定会轻视勾践。勾践怎么能让别国这样看他？他惧怕西施回国后会泄漏这段隐情，所以就杀掉西施灭口。大概只有这样，才能将“美人计”这一段隐瞒，才能显示他这个霸主的丰功伟绩吧。否则，被人说成是靠女流争天下，岂不为后世笑？对西施这种归宿的推测，反映了百姓对统治者卑劣行径的痛恨，是有一定的历史依据的。

第三种说法是西施自杀身亡。西施原本是一个善良淳厚的浣纱女，并深深地爱上了范蠡。然而为了越国的政治大局，她不得不告别爱人来到吴国，与另外一个男子在一起。原本已经是一种屈辱，而吴王夫差又非常宠爱她，对她言听计从，让善良的她更加内疚。吴国被灭、夫差自杀更加重了她的负罪感。她回国后，面对为越人敬仰、身洁志廉的爱人范蠡，觉得自己玷污了范蠡的名声。西施的心中该是怎样的凄楚！何况越国以美人计灭他国，原不是光明正大，西施何尝不知道越王必定不可能给她好的归宿，国人一定也不能认可她。所谓“物是人非事事休”！在这样的重重矛盾中，西施只能选择自杀，用自己的死来成全范蠡的名声，用自己的死来成全国家的名声，也用自己的死来给自己的忠义做一个了断。

毫无疑问，认为西施和范蠡最后泛舟湖上浪迹天涯的说法，更多的是出自人们对于西施和范蠡这两个人物的喜爱，而后两种想法中西施无疑都是政治斗争的牺牲品。善良的美人西施，为了国家，被迫牺牲自己的幸福和名节，而国家成功了，君主扬名后，她所留给后世的就仅仅是一缕香魂的飘散，留给后世的是其归宿的无限的谜，更有后世对其凄美一生的惋惜和哀叹。

知识链接

西施救国

西施，名夷光，春秋时期越国人，出生于浙江诸暨苎萝山村。西施是中国古代四大美人之一，又称西子。苎罗山下临浣纱溪，江中有浣纱石，传说西施常在此浣纱，西施滩因而得名。西施天生丽质，禀赋绝伦，相传连皱眉抚胸的病态，亦为邻女所仿，故有“东施效颦”的典故。越王勾践三年（前 494），夫差在夫椒（今江苏省吴县西南）击败越国，越王勾践退守会稽山（今浙江省绍兴南），受吴军围攻，被迫向吴国求和，勾践入吴为质。释归后，越王勾践卧薪尝胆，谋复国。勾践针对“吴王淫而好色”的弱点，与范蠡设计策，“得临浦苎萝山卖薪女西施、郑旦”，准备送于吴王。越王宠爱的一宫女认为：“真正的美人必须具备三个条件，一是美貌，二是善歌舞，三是体态。”西施只具备了第一个条件，还缺乏其他两个条件。于是，花了三年时间，教以歌舞、步履、礼仪等。

西施发愤苦练，在悠扬的乐曲中，翩跹起舞，婀娜迷人，进而训练礼节，一位浣纱女成为修养有素的宫女，一举手，一投足，均显出体态美，待人接物，十分得体。然后，又给她制作华丽适体的宫装，方进献吴王。吴王夫差大喜，在姑苏建造春宵宫，筑大池，池中设青龙舟，日与西施为水戏，又为西施建造了表演歌舞和欢宴的馆娃阁、灵馆等。西施擅长跳“响屐舞”，夫差又专门为她筑“响屐廊”，用数以百计的大缸，上铺木板，西施穿木屐起舞，裙系小铃，铃声和大缸的回响声，“铮铮嗒嗒”交织在一起，使夫差如醉如痴，沉湎女色，不理朝政，终于走向亡国丧身的道路。

西施浣纱图　清　任颐

武则天无字碑之谜

武则天，中国历史上唯一的女皇帝，人们不满于她争夺皇位时的残忍和血腥，却也无人不感慨这位女皇的英明才干和敢作敢为，同时也赞叹她统治期间政治的清明和经济的继续发展。就是这样一位曾经在历史上叱咤风云、魄力十足的女丈夫，生前轰轰烈烈，在她死后，身后所留的却仅仅是一块无字的石碑，让人们诧异不已。

武则天陵就在今天陕西乾县西北的梁山上。那是一座气势宏伟的皇陵——乾陵，里面埋葬的是唐高宗李治及皇后武则天。在乾陵的东西两侧矗立着的是2块高6米左右的墓碑，西面是“述圣碑”，歌颂着唐高宗的生前业绩，而东面那块属于武则天的墓碑却没有任何文字，这就是举世闻名的无字碑。

武则天为什么没有依照惯例在自己的陵墓前树碑立传、以表彰自己生前的功绩?

关于武则天无字碑“一字不铭”的原因，有人揣测是由于武则天认为自己功高不可评说。

武则天是一个杰出的女政治家。高宗时她就已经逐渐掌握了政治权力，到她退位，实际掌握最高权力长达50年。在这长达半个世纪的时期里，她采取了一系列的措施来维护和巩固自己的统治。政治上积极扶持新兴地主阶级，敢于破格提拔人才，提拔了很多名臣，如后来唐玄宗时期的姚崇、宋璟等人。此外，她还首创了科举制度中的殿试，对于任用人才起到了积极的作用。经济上，她实施奖励农耕的措施，并且兴修水利，轻徭薄赋，促进了生产力的发展。此外，她在西域设北庭都护府，巩固了国防，也促进了民族间的交流，使对外关系处于良好的态势中。这样看来，武则天继续了“贞观遗风”，她的各方面的政策都极大地促进了社会的发展，为后来的“开元盛世”奠定了基础。从这个意义上说，武则天的功劳确实是不可湮没的。而自小就智慧过人的武则天，取《论语》中“民无德而名焉”之意，立一块无字碑，表明自己功德无量，是非常有可能的。这正是她力求与众不同的表现。

与此立“无字之碑”以示自己功德无量的说法相反的是，有人认为武则天立无字碑并非夸耀

无字碑　唐

武则天墓前无字碑，在今陕西省扶风县乾陵。

乾陵

唐高宗与武则天合葬墓，位于今陕西省扶风县境内，是唐代帝王陵中唯一未被盗掘的。

自己，而是她在晚年时幡然醒悟，自感罪孽深重，无颜立传。

武则天皇位是以无数人的生命为代价的。当她还是一个昭仪的时候，为了争夺权势，她先是依靠王皇后将萧淑妃打入冷宫，接着又亲手掐死了自己的小女儿以陷害王皇后，最终巩固了自己在后宫中的地位。当上皇后以后，她又施展毒辣的政治手腕，培养党羽，消除异己，连当初支持她登上皇后位的长孙无忌也被逼自杀。当上皇帝后，为了维护自己的权力，她任用酷吏，滥施刑罚，将自己的反对势力一一残酷镇压，大批的唐王室臣子死在她的手下。而作为一个女流之辈，她改李唐为武周，在传统观念看来更是大逆不道之举。晚年的武则天从政治舞台上走了下来，回头看自己的一生，她深感自己对不起死去的冤魂，尤其愧对列祖列宗，又有何颜面为自己立碑树传？

折中的说法则是说武则天是一个聪明的人，她很有自知之明，知道时人对自己的看法不一，议论颇多。所以她干脆留下无字碑，所谓“是非功过，留与后人评说”。

又有人说墓碑之所以无字，乃是由于武则天的名分问题。武则天为唐高宗的皇后是毋庸置疑的，因此才将她与唐高宗合葬在一起。但是毕竟武则天在唐高宗死后自己做了皇帝，那么，该对她如何称呼？“皇后”与“皇帝”的双重身份使碑文落笔者处于两难境地。最后只好无奈地留下一片空白。

目前还有两种与上述说法不同的看法。

其一认为，武则天的这块墓碑原本并不存在。因为在封建社会中，女性的地位是微乎其微的，并不值得立碑。虽然武则天后来做了皇帝八面威风，但是她毕竟还是女的。而武则天一介女流，竟然坐上了龙椅，还篡改唐为周，这是正统论者唯恐避讳不及的。既然如此，他们怎么可能为她树碑立传、称颂其功德？无字碑实际上是后来的好事者另加的。

其二，近年来，一些考古学者提出了全新的看法，指出无字碑最初立时是有碑文的。根据武则天的性格来说，她在位时大兴土木、炫耀自己，怎么可能到了晚年马上就转变了心性、默默无闻起来？这显然是不合理的。她原本为自己撰写了碑文，但是从当时的政治形势上看，晚年时候的武则天是被迫让位给李显的，实际上她一直在处心积虑地谋划将皇位传给武氏子孙。加上她曾经害死了那么多唐室的子孙，怎么能让李显对她敬爱起来？因此，武则天死后，李显虽然不能公开宣泄自己对母亲的怨恨，但是也不愿意对母亲歌功颂德。于是，就什么也不说，碑上也就没有字了。持这种看法的学者还进而指出武则天生前为自己准备好的碑文可能被埋葬在乾陵的地宫里了。

武则天究竟为何给后世留下这样一块无字的石碑？或者说究竟是武则天自己情愿不给后世留下评述自己功绩的文字，还是厌恶她的后世不愿意评述她的功绩？一切的功过是非，看来也只能留给后人评说了。

武后步辇图　唐　张萱

此图描绘了中国唯一的女皇帝武则天出行的情景，再现了盛世的气概。张萱是盛唐时期著名的人物画家。

杨贵妃是否真的缢死在马嵬坡

杨贵妃是中国古代有名的绝代佳人，她与唐玄宗的爱情故事家喻户晓。她那传奇的一生，引得无数诗人学者对她产生了浓厚的兴趣。纠缠人们的不仅是她和唐玄宗的爱情，还有另外一个问题：杨贵妃是否真被缢死在马嵬驿？

根据我国历来的典籍记载，杨贵妃是被缢死在马嵬驿的。唐代人李肇在《国史补》里记述说："玄宗幸蜀，至马嵬驿，命高力士缢杨贵妃于佛堂前梨树下。马嵬店媪收得锦靿一只，相传过客每一借玩，必须百钱，前后获利极多，媪因至富。"也就是说杨贵妃死于马嵬驿的一座佛堂梨树下，而且运送尸体的时候，杨贵妃脚上的一只鞋子失落，导致一个老婆婆借此大发其财。此后，无论《旧唐书》还是《新唐书》，以及清代人岑建功编纂的《旧唐书逸文》，都采用了这个看法。《资治通鉴》博采众家之说，记载更为详细，说马嵬驿前，三军将士诛杀了杨国忠之后，仍然不肯继续前进。陈玄礼说："国忠谋反，杨贵妃不宜供奉。愿陛下割恩正法。"这个时候连高力士也站在三军将士这一边。唐玄宗没有任何办法，不得已"乃命高力士引杨贵妃于佛堂，缢杀之"。并且，"舆尸置驿庭，召玄礼等人视之"。这才使三军整顿部队行进。可见杨贵妃必死无疑。

但是在唐代就有了各种传闻。人们提出疑问：既然杨贵妃被缢死后葬在马嵬驿的内廷里，但是为什么一年后迁葬时，她的尸体却不见了，只看到一个香囊与一只鞋？这说明杨贵妃并未立即死于马嵬驿，而是被"掉包"，以侍女代死，杨贵妃逃亡了。白居易在《长恨歌》里也有描述："马嵬坡下泥土中，不见玉颜空死处。"又说："上穷碧落下黄泉，两处茫茫皆不见。"因此，杨贵妃似乎没有死。

然而她的最终结局如何呢？

1984年出版的《文化译丛》中，一篇来自日本的《中国传来的故事》文章说，杨贵妃在马嵬驿并没有被缢死，而是在陈玄礼和高力士的帮助下逃出虎口，继而东渡日本。历史小说《杨贵妃》也阐述了这一看法，故事说：马嵬驿事变时，主帅陈玄礼怜惜杨贵妃貌美，不忍心杀她，就和高力士密谋，以侍女代死。用车运杨贵妃尸体的是高力士，查验尸体的是陈玄礼，想要以假乱真当然能够成功了。而逃出来的杨贵妃由陈玄礼的亲信护送飞快南逃，大约在今上海附近扬帆出海，经过海上的漂泊，来到日本的久谷町久津。《中国传来的故事》一文中还说："唐玄宗平定安禄山之乱，回驾长安，因思念杨贵妃，命方士出海搜寻，至久津向杨贵妃呈玄宗佛像两尊。杨贵妃则赠送玉簪以为答礼，命方士带回献给唐玄宗，虽然互通了消息，但杨贵妃未能回到祖国，在日本终其天年。"

20世纪20年代末期，俞平伯在《小说月报》的第二十卷二号上发表的《〈长恨歌〉及〈长恨歌传〉的质疑》一文中指出：杨贵妃并没有死，死于马嵬驿的是另外一个人，大概是用了掉包计。杨贵妃逃生后流落到了女道士院。他引用白居易的诗句，认为并没有找到过杨贵妃的尸首，

杨贵妃像

说明她还活在人间，后来流落为女道士。唐代的女道士院就是妓院，也就是说杨贵妃最后沦落为妓女了。这个猜测如果成立，那么对于唐玄宗来说，的确是“此恨绵绵无绝期”。

↗ 贵妃晓妆图　明　仇英

此外，认为杨贵妃东渡日本的典籍还有日本学者渡边龙策的《杨贵妃复活秘史》。在这本书中，作者详细地记述了杨贵妃东渡日本的经过。他认为，马嵬驿事变中，杨贵妃的侥幸活命，与陈玄礼和高力士无关，而是她起死回生。她的出逃得到唐代舞女谢阿蛮与乐师马仙期的帮助，最后得到日本遣唐史的帮助逃往日本。在东渡前，杨贵妃来到扬州见到了杨国忠长子杨暄之妾徐氏及其幼子。这批幸存者一起逃往日本。杨贵妃到达日本的时间为公元757年，正值日本的孝谦女帝朝代。杨贵妃抵达日本时，谢阿蛮和马仙期设法把杨贵妃东渡的消息传给唐玄宗。据说后来唐玄宗曾经派人东渡日本去找过杨贵妃，劝她归国。杨贵妃赠玉簪以为礼物，命来人带回献给唐玄宗。杨贵妃终于未能回归大唐，而是老死于扶桑。

至于杨贵妃在日本的遭遇也是众说纷纭。据说，杨贵妃在日本的宫廷斗争中竟然阴差阳错地当上了日本女皇，即《新唐书》中记载的高野公主。也有传说认为，杨贵妃海上漂泊时得了重病，因此抵达日本不久就病逝了。流传更广的说法是，杨贵妃来到日本后，与杨氏后代取得了联系，他们隐居在民间，繁衍后代，日本现今还有自称为杨贵妃后代的家族。

尽管杨贵妃东渡日本的传说尚可质疑，但是日本的确存在许多有关杨贵妃的遗迹，有关杨贵妃的传说也越来越多、越来越神奇。传说杨贵妃抵达久津后，此地开始出美女了，也有了“杨贵氏”等姓氏了。甚至在1963年，日本一个少女在电视上演出，她自我介绍说是中国杨贵妃的后裔，并出示古代文物作证据。

对于这一点的真实性，有人指出，唐代中日交往非常密切，日本遣唐使也往来频繁。杨贵妃及杨家位居高职，杨国忠的儿子还曾经任过鸿胪寺卿（外交官名），和日本遣唐使有交情是很正常的。“安史之乱”后，杨氏家族遭到血洗，日本使节救护其后代也是可能的；杨国忠的后代、杨贵妃本人来到日本，也并非不可能。

那么杨贵妃到底是死于马嵬驿，还是出家做了女道士，抑或是东渡日本？所谓“上穷碧落下黄泉，两处茫茫皆不见”，这位倾城倾国的绝世美人究竟魂归何处，迄今仍然是个未解之谜。

朱棣生母之谜

明成祖朱棣是朱元璋的第四个儿子，洪武三年被封为燕王，拥有重兵，镇守北平。建文元年，朱棣以“清君侧”为名举兵，这就是历史上有名的“靖难之役”。经过3年多的兵戎相争，建文四年，朱棣终于攻占了南京，即皇帝位，改元为永乐。他又于永乐九年迁都北京，以南京为留都。朱棣统治期间继续执行明太祖的削藩政策，巩固中央集权，为以后的“仁宣之治”奠定了基础。可以说，朱棣是历史上一位较有作为的皇帝，但是由于他是夺权上台，所以被正统思想家们斥为“燕贼篡位”。有关他的各种传说不胫而走，甚至连他的生母是谁，也成为争议的内容。其说不一，难以断定。

有种说法认为朱棣的生母为马皇后。

旧钞本的《燕王令旨》中记载说：“顾予匪才，乃父皇太祖高皇帝亲子，后孝慈高皇后亲生，皇太子亲弟，忝居众王之长。”《明太祖实录》说：“高皇后生长子，长懿文皇后标，次秦愍王，次晋王，次周定王。”《明史·成祖本纪》也说：“文皇帝讳棣，太祖第四子也，母孝慈高皇后。”与前说如出一辙。从这些官方材料看，可以肯定朱棣是朱元璋的第四个儿子，为马皇后所生。但是后世学者认为这其中有篡改之词，不能信以为真，一生致力于明史研究的学者吴晗就这样认为。

明成祖像

另外有一些史籍说马皇后并非生了5个儿子，只承认四子朱棣与五子周王为马皇后所生，而懿文、秦王、晋王则为妃子所生。《鲁府玉牒》也说：“今鲁府所刻玉牒，又以高后止生成祖与周王。”《皇朝世亲》《鲁府玉牒》皆已早佚，这个说法难辨真伪。但是这些材料虽然说皇太子等人不是马皇后所生，却也都承认朱棣是马皇后亲生的儿子。

也有人说朱棣的生母是达妃。

明代黄佐的《革除遗事》中说，懿文、秦、晋、周王都是马皇后所生，而太祖朱棣为达妃所生。王世贞《二史考》也曾引用这一说法。但是后人分析，黄佐把明成祖说成达妃所生是别有用心的，不足为信。例如清代史学家朱彝尊在著作中指出，“黄佐《革除遗事》与当时记建文事诸书，皆不免惑于从亡致身二录。盖于虚传妄语，就未能尽加芟削”，也就是说，黄佐的书对建文帝下台表示深深的同情，而对明成祖夺权大加贬斥，明显有个人感情色彩，所以记载的事情难免“虚传妄语”。故不可信。

第三种说法是朱棣的生母为碽妃。

明朝末年何乔远的《闽书》、谈迁的《国榷》、李清的《三垣笔记》等人根据《南京太常寺志》认为明成祖的生母是碽妃。这种说法也得到了近人傅斯年、朱希祖、吴晗等人的赞同。此志以明孝陵奉先殿的陈设为旁证：奉先殿中间南向列太祖、马后两神座，东边排列的是诸妃神座，而西边则独列妃神座。为什么碽妃会得到如此尊重？无疑因为碽妃是明成祖的母亲。清初的学者潘柽章、朱彝尊等也肯定这个说法。朱彝尊还考证了碽妃是高丽人。然而，碽妃的来历历史上并没有任何记载，要知道这种说法是否可靠，就要考察《南京太常寺志》的可靠性。此记述是否来自第一手资料？是否真实？实在是难以说清楚。根据考证，《南京太常寺志》被收入《四库全书总目》，是明代人汪宗元所撰写。汪宗元是明嘉靖己丑进士，曾经任总理河道右副都御史，此书是他任南京太常寺卿时所撰，与明成祖生年元至正二十年（1360）相距170多年。这样看来，他在记述朱棣生母时很可能是道听途说，而不是第一手资料。尤其可疑的是，《南京太常寺志》的说法在其他的史籍都没有记载，因此其真实可靠尚难以说清。

还有一种说法认为朱棣的生母是元妃。王世懋《窥天外乘》记载："成祖皇帝为高皇后第四子甚明。而《野史》尚谓是元主妃所生。"王世懋所指的"野史"，是指《蒙古源流》。《蒙古源流》说，明成祖是元顺帝之妃瓮氏所生，是元顺帝的遗腹子。"先是蒙古托衮特穆尔乌哈噶图汗（元顺帝）岁次戊申，汉人朱葛诺延年二十五岁，袭取大都城，即汗位，称为大明朱洪武汗。其乌哈噶呼图汗第三福晋系瓮吉喇特托克托之女，名格呼勒德哈屯，怀孕七月，洪武汗纳之，越三月，是岁戊申生一男……"刘献廷在《广阳杂记》中则说："明成祖非马后子也。其母瓮氏，蒙古人，以其为元顺帝之妃，故隐其事，宫中别有庙，藏神主，世世祀之，不关宗伯。有司礼太监为彭恭庵言之，余少每闻燕主故老为此说，今始信焉。"近人傅斯年所见的明人笔记则以为明成祖是元顺帝高丽妃所遗之子（《明成祖生母记疑》）。这些野史、杂记都说得煞有其事，但是它们毕竟只是野史、杂记，说得再神乎其神也难以令人相信。

明成祖朱棣的生母之谜，到今天仍然没有确切的说法。

南都繁会图　明

元至正十六年（1356），朱元璋率军攻克集庆，改名应天府（今南京市）。明朝建立后，即以应天府为国都，直至永乐年间国都方迁往北京。而南京依然作为陪都，典章制度的功能同于北京。明成祖朱棣幼年即在南京生活。此卷描绘了明中期南京城市商业繁荣的景象。

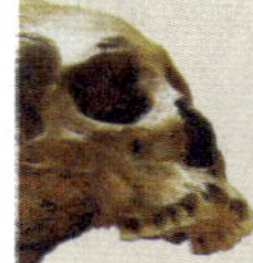

孝庄太后下嫁之谜

孝庄太后本名博尔济吉特·布木布泰，蒙古科尔沁部贝勒之女。这位13岁就嫁给清太祖皇太极、被封为庄妃的美貌女子，曾先后辅佐了皇太极、清世祖顺治和清圣祖康熙这三朝君王，又主持了清军入关、定都和灭明这三件大事以及两次皇位的变更。可以说，孝庄太后对清朝初年的政权建立、巩固和政治的清明所起的作用是不可估量的。

凡是这样具有动人美貌和超人胆识的女子往往会留下令后人津津乐道的话题，孝庄太后当然也不例外。自从清朝顺治初年以后300年间，孝庄太后下嫁多尔衮的传说，于民间广为流传。

清初政治史上孝庄太后第一次真正亮相是在1642年。当时正是清军与明军争战之时。明王朝蓟辽总督洪承畴在松山战败被俘，押送到了盛京。洪承畴起初气宇轩昂，对高官厚禄、金钱美女都嗤之以鼻，绝食等死。在洪承畴绝食的第四天，一个汉家儿女打扮的美貌小女子来到洪承畴的居室与之攀谈，最后竟然使这样一位一心求死的大将对清朝俯首称臣！据说，施行这一美人计的小女子，就是庄妃。

崇德八年（1644），皇太极暴死于寝宫。由于皇太极生前未指定皇储，造成了多股势力角逐皇位的局面。这个时候，庄妃纵横捭阖，联络了当时的济尔哈郎、多尔衮等多方力量，把她6岁的儿子福临推上了皇位，即历史上的顺治皇帝。多尔衮是当时的摄政王之一，庄妃则被尊为皇太后。传说，庄妃为了确保福临即位，早就同多尔衮有了苟且之事；多尔衮也常常出入皇宫内院，毫不避嫌。多尔衮摄政以后独揽朝政，大有以朝廷自居之势，再次构成了对幼帝的威胁。在这种局势下，传说孝庄太后为了保全幼子的皇位，“纡尊降贵”，下嫁多尔衮。顺治五年（一说六年）的二月初八，在庄妃寿辰之日，两人举行了婚礼。

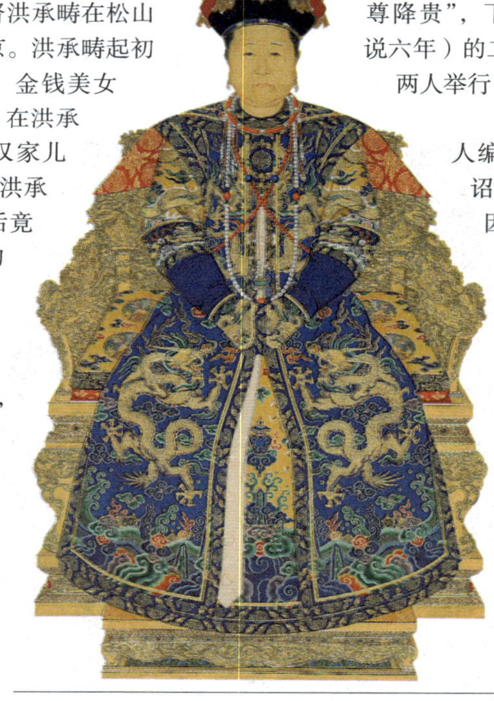

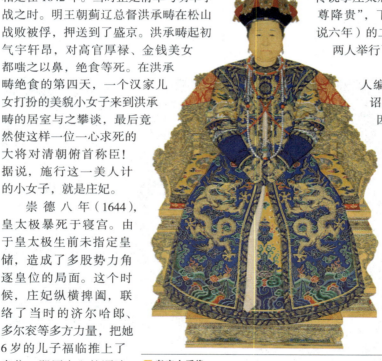

孝庄太后像

孝庄太后（1613~1687），明天启五年（1625）嫁与清太宗皇太极，明崇祯十一年（1638）生皇九子福临，即清世祖顺治帝。康熙二十六年（1687）去世，享年75岁。

庄妃下嫁之事，既不见于后人编撰的正史，当日之“实录”诏敕也没有关于此事的记载，因此有人对它的真实性表示怀疑。20世纪30年代，明清史专家孟森撰写的《太后下嫁史实考》一文中，对太后下嫁之事力辩其妄，同时根据《朝鲜实录》的有关资料推断，庄妃既没有下嫁多尔衮，与之也没有任何的暧昧关系。

但是，很多学者都认为太后下嫁确实是存在的。

首先，太后下嫁具有可能性。清朝是少数民族建立的，按照当时满族的婚姻习俗，弟弟娶兄嫂以及妻姑侄媳都是可行的。例如《清史稿》记载说，顺治五年（1648），多尔衮逼死皇太极长子肃亲王豪格后，娶了豪格的妻子为己妻。既然多尔衮可以纳侄媳为妻，那么娶兄嫂就更不足为怪了。因此皇太极去世后，其后妃转嫁皇太极之弟多尔衮，是符合满人习俗的，是无可非议的。再根据当时宫廷斗争的形势和孝庄太后善于应变、精于手段的特点，太后下嫁是顺理成章的。至于为何此事不见于正史，乃是因为满人入关后，受到汉族婚姻风俗影响，接受了汉人的礼仪和道德标准，乃认为太后下嫁有碍体面，为了“为尊者讳”，于是删掉了一些内容，致使后人无法从正史上获知太后下嫁的真相。

还有一些旁证材料显示了太后下嫁确有其事。在蒋良骐的《东华录》中，记载有顺治八年宣布的多尔衮罪状，其中就有多尔衮“自称皇父摄政王，又亲到皇宫内院，以为太宗文皇帝之位原系夺立，以扶制皇上”等语，其“鸠占鹊巢”之行迹，已经分明显现出太后下嫁的痕迹。此外，多尔衮同时代的张煌言在《建夷宫词》中写了“上寿觞为合卺尊，慈宁宫里烂盈门。春宫昨进新仪注，大礼躬逢太后婚”的诗句。还有“掖庭又说册阏氏，妙选孀闺足母仪。椒寝梦回云雨散，错将虾子作龙儿”等也极尽挖苦讽刺之能事。《清史稿》还记载：“叔父摄政王治安天下，大有勋劳，宜加殊礼，以崇公德，尊为皇父摄政王。”而《朝鲜仁祖实录》中则记载说：“臣问于清国来使，则答曰，今则去‘太上’者，朝贺之事与皇帝一体云……似是已为太上矣。”何为“太上”？显然是太后的丈夫。可见，在朝鲜国眼中，多尔衮已经是太后的丈夫了。另外，多尔衮死后被破例追封为成宗义皇帝，也可以看出多尔衮已经取得顺治帝父亲、皇太后丈夫的地位。

康熙二十六年（1687）的十二月，已经成为太皇太后的庄妃病重，她临终前对康熙帝说：“太宗奉安久，不可为我轻动。况我心恋汝父子，当于孝陵近地安厝，我心始无憾。”人们认为，庄妃之所以不愿意与皇太极同穴合葬，其原因就在于她既然已经下嫁给多尔衮，那么再与前夫合葬是怕给后人留下笑柄。考证清史，清东陵所有别葬诸后，都是在风水墙内，唯有孝庄太后葬在风水墙外；孝庄太后死后，亦以当时有叛乱为借口而未按惯例全国举哀。此外，孝庄太后之浮厝在康熙时拆迁到“暂安殿”内一停就是近40年；直至雍正朝下葬时，雍正又不亲临祭祀。通过这些可以看出，孝庄太后的子孙后代，也都以她“下嫁”一事为憾。

也有人对此提出反驳，例如认为“亲到皇宫内院”虽可理解为秽乱宫廷，但是秽乱的对象并不是确指庄妃。庄妃所以不与皇太极合葬，是因为皇太极身边早已经有孝瑞文皇后合葬在先。《朝鲜仁祖实录》的记载出自远道敌国、邻国的诬传和讹传，没有任何的凭据，也是不足信的。至于说多尔衮娶妻，实际上他所娶的是豪格的妻子博尔济吉锦氏，于庄妃的姓氏博尔济吉特氏读音相近，才会导致不知道内情的人以讹传讹，附会到庄妃的名下。

究竟孝庄太后是否为了政治目的下嫁给多尔衮，史料中的蛛丝马迹还不足以做出定论，这位精于手段的美貌妃子，她的婚姻也就成了一个难以解开的谜。

昭西陵

昭西陵是孝庄皇太后的陵墓。从地理位置看，此陵在昭陵的西面，故名昭西陵。

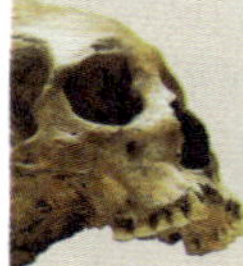

慈安太后死因之谜

在清朝的历史上，作为两宫皇太后之一的东太后慈安太后是与西太后慈禧太后一样举足轻重的人物，然而光绪七年三月初十日（1881年4月8日），一向健康无病的慈安太后在12小时内竟突然发病及暴卒，实在出人意料。从此，慈安太后之死成为清宫的一件疑案。

慈安太后，姓钮祜禄，谥孝贞显皇后，为满洲镶黄旗人，出生于道光十七年七月十二日（1837年8月12日），其父穆扬阿，曾任广西右江道。咸丰为皇子时，钮祜禄氏就已经是他的侧福晋。由于咸丰的嫡福晋（萨克达氏，后上尊号孝德显皇后）于咸丰即位前已经去世，钮祜禄氏遂于咸丰二年二月（1852年3月）被封为贞嫔，五月晋贞贵妃，十月又册立为皇后。1861年11月咸丰帝死后，她被尊为母后皇太后，上尊号慈安太后，与慈禧太后共同“垂帘听政”，众人称她为“东太后”或“老佛爷”，与西太后慈禧太后相对应。

慈安太后与慈禧太后形成鲜明的对比，她是位德高望重的好皇后，因此众人痛惜其暴崩，并对其死产生了怀疑。东太后死时45岁，小西太后慈禧太后2岁，“体气素称强健”（孔孝恩、丁琪著《光绪传》），而当时西太后慈禧太后正病卧在床。所以听到噩耗，很多朝臣都以为是“西边出事”了，等得知结果后惊诧不已。许多官员提出怀疑，尤其是左宗棠，立即大喊有鬼。翁同龢的《翁文恭公日记》中记载说：“则昨日（初十日）五方皆在，晨方天麻、胆星，按云类风痫甚重。午刻一按无药，云兴脑混乱，牙紧。未刻两方虽可灌，究不妥云云；则已有遗尿情形，痰壅气闭如旧。酉刻一方天脉将脱，药不能下，戌刻仙逝云云……呜呼奇哉！”仅12小时便由发病至死，岂不“奇哉”？

慈安太后便服像

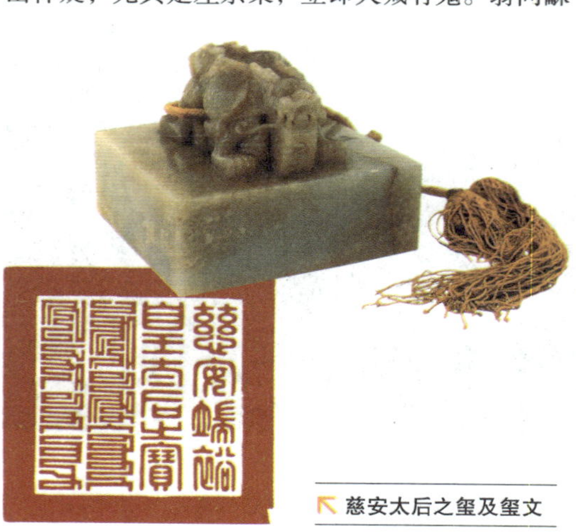

慈安太后之玺及玺文

据说，慈安太后在暴卒的当天还曾经视朝。而当时枢府王大臣奕䜣、大学士左宗棠、尚书王文韶、协办大学士李鸿藻等觐见慈安太后，都见慈安太后面无病状，仅是两颊微红，犹如醉色，没有什么特别之处。午后，军机诸臣退，内廷忽传孝贞太后驾崩，命枢府诸人速进议，诸大臣惊诧不已。因为以往帝后生病，总是在军机检视之下传御医用药。而此次忽然传太后驾崩之消息，确实非常奇怪。诸臣入至慈安太后宫，见慈禧太后坐矮椅，目视慈安太后小殓，十分镇静地说：“东太后素来健康，怎会突然死去？”语时微泣，诸臣皆顿首慰藉，均不敢问其症状。最后草草办完了丧事。

根据慈禧太后以上的表现，人们便认为是慈禧太后毒死了慈安太后，而且，传说咸丰帝留给慈安太后一封密诏，要她必要时处死慈禧太后，慈安太后在慈禧太后的哄骗下焚毁了密诏，把自己对抗慈禧太后的一件最大的武器也毁了，慈禧太后便毒死了她。

对慈安太后暴卒的具体原因至今还存在着争议，除中毒之说外，还有自杀、自然死亡等说。自杀说来自《清稗类钞》，书中说：“或曰：孝钦实证以贿卖嘱托，干预朝政，语颇激。孝贞不能容，又以木讷不能与之辩。大恚，吞鼻烟壶自尽。”《清朝野史大观》里又用“或曰慈禧太后命太医以不对症之药致死亡”来说明慈安太后为用“错药致死”。

不管是“毒死一说”还是“自杀”或“错药致死”说，都有一个共同点，即慈禧太后害死了慈安太后。不过也有学者认为慈安太后为“自然死亡”，徐彻的《慈禧太后大传》则倾向于“病死”说。首先，作者认为慈安太后不善理政，例如召见臣子时说的话分量不足，只会询问其身体状况、行程远近等，所以她根本不会妨碍慈禧太后在政治上的权力，慈禧太后也没必要害死她。

徐彻提出了《翁文恭公日记》中的关于慈安太后发病的两则记载作为证据。一则是慈安太后26岁时曾经患了“有类肝厥”疾病长达24天，甚至达到“不能言语”之程度。另一则是同治八年（1869）十二月初四日，慈安太后“旧疾发作，厥逆半时许”。“厥症”主要表现为突然昏迷、不省人事、四肢厥冷，轻者昏厥时间较短，重者则会一厥不醒甚至死亡。

但这也只是徐彻的一家之言，至于慈安太后暴卒的真正原因，只能是作为清宫的疑案成为人们茶余饭后的话题。

知识链接

慈安印象

提起慈安，人们很自然地会联想到慈禧，长期以来，慈安给人一种过于忠厚老实、缺乏政治才干、事事依赖慈禧的印象。实际上，这样的看法未免有失偏颇。真实的慈安出身于世代官宦之家，从小就受到过良好教育。特别是她成为中宫皇后的10年中间，清王朝遭遇了空前的外患内忧，使她在忧患中成熟，在忧患中增长阅历。决定朝政大事，慈安优于德，而慈禧优于才。慈安对权力不感兴趣，所以日常朝政多让慈禧处理。而“慈禧慑于嫡庶之分，亦恂恂不敢失礼”。遇到朝政大事，慈禧不敢擅作主张，仍要征询慈安的意见。由此可见，慈安太后在控制局面、掌控权力方面也是很有一套办法的。薛福成在光绪年间任过大清国驻英国大使，回国后先后任过光禄寺卿、太常寺卿、大理寺卿、左副都御使，他在《庸盦笔记》中记到：诛杀陷城失地、临阵逃脱的两江总督何桂清，将骄蹇贪淫的胜保下狱赐死，赏给曾国藩、左宗棠、李鸿章爵位，皆出自慈安之意。

清东陵内慈安太后、慈禧太后的陵墓——定东陵

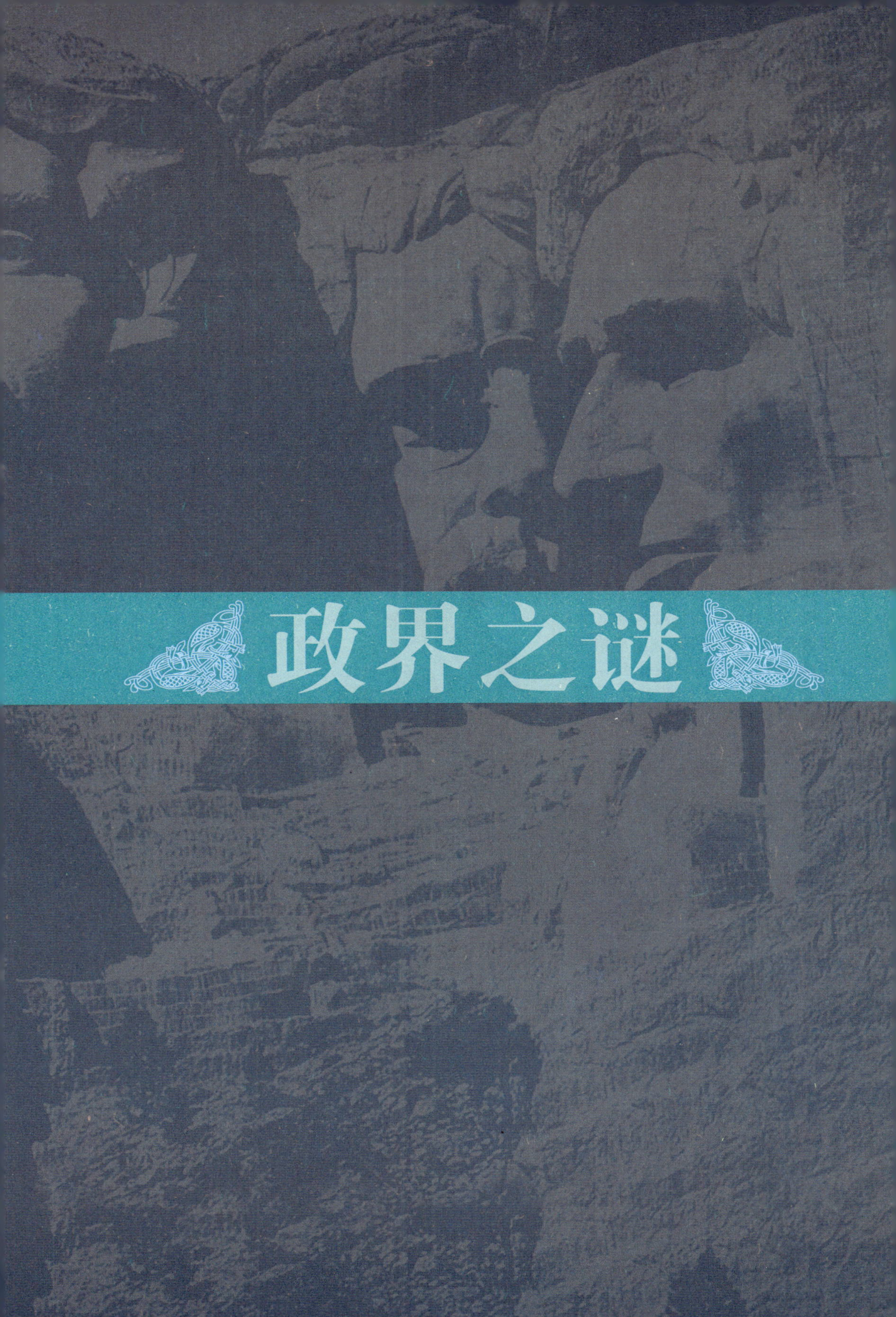
政界之谜

监狱里来了个“铁面人”

法国大作家雨果曾经写过一部小说《铁面人》，小说讲述了一个带着铁面罩的囚犯，被国王流放到一个孤岛上，“铁面人”经过种种努力，终于逃出了孤岛，重获自由。

有意思的是法国另一位大作家大仲马也写了一个类似的故事《布拉热洛公爵》，后来被英国人改编成电影《铁面人》，引起了极大的轰动。影片中，神秘的“铁面人”就是法国国王路易十四，在残酷的宫廷斗争中，他被权臣用一个长相酷似的人给“掉包”了，从此过着暗无天日的“铁面生涯”。

这些有趣的故事并非作家们的虚构，而是根据法国历史上一件著名的悬案改编成的，不同的是历史上的“铁面人”被关押至死，而且到现在还没有人知道他是谁。

巴士底狱的“铁面人”为何会引起后人的注意，始作俑者是法国伟大启蒙思想家伏尔泰。他在其名著《路易十四时代》中提出“这个囚犯无疑是个重要人物”，接着却说“他被押送到圣玛格丽特岛时，欧洲并没有什么重要人物失踪”，让世人觉得匪夷所思。

伏尔泰是这样记述的：

1661年，圣玛格丽特岛上的一座城堡迎来了一位特殊的客人。那是一个身材修长、举止高雅的年轻人，他的头上不知被谁罩上了一个特制的铁皮面罩，无论是在他被秘密押送途中，还是在囚禁期间都被严令禁止摘下来。这个面罩在下颌部装有钢制弹簧，即使吃饭或喝水也没有妨碍，不用摘下来。因此，从来没有人见过他的真面目。

路易十四像

根据法国大作家大仲马的作品《布拉热洛公爵》改编的电影《铁面人》中，法王路易十四居然就是神秘的“铁面人”。

在圣玛格丽特岛上关押了一段时间之后，这位“铁面人”又被秘密地押送到了巴士底狱，那里是当时法国最令人害怕的关押政治犯的监狱。在巴士底狱中，这位囚犯受到了特殊的优待：住处弄得很舒适，饭菜按他的口味专门做，衣着精美，他有时还可以弹奏吉他，除此还有专门的医生定期为他检查身体。狱卒们很喜欢和他聊天，他举止高雅，谈吐也很风趣，但对自己的身份一直守口如瓶。1703年，这个在监狱中度过了大半生的囚犯结束了他神秘的一生，当晚便被葬在圣保罗教区。随着他的死去，原本神秘的身世似乎更加神秘了。

伏尔泰的记载到此为止，留给后人更大的猜测空间。据说在18世纪，法国国王路易十五、路易十六都曾下令调查过“铁面人”，但最后都不了了之。传闻中路易十四曾明确表示：要确保“铁面人”的秘密。从而使这个“铁面人”更加引起了后人们的好奇。这是为什么呢？

这个囚犯到底是谁？其真实姓名是什么？为什么会被关进巴士底狱？又为什么会被路易十四特别关照要优待？这些问题成了近3个世纪以来一直困扰欧洲历史学家的一个难解之谜。对于这些问题，人们形成了众多不同的说法。

有人认为，这个戴面罩的囚犯是当时法国国王路易十四的长兄，他为人忠厚老实，凶险狡诈的弟弟以阴谋的手段夺走了本该属于他的法国国王的王位，自己登上了国王的宝座。为了不让世人知道他的存在，路易十四对亲哥哥判处了终身监禁，用铁面罩掩盖他的真实面目，让他一辈子待在监狱里。反驳这种说法的人认为，皇室的权势之争向来万分残酷，以凶残著称的路易十四既然能夺取王位，为什么不用毒药和秘密处死的方式来彻底解决问题，这在当时并不稀奇，反而大发善心地让“祸根”活在世上，还给予种种优待，这太不合常情了。

在法国大革命后流传很广而且后来影响深远的一种看法是：这个人是路易十四的生父多热。根据史料记载，路易十三和王后安娜不合，并长期分居，经过担任首相的红衣大主教黎塞留从中调和，才重归于好。但有人猜测当时王后已经与贵族多热有了孩子，才会离开情夫多热而重新投入路易十三的怀抱。路易十三和安娜王后和好后不久，就生下了路易十四，所以长久以来，人们一直怀疑路易十三和路易十四的父子关系。据说多热为掩人耳目被迫远走他乡，路易十四登基后，多热悄悄返回，向路易十四说出了事情真相。但路易十四害怕丑闻暴露，又不好对生身父亲下毒手，只好把他罩上铁面罩，送到监狱度过余生，给予最好的照顾，算是对生父的孝顺。法国社科院院士潘约里在其1965年出版的《铁面罩》一书中就支持这种说法。

19世纪末，一位叫安娜·维格曼的人提出了一种新的看法，这位戴铁面罩的是英国国王查理一世。当查理一世被送上断头台前，他的忠实追随者买通了刽子手，顶替国王死了。为了不被人发现这个秘密，查理一世只好终身隐居在巴士底狱中。安娜的观点的依据只有一个，就是查理一世和这名囚犯都很喜欢头披薄被头。

路易十四时代的国务秘书马基欧里也被列入怀疑对象之中，在割让意大利领土卡扎里给法国的秘密活动中，马基欧里起到了关键的作用，在路易十四那儿得到应得的奖赏之后，马基欧里却又把这个秘密出卖给了西班牙。恼怒的路易十四对他的背叛大为光火，将他关进了监狱，并给他戴上了铁面罩。

在人们费尽心机地猜测这位“铁面人”的身份而毫无进展的时候，有的人干脆认为：这个人根本是一个无足轻重的角色，喜欢愚弄人、制造“悬念”的路易十四根本是要故意弄出这种效应，让后世的历史学家绞尽脑汁去猜测。这种说法一出，立刻被很多学者驳为无稽之谈。

但不可否认的是，“铁面人”之所以成为一个令人费解之谜，关键是因为路易十四答应为“铁面人”保密，因此，所有关于“铁面人”的资料，在17世纪就被有意识地进行毁坏和掩盖，留下来的材料不仅凌乱不堪，还互相矛盾、漏洞百出。1970年，法国有个记者阿列兹就这一谜案出版了一部《铁面罩》，在大量的旁征博引之后，他也不禁感叹：“这实在是个难解之谜！”

↗ 愤怒的巴黎市民在摧毁巴士底狱后，在监狱入口发现了一行字：囚犯号码64389000，铁面人。从此，历史又给后人留下一个难题：铁面人到底是谁？他是路易十四，还是路易十四的长兄、路易十四的生父、英王查理一世？……这实在是个难解之谜。

华盛顿为什么拒绝竞选第三任总统

在美国历史上，乔治·华盛顿绝对是一位重量级人物，作为美国的开国元勋，是他领导美国人民进行了艰苦的独立战争，从而彻底摆脱了英国殖民者的统治，使美国走上了自由之路。而且在战后，他组建了第一个合众国政府，确立了国家信誉，为美国的国家形态奠定了基本的结构形式。同时，他还很注重国家经济发展，促进了海上贸易的繁荣，制定了影响深远的土地政策。这一切，足以使他终生受到美国人的爱戴。

在他第二次担任总统任期即将结束时，很多人准备再次推举他继续担任美国总统，并且当时的宪法上对总统连任也没有任何限制。可是，华盛顿毅然谢绝竞选第三任总统，并在1796年9月发表了著名的《告别词》，说服国会，让他卸任回家养老。

对于华盛顿这一出人意料举动的真实原因，许多历史学家已经进行了长期的探讨和研究，但是一直没有定论。而华盛顿本人不管是在当时，还是在回到家乡后，都没有公开表示过他拒绝连任的真实原因。尽管如此，历史学家们还是根据华盛顿的生平经历进行了大胆的猜测，以探究华盛顿拒任的原委。

有些历史学家认为，华盛顿主要是担心自己卷入激烈的党派斗争中去，因而不想继续从政。当时美国历史上第一次出现了激烈的党派斗争，华盛顿本人也觉察到了选民中间日益增长的党派情绪，因此在其告别演说中，语重心长地呼吁团结，反对党派斗争，反对其他分裂势力。不幸的是，在党派斗争中他虽然一直保持中立，但在第二任总统后期，他失去了非党派的立场，成为一个联邦党人。在这种形势下，他中断自己的从政生涯是一个开明政治家的最好选择。

华盛顿像

华盛顿是北美独立战争的组织者、领导者，后来被美国人一致推举为第一任总统，素有美国“国父”之称。

另一些历史学家认为，舆论的攻击对华盛顿做出拒绝连任第三任总统的决定产生了主要影响。英国一位历史学家说：“由于想要空闲，由于感到体力衰退和受到反对派的谩骂而气馁，华盛顿拒绝接受要他担任第三任总统的要求。”

美国许多历史和政治学家看法也大致相同。随着党派斗争的加剧，舆论界的斗争也愈演愈烈。在两派报刊互相攻击的同时，华盛顿在他第二任总统期间，也受到反对派无情的攻击。这种攻击如此激烈，以致弄得他焦头烂额，十分难受。他被指责为“伪君子”“恺撒”，说他藐视公众。当他提出不连任第三任总统时，许多杂志在其头版头条中还把他的举动称为“恶毒的谎言”。

华盛顿在国会会议上

费城的《曙光报》在华盛顿告退的次日宣称："这一天应成为合众国的纪念日……因为，原是我国一切灾难根源的那个人，今天已降到与他同胞们的平等地位。"

华盛顿在1797年3月2日的日记中写道："我现在把自己比作要寻找一个休息之处，并正在屈身倚伏其上的疲惫旅客。但是，人们听任你安安静静地这样工作，这未免太过分了，不是某些人能够忍受得了的。"

其实，上面两种意见是有着密切关系的，但究竟是哪一种在华盛顿的思想深处占主导地位，并产生了决定性影响，人们无法知道。除此之外，还有没有更深一步的原因促使华盛顿不想再继续担任总统，比如说华盛顿本人是否对权力的欲望开始淡薄，或者是身体的原因，现在也还是一个正在进行讨论的问题。

不管怎么样，华盛顿不顾公众的压力，坚决拒绝连任第三任国家总统，从而创立了美国总统两任传统的举动，是有深远影响的。在当时，美国宪法还没有对总统连任做出规定。华盛顿创立的这一传统一直延续到1940年富兰克林·罗斯福当选第三任总统为止。1947年国会鉴于总统权力不断扩大和有可能形成终身制的趋势，才制定了第二十二条宪法修正案，即"任何人不得任总统之职两届以上"，该修正案于1951年正式批准实行，从而巩固了华盛顿创立的传统。

在退休不到3年后的一天，华盛顿由于偶感风寒，最后病情转重，可能是当时医疗技术的低下和医生的误诊，最后不治身亡。这位美国的国父虽然去世了，但他为美国留下的许多精神财富永远留在世世代代人民的心中。当他拒绝竞选第三任总统时，他是否会想到他的这一行为给美国政治带来的巨大影响呢？

也许这个历史之谜并不需要我们想方设法地去解开，记住华盛顿的名字就够了。

知识链接

华盛顿总统任期

1789年，经过选举团投票，华盛顿无异议地（获得了全部的选举人票）当选为总统，他是历史上唯一无异议投票当选的总统（并在1792年再次达成）。第一届美国代表会议（First United States Congress）投票决定付给华盛顿25000美元的年薪——这在1789年是个很大的数目，华盛顿在当时大概是全美国最富有的人了，他在西部的土地有非常大的潜在价值——不过在那时都是空地一片。但他婉拒了他的总统薪水，这也是华盛顿被视为古罗马公民英雄辛辛纳图斯（Cincinnatus）的形象的一部分——将承担政务看作公民义务的市民。在总统就任的仪式中，华盛顿非常谨慎地确保仪式场面的规模和装饰符合共和国的标准，而不会超过当时欧洲各国的王室。

林肯被刺背后的隐秘

亚伯拉罕·林肯是19世纪中期美国北方资产阶级民主派的代表人物，也是美国历史上的第十六任总统。他在任职期间提出了废奴主张，并领导美国人民取得了南北战争的伟大胜利。

1860年11月，林肯成功当选为美国第十六任总统。南方诸州不满这一结果，在其上台后的3个月中，先后有11个州退出联邦，组成新美国政府，选举出总统和副总统，并制定了新宪法。奴隶主分裂了联邦，开始公开叛乱。

美国国内形势十分危急，内战一触即发，北方政权岌岌可危，宣誓就职后的林肯面临着严峻的考验。1861年4月12日，萨姆特要塞一声炮响，南北战争拉开帷幕。

林肯像

战争进行了一年，但战场上的情形几乎没有进展，也没有解决黑奴问题，原因是林肯政府一直认为，战争只是为了维护宪法和联邦的统一。当时的林肯综合各方面的意见，做事非常谨慎，认为立刻废除黑奴制不妥。人民与资产阶级左派对他的做法感到不满，并不支持他。

1864年元旦，林肯签署了“联邦成立以来美国历史上最重要的文件”——《解放奴隶宣言》。此举赢得了全国人民与资产阶级左派的支持，并因此扭转了战争局势。

1865年4月，美国内战终以北方的胜利而告终。林肯开始忙于战后的重建工作，他希望总统任期结束后，能回家乡去开一个律师事务所，但他的愿望没有能够实现。

1865年4月14日晚，林肯邀请格兰特将军及夫人去福特剧院观看歌剧《我们美国的表兄弟》。在去陆军部的路途中，林肯忽然有一种不祥的预感，他停下车犹豫起来，觉得自己是不是应该取消去剧院的计划，但很快便放弃了这个念头。为了自身的安全考虑，他亲自要求作战部长斯特顿派一个名为埃克特的陆军上校来做自己的保卫，但斯特顿通知总统，埃克特早已在当晚安排了任务，后来只得委派一名叫布莱恩的军官来做总统当晚的警卫官。

演出十分精彩，剧情慢慢发展到高潮，有人悄悄走进了总统的包厢。不久传出一声枪响，子弹击中了总统的后脑，总统应声倒下再也没有醒来。4月15日清晨7点22分是一个令人伤感的时刻，虽然医生全力抢救，但仍是回天无术，林肯总统命赴黄泉。

枪击林肯后，慌乱中的凶手急于逃跑，不慎碰伤了自己的脚，警察沿着血迹找到凶手，凶手因拒捕被前来围捕的警察开枪击毙。

刺杀总统的真凶究竟是什么人？他怎么能在有警卫的情况下溜进包厢？人们希望对这些问题能有所了解，可直接犯罪嫌疑人已被击毙，只好通过其他途径来了解事实。

一番调查之后，事情终于初现端倪。凶手是一位名叫约翰·威尔克斯的职业演员，据说在内战爆发初期，他是站在北方这边的，但后来不知为什么突然支持南方政权。他曾不止一次地对人说有朝一日一定要杀死林肯，这样不但一下子除去了这个新执政者，而且会使自己出名。他刺杀总统的原因真的如此简单吗？当然这只是官方的调查结果，官员是这样向民众解释的。但很多人都不相信这种说法，他们认为刺杀总统一案一定是一个阴谋，有不可告人的玄妙内情。

林肯在去剧院之前曾有过不祥的预感，而且还对作战部长点名要求埃克特陆军上校担任自己的警卫，作战部长说埃克特上校当晚要执行别的任务而改派他人。事实上，埃克特那晚根本就没有执行什么任务，他在家里待了一晚上，作战部长为什么要说谎？后来派去顶替埃克特的布莱恩，一向行为不轨，认识他的人都对他没什么好印象，林肯夫人却亲自点名要他保卫林肯，其中是不是藏着什么玄机？至于对凶手的追捕，抓活口也不是不可能的，可最终把唯一的直接参与者击毙了，是谁开枪打死他的？又是谁下命令要把凶手杀死的呢？更令人奇怪的是，在后来的凶手缉拿报告中，人们惊奇地发现上面居然写着：凶手系自杀身亡。

一般认为林肯遇刺的原因是他的举措对南方不利，激怒了南方叛党，而且他在南北战争中，成功领导北方打败南方，取得了反对南方分裂运动的胜利。南方叛乱分子对他恨之入骨，欲除之而后快。

1861年3月4日，林肯准备到华盛顿宣誓就任美国第十六任总统。当他从家乡前往华盛顿时，美国南方特务便计划在路上刺杀他。林肯事先得到风声，从另外一条路来到了华盛顿，避免了这次暗杀。林肯就任后，南方叛党开始进行更为频繁的谋杀计划，一心想将林肯置于死地。

他们甚至在报纸上刊登了一则广告：“我愿意前往华盛顿击毙林肯和西华德，只要联邦政府出资100元作为我的酬劳。有意者请函信箱119号。”由于经常发生恐吓事件，林肯周围的人非常担心他的安全问题，他们经常提醒林肯要小心。面对这一切，林肯表现得镇定自若，他用了两个大纸袋把恐怖分子寄来的恐吓信都装在里面，并在纸袋外面写了“暗杀”两个大字。虽然他表现得满不在乎，但早已有心理准备。

林肯是一个政治家，在那场关系到国家生死存亡的南北战争中，是他领导美国人民取得胜利的，他给黑奴带来了崭新的生活，却在和平时期的子弹下丧生。

1926年，林肯的儿子罗伯特·托德·林肯离开人世，他去世之前，把父亲的一些私人文件付之一炬。他告诉朋友，他要把那些文件毁掉的原因是这些文件里有内阁成员犯有叛国罪的证据。现在人们已无法得知他所说的情况是否属实。如果是真的，罗伯特为什么要将这些证据焚毁呢？为什么不向世人公开呢？这成为林肯之死的谜中之谜。

《解放奴隶宣言》发表后，华盛顿上下一片欢腾。

枪手从背后给了总统致命一击。

梅林宫悲剧

1889年1月30日早上7点半，仆人发现奥匈帝国的皇太子和他的情人在梅林宫的房间里开枪自杀了。人们想不通年轻有为的皇太子为什么要自杀，为情还是为争权？谁也不知道真正的答案是什么。梅林宫的悲剧也成为19世纪末至20世纪初欧洲6大历史之谜中的一个，可惜直到如今也没有人能弄清事情的真相。

有人直截了当地从皇太子和他的情妇自杀于梅林宫这一事实断定，梅林宫的悲剧是一出爱情悲剧。皇太子鲁道夫在16岁的时候就和比利时公主斯德法妮订婚，然而他们婚后的生活并不幸福，尤其让鲁道夫感到灰心丧气的是斯德法妮在生了一个女儿之后肯定不能再生育了，所以鲁道夫一直想要离婚，但是奥匈帝国的皇帝不同意他这么做。有一次，鲁道夫甚至采取了一次胆大妄为的行动：在没有征得皇帝同意的情况下，他向罗马教皇提出了解除婚姻的要求。教皇没有给他直接的答复，而是把这件事告诉了约瑟夫皇帝。皇帝的震怒是可想而知的，他把鲁道夫叫来狠狠地训斥了一顿，警告他不要痴心妄想。幻想破灭后的皇太子则以到处寻欢作乐来消解他的精神痛苦，结交了许多漂亮的舞女和卖弄风情的伯爵夫人，经常夜不归宿，通宵达旦地和她们在一起厮混。

鲁道夫皇太子临终前给妻子斯德法妮的信

信中写道："我将要平静地死去，因为只有这样才能保住我的名声。"这些模棱两可的话让世人迷惑：皇太子为何要自杀？

1887年末，在波兰人举行的一次舞会上，鲁道夫经人介绍认识了一位名叫玛丽·维兹拉的少女，她对英俊潇洒、风流倜傥的皇太子一见钟情，疯狂地爱上了他。在几个月中间，玛丽写了大量燃烧着炽热爱情之火的情书给皇太子，最后鲁道夫似乎也被少女的痴情融化了，感到了一种别人不曾给予过他的热烈无比的爱情。两人之间的感情越来越浓烈，简直片刻也不能分开，还酿出了一起大伤皇室风雅的丑闻：1888年6月，皇太子夫妇应邀去英国参加维多利亚女皇登基50周年庆典，玛丽在皇太子夫妇之前就赶到了英国，等待和鲁道夫会合，醋意大发的皇太子妃闻讯后拒绝陪皇太子前往。这件事情之后皇太子夫妇之间的关系闹得更僵了，鲁道夫有一次公然对斯德法妮说："既然没有什么解决的办法，那么只好我先打死你，而后我再自杀了事。"这些威胁性的话语传到了皇帝的耳朵里，实在是令他头疼不已，最后只得决定对儿子摊牌，让鲁道夫为了皇室的稳定断绝与情人的关系。

1889年1月28日，皇太子原本约好了胡约伯爵和他的妹夫一起乘火车去梅林宫附近的森林中打猎。凌晨五点半，皇帝突然召见了皇太子，一个半小时以后，鲁道夫从父亲那儿出来，回到了自己的办公室，在那里他迅速写了几封信，分别是给斯德法妮、他的妹妹、他的母亲以及一些朋友。然后他回到自己的寝宫，告别妻子和女儿后独自动身去梅林宫了，过了一会儿，另一辆马车悄悄地把玛丽也送到梅林宫去了。

在皇太子生命的最后一个晚上，他给自己的贴身仆人洛斯歇克写了一张便条，让他去找一名牧师为他祈祷，要他"把我和女男爵合葬在一起"。悲剧发生后，人们从皇太子写给妻子的信中看到这样的话语:“你终于在我的羁绊之中和我为你带来的痛苦之中解脱出来了,祝你万事如意……”人们还从玛丽写给她妹妹的遗书中也读到大致相同的意思:“你只能为爱情而结婚。我未能这样做,然而我情愿到另一个世界去。”因此,很多人认为,皇帝突然召见鲁道夫时一定严厉地训斥了他一顿,并且逼他立即与情人绝交,痴情的鲁道夫无法和心爱的人分开,只得和情人双双选择了殉情的绝路。

也有一些人不同意这种为情自杀的观点,他们认为皇太子的死应从政治角度找原因。鲁道夫作为皇位继承人,自幼就受到与众不同的教育,他的老师们在学问方面都是帝国最出色的,可是却没有考虑他们的政治观点。有一段时间,小皇太子居然跟着一位被皇帝长期流放过的、参加过革命军的祭司学习。因此,鲁道夫在血气方刚的年纪,就匿名在奥地利报刊上发表抨击奥地利贵族制度的文章,尖锐嘲讽“那些贵族们愚昧无知,根本不适合担任任何官职”。他的叛逆性格和活动致使他每一次外出都有一些伪装的警方人员跟踪,他的住处也受到监视。

据传说,鲁道夫曾答应只要匈牙利人起兵反对他的父亲,他就会宣布奥匈分治,而他可以就任匈牙利国王,因此鲁道夫是出于政治原因自杀的。当然要证实这一点还缺乏足够的材料,不过他在写给妹妹的信中说:“我是违心地辞别人世的。”似乎可以间接证明鲁道夫的死是被迫的。

皇太子的死讯使整个皇宫里充满了沮丧和恐慌。官员们、侍从们在长廊里跑来跑去,不了解情况的人紧张得不知所措。下午两点,皇帝才稳住了神,召集起全体皇室成员和大臣们,通报并紧急处理这一突发事件。最后皇室公布皇太子是因为“极度兴奋,于今日凌晨死于心肌梗死。”2月2日午夜,一辆灵车将皇太子的尸体悄悄运回了维也纳,5日,皇太子的灵柩被送往皇家墓地。皇帝也没有让很多的人去参加葬礼,不过据说皇帝哭得很伤心。

其实整个事件有一个关键之处,那就是28日清晨皇帝紧急召见皇太子,在那一个半小时里,如果知道他们父子之间到底谈了些什么,那就能够很清楚地知道鲁道夫自杀的真正原因。

皇帝是这个悲剧故事中唯一的知情者,当他撒手尘世的时候却将整个梅林宫悲剧的谜底带走了。

皇室的圣诞节前夜

弗兰茨·约瑟夫、伊丽莎白夫妇,女儿玛丽·瓦莱里、儿子鲁道夫皇太子和斯德法妮太子妃及孙女伊丽莎白,他们一家人仅仅“5点30分一起用餐,之后就各奔东西了”(女儿玛丽·瓦莱里记述)。皇室一家的关系似乎并不是那么和谐融洽,鲁道夫皇太子与其父弗兰茨皇帝总是冲突不断。

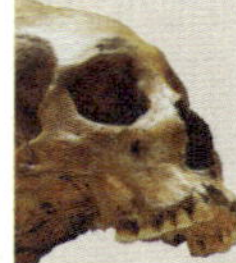

巴顿将军车祸身亡

1945年12月9日，美国陆军四星上将乔治·巴顿在德国曼海姆附近遭遇车祸。将军不幸身受重伤，抢救无效，于12月21日在海德堡医院不治身亡。

巴顿将军在第二次世界大战中威名远扬，号称“血胆老将”。他于1885年出生于美国一个军人世家，先后在弗吉尼亚军校、西点军校、顿利堡骑兵学院及轻装甲部队学院接受军事训练，为日后成为一名优秀的将军打下了良好的基础。在第一次世界大战爆发后，巴顿曾经奔赴欧洲参与作战，并在指挥坦克作战方面显示了出色的才能。第二次世界大战爆发后，他被任命为美国第2装甲军团司令，更是驰骋沙场，战功赫赫，屡次创下辉煌战绩。在战场上他最有特点的话语是“混蛋，你们的刺刀应毫不犹豫地刺向那些杂种的胸膛！”正是由于他的勇猛神武，1945年4月，美国军方授予他四星上将的军衔。

欧洲战场上的巴顿将军（左）与布雷德利将军、蒙哥马利将军讨论作战问题。

然而又有谁能料到，这么一位久经沙场的老将，居然会在战争结束后不久就死于车祸？本该躺在战功簿上安享成果的巴顿将军，却在被授予军衔的4个月后倒在了另一个战场上。

巴顿将军像

1945年12月9日清晨，住在德国曼海姆的巴顿将军和盖伊上将相约去打猎，他的司机霍雷斯·伍德林开着一辆超长豪华凯迪拉克送他们去。据说事发当日，巴顿将军乘坐的轿车刚好遇上火车过道口，等火车驶过，司机注意到离火车道500米处停着两辆大卡车。当轿车开始向前慢慢行驶时，一辆卡车也从路边开过来，向着巴顿将军的轿车慢慢驶来，同时另一辆卡车也由相反方向驶近。情急之下，巴顿将军的司机迅速踩下刹车。但是事故还是发生了，凯迪拉克车重重地撞在了卡车右边的底盘上，被撞出3米开外。巴顿将军被惯性向前甩去，头部重重地撞在司机席后面的围栏上，脊柱完全裂开，眉骨上方的头皮也被隔板玻璃撞成7.6厘米的伤口。

1个小时后，巴顿将军躺在海德堡医院的病床上，他的头脑还比较清醒，但是四肢不能动，脖子以下没有知觉。医生诊断说，他脊柱严重错位，头骨也受了重伤。经过精心救治，巴顿将军的病情开始好转，他的一条胳膊变得有力，另一条腿也有了些微弱的知觉。医生们开始认为他已经脱离了危险，可是就在12月20日下午，巴顿将军的病情突然急转直下。12月21日清晨5时55分，他终因血栓和心肌梗死而停止了呼吸。

巴顿将军死后，留给我们的是一个谜。车祸发生时轿车里坐的共有3人，为什么只有巴顿将军受重伤，而其他2人则毫发无损呢？案发后肇事司机竟能溜掉，也令人不可思议。车祸后赶来的宪兵们对现场进行的例行调查也极为马虎草率，甚至没有留下任何官方记录。以致日后当人们查询巴顿的情况时，除了军方履历表外，其他方面居然是一片空白。而履历中虽有他在服役期间的全部文献，却唯独少了他遇难情况的有关材料。

这些疑点似乎都表明，巴顿将军之死并非单纯因为一场偶然发生的车祸，实际上有可能是有人蓄意制造谋杀。可是究竟是谁在幕后指使？他为什么要策划这起谋杀呢？

有人认为，巴顿将军的死可能与“奥吉的黄金案”有关。“奥吉的黄金”是二战中纳粹埋藏的一批黄金，据说当时被美军一些高级将领发现了，他们没有上缴给国库，而是私下里瓜分了。事情发生后不久，巴顿将军就被政府指派去调查这个案子。雷厉风行的巴顿将军很重视这件黄金被窃案，调查得非常认真，进展迅速。可是就在案情快要大白于天下的时候，巴顿突然遇车祸身亡。这个时间上的巧合不能不让人产生怀疑，也许是那些人害怕事情败露而先下了毒手。

西西里岛上的巴顿将军

1943年，巴顿指挥他的军队在极度恶劣的条件下登陆西西里岛，进而解放了意大利。

知识链接

巴顿将军与奥运会

1912年夏季在瑞典首都斯德哥尔摩举行的第五届夏季奥运会上，根据顾拜旦建议，现代五项首次被列入奥运会，由射击、游泳、击剑、马术和越野组成。如同一个军事训练项目，参赛者也多是军人。此项赛事有32名选手参赛，其中瑞典12人，结果瑞典包揽除第五名外的前六名，利勒赫克上尉获得冠军，巴顿获得第五名。

在气手枪比赛中，巴顿一共打出169环（其中包括两次脱靶），排名第21位。巴顿和裁判就两发子弹的环数起了争议。巴顿用的手枪口径过大，因此造成标靶上的子弹洞口过宽。当连续出现两次脱靶情况之后，巴顿向裁判解释原因是后一发子弹从前一发子弹在靶心的洞口中穿出，但裁判仍然坚持巴顿脱靶。对此，巴顿表现得相当大度。他说：“参赛的每一个人都表现出真正的军人气魄，我们都把彼此看作好朋友，好战友，而不是竞争对手。这种友谊绝不会被对胜利的渴望而取代。”

300米自由泳比赛，巴顿位列第六，游完300米后他体力透支，是被人用船钩从池子里捞上来的。击剑比赛，巴顿发挥出色，获得了第三名。马术比赛中，巴顿惜败给两名瑞典选手，最终位列第三。40千米越野跑比赛中，巴顿在离终点线50米的地方不幸撞墙，挣扎着走过终点之后，巴顿便昏倒在地。尽管如此，他仍然取得了越野跑比赛的第三名。

最后巴顿总分排名第五。

也有人说，巴顿将军的死是他的上司精心策划的阴谋。因为据说在二战结束以后，巴顿一直有亲德倾向，他曾公开批评盟军的“非纳粹化政策”，并在新闻记者们面前把纳粹分子和非纳粹分子的斗争不恰当地比喻成美国民主党与共和党之争。据说后来他又在考虑扶植德国几个未受损失的党卫军部队，然后挑起一场对苏联的战争。

据此，一些美国历史学家们甚至提出很具体的假设，即这位上司就是艾森豪威尔将军。他们认为，艾森豪威尔将军与巴顿将军不和的传闻由来已久，巴顿将军在二战后采取的一些行为无疑与艾森豪威尔的主张大相径庭。艾森豪威尔对此非常不满，为了拔除这个处处和自己作对的眼中钉，很有可能派人除掉巴顿。

如果巴顿将军的车祸真的是一场有预谋的事件，那么究竟是由于什么原因，是谁在幕后策划，恐怕只能等车祸参与者本人坦白才能弄清吧！

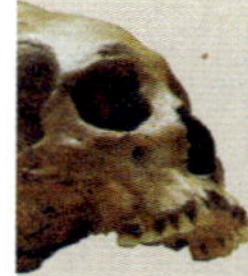

肯尼迪遇刺悬案

“不要问你们的国家能为你们做些什么，而要问你们能为自己的国家做些什么”。约翰·肯尼迪的这句名言让这位美国最年轻的总统深得美国人民的拥护与爱戴。然而他尚未完成对美国民众的承诺就不幸遇刺身亡，而且他的死因一直众说纷纭，现在还未形成统一的结论。

悲剧发生在1963年11月22日，当时肯尼迪正在美国南部得克萨斯州达拉斯城进行政务视察。12点30分，总统车队缓缓地通过达拉斯的得克萨斯州教科书仓库大楼时，突然几声枪响划破了寂静的长空。枪响过后，总统在人们的惊叫声中倒卧在血泊之中，与此同时，凶手奥斯瓦尔德被当场抓获。

由于事情发生得太突然，国会决定由副总统约翰逊继任总统。约翰逊上任后，立即成立了一个七人调查委员会，由最高法院大法官沃伦领导。经多方取证和严格调查之后，该调查委员会于1964年9月发布了该案件的调查报告，报告指出刺杀行动是奥斯瓦尔德一人所为，与其他部门与集团一概无关。一时间，舆论哗然，结论难以让人信服，案情仍是谜团重重。案件最大的疑问在于枪响的数量。当时官方公布的消息是3声枪响，包括穿透肯尼迪总统的身体，同时又射中康纳利州长的那一枪。但是法医D.B.托马斯经过审慎研究，在《英国法庭科学周刊》杂志发表了一份震惊世界的研究报告。这份报告仔细分析了当日的现场录音带，并指出当时射向总统车队的子弹是4发。其研究所采用的录音带是当时总统车队中达拉斯警方的汽车上的麦克风所录的现场录音，因而资料来源绝对真实可靠。而官方当时认为是3声的原因是这4声枪响中只有其中3声枪响听起来比较清楚，剩余的那声枪响则被国家研究委员会说成了“听起来像枪声的噪声”。最为关键的是，得到官方认可的3声枪响都与肯尼迪中弹的时间有明显的间隔，反而是那声“像枪声的噪声”与总统中弹的时间吻合。而这个声音的来源地也不同于其他3声，经回声分析，专家认为射击地点应当位于公园山丘。对现场照片进行研究后不难发现，这发子弹是从前面射来的。众议院特别暗杀委员会主席罗伯特·布莱基在接受《华盛顿邮报》采访时也承认自己认可和接受托马斯的这一分析结果。

1990年召开的一个记者招待会披露出了一些鲜为人知的内幕事件。记者招待会是一个名为珍尼佛·怀特的妇女召开的，她声称自己的丈夫罗克斯曾是一名杀手，与奥斯瓦尔德和鲁比同时受命于美国中央情报局。珍尼佛曾经亲耳听到他们商量刺杀现任总统的计划。肯尼迪遇刺后第四年，罗克斯被中央情报局出卖，接着就死于一场匪夷所思的爆炸事件。到了1982年，珍尼佛的儿子李奇·怀特无意间在家中发现了父亲珍藏的私人日记，日记中对1963年的事件进行了详细的记录。美国联邦调查局得知此消息后派人取走了该本日记，至今尚未归还。

刺杀事件发生后的20年内，涉及该案的重要证人都接二连三地丢掉了性命，死亡人数已近200人。而该案的真相却始终未浮出水面。很多人注意到了这样一件事实，那就是得克萨斯州法律规定死于当地的人，尸体必须在当地解剖，但是肯尼迪的尸体却被直接送到了位于贝塞斯德的美国海军医疗中心，并且总统的遗体是在其家属尚未知晓的情况下进行秘密解剖的。于是有人断言当时运到贝塞斯德的青铜棺内并无尸体，这一切只是为了掩人耳目。

整个事件充满了神秘气息，然而这只是肯尼迪家族半个世纪以来悲剧的开始，约翰·肯尼迪的弟弟罗伯特·肯尼迪在总统竞选时也遭人枪杀。对此有一种说法是因为有人担心一旦罗伯特·肯尼迪进入白宫，便会下令调查哥哥被害事件的整个内幕。肯尼迪家族的其他成员也由于各种各样奇怪的原因死于非命，或是终身瘫痪，或是失去了一切政治资本。这个家族悲剧还延续到了下一代人，肯尼迪的儿子小约翰·肯尼迪尽管遵循母亲杰奎琳的教诲低调生活，远离政治，却也未能摆脱不明不白的死亡结局。刺杀肯尼迪总统的凶手究竟是谁？

众所周知，保护美国大财团、大企业家的利益一向是国家制定政策的行为准则。肯尼迪总统是个有进取心的年轻总统，“旧的时代已经结束，旧的行为和旧的思维方式已不再适用”是他竞选总统的著名言论。肯尼迪当选后，便以改变保守的政治机器为己任，这使他与美国主要经济部门大亨们的矛盾日益激化。到了凶案发生的前一年，这些大亨们已无法容忍，可肯尼迪当时的威信很高，大亨们担心他连任下一届总统会继续影响他们的权益。另外，肯尼迪与中央情报局在古巴军界问题上也有很大的分歧，中情局的人极有可能也想拔去这个眼中钉。

也有人认为此事件最为关键的是以胡佛为首的联邦调查局。胡佛历经几代总统，权高位重，手中掌握了很多政客的把柄，在美国政界几乎可以一手遮天。肯尼迪不肯向他妥协，积极限制胡佛的权力，两人势如水火。据说在肯尼迪遇刺之前，撤换胡佛之职已提上了工作日程。于是，大财团、中情局、胡佛三者联手策划此次谋杀事件也是在意料之中的。

1993年，古巴首都哈瓦那放映了一部纪录片名为《ZR——来复枪》。该片的拍摄资料严格遵循史实，参照了古巴和美国电影档案馆资料及古巴保安官员和美国中央情报局探员的访问材料，最终披露出该刺杀事件只是一项政治阴谋的一部分。目前，还未调查清楚策划该事件的人，但古巴方面认为，刺杀总统的凶手是芝加哥的一名黑帮分子和两名古巴流亡分子。

耐人寻味的是，约翰逊在委托特别委员会调查此事后又将调查结果封存起来，对外宣称要在2038年，与此事有关的人员全部谢世之后，才能公布。这是为了保护什么人还是在遮掩内幕，人们不得而知。如今，民间有关肯尼迪遇刺案的各种调查仍在继续，但扑朔迷离的结果一直让人们争论不休，也许真要等到2038年谜团才能揭开。

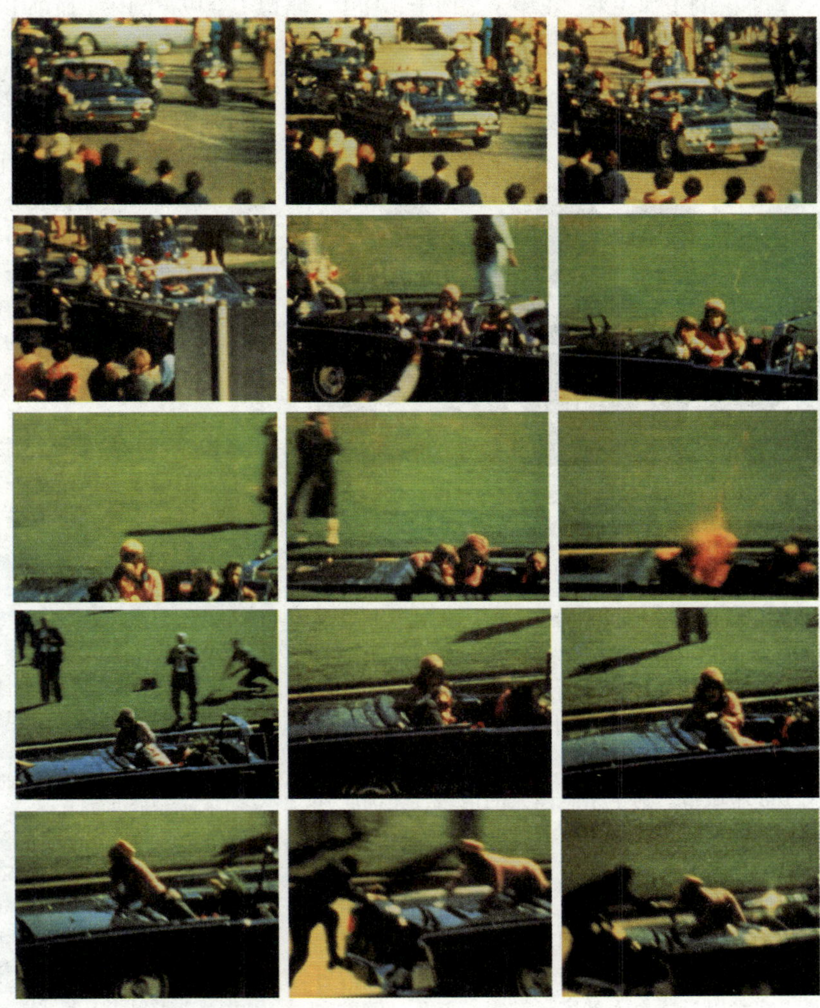

↗ 肯尼迪遇刺时抢拍的一组惊险镜头

马丁·路德·金遇害是一场阴谋吗

1968年4月4日傍晚，美国南方基督教领导会议主席、诺贝尔和平奖获得者、美国黑人民权运动领袖马丁·路德·金博士在美国田纳西州孟菲斯市的洛兰停车场旅馆306房间用过晚餐，走出房间来到阳台上，看到前来接他去参加晚间集会的车已经停在院子里了。他向司机打了个招呼，告诉他自己马上就可以动身了。正在这时，随着一声震耳的巨响，一颗罪恶的子弹飞来，击中了金博士，马丁·路德·金应声倒在了血泊中，再也没有醒来。

↗图为马丁·路德·金在1963年8月华盛顿的一次示威集会上发表演讲《我有一个梦想》。

刺杀事件在全美产生了极大的震动，金的继任者沉痛地表示："金的被杀是人类历史上最黑暗的一页。"金的被杀激怒了成千上万的美国黑人，痛失自己种族领袖的黑人们失去了理智，在4月4日晚，美国20多个大城市同时爆发了规模空前的黑人示威活动。一周后，黑人骚乱扩大到168座城市。为了平息黑人的情绪，美国联邦调查局的侦探们忙得不可开交，到处搜寻罪犯的踪影。

通过调查发现，凶手是从洛兰停车场旅馆对面的一家出租公寓的房间内开枪的，旅馆登记簿上显示当天入住的是一位名叫约翰·威拉德的男子，案发以后这个人就了无踪影。不久，警方在距离公寓不远的大街上捡到一个包，里面除了装有一架望远镜、一台收音机、两个空啤酒罐和一些零星物外，还有一支口径30.06毫米的"雷明顿"牌步枪。根据指纹分析，很快查清凶手是一个名叫詹姆斯·厄尔·雷的惯犯，曾以偷窃、抢劫等罪名被捕，最后的一次是因持枪抢劫被判处20年监禁，后来从监狱中逃出。当时雷已经逃到了国外，在国际刑警的协助下，美国联邦调查人员费了一番周折，终于在英国将雷正式逮捕归案。

1969年3月7日，孟菲斯法庭开庭审理了马丁·路德·金被暗杀一案，在法庭上，雷对所犯罪行供认不讳，审讯进行得异常顺利，最后法

知识链接

马丁·路德·金演讲

1963年春天，马丁·路德·金和南方基督教领袖会议领导人在亚拉巴马州的伯明翰领导了群众示威。此地以白人警方强烈反对种族融合而著称。徒手的黑人示威者与装备着警犬和消防水枪的警察之间的冲突，作为报纸头条新闻遍及世界各地。总统肯尼迪对伯明翰的抗议做出了回应，他向国会提出放宽民权立法的要求，这促成了1964年民权法案（Civil Rights Act of 1964）的通过。1963年8月28日，群众示威行动在"华盛顿工作与自由游行"（Marchon Washington for Jobsand Freedom）过程中达到高潮，此次示威运动中有超过25万名抗议者聚集在华盛顿特区。在林肯纪念馆的台阶上，金发表了"我有一个梦想"（I Have a Dream）的著名演讲。

↗ 马丁·路德·金被刺现场

凶手已经被抓到，但事实似乎并没有那么简单，真正的凶手或幕后指挥者又是谁呢？

庭做出判决，判处詹姆斯·厄尔·雷监禁99年。表面上看来，这桩震惊世界的谋杀案就这样了结了。可审判刚刚一结束，雷似乎就后悔了，他坚持自己是无罪的，并要求重新审理此案。实际上在此之前，人们就在雷身上发现了许多疑点。

詹姆斯·厄尔·雷为什么要谋杀金博士？他只是一个令人啼笑皆非的三流窃贼，第一次偷打字机时把自己的存折丢在作案现场；逃避警方追捕时，虽然躲到了电梯间里，却又忘记关上电梯门；抢劫杂货店后驾车逃跑时，又因为急转弯而被甩出车外；两次越狱都被当场抓获……但是就是这样一个笨蛋，后来却莫名其妙地越狱成功，并到处旅游，过上了挥金如土的富裕生活。人们不禁要问：他的钱是从哪里来的？越狱后的雷为什么会突然变成了一个老到的杀手，逃离旅馆时带走了所有物品？虽然在后来他把它们扔到了大街上有些不太高明。而在离现场不远发现的步枪，联邦调查局只能证实杀害金的子弹是从这种型号的枪中射出去的，是否就是杀害金的那一支，却没有足够的证据。此案的疑点那样多，雷为什么会在法庭上一口承认是自己杀了金？

根据金遇刺前后的事态发展，甚至有人认为美国联邦调查局也卷入了这个案件。早在20世纪50年代，联邦调查局就开始注意马丁·路德·金的一举一动了。后来他们认为金是一个受了共产主义影响的危险分子，还在1964年制定了专门的“消灭金小组”计划。当马丁·路德·金获得诺贝尔和平奖之后，据说当时的联邦调查局长胡佛还派人送去一封恐吓信，要他在拿到奖金之前“自毙以谢国人”。虽然人们都知道联邦调查局对金的政治活动采取过许多卑劣手法，但谁也拿不出确凿的证据来证明联邦调查局参与了这场谋杀。

而雷从判刑后就一再为自己喊冤，对法庭做出的“凶手是单独作案，不存在任何密谋”的判决不服，认为自己是被卷入了一起杀害金的阴谋当中了。可是当特别委员会被迫重新开始调查时，雷又说不出这起阴谋是怎么回事，也无法指认出阴谋的其他参与者。

看似简单的马丁·路德·金遇刺案其实并不那么简单，几十年的光阴一晃而过，仍然无法破解。糊涂笨贼詹姆斯·厄尔·雷成了刺杀案的凶手，尽管他从来没有供认自己的动机，却为这件事在铁窗中度过了自己的漫漫余生。

↙ 1968年4月马丁·路德·金的葬礼

马丁·路德·金遇害激发了美国黑人为自己的权益继续奋战的决心。

埃及总统萨达特为何被害

1973年10月6日是埃及人民永远难以忘怀的日子，就在这天清晨，埃及军队突然越过苏伊士运河，向驻扎在西奈半岛上的以色列军队发起了猛攻。这一仗打破了以色列军队天下无敌的神话，使埃及在世界上的威望迅速增强。从那以后，10月6日成了埃及一个重要节日，每年的这一天都要在纳赛尔城举行盛大的阅兵典礼，庆祝那场战争的胜利。至于组织策划和亲自指挥了这场战争的萨达特总统，更是一夜之间成了英雄。

可是令人万万没有想到的是，就在8年后的同一天，萨达特在他最喜欢的日子里遇刺身亡。

那一天，同往年一样，在开罗不远的纳赛尔郊区，为了战争胜利 8 周年纪念日，埃及政府举行了盛大的阅兵式。上午 11 点，萨达特总统身穿镶有金边的蓝色陆军元帅服，兴致勃勃地坐在观礼台第一排中央观看军事表演，他的左边是穆巴拉克副总统，右边是国防部长加扎勒将军。在阅兵式进行过程中，正前方一辆拖着一门 130 毫米口径反坦克炮的卡车突然停了下来，不一会儿，从车上跳下来 4 个人。所有的人都以为，是车子出了什么故障，他们是下来修车的，当他们向观礼台走近的时候，萨达特总统还关心地站了起来。谁料他们猛然向萨达特投出一枚手榴弹，另外的人也开始向萨达特等人猛烈射击，萨达特致命的一枪是在颈部，一代伟人就这样惨死在自己的同胞的枪口之下。杀死萨达特的 4 名凶手有 1 人被当场击毙，3 人受伤就擒，据说他们全部是极端分子。

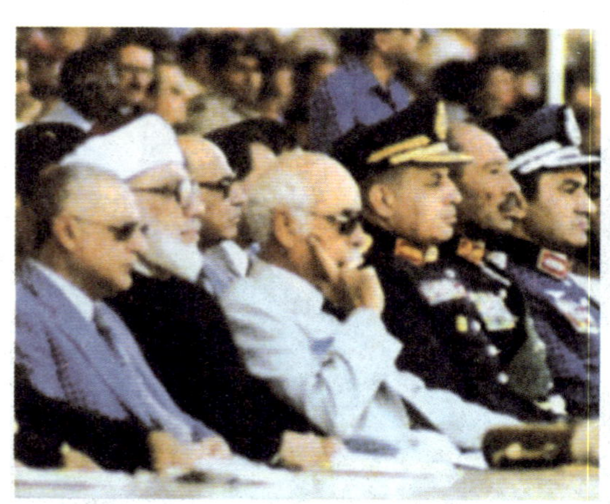

萨达特在遇刺前（左二）

暗杀事件发生后，由于某些军方领导人希望尽可能把审判凶手的权力控制在自己手中，所以军事法庭在审判时，只是简单地讯问了一些暗杀的具体细节，并没有涉及其他方面。所以，至今很多人仍不清楚这起暗杀事件的性质，它到底是一起有人策划、背后指使的阴谋，或者仅仅是狂热的个人行为呢？

有人认为凶手是受了组织领导的指令和别人共同策划了这起谋杀萨达特的行动，主犯哈立德上尉是受到“安古”小组领导人的指令后行动的，所用的武器也是由他的上级提供的。因为哈立德原来是准备回家乡去过节的，在受审时他说：“起初我不愿意参加阅兵，可后来我同意了，因为我忽然想到，这是天意。我不是去参加阅兵，而是去执行一项神圣的使命。”

可也有人认为凶手的行动纯属个人行为，在暗杀前不久，萨达特总统为了镇压批评他的人，曾经开始了一场大搜捕，总共抓了 3000 多人。而凶手哈立德的哥哥就是被捕人之一，这可能是谋刺的根本动机和直接原因。并且当哈立德对总统开枪时，曾对左右两边的副总统穆巴拉克和加扎勒将军喊道：“让开！我专打这条老狗！”很显然，他是冲着萨达特总统来的，是为了报私仇来的。

而有的国际问题专家却认为事情并不这么简单，应该从国际国内的大环境中来看这次谋刺行为。萨达特上台以后，一改以前埃及亲苏的政策，对苏联的许多蛮横行为态度强硬，绝不妥协，因此与苏联的关系闹得很僵，显示了他的铁腕作风。1976年，面对苏联的要挟与耍弄，愤怒的萨达特废除了同苏联的友好协议，并取消了曾给予苏联海军在埃及港口的一切便利，责令苏联开走在埃及境内的5艘军舰。当苏联要求他偿还军火债时，他又以经济困难为理由，援引苏联的惯例，拒绝在10年内偿还债务，并要求苏联船只再通过苏伊士运河必须支付过境费。

与此同时，他主动改变同西方国家的外交格局，频繁出访西方国家，达成了一系列友好合作协议。还做出一项重大的宣布：他将访问以色列，这在当时是十分惊人的。一石激起千层浪，美国支持他的出访，苏联则感到非常恼火，第三世界普遍赞同，但其他国家就像开了锅的水，沸沸扬扬，有的国家强烈反对，也有的国家公开支持。在埃及国内意见也不一致，外交部长甚至以辞职来表示对这一行为的反对。但是萨达特克服了重重困难，勇敢地亲赴耶路撒冷，和以色列首脑进行了直接会谈，打破了中东和平进程的僵局。

萨达特访问以色列，尤其是签署《戴维营协议》和《埃以和约》，并不仅仅给埃及带来了和平与经济的发展，同时导致了多数阿拉伯国家对埃及的经济、政治制裁，近20个国家同埃及断绝了外交关系。一些国家的领导人和报刊公开谴责萨达特犯了“现代史上无人所犯的历史罪行”。国内的一些狂热分子更是将萨达特作为重要的攻击目标。当时的苏联大使也暗地支持一些反对势力。暗杀事件实际上是这些政治因素和矛盾激化的产物。

整个事件中，还有两个令人生疑的地方没有解开：一个是当萨达特阅兵时，他的身边有好几名卫兵，枪击开始时，这些卫兵以及其他保安人员在什么地方，有什么反应？另一个是萨达特中弹后，于中午12点40分被人抬上飞机送往医院，可是直到下午1点20分才到达，中间整整花费了40分钟，可是这只是一段通常5分钟就能飞完的路程，为什么会耽搁这么久呢？

萨达特总统逝世的噩耗传出以后，全世界都为他哭泣，人们把他的逝世比喻成“中东一颗政治巨星的陨落”。联合国安理会为他默哀，各国领导人也纷纷发表谈话，痛悼他的不幸遇难，不少国家还专门为他举行悼念仪式。萨达特总统被安葬在纳赛尔城胜利广场的无名战士墓地，10月10日，人民为他举行了国葬，来自世界80多个国家的总统、总理和特使参加了下葬仪式，站在最前面的是当时美国所有活着的3个前总统——尼克松、福特和卡特，还有以色列总理贝京。一块黑色的大理石墓碑上，题着萨达特3年前自己拟定的墓志铭：“萨达特总统，战争与和平的英雄，他为和平而生，他为原则而死。”

埃及总统萨达特遇刺现场

这一系列的照片仿如梦魇中的可怕意象，捕捉到1981年10月6日埃及总统萨达特遇刺的经过，持枪的士兵从检阅队伍中的一辆军车跳下，冲向检阅台，乱枪扫射。

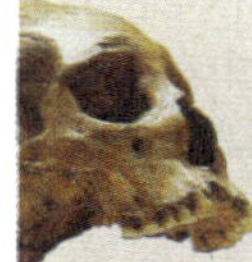

戈林自杀之谜

1945年11月20日，纽伦堡国际军事法庭开始对戈林进行审判。法庭在对戈林的死刑判决书中说："戈林是第二次世界大战的策划者之一，是仅次于希特勒的人物，他集所有被告的罪恶活动于一身。"在20世纪爆发的两次世界大战，给世界造成了无尽的灾难；而这两次罪恶的大战都是由德国挑起的。在法西斯纳粹德国，紧紧追随希特勒并助纣为虐，成为嚣张一时的乱世枭雄，这位一人之下、万人之上的显赫人物就是纳粹德国帝国元帅——赫尔曼·戈林。

1946年10月15日夜，就在即将被处以绞刑的75分钟之前，戈林竟然神奇般地在严密看守的死牢中服毒自杀，逃避了正义的处决。

戈林在演说

有关赫尔曼·戈林自杀的具体细节，已消失在历史的迷雾中。随着柏林资料中心有关戈林自杀时未公布的调查委员会的绝密报告、现场证人的证词、医疗报告、戈林自杀留言的原文等绝密档案的逐步公开，戈林自杀之谜再次浮现在人们视线之中。

戈林在整个关押期间一直把氰化钾胶囊放置于牢房是不可信的。根据采访看守人和对监狱记录的检查，牢房和衣物是经常搜查的。约翰·韦斯特少尉在1946年10月14日，即戈林死的前一天，看守就搜查了戈林的牢房和他的私人物品。因此，装氰化钾的胶囊起先是随戈林的行李进入监狱的这一点应该是毫无疑问的。因为，行李间是唯一没有被彻底搜查过的角落，并且调查人员在戈林自杀后也确实在他的遗物里找到了另一个氰化钾胶囊。

尽管监狱记录显示戈林并未请求去行李间取东西，但是他曾经送给惠利斯中尉一份礼物以及送给他的律师奥托·斯塔马尔的蓝色公文包恰恰证明他行李中的物品曾经不止一次地被取走，而取走这些物品的人不是像惠利斯这样握有行李间钥匙的监狱军官，就是戈林自己在未按来访要求登记的规定情况下获准进入行李间拿到自己行李中的物品的。

这种推测在本·E.斯韦林根写的《赫尔曼·戈林自杀之谜》一书中得到了肯定。该书是迄今为止对该问题最透彻的研究，这位作者的结论是，戈林曾提出条件让一位监狱工作人员——

婚礼上的戈林

手持鲜花者是戈林的新婚妻子埃米·戈林。

最大的可能性是惠利斯——为他从行李间取出物品或行李。在临死前的几个小时，戈林取出了隐藏的胶囊，做好了服毒的准备。还有一种可能就是，他本人被获准进入行李间，而且最有可能批准其进入行李间的人还是惠利斯。

戈林的妻子埃米·戈林在随后有关她丈夫是如何得到胶囊的言论，对事件帮助不大，而且不能令人信服。她说1946年10月7日她最后一次探视戈林，那时候她曾问丈夫还有没有胶囊，戈林说没有。从那以后她便再也没有见过戈林，也没再跟他说过话。然而，戈林自杀后，她却立刻公开发言，“此事一定是一位美国朋友所为”。这其中难免让人怀疑藏有什么不可告人的秘密。直到28年后，她又对德美起诉团的一位成员提起，当年确实是一位未留名的朋友把毒药递给了她丈夫。又过了不久，埃米·戈林的女儿埃达也出面表示有人曾经帮助过她父亲。到了1991年，更传出消息说戈林的侄子克劳斯·里格尔承认，是惠利斯中尉把毒药给了戈林。所有的言论都有可能是真的，但又全都无法证实。

戈林的女儿或戈林的侄子在戈林死时还不到10岁，因此他们对所发生的一切做出的表态没有多大的可信度。而那些戈林当年的并仍能活着讲述的狱友们——斯佩尔、弗里奇、弗鲁克——为什么在他们后来撰写的纽伦堡经历的著述中却无一例外地略去了这部分具有轰动效应的、也是作为畅销书最重要的卖点的东西呢？

还有一个疑点就是，戈林为什么在其自杀留言上注明日期为1946年10月14日，至今仍是个谜。这日期不可能是正确的。戈林若将这些吐露他打算自杀的留言保存在他身边达5天之久，未免太粗心大意了。在其中的两封信中，他提到他向盟国管制委员会的申诉被拒，而这一消息直到10月13日他才听说。显然，留言中的日期与自杀前几天内曾经发生的事情在时间上发生了矛盾。

近年来，对戈林自杀之谜又有了一连串新的解释：毒药是藏在他的陶土制的烟斗里的，在处决他那天夜里把它剖开，将毒药藏在肚脐里。还有一些更离奇的说法。那个吞下了毒药的人，永远把他的秘密带进了坟墓，要找到不容争辩的事实真相的一切努力都将是白费工夫。

知识链接

纽伦堡审判的历史背景

1943年10月30日，苏、美、英三国签署的《莫斯科宣言》规定，战后将把战犯押往犯罪地点，由受害国根据国内法审判。1945年8月8日，苏、美、英、法四国签署的《伦敦协定》和《欧洲国际军事法庭宪章》进一步规定，由四国各指派一名法官和一名预备法官组成国际军事法庭，对无法确定其具体犯罪地点的纳粹德国首要战犯进行统一审判。

纽伦堡审判是1945年11月20日到1946年10月1日第二次世界大战结束之后在德国纽伦堡举行的国际战争犯罪审判。23名被同盟国认定为“主要战争犯”中的21人被推上了历史的审判台，其中包括前纳粹元帅赫尔曼·戈林、希特勒副手鲁道夫·赫斯、希特勒的秘书马丁·波曼及纳粹外长里宾特洛甫。

二战后的“纽伦堡审判”

格瓦拉为何从古巴出走

切·格瓦拉是现代南美洲历史上的传奇人物，一位人们心目中的游击英雄。他原名叫埃尔内斯托·格瓦拉，由于他说话时总爱把“切”（Che）这个感叹词挂在嘴边，人们就给他起了个绰号“切·格瓦拉”。在20世纪60年代，他曾领导玻利维亚游击队和政府军顽强对抗，这个绰号也随之传遍了南美大地和全世界，他的真名反倒没有几个人知道了。

格瓦拉的一生可以说是洋溢着激情与无畏的一生，他那始终充满神秘色彩的不平凡经历，实在是让人感叹不已。

格瓦拉1928年出生在阿根廷罗萨里奥的一个中产阶级家庭，1953年他从布宜诺斯艾利斯国立大学医学系毕业后，本来可以舒舒服服地当一名医生，过上安逸富裕的生活。但是，他立下走遍南美大地、为人民解除病痛的理想。然而，在此后的行医途中，给他留下深刻印象的不仅仅是人们肉体上的病痛，而是那些蛮横、腐败的官吏对广大人民的残酷剥削和压迫。他的思想开始发生了很大的变化，就在这个时候，他在墨西哥和因反对国内独裁政府而流亡海外的卡斯特罗相遇，从此，他在卡斯特罗的影响下，彻底改变了自己的人生道路。他加入了古巴流亡革命者小组，为古巴人民推翻独裁、赢得自由而浴血奋战。

眼光幽邃、神情肃然，格瓦拉的形象如同其精神一直为后人所追念。

1959年古巴革命胜利后，格瓦拉因为赫赫战功成为古巴人民心目中的英雄，被政府宣布为古巴公民，他全身心地投入建设一个新古巴的事业中去。他先后担任过古巴土地改革委员会工业部主任、国家银行行长和工业部部长等职务，还多次代表古巴政府访问亚非拉各国，出席各种国际会议。由于他强烈地谴责帝国主义和新殖民主义政策，在全世界发展中国家中享有很高的声望。

然而，就在1965年4月，格瓦拉竟从古巴政坛上神秘地消失了。人们对他的出走迷惑不解，议论纷纷：格瓦拉到哪里去了？是死了还是到什么地方执行秘密使命去了？抑或是与卡斯特罗发生矛盾而被关进监狱或者被软禁在什么地方了？

几个月后，人们才知道，格瓦拉去了非洲刚果、扎伊尔边境的密林中，从事武装活动。他为什么要放弃稳定的生活，离开古巴去继续从事艰难危险的工作？学者们对他的出走原因进行了长期的探讨，提出了各种不同的看法。

格瓦拉在古巴的经济建设和思想建设路线上和其他领导人存在着严重的分歧，有些领导人主张不要过度集中，应该给国有企业一定的自主权；对于职工要兼顾物质利益。而格瓦拉则强烈主张实行严格的中央集权路线，对职工用道德的力量来对抗物质刺激，要缔造“社会主义的新人”。卡斯特罗虽然一直避免参加这方面的争论，迫不得已表态时就一会儿赞成精神鼓励，一会儿赞成物质刺激，但是在格瓦拉出走以后，他在一次砍蔗工人大会上说：“如果希望

1964年12月格瓦拉出席联合国大会，一身劳动制服在西装革履的与会者中格外显眼。

告诉那些以砍蔗为生的广大工人群众说，不管挣多挣少，这是他们的义务，他们应付出最大的努力。这种想法是荒谬的，是唯心主义的。”实际上，见解的不同使格瓦拉感到在古巴日渐被孤立，他只好选择了离开。

格瓦拉在古巴新政府里担任工业部部长，他主管的工业改革却以失败告终。32岁的他虽然提出了一系列计划，但是古巴工业长期受到帝国主义的影响，很难独立，再加上近邻美国对它的封锁，原材料和能源极度缺乏。并且格瓦拉和他的同伴都缺乏管理经验，又不采取物质刺激的原则，使古巴工业发展一直处于落后的状态，对于这种情况，格瓦拉一筹莫展，便产生了愤怒和失望的情绪。

在这种情况下，格瓦拉更加坚定他从前的理想，要帮助整个拉美国家摆脱帝国主义的压迫，获得自由和解放。他在临走之前给母亲留下了一封告别信：“我相信武装斗争是各族人民争取解放的唯一途径，而且我是始终不渝地坚持这一信念的。许多人会称我是冒险家，只不过是另一种类型的，是一个为宣扬真理而不惜捐躯的冒险家，也许结局就是这样。我并不寻找这样的结局，但是，这是势所难免的。如果是这样的话，我在此最后一次拥抱您。”

当然，事实是不是这样，至今也没有找到可靠证据。有人提出，在格瓦拉出走前，曾同卡斯特罗发生过一次激烈的争吵，但是他们为什么而吵起来，这件事对格瓦拉的影响如何都不得而知，对于这件事，卡斯特罗三缄其口，从不露出一点儿口风。

格瓦拉出走后，先是去了非洲，但是由于语言和其他原因，他后来又回到了南美，带领一支游击队神出鬼没地出现在玻利维亚东南部的崇山峻岭中。1967年10月，他率领的游击队与政府军展开了激战，最后寡不敌众，战败被俘，壮烈牺牲，死时只有39岁，临走时给母亲的信中的话竟一语成谶。

牺牲后的格瓦拉连遗骨也不知所向，直到1995年，才有人披露了事情的真相。拉美国家的一些考古学家、人类学家和法医立即自发地组成了一支挖掘小组，在所说的地点挖了150多个洞穴，却一无所获。两年后，才终于在荒野草莽中，找到了这位浪漫英雄的遗骨。

知识链接

格瓦拉对世界的影响

格瓦拉死后，随着他的尸体的照片的传播，格瓦拉的事迹也开始广泛为人所知。全球范围内发生了抗议将其杀害的示威，同时出现了许多颂扬他、和记录他生平以及死亡的文学作品。即便是一些对格瓦拉共产主义理想嗤之以鼻的自由人士也对其自我牺牲精神表达了由衷的钦佩。他之所以被广大西方年轻人与其他革命者区别对待，原因就在于他为了全世界的革命事业而毅然放弃舒适的家境。当他在古巴大权在握时，他又为了自己的理想放弃了高官厚禄，重返革命战场，并战斗直至牺牲。

特别是在20世纪60年代末，在中东和西方的年轻人中，他成为一个公众偶像化的革命的象征和左翼政治理想的代名词。

一幅由著名摄影师阿尔贝托·科尔达在1960年为切·格瓦拉拍摄的生动的肖像照片迅速成为20世纪最知名的图片之一。而这幅格瓦拉的人像，也被简化并复制成为许多商品（比如T恤衫、海报和棒球帽）上的图案。

法国哲学家让·保罗·萨特称格瓦拉是“我们时代最完美的人”。格瓦拉的支持者认为，格瓦拉被证明是继拉美独立运动的领导者西蒙·玻利瓦尔之后，拉丁美洲最伟大的思想家和革命家。

淮阴侯韩信被杀之谜

韩信是中国历史上著名的军事家，是西汉王朝的开国功臣，司马迁《史记·淮阴侯列传》认为韩信对汉朝的贡献，足以与周朝的周、召、太公相比。汉高帝十一年（前196）正月，这位汉初三杰之一的大功臣却被吕后诱杀于长乐宫之中，甚至被夷三族。究竟是什么原因导致韩信的人头落地呢？韩信是谋反被杀，其罪当诛，还是刘邦、吕雉猜忌名将、杀戮功臣呢？

一种意见认为，韩信被杀的真正原因是他蓄意谋反。《史记》《汉书》中关于韩信死因记载均是谋反。高帝七年（前200），阳夏侯陈豨担任赵相，镇守赵、代地区，当他离开都城赴任之时，曾与韩信密谋陈在边地起兵反汉，韩信从中响应配合。陈至代后，果然招兵买马，积蓄力量，准备谋反。高祖十年七月，刘邦之父太上皇死，召陈入朝，陈托病不往。九月，陈公开宣布反汉，自立为代王，进攻赵、代等地。刘邦闻讯后，要求淮阴侯韩信和梁王彭越一起讨伐陈，可是两个人都推说有病，不肯出兵。汉高祖只好自己亲统大军出征。等到刘邦离都之后，韩信立即按照原先计划准备响应陈。次年春天，韩信布置已定，密谋假传圣旨。韩信的门客向吕后告发此事。吕后与萧何谋划，诈称陈叛乱已平息，命令朝臣入宫庆贺。又担心韩信不往，派遣萧何劝说。韩信一入长乐宫，就被埋伏的武士所擒，斩于钟室之中。

很多学者都认为韩信被杀是罪有应得，包括司马迁、班固、司马光以至明清之际的思想家王夫之、清代史学家王鸣盛等人。王夫之在《读通鉴论·汉高帝》中，从韩信鼓吹有功当封、贪功以及破项羽后犹拥有强兵这三点来论证“云梦之俘，未央之斩”是韩信自己造成的恶果。王鸣盛在《十七史商榷·信自立为假王》中，也认为韩信改封为淮阴侯后，“常称病不朝从”“日怨望，居常怏怏”。公元前200年，他勾结握有重兵的边将陈，再次阴谋叛乱。公元前197年，陈在代地叛乱，刘邦率兵亲征。韩信托病，并乘机派人与陈约定，他在长安里应外合。正在这时，他的阴谋再次被人告发。于是，萧何与吕后设计捕杀了韩信，消除了分裂的危险。

韩信铜像

韩信“连百万之军，战必胜，攻必取”，“明修栈道，暗度陈仓”成为千古美谈，十面埋伏令楚霸王四面楚歌，为刘邦立下了汗马功劳。

还有人从整个社会各阶级都迫切需要休养生息的角度出发，认为亡周乱秦兵革之后，韩信从个人恩怨出发制造新的动乱，违背了历史发展的趋势和广大人民的愿望和利益。所以吕后杀韩信直接避免了第二次楚汉战争的动乱，带有历史进步的色彩。这不仅为新建的西汉王朝除掉了一个大祸患，而且在客观上也符合社会发展的要求和人民的愿望。

然而，以上观点却受到了不少的挑战，有学者认为韩信谋反的罪名其实是出于诬陷，他的被杀是一大冤狱。持此派观点的代表人物包括明代散文家归有光、清初诗人冯班等。清代考据学家梁玉绳在《史记志疑·淮阴侯列传》中说："信之死冤矣！前贤皆极辩其无反状，大抵出予告变者之诬词，及吕后与相国（萧何）文致之耳。史公依汉廷狱案叙入传中，而其冤自见。"清人郭嵩焘也认为，信"贵贱生死一取资于人，是乃人臣之定分。非能反者。"意思是说韩信根本不是那种会谋反的人。如此说来，韩信的被杀完全是吕雉猜忌名将、杀戮功臣的阴谋，而韩信则无意背叛刘汉王朝。

韩信死于正想乘隙揽权的吕后之手，这不是偶然的事。当时身为丞相的萧何，也深受刘邦的猜忌，自身难保。他原是韩信的保荐人，这时候不得不屈于吕后的意旨，诱杀韩信；如果他态度犹豫，就有遭受株连的危险。结果，萧何就因诛韩信功，而从丞相晋升为相国，加封食邑五千户。

韩信究竟是为何而死，这要联系当时的时代背景来考察。公元前206~前202年楚汉战争的过程中，刘邦身边共有7人取得王爵，建立了半独立的王国。这些强大的异姓王的存在，对于汉封建国家的统一政权是严重的威胁。刘邦当初封他们为王，原是不得已的权宜之计。他在做皇帝以后的第六个月，就借口诸王谋反，开始一个一个地收拾他们。对于韩信，刘邦既佩服他那"连百万之军，战必胜、攻必取"的军事才能，自称"不如"，同时又对他这种才能极不放心，一向"畏恶其能"，自然不会放过。从国家要统一的观点来看，汉初如果不剪除异姓王，战祸就不会消除，百姓就不可能休养生息。这一历史背景似乎是韩信冤死一说的有力基础。然而，联系韩信曾经自请封王的史实：在平定三齐之后，韩信在刘邦正被楚军围困在荥阳的危急关头，竟上书刘邦，自请代理齐王。后来，韩信对刘邦没有主动封其为王而深表不满，借故不肯发兵，若说韩信是谋反被杀，罪有应得，也并非无中生有。

总之，对于韩信有无谋反之心，是否参与陈豨叛乱，目前史学界尚未论定。韩信被杀真相，还需要进一步考究。

斩韩信

韩信被诛，固然有刘邦忌惮功臣的因素，但韩信居功自傲也是其自己的因素，后世引以为戒者不在少数。

知识链接

韩信

韩信熟谙兵法，自言用兵"多多益善"，他为后世留下了大量的战术典故：明修栈道，暗度陈仓；临晋设疑；夏阳偷渡；木罂渡军；背水为营；拔帜易帜；传檄而定；沉沙决水；半渡而击；四面楚歌；十面埋伏等。其用兵之道，为历代兵家所推崇。

作为军事家，韩信是继孙武、白起之后，最为卓越的将领，其最大的特点就是灵活用兵，是中国战争史上最善于灵活用兵的将领，其指挥的井陉之战、潍水之战都是战争史上的杰作；作为战略家，他在拜将时的言论，成为楚汉战争胜利的根本方略；作为统帅，他一人之下，万人之上，率军出陈仓、定三秦、擒魏、破代、灭赵、降燕、伐齐，直至垓下全歼楚军，无一败绩，天下莫敢与之相争；作为军事理论家，他与张良整理兵书，并著有兵法三篇。

项羽为何不肯过江东

说到项羽，人们一定都会记得他的“力拔山兮气盖世”，也都会想起楚汉战争中他的英勇和最后的悲壮。李清照曾写诗说：“生当作人杰，死亦为鬼雄。至今思项羽，不肯过江东。”这首笔力千钧的诗热情讴歌了项羽不肯忍辱偷生的英雄行为，寄托了自己对时局的愤慨。但是，项羽究竟为何不肯过江东？古往今来，人们猜测纷纷，却并没有一致的看法。

在《史记·项羽本纪》中，司马迁认为项羽之所以自杀而不肯过江东，是“羞见江东父老”，这也是目前影响最大的说法。司马迁在《项羽本纪》中记载说，项羽被刘邦军队追赶，逃到乌江江边。乌江亭长停船在岸边对项羽说：“江东虽小，地方千里，众数十万人，亦足王也。愿大王急渡。今独臣有船，汉军至，无以渡。”项王笑着回答道：“天之亡我，我何渡为！且籍与江东子弟八千人渡江而西，今无一人还，纵江东父老怜而王我，我何面目见之？纵彼此不言，籍独不愧于心乎？”之后项羽与刘邦军作了最后的一拼，后自刎而死。司马迁以激昂悲凉的笔调记述了穷途末路中的项羽仍不失其壮士本色的光辉形象。这样一种英雄气概，多少年来一直为后世所歌颂。每每提到项羽的死，人们总会唏嘘不已。

项羽像

项羽（前232~前202），名籍，字羽，秦末下相（今江苏宿迁西南）人，战国末年楚国名将项燕之后，从叔父项梁居吴（今江苏苏州）。秦二世元年（前209）九月，随梁起兵会稽（治今江苏苏州），拥立楚怀王孙心为帝。与秦将章邯战于巨鹿，破釜沉舟，大败秦军主力。不久，引兵入咸阳，杀秦降王子婴，烧宫室，掳财宝。公元前206年，分封诸侯，以刘邦为汉王，自立为西楚霸王。楚汉战争爆发后，于公元前202年十二月被围困于垓下，突围至乌江自刎而死。

还有一种说法出自宋人刘子的《屏山全集》，他认为项羽之所以说出那样一番话是怀疑亭长有诈。刘子认为，当时刘邦正悬赏千金邑万户侯购项羽的性命，而在项羽身处那样的困境之时，亭长说那样好听的话，项羽难免怀疑亭长在说谎骗自己。“羽意谓丈夫途穷宁死，不忍为亭长所执，故托以江东父老之言为解尔。”他还说，项羽之所以选择逃到垓下，是希望自己能够逃脱，但是受到农夫的诓骗而陷入大泽，因而知道“人心不与己”，他怎么敢再贸然地听信亭长的话？所以项羽才不再寄希望逃脱再起，而选择了与刘邦军死战到最后。这种说法虽然只是刘子自己的推测，但是在历史上也有一定的影响。

还有一种说法产生于20世纪80年代，该说法认为项羽所以决然自杀是“为早日消除人民的战争苦难”。例如吴汝煜先生就认为，长期的内战给人们带来了极大的痛苦，项羽认识到这一点后，产生了尽早结束这场战争的想法。因此他放弃了乌江亭长劝他东渡为王的意见，毅然自刎而死。对此观点有人提出反对，认为项羽是一个很残暴的人，这一点可以找到充分的史料作为依据。《史记》中就记载了项羽在灭秦过程中屠襄城、坑杀20万降卒的行为。此外，楚汉战争爆发后，他依旧没有改掉滥杀恶习，“所过多所残灭”。这样的一个人，怎么可能以牺牲自己的方式来消除人民的痛苦？这显然不符合项羽“欲以力征经营天下”的性格特征。

吕仰湘还提出了独特的“敌生我死，成人之

美”说。他认为，项羽一直信奉“非他即我”的斗争哲学。当他胜利的时候，他要把敌人彻底消灭，而受到阻碍时，他就甘愿把自己毁灭。

乌江自刎，是这种品性的最后一次迸发，是一种既不委屈自己，又能成全别人的选择。因此，导致项羽不肯过江东的，是项羽独特的个性和奇特的心理因素，是他个性发展的必然结果。

张子侠先生则在反驳了一些看法后提出了自己的观点。首先他对有较大影响的认为项羽“羞见江东父老”的说法提出了质疑，认为此说看似有理，实则不然。项羽在自杀之前曾遭遇了多次失败：他的军队在垓下被刘邦大军包围，爱姬自杀而手下散落；因为受到农夫的欺骗而身陷大泽，狼狈不堪；还有身边只剩下二十八骑，“自度不能脱”。如果谈及项羽是因自己葬送了八千江东子弟而无颜见江东父老，那么如前所述的失败他为什么没有因羞愧而自杀？恰恰相反，从前的那些失败虽然也令项羽陷入了极端的窘迫之中，但是他没有动摇东山再起的决心。而他被刘邦大军追赶时，由陈下到垓下，又南逃至阴陵，至东城，最后来到乌江边，这一系列的逃跑路线，表明他正是打算要退守江东。可是为什么终于来到乌江，并且有人愿意助他渡河时，他反而生出羞愧之心要与刘邦作决一死战？这显然与他一直以来的撤军计划不符，是不合情理、不合逻辑的。张子侠认为，司马迁是为了使史书的情节更为完善，所以才补充了这个结局，但是后人却将此当成了信史，并传之于世。

此外还有一种分析，认为项羽是楚国人，而楚人素有兵败自杀的传统。如春秋时期打了败仗的楚国将军子玉就在兵败后自杀，楚国大夫屈原也是投汨罗而死。项羽当时已经弹尽粮绝，兵败至此，对于项羽来说是不能接受的，所以他决计不肯过江东，而只会选择自杀这样一种行动。

项羽究竟是不能过江东，还是不肯过江东，至今也没有定论。然而，学术界的纷争并不能影响项羽在世人心中的壮士形象，他的英雄气概依旧为人们所广泛传颂着。

张良吹箫破楚兵　清

秦末天下纷争，刘邦与项羽战于垓下。韩信十面埋伏，张良吹箫作楚歌，令军士四面歌之，项羽闻声，疑楚军皆降汉，乃召虞姬入帐，饮酒吟歌诀别，虞姬慨然自刎。项羽闯出重围，至乌江，见所从兵马无几，以无颜见江东父老而自刎。图中项羽坐帐中，空中有张良骑鹤吹洞箫。

生命探奇

东非是人类的发源地吗

人类的发源地在哪里？自20世纪50年代在东非大量出土距今200万年前属于早期人类的化石后，非洲已经被普遍认为是人类起源的首选地。因为在非洲发现的早期人类化石，从埃及古猿到非洲最早的直立人，前后相继，中间没有缺环，形成一个发展序列，所以从20世纪60年代起人们就公认人类起源在非洲。

其实早在1871年，达尔文在《人类起源和性的选择》一书里就推测人类是从旧大陆某种古猿演化来的。他根据动物分布的规律，就是说世界上每一大区域里现存的哺乳动物是跟同一区域里已经灭绝的种属有密切关系的，从这里得出结论，认为古代非洲必定栖息着和大猿、黑猿极其相近的已经灭绝的猿类。而大猿特别是黑猿，它们与人类的亲缘关系较之其他动物是最近的，所以人类的祖先最早居住在非洲的可能性比其他各洲都要更大一些了。那么，达尔文的观点是否正确呢？

从20世纪20年代开始，在非洲首先发现了南猿化石，接着许多猿类化石和古人类遗骸也陆续在这里被考古学家发现。20世纪50年代特别是60年代以来，找到了大量的古猿、南猿和直立人的化石，这些化石经放射性同位素方法测定其生存年代，发现有些南猿生存在距今400万年以前。这些化石为非洲是人类的摇篮的说法提供了事实根据。

的确，非洲有可能是人类的发源地。根据推测，在10亿多年以前，地球上曾经存在一个巨大的超级大陆，它分裂成几个板块后开始漂移分离，最终变成了我们今天所知道的亚洲、欧洲、非洲、美洲等这几个大陆。这些大陆直到今天仍在漂移之中。非洲的东部边缘跟亚洲一起向东移动，而非洲的其余部分则缓缓地向西漂移，这被认为是造成巨大平行裂口的原因。这些裂口导致岩层中部向下滑落而形成一个很深的“谷地”，在谷地的两侧就形成了高高的峭壁。在肯尼亚的图尔卡纳湖岸和坦桑尼亚的奥杜瓦伊峡谷所发现的化石，证明在300多万年以前这里曾经有类人的动物居住过，有些科学家根据这些证据认为大裂谷是人类的发源地。也就是说，东非可能是人类的发源地。

在非洲奥杜威山谷发现的南方猬鲍氏种的颅骨。

古生物学家路易斯于1960年在非洲奥杜威山谷发现了第一块能人化石。

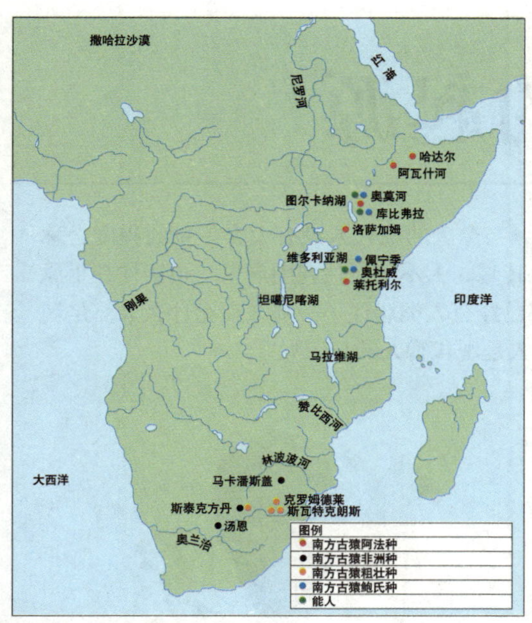

散落在非洲的人类考古遗址

但是也有人不同意人类起源于非洲的主张，他们的理由是：第一，达尔文忽视了动物迁徙的问题，大型猿类在非洲出现就能得出人类一定起源于非洲的结论吗？相反地，按照动物迁徙的规律来说，它们的祖先还是应该到远离现代分布区的地方去寻找的。第二，古猿变成人，很有可能需要外界的刺激力，这就是地区环境的变化的动力，如森林区变成疏林草原区。环境的变化使得古猿不得不改变生存方式。但是，现在的科学研究表明，非洲地区从中新世以来，环境变化不大，虽然地形多变，但都不是对古猿变人的强烈的“外界刺激”。第三，从地理位置上来看，非洲其实只是亚洲大陆凸出去的一个半岛。在动物地理分布或区系划分上，非洲和亚洲大陆同居“古北区”。那么我们就可以推测，在非洲发现的大量的化石猿类和亚洲大陆发现的材料关系很密切，很可能北非的那些古老的化石代表是从亚洲来的。这些古猿有可能是从亚洲迁移到非洲的。那么，有没有可能人类是由亚洲起源的呢？

人类起源亚洲说早在1857年就有人提出了。最早提出亚洲起源说的美国古生物学家赖第就主张人类起源于中亚。1911年，另一古生物学家马修在一次题目叫《气候和演化》的演讲中列举了种种理由，强调高原是人类的摇篮，影响很大。1927年在我国发现“北京人”之后，中亚起源说更加风靡一时，20世纪30年代还组织了中亚考察团到蒙古戈壁去寻找人类祖先的遗骸。主张中亚说的人阐述他们的理由，最重要的是那些用来反对非洲说的几个方面。第一，非洲缺乏“外界刺激”，中亚却有，就是喜马拉雅山的崛起，使中亚地区高原地带的生活比低地困难，对于动物演化来说，受刺激产生的反应最有益处，这些外界的刺激可以促进人类的形成；第二，按哺乳动物迁徙规律说，常常是最落后的类型被排斥到散布中心之外，而最强盛的类型则留在发源地附近继续发展，因此在离老家比较远的地区反而能发现最原始的人类。恰好当时发现的唯一的早期人类化石是爪哇直立人，和这一假说正好吻合。

除了中亚之外，还有人主张人类起源于南亚。这种假说最早是海克尔提出的，海克尔用绘图表示现在的各个人种由南亚中心向外迁移的途径以此来证明人类起源于南亚。他认为，非洲的黑猿、大猿和人类亲缘关系相近，除此之外，还有南亚的褐猿和长臂猿，它们的化石遗骸在南亚发现得很多。而且最近有人用分子生物学的研究方法证明褐猿和人类的关系甚至比非洲的猿类与人类的关系更密切，这又为南亚起源说提供了有利的论据；另外，在南亚和东南亚地区还找到了南猿型甚至可能是“能人”型的代表和它们使用的石器，初步的分析认为这些化石在年代上可能和东非的材料不相上下。这一带也找到了更新世早期的直立人的遗骸和文化遗物。因此，有些古人类学家根据世界上腊玛猿、南猿和更新世早期人类的发现地点分布情况，来证明人类的发祥地很可能就在南亚。

当然，人类的起源究竟是非洲还是亚洲、是中亚还是南亚，我们现在还无法确定。看来，我们只能期盼着更多的考古资料的出土来证明我们的假想了。

知识链接

关于人类是否起源于非洲，考古界一直存在着分歧。因为根据板块构造学说和其他有关证据表明：在100多万年前，地球上各个大陆之间都是有陆地相连的，古人类完全可以在各个大陆（南极洲除外）之间相互迁徙。在中国、南欧、美洲、非洲都发现了古人类的遗迹，因此，人类究竟起源于何时何地，目前尚无定论。

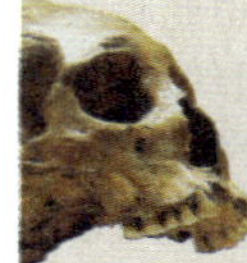

现代智人的起源

大约距今4万年前，人类的体质已经发展到与今天的现代人没有太大差别的程度，称为现代智人。这一时期，冰河渐渐消退，天气转暖，人不仅居住在山洞里，也居住在平原上，这时，除了两极之外，地球上其他地方都已经有人类居住了。那么究竟什么人算是现代智人了呢？现代智人是如何进化的呢？什么人是现代智人的起源呢？

被古人类学家称为晚期智人、现代智人或干脆就叫作现代人的是最早的在身体的解剖结构上与现代人完全相同的人类，现代智人与早期智人形态上的不同主要表现在面部以及前部的牙齿缩小，眉脊减弱，颅骨的高度增加，使其整个脑壳和面部的形态越来越与现代的人一样。他们的整个躯干的结构表明他们已经完全能直立行走，脑容量达到了1400毫升以上，他们的出现表明人类体质发展的过程已经到了最后完成的阶段。

关于现代智人的起源问题，目前存在两种截然不同的假说。一种假说认为现代智人起源于直立人群，直立人经过演化成为现代智人，这种假说被称为多地区进化假说；另一种假说则认为现代智人在约10万年前起源于非洲，并走出非洲扩张到世界各地，取代了当地的直立人和远古智人。走出非洲的这部分智人进一步演化为现代智人，这样的假说称为非洲起源说。持多地区进化假说的科学家，他们的主要依据来自对各种化石的研究，研究结果表明当地的古人化石与现代人在解剖学上呈现一定的连续性变化。持非洲起源说的科学家的主要证据则来自各种理论分析和考古研究，现代分子遗传学的研究成果也有力地支持这一假说。究竟谁是谁非呢？我们先看考古中最重要的化石资料。

现代智人遗骸

这是20世纪30年代在以色列加尔默山的斯库穴发现的智人遗骸，这是一个成年的男性的头骨及其他骨骼，科学家通过碳—14测定法得知他是生活在10万年前的早期智人，这意味着他们要比克罗马家人和古尼安德特人要早20万年。这些遗骸是真正意义上的现代智人，也是完全意义上的现代人，不管从学术研究上还是医学解剖学意义上来看。

在埃塞俄比亚东北部地区发现了3个头骨化石，是年代最早、保存最完整的“现代人类直系祖先”化石，包括基本完整的一个成年男子头骨、一个儿童头骨和一个残缺的成年人头骨。他们的解剖学特征显示了他们是人类进化过程中的一个重要环节，因为现代人类的面部特征已经显现：明显的前额，扁平的面部和淡化的眉毛，这与早期人类向前凸出的头骨特征已大为不

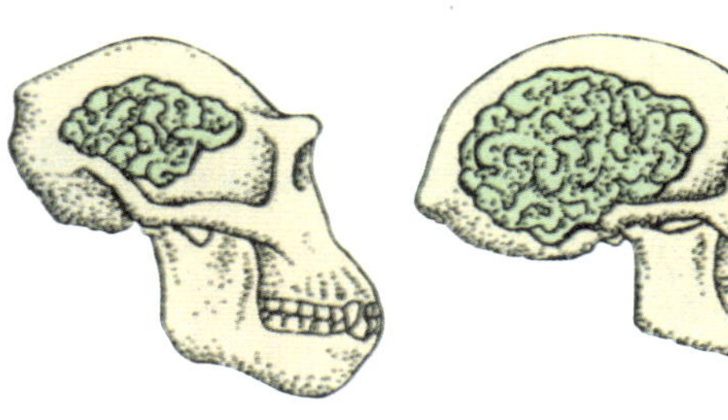

黑猩猩、南方古猿及现代人大脑容量的比较示意图。脑量大增是人类进化的最显著标志之一。

同。他们是不是已经可以称为现代智人了呢？

现在最早被发现的现代智人化石是法国的克罗马农人，但是迄今发现的生活时代最早的现代智人的化石都出现在非洲大陆，包括年代在距今10万年以上的南非的边界洞人和年代最早为距今12万年、最晚为距今6万年的克莱西斯河口人，克莱西斯河口人在这个地区生活的时期至少长达6万年之久。除此之外，还有埃塞俄比亚的奥莫人，他们的生存年代为距今13万年前，以及在坦桑尼亚莱托里地区发现的现代智人，他们的生活年代为距今12万年前。同时，比过去的石器技术更为进步的、在窄石叶基础上发展起来的石器技术也在10万年以前就在非洲开始出现。而那个时候的欧洲还是掌握着相对原始的莫斯特技术的尼安德特人的天下。

但是，非洲的上述人类化石，其形态接近于现代人，其年代的可靠程度不一，都存在一些问题。现有的证据也不能肯定非洲撒哈拉沙漠以南的解剖学结构上的现代智人分化较早的观点。人类是否就是在非洲起源的呢？现有的证据是不能完全地证明这个观点的。

至于多地区进化假说，是有一定的依据的。现代智人是否由直立人进化的呢？在直立人发展到现代人的过程中有一个中间阶段，那就是尼安德特人。解剖学的证据表明，尼安德特人的头骨有许多原始的近似猿的形状，是从直立人发展到现代人的中间环节。但是，也有的学者根据一些年代比尼安德特人更早，而形态上却远比尼安德特人更为现代的骨骼化石，认为尼安德特人不是现代人的祖先，而是与现代人祖先平行发展的另外的一种类型。现代智人是由尼安德特人以前的智人演化而来的。那么，究竟是什么样的直立人进化成了现代智人呢？在这个问题中有一个关键点就是尼安德特人的命运问题。尼安德特人究竟到哪里去了呢？他们是现代智人起源的祖先吗？根据从考古挖掘的地层中尼安德特人的突然消失并为现代智人所代替的现象认为这种迅速的变化发生在距今3万至4万年之间，但是这样短的时间里可能发生这样巨大的变化吗？因为近来的众多的证据也表明，实际上进化的时间要长得多，也就是说直立人进化为现代智人是值得再认真思考的问题，是需要更多的考古资料来支持的。

知识链接

关于人的起源问题一直是人们探讨的话题，曾经有多种说法流行，其中最具代表性的有三种：一是神造说，在中外各民族中都有许多关于神造人的说法，罗马教廷甚至将神造人的“时间”“精确”地“推算”到具体的年、月、日、时、分；二是自然产生说，持这种说法的人认为人与其他生物一样是自然产生，但这种说法因缺乏让人信服的说服力很快便销声匿迹了；三是由猿进化而来，自从19世纪达尔文提出这种观点后，经过一番激烈的大讨论，进化说终因其有充足的证据和强有力的科学说服力逐渐为科学界接受。

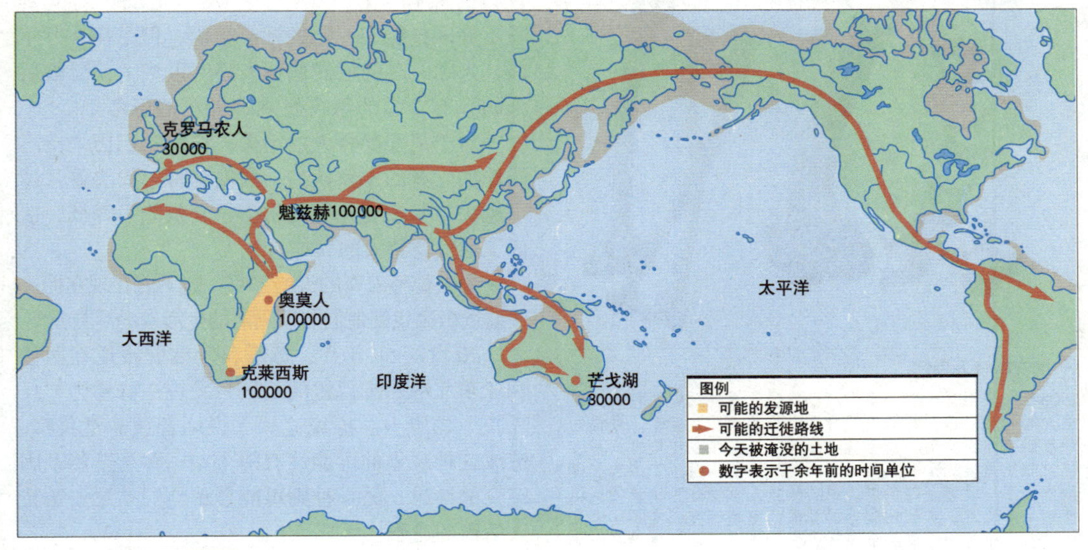

现代智人迁徙路线图

消失的尼安德特人

尼安德特人是距今20万~3万年生活在欧洲、近东和中亚地区的古人类，在人类历史上具有十分重要的地位。由于他们的骸骨最早在德国西北部的尼安德特河流域被发现，因此人们称其为尼安德特人。

尼安德特人的居住方式并不相同，有的住在洞穴中，有的扎营而居。在动物迁徙的路线附近分布比较广泛，这样可以使他们有充足的肉食供应，此外他们还捕鸟、捕鱼。

根据出土的颅骨，尼安德特人的外貌特征与猿十分相似，但脑容量跟现代人相差无几，甚至有的还要大些。他们长得粗壮结实，体型和身高与现代的因纽特人差不多。

尼安德特人已经比直立猿人进步得多，并已经能制造相当精致的工具，他们的石器石片很薄，刃口锋利。北京猿人只会用火、借火、存火；而尼安德特人的用火能力有了一个飞跃——人工取火。还进行大规模的狩猎活动，利用悬崖把千百匹野马赶入绝地。更可贵的是，尼安德特人学会了埋葬，并懂得照顾自己的同伴。人们在罗马附近的一个山洞里发现了一个尼安德特人尸体，他的头下放着石器，在他的周围整齐地排列着74件石制工具，尸体上还铺有红色的氧化铁粉末。很显然，这是有意安葬的，其意义似乎希望死者能恢复生命的活力，到新的世界里继续使用陪葬的工具。有一个尼安德特人骨折后并没有很快死亡。据研究，是他受伤期间得到了同伴们的照顾，才得以存活了一段时间。以上表明，尼安德特人开始对活的和死的同伴表示关心，他们开始思考生命的活力来自何处，开始思考人死后到何处去这样的问题。这些都说明尼安德特人的智力已经有了较大的飞跃。尽管尼安德特人具备了许多技能和一定的社会组织，但是在7万年前，兴旺一时的尼安德特人突然灭绝了，留给后人的只有众多的考古发现和无尽的思考。

尼安德特人骨骼

1908年在法国夏佩尔一个山洞里发现的男性尼安德特人的头盖骨和骨头。这个样本的股骨和脊椎都已严重变形。最早的骨骼研究发表于第一次世界大战前，证实了尼安德特人与现代人相比更接近于类人猿，但对他的真实构造、步态和智商则产生了一种完全的误解。尼安德特人承受这种错误的认识长达半个世纪，直到1950年对骨骼的重新研究证实了这个人的骨骼变形是由于骨关节炎和骨折。其余的部分属于一个老年的几乎掉光牙齿的男性。

对于尼安德特人的消失，科学家们历来持不同看法。有的专家认为，尼安德特人的头盖骨越来越大，导致婴儿难以出生，繁殖能力降低，造成了尼安德特人的灭绝。

尼安德特人真的灭绝了吗？能不能在现在的一些偏远山区找到他们与世隔离的生活着的后裔呢？

20世纪50年代，苏联科学院曾报道在西伯利亚东北部寒冷偏僻的地区，发现一群称为“丘丘拉”的野人。据说这些人说话音域非常狭窄，造成这种现象的可能性有两个，一种是遗传基因突变的结果，另一种则可能显示他们是尼安德特人后裔的迹象。

然而在从高加索山脉到戈壁沙漠的中亚地

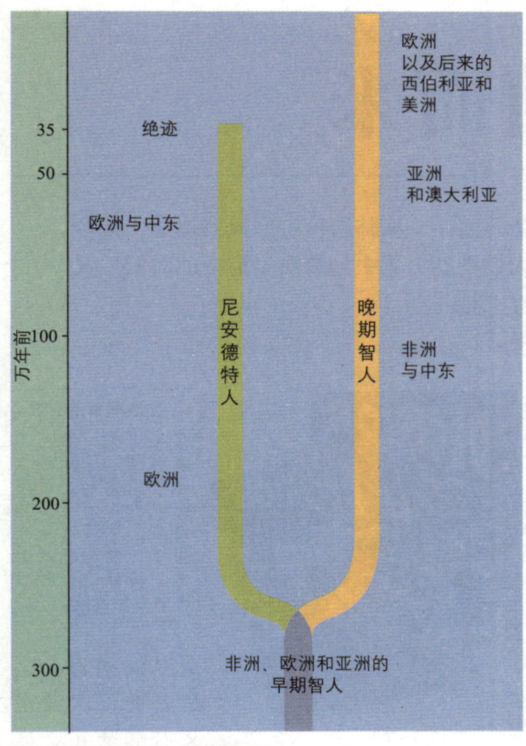

早期智人分布演化示意图

带发现野人的地点较多。从15世纪起，当地的部落民族和探险家就多次发现这些神秘的难以接近的生物。20世纪初，一名在俄国革命期间驻防帕米尔山脉的红军军官宣称他的士兵追到一个这样的生物并将之射杀。他还对那个生物作了详细描绘："前额倾斜……眉毛粗重……鼻子极为扁平……下颌阔大凸出……身材中等。"这些特征与我们知道的尼安德特人极为吻合。因此，那些士兵很可能枪杀了一个世界上难得一见的尼安德特人。

如果这些情况能被证实的话，那么，尼安德特人可能没有灭绝。实际情况也许是更有才能的智人取代了尼安德特人的地位，尼安德特人退居荒野，逐渐依靠原始的兽性的力量来维持生存。

也有不少学者认为在生存斗争中的落后性导致尼安德特人在进化中被智人灭绝了，就像塔斯马尼亚人被英国人灭绝一样。有人指出，不少尼安德特人化石都显示他们曾受过重创，可能是与智人搏斗后留下的。

赞成尼安德特人灭绝观点的学者很多，他们认为，尼安德特人生活在小群体内，实行群内通婚，后代受到近亲交配的影响而质量下降。尼安德特人眉脊突起，额叶收缩，正是退化的表现。尼安德特人因此变得行动缓慢、走路踉跄，在生存斗争中处于不利地位，终于被灭绝。菲利普·利伯曼和耶鲁大学医学院的解剖学家埃德蒙·克里林则根据尼安德特人的头骨及声道特点，用计算机对尼安德特人的发音能力进行测定，认为尼安德特人是单道共鸣系统，发音能力很低，因而整个种群的思想交流和进步受到了影响，导致发展滞缓，在生存斗争中处于劣势，终于被淘汰。

还有一些人则认为尼安德特人没有消失，而是与其他人种杂交融合了。这一观点认为，尼安德特人生存的地域横跨欧亚非三洲，数量庞大。智人兴旺时，人数很有限，不可能消灭世界上所有的尼安德特人，他们很可能与尼安德特人通婚，杂交的后代更为进步，尼安德特人的基因融化在智人中，因而现代人的身上也保存着尼安德特人的某些特征。

尼安德特人究竟去了哪里，人类历史上没有留下丝毫的记载和证据。即便这样，一些科学家仍然没有放弃对其的研究工作。我们有理由相信，关于尼安德特人的下落之谜总有一天会被解开，只是时间早晚而已。

复原后的史前小屋

发现于乌克兰的梅日里奇，它由385块猛犸骨搭成，距今有2万年历史。

艾滋病从何而来

人类在同大自然的斗争中遇到过一个又一个的绝症，从肺结核、麻风到癌症。如今，肺结核、麻风对人类来说早已不再是绝症，在人们把精力集中到解决癌症上的时候，又一种绝症出现了，它就是目前搅得全球人心惶惶的艾滋病。

自从1978年在美国纽约发现第一例艾滋病人至2000年9月30日，世界卫生组织根据各国官方提供的统计数字表明，全世界已有163个国家和地区报告发现了艾滋病人。2011年11月21日，联合国艾滋病规划署对外公布，截止到2010年年底，全球大约已有3400万人感染了艾滋病病毒，其中2010年全球新增感染者270万例。对于艾滋病的病因，许多科学家进行了大量的研究，但是至今还没有弄清楚。大多数的科学家认为艾滋病的发病与一种T细胞有关。

1983年5月，法国巴斯德研究所的吕卡·蒙塔尼埃研究组从病患者体内的淋巴结里分离出了艾滋病病毒。这是人类首次发现艾滋病病毒。这种病毒能够附着T细胞的表面进行繁殖，受感染的T细胞很快就会停止生长，丧失免疫功能而死亡。而新繁殖的艾滋病病毒又释放到血液中，寻找新的T细胞。这样循环往复的进行导致患者的免疫力下降，最终失去抵抗力。

艾滋病毒的刊物

在英、美、法、西班牙等国家宣传开来，作为艾滋病研究机构的主要宣传品，它详细地介绍了艾滋病毒的来源、传播途径和预防的各种措施。

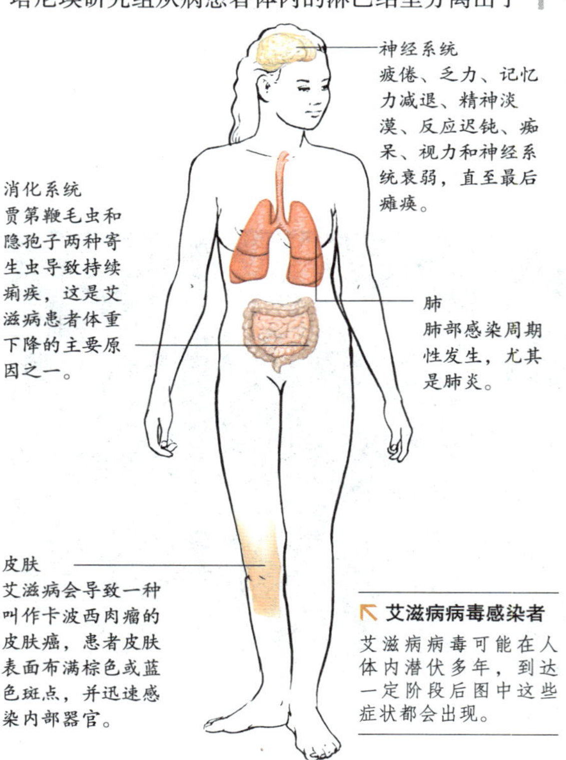

神经系统
疲倦、乏力、记忆力减退、精神淡漠、反应迟钝、痴呆、视力和神经系统衰弱，直至最后瘫痪。
消化系统
贾第鞭毛虫和隐孢子两种寄生虫导致持续痢疾，这是艾滋病患者体重下降的主要原因之一。
肺
肺部感染周期性发生，尤其是肺炎。
皮肤
艾滋病会导致一种叫作卡波西肉瘤的皮肤癌，患者皮肤表面布满棕色或蓝色斑点，并迅速感染内部器官。

艾滋病病毒感染者

艾滋病病毒可能在人体内潜伏多年，到达一定阶段后图中这些症状都会出现。

也有少数的科学家认为，艾滋病并不是仅仅由一种病毒引起的，很可能还有其他的因素在起作用。

1986年上半年，世界卫生组织决定将艾滋病病毒定名为“人体免疫缺损病毒”，英文缩写为HIV。艾滋病即由HIV潜伏性和作用缓慢的病毒引起的疾病，英文缩写为AIDS。中文音译为艾滋病。1988年，世界卫生组织为了唤起世界各国共同对付这种人类历史迄今出现的最厉害的病毒，定每年12月1日为“世界艾滋病日”。

关于艾滋病的来源，说法也是各种各样。起初人们认为艾滋病是由同性恋引起的。因为在美国一些大城市中的同性恋中艾滋病患者居多。可是，经过许多学者的研究后，发现早在古希腊罗马时代，西方国家就已存在同性恋问题，而在东方国家的古代社会里，也同样存在这一问题，如果因同性恋导致艾滋病的产生，那么必定在古代就流行了，为何在当代才传播开呢？从而得出同性恋并非艾滋病起源的结论。

华盛顿广场前举行的悼念艾滋病死难者的活动

时至今日，艾滋病已成为人类的最重大的医学难关之一。

最令人震惊的说法是有人称艾滋病病毒是美国细菌战研究的产物。他们认为艾滋病是美国生物战研究中心利用遗传工程基因重组的新技术制造出来的新病毒。美国在越南战争期间，开始了对这一问题的研究，目的是制造一种新型的生物战武器。研究者首先在中非的绿猴身上做试验，后来转为在以减刑为条件自愿接受该病毒的一些服重刑的囚犯身上试验，囚犯中不少是同性恋者。他们被释放后，便把艾滋病带到社会上，并由各种途径传播开来。这是试验者和被试验者始料不及的后果。这一观点引起各种各样的议论和猜测。尽管美国有关方面否认这一说法，但一些人还是将美国为全世界艾滋病最多的国家与此问题联系起来，持肯定态度。

还有两位英国科学家曾提出过“外空传入地球”的假说，认为艾滋病病毒可能早在外空中存在，但因千百年来缺乏传播媒介，所以人类一直没感染上。后来由于一颗飞逝的彗星撞击了地球，将这种可怕的病毒带到地球来，祸害了人类。这种假说还没有找到可靠的事实依据来证明。

目前，人们又提出了“猴子传给人类”的假说。科学家经过研究后发现，在猴子身上存在与人类艾滋病患者相同的病毒，被发现的猴子生活在非洲。研究者们从血液接触可以感染上艾滋病病毒以及中非地区高发病率与奇特生活习俗等方面，假定艾滋病病毒是猴子传染给人类的。根据现有的资料显示，早在美国出现艾滋病之前，中非地区的卢旺达、乍得等国家和地区就流行过艾滋病。有人推测类似艾滋病病毒的东西最早存在于当地的猴群中，由于当地人经常被猴抓伤以及吃猴肉等原因，这种病毒就进入了人体，逐渐演变成了艾滋病病毒。据一些专家估计，携带艾滋病病毒者可能高达非洲中部城市人口的10%。在20世纪80年代，扎伊尔的金沙萨市在对千份血液样本加以检验后，发现其中6%~7%带有艾滋病病毒。赞比亚首都卢萨卡也做过一次广泛的调查，发现18%的输血者带有艾滋病病毒，在赞比亚1987年间便约有6000名儿童接受艾滋病治疗。而非洲某些地区5%的新生婴儿都带有艾滋病病毒，其中一半至2/3的人在两年内会演变成艾滋病。法国一位研究人员偶然了解到中非地区有些居民有以下生活习俗：将公猴血和母猴血分别注入男人和女人的大腿和后背等，以刺激性欲；有些居民还用这种方法治疗不孕症和阳痿等病。许多专家认为，艾滋病就是这样传染给人类的。但是中非部分居民奇特生活习俗的历史无疑长于艾滋病流行史，研究者进而假设：可能在很早以前，猴子就将艾滋病病毒传给人类，但因偶然的原因几度自生自灭。在现代，由于大量欧美人员到过非洲，传染上了这种病毒，并把艾滋病病毒带回欧美，加之性生活混乱和吸毒等，所以艾滋病在欧美地区就广泛传播开来。

目前，人类对艾滋病的研究已取得许多重大成就，但它究竟怎么起源，至今众说纷纭。很多专家认为这种争论还只是一个开始，要想弄清艾滋病的来源仍需要相当长的时间。

魔力十足的催眠术

人除了清醒和睡眠状态以外，还有一种非常奇特的状态——催眠状态。在催眠状态下，人可以出现许多奇特的现象，例如，可以将一块泥土当巧克力津津有味地吃下去；可以搬动平时无论如何也搬不动的大石块；可以从火堆上走过而不感到疼痛；等等。人类在很早以前就发现了这种神奇的现象，但一直无法解释它，因而被人们神化，并被一些祭司和巫师所利用，用以证明神的存在和神所赋予他们的力量。

在大多数人心目中，催眠术仿佛就是“迷魂汤”，是神秘而危险的法术，它能使人完全听任催眠师的摆布，不由自主地做不愿做之事，包括不道德的和不合法的事；说不愿说之话，包括羞与人言的和绝对秘密的话。但是催眠术也具有对社会有利的一面，它已经被应用于许多领域。

例如，在医学领域广泛地采用催眠术治愈精神疾病，外科临床治疗上也采用催眠术来进行镇痛，而警方则将催眠术作为进行刑事案件侦查的一种手段。更为神奇的是，有人还采用催眠术来提高外语学习的效果或提高工作的效率。

催眠术为何如此神通广大？它又是怎样产生的？这些着实让人困惑。催眠专家指出：在远古的时代，就有使用催眠术治病或体验宗教境界的说法，埃及的占卜者在3000年前就能使用与现代催眠术相类似的催眠法；古希腊的预言家、祭司以及犹太教、天主教都曾经使用过催眠术。在中世纪的时候催眠术曾经一度衰落，几乎失传。后来，出现了一种新的理论和疗法，被称为“麦斯韦术”。

麦斯韦术可以使病人出现痉挛或叫喊，甚至心醉神迷的状态。麦斯韦术治愈了许多的病人，但是当时的医学界对于麦斯韦术不认同。法国的皇家科学委员会曾经调查过这种疗法，没有找到

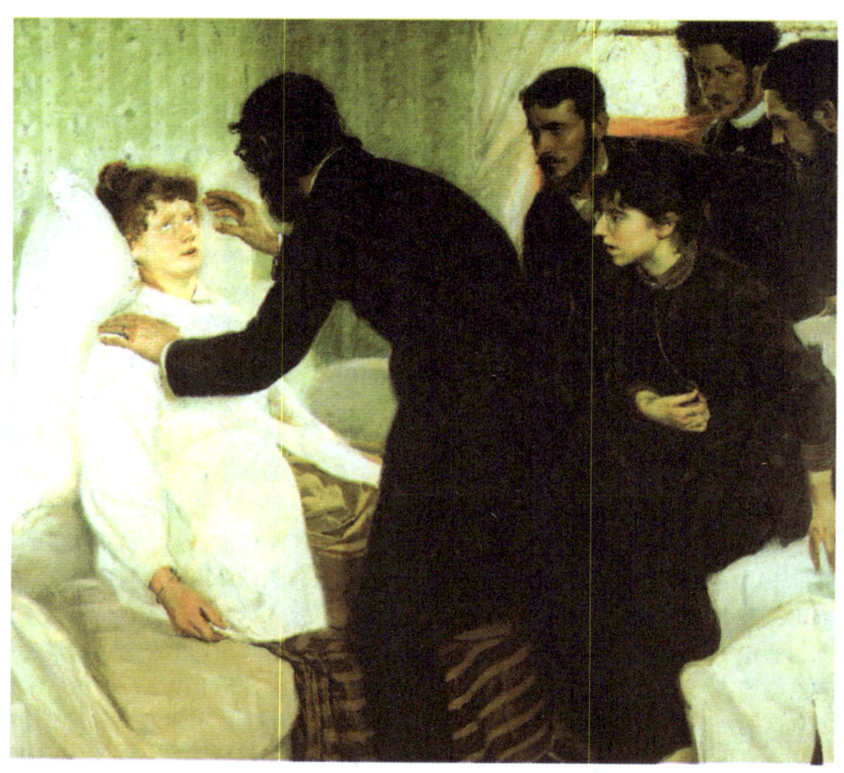

法国心理学家伯恩海姆是一位优秀的催眠大师，他曾用催眠术治疗过许多病例，在当时催眠术是治疗失语症最常用的方法。图为伯恩海姆及其助手正使用催眠方法为病人治病。

↘一个志愿者正在接受催眠实验，右边的波浪线是她睡眠深浅的程度，上两条线是志愿者睡眠较深的脑部活动，中间两线是睡眠较浅的脑部活动，而下线是志愿者完全被催眠的情形。

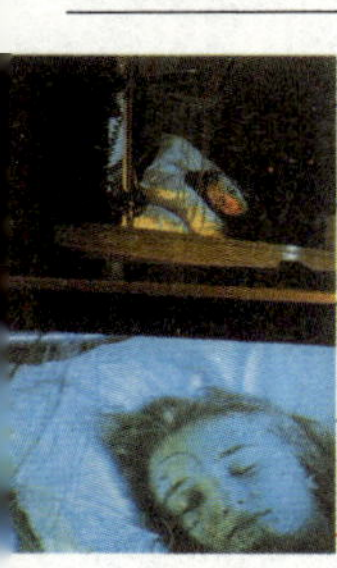

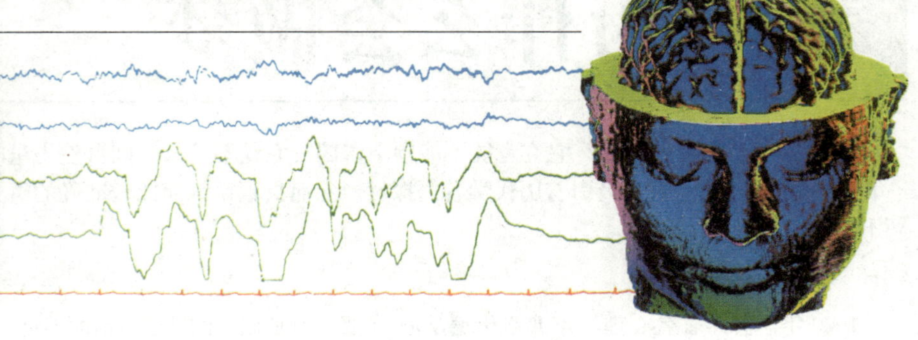

可以反驳的证据，于是，麦斯韦术受到了越来越多的欢迎。而且科学委员会在调查中还发现，麦斯韦术不仅真的具有很好的疗效，而且可以诱发一些特异功能现象。不过科学界对此反应强烈。他们认为，根本就不存在特异功能的现象，所谓的特异功能说是一种欺骗。这种特异功能现象是欺骗和幻觉的产物。麦斯韦术也因此被认为是一种骗术。

后来，英国医生布雷德以真正科学的态度，对麦斯韦术进行了客观的研究。他称麦斯韦术导致的昏睡属神经性睡眠，从此麦斯韦术就被称为催眠术。但是布雷德的结论受到了许多人的攻击。在经历了10多年的争论之后，催眠术才渐渐地被医学界所承认。

现代医学认为，催眠状态是人在强烈暗示下进入的一种非常状态。在这种状态下人可以发挥出比平时大许多倍的潜能，甚至产生一些虚幻的感觉。中世纪在欧洲流传一个用“水刀杀人”的故事：有个国王对一个即将被砍头的犯人突发奇想，在下达行刑命令后让刽子手不用刀砍，而是用一只小水壶在犯人的脖子上浇凉水，只见那犯人的头猛地一下垂到胸前就一命呜呼了。原来这个犯人就是在强烈的暗示下产生了虚幻的感觉，将冰凉的水当成了行刑的刀。

心理学家经过对催眠现象长达10多年的研究和观察发现，催眠的现象大致有10余种。现在简单介绍几种：

昏睡。有些受催眠者在催眠的状态中，精神不振，极度衰弱，反应迟钝。

感觉异常。有的受催眠者对催眠者的声音始终过敏，无论催眠状态多深或者是离催眠者多远，始终能听到催眠者的声音，而对其他人的声音则失敏，无论多大的声音都充耳不闻。

僵立。有些人在催眠的状态下往往像是雕像一样，四肢及全身僵直。

错觉和幻觉。有的受催眠者在催眠的状态下往往会出现错觉和幻觉。如把臭味当作香味，把噪声当作音乐；把陌生人认作旧交，却不认自己的亲人。

记忆超常。有的受催眠者可在催眠的状态下背诵以前未记起过的长篇文章，甚至是文章中的一个字母出现几次都能够记得很清晰。

意识分离。这种现象的表现是，假如让受催眠者接受疼痛刺激的同时暗示说一点也不疼痛，那么，他就会一方面在记录纸上报告说他疼痛异常，一方面嘴里说一点也不疼。

生理变化。这种现象的表现是，如果对催眠者暗示说他在一杯接一杯地喝水，那么他马上就会大量地排尿。

诱发各种特异功能。

对于这些现象的产生，科学家们各执己见。有的人认为，催眠是类似睡眠的大脑的广泛抑制的过程，也就是说催眠是一种局部性睡眠。一些心理学家认为催眠是一种人为的通过单调的刺激引起的意识分离的状态。还有的心理学家认为，催眠现象是社会心理变因的结果，并不存在所谓的催眠状态。

上述各种观点，对于催眠现象在理论上都做出了初步的解释，但是这些理论都还不成熟，只有在将来对心理状态和生理学知识有了更深层次的理解时，才能对催眠之谜做出更进一步的解释。

人为什么会做梦

梦究竟是怎样产生的？它究竟能不能预卜吉凶？它受不受人世间自然力量的安排和支配呢？这些问题一直都吸引着历代学者去探讨。然而真正系统而比较准确的研究还是近现代的事。

1900年，世界著名心理学家弗洛伊德从心理学的角度解释梦的起因。他认为，梦是一种愿望的满足。在多种多样的愿望中，他更为重视性的欲望。认为性欲是人的一种本能，而本能是一种需要，需要是要求满足的，梦就是满足的形式之一。弗洛伊德还认为，梦是有意义的精神现象，是一种清醒的精神活动的延续。借助梦可以洞察到人们心灵的秘密。梦是无意识活动的表现，人在睡眠时，意识活动减弱，对无意识的压抑也随之减弱，于是无意识乘机表现为梦境的种种活动。

弗洛伊德的学生阿德勒则认为，做梦是有目的的。梦是人类心灵创造活动的一部分，人们可以从对梦的期待中，看出梦的目的。梦的工作就是应付我们面临的难题，并提供解决之道。梦和人类的生活是息息相关的。每个人做梦时，都好像在梦中有一个工作在等待他去完成一般，都好像他在梦中必须努力追求优越感一般。梦必定是生活样式的产品，它也一定有助于生活样式的建造和加强。人在睡眠时和清醒时是同一个人，由白天和夜里两方面表现结合起来才构成了完整的人格。人在睡梦中并没有和现实隔离，仍在思想和谛听。梦中思想和白天思想之间没有明显的绝对界限，只不过做梦时较多的现实关系暂被搁置了。梦是在个人的生活样式和他当前的问题之间建立起联系，而又不愿意对生活样式作新要求的一种企图。它是联系做梦者所面临的问题与其成功目标之间的桥梁。在这种情况下，梦常常可以应验，因为做梦者会在梦中演习他的角色，以此对事情的发生做出准备。

弗洛伊德的另一名学生荣格认为，梦就是集体潜意识的表现。重视潜意识，尤其是集体无意识，是理解和分析梦的前提，梦具有某种暗示性。梦所暗示的属于目前的事物，诸如婚姻或社会地位，这通常是问题与冲突的根源所在。梦暗示着某种可能的解释。同时，梦还能指点迷津。

可以说，弗洛伊德、阿德勒和荣格对梦的心理机制、梦的成因以及梦的作用和意义等方面，都有自己独到的见解和贡献。

世界著名生理学家巴甫洛夫从生理机制方面解释了人为什么做梦的问题。他认为，梦是睡眠时的脑的一种兴奋活动。睡眠是一种负诱导现象。大脑皮层兴奋过程引起了它的对立面——抑制过程，抑制过程在大脑皮层中广泛扩散并抑制了皮层下中枢，人便进入了睡眠状态。人进入睡眠时，大脑皮层出现了弥漫性抑制，也就是抑

↙ 史提芬·拉伯基的眼睛在睡眠中快速抽动时，眼镜便发出柔和的红光，表明梦即将发生。柔光不会惊醒清醒梦实验者，而提醒他在梦中发挥主动角色。

↗ 在睡眠实验室的暗淡红光中，志愿者昏昏入睡。她的头和脸上贴着电极，用以侦测脑和肌肉活动，为研究者提供与做梦相关现象的记录。

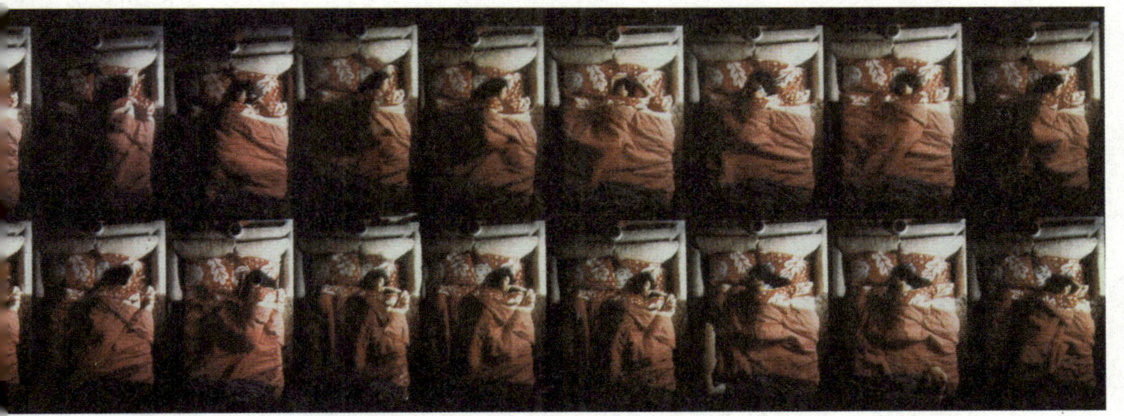

↗摄影师席尔多里·斯巴尼亚拍下的一系列关于睡眠的定时照片。每帧照片隔15分钟。他拍摄它们是为艺术创作，但神经生理学家霍伯森指出这些照片对睡眠研究的价值，因为图中人的姿势变化与脑的变化吻合。有一连几帧姿势没有变化——例如从上排第五帧起，其后睡姿发生变化，统称表示快速眼动睡眠或开始做梦。

制过程像水波一样扩展，当人熟睡时，弥漫性抑制占据了大脑皮层的整个区域以及皮层更深部分后，这时就不会做梦，心理活动被强大的抑制过程所淹没。当浅睡时，我们大脑皮层的抑制程度较弱，且不均衡，这便为做梦提供了条件。

现代科学发达，可以通过实验分析来逐步揭开梦的奥秘，有的科学家认为：梦是快速眼球运动中“意像”的集合，在快速眼球运动睡眠（REN）就会产生梦境，此时脑电波振幅低、频率快，呼吸和心跳不规则，周身肌肉张力下降。当这时候叫醒睡眠者，他会说：“正在做梦中。”如果不断地叫醒（打断其梦），会使其情绪低落、精神不集中，甚至暴躁和性急，笔者认为，这是破坏了人的心理平衡的缘故。睡眠必须是完整而不断，梦的完成对心理平衡大有益处。

有的科学家做过这样的实验：将乙酰胆碱类药物注射到猫的脑干里，此时猫眼快速运动进入睡眠状态。经研究当脑干里某神经元放出乙酰胆碱进行沟通信息时，另一种神经元就停止放出去甲肾上腺素和羟色胺，前一种神经元将信息传至大脑皮层，皮层的高级思维和视觉中心，借助已存的信息去解释、编织成故事，梦就产生了。在梦境里为什么只见“境像”、尝不出五味、闻不到香臭，这是因为快速眼球运动期间发射出的是视神经元，而不是味觉、嗅觉神经元。为什么梦醒片刻就记不住梦的内容，这是由于梦的储存仅在短暂记忆里，而长期记忆库的去甲肾上腺素和羟色胺处在封闭状态。

当然，心理学家和生理学家对梦的解释和研究也不是完全正确的，有些解释还欠妥和过于简单。但可以相信，随着心理学和生理学的发展，当代和未来的心理学和生理学家们会对梦做出更准确、更完善的解释。

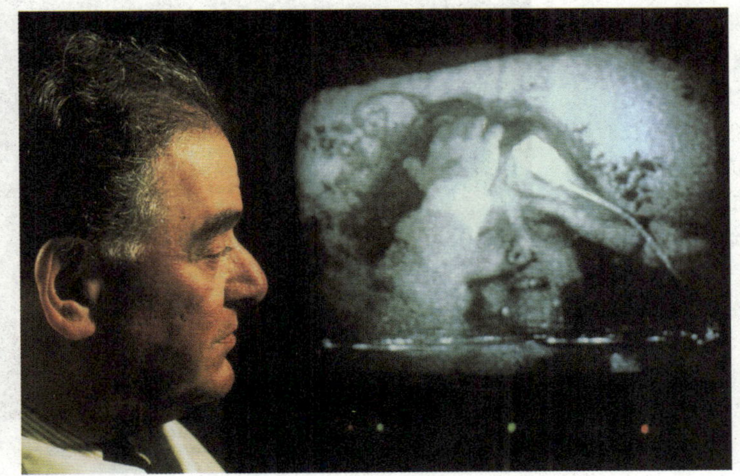

↖睡眠疾病专家米尔顿·克莱麦医生正通过监控系统研究志愿者梦境产生的机理。目前较为科学的说法认为梦是快速的眼球运动中“意像”的集合。人在快速眼球运动状态下的睡眠便会产生梦境。

肉眼看不见的“人体辉光”

英国医生华尔德·基尔纳早在1911年采用双花青染料涂刷玻璃屏，首次意外发现了环绕在人体周围宽约15毫米的发光边缘。其后不久，苏联科学家西迈杨·柯利尔通过电频电场的照相术把环绕人体的明亮而有色的辉光拍摄了下来。于是，这一有趣的发现受到了全世界众多国家的科学家的广泛关注。

20世纪80年代后，日本、美国等相继使用先进高科技仪器对“人体辉光”进行研究，试图把“人体辉光”之谜公之于众。日本新技术开发事业团采用了具有世界上最高敏感度的、用于检测微弱光的光电子倍增管和显像装置，成功地实现了对“人体辉光”的图像显示，并把这种辉光称为“人体生物光”，他们还把这一科研成果应用到医学研究上去。他们对志愿接受检查的30位病人进行了生物光测试，这些病人既包括1岁婴儿也包括80岁老人。最后的测试结果表明，甲状腺功能衰退者、甲状腺切除者及正常人在夜间睡眠时，在新陈代谢减缓的同时，其生物光强度也会同时减弱。日本医学界认为，检测人体生物光能如实地反映出人体新陈代谢的平衡关系，而且可以通过光的变化来测定病人新陈代谢的异常和人体的节律。

尤其令人惊奇的是，科学家在研究“人体辉光”的照片中发现，照片中的光晕明亮闪光处，恰恰与中国古代针灸图上标出的针灸穴位相吻合，而每一个人又都有一种独特的辉光样式。另外，美国科学家研究指出，辉光在人体内疾病产生前，会呈现一种模糊图像，好像受到云雾干扰的“日冕”；而人体癌细胞生长时则会出现一种片云状的辉光。苏联研究人员曾对酗酒者进行“人体辉光”追踪拍摄，他们发现饮酒者在刚刚开始端杯时，环绕在手指尖的辉光清晰、明亮。当人喝醉酒之后，指尖光晕会变成苍白色，同时他们还发现光圈无力并且向内闪烁着收缩，变得黯淡异常。他们对吸烟者也做了类似的试验：一天只吸几支烟的人，其辉光基本上保持正常状态；而当吸烟量逐步增大时，“人体辉光”便会呈现出跳动和不调和的光圈；如果是位吸烟上瘾的人，辉光就会脱离与指尖的接触而偏离中心。

现在，对“人体辉光”的研究正在深入进行过程中。各国专家试验将其应用到医学上，甚至还有人设想把它应用到保健上，如在家庭中设立“辉光档案”，通过电脑监测装置进行“遥控保健咨询”。另外，“人体辉光”会随着大脑活动的变化而发出程度不同的光辉，所以有人据此想把它应用到犯罪学上，譬如在对犯人进行审问时可以发现其是否企图说谎等。

但是，截至目前，“人体辉光”的成因还是个谜。有人认为，这是人体的密码文字；有些科学家则认为，“人体辉光”是自然界一切生命的特别现象，是好像空气一样的复合物；还有人说这是一种由水汽和人体盐分跟高电场相互反应的结果。总之，众说纷纭，莫衷一是。但“人体辉光”确实以其特殊的魅力吸引着众多的科学家为之探索。

↗ 印度绘画中，刚刚降临人世的悉达多的头顶有耀眼的光环。

神秘的人体不腐现象

古今中外，人体不腐的现象引起了科学界和医学界专家们的高度重视。他们对这一现象进行了多方面综合的考察，但是人体究竟为何会不腐呢？

在唐贞元六年（790），91岁高龄的元际禅师知道自己来日不多了，于是悄然返回故乡湖南衡山的南台寺。从此时开始他便停止了进食，只嘱咐门徒把他平日搜集来的百余种草药熬汤，每天他都要豪饮10多碗。饮食后小便频繁，大汗淋淋。门徒见到这种情况，纷纷劝阻，元际禅师只是笑而不答，仍然继续饮用这种散发芬香的草药汤。一个月后，他更加清瘦了，可是脸色红赤，两目如炬。有一天，他端坐不动，口念佛经，安详地圆寂了。这样又过了月余，禅师的肉身不但不腐，而且还散发出芬芳。门徒们感到非常惊讶，认为这是禅师功德无量的结果，特地建了寺庙敬奉。千百年来，香火非常兴盛，一直持续到清末民初。

20世纪30年代，日本间谍渡边四郎乘乱把元际禅师肉身偷偷地装船运到了日本，并一直秘而不宣。直到他死后，人们才从仓库里发现禅师的肉身。只见禅师盘腿而坐，双目有神，俨如活人。专家们认为，一般的木乃伊，只是人工药物制的“躯壳”，不足为奇。可是禅师的肉身一直暴露于空气中仍能千年不朽，实在是世界唯一奇迹。经检查，禅师腹内无丝毫污物，体内渗满了防腐药物，嘴及肛门也都被封住，这些可能都是肉身不朽的主要原因。至于他临终前饮用的大量汤药究竟是什么草药，已经无法考究了。

安徽无瑕禅师装金肉身

九华山百岁宫内，有无瑕禅师装金肉身。无瑕是明末人，世寿110岁，圆寂后坐缸三年，尸体不坏，弟子将其装金供奉，崇祯皇帝封为“应身菩萨”。

无独有偶，1984年，在英国曼彻斯特附近的沼泽地里，科研人员发现了一具男子尸体。经检验，这名男子虽死于大约2000年前，但看起来像不久前才去世的。科研人员利用现在的高科技手段，发现其秘密在于一种有着特殊防腐性能的沼泽化学物质。原来，在苔藓遍布于小块低洼地并导致泥土变得又涝又带酸性时，沼泽便开始生成。在这样的条件下，细菌很难生存，更说不上分解死去的苔藓以及别的植被了，后者便慢慢地堆积起来，碳化成泥煤。同时，与地下水断开了的尸体能保持潮湿达数世纪之久，且处于泥沼水化学效应的庇护下，免受细菌的侵蚀。苔藓产生的单宁还把死尸的皮肤鞣化成皮革似的，从而起到保护尸体不腐烂的作用。

有着悠久历史的意大利西西里岛的古老遗址中，至今还保留着旧石器时代绘画的驿罗萨里奥洞窟教堂。在这里的地下，竟沉睡着8000具木乃伊！这着实令人惊叹不已。而真正令这座地下墓室在世界闻名的却是8000具木乃伊中一个年龄仅有4岁的木乃伊女童。

这位女童死于1920年12月6日。她的母亲特地将巴勒莫的一位叫萨拉菲亚的名医请来，请他使用数种药剂为这个女童做了特殊防腐注射。80多年后，这个女童在玻璃棺内，无论从什么角度去看，都会让人觉得她依然是活人。

但是，令人遗憾的是，医生萨拉菲亚在给女童做了不腐处理之后不久，便突然死去，而且在他死前，对保存遗体的秘方也是只字未露。

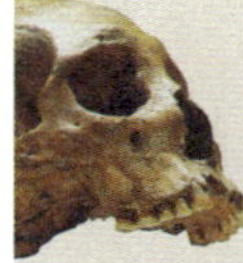

被野兽养大的人

“生儿育女”是自然界中各种生物为维护其自身繁殖而进行的一种普遍的生理活动。然而有许多动物“越轨”，不养育自己的孩子，却哺养另一类动物甚至是人类的幼子。

1988年德国出现了一个狗孩，一对夫妇由于工作太忙，很少有时间照料自己的小孩，家里的母狗却为他们尽了“父母的义务”，后来这个小孩习性变得和狗差不多。

其实类似的事件很多，20世纪初，在印度发现的两个狼孩就曾引起过轰动。

1920年10月，人们在印度葛达莫里村附近的狼窝里发现两个女孩，一个约八九岁，另一个不足两岁。毕业于加尔各答大学的锡恩神父将这两个狼孩带回了密拿坡孤儿院，并开始对这对经历非凡的姐妹进行长期研究。

神父给这两个女孩取名为卡玛拉和亚玛拉。这对姐妹在很多方面表现出“狼”的特性，她们能利用四肢飞快奔跑，用舌头舔食牛奶和水，吃生肉，嗅觉也异常灵敏，能闻到距离很远的食物味道，视觉也很突出，两人能在伸手不见五指的深夜在崎岖的山路上游玩。

另外，比较有影响的还有法国探险家亚曼发现的羚童。1961年，亚曼孤身到撒哈拉沙漠探险，途中他迷路了，很快饮水和干粮都吃完。正在他苦苦挣扎的时候，一个羚童出现了，那个羚童头发乌黑，散乱地披到肩上，皮肤呈健壮的古铜色。亚曼的友好行为博得了生活在那里的瞪羚和羚童的好感。羚童和其他瞪羚一起友好地舔着亚曼的腿和手。亚曼发现男孩是开朗、天真的，看上去大约10岁左右。他的脚踝部粗壮而有力，直立着身体到处走动，吃东西时却四肢触地，脸部贴在地上，牙齿十分强劲有力，能咬断坚硬的沙漠灌木。他们渐渐成了“朋友”，彼此非常亲近。一天亚曼点起一堆篝火，起初男孩有些害怕，到处躲闪，后来他也不再害怕火焰，慢慢靠过来，甚至摆弄起炭火来。他不会和亚曼交流感情，却能和瞪羚一样用抽动耳朵和挠头皮等方式彼此沟通。最后男孩将亚曼带出了沙漠，挽救了这位探险家的生命。两年以后，亚曼带着自己的两位朋友再次到沙漠中寻访他的这位不同寻常的朋友。当他们见到男孩和其他瞪羚时，彼此仍

母狼育婴

传说公元前七八世纪，国王努米托雷遭其兄弟驱逐，儿子被杀，女儿西尔维娅与战神马尔斯生有一对孪生儿子，罗慕路斯和雷莫，其狠毒的叔父得知后，将两个孩子抛入台伯河中，却被一只母狼所救，哺乳成活，后来兄弟二人又被一猎人带走抚养。罗慕路斯与雷莫长大后杀死叔父，帮助外祖父重登王位，后来罗慕路斯又杀死雷莫建立一座新城，并以自己的名字命名为罗马，这一天是公元前753年4月21日，也是罗马建城日，“母狼育婴”图案成为罗马城徽。

很亲近。亚曼还想试一下男孩在自然界中的生存能力，决定与他“赛跑”。他的朋友用吉普车追逐瞪羚，亚曼则开着另一辆车和男孩一起跟在后面，他惊奇地发现，男孩奔跑的速度竟达每小时52千米！男孩能像瞪羚一样，以4米多长的步伐连续跳跃。

亚曼的奇遇让他感慨万端，他不想让别人知道这个男孩，因为那样人们会将男孩关在笼子里研究，男孩也就失去了自由，那是十分可怕的。于是他和他的两位朋友将事实隐瞒起来，直到十几年后才在书中公布了他的发现。

其实，还有许多类似的奇怪事件，人们发现了许多熊孩、豹孩、羊孩、猿孩等，人们对此已经不再十分吃惊。与之相比，人们更关心动物为何会抚养人类的后代。

对此，人们有许多不同的看法，其中一种解释认为，野兽的母性本能非常强烈，特别是比较凶猛的母狼、母豹等，它们失去了幼兽后，在母性本能的驱使下，很可能对其他幼小的动物进行喂养，因而掠夺人类的小孩也是完全有可能的。还有一种观点是，人类的小孩被遗弃在荒野后，被狼或其他出来觅食的动物发现，便误以为是自己的幼仔而带回去抚养。该观点完全是一种猜测，没有任何事实依据。而前一种观点还能找到一些事实依据，例如1920年的一天，印度的芝兹·卡查尔村的猎人打死了两只雏豹，母豹竟然跟随猎人到了村子，叼走了一个两岁多的男孩。

印度“狼孩”

印度“狼孩”被当地的人家收养，行为举止还没有完全脱离狼的习性。

“狼孩”用四肢代替双足行走，并能快速奔跑。

3年后，当地人打死了母豹，并救出了小孩，不过已经快6岁的小男孩已经完全习惯了豹的生活方式。

还有许多人认为凶猛的动物是不可能哺育人类的孩子的，但在众多的事实面前并没有更多的反驳证据，关于动物为何要抚养人类小孩的问题，至今仍没有科学的答案。

知识链接

狼孩事例感想

“狼孩”的事实，证明了人类的知识和才能并非天赋的、生来就有的，而是人类社会实践的产物。人不是孤立的，而是高度社会化了的人，脱离了人类的社会环境，脱离了人类的集体生活就形成不了人所固有的特点。而人脑又是物质世界长期发展的产物，它本身不会自动产生意识，它的原材料来自客观外界，来自人们的社会实践。所以，这种社会环境倘若从小丧失了，人类特有的习性、他的智力和才能就发展不了，一如“狼孩”刚被发现时那样：有嘴不会说话，有脑不会思维，人和野兽的区别也混灭了。

这里也应当指出，“狼孩”本身毕竟是人类千世万代遗传下来的后辈，因此当“狼孩”回到人类社会中，必然会逐渐恢复人类特有的习性。印度“狼孩”尽管似乎成了野兽般的生物，但她死时已接近于人了。

人脑之谜

人类在世界的历史上创造了许多伟大的奇迹，而这些奇迹的创造要归功于我们人类有一个与众不同的脑。但是，尽管人类创造出了种种的奇迹，但是人脑对于其自身的认识却充满了未解之谜，等待着我们去探索、去解决。

人脑之谜面临的问题很多，最首要的问题就是大脑的工作机理和它的微观的机制。目前人们对这个问题的认识仍然是很少的。例如：人脑是如何处理信息的？是序列式还是并列式处理？他们又是怎样具体进行的？人脑中信息的表象是什么？怎样对化学密码做出阐释？另外是关于脑功能和结构异常引起的疾病的问题。占首要地位的可以说是精神分裂症，病人有思维障碍、幻觉、妄想、精神活动与现实活动脱离等症状。大约有1%的人可患此病，这个比例意味着在我国将有上千万名患者。对于它的病因目前仍不很清楚。另一种疾病是癫痫，人口中约有0.5%的患病概率，对人类的健康构成严重的威胁。病因也不是很清楚。再有一种疾病就是老年痴呆症，在病人

大脑俯视图

脑开始被认定为生物体全身活动的主要协调器官并不算久，由于脑非常稳固地隐藏在颅腔内，所以它的构造成为人体全部器官中最迟被了解和详细研究的，而腹腔内的器官因易被触摸到，所以很早以前就有了许多关于其内部构造的描述。自古以来，基于肝脏一直被认为是人体内最大的器官，加上本身又拥有最丰沛的血流灌注，人们曾一度相信肝脏是人类心智和灵魂所在，虽然这种认定随后被心脏所取代，至今，“心脏就等于心智”这个错误观念多少还有某种程度的流传。直到现在人们才逐渐了解到，人的大脑重量仅占整个体质的2%左右，然而它消耗掉血液中25%的氧气，它掌管着人类的意识、记忆、理性和智力，同时也是情绪起伏的决策器官。

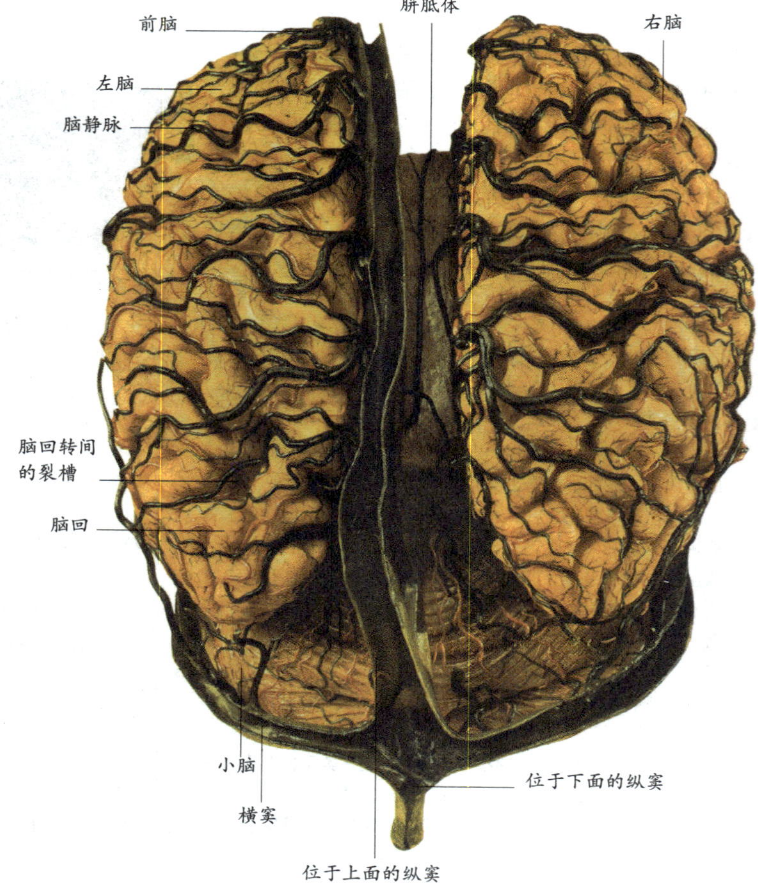

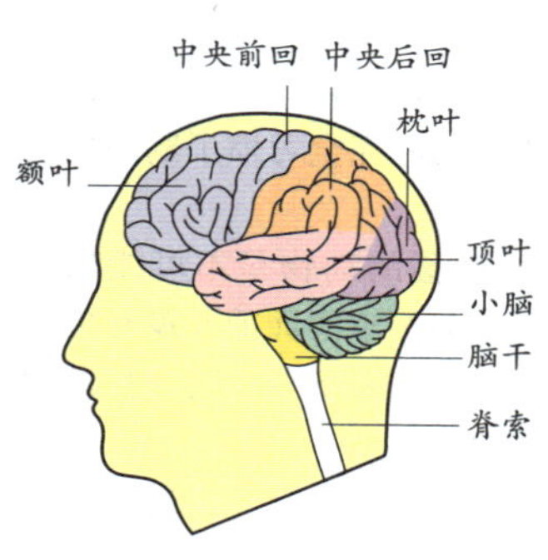

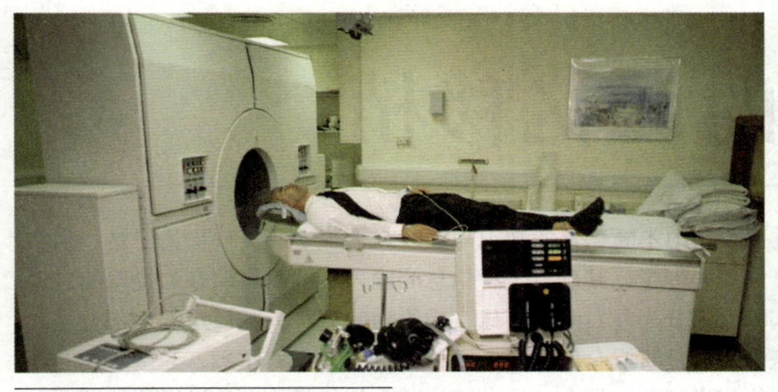

↗躺在CT机上的病人正准备接受扫描

的脑中可以看到一种特殊的蛋白质的沉积，但是关于它是如何产生，在发病过程中所起的作用如何，都还是一个未解之谜。

最后一个问题就是人类对自己大脑的认识。在近代的科学史上，生理学家们一致认为：大脑皮层是智力和意识活动的中枢，并且认为大脑的发达程度和智力的高低与脑子的大小有密切的关系。为了弄清这个问题，医学家们甚至解剖过许多杰出人物的脑子。通过无数的实验得出结论：正常成年男子的脑重 1.42 千克左右，女子的脑重比男子要轻 10%，如果男子脑重轻于 1 千克，女子轻于 0.9 千克，人的智力就会受到影响。

但是，随着科学的发展，往往可以得出一些与定论相悖的结论。例如英国的神经科专家约翰·洛伯教授就指出：人类的智力可能与脑完全无关。一个完全没有脑子的人一样可以有极好的智力。他提出的理论根据是：英国的谢菲尔德大学数学系有一个学生，每次考试成绩都名列前茅，可是在对他的脑部进行探测时却发现，这个学生的大脑皮层的厚度仅有 1 毫米，而正常人是 45 毫米。而在他的脑部空间充满着脑脊液。另外，教授还发现一位医院女工作人员，根本就没有大脑这一部分，而她的智商却高达 120。

如果说大脑皮层是智力和意识的活动中枢，那么我们如何解释“没有脑子的高才生”的现象？洛伯教授发现的“水脑症”，不是根本没有大脑，而是有脑，但不及正常人的 1/4，既然如此，那么对于他们的超常智力又做何解释？

在人脑探秘中，科学家们现在进行的另一个关于人脑中枢的研究是：人脑中是否存在着嗜酒中枢。我们经常见到一些嗜酒如命的人，为了帮助这些人戒酒，有些科学家首先想到这样一个问题，在大脑中有负责正常人进食和饮水的延脑，那么有没有嗜酒的中枢呢？有的话，这种中枢又位于哪里呢？

苏联的科学家们首先进行了这方面的研究。他们发现下丘脑与嗜酒有一定的关系。苏联医学科学院的苏达科夫经过研究认为，酒精破坏了下丘脑神经细胞的作用，从而形成了一些副作用。在对许多的动物和人类中的嗜酒者的下丘脑检测实验中发现了酒精破坏的痕迹。酒精破坏了神经细胞的正常工作，被损坏的神经细胞会发出“索取”酒精的指令，于是嗜酒者就会无休止地沉湎于酒精的麻醉中。为了证实这一点，他做了这样一个实验：他让一群老鼠连喝了一个月的酒，结果把这些老鼠全都变成了“酒鬼”，然后再破坏一部分老鼠的渴中枢，然后一连数天不让所有的实验鼠喝水，最后，当把清水和酒精放在这些老鼠面前的时候，在 90 只老鼠中，只有 6 只选择了清水，其余的 84 只全部选择了酒精。而未喝过酒和动过手术的老鼠选中的都是清水。这个实验有力地说明，动物大脑中的嗜酒中枢可能是渴中枢受酒精的刺激转化而成的。有些科学家由此断言，嗜酒中枢就是渴中枢。

这个实验在学术界产生了很大的影响，但是一些生理学家和医学家对于人脑中存在着嗜酒中枢却持怀疑的态度。他们认为，首先，在动物身上获得的结果能否在人体重新获得还有待于证实，动物的嗜酒是一种人工形成的生理需要，而人的嗜酒情况是很复杂的。还有遗传、环境、习惯、性格的各种因素的作用。其次，动物脑中的嗜酒中枢，仅仅是实验证明的一部分，对于所有动物来说是否成立还需要实验的证明。至于人脑中是否存在着嗜酒中枢就更需要进一步的实验来证明了。

科学本来就是在辩论中不断地更新和发展的，法国著名的文学家巴尔扎克说：“打开一切科学的钥匙都毫无疑问的是问号；我们大部分的伟大发现都应归功于不断的疑问，而生活的智慧大概就在于逢事都问个为什么！”究竟哪一种结论是正确的，这还需要科学家们用实践来证明。

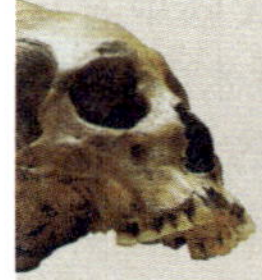

神秘的记忆移植

传统心理学将人们在过去生活中不断积累的知识与经验在大脑中的反映称为记忆。另一种关于记忆的说法是来自认识心理学，其观点是：信息的输入、编码、储存和提取的过程就是记忆。一个正常成人的大脑分为左右两个半球，重约1400克。大脑最重要的部分是大脑皮层，它厚约1.3~4.5毫米，若是将它全部展开，面积可达7200平方厘米，它是重要的心理活动器官，其结构和功能相当复杂。那么，是大脑的哪个部位将输入的记忆信息储存起来了呢？记忆可以移植吗？

如果记忆真的可以成功移植，这项技术将对人类生活产生重大而深远的影响，我们的生活也将随之发生巨大的变化。

荷兰化学家戴维德曾尝试在老鼠身上进行移植记忆的实验。他将从某只老鼠的大脑中分离出的一些记忆物质，移入另外一只老鼠的大脑中，实验结果表明，接受移植的老鼠的记忆状况和感受能力都有了改变。整个欧洲因为此项实验的成功而轰动，实验得出的结果也令科学家们激动万分。

早在1978年，联邦德国生物学家马田就开始尝试给蜜蜂进行换脑实验。他首先选择培训对象，让两只健康的蜜蜂每天都在固定的时间从蜂房飞出，然后让它们飞到另一个蜂房，在那儿放置了一碗蜜糖让其寻找。经过一段时间的培训，这两只蜜蜂便形成了每天在固定的时间都要飞出去一次的习惯。这之后，马田将它们脑神经中的一点物质取出，并将这些物质分别注入两只未经过任何训练的蜜蜂的神经组织中，奇迹出现了：这两只小家伙每天也在相同的时间飞到另一个蜂房中寻找蜜糖，如同前两只经过培训的蜜蜂一样。由此可以证明，前两只蜜蜂的记忆被移植到了后者的脑中，移植记忆的实验成功了。

在对动物进行的脑移植试验过程中，科学家们受到启发：记忆的传递完全可以建立在物质基础之上，并能够实现在不同大脑之间的相互交换。

从以上两例成功的实验中能够推断，人的记忆从理论上也可同动物的记忆一样进行移植。当然，科学家们若想从一个人的脑中取出一些记忆物质植入到另一个人的脑中，这几乎是不可能的。但是可以采取其他的一些模式，如把一个人大脑中储存的知识完全复制到另一个人的大脑中。科学家能够把一个人的大脑活动情况通过某种仪器记录下来，然后如同给电池充电一般，再通过另一种仪器将这些信息输入到另一个人的大脑中去，使此人也获得该信息。这种模式被科学家们称为“充电模式”。除此之外，还有其他一些模式也被科学家所采用。

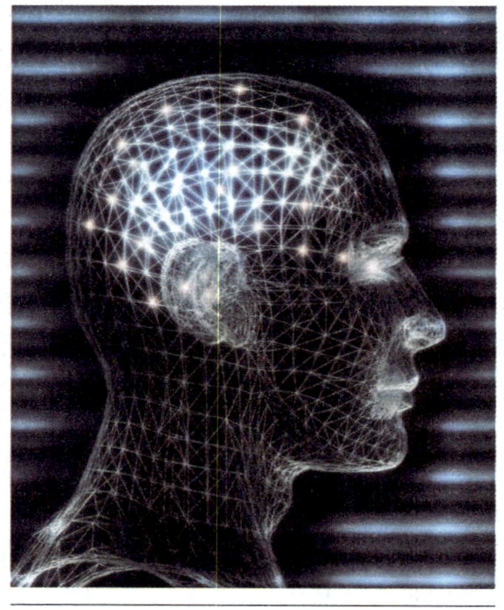

大脑活动成像图

借助特殊的仪器，科学家可以观测到这种活动。

科学家的目的是希望找出一种获取知识的突破式新方法，让我们从书本知识共享的时代进入一个全新的脑资源共享的时代。其实，移植记忆的真正意义在于，通过对该课题的研究，我们会加深对大脑这一神秘的意识载体的了解，使人类向着生命科学研究的更深层次迈进。

印第安人的人头缩制术

西方人想躲避灾祸，会敲敲木头或采取一些什么魔法对付给自己造成威胁的人，你会认为他们的做法很可笑吧？可能你的嘲笑十分有道理。但有时不少抵挡敌人的原始仪式和方法又似乎能起作用，或者以前曾经起作用，也许正因为大家知道这些方法被别人用过，所以可以恫吓敌人。希瓦罗族印第安人的事例就说明了这一点。南美洲被西班牙人征服之后，希瓦罗族是少数残存下来且保留了自己民族特征的印第安部族之一。

印第安人的头饰

公元前1450年前后，印卡部队在尤潘基的率领下攻打基多王国南厄瓜多尔一个省份，当时军中传说这一次征战意义重大。本来印卡士兵全部训练有素，勇猛好战，但这一次他们的对手是一群特殊的希瓦罗族战士，因此印卡部队不免有点犹豫。希瓦罗人对缩制敌人人头很在行，并且满足于砍下敌人脑袋留作战利品，人头被他们缩成拳头那样大小，死者不散的灵魂也永不得翻身。

印卡人倒不怕被人砍掉脑袋拿去当战利品炫耀，因为这也是他们的惯施之技。3000年前这种习俗在南美洲十分普遍，没有什么可奇怪的。但印卡人相信头脑内藏有灵魂，所以最怕灵魂受制不得脱身。希瓦罗人缩制人头为的正是要把敌人的灵魂牵制住。希瓦罗人在把人头缩制之前，仿佛要举行某种仪式，以使脑袋里的灵魂不能报复杀死他的人。

尤潘基取得了那场战争的胜利。可是希瓦罗人并不屈服，被打败后躲入丛莽中。

为了炫耀胜利，别的部落民族战士是砍下敌人脑袋，而希瓦罗人却要举行仪式来缩小敌人的脑袋，使干瘪头皮困住敌人的灵魂，不再兴风作浪。否则，死者的灵魂即会报复杀害他的人。希瓦罗人相信死者灵魂若不用这种方法禁锢起来，自己将永无宁日。因此，如果说希瓦罗人也有害怕的事物，就是敌人逃掉的灵魂。

希瓦罗人割取的脑袋大都是近邻阿希亚利族人的，因为这两个部落水火不容，世世代代互相仇杀。如果找不到阿希亚利人，希瓦罗各部落之间也会爆发战争，但是战斗中只限一般的打斗，一条规定被双方严格遵守，就是不得把脑袋砍掉。缩制猎回的人头通常要好几天的时间，或者是在武士回乡后，再进行缩制工作。他们常在凯旋途中举行缩制仪式。在每一次缩制过程中，都要有大吃大喝和跳舞的仪式。缩制好的人头，要缝合两眼上下眼皮，以使一心想报复的灵魂无法看到外面的世界；缝起嘴来使灵魂无法逃脱，然后在隆重仪式中把干人头用布包好，用陶罐盛起来，通常埋在得胜战士的茅屋下面。

全副武装的印第安人泥塑像

威风凛凛的印第安战士，连同充满恐怖色彩的缩制人头术，令敌人闻风丧胆。

是否存在“野人”

千百年来，关于“野人”的记载在许多的历史古籍中都出现过，还有许多的人声称目击过“野人”。“野人”既是古代神话和民间传说的题材，也是自然科学的研究对象，人类揭示了很多的真理，但是“野人”之谜至今仍未揭晓，现有的我国和世界研究“野人”的状况、材料、证据，让科学家们既不能肯定也不能否定，它仿佛是一个“半睡半醒的梦”。人类持之以恒地探索“野人”的问题，是因为“野人之谜”的揭开将对研究人类的起源具有重要的科学价值。无数考察人员、科学工作者和人民群众，为了披露“野人”的秘密，有组织地或自发地进行了长期而艰苦的努力。

中国是世界上传闻“野人”比较多的国家之一。“野人”在我国流传的历史大约有3000多年。有人考证，在世界上有关“野人”最早的传说，是我国古代的《周书》。《周书》中记载说，周成王曾抓到过“野人”。在比《周书》稍晚的《山海经》中，也出现过“野人”的记载。

↗这是美国华盛顿州的一名森林巡逻官在执勤时拍摄到的野人照片。当时“它”正在水边玩耍，看到人也很吃惊。但这些照片是否真实，专家们仔细考察后仍无结论。

尽管关于“野人”的记载出现得很早，对“野人”的研究却是近几十年的事。我们所谓的“野人”究竟是怎么来的呢?

在我国明清两代编纂的湖北《房县志》中，多次提到在房县一带有“毛人”出没的传闻。这种“毛人”身材高大，满身是毛，并且经常“食荤”，“时出啮人鸡犬”，《房县志》中所描绘的“毛人”的子孙或许就是现今传疑的“野人”。但是还有的人认为，这种说法是毫无科学性的，他们认为，“野人”是人类远祖腊玛猿或南猿残存下来的后代，也有人认为它是人猿科范围的生物，更有可能是在中国南部地区繁盛的巨猿或褐猿残存的后代。

我国对于野人的考察也进行了多年。在刚刚解放的时候，国家组织了对野人的大规模的考察，虽然历尽千辛万苦，却没有得到令人满意的结果。

1959年的5~7月，我国派出的考察队在西藏进行了调查，据说曾获得了一根“雪人”的毛发，长16厘米，经过显微镜的检定，认为它和猩猩、棕熊、牦牛的毛发在结构上都不相同，但是也没有办法证明它就是“雪人”的毛发。

1961年，传说在西双版纳的一个筑路工人击毙了“野人”，据说这个“野人”身高在1.2~1.3米，全身覆盖着黑毛，能够直立行走，手、耳、乳等都和人类相似。但是，经过中科院有关单位的考察没有获得直接的证据。有人认为，传说中的“野人”有可能是生活在原始森林中的长臂猿。

1977年，中科院组织考察队对鄂西北、陕南地区进行了为期一年的考察，但是只是获得了一些疑为“野人”的脚印、毛发和粪便，并没有找到关于“野人”真实存在的证据。

在欧洲，关于“野人”的文字记载开始于12世纪，进行形象的描述却开始于13世纪中叶。

1820~1843 年，英国派驻尼泊尔的驻扎官霍奔森首次在西方的文献中提到“野人”。1953 年，英国的约翰·亨特勋爵曾经率领探险队到珠穆朗玛峰地区考察“野人”的踪迹。他确信有“野人”的存在。他在一本关于“野人”的书中写到，“我相信有‘耶提’，我看到过他们的足迹，听到过‘野人’的喊叫声，还吸取过当地有声望的人提供的第一手资料……。这些证据迟早会起作用，使那些持怀疑看法的人放弃成见。”

但是，仍然有人对于亨特勋爵确信有“野人”存在的证据——那些印在雪地上的脚印，表示了不同的看法，认为那些脚印不过是印度的朝圣者们留下的。因为这些不穿衣服的苦行僧们在西藏很少见，他们住在高山的洞穴中，依靠瑜伽功来抵御严寒。修炼的地方离住处是很远的，所以，这些僧人留下的脚印，很可能就被登山运动员发现，误认为“野人”的脚印。

随着科学技术的发展，世界各国关于“野人”的研究已经不仅局限于目击者的表述，而且采取了一些科学的手段。1972 年，一位加利福尼亚州的记者艾伦·贝利用录音机录下了一段“沙斯夸之”（流传于美国北部的野人）的叫声。录下来的叫声听起来音域很广，有些像人的声音，又有些像口哨的声音，通过对磁带的研究，从音调的范围和呼叫的长度上看，可以得出这个动物的发音系统比人的发音系统宽广得多的结论。

雪人脚印

人们在喜马拉雅山区及亚洲的其他山脉中均见到过雪人的脚印。这幅照片上的雪人脚印是朱利安·弗里曼·阿特伍德在蒙古的一条冰川上看到的。阿特伍德特意在脚印旁放一把冰斧以示大小比例，这幅照片使人们更加留意传说中的雪人。

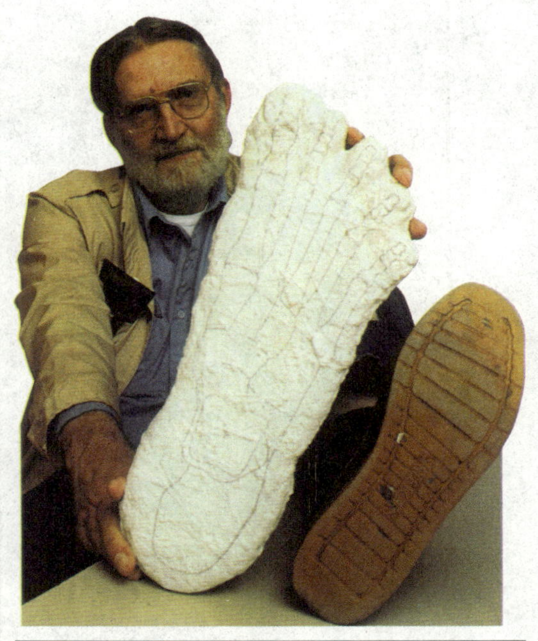

人类学家格洛伐·克朗兹拿着据说是大脚怪的42厘米的脚印石膏模型和他自己的30厘米的鞋底做比较。克朗兹从石膏模型中推断那只脚的骨骼结构和人类不同——他认为那样的结构才能承受有大脚怪那样巨型动物的重量。

无独有偶，在 1978 年 9 月，一位妇女在俄亥俄州西边的一个地方与 3 米多高的野人相遇，并且录下了他的声音。他的声音听起来像狗叫，又好像人在痛苦时候发出的叫声，很难听。经过专家的鉴定认为，这种声波的范围属于动物，不是机械声或人声，有可能是一种灵长类动物的叫声。

到目前为止，现有的资料还不能证明“野人”的存在，但是关于“野人”的传说和资料又找不到可以否定的依据，所以，“野人”的存在与否仍然是一个未解之谜。但是我们相信，随着时间的推移，“野人”之谜终究会被人们揭开的。

军事之谜

特洛伊战争是真是假

在《荷马史诗》的影响下，当代艺术家通过电影再现的火爆的"特洛伊战争"，令考古学家备感压力，因为那次木马屠城的惨烈尚未在考古发掘中得到证实。

特洛伊战争到底是真是假？多少年来人们争论不息。在过去的16年中，来自近20个国家的350多位科学家和技术专家参与了一项对特洛伊遗址的考古发掘工作。这一遗址位于今天土耳其的西北部，其文明活动从公元前3000年早期青铜时代开始，直到拜占庭定居者于1350年放弃了它。按照这一项目的现任负责人曼弗雷德·科夫曼的说法，确定荷马所描述的特洛伊战争的真实性，成了这一考察活动的主要任务。

科夫曼说，根据考古遗迹推论，大致可断定特洛伊城大约是在公元前1180年被摧毁的，可能是因为这座城市输掉了一场战争。考古人员在遗址处发现了大量相关证据，如火灾残迹、骨骼以及大量散置的投石器弹丸。

按照常理，在战争结束后，保卫战的胜利者会把那些用于投掷的石块等武器重新收集起来以便应付敌人再次入侵；而若是征服者取胜，他们是不会做这种善后工作的。当然，这些遗迹所反映的那次冲突并不意味着就是《荷马史诗》中所讲的那场特洛伊战争。考古证据还表明，在该城此次被打败的几十年后，一批来自巴尔干半岛或黑海西北地区的新移民定居那个很可能已相当凋敝的城市。

在考古学界，传统的主流看法认为，这些遗迹与《荷马史诗》中提到的那个伟大城市毫无关系；作为考古对象的古城，在青铜时代晚期已没有任何战略意义，因而不可能是一场伟大战争的"主角"。

古希腊花瓶

古希腊文学和艺术有很多关于特洛伊战争的描述。在这个花瓶上可以看到阿喀琉斯在为一位勇士包扎伤口。

而科夫曼就此反驳说，对欧洲东南部地区新的考古研究将纠正这些看法。

科夫曼指出，以当时那一地区的标准来看，特洛伊城称得上是一个非常大的城市，甚至具有超地域的战略重要性。它是连接地中海地区和黑海地区以及连接小亚细亚和东南欧的战略中枢。在当时的东南欧地区，特洛伊城的这一战略中枢位置是无与伦比的。特洛伊城显然因此遭受了反复的攻击，它不得不一再进行防卫，以及一再修复、扩大和加强其工事。这在留存到今天的遗址上，还有明显的表现。最近的挖掘还表明，特洛伊城比先前一般认为的规模要大15倍，今天遗址覆盖面积就有30万平方米。

科夫曼推断，当年荷马必是想当然地认为他的听众们知道特洛伊战争，所以这位行吟诗人才会浓墨重彩地刻画阿喀琉斯的愤怒及其后果。荷马把这座城市和这场战争搭建成一个诗意的舞台，上演了一场伟大的人神冲突。然而，在考古学家看来，《荷马史诗》还可以在一种完全不同的、世俗的意义上得到证实：荷马和那些向荷马提供“诗料”的人，应该在公元前8世纪末“见证”过特洛伊城及那片区域，这个时期正是大多数学者所认可的《荷马史诗》的形成年代。

赫拉克勒斯的战斗　陶器

科夫曼认为，尽管在荷马生活的那个时期，特洛伊城可能已成为废墟，但是留存到今天的这一伟大之城的废墟也足以给人深刻印象。生活在当时或稍后时期的《荷马史诗》的听众，如站在彼地某一高处俯瞰，应当能一一辨认出史诗中所描写的建筑物或战场的遗迹。

尽管特洛伊位于安纳托利亚（小亚细亚的旧称），但两位特洛伊考古活动的先驱（德国考古学家谢里曼，1871年发现了古代特洛伊城遗址；卡尔·布利根，主持了20世纪30年代对特洛伊的考察）却带给人们这样一种观点：特洛伊是希腊人的特洛伊。这个观点是一种成见。科夫曼指出，这一观点并不正确，2位先驱的考古研究仅涉及在“西线”从希腊到特洛伊的考察，却忽视了在“东线”对安纳托利亚地区的整体考察。

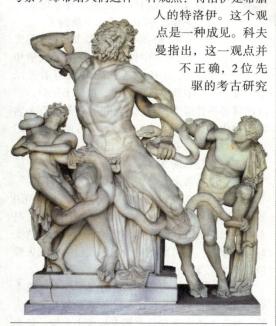

拉奥孔

在著名的特洛伊战争中，特洛伊城的祭司拉奥孔识破了希腊人的诡计，警告特洛伊人不要把那只被遗弃的木马搬进城里。结果由于泄露了秘密，拉奥孔与两个儿子被阿波罗与雅典娜派来的两条巨蟒杀死。

科夫曼说，随着考古研究的不断深入，学者们已大致确定，青铜时代的特洛伊与安纳托利亚的联系是相当密切的，这种密切程度要超过它与爱琴海地区的联系。在特洛伊出土的、数以吨计的当地陶器以及其他一些发现，如刻有象形文字的印章、泥砖建筑等，都验证了这点。

对安纳托利亚的研究告诉人们，这座今天被称为特洛伊的城市在青铜时代后期曾兴起过一个有相当实力的王国——威路撒。赫梯帝国和埃及人与威路撒都曾保持着密切联系。据赫梯帝国的历史记载，在公元前13~前12世纪早期，他们和特洛伊城之间的政治和军事关系甚是紧张。这个时期正是《荷马史诗》所描述的发生特洛伊战争的时期。这中间有什么联系吗？这一点值得继续研究。

几十年前，那些坚持特洛伊战争真实性的学者们曾是少数派，他们的学说曾被主流学术嗤之以鼻。然而，随着近十几年来相关考古活动的突飞猛进，当年的少数派如今成了多数派。而今天的少数派，那些坚决否认特洛伊战争真实性的学者只能用一句“特洛伊没有任何战略意义”的说法支撑他们的观点，正如科夫曼等人指出的，这种说法过于勉强。

科夫曼说，现在大多数学者已达成共识，在青铜时代后期的特洛伊曾发生过几次冲突。然而，我们还不能确定荷马颂吟的“特洛伊战争”是不是对这几次冲突的“记忆蒸馏”，是不是的确发生了一场值得后人永远追忆的大战争。

古罗马失踪军团惊现甘肃

甘肃省永昌县城南10千米处的者来寨村，中国西汉元帝时期曾在这里设置骊靬城，用来安置古罗马帝国降人。人们也许会问，古代中国从未和罗马帝国交战，罗马降人从何而来？这是一件历史悬案，为揭开世界上这一桩重大历史悬案，史学家们为此而苦苦探索近2000年。

公元前53年发生的一场惨烈的古代战争是这一历史悬案的发源之处，当时正是中国西汉甘露元年。罗马帝国当时的执政官名叫克拉苏，他纠集了7个军团、大约4.5万人的兵力，发动了对安息（今伊朗）的侵略战争。然而，让不可一世的罗马军队没想到的是，在一个叫作卡尔莱的地方，他们出人意料地遭到安息军队的围歼，首领克拉苏竟然被俘斩首。最后，其第一军团首领、克拉苏的长子普布利乌斯率领6000余众拼死突围。

克拉苏头像

正是他率兵镇压了斯巴达克起义军。

事情过去30多年后，公元前20年，古罗马帝国和安息签约言和。此后，很自然地罗马帝国要求安息遣返33年前在卡尔莱战役中被俘虏的军人，并希望寻找当年突围出去的普布利乌斯的下落。可是，普布利乌斯及其所率突围残部，已在安息消失得无影无踪。这一疑团一直困惑着罗马乃至全世界的历史学家。罗马溃军到底去了什么地方？

20世纪40年代，一位名叫德效谦的英国著名汉学家对这一课题做过大量工作，引起了人们的注意。德效谦于1947年撰写《古代中国之骊靬城》一文。该文开宗明义：中国古代称罗马帝国为“骊靬”，后又改称“大秦”，《后汉书·大秦传》就是以“大秦国一名骊靬”这句话起首的。文章接着指出中国古代以外国国名命名的城，当时只有新疆的库车和温宿，它们都是袭用移民的旧称。“骊靬”城的出现应该也与有外国侨民有一定关系。作者进而引用了不少史料进行说明，公元前20年是有记载以来骊靬城最早出现在中国西汉的版图上，这一时间点正好与罗马帝国向安息要求遣返战俘的时间相统一。如果说这是历史的巧合似乎不大可能。这一发现指向了一个猜测：在卡尔莱战役中突围的罗马远征军，正当其故国寻觅他们的时候，他们却早已鬼使神差地到了中国，并在祁连山下落脚了。

根据那篇文章提供的历史线索，中外学者又查阅了大量相关史书，终于从班固所著《汉书·陈汤传》中获得重要启示。据此书记载，西汉西域都护甘延寿和副校尉陈汤，带领4万多名将士讨伐郅支单于，战于郅支城（今哈萨克斯坦江布尔城）时，在这里见到了一支奇特的军队，那时正好是公元前36年。“土城外有重木城”拱卫，其“步兵百余人，夹门鱼鳞阵，讲习用兵”。而书中描绘的这种构筑“重木城”防御工事和用圆形盾牌连成鱼鳞形状的防御阵式，正是古罗马军队最典型的阵式。由此，史学家们推断，这支奇特的军队，很可能就是卡尔莱战役中突围失踪17年的罗马军队的残部。

《汉书》上说，陈汤率领的汉军攻克“重木城”，以“生虏百四十五人，降虏千余人”而告胜。西汉王朝军队在这次郅支战役中大捷。依据这一重要史料，学者们逐渐拨开了历史迷雾，理清了那支古罗马军队残部的踪迹，即普布利乌斯率领的逃亡大军，在安息军队围追、封锁而回国无路的情况下，辗转安息高原，寻找东进的机会，终于在防御松懈的安息东部防线，撕开一道口子，逃奔到中亚，后又投奔郅支，最后被陈汤收降，带回了中国。汉元帝为此下诏将他们安置在番禾县南的照面山下（今永昌县），并置县骊罢。直到公元592年，鉴于骊罢人已和汉族人融合，隋文帝下诏将骊罢县并入番禾县。至此，骊罢建县共612年。中国的骊罢人就这样在历史的风雨沧桑中悄然消失。

至此，公元前53年，罗马帝国大军入侵伊朗，遭伊朗军队围歼，6000余罗马军队突围，逃至现今的哈萨克斯坦，后为西汉陈汤收降，带回中国，安置在永昌县。这一完整的历史链条已经摆在了人们面前。那么历史的真相是否像历史学家们拼凑出的一样呢？随着更多翔实史料的逐渐发掘，相信这一谜团还会有更新的结论呈现。

西班牙“无敌舰队”覆灭之谜

顾名思义，“无敌舰队”就是天下无敌。西班牙的“无敌舰队”却上演了一出“以多负少”的悲剧，“天下无敌”变成了“人尽可欺”。

为了争夺海上霸权，西班牙和英国于1588年8月在英吉利海峡进行了一场举世瞩目、激烈壮观的大海战。这次海战，西班牙实力强大，武器先进，战船威力巨大，且兵力达3万余人，号称“最幸运的无敌舰队”。而当时英国军队规模不大，整个舰队的作战人员也只有9000人。两军相比，众寡悬殊，西班牙明显占据绝对优势。但是，出人意料的是这场海战的结局以西班牙惨遭毁灭性的失败而告终，“无敌舰队”几乎全军覆没。从此以后西班牙急剧衰落，“海上霸主”的地位被英国取而代之。

为什么强大的“无敌舰队”竟然在寡弱对手面前不堪一击，一战而负呢？学术界大致有3种意见。

一是基础说。西班牙的强盛，只是表面上的、暂时的虚假繁荣。西班牙国王腓力二世加强专制统治，搜刮民财，连年征战，专横残忍，挥霍无度，激起了广大人民的愤恨，国内危机四伏。这次战争是根本不得民心的。

二是指挥失当说。另有学者认为，“无敌舰队”的惨败是由于西班牙国王用人不当造成的。1588年4月25日，腓力二世在里斯本大教堂举行授旗仪式，任命大贵族西顿尼亚公爵为舰队总司令，率领舰队远征。西顿尼亚出身于名门望族，在贵族中有较高威望，深得国王信赖，所以被任命为舰队统帅。但是他本来是一名陆将，根本不懂海战，对指挥庞大的舰队在海上作战毫无经验，而且晕船。对这项任命他始料不及，根本没有任何思想准备和信心指挥这场战争。他也曾要求腓力二世另请高明，但未被获准。试想，这样的将领指挥海战，焉有不败之理？

三是天灾说。这种说法认为“无敌舰队”遇上了天灾，而不是人祸。它首先遇到的对手，是非常可怕而又无法战胜的大西洋的狂风巨浪，这是进军时机选择不当造成的。在“无敌舰队”起航不久即遇到大西洋风暴的袭击，许多船只被毁坏，淡水从仓促制成的木桶中漏出，食物大量腐烂变质，水手们疲惫不堪，大多数步兵也因为晕船而失去战斗力。“无敌舰队”还没有与英国交战先折兵，战斗力受到大大削弱。不得已，西顿尼亚带着这样一支失去战斗力的舰队与英军开战，从而导致厄运的发生。回国时，在苏格兰北部海域，再次遇到大风暴，一些舰船又被海浪吞噬或触礁沉没。至此，“无敌舰队”几乎全军覆没。

虽然“不以成败论英雄”，但胜者为王，败者为寇。看来，“无敌舰队”覆亡的原因值得所有的军事家深思。

拿破仑为什么兵败滑铁卢

1815年春，被放逐到厄尔巴岛的拿破仑回到巴黎，东山再起，很快重新控制了整个法国政权。得到这一消息后，欧洲各国君主如临大敌，立即组织了第七次反法同盟，希望能在最短的时间内将他绞杀。拿破仑也迅速组织部队抵抗，根据制定的正确的战略部署，要在俄奥大军到达之前解决战斗，以迅雷不及掩耳之势先将英普联军各个歼灭。可是这一次战争局势并没有朝着"战神"部署的方向发展。

受命占领布鲁塞尔重要阵地以牵制英军的内伊元帅迟缓犹豫，使这一行动未能如期完成。后来在双方激烈争夺时，拿破仑又命令内伊属下戴尔隆军团由弗拉斯内向普军侧后方开进，和主力部队一起对普军实行夹击，但戴尔隆对命令理解不清，错误地向法军后方的弗勒台开来，使这决定性的一击延误了近两个小时。而当戴尔隆重新赶回普军后方时，又被不明战局的内伊元帅严令调开，这时英军已在戴尔隆的大炮射程之内，戴尔隆机械地执行了内伊的命令，使法军在临胜之际功亏一篑，英军逃脱了被全歼的命运。

另外，在滑铁卢会战的前一天，拿破仑指挥军队追击英军时，就在两军快要相接时突然下起了瓢泼大雨，这就给英军更多的喘息机会。

滑铁卢大战是世界战争史上令人瞩目的一页，也是拿破仑戎马生涯中的最后一战。然而，这一战以拿破仑的失败而告终。滑铁卢战役的进程既惊心动魄，又富有戏剧色彩，许多微妙因素影响了战局，使法军的锐势急转直下，失去了几乎到手的胜利。

6月18日中午，随着三声炮响，滑铁卢之战的帷幕骤然拉开，排山倒海的法国骑兵呼啸而上，但防守的英军顽强抵抗，以猛烈的火力压住了法国骑兵的锐势。战斗进入了胶着状态，整个下午的激战没有片刻停歇，处于浴血苦战之中的双方都失去了完全控制局势的力量。黄昏到了，拿破仑亲自率领自己的近卫军向英军阵地冲去，但是就在这个时刻，英国的援军到了，而拿破仑一直相信在英援军到来之前会前来救援的格鲁希元帅的部队却始终未到。形势急转直下，英军趁势变守为攻，对法国军队发起了总攻。

列成方阵的法国近卫军一面拼死抵抗，一面缓慢后撤，拿破仑也只好下车骑马而走。他脸色惨白，泪流满颊，在暗淡的星光下跑过了一个个尸横遍野、怪影幢幢的战场。他试图收拾残军，无奈力不从心，战场上躺着2.5万名死去的和受伤的法国人，法国几乎损失了全部的炮队，而几十万奥国生力军正逼近法国边境，还有几十万俄国军队不久也将到来——所有这一切都使拿破仑陷入完

↗ 这幅画表现了1815年6月18日进行的滑铁卢战役中晚8时许的紧张情景。

全绝望的境地。他不得不宣布退位，从此开始通向死亡的流亡生活。

法国滑铁卢战役失败的原因引起了史学家和军事评论家的极大兴趣。

有人认为，是格鲁希元帅的迟迟不到毁灭了整个法国军队，因为当时拿破仑的军队有 7.2 万人，英军也有 7 万人，双方势均力敌，谁的援军先到，谁将占据优势。有人认为是天气原因在这场战争中占据了很重要的因素，导致了拿破仑的失败。可是也有人把原因追溯到更早一些时候，他们认为，如果一切都按拿破仑最初的正确战略进行，本来早就可以结束战斗了，滑铁卢的决战也不会发生。第七次反法同盟也会像头几次一样，被拿破仑打得落花流水，一败涂地。

人们还常常把原因归结为拿破仑用兵失误，主要是当时在他身边缺少能攻善战、和他配合默契的将领：达乌被围困在汉堡，缪拉没能够及时从那不勒斯赶回来，马塞纳正在西班牙征战。拿破仑虽然培养了一批将才，在关键时刻却不能为自己所用，这无疑是一场悲剧。

最后，听一听拿破仑自己的解释吧。他说："这是命中注定的，因为，就算有了这一切原因，那场战斗本来也是该我赢的。"

也许，是这些微妙的因素综合在一起发生作用，使战无不胜的拿破仑再一次遭遇了失败的命运。人们不遗余力地对其中具有决定性影响的因素进行探讨，但是谁也不能说服谁，只好作为一桩疑案继续讨论下去了。

↗ 拿破仑像

知识链接

历次反法同盟和拿破仑指挥的著名战役

历次反法同盟	时间	成员国	拿破仑指挥的著名战役	结果
第一次反法同盟	1793~1797 年	英国、奥地利、普鲁士、荷兰	土伦战役、镇压保王党战役、曼图亚战役	法国取得胜利
第二次反法同盟	1798~1801 年	俄国、奥地利	马伦哥会战	法国胜利，法、奥签订《吕内维尔和约》
第三次反法同盟	1805 年	英、俄、奥、普、丹、瑞、土	乌尔姆战役、奥斯特里茨战役	俄、奥战败，签订《普莱斯堡和约》
第四次反法同盟	1806~1807 年	英、俄、瑞、普	耶拿战役、艾劳会战、弗里德兰战役	法胜，法、俄、普签订《提尔西特和约》
第五次反法同盟	1809 年	英国、奥地利	瓦格拉姆战役	法胜，法、奥签订《维也纳合约》
第六次反法同盟	1813~1814 年	俄、普、英、瑞、奥、西班牙、葡萄牙	莱比锡战役	拿破仑兵败被俘，法国与同盟国签订《枫丹白露条约》，拿破仑被囚禁于厄尔巴岛
第七次反法同盟	1815 年	英、俄、奥、普	滑铁卢战役	拿破仑再次兵败，被流放到圣赫勒拿岛

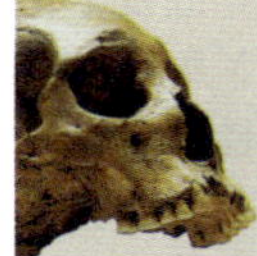

八国联军用过毒气弹吗

英、美、德、法、俄、日、意、奥侵华的八国联军进攻天津发生在1900年7月，当时的战争过后留下了诸多疑点，至今仍然难以解释清楚，其一：死者为何倚墙不倒？其二，英军曾经使用专门的毒气炮作为发射工具吗？其三，所放气体究竟是“绿气”还是“氯气”？其四，毒气炮如今流落何方？

以上这4个疑点如果被证实，将共同指向同一个结论——八国联军确实用过毒气弹。那么究竟史料是如何记载的呢？而且其时间要早于第一次世界大战，事实到底是否如此呢？

让我们先来看看历史遗留下来的四大疑点。八国联军进攻天津时，天津军民死伤惨重，而天津军民死伤的形状也颇为奇特。部分史料中有详细记载，颇让人心惊胆寒。清代的《西巡回銮始末记》中的描述详尽而细致：“城内唯死人满地，房屋无存。且因洋兵开放列低炮之故，各尸倒地者身无伤痕居多。盖因列低炮系毒药掺配而成，炮弹落地，即有绿气冒出，钻入鼻窍内者，即不自知殒命，甚至城破3点钟后，洋兵犹见有华兵若干，擎枪倚墙，怒目而立，一若将欲开枪者，然及逼近视之，始知已中炮气而毙，只以其身倚戗在墙，故未仆地。”

↗ 英国海军中将西摩尔，就是他率领八国联军向北京进犯。

照史料上记载，清朝官兵应该还是按照以往躲炮弹的方法，藏在掩体后面。但是，与以往不同的是，这次的“炸弹”爆裂后，绿烟弥漫，无论是否躲到掩体后面，只要闻到绿色烟雾的就会全部死亡。

第二，当年的《万国公法》明令禁止过使用一种叫作“列低炮”的武器，因为其屠杀人类非常残忍。然而，两门列低炮却经由英舰“阿尔及灵”号运载，于1900年7月10日出现在天津港海岸，并在7月11日投入到战斗之中。

它们的到来还要从1900年春季说起。当时义和团以“扶清灭洋”为口号围攻英国在京驻华使馆，于是，英国海军中将西摩尔于6月10日率联军2000多人赴北京救援，在经过廊坊时受到重创，伤亡惨重。为了“制裁中国”，联军从南非战场上紧急调用了“列低炮”并迅速运往天津战场。

经过多方考证，这种列低炮炮弹炸处，绿烟四散，1米之内，人畜闻之即死。《万国公法》曾决定“战争中不得使用此炮”，当时签订的国家包括英国，而现在它却违反国际公法。

到此，从各方面分析，结论逐渐明朗：英军从南非战场直接运到天津的“列低炮”就是毒气炮！那么，据此推测，毒气弹首次使用的时间应该是在南非，而不是以前所说的第一次世界大战。在世界史的相关资料中有关“英布战争”的记载显示，在南非东部的莱底斯战场上，英军就是使用这种炮毒死了很多士兵，加速了战争的胜利。

第三，绿色的气体究竟是什么呢？

氯气是一种具有强刺激性的黄绿色气体，大气中低浓度的氯气能刺激眼、鼻、喉；空气中含有万分之一的氯气就会严重影响人的健康。高浓度的氯气会引起人慢性中毒，产生鼻炎、支气管炎、肺气肿等，有的还会过敏，出现皮炎、湿疹等。根据史料记载所描述的情形，八国联军炮弹冒出的这种“绿气”极有可能就是“氯气”。如果氯气浓度极高时，人吸入则有可能马上窒息而死。

有关第一次世界大战中使用毒气弹的史料这样记述到：1915年4月，德军飞机向英法联军投下氯气弹，炸弹落地后，腾起团团黄绿色的浓烟，迅速向四周弥漫。靠近毒气弹的英法士兵纷纷倒下，头晕目眩，呼吸紧张，紧接着便口角流血，四肢抽搐起来，死后的人大多数还保持着生前的姿势。史料上的描写与八国联军在天津使用列低炮进攻清军后的情况极其相似。由此，不难断定，八国联军在天津使用的就是氯气弹。

那么，当年的列低炮如今又下落何方呢？这将是解开谜底最有力的证据。

在那次炮攻天津之后，史料中再也没有发现关于列低炮的记载，也没有发现联军使用毒气弹的记载。天津也成为唯一受过列低炮伤害的城市。那么这两门炮究竟去哪儿了？会不会是在战斗中被清军摧毁了？如果不是，那么在进攻北京的过程中又怎会没用到这种极具杀伤力的武器呢？如果是因为顾忌《万国公法》的约束，那么在天津的使用又怎么解释？一种比较可信的说法就是被清军炮击摧毁了。

这种被怀疑为毒气弹的武器在很大程度上促进了八国联军的胜利，根据相关专家的考证，毒气炮在天津至少使用了3次。1900年7月11日，是第一次使用的时间。英国“奥兰度”舰准尉G.吉普斯在《华北作战记》文中写道：“星期三（7月11日）凌晨3点，中国人大举进攻车站，决心要攻下它。他们在黑夜中前进，终于到达车站……我们从大沽运来的4英寸口径大炮第一次使用上了。”当时，洋人已经顶不住武卫军和义和团针对老龙头火车站的共同进攻。于是，英军就从织绒厂后面向驻扎在陈家沟的武卫左军大营和攻打火车站的清军及义和团施放了毒气弹。绿烟飘来，数百士兵以及尚未分发的600匹战马均无一幸免，铁路旁的义冢堆尸如山。

八国联军见中国军民抵抗热情并没有因为巨大的损失而降低，随后又两次使用了特殊炮弹。7月13日至14日凌晨，八国联军对天津城发起总攻。萨维奇·兰德尔文在《中国与联军》载：“攻打天津城的战斗发生在13日清晨。联军利用所占有的一切可以利用的大炮在日出时就开始射击……两门4英寸口径海军快炮中有一门架在通到西机器局的路上，另一门则在土围子附近……”守城清军凭借城墙高厚的优势阻击，义和团在城下民房中协助，洋人攻城不下，于晚上8点开始撤回攻城士兵，并施放特殊炮弹。

最后一次是在8月5日清晨，联军开始向唐家湾的清军前沿阵地发起总攻。一开始怕伤着联军士兵并没有发射，等到在穆家庄、南仓受到清军阻击，退到白庙，渡过河后，英军随即施放列低炮，这种炮弹再次帮了他们大忙。

历史留下的四大疑点如今都已经无法拿出最直接最确切的证据，因此，一切的结论都只是建立在种种假设基础上的推论，是否还有其他原因会导致士兵死去时的姿势与因毒气弹而死的姿势相似？历史上有关第一次使用“列低炮”的地点是南非而不是中国的记载真的错了吗？绿色的烟雾是不是一定就是氯气呢？最后一点，当年用来发射特殊炮弹的大炮已经再也找不到了，还是从来就不存在呢？这一切都是未解之谜。

八国联军侵占廊坊后的照片

偷袭珍珠港内幕

珍珠港事件是美国在第二次世界大战中遭受的最大损失，也使美国蒙受了前所未有的羞辱。但美国真的事先对日本的偷袭计划一无所知，还是美国为了战局的发展有意“促成”了这一事件的发生？对此人们众说纷纭，莫衷一是。

至今仍有许多人坚持认为，美国事先的确不知道日本将偷袭珍珠港，至少美国总统罗斯福未见过这样的信息。美国历史学家布拉特泽尔和鲁特在其《珍珠港·微型照片和J.埃德加·胡佛》一文中写道，包括参与策划袭击的舰长源田实在内的日本舰队官员都断言，发自驶向夏威夷群岛的日本航空母舰的无线电报并未使罗斯福事先得知即将发生袭击。他们强调，在整个航行期间，无线电始终保持静默。在珍珠港事件爆发前，美国联邦调查局通过德、英双重间谍达斯科·波波夫的工作，确实截获了一份有关日本侦察珍珠港的微型照片调查表。调查表中涉及瓦胡岛的军事基地和机场以及珍珠港防务等特殊问题的部分占了1/3的内容。然而多方调查核实证明，除联邦调查局前局长埃德加·胡佛和他的助手之外，美国总统及官员们均未见过这份调查表。

1941年9月3日，白宫总统秘书、陆军准将埃德温·M.沃森接到了胡佛的一封信，但信中强调的是微型照片已被联邦调查局成功侦破，希望借此得到罗斯福的赏识，而没有对调查表中信息的实质进行细致分析，更没有就可能发生的袭击提醒白宫要警惕。

更重要的是，胡佛对波波夫的调查表进行了选编。选编后的调查表只有原来内容的1/4，而这1/4的内容中竟没有涉及夏威夷的材料，当时胡佛送给总统的只是调查表中无关紧要的部分。从联邦调查局以及海德公园罗斯福图书馆馆藏文献中也可证实这一点。同时陆军和海军情报机关也没有得到波波夫的调查表。如果调查表被联邦调查局提供给其他情报机关，某种传送的记录必然留下来，但是国家档案馆旧的陆军和海军分馆、海军部的海军历史中心和国家档案馆现代军事分馆在回答布拉特泽尔和鲁特的询问时，声称关于波波夫警告的记录没有留下任何痕迹，有关调查表的记录也没有被发现。在海军历史中心和国家档案馆的军事档案部，也未找到9月3日的信以及被胡佛选编的调查表。

胡佛为什么不把调查表的全文送交给罗斯福及其他情报机关？布拉特泽尔和鲁特认为是胡佛

偷袭珍珠港

日本偷袭珍珠港的两种主要飞机之一。

二战中日本最著名的零式战斗机，战争期间共生产了11280架这种飞机。

为了控制情报而把这场赌注式的斗争进行下去。胡佛在讨好总统的同时，也想将自己的对手即其他美国国内外情报机关击败。更重要的是，胡佛是一个缺乏判断力的人。虽然调查表中所提出的一系列问题的目的性是十分明显的，但这个双重间谍的调查表并未使胡佛判断出德国对夏威夷及其防务有非同寻常的兴趣，也没有断定日本是其导源处。所以胡佛既没有把调查表原文向总统或陆军和海军情报机关提供，也没有将原文中反复要了解有关珍珠港的资料的实质向有关部门汇报，而这样一份极其重要的调查表在历史的紧要关头竟然被按纯粹日常事务处理了。

但是，随着战后军事解密工作的进展，越来越多的人倾向于认为美国事先知道了日本的偷袭计划，出于某种军事目的并未有所反应。

类似的看法在日本也存在。原日本外务次长西春彦引用荷兰驻华盛顿武官拉涅弗特上校的证词认为，12月2日在华盛顿海军情报部，一名士官指着墙上的地图对上校说："日本机动部队正从这里东进。"两艘航空母舰被标在日本与夏威夷中间的一点上。震惊至极的上校在当天的日记中写道："美国海军情报部开会，日本两艘航空母舰的位置被他们标在了地图上。航空母舰以日本为出发点，向东延伸着它的路线。"总统没有对夏威夷发出警报，而造成日本海军进攻珍珠港，用"不忘珍珠港"来作为动员美国人民投入战争的原动力。甚至参加偷袭珍珠港的日本军官源田实也在其《袭击珍珠港》一文中说："关于美方得知日军偷袭问题的时间，据我所知，事前美国政府领导人已得到了情报，至少在袭击珍珠港的11个小时之前，罗斯福总统已将我方的动向了如指掌。他没有通知前方的原因只能用他的深谋远虑来解释。"

在《罗斯福总统与1941年战争的来临》一书中，美国修正派代表C.A.比尔德写道：1941年1月27日，在向国务卿赫尔送达的一封电报中，美国驻日本大使说："根据秘鲁的日本公使告诉我们大使馆工作人员的一份口讯可知，他了解到一项秘密的计划正在日本军部内拟订，即如果与美国发生事端，日本就会对美国太平洋的海军基地珍珠港实施全力攻击。"这就是说罗斯福有意对日本进攻珍珠港的事实不加重视。在《丑事：珍珠港事件和它的后果》一书中，美国著名新闻记者兼作家约翰·托兰断言罗斯福从各种原始资料，包括从驶向夏威夷群岛的日本航空母舰所发出的无线电报中，肯定侦听到了袭击即将发生。

罗斯福于珍珠港事件翌日宣布对日作战。

知识链接

珍珠港事件的历史意义

珍珠港事件是有历史决定性意义的。由于日本未能击沉美国的航空母舰，它只有一个小的军事作用。但即使日本击沉了美国的航空母舰，从长远角度上来看它还是不能帮助日本。这次袭击彻底地将美国卷入了第二次世界大战，导致了轴心国在全世界的覆灭。此后盟军的胜利和美国在国际政治上的支配性地位都是由此及彼的。

从军事史的角度来看，对珍珠港的袭击标志着航空母舰取代战列舰成为海军主力的转折。但世界海军强大的美国对这一点是直到后来珊瑚岛海战和中途岛战役后才明白过来的。

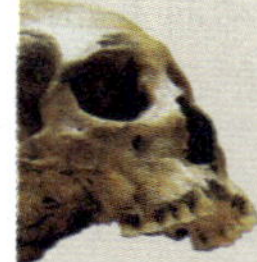

山本五十六是谁击毙的

“伊号作战”结束后，山本五十六决定利用一天时间视察巴拉尔、肖特兰和布因等前线基地，以激励士气。让日军想不到的是，有关山本视察的详细日程安排的机密电报不仅被美国截获，而且他们引以为豪的极难破译的五位乱码只用数小时就被美军专家破译了，这份电报在无形之中也就成为山本的催命符。这也是美国军事情报领域在无线电破译方面继中途岛战役破译日军作战计划之后的又一辉煌成就。

为激励士气，山本五十六赴前线进行军事视察，图为山本在登机前的例行准备。

美国太平洋战区总司令兼太平洋舰队司令切斯特·尼米兹清楚地知道，按照安排山本将进入瓜岛机场起飞的战斗机作战半径，正是干掉他的绝佳机会。如果干掉他，将给日本士气民心沉重打击，因为山本五十六不仅是日本海军中最出类拔萃的佼佼者，而且由于他在偷袭珍珠港中的指挥得力，在日本政界和军界成为仅次于天皇和东条英机首相的第三号人物，被日本海军誉为“军神”。可是尼米兹没有因为兴奋而得意忘形，因为干掉山本不仅仅是军事行动，还牵涉诸多的政治因素，因此一向谨慎的尼米兹仍不敢轻易拍板，而是请示华盛顿。

美国总统罗斯福在仔细征求了海军部长诺克斯和海军作战部长及海军上将的意见之后，授意可以干掉山本，但是为了维护美国的大国风范，一定要对截获日军情报的事情保密，制造伏击的假象。

驻瓜岛的第339战斗机中队承担了此次任务。1943年4月18日凌晨时分，中尉兰菲尔等6人的攻击组和中队长米歇尔亲自指挥的12人掩护组出发了，为避开日军雷达，他们必须绕道，选择总共飞行两小时、总航程627千米的方案。18架P-38全部加装了大容量的机腹副油箱，处于超负荷状态，因此飞行员不得不使用襟翼来增加升力，尽管如此，飞机还是几乎要滑行到跑道尽头才离地升空。

远在800千米外的山本也早早起床，准备行装。

9时44分，山本以他一贯的守时作风，准点来赴这次死亡之约。几乎是大海捞针一样的长途伏击，竟然成功了！此时山本座机正准备降低高度着陆，突然一架零式战斗机出列，向右急转——远处十多架P-38正向北飞来。随即6架零式战斗机急速爬升，与米歇尔的掩护组缠斗起来。在接下去的短短3分钟时间，双方经历了一场你死我活的激战。

此时的卡希利机场上已经尘土飞扬，显然日

军飞机正在起飞，米歇尔不敢恋战，下令返航。返航途中，兰菲尔就迫不及待地向瓜岛报告："我打下了山本！"

兰菲尔最后一个着陆，着陆时燃料已经全部消耗干净，他是以滑翔方式落地的，他还没爬出座舱，机场的飞行员和地勤人员就一拥而上。作为击毙山本的功臣，兰菲尔提前晋升为上尉，并获得最高荣誉国会勋章，但为了不暴露破译密码的机密，兰菲尔被立即送回国，直到战争结束才公开了他的战功。其他参战人员都被警告如果将战斗详情泄露出去，将受到军法审判。

山本座机被击落的两天后，日军搜索小队发现了他，他坐在飞机坐垫上，手握军刀，姿态威严，胸口佩戴着勋章的绶带，肩章上是三颗金质樱花的大将军衔，不用查看其口袋中的笔记本，单从左手缺了两个手指，就明白无误地证明这正是山本五十六。经医护人员检查确定，一颗子弹从颧骨打进从太阳穴穿出，另一颗从后射入穿透左胸，山本在飞机坠毁前就已身亡，之所以还保持着威严的姿态，那是飞机坠地后唯一的幸存者高田军医摆放的，高田最终也因伤势严重又无人救护而亡。

4 月 18 日注定是美国人的纪念日：1942 年 4 月 18 日，杜立特尔率领的 B-25 轰炸机轰炸了东京，一年后的 1943 年 4 月 18 日，日本海军最出色的统帅山本被击毙。战后，击落了山本座机的话题随着 1960 年美军相关机密文件获准解密而被再次提起。认定由兰菲尔击落的理由是他在战斗结束后上报的战斗报告，而这份报告当时因出于保密原因一直没有公开，他的战友对此一无所知，一经美国国防部公开，究竟是谁击落山本的问题随之大白于天下。

除了托马斯·兰菲尔的回忆之外，更多的证据显示，兰菲尔的僚机雷克斯·巴伯才是真正击落山本座机的英雄。山本的尸检报告显示，从后方射来的子弹使其致命，与兰菲尔从右攻击的说法出入较大。柳谷谦治为山本护航的零式战斗机飞行员中唯一在世者，也指出了兰菲尔报告的诸多疑点。其中最有力的说法是，在低空的两架 P-38 在双方机群遭遇之后，兰菲尔的飞机向左，迎战零式；巴伯的飞机才是向右紧追山本座机猛烈开火的那一架。如果是兰菲尔击落了零式之后再掉头攻击山本座机的话，时间根本来不及，至少需要 40 秒，而山本座机从遭到攻击到被击落，不过区区 30 秒。日本东京航空博物馆在 1975 年的实地考察也显示，山本座机的两个机翼完好无损，与兰菲尔的报告完全不符，倒是与巴伯从后攻击的说法比较吻合。

以美国"王牌飞行员协会"为首的众多的民间人士和组织，对此进行了细致的研究和不懈的努力，查阅了大量相关资料，在很多专家学者的认可下，于 1997 年 3 月认定，巴伯一人击落了山本座机。生活在俄勒冈州特瑞邦农场的巴伯过着恬静平和的晚年。谈起击落山本的争论，他很平静："没有兰菲尔左转攻击前来救援的零式，也不可能击落山本。而第 339 战斗机中队中队长约翰·米歇尔，具体策划并亲自指挥了此次战斗，才是最大的功臣。"

然而，自 1991 年美国战绩评审委员会正式要求美国海军最后判定到底是谁击落了山本以来，迄今美国官方仍没有明确答复。至此，关于击落山本的公案成了永远的谜。

↗ 山本之死，对日本而言无疑是重大损失，图为日本为山本五十六举行国葬。

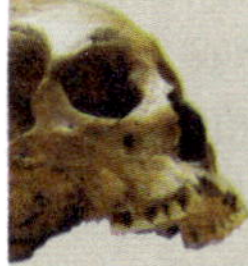

“007”原型是谁

1974年，被喻为英国历史上最成功的间谍达斯科·波波夫的传奇经历被编成自传。此后，以波波夫为蓝本创作的詹姆士·邦德（007）系列电影也获得了极大的成功，据说，波波夫真实的间谍生活比起电影中的007来一点也不逊色。

埃德加·胡佛

胡佛在二次大战期间指挥反间谍工作，他努力想把外国情报搜集工作揽于联邦调查局控制之下，但没有成功。他对波波夫的不信任使美军遭到巨创。

1912年，英国间谍达斯科·波波夫出生在一个富裕的南斯拉夫家庭。波波夫生性风流，算得上名副其实的花花公子。尽管艳史不绝，每到一处总要结识美女留情，但波波夫是一名天生特务，能操流利的意大利语、法语、英语和少许德语，是一名不折不扣的语言天才，他随即成为南斯拉夫特务网络的中心人物。

1940年2月，波波夫在家中接到好友约翰尼从柏林来的电报，约翰尼是波波夫1936年在德国弗赖堡大学结识的挚友，他们约好2月8日在贝尔格莱德塞尔维亚大饭店见面。而波波夫所不知道的是当时约翰尼已受雇成为纳粹间谍，这次来就是看准了波波夫在英国交游广阔，招揽他做间谍募集情报对抗盟军的。

关于当时的情况，在英国公共档案办公室新近解封的一批军情五处的机密情报档案中有比较详细的记载。1940年，波波夫不甘为德军所利用，于是主动请缨，马上找到了英国驻巴尔干国家的商务参赞斯德雷克，要求英国方面提供一些情报，以帮助他打入德国情报网。几天以后，伦敦批准了这个计划。波波夫依靠自己导演的双簧戏，成功打入德国间谍层，从此开始了他双重间谍的生涯。

《黄金眼》中的詹姆士·邦德

档案还记载了波波夫制造隐形墨水的配方，显示他爱用酒杯混合隐形墨水。此外，他的档案还包括大量载有日期的文件、隐形墨水明信片、印上“已拆开”或“检查”邮戳的邮件，及他寄给女友的信件。

1941年7月，波波夫被派到美国去发展一个谍报小组。他的德国上司对他说：“日本可能要同美国开战，我们也不能坐视。”此时，波波夫已经觉察到日本要偷袭珍珠港的种种迹象。

在征得英国情报当局的同意后，波波夫以南斯拉夫新闻部驻美国特派员的身份飞往纽约，在完成德国情报机构交给的任务后，他向美国联邦调查局通告了日本人侵美国的消息。经过英国情报机构与美国的斡旋，美国联邦调查局局长埃德加·胡佛召见了波波夫。

但胡佛似乎对他并不感兴趣，并因为波波夫生性风流，终日与法国电影明星纠缠在一起，而彻底把搜集情报的任务抛到脑后而大为恼火。虽然英国军情五处已通知联邦调查局，波波夫在为英国工作，但联邦调查局对此存疑。

波波夫对胡佛说：“我到美国，是为了帮助你们备战而来。我曾以各种方式给你们带来了严重的警告，确切地提醒你们，在什么地点、什么时间、什么人以什么方式将向你们国家发动进攻。”但胡佛根本不相信，波波夫扫兴而去。5个月后，日本偷袭珍珠港。

波波夫

这次糟糕的会见使波波夫十分失望，情绪异常低落地离开了。

1942年11月，波波夫再一次踏上了英国的土地。盟军对德国发出一些假的警告，并对德连续实施了“斯塔基行动”和“马基雅维里计划”，为的就是迷惑德国人。在“斯塔基行动”中，他们向德国情报机关提供假情报，说英国在加来港地区正准备发动一次大规模的两栖登陆，并把德国轰炸机群引诱到英国皇家空军的阵地，使德军处于易受攻击的境地。

在“马基雅维里计划”中，波波夫把伪造的文件和书信放到一个英国军官的遗体上，然后让这具遗体随海浪冲到西班牙海岸。遗体上的文件中有关于向希腊进攻的绝密卷宗，让德军“意外”地发现这具遗体和情报。同时，波波夫又在向德国人的报告中说，有许多英美军人应召在苏格兰接受跳伞训练，以及英国方面对最近的一起飞机失事事件顾忌重重等消息。柏林当局立即向撒丁岛增派部队，潜水艇也奉命开往克里特。结果，西西里的防御力量削弱了，使巴顿将军轻而易举地冲进巴勒莫城。

1944年5月上旬，随着情报的增多，双重间谍的工作量很大：他们认真编造和研究信息，使它们与盟军的战略计划相吻合，并取信于敌。然而，要想使如此众多的情报不出现纰漏简直不可能，果然，后来一些细节性错误引起了德国情报部门的注意。

1944年5月中旬的一个深夜，英国军情六处的人急匆匆地赶来告诉波波夫，让他乘敌人还未发觉，赶快回葡萄牙里斯本通知其他人员转移，然后潜逃到比利时。

波波夫于是星夜兼程地赶到里斯本，开始营救和组织逃亡工作。然而一切都为时太晚，那些正在工作的谍报人员都没能逃脱纳粹的魔爪，他本人也险些被纳粹抓获。

1944年6月6日盟军登陆法国前夕，波波夫曾协助盟军瞒骗德国，令德军从盟军登陆的地点诺曼底转移到别的地方，居功至伟。

波波夫参与了二战期间许多重大情报活动。他对从事间谍工作的人的评价是：这是一群神秘的人，他们无孔不入，无处不在。胜利了不可宣扬，失败了不能解释。我的武器就是谎言和欺骗，我自己还卷入了一些违背正常社会准则的行为，包括谋杀。但我并没有觉得内心不安，因为这只是战斗对我的考验。

英国在战后两年确认波波夫的功绩，在1947年向他颁授OBE勋章（即英帝国官佐勋章）。

波波夫有句名言：“要使自己在风险丛生中幸存下来，最好还是不要太认真对待生活为好。”有关波波夫的各种版本的传奇故事始终在人们中间流传，007的出现更为了解真实的波波夫设置了重重障碍。

用隐形墨水书写的情报

这条手绢上用过化学药品的部分字迹被显示出来。

谁摧毁了希特勒的原子弹美梦

1944年12月27日上午10时45分，一声闷雷似的爆炸声忽然响起，声音来自挪威电力化工厂诺斯克氢化工厂。

这一声爆炸背后蕴藏着第二次世界大战期间一个令人难以置信的故事。同它一同灰飞烟灭的是希特勒想占有第一颗原子弹的梦想。这个故事谱写了英军特种作战史上最辉煌、最动人的篇章。

重水是用于取得铀235制作过程中控制原子核反应的理想减速剂。但当时盟国没有获得足够量的重水，且提炼重水需要一年半时间，只好用石墨作代用品。1940年4月，国际科学家之间流传着小道消息说，德国的凯瑟·威廉研究所正在进行一项广泛地企图分裂原子的试验。接着，正当美国的名为“曼哈顿计划”的研制原子弹的计划在1942年开始之时，从英国负责经济战的情报机构传来了一个惊人的情报：德国人已经命令挪威的电力化工厂诺斯克氢化工厂，每年把重水的年产量从1360千克增加到4500多千克。

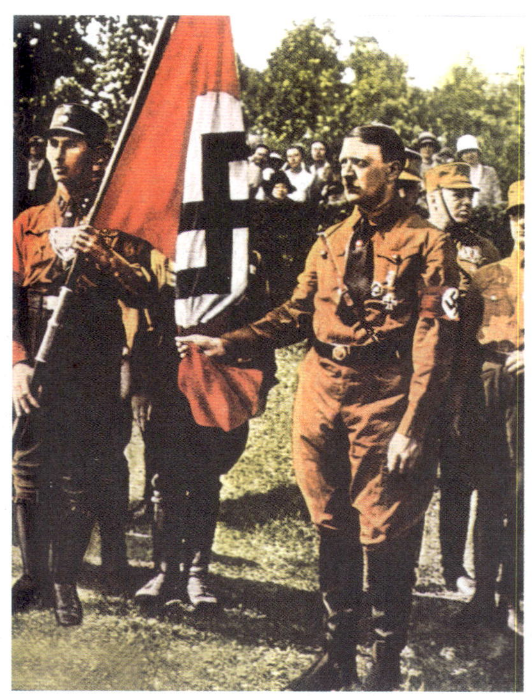

醉心于战争的希特勒

美国和英国最高当局一下子面临一个巨大的危机：这是否意味着德国可能先于盟国制造出原子弹呢？罗斯福和丘吉尔对此忧心忡忡。当时的英国外交大臣哈利法克斯勋爵不无忧虑地指出：“这意味着希特勒决意将恫吓付诸实施。”

于是，如何摧毁诺斯克氢化工厂和破坏它的重水储存，成了英国战时内阁首要考虑的问题。英国空军参谋部报告，由于这个工厂四周为崇山所包围，使用现有飞机进行直接目标的轰炸是行不通的。这只能是突击队干的活。

在第二次世界大战期间，英国非常重视特种作战的价值，着手培养了一支训练有素、具有深入敌后作战能力的部队，并成立了特种作战司令部，亦称特别行动署。它专门以爆破、淹没等特殊手段削弱德国的物质力量，因此，丘吉尔形象地称它为“非绅士风度作战部队”。这支部队令法西斯魁首希特勒坐卧不宁。

艾因纳尔·史吉纳兰德被英国特种部队总部派到伦敦。这个聪明、体格健壮的人是个滑雪能手和神枪手，这对于他将要从事的工作提供了重要条件。更为有利的是，他过去一直就住在诺斯克氢化工厂附近，他还有个兄弟和一些朋友在那里身居重要职位。

史吉纳兰德很快学会操作一台电力强大的短波收发报机，而且学会了跳伞。不久他得到命令：立即潜回挪威，收集一切有关诺斯克氢化工厂的情报，并发回伦敦，在那里等待增援小组的到来。到达挪威后，他非常谨慎小心地把他的那些最信得过的朋友组织起来，成立一

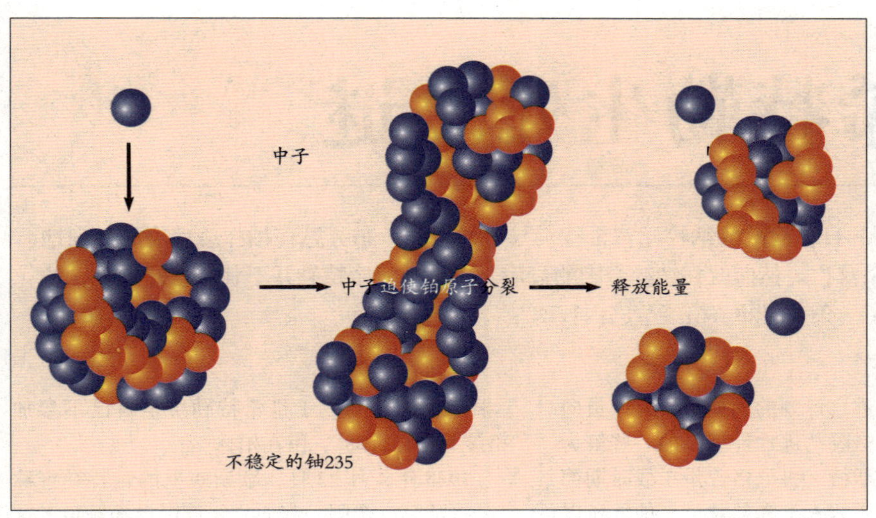

↗铀原子分裂示意图

↗氘和氧发生作用后就形成了重水

个提供有关工厂各种信息的“联络网”。这些信息被立即发往伦敦的中央情报机构。因为有了史吉纳兰德准确的报告，“燕子”计划开始实施。先是第一批的4名突击队员空降到工厂附近。11月9日，远在伦敦心急如焚的联合作战部军官终于听到他们等待已久的突击队员们发来的信号。他们在诺斯克氢化工厂附近已安排就绪，同史吉纳兰德已联系上，并且已用无线电和着陆信号作为标志，准备迎接滑翔部队送来的破坏小组。

11月19日，两架轰炸机（每一架牵引着一架满载伞兵部队的滑翔飞机）从英国起飞了。但是几小时之后，在挪威的一位特工人员用无线电发来报告说，轰炸机和牵引飞机坠毁，机上所有人员不是死亡就是被俘了。

在伦敦，陷于绝望的联合作战部只得一切从头开始。12月下旬，另一项代号为“炮手行动”的计划准备付诸实施。一天晚上，6名挪威特种部队成员跳伞降落在冰雪覆盖的斯克莱根湖面上，那里离突击队员隐藏的地方近50千米。

12月27日上午，他们终于到达了山顶，沿着铁路匍匐向前爬行。距工厂150多米时，他们可以听见工厂机器的轰鸣声。大门里面却没有动静，几个人端着汤姆枪，迅速占据了有利地势，包围了住着12个德国卫兵的营房。由于他们工作出色，小组仅用了几分钟的时间就找到了安装电缆线的隧道，它一直通向毗邻浓缩铀部门的一个房间。

正在那间房里值班的德国警卫见到两支手枪枪口对准着他，立刻安静地言听计从。乔基姆检视了储藏罐、管道和机器，并在会造成最大损坏的地方，用颤抖的手把炸药安装完毕。他时时担心的警报器会突然嘶叫起来的情况并没有发生。他点燃了30秒钟引爆的导火线后，要卫兵和一位挪威人赶快跑开。刚跑到地下室近20米远的时候，传来一声爆炸巨响。

警铃之声大作，当酣睡的德国兵纷纷从房子里蹿出来时，乔基姆和他的小组成员已经消失得无影无踪。他们只能眼看着极其珍贵的450多千克重水从炸碎了的储存罐里涌流出来，顺着工厂的污水沟流走了。

随后，德国的司令官冯·法尔根霍斯脱将军气急败坏地走进弗马赫，视察着工厂被破坏的情况。他边看边骂：“这是我所见到过的最厉害的袭击。”接着，德国国防军的1个师、德军滑雪巡逻队和低空侦察机1.2万人开进了这个地区，搜寻了全部山头、大路和小道，但是没找到任何一个突击队员。

经过了难以想象的艰难路程，6个特种部队队员都安全地撤离了危险之地，有的飞回了伦敦，有的则留下来继续进行其他的地下工作。

希特勒的原子弹美梦就这么破灭了，甚至连是谁坏了他的好事都不知道，这的确是英军特种兵史上非常出色的演出。

希特勒生死之谜

1945年4月30日，战败的纳粹元首希特勒与情妇爱娃·布劳恩在柏林总理府的一间地下室中双双自杀身亡。然而就在纳粹帝国的最后一段日子，希特勒并不甘心就此失败，他曾经秘密策划了一个大胆的“格陵兰逃亡行动”。

一名参与当年逃亡计划的前德军研究人员向媒体披露了纳粹“格陵兰逃亡计划”的一些鲜为人知的内幕。厄内斯特·科尼格曾是二战时期德国先进水上飞机的研究人员和驾驶员，他之所以对纳粹元首试图在二战末期通过水上飞机出逃格陵兰的计划了如指掌，是因为他曾亲自参与纳粹大型水上飞机的研究和制造。在一些英国朋友的劝说下，科尼格终于把这个本打算保留到自己死去的秘密大逃亡计划公之于众。

1945年4月初，科尼格接获命令，要求他们准备两架BV-222水上飞机，并做好长途飞行的准备，据说乘坐飞机的将是元首和其他30多名纳粹高官。随后，特拉沃明德市的港口码头源源不断地有大量雪地设备包括雪橇、帐篷和食品等都被送来。

事后，科尼格才知道这次帮助纳粹高官出逃的计划被称作“格陵兰行动”，包括希特勒以及德国空军元帅戈林，纳粹党卫军首脑希姆莱，德国海军总司令、希特勒的继承人卡尔·邓尼茨上将等纳粹高级官员都将乘坐飞机撤退到北极的格陵兰岛。

“格陵兰行动”计划出发点定在德国基尔市的一个港口，逃亡的纳粹高官将在那里乘水上飞机飞往丹麦格陵兰岛。但事情并不像事先想象的那么顺利，在二战的最后几周，柏林被苏军重重围困，希特勒的私人秘书和副手马丁·波曼则在试图逃离柏林时死于非命。由于根本无法脱身，于是希特勒决定自己不参加“格陵兰逃亡行动”，留在柏林。

1945年4月22日，歇斯底里的希特勒宣称自己将随第三帝国一起而亡，德国已经输掉了这场战争，他还告诉残余的纳粹高级官员各自逃生。不久，当希特勒自杀的消息传出后，最后一架已经装备好的BV-222水上飞机在特拉沃明德市被研究人员炸毁，至此逃亡计划彻底失败。

到了1945年5月4日，苏联侦察员在帝国总理府花园的一个弹坑里发现了两具焦尸，推测为希特勒和爱娃。然而，斯大林并不认为希特勒已经死了，说他只是隐匿起来了。但是，多方证据显示，希特勒的确消失了。

直至1956年，德国行政民事法庭的审判官们在听了48名证人的证词后认定：1889年出生的阿道夫·希特勒已不在人世。但是，在开庭的时候许多重要证人都没有出庭，很多极其重要的文件也没有举证，而当初给希特勒做过假牙的牙医和他的助手这两个极其关键的证人也都在事后翻了供，称并不能确定焦尸身上的假牙一定是希特勒的。

有关假牙的认定，在1945年时，苏联军官把希特勒的颅骨给牙医看，他说自己认得给希特勒做过的那几颗假牙。但是，到了1972年他推翻了这个说法。说并不能肯定那一定就是希特勒

战争末期的希特勒

1945年初，几乎绝望的希特勒离开了位于东普鲁士拉斯坦堡的司令部。

检阅童子军

希特勒始终认为自己命中注定得胜，不但不肯投降，反而在战争的最后阶段命令年轻人上前线。

1945年5月德国纳粹在投降书上签字

的颅骨；他的助手也发表了同样的言论。两个关键证人的翻供彻底否定了先前的结论，因为，当初苏联尸检专家鉴定的依据恰恰就是他俩的证言。

此外，希特勒开枪自尽时在沙发上留下的血迹经过鉴定证明并不是血，只是色泽相像的液体。就连被认为是希特勒的那具焦尸上的血型也和希特勒本人的血型不符。当时还有一个流行的说法：1945 年 4 月 30 日，希特勒在对太阳穴开枪前曾服毒，但在尸体鉴定时，并未发现服毒痕迹，焦尸的大脑内也未发现弹痕。

种种迹象表明，希特勒根本不是自杀死在地下室，那具烧焦的尸体根本就是替身。

既然希特勒没有自杀，为什么爱娃却服毒了？看来是为了让这幕戏演得更逼真些。希特勒的副官京舍的证言说他曾下令让警卫离开通向希特勒套间的房舍。希特勒在隔壁换了装，改变了外貌，不该知道这一秘密的人，事先都已经被清理出地堡。

众所周知，4 月 30 日午夜，4 万多人逃出帝国总理府防空洞，夹在人群中希特勒很容易就能混出去。那时候，柏林和德国其他地方到处是无家可归的人，希特勒也可以不费吹灰之力就消失在人流中。

希特勒警卫队成员凯尔瑙在事后供称，5 月 1 日他见到过希特勒。此外，外国报刊战后也立即出现了有关希特勒撤到阿根廷（或巴拉圭、西班牙、爱尔兰）的报道，只是并没有确凿的证据罢了。还有一个更加关键的证据出现在丹麦的北海海滨，一只密封的玻璃瓶里面装着一名德国潜艇水兵的信，信中说潜艇撞上了沉船，破了个大洞，部分艇员逃生，希特勒就在这艘潜艇上，但他在艇尾紧闭的舱内，无法脱身。这意味着希特勒并未自杀死在地下室，而是死在沉没的潜艇中。

如今，帝国总理府花园内发现的尸首也已无法重新鉴别了，因为 1970 年，在苏联克格勃主席安德罗波夫的命令下，那些尸体已经被挖出并彻底焚毁，骨灰随后抛入河中，焚毁的全过程保存着完整的记录。

希特勒死在地下室还是潜水艇？是和情人一起自杀还是逃亡途中遇难？也许谁都没有百分之百的证据，二战历史中有关希特勒末日这段记载远远没有画上句号。希特勒的生命结束得极其阴暗，落得死无葬身之地的下场。这也许是一切独裁者应有的结局。

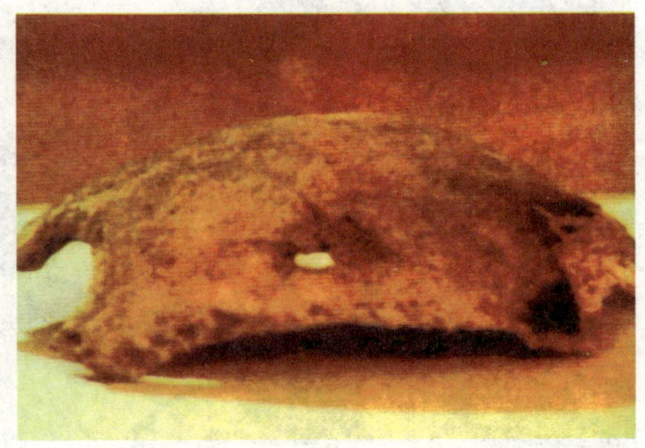

希特勒有弹孔的头骨

这似乎可以证明希特勒的确自杀了，然而其他种种有根有据的传闻又该如何解释呢？

蒙古皇帝蒙哥死因难明

众所周知，蒙古铁骑曾经横扫欧亚许多地方，蒙哥大汗更是蒙古杰出的军事首领。他的军队以剽悍著称，攻破许多城池，然而在向“倚天拔地，雄峙一方，三面临江，开势陡绝”的合州（今四川省重庆市合川区）钓鱼城进攻时，受到了重创，所谓的“上帝之鞭”折于城下。

南宋宝六年（1258）二月，蒙古大汗蒙哥（元宪宗）亲率御营亲兵10万人，分三路进攻四川，连克南宋许多州县，兵临钓鱼城下。蒙哥由于入川以来连连获胜，根本不把钓鱼城放在眼里，并狂妄宣称：“不出一月，我将踏平钓鱼城。”可是，从1259年2月起，蒙哥亲自指挥蒙古军数次进攻，损兵折将，连总帅先锋汪德臣也毙命于钓鱼城下。7月，蒙哥这位横扫欧亚无敌手、使欧洲人闻之丧胆的“上帝之鞭”也折于城下。钓鱼城也因之而被各国史学家称为“东方的麦加城”“上帝折鞭处”。但由于史料对蒙哥死因记载不明，因而，蒙哥的死因，引起了史学家的诸多猜测，至今仍缺乏有足够说服力的观点，流传的主要有以下几说：

一是被宋军射死的。南宋著名诗人刘克庄在《蜀捷》诗里说：“吠南初谓予堪侮，折北俄闻彼不支。挞览果歼强弩下，男章有入槛车时。”叙利亚阿部耳法剌底编著的《世界史节本》，翦伯赞主编的《中国史纲要》，张传玺、李培浩编著的《中国通史讲授纲要》对蒙哥之死都持飞矢射死的观点。现存于四川省重庆市合川区钓鱼城旧址钓鱼山忠义祠内，明正德十二年（1517）合州所立的《新建二公祠堂记》石碑碑文也说蒙哥是“中飞矢而死”。

二是因进攻连连受挫，最后忧虑而死。南宋人黄震编著的《古今纪要逸编》认为蒙哥因为屡攻合州钓鱼城不克，且多次被合州知州王坚挫败于钓鱼城下，败辱之至，以致愤死军中。

三是溺水死亡。口授而成的《海屯纪年》说蒙哥是在进攻宋军时，乘坐的战船被宋军潜水者凿穿船底，落水而死。

蒙古军作战图　元

四是生病医治无效而死。波斯政治家和文学家剌施特哀丁编著的《史集》中说，蒙哥好饮酒，时天气炎热，蒙哥军中流行痢疾，蒙哥亦染疾而死。清人毕沅在《续资治通鉴》也持这种说法。

五是为炮风震伤而死。清代《古今图书集成》中的《钓鱼城记》一文中说蒙哥是在架设望楼窥视钓鱼城时，遭到城内宋军的炮石轰击，蒙哥为“炮风所震，因成疾。班师至愁军山，病甚……次过金剑山温汤峡（今四川重庆北碚北温泉）而殁”。1484年，明朝四川巡按谢士元在《游钓鱼山诗序》里也说蒙哥是遭“炮风致疾”而死。民国时张森楷先生主持编修的《合川县志》也有相同记载，并说蒙哥中炮风的地方就是今钓鱼城嘉陵江对岸的东山（现称炮台山）。1980年出版的西南师范学院历史系编写的《钓鱼城史实考察》一书采纳了《钓鱼城记》的观点，还说合州知州王坚在蒙哥中炮风之后，又命人把从钓鱼城天池里捞起来的30多斤重的大鱼和几百个面饼送到蒙哥营中，并附书一封，告诉蒙哥把鱼煎了和面饼吃，并说城里粮食和水都很充足，蒙哥再有10年也攻不破钓鱼城。重伤中的蒙哥见到物和信，又羞又气，退兵温汤峡而亡。

六是炮石所伤致死。刘译华、冯尔康编著的《中国古代史》及邱树森著的《元朝史话》均采纳此种观点，认为蒙哥在率军攻城时，被宋军所发炮石击中，因伤势过重而死。

综上所述，蒙哥究竟为何而死于钓鱼城下，尚未有定论。“上帝之鞭”究竟如何断折，有待进一步考证。

知识链接

蒙哥汗与钓鱼城保卫战

1234年宋、蒙联合灭金后，南宋出兵欲收复河南失地，遭蒙军伏击而失败。

1235年，蒙古侵略军在西起川陕、东至淮河下游的数千里战线上同时对南宋发动进攻，宋蒙战争全面爆发。

1251年，蒙哥登上大汗宝座，稳定了蒙古政局，并积极策划攻宋战争。

1252年，蒙哥汗命其弟忽必烈率师平定大理，对南宋形成包围夹击之势。

1254年，合川守将王坚进一步完善城筑。四川边地之民多避兵乱至此，钓鱼城成为宋军兵精食足的坚固堡垒。

1257年，蒙哥汗决定发动大规模的侵宋战争，率蒙军主力攻四川。以四川作为战略主攻方向，意欲发挥蒙古骑兵长于陆地野战而短于水战的特点，以主力夺取四川，然后顺江东下，与诸路会师，直捣宋都临安（今杭州）。

1258年，蒙哥挟西征欧亚非40余国的威势，分兵三路侵宋。蒙哥自率的一路军马进犯四川。

1258年秋，蒙军相继占据剑门苦竹隘、长宁山城、蓬州运山城、阆州大获城、广安大良城等，迫近合川。

1259年2月，蒙哥兵临合川钓鱼城。蒙哥东征西讨，所向披靡，然而在钓鱼城主将王坚与副将张珏的顽强抗击下，却不能越雷池半步。7月，蒙哥亡。

钓鱼城保卫战长逾36年，写下了中外战争史上罕见的以弱胜强的战例，钓鱼城因此被欧洲人誉为“东方麦加城”“上帝折鞭处”。

钓鱼城作为山城防御体系的典型代表，在冷兵器时代，充分显示了其防御作用，它成为蒙古军队难以攻克的堡垒。

钓鱼城遗址

据说蒙哥进攻南宋途中在此被宋军射中数箭，不治身亡。

李自成兵败后的生死之谜

明崇祯元年（1628）七月至十七年（1644）三月，李自成、张献忠等部农民军从小到大，从分散到集中，从游击流动作战到运动流动作战，南征北战，不断壮大，几十万大军所向披靡，终于推翻了政治腐败、经济崩溃、摇摇欲坠的明王朝。后因负责镇守山海关的明将吴三桂与清军勾结引其入关，李自成不得不领兵退出北京，转战河南、陕西、湖北等地，最后不知所终。

后人对于李自成死于何地、何年，以及怎样死的，早有结论但又一直有争议。围绕这一问题，形成了两种对立的观点：一种观点认为李自成兵败后在湖北通山遇害，简称为“通山遇害说”；另一种观点认为李自成率领大军顺利转移至湖南，后来禅隐石门夹山寺，秘密指挥大顺军联明抗清20年，简称为“夹山禅隐说”。

清硕英亲王阿济格的奏疏是清政府关于李自成死于顺治二年的最早记载，也是清军前线最高指挥官的战报，其来源于农民军中被俘或投降的将士的口供，是可信的史料之一。阿济格奏疏称“贼兵力穷，窜入九宫山”，李自成“为村民所困，不能脱，遂自缢死”。

南明总督湖广、川、贵、广东、广西五省军务兵部尚书何腾蛟的奏疏中也有关于李自成在九宫山被杀于乱刃之下的奏报，其内容来源于原农民军将领刘体仁、郝摇旗、袁宗第、蔺养臣、王进才、牛有勇等的“众口同辞”，还有目击李自成“被乡兵杀死马下”的刘伴当。

从南明与清政府两个敌对政权几乎同时发布的消息看，排除了它们互通消息的可能。顺治三年五月，清摄政王多尔衮亲自审批的一份文件用更明确的语言指出：“加以英王谋勇兼济，立剪渠魁，李自成授首于兴国（当时通山县隶属兴国州）八公山，无噍类矣。”这一珍贵档案说明，清政府确信李自成已死。

著名学者王夫之在他所著的《永历实录》中有两处记载李自成之死。在卷七中写道：“李自成渡江，如无人之境，由蒲圻走死九宫山。”在卷十三又写道：“五月，自成至九宫山，食绝，自率轻骑野掠，为土人所杀。”

以上所列材料仅仅是一些具有代表性的资料，它们在细节上很不一致，如有自杀、他杀之说，死的地点有九宫山、八公山、罗公山，死的时间有顺治二年四月底、五月、秋九月，顺治三年，顺治五年等。从清初30年的文字记载来看，尽管说法不一，但李自成兵败遇害是一致的。

李自成雕像

另有一说是说李自成在夹山寺隐居。

乾隆十五年（1750）《澧州志林》中说夹山灵泉禅院（俗称夹山寺）旁有石塔，“塔面大书‘奉天玉和尚’；前立一碑，乃其徒野拂所撰，文载‘和尚不知何氏子’”，于是产生了一个很大的疑问：

李自成行宫遗址

“夫‘奉天’岂和尚所称？”走遍全寺，发现该寺藏有奉天玉画像，比照《明史·流贼传》中描绘的李自成状貌，认为两者相同，于是形成了李自成“禅隐”夹山寺的说法。《书李自成传后》一文收入在《澧州志林》卷二十三《艺文志·辩》中，此文成为夹山“禅隐”说的主要依据。

“禅隐”说的一个重要根据是，“奉天”不能为和尚所称。其把地名“奉天”当成法号，有人联想到李自成曾自称“奉天倡义大元帅”，于是石门夹山寺的奉天和尚便被想当然地认为是李自成。

另外，夹山寺里所藏奉天玉和尚的遗像“高颧深颔，鸱目曷鼻，状貌狰狞，与《明史》所载相同”，故有人断言“其为自成无疑”。在《明史·流贼传》中对李自成的声音状貌描写是：“高颧深颔，鸱目曷鼻，声如豺。”这是古籍中对敌人的公式化、一般化的描绘，然而，《明史》编撰者无一人见过李自成的状貌，或听过李自成的声音，怎么看见了夹山寺所藏奉天玉和尚的遗像，就能辨认出是李自成呢？

除去文史资料中的记载，夹山寺的《康熙碑》《道光碑》上都载有奉天玉和尚是顺治壬辰年（顺治九年）到夹山灵泉寺的，而李自成是顺治二年五月在历史上消失的，可见这个奉天玉和尚与李自成无关。

另外，“禅隐”说者据以立论的有力证据是奉天玉和尚墓，然而，墓没有得到好好保护，相反，因为未按国家公布的文物法规科学地发掘、清理和鉴定，破坏了奉天玉墓原貌，改建成“闯王陵”，使原有文物失去了它应有的价值。因而，李自成隐居于夹山寺一说，也不能成为定论。

无论是通山九宫山“遇害”说，还是石门夹山寺“禅隐”说，各自都有尚未解决的难点，都需要进行更深入的研究。

知识链接

李自成称王

1639年张献忠在谷城（位于湖北襄樊）起义，李自成从商洛山中率数千人马杀出。1640年李自成趁明军主力在四川追剿张献忠之际入河南，收留饥民，郑廉在《豫变纪略》载李自成大赈饥民的盛况：“向之朽贯红粟，贼乃藉之，以出示开仓而赈饥民。远近饥民荷锄而往，应之者如流水，日夜不绝，一呼百万，而其势燎原不可扑。”自此李自成军队发展到数万，提出“均田免赋”口号，即民歌之“迎闯王，不纳粮”。崇祯十四年正月二十日（1641年1月）攻克洛阳，杀万历皇帝的儿子福王朱常洵，从后园弄出几头鹿，与福王的肉一起共煮，名为“福禄宴”，与将士们共享。称“奉天倡义文武大元帅”。之后在一年半之内三围省城开封未果，最后一次1642年黄河决堤冲毁开封。先后杀死陕西总督傅宗龙、汪乔年。10月在河南郏县败明陕西巡抚孙传庭。与此同时明朝对清朝战事不利，3月，洪承畴降清。11月，清军第五次入塞，深入山东，掠走36万人。

1643年1月李自成在襄阳称“新顺王”。3月，杀与之合军的农民领袖罗汝才。4月杀叛将袁时中。5月张献忠克武昌建立“大西”政权。10月，李自成攻破潼关，杀死督师孙传庭，占领陕西全省。1644年1月李自成在西安称帝，以李继迁为太祖，建国号“大顺”。

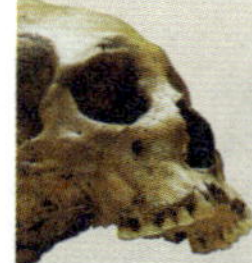

施琅是叛徒还是忠臣

施琅（1621~1696），字尊侯，号琢公，福建晋江人。他曾是郑成功最为得力的将领。不过后来，战功卓著的施琅不小心触怒了郑成功，结果父子3人都被扣押起来。施琅用计得以逃脱，他父亲和弟弟却惨遭杀害。1652年，施琅投降清廷，立志打败郑成功，收回台湾，以报家仇。人们常常有这样的疑问：施琅背叛了明朝难道不是叛徒吗？他收复了台湾推进了统一中国的步伐怎么不是爱国的功臣呢？

有学者认为，要评价明清之际历史人物施琅，首先不能站在明朝的立场上，更不能充当明朝的遗老遗少，要客观地认识到清朝是中国历史上的一个重要王朝，满族是中华民族的一个重要成员。在此前提下，对施琅做出评价，就会比较客观，比较接近事实。

施琅青年时个性极强，常常与脾性相同的郑成功发生冲突。顺治八年（1651），施琅因反对郑氏“舍水就陆”的战略方针和强征百姓粮饷的做法，与郑氏产生了尖锐的分歧。次年四月，施琅捕杀了手下一名改投郑成功的清兵曾德，然而曾德原在郑氏军中地位较高，虽一度隶属于施琅部下，无论犯法与否，也无论施琅是否已经解除兵权，施琅都无权擅自将他处斩。于是，郑成功盛怒之下便将施琅及其父施大宣、其弟施显投入牢中。施琅被捕后竟然奇迹般地逃到大陆，藏在副将苏茂家中，并请人从中调停。但郑成功非但不接受调解，反而派人前去刺杀施琅。行刺失败后，郑成功一怒之下于七月间把施大宣、施显处斩，将施琅逼上了投清之路。

施琅降清后任福建水师提督。他之所以力主收复台湾，目的是祖国的统一，认识到只有使“四海归一”，才能使“边民无患”。后来，他几经周折，拼力说服清廷不可放弃台湾，最终使清廷下决心在台湾设府建制。施琅为实现收复台湾的理想进行了不懈的努力，他的爱国思想和行动可以从如下三方面加以评价。

第一，清朝平定三藩之乱以后，郑氏政权已无恢复明室的可能，只想保住在台湾割据的局面。他们在与清朝的谈判中，多次要求“不剃发，执朝鲜事例”“称臣纳贡”“世守台湾”“照琉球、高丽等外国例，称臣进贡”。他们的这种设想，从主观上看未必要分裂中国，但客观效果则不堪设想。如果清朝同意郑氏政权的要求，台湾这块自古以来的中国领土，就会在那时从祖国分割出去。而那时的康熙帝正好采纳的是

施琅水师指挥台

施琅被康熙帝任命为福建水师提督后，便积极整顿水师，演练军队。这是他当年操练水师的指挥台，位于福建东山县九仙山下。

大学士明珠的意见，决定先招抚，招抚不成，再用武力。于是，在遣使与郑氏代表谈判中，做出了很大让步，即郑氏归顺清朝以后，可以在台湾居住，“保境息民”，但郑氏必须成为清朝臣民，台湾必须成为中国领土的一部分。对于这样的让步郑氏政权依然没有同意。不久，郑经病死，郑氏内部彼此争权，政局动荡。这时力主乘胜收复台湾的福建总督姚启圣认为，征台的时机已到，就向康熙帝再次奏请进取台湾，并推荐施琅任福建水师提督。此奏很快得到康熙帝的同意。

师泉井

据传施琅在平海卫练兵时，饮用水奇缺，施琅在天后宫焚香求神，天后宫前的苦水井中涌出甘泉，可以满足3万名将士的饮水需求，施琅因此立“师泉”碑于井边。

从以上史实不难看出，清朝用施琅征台，已不是民族战争的继续，更不是什么明清两个帝国之间的对抗（那时的明朝早已不存在，就连南明诸政权也早已相继结束），而是清朝要么收复台湾，要么允许台湾从中国领土上分割出去。

众所周知，清代奠定了现代中国疆域的基础，使统一的多民族国家得到进一步巩固和发展。施琅正是完成清初统一大业的重要历史人物之一，他在中国历史上的重要作用不言而喻。

第二，清军攻下澎湖以后，有人向施琅进言：“公与郑氏三世仇，今郑氏釜中鱼、笼中鸟也，何不急扑灭之以雪前冤？”施琅却说：“吾此行上为国、下为民耳。若其衔璧来归，当即赦之，毋苦我父老子弟幸矣！何私之有与？”他还向郑氏手下的人声明：“断不报仇！当日杀吾父兄者已死，与他人不相干。不特台湾人不杀，即郑家肯降，吾亦不杀。今日之事，君事也，吾敢报私怨乎？”施琅的胸怀可见一斑。

施琅故坊石刻

施琅率兵击败郑军，收复台湾，立下丰功伟绩，这是为表彰他而制的石刻。

第三，收回台湾后，清廷内部发生了一场针对台湾的弃留之争。许多大臣对台湾的历史、地理缺乏认识，竟然认为台湾地域狭小，得到了不会增加领土面积，失去了也不会有太大损失，就连康熙皇帝也这么认为。

众大臣中只有少数人主张守而不弃，其中包括施琅。在台湾弃留之争中，施琅挺身而出，力排众议，坚决反对放弃台湾，并奏请朝廷设官兵镇守。为此，他还专门给康熙帝写了《恭陈台湾弃留疏》，反复陈述台湾的战略地位的重要性，指出台湾是关系到江浙、福建等地的要害所在，如果弃而不守，必将酿成大祸。更可贵的是他高瞻远瞩地指出，如果放弃台湾不守，无论是荷兰人还是叛徒随时可能乘隙而入，而台湾如果再次被外国侵略者所侵占，那时恐怕后悔都来不及了。在施琅等人的力争下，康熙帝很快改变了原来的主张，决定对台湾设官治理。

在施琅的故乡福建省晋江市施琅纪念馆中，有这样一副对联：“平台千古，复台千古；郑氏一人，施氏一人。”这是对郑成功和施琅功绩客观、完美的写照。至于施琅究竟是叛徒还是忠臣，自有后人评说。

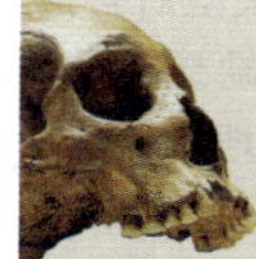

李秀成投降书是真是假

“忠王”李秀成，太平天国后期重要的领导人之一，也是太平天国人物评价上争议最大的人物之一。当太平天国的京城被清军攻破后，他不幸被湘军俘虏。被俘后的李秀成一改往日之英勇，竟然在曾国藩的囚笼里写下了长达五六万字的《亲供》，即后人所说的《李秀成自述》。这篇《自述》使李秀成成了一个晚节不保的叛徒，给自己之前十余年无所畏惧的征战历程抹了很大的污点。但是很多学者对李秀成投降书的真伪问题提出了质疑：李秀成真的是叛徒吗？李秀成的投降书是真的吗？

李秀成投降书的原稿在后世一直不为外界所知。当时李秀成被害后，曾国藩命人将他的《自述》删改、誊抄了一份上报军机处，这份誊抄的文本后来由九如堂刊刻，即所谓的“九如堂本”。当曾国藩的刻本问世后，人们对其真实性提出了种种怀疑。

李秀成像

有人从根本上否认了这个投降书的真实性。如英国人呤唎的《太平天国革命亲历记》一文说：“1852年，在太平军占领南京以前，清朝官方即已捏造一篇他们名为《天德供状》的文件，伪托是叛军领袖的供状，谎称他们俘获了这个领袖。《忠王自述》很可能也是同样靠不住的。这篇文件或为某个著名的俘虏所伪造（他可能因此而得赦免），或为两江总督曾国藩的狡猾幕僚所伪造。”呤唎认为李秀成投降书根本就是别人伪造的，甚至李秀成被俘虏一事也可能是伪造的。

1944年，广西通志馆的吕集义来到湖南湘乡曾国藩的老家，在百般请求下终于在曾家的藏书楼中阅读到了“投降书”的原稿，抄补了5000多字，还拍摄了14幅照片，之后根据这些文字和原来“九如堂本”的2.7万多字出版了《忠王李秀成自述原稿校补本》。罗尔纲先生根据吕氏的校补本和照片进行研究，写出了《忠王李秀成自传原稿笺证》。该书以笔迹、语汇、用词、语气、内容等方面的鉴定作为依据，指出曾国藩后人出示的李秀成《自述》的确是忠王的亲笔。例如，罗尔纲先生一字一句、一笔一画地拿“原稿”和庞际云收藏的李秀成亲笔答词28字真迹对照，还征求了笔迹鉴定专家的意见，最后断定“原稿”是真品。从内容看，“原稿”十分清楚地描述了从金田起义到天京陷落14年间的每个过程和细节，这是曾国藩难以捏造的。此外，罗尔纲还指出，“原稿”的称谓大都遵循太平天国的制度，这也不是旁人能够清楚知道的，曾国藩等人也不可能做到自然地遵守。而“原稿”中大量李秀成家乡的方言，更是曾国藩等人无法伪造的。

罗尔纲的这一观点曾一度成为定论，但是，随着曾氏后人所存的“原稿”的出版，更多人看到了李秀成《自述》的全貌，在20世纪80年代前后，学术界再次掀起了一场论战。如荣孟源曾经两次撰文断定这份“原稿”并不是李秀成的真迹，而是“曾国藩修改后重抄的冒牌货”。他的理由主要包括以下几点：

首先，根据其他史料记载，李秀成的自述一共写了9天，每一天若干页。按照常理，全文应该有8个间隔，但是今天所见的《李秀成自述》“原稿”的影印本文字相连，每天都写到最后一页纸的最后一行字，看不出每天的间隔。何况，既然是每天各交一些，真迹就应该是散页或分装成9本，但是今本是一本装订好的本子。由此可以推测，所谓的“原稿”显然是曾国藩派人将李秀成每天所写的真迹汇抄在一起的。

其次，根据很多材料的记载，李秀成当时写了5万多字，然而今天的“原稿”影印本却只有36000多字，那少了的1万多字到哪里去了呢？显然应该是被曾国藩撕毁了。既然是被撕毁，那么“原稿”的内容就应该上下不相衔接。可是在影印本中，每页都标有页码，整齐清楚，并且前后内容完全相连，人为的痕迹十分明显，显然是删节后的抄本。

第三，从写作的形式等方面看也有问题。太平天国有严格的书写规定，而“原稿”的影印本中出现的“上帝”“天王”等词多数并不抬头；一些字该避讳的时候不避讳，不该避讳的时候却避讳了，如凡“清”字均不讳，而不该讳的“青”却写成了“菁”等。这些显然都是违背太平天国的避讳制度的。何况，这在“原稿”中出现的次数很多，不能看成是简单的笔误。

针对荣孟源的意见，也有人表示反对。陈旭麓认为，我们不可能设想当时的李秀成好像后来的作家一样，有一个每天分节写出的章节安排。至于书写形式，李秀成作为一个成年人早就已经形成了通行的书写习惯，尽管他熟悉太平天国的书写格式，但因疏忽犯讳，并不奇怪。说曾国藩作假也不合情理，他若要作假应该是在上报军机处和刊刻的时候就完成，何必造个假东西当作宝贝传之后代？曾氏后人又何必要将这个显然会招来众议的假东西公之于世？而钱远熔认为这个“原稿”不仅是李秀成的真迹，还是完整无缺的。曾国藩只对它进行了删改，并没有撕毁或是偷换。对钱远熔“完整无缺”的观点，罗尔纲先生虽然不同意，认为“原稿”确实有被曾国藩撕毁的地方，但他仍然坚持“原稿”并不是冒牌货，是李秀成的真迹。

不仅国内学术界对《李秀成自述》的真伪争论不已，国际上也有很多人予以关注。1978年国际友人路易·艾黎即对此发表了自己的看法：“如果像曾国藩这样一个肆无忌惮的卖国贼官吏，竟然会不去充分利用被俘的李秀成来进一步达到自己的目的，这是绝对不可思议的。他可以先鼓励李写下他本人的历史，然后再通过他的专家在同样的纸张，以同样的文风，添加上有害于太平天国事业的东西。之后，在显示他本人宽宏大量的同时，对全部东西加以剪裁。”又说：“由于自首书是经过篡改的，所以，曾国藩对它的完整性显得异常的神经过敏。他曾命令其家属不得给他人看这份自首书。我曾亲自在上海听见过他的孙子说过这件事。”

李秀成生前在战场上英勇善战，对后期的太平天国的政治、经济、军事都产生了重大的影响。被后世争论了半个世纪之久的《李秀成自述》的真伪，也许是论断他功过的最好证据吧。世人希望这个谜能赶快解开。

李鸿章克复苏州

同治二年（1863年）10月19日，李鸿章亲督大军进攻苏州。20日，娄葑等各门俱被攻下，李秀成带万余人突围，谭绍光拼命死守。23日，太平军叛徒汪有为刺死谭绍光，苏州城破。

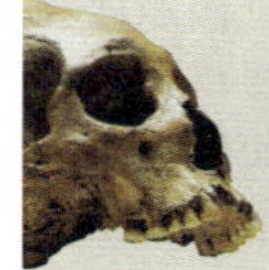

谁埋葬了北洋水师

众所周知，慈禧太后挪用海军经费造船舫，致使邓世昌的炮弹打不响，北洋水师就此销声匿迹。似乎事情很简单明了，没有任何疑问。可是，《军人生来为战胜》的作者金一南却发出了质问的声音：史实证明，无论是经费还是硬件装备，北洋水师一点不比日本的联合舰队差，为什么却打了败仗，彻底消失了呢？

以往的说法往往把矛头指向动用了海军经费的慈禧太后和清政府，但是有学者对此进行了仔细的考察，做出了如下结论：北洋水师从1861年筹建到1888年成军27年间，清政府一共投入海军经费1亿两白银，年平均300万两。日本政府1868~1894年26年间共向海军拨款9亿日元，折合成白银才6000万两，每年合计白银230万两，日本政府的总投入只是同期清政府投入的60%！

就硬件装备方面，北洋舰队的装甲数量和质量都超过了日本联合舰队。铁甲舰方面，北洋水师与联合舰队的数量比是6 ∶ 1，中国遥遥领先；非铁甲舰方面8 ∶ 9，日本略胜一筹。定远号、镇远号的护甲厚14寸，即使是经远号、来远号的护甲厚也达9.5寸。日本方面，即使威力最大的“三井号”舰，也缺乏北洋舰队这样较大规模的装甲防护。而北洋舰队的定远、镇远两艘铁甲舰综合了英国“英伟勒息白号”和德国“萨克森号”铁甲舰的长处设计而成，各装30厘米大炮4门，装甲厚度达14寸，堪称当时亚洲最令人生畏的铁甲堡式铁甲军舰，在世界也处于领先水平。就火炮而言，无论大口径火炮，还是小口径火炮，北洋舰队均占优势。200毫米以上大口径的火炮，北洋舰队与联合舰队的比例是26 ∶ 11，中国遥遥领先；小口径火炮方面，北洋舰队与联合舰队的比例是92 ∶ 50。只有中口径火炮方面，日本稍稍领先，中日比例是141 ∶ 209。就平均船速说，日舰每小时比中国舰快1.44海里，优势也不是很大。清政府正是基于这种力量对比，才毅然对日宣战。

然而就是在这样的前提条件下，庞大的北洋舰队全军覆没，日本联合舰队却一艘未沉。巨额军饷堆砌起来的一流的海军不经一战，原因何在？到底是谁埋葬了北洋舰队？

“济远”号后主炮　清

随着满族中央政权的衰弱，汉族官僚李鸿章等人纷纷崛起。清政府没落的专制体制，由此而产生的腐败政治，进而在军队中形成了不良风气：置民族国家利益于不顾，曲意奉承，一味迎合，追逐个人利益。久而久之，国家民族和军队的事情就蜕变成为个人获取利益的幌子。以李鸿章为首的洋务派兴局厂、练新军，轰轰烈烈，在相当一部分清朝权贵们看来，北洋水师就是李鸿章的个人资本。李鸿章兵权益盛，御敌不足，挟重有余，不可不防。因此，朝臣们为了削弱李鸿章，不惜削弱北洋海军。限制北洋海军就是限制李鸿章，打击北洋海军就是打击李鸿章。总理海军事务大臣、醇亲王奕譞欲以海军换取光绪帝的早日亲政，会办海军事务大臣李鸿章则欲借海军重新获得一片政治庇荫。1888 年北洋水师成军以后，军费投资就越来越少。海军只是他们各自政治角逐中的筹码，谁还真正为海军的发展考虑？

北洋舰队旗舰"镇远"号

此外，多种资料证明，北洋水师 1888 年成军以后，军风被各种习气严重毒化。当时的《北洋海军章程》有规定，总兵以下各官，皆终年住船，不建衙，不建公馆。提督丁汝昌则在海军公所所在地刘公岛盖铺屋，出租给各将领居住，夜间住岸者，一船有半。而作为高级统帅的李鸿章，也对这种视军纪章程为儿戏的举动睁一只眼闭一只眼。直到对日宣战前一日他才急电丁汝昌，官兵夜晚住船，不准回家。有备才能无患，而这样的军队如何打仗？

另外，在清朝兵部所定《处分则例》中明确规定，官员宿娼者革职。可一旦北洋封冻，海军遂淫赌于香港和上海。甚至在北洋舰队最为艰难的威海之战后期，来远、威远被日军鱼雷艇夜袭击沉的那夜，来远号管带邱宝仁、威远号管带林颖启还登岸逐声妓未归。

官员带头，规章制度形同虚设。这样，严明的表面掩盖着的是一盘散沙，全然没有集体凝聚力和战斗力。

等到临战迎敌的时候，北洋舰队首先布阵就陷入混乱。刘步蟾摆的是"一字雁行阵"，而丁汝昌的命令却是各舰分段纵列，摆成犄角鱼贯之阵。等到实际战斗时的队形却又变成了"单行两翼雁行阵"。阵形乱变不说，即使如此勉强的阵形，待日舰绕至背后时，也没坚持住，各舰都是各自为战。

战争一开始，敌人尚在有效射距外清兵就慌忙开炮，定远舰刘步蟾指挥首先发炮，非但未击中目标，反而震塌前部搭于主炮上的飞桥，丁汝昌和英员泰莱皆从桥上摔下受了重伤。这一炮就先让北洋舰队失去了总指挥！命运攸关的 4 个小时的海战从始至终几乎没有统一指挥！刘步蟾、林泰曾二位总兵，竟然无一人挺身而出替代丁汝昌指挥。

除去以上这些原因，有组织、携船艇的大规模遁逃和部分人员不告而别，致使人员减少士气大减也是战争失败的原因。面对这样一个全军崩溃的局面，万般无奈的丁汝昌"乃令诸将候令，同时沉船，诸将不应，汝昌复议命诸舰突围出，亦不奉命。军士露刃挟汝昌，汝昌入舱仰药死"。

官兵"恐取怒日人"而不肯沉船，使镇远、济远、平远等 10 艘舰船为日海军俘获，显赫一时的北洋舰队就此全军覆灭。

"如大树然，虫蛀入根，观其外特一小孔耳，岂知腹已半腐"。到底是谁埋葬了北洋水师恐怕真的不能简单地归结到某一个原因或某一个人的身上。

历史悬案

古埃及图坦卡蒙法老是死于谋杀吗

古埃及以其灿烂的文明和神秘的传说吸引了无数历史学家和考古学者。在开罗南700多千米的尼罗河西岸，埋葬着30多个法老，被学者们称为“帝王之谷”。

1922年，考古工作者在“帝王之谷”内发现了距今3000多年前十八王朝的法老图坦卡蒙的陵墓。

图坦卡蒙是著名的阿蒙普特四世（即埃赫那吞）王后尼费尔提提的女婿。这位君主政绩平平，没有什么大作为。他大约于公元前 1361 年登基，当时年仅 10 岁，娶了一个 12 岁的少女。19 岁时便死了（也有人认为他死时 18 岁）。这些就是史料传说对他生平的全部介绍。图坦卡蒙的陵墓是迄今为止所发现的最完整、最有价值的古代埃及法老的陵墓。

1972 年和 1976 年图坦卡蒙墓中出土的部分珍贵文物先后在伦敦、华盛顿展出，吸引了成千上万的欧美观众，再次轰动了整个世界。图坦卡蒙之死又一次成为人们津津乐道的话题。

古老、神秘的图坦卡蒙之墓发掘成功后，人们终于见到基本上完整的法老墓葬，也第一次看到了法老的葬制。

图坦卡蒙法老的黄金面具

整座墓由前室、墓室、耳室、库室组成。除墓室外，所有的地方都放满了家具、器皿、箱匣等各类器物，其中包括墓主人的宝库。墓中的每件器物，都以金银珠玉装饰而成。在墓室中还发现了两尊真人大小的乌木镀金雕像，学者们认为是图坦卡蒙的形象。这两尊雕像生动逼真、栩栩如生，充分反映了古代艺术家们高超的技术和丰富的想象力。在 8 年的挖掘过程中，考古人员在墓中发现了2000 多件文物，墓中奇珍异宝非常丰富。

图坦卡蒙的木乃伊被密封在重重棺椁之中，在棺材外面的 4 层是涂金的木椁。最里面的是黄金打制成的棺椁。当揭开裹在木乃伊脸部的最后一层亚麻时，人们突然发现图坦卡蒙的脸上靠近左耳垂的地方有一处致命的创伤，创伤是怎么造成的？凶手是谁？这一切都成了谜。

我们结合一些文献史料的记载和刚出土的壁画文物可以大体得知：由于图坦卡蒙登基时年纪非常小，只得同老臣阿伊共掌大权。他在 19 岁时突然死去。在他死后，他的年轻皇后请求赫梯王派一王子与她完婚。可是赫梯王子在来埃及途中被人杀害。接下来，老臣阿伊继承了王位。

可是，我们从这些零散的资料与传说中无法揭开图坦卡蒙猝死之谜。谜底在哪里？也许仍长眠于尼罗河充满神奇色彩的土地下。我们只有期待更多的出土资料来揭开这个谜底，也许会由此发现更多不为人知的谜团，从而为世人留下更多的悬念和无限的遐想。

古印度人制造宇宙飞船之谜

在人们的印象中，高速飞行器械肯定是现代人的发明。但是，考古学家的发现给出了不同的答案。因为，考古发现，古人不但能够造飞行器械，还能造宇宙飞船。

近年来，人们竟然根据印度古文献仿造出了飞行速度达5.7万千米/小时的飞船。当然，从现代科技的角度去看，也许这是小事一桩。这份文献是从一座倒塌的史前时代的庙宇地下室中发现的，这份资料以古代梵文木简写成。而这种飞船就是大名鼎鼎的"战神之车"。

这份资料详细记载了"战神之车"飞船的驱动方式、构造、制造飞船的原料乃至飞行员的训练与服装等众多细节，篇幅达6000行之多。据记载，"战神之车"的飞行速度如换算成现代计算单位应为每小时5.7万千米。

这就是说，当人类发明了火车、飞机、飞船并为自己的发明所陶醉的时候，他们根本就没有想到，这些看来非常现代化的工具在几千年前就可能已经存在了，这真让科学家们尴尬了一回。

说起"战神之车"，还要从印度南部古城甘吉布勒姆的424座神庙说起。这些神庙据说最多时曾达到1000座，因而"寺庙之城"就成为这座城市的当之无愧的称号。在这些神庙中，除了湿婆、毗湿奴、黑天、罗摩等众多古印度的神灵雕像外，还有一种飞船的雕塑。这种被雕成不同样式的飞船上面刻有众多神话人物，但"战神之车"是它们共同的名称。据说这些飞船就是这些神话人物乘坐的坐骑。

研究者们发现，"战神之车"是一种多重结构的飞船，绝缘装置、电子装置、抽气装置、螺旋翼、避雷针以及喷焰式发动机都装备在飞机上。文献中多次指明飞船呈金字塔形，顶端覆盖着透明的盖子。这简直就是传说中的飞碟。

这份文献是1943年从印度南部的迈索尔市梵语图书馆一座倒塌的庙宇地下室中发现的。这些神话故事因为它的发现开始变得更加扑朔迷离。究竟这些人是神话人物还是真实人物？究竟这种飞船是地球人所造还是外星人所造？连科学家们也无法回答这些问题。

飞船的驾驶方法也被记在这份文献中，也就是说早在史前时代，飞船和飞船驾驶员就出现在了印度这个地方。这样看来，人类的科技真像魔术一样神奇。

当然，人类科技的发展是从当代和现代才开始的，这已被众多的事实所证明，那么，对古印度的飞船就只有一种解释看上去显得合理一点，那就是根本就不是人类建造了这些飞船。也许那时的人们看到了一个这样的飞船，而这个飞船却是外星人乘坐着到地球上来考察的，然后根据这个也许被外星人废弃了的飞船，当地人仿造出了其他的飞船，而他们将那些外星人当成了神仙供奉起来了。但一切都只是猜测而已。

古希腊出土的青铜飞船模型

古希腊也发现了宇宙飞船，它与古印度的"战神之车"似乎有某种联系。这不禁让人猜想，古代地球上真有过外星人光临吗？

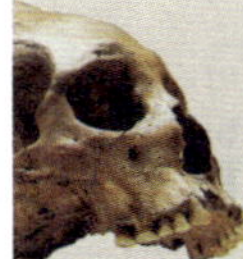

尼禄与罗马城的毁灭

公元1世纪，古罗马城十分繁荣，一度成为欧洲的政治、文化、经济、贸易中心。然而后来，这座繁华的都市竟在一场大火中变为废墟。究竟谁是这场灾难的罪魁祸首？古今史学家对此一直存在着争议。

公元64年7月18日，罗马城内的圆形竞技场附近突然发生了一起可怕的火灾。顺着当日的大风，烈火迅速蔓延，一直持续了9天之久。全城14个区，被烧毁整整10个区，其中3个区化为焦土，其他各区只剩下断瓦残垣。在罗马城历史上，这是被记入史册的一次空前的大灾难。大火吞噬掉了无数生命财产，许多宏伟壮丽的宫殿、神庙和公共建筑物被付之一炬，同时遭到这场浩劫的还有在无数战争中掠夺来的金银财宝、艺术珍品以及不朽的古老文献原稿。

按照当时流行的说法，是尼禄下令放的这场大火。尼禄在罗马历史上以残暴著称，幼年丧父的尼禄由其母亚格里皮娜抚养成人。亚格里皮娜这个女人阴险多谋、酷好权势。公元54年她以残酷手段毒死尼禄的父亲克劳狄，年仅17岁的尼禄便是她在毒死克劳狄后推上皇帝宝座的。尼禄是个残忍凶暴、骄奢无度、放荡不羁的君主，经常在宫廷中举办各种盛大的庆典和赛会，宫女时常被命令佩戴着贵重的装饰品裸体跳舞。作为君主的尼禄整日不理政事，肆意挥霍，纵情享乐。他还常以多才多艺的大艺术家自诩，扮成诗人、歌手、乐师乃至角斗士亲自登台或临场表演，甚至还在希腊率领罗马演出队参加各种表演比赛，并以此为荣。罗马国库在尼禄纵情享乐、挥金如土下渐渐耗损殆尽。于是他增加赋税，任意搜刮，甚至以“侮辱尊敬法”等莫须有的罪名没收、掠夺富人的财产，试图扭转危机。帝国各地和各阶层对尼禄的残暴压榨都感到非常愤怒。

公元64年发生在罗马城内的火灾，据说尼禄不但坐视不救，且涉嫌唆使纵火，因此被怀疑是罗马大火的纵火者而遭到众人的谴责。传闻说他纵火焚烧罗马古城仅仅是因为对简陋的旧城感到厌烦或是为了一观火光冲天、别开生面的景致而取乐。据说当时他登上自己的舞台（一说花园的塔楼），看着烧成一片火海的罗马，在七弦琴的伴奏下，一边观赏狂暴的大火造成的恐怖情景，一边高声吟诵有关古希腊特洛伊城毁灭的诗篇。甚至在这场大劫之后，他还在罗马城已遭受巨创的基础上，在帕拉丁山下把自己的“黄金之屋”修建起来。这座“金屋”里的陈列，不仅有金堆玉砌的宫廷建筑中常见的装饰，而且有林苑、田园、水榭、浴场、水池和动物园，供人领略其特有的湖光水色、林木幽邃的风景。黄金、宝石和珍珠把整个宫殿内部装饰得富丽堂皇。餐厅的天花板用象牙镶边，管中喷出股股香水。在浴池里则是海水和泉水的混合物。尼禄看到这座豪华别致的建筑物时，赞叹说“这才像个人住的地方”。传说尼禄还想建立一座以他的名字来命名的新首都。

尼禄青铜像

为了消除群众对他的不满情绪，尼禄便找别人当他的替罪羊。他下令逮捕那些所谓的“第一批受迫害的基督徒”，并说他们就是纵火嫌疑人。通过这种暴行，尼禄企图转移人们的视线，使人们憎恨那些“纵火犯”。但群众的眼睛是雪亮的，这种可笑的伎俩反而更加使这个暴君的凶恶面目暴露无遗。

但究竟尼禄是否就是罗马大火的纵火者呢？古今史学家对此意见很不一致。

古罗马史学家塔西佗认为放火焚烧罗马城的的确是尼禄，尼禄想利用罗马大火的废墟来修造一座新的宫殿。他又说，因为火是从埃米里乌斯区提盖里努斯的房屋那里开始的，这表明尼禄是想获得建立一座以他的名字命名的新首都的荣誉。

苏联学者科瓦略夫等则持反对意见。他认为：“人民中间传说，城市的被烧是出于尼禄的意思，他仿佛是不满意旧的罗马并想把它消灭以便建造一个新的罗马。还有一个说法是，烧掉城市是为了使元首能够欣赏大火的场面并鼓舞他创造一个伟大的艺术品。显而易见，这些说法与事实不符，而火灾则是偶然发生的。特别应当指出，火灾是在七月中满月的日子开始的，而在那样的日子里，它的‘美学’效果是不怎么好的。”

繁华的古罗马城在顷刻间化为乌有，这不能不令人扼腕叹息。这场大火究竟是不是尼禄所为，至今仍是一个谜。但是作为一名君主，尤其是一个臭名昭著的暴君，尼禄对古罗马城的灭亡的确负有不可推卸的责任。

知识链接

罗马古城

罗马古城包括帕拉蒂诺、卡皮托利诺、埃斯奎利诺、维米纳莱、奎里那莱、凯里、阿文蒂诺七个山丘，史称七丘之城。南北长约6200米，东西宽约3500米，城墙跨河依山曲折起伏，整体呈不规则状，像一只蹲伏的雄狮。古城中心最重要地段是罗马广场，位居帕拉蒂诺、卡皮托利诺和埃斯奎利诺三丘之间的谷地，建城以后即为居民往来集会的中心。主要场地长约134米，宽约63米，到共和国末年广场四周已遍布神庙、会堂、元老院议事堂、凯旋门、纪念柱等。至帝国时期又不断扩建装修，其富丽堂皇居整个帝国之冠。从恺撒以至各朝皇帝，还不断在罗马广场北面和东面建造以帝王为名的广场，其中最大的是皇帝图拉真的广场，由市场、会堂、图书馆、纪念柱和神庙组成，气势雄伟，建筑精美，代表了罗马建筑的最高水平。在罗马广场西南不远耸立着的角斗场，采用圆形剧场的形式，内部可容纳5万名观众，是古代最宏大的剧场建筑。此外，城中还有数以百计的神庙、剧场、图书馆、体育场、浴场以及规模宏大的引水道等。罗马皇宫则建于帕拉蒂诺山上，后世习称帕拉蒂诺皇宫，包括大量厅堂、浴室、赛车场、剧场等。这些古迹只存废墟，唯有万神殿完整保留下来。它是一座圆形圆顶的神庙，前有古典式柱廊，圆顶用天然混凝土即以火山灰石筑成，是罗马建筑在结构技术方面的伟大创造。其圆顶高达43米，宽亦相近，规模宏大，结构严密，对日后欧洲古典建筑有深远影响。

古罗马竞技场遗址

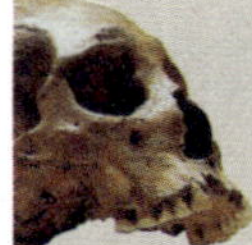

罗马帝国覆亡之谜

公元410年，哥特人首领阿拉里克率领日耳曼大军攻占了有“永恒之城”之称的罗马城，罗马帝国逐步走向灭亡。但这次事件并不是罗马帝国灭亡的真正原因，那么罗马帝国覆亡的原因何在呢?

在公元410年攻克罗马城以前许久，哥特人就在逐渐沿用罗马人的风俗习惯。同时日耳曼民族雇佣的罗马士兵也日渐增多，他们对罗马当然不是忠于职守。

因此，阿拉里克于公元410年攻克罗马，并非对罗马帝国致命的打击。不过，因为那是罗马帝国800年来第一次被打败，心理上的伤害很难估量，也许比破坏建筑物更加不能挽回。这个原因使人们更加容易理解为什么阿拉里克攻克永恒之城在历史上一直被看作罗马帝国灭亡的象征；而汪达尔王盖塞里克于公元454年攻陷罗马时烧杀抢掠更甚的事实，反而不算什么。

东哥特人的首长像

最近掌握的证据对解释罗马因何在公元5世纪为哥特人不费吹灰之力一举攻克也许帮助很大。1969 ~ 1976年，在英国南部赛伦塞斯特展开的挖掘工作，在一座公元4世纪末5世纪初的罗马人的墓群里，找到了450具骸骨，多数骨头中的含铅量，是正常人80倍之多，儿童骸骨则更加厉害。这些人可能死于铅中毒，虽然未能证明这一点。

罗马人对他们的优良供水系统引以为傲，通常都以铅管输送饮用水。罗马人用铅杯喝水，用铅锅煮食，甚至用氧化铅代替糖调酒。吃下如此多的铅，一定会全身无力，吃下大量的铅还有另一个恶果，就是丧失生育能力。后期的罗马皇帝经常鼓励夫妻生育更多子女，可能是为预防人口减少，虽然并无精确详细的人口消长数字证实有这种现象。即使吸收微量的铅，对生殖能力也有影响，所以罗马人很可能因为喝了含铅的酒和水而致死及致帝国覆亡。

但这种看法并没有充分的依据，只是根据少量考古资料提出的猜测，这种假设还有待更多资料加以证实。

铅中毒不可能是罗马城于公元5世纪被攻陷的唯一原因。如果是这样，东罗马帝国为什么能在西罗马被灭亡后，继续存在1000年呢？原因很多：边疆不长，较容易抵御，可避免外族入侵；同时，东罗马帝国国内治安维持较好。但有一件事情值得人们关注，就是东罗马帝国境内的铅矿较西罗马少得多，所以当地居民只得“凑合”使用自认为较低劣的瓦锅和陶杯。罗马帝国灭亡的真正原因在哪里？也许还有更多的秘密有待探寻，还有更多的谜团有待解开，人们期待着罗马帝国覆亡的原因早日真相大白。

用船装酒运往罗马的浮雕

罗马人喜爱纵酒狂欢世所闻名，但他们的溃败真是因为铅中毒引起的吗?

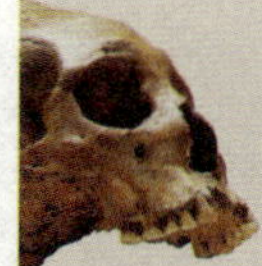

亚瑟王及其圆桌武士传说之谜

被誉为“樱花之国”的日本自古以来就极其崇尚武士道精神，其忠君、坚毅的主旨也正是大和民族生生不息的动力之源。古老的西方也曾流行着武士的传说，那便是亚瑟王和他的圆桌武士。在大多数人的心目中，亚瑟王及其所率领的圆桌武士便是一个充满罪恶的世界中的坚忍忠勇志士的代表，是维护文明、抵制蛮强入侵的英雄。

那么为何称为圆桌武士呢？“圆桌”一词从何而来呢？

圆桌就放置在亚瑟王宫廷正中央。它象征蔓延到全国各地的荣耀和王权，和国王加冕时手握的宝球作用相同。但圆桌的含义要比很多宝球深远。圆桌在实际意义上象征的是友爱与和谐。任何在圆桌周围坐着的武士都不会觉得地位比别人低，不会觉得委屈。圆桌是嫉妒、贪图权力与高位的解药，而中古时代战争与动乱正源于上述种种人类缺点。但是亚瑟王也规定，只有最杰出的“威猛无比、本事极大”的武士才能成为圆桌武士。

一位精通木工的专家曾认真检查了这张桌子。它大概是14世纪制成的。他的看法也得到了C-14年代测定法证实，断定圆桌用的大约是14世纪30年代所砍伐的树木制成。如果这张桌子不是亚瑟王所制，又会是谁制这张桌子的呢？英王爱德华一世可能性最大，他当政年代是1272～1307年。

亚瑟王的传说，与11～13世纪日趋形成的见义勇为和保卫宗教的理想密切相关。每一个战士倘若要做成功的十字军士兵，倘若要追寻耶稣基督举行首次弥撒时所用的圣杯，都应该以亚瑟王的武力为效法对象。见义勇为的骑士精神到14世纪发展到极致。爱德华三世当时企图把法国征服，就像传说中亚瑟王要与罗马“独夫卢修斯”打仗一样。由于对骑士精神的崇尚，再加上亚瑟王的传说，设立一个新的武士精英组织的构想便在爱德华脑中形成。这个新组织以伦敦西边的温莎宫为活动中心。根据法国史学家让·福罗萨特记载，这是1344年4月23日圣乔治节，在一次盛大的马上比武庆典上宣布的。

不管亚瑟王及其武士是否曾经坐过这张圆桌，它的存在不再仅为单纯的家具之用，更成为亚瑟王及其武士忠勇坚毅的一种象征。真正的圆桌抑或早已灰飞烟灭，抑或至今尚存在某个不为人知的偏僻角落，而传奇的武士们将千古流芳。

↗ 圆桌骑士

↗ 关于亚瑟王传说的绘画

亚瑟王死后，圆桌骑士将他的宝剑扔入海中，却被海神抓起。民间这样的故事广为流传。令人疑惑的是，传说中的亚瑟王历史上真的存在吗？

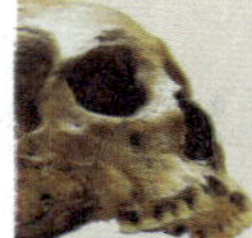

马可·波罗中国行

《马可·波罗游记》是一部在历史上影响很大的学术文献，但是自从它问世以来，许多学者就不断对它的真实性提出质疑。他们在阅读这部文献并查阅一些历史资料之后，提出了这样的疑问：马可·波罗真的到过中国吗？

据史书记载，马可·波罗是威尼斯商人，1271 年随父亲与叔父来中国，4 年后的 5 月到达蒙古帝国的上都。1275 ~ 1291 年的 17 年间，马可·波罗在元朝一直以客卿的身份供职。归国后，他在本邦威尼斯对热那亚人的战争中成了俘虏，在狱中与同狱的比萨文学家鲁恩梯谦合作，他口授而鲁恩梯谦笔录，完成了留传后世的《马可·波罗游记》(亦名《东方见闻录》)，成为风靡一时的“世界一大奇书”，至今已有五六十种不同的版本（在我国就有 7 种之多）。书中对中亚、西亚、东南亚等地的情况都详尽地进行了记录，其中尤以第二卷（共 82 章）记载的中国部分最为具体，诸如元初政事、战争、宫殿、朝仪以及对中国名都大邑的繁荣景象的记载都非常翔实，引人入胜。游记中记载了一种可燃的“黑色石块”，明显可以看出是煤炭。这种早在中国汉代就开始使用的燃料被马可·波罗带回到了西方，使西方人眼界大开。他把许多被当时欧洲视为奇异的东西和知识介绍过去，为欧洲知识界打开了一扇了解东方的窗户，无怪乎人们要说，马可·波罗“在欧洲人心目中创造了亚洲”。

那么，马可·波罗真的踏上过中国的土地吗？对此，在经过仔细调查后，大多数中外学者确认了马可·波罗到过中国的可能性，但也把书中的缺点实事求是地指了出来。如英国的亨利·玉尔，法国的亨利·戈尔迪、伯希和，美国的柯立夫和意大利的奥勒吉等人都是深入研究过马可·波罗的学者，他们对于马可·波罗到过中国的问题都持肯定意见。也有少数学者认为他的游历范围仅限于北京，例如在 1879 年美国的海格尔撰《马可·波罗到过中国吗？从内证中看到的问题》一文认为：马可·波罗只到过北京，书中所记载的只不过是在北京的见闻罢了。即便如此，作者对他到过中国的事实还是比较肯定的。

但是，仍有许多人对于书中的记载表示怀疑。早在马可·波罗生前，由于有许多关于人所未知的奇闻趣事的记载，人们已经开始怀疑和讽刺《马可·波罗游记》的部分内容，甚至在他临终前，关心他的朋友仍劝他删掉那些背离事实的叙述。后来，随着地理大发现，欧洲人对东方的了解越来越多，《马可·波罗游记》中讲的许多

马可·波罗画像

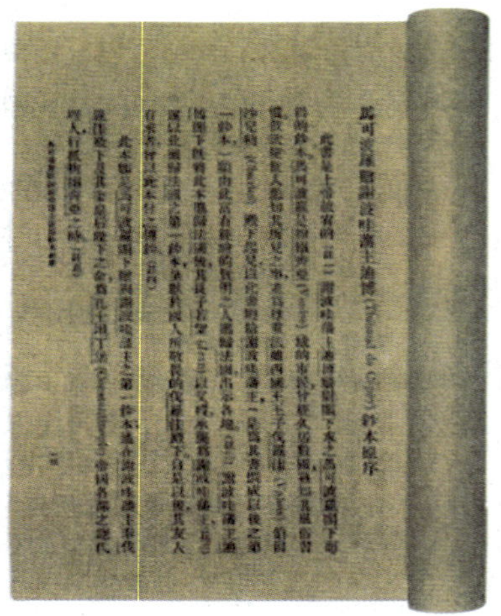

《马可·波罗游记》书影

事情逐渐被证实，而此书被视为荒诞不经的部分也渐渐不再只是“神话”，但对《马可·波罗游记》的真实性持怀疑态度的人大有人在。直到19世纪初，德国学者徐尔曼仍然认为《马可·波罗游记》只不过是一部教会传奇，它只是一部冒充为游记而编排拙劣的传奇故事，它的创作是为了传教士和商人的利益，借以得到蒙古人的好感而达到与中国通商的目的。同时他还说，大布哈里亚境内是马可·波罗一家最远的所到之地，他从曾到过该地的商人们口中听到关于蒙古帝国的情况，而关于印度、波斯、阿拉伯及埃塞俄比亚的叙述则抄自阿拉伯著作。

交易的场景

贸易是马可·波罗真正关心的事，东方财富的传说对他有很大的吸引力。

在众多怀疑马可·波罗到过中国的学者当中，英国人克雷格·克鲁纳斯是提出证据最多的一个。1982年4月14日，克雷格·克鲁纳斯所写的《马可·波罗到过中国吗？》一文被发表在英国《泰晤士报》上，再次对马可·波罗到过中国与否表示怀疑。克鲁纳斯认为，“他可能根本就没有访问过中国”，而仅仅凭借某种波斯“导游手册”和个人的主观想象编撰成书，而《马可·波罗游记》不过是马可·波罗与鲁恩梯谦合作的一场“克里空”罢了。他有4条根据：第一，中国的史籍浩如烟海，没有一条关于马可·波罗的史料可供考证；第二，书中很多地方的统计资料都值得怀疑，中国丰富多彩的景象变成灰茫茫的一片，书中模糊地记录了蒙古皇帝家谱的情况，很不准确；第三，书中没有关于中国茶、汉字及重大发明印刷术的记载，而它们在中国却是最具特色的；第四，许多中国地名被写成了波斯叫法，马可·波罗有可能只到过中亚的一些国家。

我国学者杨志玖教授撰文肯定了马可·波罗确实到过中国的结论，他列出了丰富的事实反驳了上文的推断。杨教授在文中说，早在1941年，一条研究马可·波罗来华的珍贵史料就在我国《永乐大典》中被发现：元至元二十七年八月十七日，尚书阿难答等人的奏折中提到“今年三月奉旨，遣兀鲁、阿必失呵、火者取道马八儿，往阿鲁浑大王位下”，这个记载与《马可·波罗游记》中所载的情况完全吻合，从而确认马可·波罗一行离开中国的时间为1291年。中外学者高度推崇和评价了杨志玖教授的这一发现及研究成果，被认为是判定马可·波罗来过中国的一个“极其可靠的证据”。杨志玖的论文还逐一分析了英国人克雷格·克鲁纳斯文章中提出的4个“论据”，对此的回答颇有说服力。当然杨志玖的论文也不否定《马可·波罗游记》一书中存在错误以及夸大的成分，但对于不是历史学家、没有受过高深教育的马可·波罗来说，在监狱的恶劣环境中口述而成的著作，能达到这个水平已经很不简单了。

1991年10月，中国学者蔡美彪在北京召开的马可·波罗国际学术讨论会上宣读了《试论马可·波罗在中国》的长篇宏文，认为在中国的17年间马可·波罗与各地各族人民的感情一直十分友好。其书虽然夸张了某些记述，却是对中国的热爱与友好的体现。从这个意义上说，在历史上有过影响的《马可·波罗游记》不仅是一部学术文献，而且记录了他与中国人民的友情。蔡美彪延续和发展了杨志玖教授在20世纪40年代提出的相关观点，也对马可·波罗的中国之行给出的最新的说明。

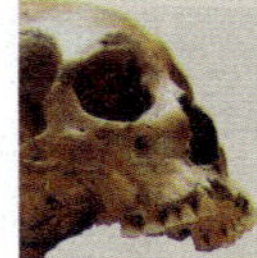

泰坦尼克号的沉没

电影《泰坦尼克号》自上映以来，在全球引起了巨大的轰动。人们在感叹影片宏伟的场面和感人的爱情故事的同时，也再次掀起了探讨泰坦尼克号沉没之谜的热潮。

泰坦尼克号是由著名船舶设计师托马斯·安德鲁斯设计的，该船是当时世界上唯一超过六万吨的巨型客轮，全长259米，宽28米，泊位46328吨，排水量66000吨。船舱内设备齐全，豪华舞厅、酒吧、吸烟室、游戏厅、游泳池等均达到世界先进水平。地面上铺有厚厚的阿富汗纯毛红地毯，天花板上悬吊着豪华灯饰，墙壁上装饰有淡雅素洁的图画，在当时人们的心目中，泰坦尼克号是名副其实的“海上皇宫”。

1912年4月10日，在人们的欢呼声和乐队的礼乐声中，泰坦尼克号开始了它的首次航行。它从英国南安普敦港出发，船上共有2224名乘客，其中有不少知名人士和行业精英，如创建了著名的美国麦西百货公司的约翰·雅各布·阿斯特和伊希多·施特劳斯，巨轮的设计师托马斯·安德鲁斯等，还有很多暴发户，乘坐泰坦尼克号首航在人们看来已成为身份的一种标志。泰坦尼克号犹如一位尊贵的“海上皇后”，起锚后在大西洋上平静地航行了4天。如果一切顺利，按计划到达目的地——美国纽约还有3天，而且横渡大西洋的新的航海速度也可能由泰坦尼克号来创造。当时，快乐与兴奋之情洋溢在船上每一个人的心中，无论是船员还是乘客。

《泰坦尼克号》电影剧照

1998年，《泰坦尼克号》被拍成影片，荣获11项奥斯卡大奖。

4月14日夜，泰坦尼克号正以每小时高达23海里的速度行驶着，观察员突然发现有一座巨大的游离冰山正靠近船体的前方，他迅速提醒舵手躲闪，然而太晚了，只听一声巨响，船体开始大幅度摇晃，船舱内发出各种响声，器皿纷纷坠落，人们的叫声更是尖锐恐怖。不久海水涌进船舱，许多人还在睡梦中，不知发生了什么事情。船上乱作一团，走廊里、甲板上、楼梯口处，挤满了不知所措的乘客，他们有的跳海，有的抱着桅杆不放，有的争先恐后地往橡皮筏上跳。

凌晨0时15分，第一道SOS求救信号从泰坦尼克号上发出，随后救生艇被有步骤地放到海里。人们争先恐后地跳到救生艇上，人性自私的一面在恐惧面前一览无余。船长史密斯为了控制局面，决定和其他绅士一起先把生的希望让给妇女、儿童，男人们后上救生艇。凌晨2时20分，连同1500多名乘客和船员，“永不沉没”的泰坦尼克号葬身大西洋海底。

灾难发生后，西方国家媒体迅速以大量篇幅报道了沉船事件，对于沉船的原因和场景描述各式各样，莫衷一是。其中有一种“木乃伊诅咒”的说法充满了传奇色彩。

大约在1900年前后，考古学家在埃及古墓中发掘出一具刻有咒语的石棺，其文如下：“凡是碰到这具石棺的人，都会遭难。”可科学家们并没有理会这些，他们打开了石棺，展现在他们面前的是一具木乃伊。

他们把石棺运回英国并在大英博物馆中展出。不久参加考古工作的成员莫名其妙接二连三地死去。一时间，关于木乃伊显灵的说法此起彼伏。大英博物馆也被迫把展览取消。10 年后，一位富有的美国人希望高价收买石棺和木乃伊并如愿以偿，当时正值泰坦尼克号首航，于是他便将他的“宝贝”运上了泰坦尼克号。可惜谁都没有注意到，在石棺上刻着的最后一句咒语是“将被海水吞没”，连上前面的咒语就是“凡是碰到这具石棺的人，都会遭难，将被海水吞没”。

当然，这种说法缺乏科学依据，科学家在寻找更多的证据来揭示泰坦尼克号的沉没之谜。

1985 年 8 月，泰坦尼克号的残骸被海洋地质学家找到。他们发现，沉没时船体被分裂成两大块的泰坦尼克号只剩下船头和船尾了。1991 年在泰坦尼克号沉没现场，海洋地质学家史蒂夫·布拉斯科和他的同伴将一块船壳钢板打捞上来。这块钢板碎块的边缘非常不整齐，他们在实验室里检验了钢板，结果表明，泰坦尼克号船壳钢板的质地有很大的易碎性。人们有理由相信，船体的沉没是冶炼技术造成的，正如史蒂夫所说，“那时的造船技术超前了，但冶金技术没有跟上”。

世界上许多船舶设计工程师也极为关注这一沉船事件。他们对各种报道进行搜集分析，推断应该是部分船舱施工建造不符合要求，以致遇到冰山后船体内的钢板被冰山撞扁，铆钉松动，并将船体从接缝处撕裂。

由此人们似乎找到了泰坦尼克号沉没的原因，但人们依然在寻找更多的沉船因素。据说，在沉没的前一天，泰坦尼克号曾收到过几次有关航线途中发现浮动冰山的报告，但船长等人并未对此给予足够重视，致使在有大量浮冰和游离冰山的海面上泰坦尼克号仍然保持高速行驶，最终遭遇不幸。而更让人震惊的是，为了表示自己设计的坚固，设计师居然不按船载客人的基数配备救生设备，致使灾难发生后出现救生艇根本容不下那么多乘客的局面，最终使 1500 多条无辜的生命葬身海底。

泰坦尼克号沉没的真正的原因仍难讲清，不过它的沉没作为世界航海史上的一个沉痛教训，将时刻给世人以警醒。

知识链接

RMS Titanic的命名

RMS Titanic的翻译为皇家邮轮泰坦尼克号，此名称的由来是因为在远洋邮轮盛行时，所有英国的大型邮轮均属于英国皇家，因此在船名前加上“Royal Mail Steamship（皇家邮船）”，而“RMS”就是“Royal Mail Steamship”的缩写。

Titanic的意思可以分成两部分：“Titan”“ic”。“Titan”是希腊神话中的泰坦神的名字，“ic”是白星航运公司惯用的船名后缀。也许英国人的意思就是为了表明这艘船是绝不会沉没的。所以泰坦尼克号的官方名称是RMS Titanic。

泰坦尼克号轮船

梦断梦露

玛丽莲·梦露被称为好莱坞性感女神，是20世纪50年代美国电影界最具魅力的女星，并因其卓越的表演成就被载入电影史册。

玛丽莲·梦露之美举世公认，她以普通人的身份幸运地进入影坛并一炮而红，演绎了无数动人的故事，并塑造了众多光彩夺目的女性形象。金钱、荣誉和数不尽的风韵伴随着成功而来。然而一切止于1962年8月4日，这一天，梦露在家中自杀，其中的隐秘却风传至今。

当天早上，女管家默里太太刚刚醒来，发现一丝灯光从梦露卧室门下透出，她前去推门却推不开。于是急忙叫来梦露的私人医生格林森打破窗户进入其卧室，看见梦露身裹被单僵卧于床上，手边还放着电话听筒。格林森检查后判定，梦露吞服了大量安眠药巴比妥酸盐身亡。

有人发现梦露的尸体解剖报告中有许多可疑之处：报告一面认为梦露一次性吞服 47 粒安眠药，而同时又说她的胃内除去 20 立方厘米的褐色液体外几乎是空的，而按常理吞服如此多的安眠药在胃内却没有残留是不可能的。尤其是梦露的尸体检查报告从开始的长达 723 页，不知何故删减到 54 页。

梦露死亡当日，美国《纽约先驱论坛报》记者乔·海厄姆斯对梦露的邻居进行了采访。据邻居透露，事发前一天，有架直升机一直在房子上空低飞，嗡嗡作响。乔·海厄姆斯向电话公司索要梦露的通话记录，但遭到拒绝。之后他去查阅卡尔弗机场出租飞机公司的工作记录簿，发现 8 月 5 日凌晨 2 时，一架直升机将一个人从劳福德海滨别墅运到洛杉矶机场。根据线索推论，直升机运输的那个人极有可能是罗伯特·肯尼迪。

梦露的前夫罗伯特·斯莱泽对于梦露的自杀充满怀疑。他曾在梦露死后亲自查看现场，在梦露卧室外面发现一些落下的玻璃碎片，如果说这些碎片是格林森破窗而入留下的，那碎片就应该在室内而非室外。另外，梦露的红色日记本也失踪了，上面记载着梦露与肯尼迪弟兄密切交往的情况，斯莱泽认为梦露之死一定是他杀，红色日记本也被那人拿走，随后破窗而逃。

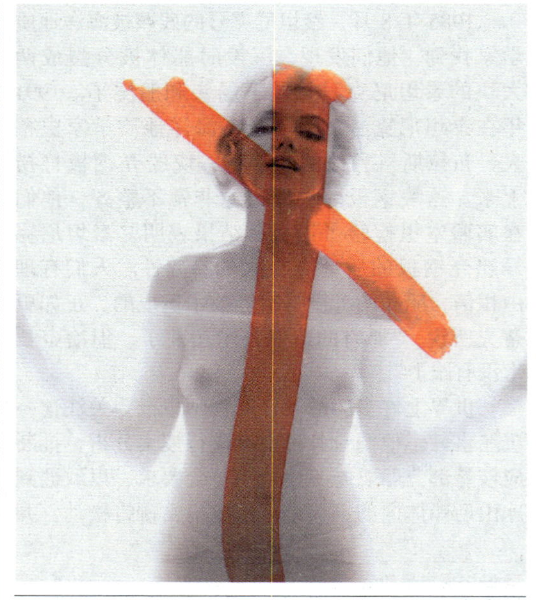

↗这张照片让人联想到耶稣受难，如十字架般极具意味的“×”，是梦露逝世前几天亲手画上的，这让人慨叹一切是否只是一种宿命。

好莱坞影星劳福德是约翰·肯尼迪总统的妹夫，据他说，梦露生前曾与约翰·肯尼迪及罗伯特·肯尼迪兄弟交往甚密。1954 年劳福德就介绍梦露与约翰·肯尼迪认识，两人开始接触。肯尼迪登上总统宝座后，梦露为其 45 岁生日庆祝会演唱“祝你生日快乐”和“谢谢你记住我”，肯尼迪总统甚至公开说：“我甚至可以为那么甜美的声音和完美的技巧放弃我的总统职位！”没过多久，总统的弟弟罗伯特和联邦调查局局长胡佛就通知肯尼迪总统，黑手党掌握了他与梦露的关系。无奈之下肯尼迪只好以断绝与梦露的关系来打击黑手党。梦露却不甘心地一直给肯尼迪打电话、写信，甚至以公开他们的关系做威胁。

肯尼迪被逼无奈只好请弟弟罗伯特劝说，而罗伯特却与梦露一见钟情，梦露向外宣称她将与罗伯特结婚，可他们的关系也渐渐出现裂痕。梦露通过劳福德找到罗伯特，向他威胁说要向全世界公开她是如何被肯尼迪兄弟欺骗的。梦露失去理智并向罗伯特拳打脚踢，劳福德从旁阻止，并通知梦露的私人医生格林森大夫才使她安定下来。

事情的真相果真如此吗？1985年，默里太太向外公布：1962年8月4日，罗伯特曾去贝弗利山庄与梦露见面，两人发生争执，梦露开始疯狂，罗伯特的随从只有干涉。梦露死亡现场的最先检查者洛杉矶市中心警察分局杰克·克来蒙斯警官证实，梦露的尸体的确出现了乌青块，而且也不是保持梦露死时的原状。

知名私家侦探史毕葛罗也坚持认为梦露是他杀而非自杀。史毕葛罗于2000年在洛杉矶过世，生前曾著有3本讲述梦露之死的书。他追查梦露死亡真相的历程长达二十几年，他在书中所做的定论是：玛丽莲·梦露一定是他杀，凶手正是肯尼迪家族中的某位人士，正是他命令芝加哥黑帮分子“做掉”了梦露。

萨斯曼在20世纪60年代曾为梦露做过宣传人员，他在一个电视节目中对梦露的坏脾气大加批判，说她“不可理喻”“简直是婊子”“傲慢”。萨斯曼说，美国传媒对肯尼迪兄弟与梦露的关系无人不知，但肯尼迪兄弟不可能因梦露披露此事而深感威胁，也没理由买通凶手杀她。

梦露的一位朋友曾披露，她生前曾与他通电话：“如果约翰周末还不来见我的话，我星期一便通过记者会的方式，揭露我与他们兄弟的关系，看看事情闹到华盛顿会有什么结果。”

萨斯曼对于肯尼迪家族派人暗杀梦露灭口和梦露自杀的说法都不相信，不过他对梦露有“每个行动都是自我毁灭”的评价，他认为梦露只是通过此举报复肯尼迪兄弟。

好莱坞原制片人唐·沃尔夫对梦露的死因一直深表怀疑，经过7年的不懈努力，他找到并询问了多名关键性的证人。沃尔夫还同一些专家对梦露的毒物报告进行研究，结果发现在她的血中含有4.5毫克戊硫巴比妥和8毫克水合氯醛。这个剂量可以让15～26个人死亡。而在胃里却找不到任何痕迹，由此可以认定是他人强行给她进行了致命的静脉注射。沃尔夫写了《对一个谋杀案的调查》一文，于1998年10月15日同时在美、法、英三国出版，文中认定梦露的死是因为她与肯尼迪兄弟的特殊关系，知道太多的国家机密，对美国的安全已是一个不安定因素。

人们为玛丽莲·梦露的猝死深感惋惜，无论是自杀抑或谋杀，夺去的都是她美丽的生命。

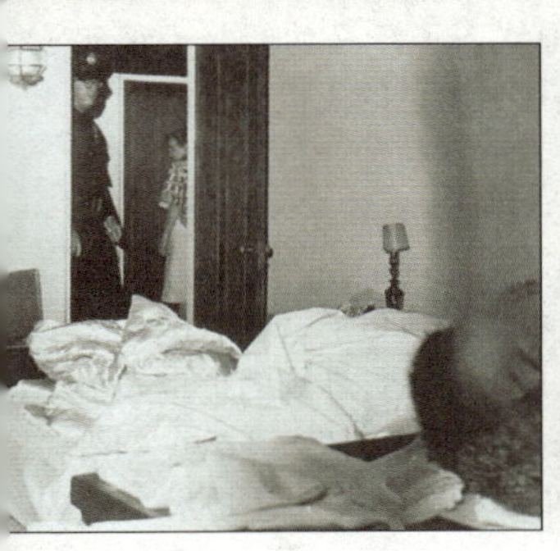

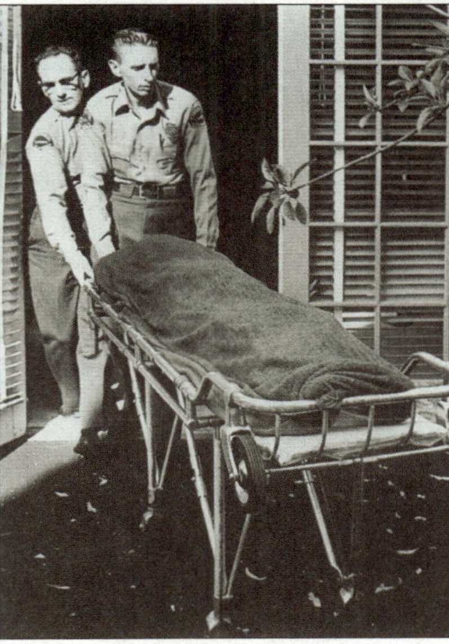

梦露之死

（左上）梦露下葬，一代女神就此魂归天国。

（左下）这间平凡的卧室熄灭了梦露辉煌人生的最后一缕光彩。

（中）工作人员从梦露洛杉矶的房间里推出她的尸体。

（右上）生前荣誉无数的梦露死后仍不乏鲜花。

谁才是进入太空的第一人

1961年4月12日，在人类航天史乃至人类历史上，都是一个特殊的日子，上午9点零7分，一艘5吨重的“东方号”飞船在苏联哈萨克（今哈萨克斯坦）中部的一个发射场发射升空，飞船的驾驶舱中坐着一位名叫尤里·加加林的年轻宇航员。飞船以每小时2.7万千米的速度，飞越过苏联、印度、澳大利亚、太平洋和南美洲的上空，它在环绕地球飞行的同时，自身也在缓缓地自转。这次仅持续1小时18分的飞行震惊了全世界，它标志着人类第一次跨出大气层。很快，加加林的名字传遍了世界许多角落，这位年轻的宇航员一夜间不仅成了苏联人民的偶像，更成了全世界爱好航天事业人士心目中的英雄，被誉为“宇宙雄鹰”。他还获得了苏联政府颁发的社会主义劳动英雄称号。

然而，几十年过去了，伴随着苏联的解体和克里姆林宫大量保密档案的公布，人们开始对当年的这一事件产生了怀疑，加加林真的是当年第一个进入太空的人吗?

1945 年，当第二次世界大战的硝烟还没有完全散尽的时候，另一场没有硝烟的战争却又悄悄地拉开了帷幕，那就是以苏联为首的社会主义阵营和以美国为首的资本主义阵营之间的“冷战”。双方在各个方面，特别是科技和军事上展开了大比拼。1957 年，苏联成功地发射了人类第一颗人造地球卫星，这给了美国人极大的刺激。双方紧接着展开了载人飞船的实验，在下一个领域里又进行了新一轮的明争暗斗。

加加林

当苏联发射第二颗卫星时，科学家们在卫星上放了一条名叫“莱卡”的狗，虽然这条狗最后在卫星上死去，但是也足以证明，动物可以在宇宙飞船上生活一段时间。于是，载人太空飞行计划被提上了日程，苏联政府开始在试飞员中选拔“太空人”进行训练和实验，

这时，一个名叫弗拉基米尔·伊柳什的飞行员浮出了水面，成为当时最热门的人选之一。弗拉基米尔家庭出身非常显赫，他的父亲谢尔盖·伊柳什上将是苏联赫赫有名的飞机设计师，第二次世界大战中谢尔盖设计制造的伊尔—2 攻击机为苏联战胜德国立下了汗马功劳。子承父业的弗拉基米尔也是一名出色的飞机设计师和飞行员，他对战斗机一直情有独钟，是苏联最优秀的飞行员，保持着 10 多项飞行纪录，在 1959 年更是创下了 3 万米的飞行高度记录，并因此获得了苏联最高勋章。没有人比他更适合成为进入太空的首选人员了，况且空间飞行计划的负责人中许多都是他父亲原来的部下和学生，试想一下，一个父亲是上将飞机设计师，本人又是最高勋

章获得者，如果他的照片出现在世界各地报纸上，实在是太完美了。在荣誉的感召下，原来对进入太空兴趣不大的弗拉基米尔参加了苏联的载人空间计划，并秘密进行了艰苦的训练和准备工作。有一次，一张弗拉基米尔身穿太空服的照片被登在了西方报纸上，苏联官方立刻出面否认正在进行载人太空飞行的计划，因为政府需要的是绝对的成功，不愿意事先张扬这件事。直到最近人们才从一些资料上得知，在1961年飞上太空之前，至少有7位宇航员在训练和试验中献出了生命。

而在苏联解体后公开的档案中清楚地记载着，1961年4月7日，弗拉基米尔·伊柳什作为最合适的人选，踏入了飞船，开始了他的太空之旅。一切都进行得很顺利，但是，在返回地面降落时出现了一些问题。太空舱本来预计从第一或第七轨道着陆在苏联境内的，而实际上弗拉基米尔却从第三轨道着陆在中国境内。另外，他也没有按照设计好的方式从太空舱里被弹射出来，而是随着飞船一起在地面上硬着陆。幸运的是，他没有死亡，但是受了很重的伤，这样他就没有办法以最良好的状态面对宣传媒体的采访了。对于苏联政府来说，这绝对是一个很大的遗憾，所以，这次卫星发射和结果被严格封存起来，所有参与或了解这一计划的人都被命令对外保持缄默。弗拉基米尔也从苏联的各大媒体视野中消失了两年，官方宣布他由于车祸而在中国养病。人们很快发现官方的说法漏洞百出：开始说车祸发生在1960年，可是在一张1961年公布的授勋仪式的照片中居然出现了弗拉基米尔的身影，政府又马上改口是在1961年，至于说到养病的地点，则一会儿说是北京，一会儿说是杭州。

而就在弗拉基米尔飞行的第二天，加加林的名字才为政府高层所知道，5天后，苏联对外宣布加加林胜利地成了飞入太空的第一人。以前的低调处理和这次突然宣布的成功，在全世界获得了巨大的轰动效应。

而成为英雄的加加林之后的一些行为却开始反常，开始酗酒，还当众发表不合时宜的言论，甚至在一次公开的酒会上，当着赫鲁晓夫的面摔碎了一个酒杯。人们后来推测，很可能是由于知道自己所得到的荣誉并不是真的而自暴自弃。几年后，这位英雄在一次飞机试飞中失事，坠机身亡，而他的失事也笼罩着层层迷雾，给历史留下的是另一个谜。

"东方一号"宇宙飞船点火起飞

1961年4月12日9点07分，在哈萨克斯坦的苏联宇航中心拜科努尔，搭载"东方一号"宇宙飞船的火箭点火起飞，不过飞船里乘坐的究竟是加加林，还是弗拉基米尔，我们不得而知。

至于弗拉基米尔·伊柳什，苏联解体后公布的材料显示，很可能他才是进入太空的第一人，真正的宇航英雄。20世纪90年代，伊柳什在电话中曾经表示愿意接受一家美国电视台就这件事的采访，然而当摄制组到达俄罗斯以后，他却选择了保持沉默，使这一历史之谜还不能真正地被完全解开，在离真相只有一步之遥的地方停住了，可是那一天也许不会太远了。

知识链接

拜科努尔航天发射场

拜科努尔航天发射场总面积6717平方千米，南北75千米，东西90千米。它建于1955年，1957年10月4日从这里发射了世界上第一颗人造地球卫星"斯普特尼克-1"号，开辟了人类航天的新纪元。1961年4月12日，世界上第一艘载人宇宙飞船"东方"号从这里起航，把航天员尤里·加加林送入地球轨道，使他成为人类第一名飞进太空的使者。

目前，拜科努尔发射场的主要任务是进行航天运载技术的试验，发射载人宇宙飞船、太空轨道站、星际站及其他航天飞行器。

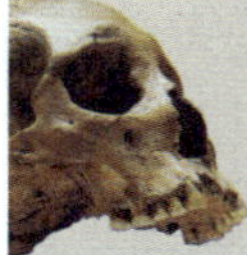

曾国国君墓为何建在随国

随州市（原随县）地处湖北省中北部，居长江之北、汉水以东，是江汉平原与中原之间的丘陵带。厉山，传说中为炎帝神农的家乡。神农即位于随州市，这里至今遗留下了许多关于神农氏活动的踪迹，如神农洞、炎帝神农碑等。殷商时，随州市是王朝的南土，这在殷墟甲骨卜辞上有清楚的记载。在西周时代，随州市成为周天子所封同姓诸侯的领地。

1977年，中国人民解放军某部为扩建营地，在距随州市市区西北约3千米处名为擂鼓墩的丘陵地带实施修建工程。因红砂岩坚硬，阻碍施工，施工人员就用炸药把红砂岩炸得粉碎，然后用推土机推平，结果，发现了褐色的软土，再往下则推出了青灰色的石板。施工人员立即停止施工，迅速向上级做了汇报。

经多方支持，考古发掘工作于1978年5月上旬正式开始。首先是清理填土，接着是清理填土下的石板。石板向下是褐土与青灰泥相间的夯层，再往下是竹网、丝帛、篾席，木椁也随着发掘工作的深入展现在世人面前。在木椁四周与坑壁的空隙里，填有大量木炭。考古人员和民工一铲铲地挖出木炭，共清理木炭31360千克，至此，墓室的椁板全部暴露出来。发掘人员连续作战，至5月30日，淤泥清理基本完毕，发掘出的大批文物令世人为之一振。

曾侯乙墓的鸳鸯盒　战国

历史上，曾国为楚国附庸国，公元前433年，楚惠王专门为曾国君主曾侯乙制造了礼乐器铜钟。

此次挖掘的地下寝宫的墓坑方向正南，墓口东西长约21米，南北宽17米左右，总面积为220平方米。坑内置有木椁，高3米左右，分为北、中、东、西四室，且均为长方形。其中中室面积最大，长约9.75米，主要放置整架的宗庙编钟、编磬和其他多种乐器，并有大量的青铜礼器。编钟靠近西壁和中室南部，其他随葬品的摆放井然有序，这充分反映了墓主人饮酒作乐的生活场景。

东室长9米左右，为墓主的“寝宫”，放置着墓主的特大型双层套棺和8具陪葬棺，以及11具葬宠物的狗棺。经鉴定墓中人骨得知，墓主人为男性，45岁左右；陪葬的均为女性，年龄在13～25岁，尤以20岁左右居多。这些应是曾侯乙生前的妻妾嫔妃。各室中面积最小的是北室，南北长为4.25米，主要放置大量

十六节龙凤纹玉挂　战国
湖北省随州市曾侯乙墓出土。

的兵器、车马器、皮甲胄，有2件高1.3米、重300千克的大铜缶用以盛酒，并有240多支竹简，简文记载的是用于葬仪的车马兵器，有自制的，也有赠送的。西室与中室并列，长8.65米，主要放置了13具均为女性的陪葬棺，除了极少的玩具与服饰外，再无其他葬品。

6月底，发掘工作基本完成，出土文物共有7000多件之多，如此众多的文物，令人叹为观止。其中乐器1.2万件，包括编钟64件；礼器、宴器140件；而兵器最多，共4500件，由此可见楚国当时强大的武力。如此众多的随葬品充分说明了墓主人曾侯乙的地位。

曾侯乙墓出土的青铜器器种数量之多、器型之大、铸造之精、纹饰之美、保存之完整，在历代出土的青铜器群中独占鳌头。这批青铜器的材料主要为铜、锡、铅合金体，铜占80%左右。出土的这些青铜器体积较大，重量较重，有5件超过了100千克，另有两件大尊缶是迄今发现的东周时期最大最重的酒器。令人吃惊的是，铸镶法首次发现于曾侯乙墓的青铜器上。在出土的这些青铜器中有一件造型精巧、结构复杂的尊盘。尊是一种盛酒器，盘则是一种盛水器，出土时，尊盘浑然一体，寓变化于整齐之中，达到了玲珑剔透的艺术效果。

曾侯乙墓出土的数量众多的青铜礼器和乐器在当时引起了轰动。这些编钟及其他古乐器的出土，是中外音乐史上的一大奇观。乐器或由青铜构件和木石构件混合组成，或由木竹制成，共

↗ 曾乙侯墓出土的铜冰鉴　战国

125件（套）。其中的编钟，是目前中国出土乐器中规模最大、质量最佳、完整性最好、音律协奏性最高的顶尖精品。

曾侯乙墓共出土了5012件漆器，使用漆器的范围远远超过中原。曾侯乙墓出土的漆器彩绘和雕刻以鸟兽形纹、几何纹和龙形图案为主，大多是木制用品。这些用品包括衣箱、食盒、餐具、梳妆用品等，其中以5件衣箱和一件鸳鸯形漆盒的彩绘最为出色，透雕或浮雕以4件盖豆和1件禁器见长。春秋战国时期金银器极少，曾侯乙墓出土的一件金制酒器，方唇直口，浅腹平底矮足，双环耳名“盏”的酒器，是迄今出土的先秦金器中最大最重的一件，约2150克。

考古人员从墓主人尸骨周围清理出500多件玉饰品。曾侯乙墓出土的玉缨是一件16节的龙凤玉挂。整件玉挂集透、平、阴雕等玉雕技艺于一身，共刻有大大小小的37条龙、7只凤及10

知识链接

曾侯乙墓

曾侯乙，姓姬名乙。他不仅是一位熟谙车战的军事家，也是一位兴趣广泛的艺术家。

曾侯乙墓出土的以编钟为代表的万件文物，以在文化艺术和科学技术上的辉煌成就而震惊世界，作为墓主人的曾侯乙也因而备受世人关注。然而曾侯乙何许人？史籍无载。

郭沫若主编的《中国史稿》指出周朝在随国、曾国都封有同姓诸侯。1979年，在随州市郊义地岗季氏梁一座春秋中期的墓葬出土两件铭文铜戈，器主季怡为曾国公族，曾穆侯之子西宫的后人。根据铭文，季怡自称“周王孙”，证明曾侯本是周王的宗支。

谭维四据此推断，曾国为姬姓封国，作为其国君的曾侯乙与周天子同姓毋庸置疑。

据他介绍，曾侯乙墓万件文物中以车马兵器最多，其种类之全、数量之众、综合功能之强，前所未见。

其中射远兵器居多，长杆兵器尤为特殊，且有极为罕见的矛状车害，这些都是用于车战的武器装备，说明曾侯乙是一位擅长车战的军事家和指挥官。

曾侯乙墓随葬数量庞多的乐器，钟磬铭文中有大量乐理乐律铭文，显示了曾侯乙生前对于乐器制造与音律研究的重视程度。墓内还有大量铸造极精的青铜器珍品，及绘画、雕塑、书法精品，并且大量文物并非冥器而是曾侯乙生前所用之物，多为他亲自督造，说明他兴趣广泛，具有多方面的才华和较高的艺术鉴赏力。

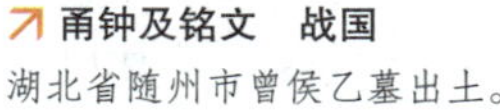

甬钟及铭文　战国

湖北省随州市曾侯乙墓出土。

条蛇，皆栩栩如生，玲珑剔透，实为古代玉雕之精品。

曾侯乙墓的发掘，带给了人们一个个谜团，如战国时期的曾国在我国古代历史上只是一个名不见经传的小国，为什么这个小国的国君墓能具有如此规模呢？如在周代，礼器的使用权是泾渭分明的，其使用具有严格的限制，不同等级的人只能使用与自己身份和地位相符的礼器。曾侯的级别算是很低的，按当时规矩只能用“七鼎”，而曾侯乙墓出土的礼器却完全不管这些，规格极高，几乎达到天子的规格了。

除礼器外，曾侯乙墓出土的乐器也同样规格极高，这使不少学者怀疑墓主曾经是周天子执掌礼乐的“大乐”，只是目前为止还没发现充分证据可以支撑这种观点，更何况如果曾侯乙真是周的“大乐”，为何史书典籍中没有他的一点踪迹？不过，大多数学者不认同这种观点，他们认为这种现象不足为奇，因为众所周知，春秋战国时期正是“礼崩乐坏”的时代，周天子的地位已江河日下，越位现象也屡见不鲜。

除了这个问题有争议以外，人们争论得最激烈的还是这个墓为何会在随州市出现。因为曾侯乙是曾国国君，而湖北随州市在当时则属于随国，堂堂一国之君，怎么会在别国建自己的墓地呢？有学者认为，当时战国时代的随国其实就是曾国。确实，这种一国两名的现象在我国古代并不鲜见。如魏又称为梁、晋又称为唐、韩又称为郑，等等。石泉先生的《古代曾国——随国地望初探》就详细论述了这一观点。他指出：“随国和曾国都是姬姓国，都是西周分封于江汉的诸姬姓国之一。就两国的地望来看，也是一致的。从宋代出土的曾国青铜器，到曾侯乙墓，都分布在随枣走廊一带，而且都是从南阳盆地迁入随枣走廊的。”这个说法，也是有一定说服力的。但是也有的学者不同意此种观点，他们认为，在西周时期，曾就已经与随并存了，这在文献中是有明确记载的，说随国就是曾国显然是不合理的。

究竟哪种说法接近事实呢？也许只有躺在墓葬里的曾侯乙最清楚！

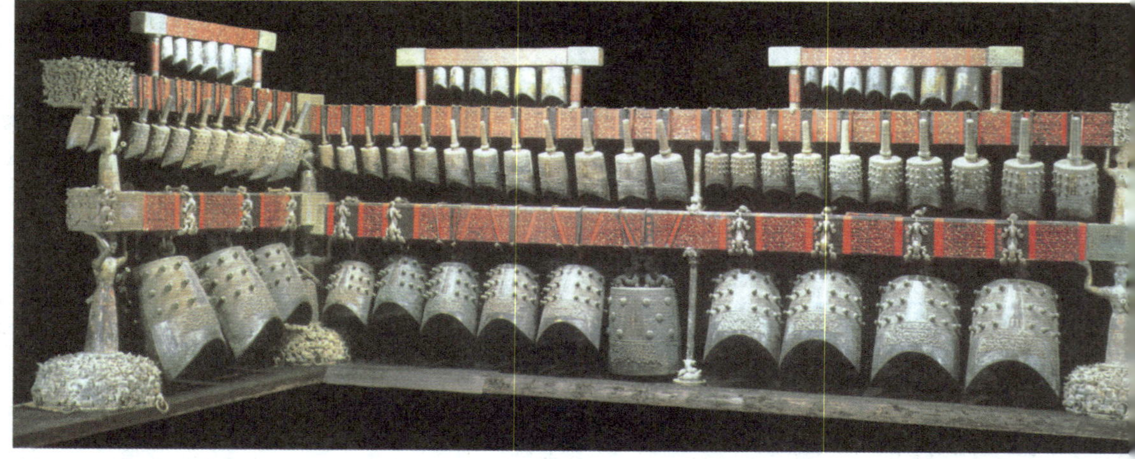

曾侯乙编钟　战国

湖北省随州市曾侯乙墓出土。春秋战国时期，统治者为显示等级差别，制作了青铜礼、乐器供权力阶层使用，并制定了相应的礼制，不同地位使用不同等级的器物。曾侯乙编钟的出土，证明了当时“礼崩乐坏”的现象已相当普遍。

秦始皇传国玉玺下落追踪

玉玺是国家权力的象征，其自身也具有无比珍贵的价值。随着朝代的更迭，玉玺也经历了风风雨雨。秦始皇统一中国之后，为了显示其至高无上的权威而令玉工孙寿为其刻制了一枚国玺。国玺是以闻名天下的和氏璧刻成，玺方四寸，其上盘曲巨龙，李斯手书的“受命于天，既寿永昌”八个形如“龙凤鸟鱼”之状的篆字镌刻其上。

在秦朝末期，刘邦进入咸阳，子婴在举行了投降仪式后将传国玉玺献给了刘邦。到了西汉末年，王莽篡权，他命其弟王舜进宫向其姑母孝元太后逼索传国玉玺。太后一怒之下将玉玺掷到地上，撞破了一角。王莽用纯金把撞去的一角补上。王莽失败后，传国玉玺落入东汉开国皇帝刘秀之手。东汉末年，十常侍作乱。汉少帝夜出北宫，却把传国玉玺丢失了。后来孙坚攻入长沙，在城南甄官井捞出一宫女尸体，从其项下锦囊中的一个金锁锁着的小匣子内发现了玉玺。孙坚死后，袁术拘捕了孙坚妻子而夺得玉玺。袁术兵败身亡后，传国玉玺落入曹操之手。西晋统一后，司马炎得到了玉玺。西晋灭亡之后，玉玺流落到北方十六国。后来，有人将传国玉玺献给了东晋皇帝。东晋灭亡后，玉玺被刘裕得到，开始在南朝宋、齐、梁、陈中流传。隋文帝灭陈后，获得传国玉玺。隋末，隋炀帝被宇文化及杀死，玉玺落入宇文化及手中。宇文化及兵败后，窦建德得到玉玺。窦兵败后，唐高祖李渊又得到玉玺。从此以后，玉玺在唐传了370年。最后，玉玺被后梁皇帝朱温获得。梁之后，玉玺归后唐。公元963年，石敬瑭勾结契丹耶律德光攻打洛阳。后唐废帝李从珂见失败已成定局，便带着玉玺登玄武楼自焚。传国玉玺从此便没了踪影。

随着时间的推移，一度失踪的玉玺据说又重现人间，并被元顺帝的后人博硕克图汗得到。元太祖成吉思汗的嫡系后裔林丹汗得知了这一消息，他认为这玺应属于他，便用武力把它从博硕克图汗手中夺了过来。后来玉玺又被皇太极用武力夺去。皇太极得到之后，才发现玺上刻的是“制诰之宝”，并非秦始皇的传国玉玺。但皇太极为了宣扬“天命所归”，对外仍称获得了传国玉玺，于是改“金”为“清”，建立了大清国。后来清朝统一了天下，就将这颗假传国玉玺当成了清朝传国的宝物了。

除此之外，还传说北宋时咸阳的一位农民耕地时发现一方玉印，上面刻着“受命于天，既寿永昌”八个字。当时的宰相蔡京得知这一消息后，进行考证。最后他宣称这就是秦始皇的传国玉玺。此事曾轰动一时。到后来这块玉玺被一位曾在美国侨居多年的国民党军官得到了。“文化大革命”期间，这位军官要在澳门出售这块玉玺，香港的一位爱国人士得知这一消息后，表示愿收购这块玉玺捐赠给祖国。但经专家鉴证后发现玉玺是赝品。此后也有一些关于玉玺下落的传说，但真实性都值得怀疑。

唯一能肯定的是，秦始皇的传国玉玺肯定尚在人间。因为据专家介绍，用来雕制传国玉玺的和氏璧是玉石中的“柱长石”，能耐1300℃的高温，所以一般火焚化不了它。由此说来，说不定哪一天这方传国玉玺会真的重现人间。到那时，关于玉玺下落的谜团就会解开了。

后人伪造的传国玉玺及印文

敦煌藏经洞到底是为什么开凿的

敦煌藏经洞是莫高窟17窟的俗称。20世纪初，一个姓王的道士在废弃的莫高窟每天念经打坐，他虽然是出家人，却私心很重，十分贪婪。无奈当时莫高窟是一个没有什么香火的地方，周围人烟也很稀少。王道士整天愁眉不展。一天，他请人对破败不堪的洞窟进行了整修。一个雇工在施工的时候，居然发现洞窟两侧的墙壁是空的，赶紧告诉王道士。王道士很惊讶，他联想到当地关于这里是宝藏埋藏点的传说，心中一怔，但又装出若无其事的样子对雇工说："我早知道了，大概里面有木头什么的被虫蛀了。"等施工完成了，王道士便在夜里带领些徒弟用流水不断冲刷墙壁的三层洞沙，终于挖出了洞窟，他简直不敢相信自己的眼睛：洞里像山一样堆着绢画和各种佛教法器，四壁画着不可思议的精美壁画，整个洞窟犹如神话中的宫殿。这就是藏经洞被发现的传说。这个名字叫王圆箓的道士随后却以发现者自居，为了一些小钱让人随意从里面盗取宝物，包括一些列强，给藏经洞带来了巨大的损失。

迄今为止，藏经洞内已经发现了数以万计的古代佛经、道经及世俗文书等，几乎涉及社会科学和自然科学的各个方面，是研究我国近两千年学术文化发展的宝贵文献，中间有不少的"世界第一"。敦煌学家从文献中发现了世界上最早的纸、最早的活字、最古老的书籍、最早的乐谱、最早的报纸、最早的火枪、最早的马具、最早的星象图、最早的连环画、最早的棋经、最早的标点符号等。敦煌藏经洞因为曾经的辉煌和博大精深的文化内涵而闻名于世。可是人们不知道藏经洞为什么开凿，是谁在什么时候开凿，为什么把这些价值连城的宝贝云集在一个地方。到现在还很难找到关于这座巨大的宝库的开拓者资料，这些使关于藏经洞来历的千古之谜变得扑朔迷离。

敦煌藏经洞经卷

敦煌藏经洞内被斯坦因翻捡盗掠的经卷。随着这些经卷的发现，世界学者们都注意研究这些千年历史的文献，形成了敦煌学。而莫高窟也受到世人瞩目，画家张大千即在此生活多年，对洞窟壁画进行临摹、整理。

根据对北区洞窟的考古报告表明，这些洞窟是僧人居住修行或印制佛经的地方，所以关于藏经洞的来历，目前较为公众认可的说法是：藏经洞是僧侣们为了避免战乱而有目的地开凿，以免破坏宝贵的佛教资源，这种说法叫"避难说"。约在11世纪，西夏人占领了敦煌。战火四起，百姓流离失所，处于水深火热之中。而在破城之前，寺院的僧人们聚集在一起，将不便带走的经卷、文书、绣画、法器等物分门别类，匆匆忙忙用白布包起来胡乱码放在洞窟之中，然后封闭了洞口，又抹上一层泥壁，再绘上壁画掩人耳目，但后来僧徒也因为逃避战争之难没有再回来，天长日久，洞窟也就慢

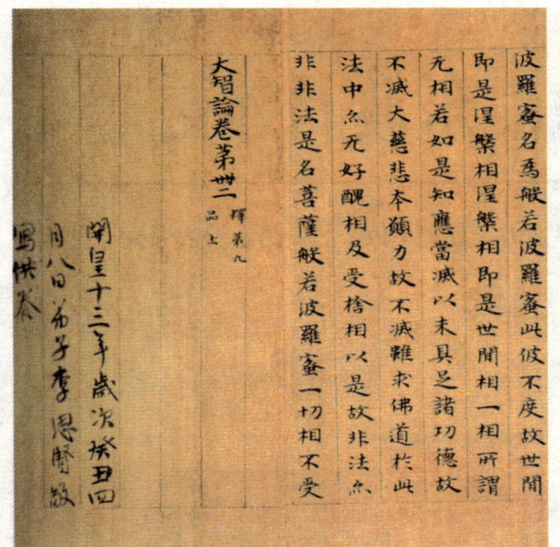
波羅蜜名為般若波羅蜜此彼不度故世間
即是涅槃涅槃相即是世間相一相所謂
无相若如是知應當滅以未具足諸功德故
不滅大慈悲本願力故不滅雖求佛道於此
法中亦无好醜相及受捨相以是故非法亦
非非法是名菩薩般若波羅蜜一切相不受

大智論卷第卌二 釋第九品上

開皇十三年歲次癸丑四月八日弟子李思賢敬寫供養

大智度论卷第四十二　隋　李思贤

此为敦煌石窟藏经洞出土的经书，由经生李思贤书写，其正文书体以北碑为主，其后的题字以南帖的风格书写，很有特色。

慢荒废了，加上风沙淤塞了洞窟的通道，才使洞窟因此幽闭近800年。此外，法国人伯希和也主张“避难说”。他在1908年春到敦煌莫高窟，盗窃经卷写本、精美画册6000余本，运到巴黎图书馆，他还偷拍了莫高窟全部洞窟的照片。他进入洞内时，洞内的宝物已被斯坦因洗劫了一部分，但他是一位汉学家，把全部藏品翻看一遍，再挑选自己认为最宝贵的东西。因为比较内行，所以他掠取的文物虽然数量上没有斯坦因多，但质量上可以说绝对是精品。

根据所得的文书，伯希和推断藏经洞是在1035年西夏入侵敦煌时为了躲避外寇而仓皇封闭的。而陈垣先生《敦煌劫余录序》中认为是在宋代皇佑五年（1053）以后。“避难说”虽然赞同者多，但对于究竟避谁之难，则颇为不同。白滨先生认为藏经洞是因为1008～1010年备战西夏而封存，虽然与伯希和说相近，但时间提前了；殷晴先生则认为藏经洞是因为1094～1098年受黑韩王朝威胁而封存的；还有认为更晚封存的。

也有观点却认为藏经洞的开凿是为了收集敦煌各个寺庙里的废弃佛教用品，即“废弃说”。因为宗教用品都是礼佛敬神的东西，具有神圣性，是不可随便就丢了，而且，由于儒家的影响和文化的稀缺，中国古代很尊重写过字的纸，还有人专门走街串巷收集各家的字纸来统一祭拜后焚烧。僧侣们也因此把没有用处的佛教用品保存起来，但他们没有选择焚烧而是凿洞封存。持这种观点的代表人物是英国的斯坦因。他在1907年到达敦煌，5月，买通了王道士进入莫高窟。所盗卷轴共计写本卷子8082卷，木版印刷20卷，其中佛教著作6790卷。他共装24箱经卷，5箱精美绣品，运到伦敦。1914年他再次来莫高窟，又盗走5大箱600多卷写本。斯坦因根据所见到的写本和绢画上的记载分析出了“废弃说”。但遭到了很多人的反对，原因是藏经洞的藏品大多十分完整，而且精致细腻。

还有一个中外人士都关心的问题是敦煌是否还另有藏经洞呢？有地质部门在莫高窟探测时曾发现一个洞窟墙壁有异常现象，至于是否也是藏经洞，因为没有打开，所以仍是一个谜。

敦煌藏经洞带着这些千古之谜，历经千百年沧桑，在茫茫戈壁沙漠的怀抱中，闪烁着绚丽的光彩。

说法图　敦煌石窟　唐

图中的空白是1924年被美国人华尔纳粘走所留下的痕迹。上方的四身飞天是这一题材中最具代表性的佳作之一，飞天相向对称，气韵相通，各具神韵，前呼后应。飞天扬散花朵飘然而下，祥云缭绕虚空，画面造型、动感和意境都达到了极佳。

历史上有无徐福东渡日本之事

徐福去过蓬莱仙岛吗？“蓬莱”因秦始皇遣方士徐福率数千名童男童女去寻找长生不老之药而得名。自唐开元年始，它就被命名为“蓬莱乡”，风景秀丽，有“海上仙境”的美称。据说秦始皇十分憧憬得到服后可以成仙的仙草“养神芝”，与天地同寿，与日月齐庚。于是授命徐福东渡为他寻找不老仙药。

徐福东渡时登程地点

日本阿须贺神社内的徐福宫

日本徐福祠

《史记·秦始皇本纪》中注明徐福是个读书人，除了读儒书外，同时也阅读了大量关于阴阳五行、修真炼丹等方面的书籍。他交游非常广泛，当时和齐国的侯生、燕国的卢生交情甚好。

历史上对徐福东渡到底到了何方却有争议，有人说去了日本，有人说去了南洋，也有人说到了美洲，更有人说到了海南岛。这当中，呼声最高的是说徐福当年东渡去了日本。

《史记》和《汉书》是中国历史最有权威性的两部史书，这两本史书中都有记载徐福东渡日本，其可信度还是相当高的。此外，五代后周时期义楚和尚所写《义楚六帖》中说：“日本亦名倭国，在东海中，秦时，徐福将五百童男，五百童女，止此国也，今人物一如长安，又东北千余里有山，名富士，亦名蓬莱。徐福止此，谓蓬莱，至今子孙皆曰秦民。”证明徐福东渡地是日本。而宋代欧阳修和司马光文集等都有相似的记载，他们也认为徐福东渡到日本，明初，日本和尚空海到南京，向明太祖献诗，还提到了日本的徐福祠。民间传说就更多了：徐福东渡是公元前中国历史上的壮举，秦始皇派徐福三次东渡求仙药，徐福求药不成，却把秦帝国高度发展的造船、航海技术、政治制度、文化艺术、生活方式，还有冶炼、农耕、建筑、医药、文字、货币、宗教、武术、服饰、瓷器和当时世界最先进的科学技术带到了日本，还带了一批谷物种子粮食等，对于开发、发展日本的生产力的影响十分有利，三千人繁衍生息的同时，也传播了中华民族的传统文化。

对此，日本也有大量的史志记载。《富士古文书》上说："徐福一行奉秦始皇之命，到富士山取不老长寿药，因以居也。"《国文通考》有如下记述："今熊野附近有地曰秦住，土人相传为徐福居住之旧地。由此七八里有徐福祠……"颇具说服力的是，当时徐福的东渡出发点千童镇有一项名闻遐迩的民间文艺活动"信子"，在偌大中国是独此一家，而在日本也有，只是名叫"尸子"；而现在仍保留有徐福墓、徐福祠的日本新宫市，每年都要举行大祭仪式。此外，还有人根据古代中国和日本的海上往来，海船的营造规模和古文物发掘，推测了徐福东渡到日本的路线。

徐福在日本的地位很高，从九州到本州的20多处地点，流传着有关徐福的登陆地点、活动遗迹、祠庙和墓葬等传说，同类遗迹往往重复地见于多处地点，并且长期以来成为民间信仰崇拜的对象。尤其日本各地民众，称徐福为"王"，并尊他为"弥生文化的旗手"。日本现有徐福陵墓5座、祭祀庙祠37座、因徐福登临而得名的蓬莱山有13座，各种遗址和出土文物数以百计，各地历代传承和近代成立的徐福纪念组织和研究机构就有90多个，祭祀节典和仪式多达50多个，以秦和徐为姓氏的有17个。在日本的佐贺、新宫、富士吉田这3个地方，祭祀徐福不仅是当地民众的重要信仰，而且已发展成重要的文化和旅游产业。参加徐福祭祀和纪念活动的不仅有工、商、学、军各界著名人士及民众，还有政界官员等。

徐福出海并东渡日本这一伟大历史事件，历来为中日学界所重视。中外文献对徐福航海并东渡日本对中日文化交流的重大贡献，都给予肯定性评价。

但是有些中日学者也对徐福东渡日本提出了疑问：他们认为，秦始皇灭六国后，中国人为了逃避秦始皇的暴政，大量移民日本，但是这其中并不包括徐福及其率领的童男童女们。徐福的故事只不过是民间传说而已，找不到可靠的历史文献来证明。更有人认为，徐福东渡日本的传说，是日本10世纪左右的产物，并非最先由中国人提出来的，徐福当时到的只是渤海湾里的岛屿，他在日本的事迹、遗迹、墓地，均属后人虚设；还有学者认为日本新宫市的徐福墓和其他遗迹都是后人伪造的。有的日本学者还做了实地调查，进一步证实了这一点。他们认为，徐福东渡日本的传说是由于汉唐以后，日本和尚常到中国散布徐福的故事，被人不辨真伪地记入书中，直到人们对这样的传说深信不疑。

另外，又有学者认为，徐福东渡是历史事实，但不是去了日本，而是去了美洲。因为徐福东渡的时间与美洲玛雅文明的兴起相吻合，檀香山遗留下带有中国篆书刻字的方形岩石，旧金山附近有刻存中国篆文的古箭等文物出土，这些古代文物当是徐福这批秦人经过时所遗留的。

迷雾茫茫，徐福东渡究竟是不是去了日本，至今仍然是一个解答不出的谜。

知识链接

徐福文化的影响及徐福故里

徐福，即徐市，字君房，齐地琅琊（今江苏赣榆）人，秦著名方士。徐福故里位于连云港西北50千米处赣榆区境内。据《史记》记载，秦始皇统一中国后，为求长生不老仙药，派遣当地方士徐福带领数千童男女和百名工匠，出海寻觅，最终未获得不老仙药，却在日本登陆，成为中国文化向日本传播的第一人。

徐福传说，历来是浮于中日两国史学界的棘手"谜案"，但又是游离于历史与文化之间的热门话题，徐福成了中国与东北亚地区的一种独特文化。在中国，自汉以下历代文人墨客，以此为题材撰文赋诗的不在少数。一生喜好探幽访奇的浪漫主义大诗人李白，其《古风》（三）赋的正是"徐载秦女，楼船几时回"；宋朝欧阳修的一首《日本刀歌》更是烂熟于中日人民心中；元朝的吴莱热衷于徐福传说，他泛舟东海，寻访古迹，写下了著名的《甬东山水古迹记》，把徐福在舟山群岛中的遗迹一一记录下来，并写下了《听客话蓬莱山紫霞洞》《听客话熊野徐福庙》等诗篇；明朝的宋濂、李东阳和清时的黄遵宪等也都以此为题材，创作了流传千古的诗篇。

徐福故里建有徐福祠一座，祠庙门阙为仿汉建筑，造型精美，古色古香。祠内徐福座像高3米，面向东南，目视远方，表现出徐福刚毅、睿智和离别乡土的眷念之情。祠堂前有两个灯笼，为日本友人所赠。西配殿陈列着徐福故里的部分出土文物，有新石器时代的带槽石斧和秦砖汉瓦，殿内还有徐福在日本足迹的大量照片。东西长廊中镶嵌着苏北罕见的花岗岩汉画像石、原始社会的石笋等，还存有石船锚和石药碾等出土文物。

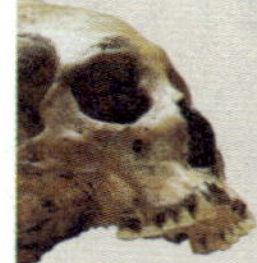

曹操赤壁战败之谜

赤壁之战是中国历史上一次著名的以少胜多的战役，究竟是什么原因使曹操在赤壁之战中打了败仗呢？一般人认为曹军失败的致命原因是遭遇火攻。《三国志·蜀书·先主传》载：“权遣周瑜、程普等水军数万与先主并力，与曹公战于赤壁，大破之，焚其舟船。”司马光在《资治通鉴》中也说，黄盖“乃取蒙冲斗舰十艘，载燥荻、枯柴，灌油其中，裹以帷幕，上建旌旗，预备走舸，纱于其尾。去北军二里余，同时发展，火烈风猛，船往如箭，烧尽北船，延及岸上营落。”曹军败在火攻上，证据确凿。可是，随着社会进步，近些年来，有论者提出了许多关于火攻论的质疑。他们认为曹操之所以失败，是因为军队遭遇疾病瘟疫，导致战斗力丧失，而不是由火攻造成的，更为详尽的是，他们说是血吸虫病造成曹军赤壁战败的。

血吸虫论者也是根据史籍提出这一论点的。如陈寿在《三国志·魏书·武帝纪》中叙述赤壁之战时，并未提及“火攻”这件事。他说，曹公到了赤壁，与刘军大战，不占上风。后来发生瘟疫，士兵大部分都死了，于是带领部队回去。从曹操在战后写给孙权的一封信中可看出，他不承认失败是因为遭到火攻，其中写道：赤壁之战，有疾病侵袭，我烧船而退，使周瑜白捡了这个好名声。而曹操所说并不是唯一凭证，《吴书·吴主传》中也有曹操自己烧掉战船一说：“曹公烧剩余船而退败。”由此论者认为，火攻一说不足以取信。

曹军失利主要原因就是瘟疫，即血吸虫病。其理由是：

第一，我国古代早已存在血吸虫病，远古医书中的周易卦象便有“山风蛊”之病症，在公元7世纪初的《诸病源候论》中也有关于血吸虫病一类的记载。现今，研究者在出土于1973年的长沙马王堆一号墓中的女尸肠壁及肝脏组织中也发现了大量血吸虫卵。由此可以看出，早在汉代，血吸虫病之患就在长沙附近存在着。大量调查资料表明，与赤壁之战有关的地区为血吸虫病发区，尤其是湖南湖北一带。

第二，论者根据赤壁之战的时间与血吸虫病的易感染季节推断，血吸虫病的流

赤壁之战旧址，今湖北蒲圻。

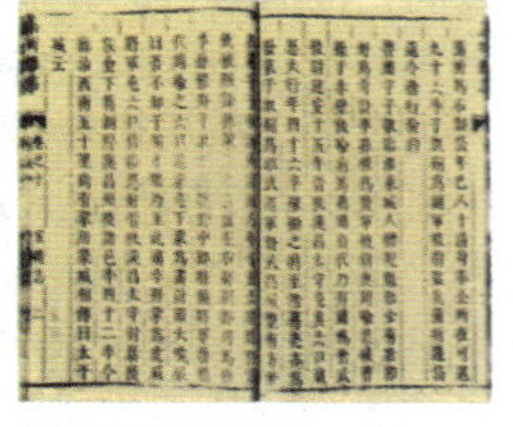

《蒲圻县志》有关赤壁之战的记载

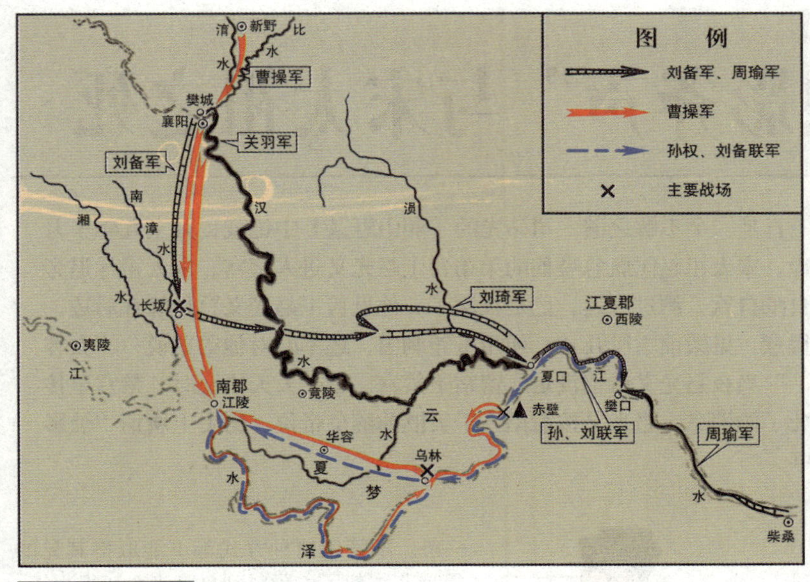

赤壁之战示意图

行季节正好是曹军迁徙、训练水军的秋季。曹军从陆地转战水中，是最容易染上此病的。血吸虫在人体中的潜伏期为一个月，它们在一个月以后才会使人出现急性症状。所以曹军在训练时期已经染上此病，个把月后，进入冬季决战时期，此病也已进入急性期，致使曹军遭受此痛折磨，不堪一击。孙刘联军也同样是水上训练和作战，为什么不会染上血吸虫病呢？关于这个问题，论者认为这要根据人免疫力的强弱来看。孙刘联军长期居住于南方疫区，具有一定抵抗力，即使得此病，也不会这么严重。曹军都是北方人，抵抗力差，所以患此病的症状严重，因而溃败。

然而，血吸虫病说也不可尽信，它比火攻论的争议还要多。《新医学》1981年11期与1982年5月25日　的《文汇报》就这个问题相继载文展开争论，它们认为：

第一，曹操在邺而不是在疫区江陵训练水军，那里不是血吸虫病疫区，感染的可能性不是很大。

第二，史书确实记载曹操烧船退军一事，但烧船的地点不在赤壁而在巴丘，时间不在赤壁大战时，而在曹军兵败退到巴丘时。

第三，血吸虫病的潜伏期一般在一个月左右，少数在两个月以上，潜伏期越长，发病的症状也就越轻，所以即使曹军在秋季患上了血吸虫病，到大战爆发时才发病，曹军的身体状况也不会很糟糕。

第四，曹操的水军大部分是居于血吸虫病流行区的湖北人，跟孙刘联军的免疫力没有什么差别，除此之外，补充给曹操的刘璋军队也是来自疫区四川的士卒。所以，孙刘联军在免疫能力上与曹军没有高低强弱的分别。

火攻论不可尽信，血吸虫病说也有缺陷，那么，曹操在赤壁战败的原因，只能作为一个千古之谜留存于人们心中了。

知识链接

曹操的历史功绩

曹操一开始走上仕途就试图用比较严格的法律改变当时权豪横行的情况。但由于祸害根子在中央，曹操无法施展自己的意图。到他自己掌握政权以后，才得全面推行抑制豪强的法治政策。他起用王修、司马芝、杨沛、吕虔、满宠、贾逵等地方官吏，抑制不法豪强。如果把袁绍和曹操在冀州先后推行的治术加以比较，就可以看出两种不同的情况。“汉末政失于宽，绍以宽济宽，故不摄”。所以袁绍虽地较大、兵较多、粮较足，终为操所败。操得冀州后，立即“重豪强兼并之法”，因而收到了能使“百姓喜悦”的效果。司马光说操“化乱为治”，并非无据。而且操用人不重虚誉，他选用官员要“明达法理”，能行法治。操还提倡廉洁，他用崔琰、毛玠掌管选举，“其所举用，皆清正之士，虽于时有盛名而行不由本者，终莫得进。务以俭率人，由是天下之士莫不以廉节自励，虽贵宠之臣，舆服不敢过度”。社会风气有所好转。

黄河流域在曹操统治下，政治有一定程度的清明，经济逐步恢复，阶级压迫稍有减轻，社会风气有所好转。所以说曹操的统一汉室及其相应采取的一些措施还是具有积极作用的。

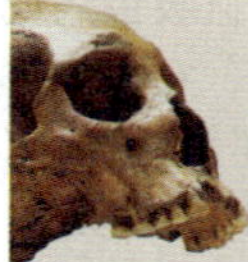

“烛影斧声”与宋太祖之死

关于宋太祖的死一直是一个不解之谜。司马光的《湘山野录》中记载，开宝九年十月的一天，天气极为寒冷，宋太祖赵匡胤急唤他的弟弟晋王赵光义进入寝宫，宋太祖斥退旁人，只留下他们两人自酌自饮。酒过三巡，已是夜深了，他见晋王赵光义总是躲在后边，极其害怕，自有几分得意。见殿前雪厚几寸，便用玉斧刺雪，还不时对他弟弟说：“太容易了，真是太容易了。”当夜赵光义依诏没走，留宿于禁宫。第二天天快亮时，禁宫里传出宋太祖赵匡胤已经死了的消息。赵光义按遗诏，于灵柩前继皇帝位。历史上所谓“烛影斧声”的疑案就指此事。

有人认为“烛影斧声”也许不是疑案，只是晋王赵光义戕兄夺位的借口。宋太祖安排后事是宋朝的国家大事，不可能只召其弟单独入宫，并且赵光义又在喝酒时退避。用玉斧刺雪，这正是赵匡胤与赵光义进行过争斗的状态，晋王一狠心杀死宋太祖。要是不这样写，这段史料也许会被封杀。

宋太祖像

不过，关于光义弑兄的原因，史书上另有一种说法。《烬余录》称，赵光义很喜爱已归降的后蜀主孟昶的妃子花蕊夫人费氏。孟昶死后，花蕊夫人被宋太祖赵匡胤纳为自己的妃子，而且特别宠爱。赵匡胤因病卧床，深更半夜时赵光义胆大妄为，以为宋太祖已熟睡，便趁机调戏花蕊夫人，可没想到太祖惊醒，要用玉斧砍他，等到皇后、太子赶到之时，赵匡胤已经只剩一口气了。赵光义趁机逃回自己的王府，第二天太祖赵匡胤就升天了。也有人认为，赵光义趁夜黑无人，赵匡胤昏睡不醒的时候调戏他觊觎已久的花蕊夫人，谁知赵匡胤突然醒来发觉了，也许是他盛怒之下欲砍赵光义，可是因为病体虚弱，体力不足，未砍中赵光义。赵光义觉得自己只有死路一条，不管用何种方式都不能取得其兄的原谅与宽恕了，预料到自己将会死得很惨，于是一狠心便杀死了自己的同胞兄弟，然后慌忙逃回府中。宋太祖赵匡胤是病怒交加而死，还是他弟弟杀死，谁也不知其详。不过十分清楚的是，赵匡胤之死与其弟赵光义当夜在皇宫内院的行为有一定的关系。

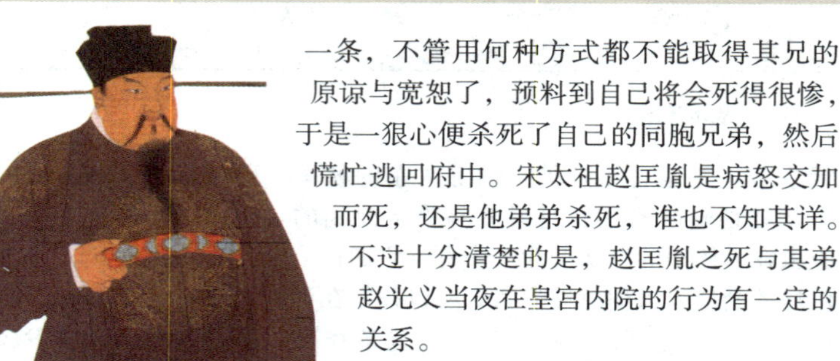

对于这个疑案，也有一些人为赵光义开脱罪责，司马光的《涑水纪闻》记道：“太祖初晏驾，时已四鼓，孝章宋后使内侍都知王继隆召秦王德芳；继隆以太祖传位晋王之志素定，乃不召德芳，径趋开封府召晋王。见医官贾德玄坐于府门……乃告以故，叩门与之俱入见王，且召之。王大惊，犹豫不敢行，曰：‘吾当与家人议之。’入久不出。继隆促之曰：‘事久，将为他人有。’遂与王雪下步行至宫门，呼而入……俱进至寝殿。宋后闻继隆至，曰：‘德芳来耶？’继隆曰：‘晋王至矣。’后见王愕然，遽呼官家曰：‘吾母子之命，皆托于官家。’王泣曰：‘共保富贵，无忧也。’”从这一记载来看，宋太祖赵匡胤过世时，他弟弟赵光义并不知晓，也没在宫中待过，似乎可以洗去“烛影斧声”的嫌疑了。

但是，从赵光义继帝位后，赵匡胤的长子德昭于公元979年被迫自杀，次子德芳又于公元981年无故而死来看，宋太宗赵光义还是摆脱不了“烛影斧声”“戕兄夺位”的嫌疑。

"金匮之盟"之谜

宋太宗赵光义像

《宋史》有好几处提到"金匮之盟",《杜太后传》里面记叙:"建隆三年(961),太后病,太祖始终在旁服侍不离左右。太后自知命已不长,召宰相赵普入宫。太后问太祖:'你知道怎样得天下的吗?'太祖曰:'我所以得天下者,皆祖先及太后之积庆也。'太后曰:'不然,正由周世宗使幼儿统治天下耳。假如周氏有长君,天下岂为汝所拥有乎?汝死后当传位于汝弟。四海至广,能立长君,国家之福也。'太祖顿首泣道:'敢不如教诲!'太后转过身对赵普说:'尔同记吾言,不可违背也。'赵普于床前写成誓书,普于纸尾写'臣普书'。藏在金匮(同柜),命谨慎小心的宫人掌之。"

在司马光《涑水纪闻》、李焘《续资治通鉴长编》等史著中也有大致相同的记载。1000多年来,没有人怀疑其真实性,直到清代,古文学家恽敬对盟约内容提出疑问。

20世纪40年代初张荫麟曾作《宋太宗继统考实》,后收入《张荫麟先生文集》,认为"金匮之盟"是赵普伪造的,全盘否定此事。除此之外,邓广铭、吴天墀、李裕民、顾吉辰、王瑞来等学者也持同种观点,或怀疑"金匮之盟"的真实性或断定它是伪造的。其理由大致如张荫麟所言,建隆二年(961)杜太后病重时,宋太祖只有34岁,正值年轻力壮之时,赵光义才23岁,而太祖长子德昭也已经14岁。当时太祖身体健康,没有短寿夭折之象,即使太祖只能再活20年,那时,长子德昭已三十多岁,怎么会有幼主之说?杜太后凭什么猜测太祖早死、幼子继位,而宋朝会重蹈五代的覆辙呢?如果确如太后所预料的那样,宋太祖会中年夭折,人们还可以推测,也许杜太后凭经验或灵感有超前的洞察力,尚可勉强解释。但是,太祖活了50来岁,并没有早逝而面临幼子主政。如果真有遗诏,太祖临终前应该命人打开金匮,就算是突然死亡,皇后也应该知道此事,掌管金匮的宫人同样也知道此事,为什么要等到太祖死后6年才由赵普揭露出来呢?即使公布遗诏,赵光义应该把全文都公布出来,因为这是他继位合法有力证据,而留下来的却仅是一个大概的内容,内容还不完全一致。更何况,宋太宗并未遵守遗诏办事,传位给他的弟弟,而是传位给他自己的儿子。

但对"金匮之盟"持肯定观点的学者们提出了相反的证据。关于立此盟约的条件,持肯定论者认为它符合常理。杜太后亲身经历过五代,这是一个王朝更替频繁的特殊时期,五代君主13人,在位超过10年绝无仅有,有7人死于非命,杜太后凭什么否认宋太祖可以摆脱"宿命",而不会像周世宗那样英年早逝、最终幼主执政失国而终呢?杜太后在赵匡胤刚当上皇帝说出了"吾闻'为君难',天子置身兆庶之上,若治得其道,则此位可尊,苟或失驭,求为匹夫不可得,是吾所以忧也"这一段话。杜太后认为刚刚建国,根基未稳,随时有可能成为短命的"第六代"。尽管当时太祖正值壮年,但政治变化无常,哪里知道宋太祖不会暴死?哪里知道宋太祖不会被人杀掉?假如真的发生了,十多岁的德昭显然是不足以应付。而拥有丰富政治经验的赵光义,应是理想的继承人。

"金匮之盟"疑案由此越争论疑点越多。

山西大槐树迁徙之谜

“问我祖先在何处，山西洪洞大槐树。祖先故居叫什么，大槐树上老鸹窝。”这首民谣从明朝初年开始在我国的河北、河南、江苏、安徽、福建甚至台湾等地区广为传颂。民谣记录的是从洪武初年到永乐十五年（1417）前后，明政府在山西进行了历时50年、人数达到数十万、迁出面积达到当时我国一半以上国土面积的大规模的强制性移民，这次移民是有史料记载以来中国历史上规模最大、时间最长、范围最广、意义最深远的一次大移民事件。由于当时明政府把这些移民都集中在洪洞县古大槐树下，进行登记注册后强制带走的，所以绝大部分移民后裔都把前辈出发的最后之地洪洞作为外迁之前的祖籍，将大槐树作为祖籍的标志。人们也因此把这次迁徙俗称为“山西大槐树迁徙”。

关于当时迁徙的原因和情景，在移民的后裔中流传着这样的故事，描述得绘声绘色。相传当时朱元璋在建立明朝的过程中，得力而勇猛的大将军胡大海为他出生入死，立下了汗马功劳，因此，在开国大典后，朱元璋要论功行赏，就问胡大海想要什么，结果胡大海竟然恶狠狠地要求杀光河南的百姓。原来胡大海参加起义前，由于一时落魄，在河南一带讨饭，但当地百姓看到他长得过于凶狠可怕都不愿施舍，胡大海差点被饿死，因此，他得势后只想报复。朱元璋觉得牵涉的面积太大，但又考虑到胡大海的赫赫战功，于是答应他可以在河南界内射一支箭，他只可以杀这支箭射出范围内的人。不料，胡大海这支箭射在一只大雁的尾巴上，受伤的大雁一直飞出河南界内，飞到了山东，胡大海跟着飞雁一路追杀，竟几乎将河南、山东等地的人杀光了。朱元璋因为“天子一言，驷马难追”，只好开始从当时地少人密的山西调拨人口过去。

徽州府祁门县江寿户帖　明

洪武三年，明朝在全国实行户籍制度，户籍由政府保存，户帖发给住户。这是洪武四年明政府发给徽州府祁门县江寿的户口卡。

当时，明政府完全不顾移民地区百姓的想法，贴出告示：“愿意移民的人，在家等待。不愿移民的人，3天内赶到洪洞县的大槐树下集合。”于是，3天内大约有10来万名不愿离乡背井的人聚集到树下，大批官兵突然将他们通通围住，全部捆绑起来，在百姓一片哭喊叫骂中开始

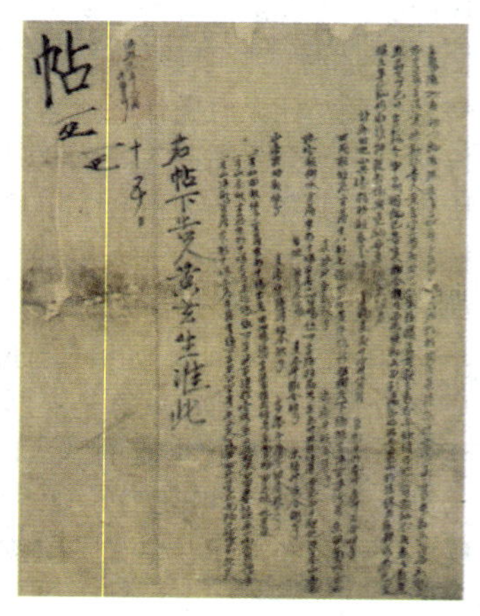

直隶开垦事帖

这件开垦事帖是明初发给直隶徽州府祁门县农民黄玄生开垦荒地的产业凭证。帖中明确规定所开垦荒地“永为己业，俟三年后将该科税粮依期送纳，毋违”。

山西省洪洞县大槐树祠堂外景

明太祖朱元璋先后7次下令将包括洪洞县在内的山西南部无田百姓迁往中原等地屯种。大槐树成为移民眼中故里的象征。

登记造册。移民们临行之时，悲伤地看着故乡，听着栖息在树杈间的老鸹发出一声声哀鸣，潸然泪下，频频回首。为此，大槐树和老鸹窝就成为移民惜别家乡的标志，也因此留下了那四句民谣。据说当时官兵怕有人逃跑，就在移民们的小脚趾上砍了一刀来识别身份，因此，移民后裔的小脚指甲都是复形的，也因此留下了“谁是古槐迁来人，脱履足趾验甲形”的话来。还有在迁徙过程中，移民都是被反绑着双手来长途迁移的，因此，移民的后裔也喜欢背着手走路。从明初洪武三年（1370）直至永乐十五年（1417），前后将近半个世纪。山西两府51县的百姓分别被遣送至北京、河北、河南、山东、安徽、江苏、湖北等地，范围之广几乎占到了大部分的国土，而他们的后辈还有再次迁徙到了国外的。

为了不忘故土，许多移民后代都纷纷登记族谱，将迁徙的事记录下来，也成为这次迁徙的佐证。如湖北省宜城县郭海村《周氏祖碑》载：始祖周继全，自洪洞古大槐树筷子巷迁到宜城县关集，后居张家村，又改为周家楼。还有些移民到了迁徙地后，还是用原来的故乡名字来命名村名，如北京郊区有赵城营、红铜（洪洞）营、蒲州营、长子营等，根据考证他们都是明朝从赵城、洪洞等地迁去的。

这些记录主要是来自移民后裔的口口相传，关于胡大海这个人在《明史》中确实有记录，但他杀光河南人口的事并没有相关史料，可能是后人的附会和猜测。现在大部分的专家和学者还是认为：山西大槐树迁徙还是与当时中原之地兵火连年和长期的黄河泛滥有关。元朝末年，河北、山东、河南、陕西及安徽一带，人口锐减，土地荒芜。而山西由于太行山的阻隔，没有遭受到战火摧残，风调雨顺，经济繁荣，人丁兴旺。附近省份的难民也逃到山西，使山西南部更加地少人密。根据《明太祖实录》记载：洪武十四年（1381），河南、河北人口均不过189万人，而山西却达403万人，超过河南、河北人口总和。当时刚刚建立的明王朝政权为能把各个省的经济都发展起来，实现天下大同，才会大规模进行迁移。而洪洞又是山西人口稠密的县之一，所以明朝政府在这里给移民登记造册和编排队伍是完全有可能的。还有人认为移民是为了减少社会矛盾，平衡人口。这些都有一定道理。

600多年过去了，山西大槐树迁徙的原因仍待考察，那棵汉代古槐也早已消失。槐乡的后裔遍布全国20多个省、400多个县，有的还远在南亚一些国家和地区。槐树之乡牵动着海内外华人的心，每年4月1日至10日洪洞当地的人民还举办“寻根祭祖节”，牵动海内外大槐树后裔前来寻根。

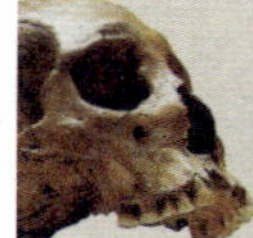

明"红丸案"幕后主使是谁

明代末年，宫廷接连发生离奇的三大案与神宗、光宗、熹宗祖孙三人密切相关，也和朝廷派系斗争紧紧纠缠在一起。三案成为明末政坛关键，各种势力纷纷介入，案件无法正常审理，因此变得扑朔迷离。著名的"红丸案"便是其中之一。

泰昌元年（1620）八月二十九日，在乾清宫，明光宗召见辅臣方从哲等13员文武大臣。诸臣向明光宗请安过后，明光宗开始询问册立皇太子之事。方从哲说："应当提前册立皇太子的日期，完成贺礼，皇上也就心安了。"明光宗又让皇长子出来见大家，看着他对大家说："你们日后辅佐他，务必使他成为历史上尧舜那样的圣帝贤君，朕也就心安了。"方从哲等人还想说什么，明光宗却开始问道："寿宫（神祠墓地）修没修好？"辅臣回答说："先帝陵寝已经修好，请皇帝放心吧！"明光宗指着自己说："那就是朕的寿宫吗？"方从哲等人齐声回答："祝皇帝万寿无疆。"明光宗仍然叮咛不止，反反复复，语无伦次，最后让众臣退朝，方从哲留下。

↗ 明光宗像

明光宗问方从哲道："有鸿胪寺官（掌礼仪之官）要进药吗？人在哪儿呀？"方从哲回答说："鸿胪寺丞李可灼，说有仙丹妙药，臣下不敢轻信。"明光宗听后，命宫中侍人立即传唤李可灼到御前，给明光宗看病诊脉，等他谈到发病的原因以及医治的方法时，明光宗非常高兴，命令进药，让诸臣出去，并令李可灼和御医们研究如何用药，一直定不下来，辅臣刘一说："我有两乡人同用此丸，一个失效，一个有效，此药并非十全十美。"礼部官员孙如游说："这药有用与否，关系极大，不可以轻举妄动。"没过多久，又有一位老奶妈来到御前，向皇帝问安。明光宗催促众人配药，诸臣又回到御前，李可灼将药物调好，进到明光宗面前，明光宗从前喝汤都喘，服了李可灼的药，就不再气喘了。明光宗反复地称道李可灼忠心可鉴。诸臣在宫门外等候。约一个时辰过后，有宫中内侍急报说："圣上服药后，四肢温暖，想进饮食。"诸臣欢呼雀跃，退出宫外。

李可灼和御医们留在宫内。到了傍晚，方从哲放心不下，又到宫门候安，正遇见李可灼出来，急忙打听消息。李可灼回答说："服了红丸药，皇上感觉舒畅，又怕药力过劲，想要再给服一丸，如果效果好的话，圣体就能康复了。"诸医官认为不宜吃得太急。但明光宗催促进药非常急迫，众人难违圣命。众臣即问服药后的效果如何？李可灼说："圣躬服后，和前一粒感觉一样安稳舒适。"方从哲等人，才放心离开。谁曾想次日早晨，宫中紧急传出圣旨，召集群臣速进宫。一时间，各位大臣等慌忙起床，顾不上洗脸漱口，匆匆地穿上衣服，急奔宫内。但是当群臣将要跑入宫中时，就听传来一片悲哀哭号之声，明光宗于早晨归天了。这是大明泰昌元年九月初一。

对于这突如其来的变故，满朝舆论哗然，在感到惊愕的同时，人们联想到新皇帝登基一个月来的遭遇，不约而同地都把疑点转到了郑贵妃身上。郑贵妃给明光宗献美女，指使崔文升进药，大家有目共睹，但李可灼是否受她指使没有实据。本来，明光宗当时已病入膏肓，难以治愈，但因为吃了江湖怪药，事情就变得不简单了。最后，此案不但追查到郑贵妃，而且方从哲也被迫辞职，李可灼被充军，崔文升被贬放南京。但究竟幕后有主使吗，到底是谁？现在也不得而知。

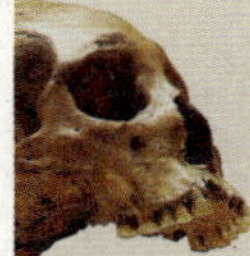

明"壬寅宫变"之谜

明朝皇帝的寝宫是紫禁城内的乾清宫。除了皇帝和皇后，其余人都不可以在此居住，妃嫔们也只是按次序进御，除非皇帝允许久住，否则当夜就要离开。

嘉靖年间的乾清宫，暖阁设在后面，共9间。每间分上下两层，各有楼梯相通。每间设床3张，或在上，或在下，共有27个床位，皇上可以从中任选一张居住。因而，皇上睡在哪里，谁也不能知道。这种设置使皇上的安全大大加强了。然而，谁又能防备那些守在他身边的宫女呢？她们干出了惊天动地的大事——"壬寅宫变"。

"壬寅宫变"发生在嘉靖壬寅年（嘉靖二十一年，1542）。当时史料记载：嘉靖二十一年十月二十一日凌晨，十几个宫女决定趁嘉靖皇帝朱厚熜熟睡时把他勒死。先是杨玉香把一条粗绳递给苏川药，这条粗绳是用从仪仗上取下来的丝花绳搓成的，苏川药又将拴绳套递给杨金英。邢翠莲把黄绫抹布递给姚淑皋，姚淑皋蒙住朱厚熜的脸，紧紧地掐住他的脖子。邢翠莲按住他的前胸，王槐香按住他的上身，苏川药和关梅秀分把左右手。刘妙莲、陈菊花分别按着两腿。待杨金英拴上绳套，姚淑皋和关梅秀两人便用力去拉绳套。眼看她们就要得手，绳套却被杨金英拴成了死结，最终才没有将这位万岁爷送上绝路。宫女张金莲见势不好，连忙跑出去报告方皇后。前来解救的方皇后也被姚淑皋打了一拳。王秀兰叫陈菊花吹灭灯，后来又被总牌陈芙蓉点上了，徐秋花、郑金香又把灯扑灭。这时管事的被陈芙蓉叫来了，这些宫女才被捉住。朱厚熜虽没有被勒断气，但由于惊吓过度，昏迷了好久才醒来。

事后，司礼监对她们进行了多次的严刑拷打，对她们逼供，但供招均与杨金英相同。最终司礼监得出："杨金英等同谋弑逆。张金莲、徐秋花等将灯扑灭，都参与其中，一并处罚。"

从司礼监的题本中可知，朱厚熜后来下了道圣旨："这群逆婢，并曹氏、王氏合谋弑于卧所，凶恶悖乱，罪及当死，你们既已打问明白，不分首从，都依律凌迟处死。其族属，如参与其中，逐一查出，着锦衣卫拿送法司，依律处决，没收其财产，收入国库。陈芙蓉虽系逆婢，阻拦免究。钦此钦遵。"刑部等衙门领了皇命，就赶紧去执行了。有个回奏，记录了后来的回执情况："臣等奉了圣旨，随即会同锦衣卫掌卫事、左都督陈寅等，捆绑案犯赴市曹，依律将其一一凌迟处死，尸枭首示众，并将黄花绳黄绫抹布封收官库。然后继续捉拿各犯亲属，到时均依法处决。"圣旨中提到了曹氏、王氏，曹氏、王氏是谁呢？据人考证，她们是宁嫔王氏和端妃曹氏，因此，有人认为是曹氏、王氏指使发动了这场宫廷政变。

司礼监题本中记录了杨金英的口供："本月十九日的东梢间里有王、曹侍长（可能指宁嫔王氏、端妃曹氏），在点灯时分商说：'咱们快下手吧，否则就死在手里了（手字前可能漏一个'他'字，指朱厚熜，或有意避讳）。'"有些人便由此认为主谋是曹氏、王氏。

然而有人不以为然，认为如果主谋是曹氏和王氏，那么史料上应该记载宁嫔王氏和端妃曹氏的情况，而在以上所述的行刑过程当中，却从未见到过对曹氏和王氏的处置的描述，因此主谋是谁尚不能断定。

"深闺燕闲，不过衔昭阳日影之怨"，这是明末历史家谈迁对此案的看法，但事实究竟如何，无人知晓，因此成为又一桩宫闱之谜。

乾清宫封记　明

“北京人”化石失踪谜案

北京猿人遗址位于北京西南约50千米的房山区周口店村西部的龙骨山上。远在60万年前，古人类就生活在这里，在这片土地上留下了他们的印迹。他们创造了旧石器文化，至今还能找到他们的使用过的工具。1987年北京猿人遗址被联合国列入“世界自然与文化遗产”名录中。可惜的是时至今日“北京人”化石还下落不明，成为一大谜案。“北京人”化石究竟到哪里去了？

1929年12月2日下午，考古工作者在经过漫长的期待和挖掘后，终于得到了一个完好的古人类头盖骨化石，这是一个震惊中外的发现。随后，经过多次发掘得到的有头骨5个、下颌骨15个、牙齿150余枚和少量的肢骨，这些人骨化石分属于几十个不同的个体。此外还掘得7万余件石器，虽然都是些非常粗糙的打制石器，往往就是原始人抓起石头一摔，摔出几瓣有锋利边缘的石头，这些石头就称为打制石器。

“北京人”化石发掘出来后一直存放在北京协和医院地下冷藏库中。但是，1937年，日本发动全面侵华战争。外国考古专家呼吁决不能让“北京人”化石落入日本人手里，而日本人早就想把化石据为己有。于是，当时的国民政府就和美国达成一致意见，把化石运往美国保存，战事结束后再运回中国。时间一直拖延到了珍珠港事件前期，北京猿人化石才从协和医院调出并装箱运往美国大使馆，而后由美军军舰运输完成此项任务。然而，不幸的是军舰在来中国的途中竟然撞上了暗礁，沉没于海底。后来日军在秦皇岛找到了运送存放猿人的箱子，不过，令人惊奇的是箱子竟然是空的。为什么会是空的，化石哪儿去了？一直到现在都没有找到。

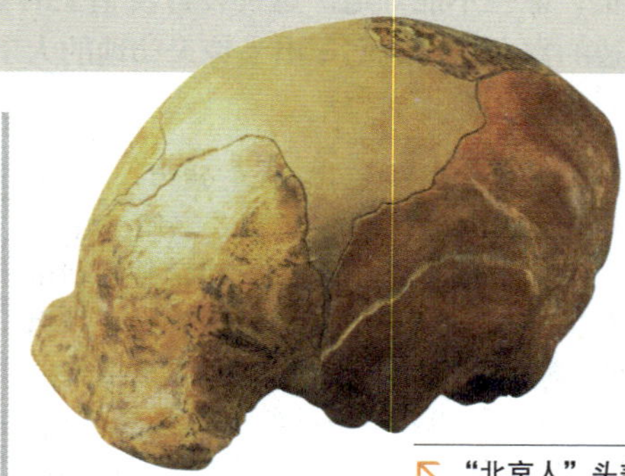

“北京人”头盖骨

高2.1厘米，宽2.4厘米，北京市房山区周口店出土。

有人说是被日本人夺去并暗地藏起来，对外便说失踪了。考古学家们因此念念不忘，有人多次到日本探查化石的下落，却毫无收获，也许是因为私人暗访太

周口店猿人遗址

位于北京市房山区，因20世纪20年代出土了较为完整的北京猿人化石而闻名于世，成为古人类研究史上的里程碑。在周口店发掘出的大量人类化石，为研究人类早期的生物学演化及早期文化的发展提供了实物依据。

多的缘故。战后，日本成为战败国，被美军控制，美国于是也在日本寻找“北京人”化石，最后也无果而终。化石藏于日本的可能性很大，但为何至今没有任何消息，日本人难道会把化石埋到地下？

第二种说法是被美国人得到了。据说美国人早就知道日本对此也有非分之想，于是先一步做了手脚，然后就栽赃日本人。美国人有充分的时间和极佳的机会进行偷梁换柱。“北京人”化石装箱后就运往美国大使馆，等待军舰来运输，这期间美国人搬出真正的化石隐藏起来或秘密运到美国，用一个空箱子诱惑日本人去抢，最后就顺理成章地拥有了“北京人”化石。还有与美国有关的一说是，最终美国人也没有得到，而是沉入海底了。美国人偷梁换柱，得到化石后暗暗装上了哈里逊号游船，而此船也没有成功抵达，在太平洋中遭袭遇难，永远沉入海底。

第三种说法是“北京人”化石最终不是落入某个政府手里，而是被个人得到了。仔细推敲，由于多方探寻至今无果，所以此种说法是除了最惨的沉入太平洋一说以外最有可能的一个。只有被个人得到秘密隐藏才会如此杳无音信，而政府得到肯定会加以研究利用，会透露出消息的。很多人都可以被怀疑，甚至有可能被文物贩子、江洋大盗偷了。然而无奈的是“北京人”化石从那以后就没现过身。

“北京人”遗骨

北京市房山区周口店出土，北京人生活的地区，地形基本上和今天相似，气候更温暖，他们学会了打制和使用工具，主要依靠采取和捕捞从大自然中获取食物。

也许哪一天“北京人”化石突然出现，也许将再也看不到它们。这个谜案何时能解开呢，我们都期待国宝重现的那一天。

知识链接

“北京人”化石的发现

大约在北宋时代，北京周口店一带就有出产“龙骨”的流传。人们把“龙骨”当作天赐的良药，据说把它研磨成粉末敷在伤口上，就可以止痛和利于愈合。因为盛产龙骨，所以人们就把这里的一座山称为龙骨山。到了近代，经过古生物学家的研究，认为所谓“龙骨”不过是古生物的骨骼化石。这就吸引了不少古生物学家和考古学家来到周口店地区，进行发掘和考察。

1926年，科学家在周口店发现了属于早期人类的两颗牙齿。同年10月，北京科学界报道这一重要发现时，立即轰动了国内外。后来科学家就决定把这两颗牙齿的主人命名为“北京人”，以后又定名为“北京猿人”。

1929年12月在北京房山区周口店村的龙骨山上，我国考古工作者裴文中发现了北京人的第一个头盖骨化石，后来又发现了5个比较完整的头盖骨和200多块骨化石，还有大量打制石器、动物化石和灰烬。

通过对这些考古资料的研究，证明北京猿人距今约60万年，属直立人种。他们过着以狩猎为主的洞穴生活，能够使用和制造粗糙的石制工具，并已学会使用火取暖和吃熟食。

这些发现使这里成为世界上材料最系统、最丰富的直立人遗址。北京人的发现意义重大，证明了直立人的存在，明确了人类发展的序列，为“从猿到人”的学说提供了有力的证据。1991年，北京人遗址被联合国教科文组织定为世界文化遗产。

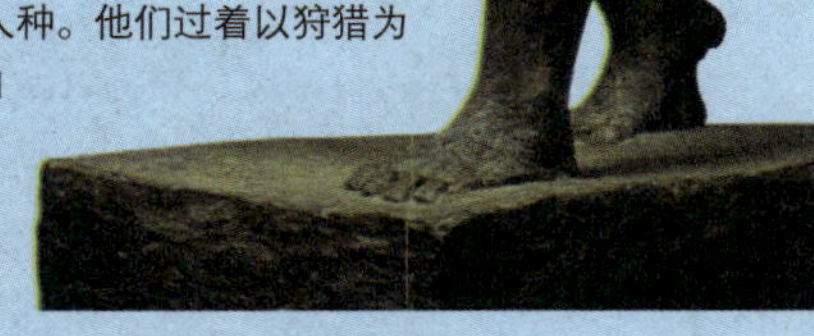

北京人背鹿像（模型）

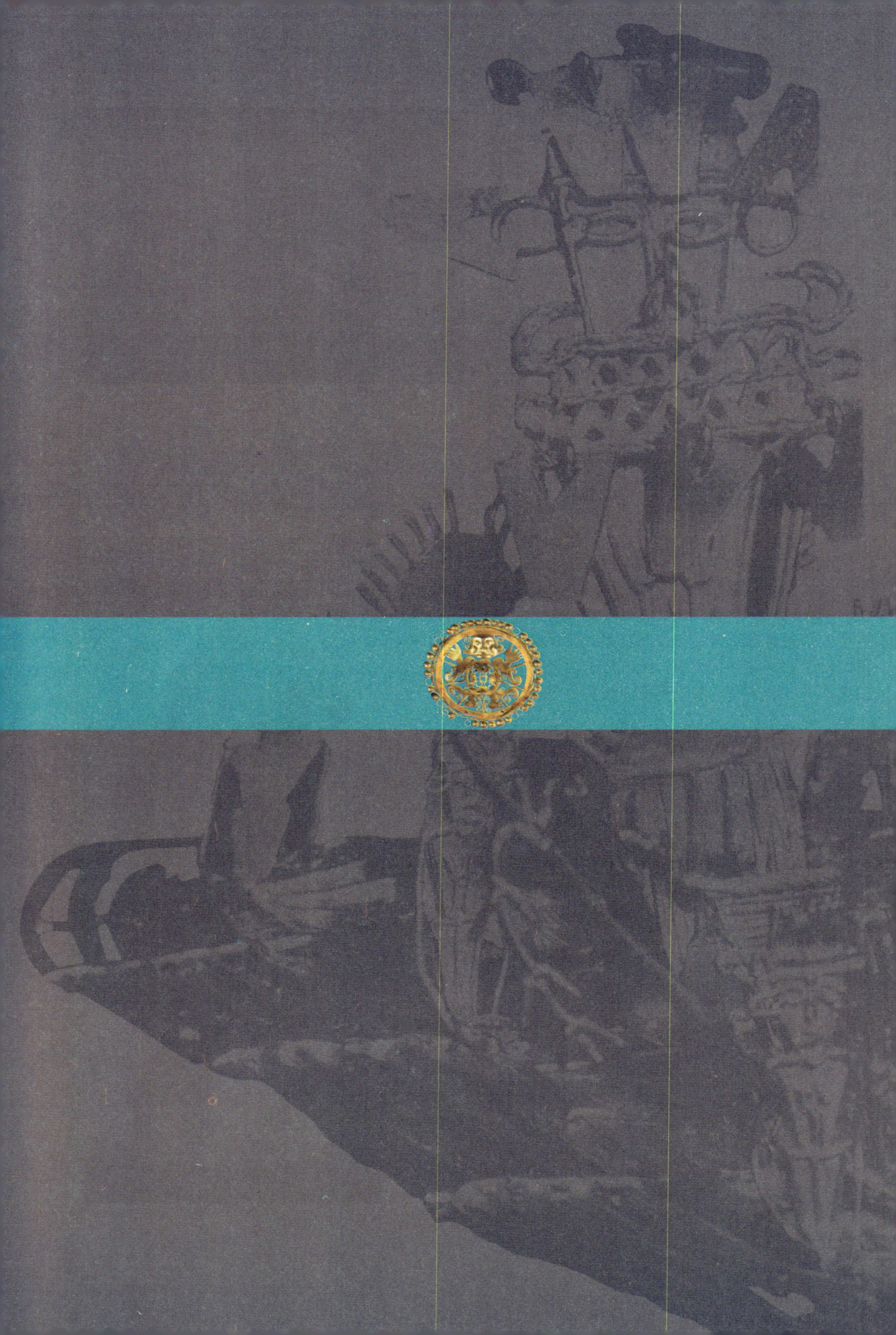

神秘宝藏

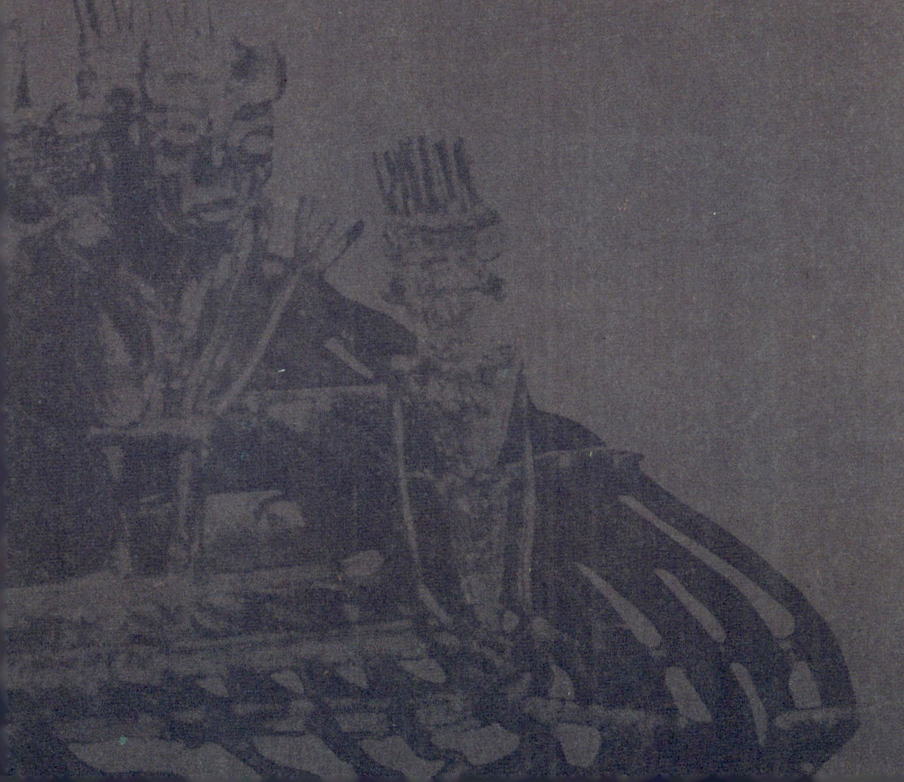

特洛伊宝藏

读过《荷马史诗》的人一定会为故事中映射出来的远古希腊文明的光芒所深深打动，而始终环绕故事中心的特洛伊古城也必定给你留下了深刻的印象，然而特洛伊城在经历了10年的战争后最终毁灭。

19世纪中叶，德国人海因里希·谢里曼历经辛苦之后终于找到了位于安纳托利亚西北角、濒临达达尼尔海峡入海口的希萨尔利克山的特洛伊古城。在这片古文明遗址中，海因里希·谢里曼发掘出一个装满了奇珍异宝的赤铜容器，里面有金戒指、金发夹和金制酒杯、花瓶等近万件珍宝。其中一件玲珑奇巧的纯金头饰最令人叫绝，它是用金箔将1.6万件小金板缀连而成，可谓巧夺天工。他的重大发现在全世界掀起了轩然大波。

根据史料记载，在特洛伊战争发生500多年之后，一切从头开始的古希腊人，曾经在他们认定的特洛伊城原址上重建了一座新的城市，名为“伊利昂”。公元前480年，为了同希腊人作战，波斯国王曾经到这里为智慧女神雅典娜举行过百牲大祭。公元前330年，另一位帝王亚历山大远征波斯之前，也曾在这里拜祈过女神雅典娜。但是到了公元初年，罗马执政官尤利乌斯·恺撒来这里凭吊他的祖先埃涅阿斯的出生地时，这里已经全然没有了往日的繁荣，而是被满目荒芜所取代。直至罗马时代，一座新城才又在这里崛起，但它在经历了几百年的繁华后，又毁于地震。从此，特洛伊逐渐从人们的记忆中淡去了。后来，人们甚至怀疑这个城市是否在地球上存在过。

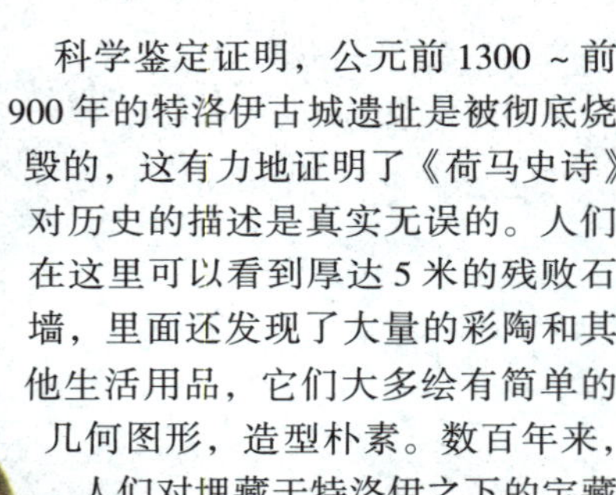

荷马雕像

当年谢里曼的发现也是让人半信半疑，如今一个多世纪过去了，通过考古工作者的艰苦挖掘，特洛伊城已将它的全貌展现于世人面前。人们在30米深的地下发掘出了各个不同时期的特洛伊古城遗址，分属9个不同的历史时期。这充分证明特洛伊文化是真实的，而且历史悠久。在这里，公元400年左右罗马帝国时代的古城遗址仍在向人们展示着当年雅典娜神庙的雄伟气势。

科学鉴定证明，公元前1300 ~ 前900年的特洛伊古城遗址是被彻底烧毁的，这有力地证明了《荷马史诗》对历史的描述是真实无误的。人们在这里可以看到厚达5米的残败石墙，里面还发现了大量的彩陶和其他生活用品，它们大多绘有简单的几何图形，造型朴素。数百年来，人们对埋藏于特洛伊之下的宝藏一直将信将疑，虽然谢里曼发现的金面具、金盒、金盘、金制的儿童葬衣以及上万件金制首饰，都证实了宝藏的存在，但人们心中产生的新的疑问是：1890年以后的发现比谢里曼在19世纪70年代挖掘的遗址离地面要近得多，这表明在建立时间上《荷马史诗》的特洛伊城比谢里曼发现珠宝的小城有几个世纪之差，照此推理，这些珠宝不可能属于普里阿摩斯或《伊利亚特》中的任何人的。同时，这也说明谢里曼由于急于到达小山的底部无意中挖通了《荷马史诗》时代的特洛伊。那么谢里曼发现的黄金制品是不是传说中的特洛伊宝藏呢？或者说，这里还有没有埋藏其他的宝藏呢？

从这里出土的大量不同形式的古代文献里，人们还可以发现更多关于古代文明的秘密信息，但至今仍未能破译特洛伊文字。想解开特洛伊传说中的宝藏之谜还有很长的路要走。

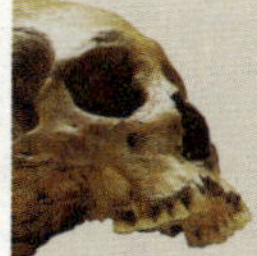

圣城耶路撒冷的遗失宝藏

耶路撒冷是世界闻名古城，在长达5000年的文明史中，有很多美丽而神奇的传说，“耶路撒冷遗失的宝藏”之说就是其中最诱人的传说之一。那么，耶路撒冷是否真有遗失的宝藏呢？

一个名叫索尼埃的年轻神父在1885年到雷恩堡接管那里的教堂。雷恩堡位于法国南部兰克多地区，在土鲁斯附近，是个小村落。索尼埃神父最初的生活异常贫困，可是他在1896年竟然像百万富翁那样肆意挥霍。

许多对这桩怪事有耳闻的人，都坚信那位年轻神父找到了地下宝藏，于是他将发掘所得想办法卖给愿意保守秘密的买家。当时有人甚至估计，很可能索尼埃发现的就是传说中“耶路撒冷遗失的宝藏”。这种猜测也有些历史根据：本来古代犹太人的大笔钱财在耶路撒冷圣殿里藏着，罗马人在公元70年把它掠了去，且在罗马展览。因此，维西哥德人很可能在1885年索尼埃神父到这里来之前，将包括耶路撒冷的宝藏在内的掠夺所得，埋在这个山区的众多隧道或天然山洞里。甚至，除了维西哥德人之外，还有别的中古时代民族，把宝藏藏在这些山洞地道内。高卢地区的法兰克人在公元5世纪时，势力强大，前后曾由好几位帝王统治，被称为梅罗文加王朝。有理由相信，公元7世纪末梅罗文加王朝最后一个统治者达戈伯特二世被刺杀时，他的儿子带着他遗下的众多财宝逃至兰克多地区。据传其子后来在雷恩堡去世，并且被葬在那里。

耶路撒冷城中的石窟

古代犹太人藏匿财物和食物的地方。传说中的宝藏是否就在这种地方？

曾装有“死海古卷”的经坛

在耶路撒冷被发现时，里面盛放着著名的“死海古卷”，价值连城。

当然索尼埃神父对这个地区和这个村落独特的历史极其了解，也清楚他那座建于1059年的摇摇欲坠的小教堂是在一个更古的维西哥德旧址上建造的。索尼埃在1891年把教区内的教友说服了，让大家募捐修葺教堂。他在施工过程中找到了寻找宝藏的密码。

索尼埃神父破译了这些密码，并给后人留下提示。教堂的细致修理复原工作是由他主持的，但是其中一些装饰，与环境格格不人，甚至有亵渎神圣的嫌疑，令人不解。比如，一踏进教堂门口，为什么映入眼帘的第一件东西就是恶魔阿斯莫德奥斯的塑像呢？对教堂内这些怪异的事物和一点也不神圣的画像给予的最合理的解释就是，它们就是线索，为这个神父提示财产的来源。

再也没人找到过任何宝藏，难道是人们没有理解神父留下的线索的真正意图？更没有人知道神父可能发现并卖掉的金银珠宝的去向。当时谁有能力购买传说中的庞大宝藏？这些宝藏又流向了哪里？索尼埃神父在尽情挥霍之后，长眠而去，留给后人的却是无尽的疑问与猜测。

所罗门财宝何处寻

大约在公元前11世纪的时候，犹太人部落首领大卫攻占了耶路撒冷，统一了以色列和犹太，建立了以色列–犹太王国，耶路撒冷成为国家的首都和宗教中心。大卫死后，他的儿子所罗门即位。所罗门是古代以智慧闻名的帝王，史料上记载了一个这样的故事：大约在公元前965年的一个晚上，年幼的以色列新继位的国王所罗门做了一个奇怪的梦，梦见上帝耶和华慈祥地对所罗门说："你需要什么，尽管对我说出来，我会满足你的要求。"所罗门说："耶和华，我的神啊！如今你使我继承王位，但是我的年纪太小了，根本不知道怎样管理国家，请您赐给我智慧，让我可以明辨是非。"耶和华对他说："我答应你的要求，赐给你聪明智慧，甚至在你以前没有像你的，在你以后也没有像你的；你所没有要求的我也赐给你，就是富足、尊荣，使你在世的日子，列王中没有一个能与你相比。"传说中的所罗门就这样成了以色列历史上空前绝后的一代国王，以智慧和财富著称于世。

实际上，由于所罗门的非凡智慧和才能在当时得到了四方的尊敬与朝拜，邻国每年都派遣使臣来进贡金银财宝和名贵香料；同时，在所罗门统治期间，以色列的手工业、商业特别是对外贸易都达到了鼎盛时期。当时的所罗门王可谓富甲天下，这一时期也由此被人们称为"黄金时代"。根据《圣经》记载，所罗门王在公元前10世纪的时候，花了7年的时间修建了一座雄伟的犹太教圣殿——耶和华神庙，它结构严谨、造型美观，教徒们都去那里朝觐和献祭敬神。在神殿中央有一块长18米、宽2米的"亚伯拉罕圣岩"，下面修建了地下室和秘密隧道，据说下面存放着所罗门王数不胜数的金银珠宝，这就是历史上举世闻名的"所罗门财宝"。

示巴女王朝见所罗门王　英国　爱德华·约翰·波依特

该图取材于《列王记上》，位于阿拉伯半岛西南部的示巴女王听说所罗门王将以色列建成地中海东岸最富强王国的传奇性故事，不以为然，就率领骆驼队，带了许多香料、宝石和黄金访问耶路撒冷，亲眼见到以色列的富强，领略了所罗门的睿智，对所罗门佩服得五体投地。

然而在后来，犹太王国开始衰落，公元前586年，新巴比伦国王尼布甲尼撒二世攻陷了耶路撒冷，他也垂涎传说中的"所罗门财宝"，命令手下在"亚伯拉罕圣岩"的地下室和秘密隧道中大肆寻找。可惜地下室和隧道曲折幽深，结构复杂得就像迷宫一样，最后只能空手

以色列境内的一处孤岩

两千多年过去了，所罗门财宝的下落仍旧是一个谜，是在以色列境内的某个地方埋葬着，还是已转移到茫茫大海中的偏僻岛屿上，让世间寻宝者困扰不已。

而后。但恼怒的巴比伦军队在撤出时，也放了一把火，将整个神庙付之一炬。

两千多年来，直到现在，人们从未怀疑过“所罗门财宝”的真实性，寻找“所罗门财宝”的活动也一直没有停止过，但它们究竟在什么地方?

对此人们做出了各种各样的猜测：有些人认为，在巴比伦人入侵耶路撒冷城之前，这些宝藏就已经被转移到别处去了；有的人认为这些财宝根本就没有藏在神庙里，而是藏在其他地方；但也有人认为，财宝肯定还在结构复杂的地下迷宫的某个角落沉睡。

在众多的猜测中，对后世影响最大的说法是，财宝从一开始就被聪明的所罗门王藏在海外。因为在所罗门王统治时期，他常常派船只出海远航，而且每次回来的时候总是金银满舱。由此人们得出了一个结论，在茫茫大海中，必定有一处宝岛是所罗门王储藏财宝的地方，而那些满载而归的金银珠宝就是从那个小岛上运回来的。

一些相信这一说法的人，纷纷出海去寻找这个传说中藏有财宝的小岛。1568 年，西班牙航海家门德纳率领一支考察队来到了太平洋上的一个小海岛，见到当地的土著居民个个都佩戴着金光闪闪的黄金首饰时，欣喜若狂，以为自己找到了传说中“所罗门财宝”的藏宝地，于是就给当地取名为“所罗门群岛”，并在岛上展开了大面积的搜索，结果还是一无所获。

自此以后，这些人所未知的岛屿首次以“所罗门群岛”的名称出现在人们眼前，许多人也纷纷慕名前来此地寻宝。

所罗门群岛是由 6 个大岛和 900 多个小岛组成，它们都有着相似的地貌：多山，河流交错，岛上覆盖着 90% 的热带雨林，并且散布在 60 万平方千米的海面上，所以寻起宝来困难重重。

可也正是因为所罗门群岛是一个由许多小岛组成的地方，在一处没有找到宝藏并不意味着这里就真的没有宝藏。所以几百年来，前来寻宝的人还是络绎不绝，只是所有的人最后都得到了相同的结果，两手空空地离开了。

看来，要不是这些寻宝者的运气太差，就是在所罗门群岛上根本就没有所谓的“所罗门财宝”。

所罗门雕像

知识链接

所罗门的功业背景

所罗门登基后，继承了父亲大卫的广阔土地版图：东北到幼发拉底河，东南至亚喀巴湾，西南延至非利士地、埃及边界。所罗门王野心勃勃，他的决策判断多有智慧与谋略。他大力加强统治的国家机器，在全国划分十二个行政区，增设各种官职，以便于行政统治和收取中央赋税。所罗门还加强首都耶路撒冷的防御建设，扩展耶路撒冷城墙，并在耶路撒冷之外建立米吉多、夏琐、基色等六座设防城邑。还修建积货城、车辆库、战马场等。至今在米吉多还发掘出所罗门时代的养马场，在亚喀巴湾北端的埃拉特发现有所罗门时代的金属冶炼厂的遗址。所罗门时代，以埃拉特港为基地，发展海上贸易，他的贸易船队航行于红海、地中海，远达非洲、印度等地。

“约亚暗道”是金“约柜”的掩藏地吗

耶路撒冷是一座举世闻名的圣城。耶路撒冷坐落在地中海东岸的巴勒斯坦中部，最早叫“耶布斯”。后来，另一个叫迦南人的部落也来到了这里。他们把这个城市叫作“尤罗萨利姆”，意思就是“和平之城”。

把耶路撒冷建成一座名副其实的都城的人，是大卫王的儿子所罗门王。从此，犹太教徒也开始把耶路撒冷视为自己的圣城。相传，犹太教最为珍贵的圣物金“约柜”和“西奈法典”就放在圣殿的圣堂里。金“约柜”里装着以色列人最崇拜的上帝耶和华的圣谕，是当年摩西在西奈山顶上得到的。上帝还授予摩西一套法典和教规，要以色列人时时事事都要遵守照办。摩西得到圣谕和“西奈法典”后，就让两个能工巧匠用黄金特制了一个金柜，这就是金“约柜”。除了犹太教的最高长老（即祭司长）有权每年一次进入圣堂、探视圣物外，其他任何人不得进入圣堂。此外，所罗门极为富有。据说，所罗门每年仅从各个属国就征收相当于666塔兰黄金（1塔兰相当于150千克）的贡品。所罗门将他所搜刮的金银财宝都存放在圣殿里，这就是历代相传的“所罗门珍宝”。

↗犹太教堂里的“约柜”

犹太教会堂是犹太社区的集合场所，供公众做祈祷和学习之用。该建筑的朝向，要求在群众集会时必须面对耶路撒冷被毁的犹太圣殿。在做礼拜时，只需三件家具。其中最主要的是“约柜”，里面装有《律法书》卷轴，在它前面点着一盏明灯。

所罗门死后，犹太王国分裂成两个国家。以耶路撒冷为中心的南方仍由所罗门的后代继续统治，叫作犹太国。北方则另立王朝，叫作以色列。由于以色列没有宗教中心，祭司们都到耶路撒冷的犹太圣殿献祭，教民们也仍然到这里朝圣，因为唯一的圣物——金“约柜”仍在这里。

但是，耶路撒冷在公元前586年被巴比伦军队攻占。从此，无价之宝“耶和华约柜”和“所罗门金宝”下落不明。几千年来，许多人都想找到金“约柜”和“所罗门珍宝”，但直到今天仍无结果。

最早开始寻找金“约柜”的是以色列的一个长老耶利来。耶利来在耶路撒冷被陷时，由于躲了起来，没有被巴比伦人抓走。当巴比伦人撤走之后，他来到圣殿的废墟，想找到金“约柜”，把它偷出耶路撒冷藏起来。耶利来在夷为平地的圣殿废墟里，看见了著名的“亚伯拉罕巨石”，但是金“约柜”早已无影无踪了。那么稀世珍宝金“约柜”究竟藏在哪里？

21世纪初，一些学者认为，金“约柜”和“所罗门珍宝”可能就藏在“亚伯拉罕巨石”底下的暗洞里。“亚伯拉罕巨石”是一块长17.7米、宽13.5米的花岗岩石。它高出地面大约1.2米，由大理石圆柱支撑着。“圣石”下面的岩堂高达30米。而且，岩堂里确实有洞穴，完全可以把金“约柜”和“所罗门珍宝”隐藏起来。

曾经有几个英国冒险家在获悉了学者们的看法后，试图寻找金“约柜”和珍宝。这几个英国人买通了岩堂的守夜人，在夜里潜进岩堂进行挖掘。一到天亮，他们便把洞口掩饰起来。就这样，他们一连干了好几个夜晚，但最后他们还是被人发现了，几个英国冒险家一溜烟地逃得无影无踪。

后来又有人说，金“约柜”和所罗门珍宝实际上是藏在“约亚暗道”里。“约亚暗道”相传是大卫王在攻打耶路撒冷时，偶然发现的一条可以从城外通到城里的神秘通道。据说这条暗道后来又和所罗门圣殿连在一起。早在“巴比伦之囚”以前，犹太人就已经把金“约柜”和所罗门珍宝藏到暗道里去了。

所罗门神庙

所罗门在耶路撒冷建造了一座气势磅礴的神庙，当然花销巨大。所罗门神庙专门用来供奉以色列人的神圣宝藏——“摩西方舟”。在摩西方舟之上，珍藏着摩西十诫。该神庙逐渐变成了犹太文化的中心点。

1867年，有一个叫沃林的英国军官，在耶路撒冷近郊参观时，在一座寺庙的遗址中，偶然发现了一个有石梯的洞。他顺着石梯一直往下走，一直走到洞的深处。后来，他发现他头顶上的岩石中还有一个圆洞。他攀着一条绳子爬进了圆洞后，又发现了一条暗道。他顺着暗道又来到另一个黑漆漆的狭窄山洞。最后，他好不容易顺着山洞走到了外边。出来一看，大吃一惊，原来，他发现自己已经站在耶路撒冷城里了。学者们测定，这条秘密的地下通道建于公元前2000年左右，并推测它就是“约亚暗道”。

在20世纪30年代，又有两名美国人来到暗道寻找过金“约柜”和“所罗门珍宝”。他们在“约亚暗道”里一处土质不同的地方，发现了一条秘密地道。地道里有被沙土掩埋着的阶梯。两人想用随身带着的锹把沙土挖开，但是，阶梯上的流沙却越挖越多，连地道口也几乎被堵住了。他们慌忙逃出地道。第二天，他们发现地道的入口又被流沙盖上了。还有人传说，金“约柜”早已不在耶路撒冷，它收藏在埃塞俄比亚古都阿克苏玛的一座古寺里。据说，所罗门的一个儿子从耶路撒冷偷出了真的金“约柜”，又把一个假“约柜”留在了耶路撒冷。

直到今天，金“约柜”和“所罗门珍宝”仍然是一个谜。

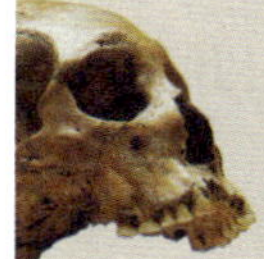

《尼伯龙根之歌》所记载的宝藏

《尼伯龙根之歌》全诗分为《西格弗里德之死》和《克琳希尔德的复仇》两部分。传说尼伯龙根宝藏由巨龙看守。尼德兰王子西格弗里德凭借英勇和机智杀死了巨龙，以龙血沐身，成了力大无穷的勇士，并占有了尼伯龙根族的宝物。可是，微风吹来的一片叶子掉在他肩上，不仅没有沐浴到龙血，而且成为他的死穴。

黄金挂饰

挂饰正面有植物图案。

听说勃艮第国王贡特的妹妹克琳希尔德十分美貌，西格弗里德就前往求婚。国王贡特要求西格弗里德帮助他打败撒克逊人，娶到冰岛女王，西格弗里德答允了。他利用自己的隐身帽冒充贡特国王，战胜了好战的冰岛女王布琳希尔德，使她嫁与国王贡特为妻。他也如愿以偿得以与克琳希尔德成婚。一次，姑嫂发生争执，布琳希尔德方知是西格弗里德，而不是丈夫战胜了自己，感到受了侮辱，就暗中唆使贡特的侍臣哈根趁西格弗里德打猎去泉边喝水时暗算了他。

西格弗里德死后，他的妻子克琳希尔德把尼伯龙根宝藏转移到沃尔姆斯，诗中这样描述："十二驾马车装载了数不清的宝物，整整四天驶向山上，每个人驾驶九个小时，这些东西和宝石黄金没什么两样。即使用全部土地和它交换，也不会降低它的价值，哈根想得到它真的不是没有原因。"可惜，这批宝藏终究还是被哈根抢走了。史诗说哈根"把它放在洞里，沉没在莱茵河里。"丈夫被杀，宝藏被夺，克琳希尔德自然发誓要复仇。

此诗为英雄史诗，自然是传说的成分多，但也有很多史实在内。勃艮第人，后来也被称为尼伯龙根人，原是生活在斯堪的纳维亚半岛的一支部族。大约在公元前200年左右，他们逐渐迁移到今天美茵茨以南的莱茵地区。公元435～437年，勃艮第人和匈奴人发生激烈的战斗，战争以勃艮第人的惨败而告终，几乎导致这个民族的毁灭。幸存者被赶到今天瑞士的日内瓦地区和法国东南部山区。在那里，勃艮第人又繁衍起来。与此相关的另一件事是，453年，匈奴国王与一个日耳曼少女希尔狄克结婚，于新婚之夜死去。史学家认为，希尔狄克是为了复仇而嫁给匈奴王的。史诗

"阿提拉"钱币

阿提拉绰号"上帝之鞭"，匈奴王（434～453年在位，与兄布莱达共治至445年），进攻罗马帝国的最伟大的统治者之一。其暴死后，曾经有大批的财宝和他一起埋葬在了地下，但至今也没有人找到那批财宝。

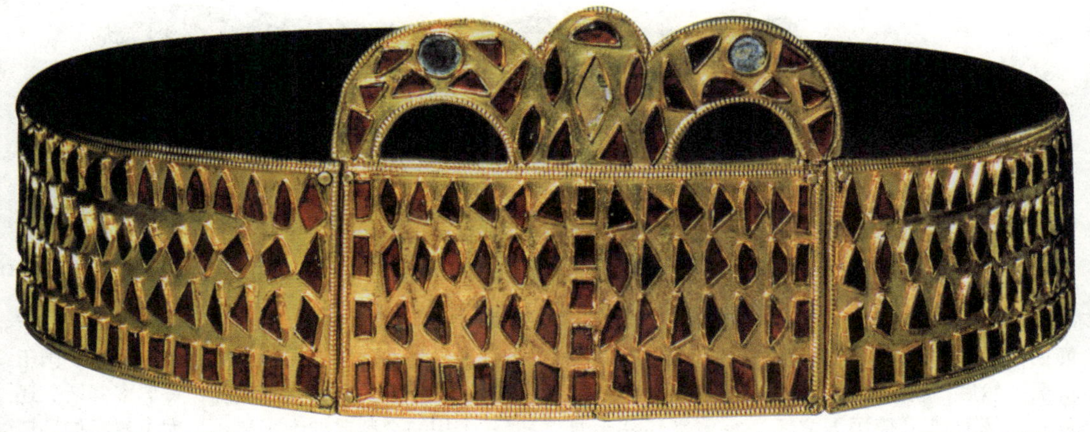

金冠　匈奴

该王冠由黄金打制而成，图案多是不规则的几何形，上面镶有珍贵的宝石，属于匈奴贵族。在匈奴人与勃艮第的交往中，有大批的匈奴王冠以及各种宝物传到莱茵河地区，即勃艮第人手中。

把两件史实联系在一起，加上远古的传说，经过700多年的流传，以及无数行吟诗人的传唱、加工、润色，才成为定本。

16世纪后，关于勃艮第人的命运就无从知晓了。想一想，那已经到了宗教改革时期，沧桑巨变。工业革命后科技的飞速发展，使得传统社会迅速地进入现代社会。或许，他们的后裔已成为某个普通的银行职员或货车司机，行走在今日柏林或汉堡熙熙攘攘的街头。不过，关于那笔宝藏却一直以来吸引着众多爱幻想的人的心。尤其是时不时传来的发现宝藏的消息，更证实了尼伯龙根宝藏并非子虚乌有的传说，它或许就藏在东欧的某个山洞里，或埋在莱茵河厚厚的泥沙之下。

按照时间顺序说，最早让人联想到尼伯龙根宝藏的是1837年两名罗马尼亚采石工偶然发现的宝藏。他们在两块大石之间的薄薄的泥土下面，发现了一堆金子，由很大的纯金打造的圆盘覆盖着。再挖下去，数不清的金杯、金壶、精美的纯金发夹、别针、扣环等物露出地表，所有的东西都镶嵌着大大的宝石，璀璨夺目。最后，他们整整挖出了重达75千克的宝贝，这是迄今为止所找到的中古欧洲民族大迁徙大动荡时期的最大一笔宝藏。两个采石工目不识丁，不能断定这些东西是真金还是黄铜，是否值钱。他们将所有的东西给了石匠维鲁斯，因他见多识广，经常往来于首都布加勒斯特。石匠得到的报酬是4000个皮阿斯特（约500马克）和一些男人上衣、女人头巾等生活用品。对于他们来说，这已是很大一笔财富了。他们心满意足。

不过，世上没有不透风的墙，终于有人告发了他们，国王的弟弟亲自带队来逼问维鲁斯，他不得已把人们带到邻近的一条小河旁，指出埋宝藏的地点。但人们只找到一小部分财宝，维鲁斯声称其他部分肯定是河水涨潮时把它们冲走了。

虽然有的已经严重损坏，但专门委员会还是抢救出了12件文物，经过艰苦的修补后，它们重放光辉，耀花了参加1867年巴黎世界博览会人们的眼睛，成为当时的头号新闻。随后，它们回到布加勒斯特博物馆，恭候世人的瞻仰与赞美。

太精美的东西是否常常会命运坎坷呢？就如同人长得太美，也会天妒红颜一样，这批宝藏也是命途多舛，劫运连连。博物馆的工作人员没有把这些昂贵的陈列品当回事，保安更是漫不经心。于是，1875年11月，一个风雨交加的夜晚，它们被一个“人穷志短”的大学生偷走了，他的如意算盘是卖掉它们，从此摆脱贫穷。接着和现在演电影一样，警察们紧急出动，全城搜捕。终于在一个珠宝商那里逮个正着，坩埚上正放着准备熔化的珠宝。好险！若晚来一步，这些珍贵的文物就会被炼成一块毫无想象力的金块了。顺藤摸瓜，警察顺利找到了那个偷窃的大学生，其他宝物他还没来得及脱手。人们在他的钢琴里找到了剩下的宝藏。接下来的灾难是一场大火，最后关头它们虽被抢救出来，但被损坏的部分，金

↗ 环扣　德国

有金属的、有木质的，上面都雕刻有精美的图案，极富装饰性和实用性。在欧洲特别是在宫廷之中流行广泛。

匠们花了一年的时间仍然无法让它们恢复原初的美丽。然后，就是战争了。第一次世界大战的时候，为了不落入德国人之手，宝藏被转移至雅西。然而，1916 年，它们又被俄国人抢走。40 年后，1956 年，这批历尽劫难与沧桑的宝藏才重新回到布加勒斯特。

另一次让人们记起尼伯龙根宝藏的发现是所谓的“瓜拉萨宝藏”。1858 年，一对农民夫妇十分偶然地在西班牙瓜拉萨残余的旧城墙下发现了一批宝藏，其中最珍贵的是 9 个用纯金做成的有无数珍珠和宝石装饰的还愿王冠。最大的一顶上刻有“国王瑞斯委兹保佑”字样，那是公元 650 ~ 672 年在位的西哥特国王。这批宝藏被走私到法国。但西班牙人自认是西哥特人的正宗后裔，他们坚决要求法国政府归还宝藏，为此长期争吵，无法了断。后来，在瓜拉萨，西班牙人还发掘出另外两顶精美的还愿王冠，一顶属于国王斯维提拉，一顶属于修道院院长特奥多修斯。还有一个用纯金制成的十字架，是大主教特提乌斯的遗物。

↗ 日耳曼人的玛瑙箱

玛瑙箱是富人们用来存放遗物或宝物的容器。箱子的造型主要有建筑形、人物形和动物形三类，其中以建筑形最为常见，一般按当时的建筑式样来制作，庄重肃穆，豪华典雅，各种宝石布满器身。

所有这些就是尼伯龙根宝藏吗？它们已经全部被发掘出来了吗，还是它们只是另外一些古老传说中日耳曼首领的财宝？时间到了 20 世纪 70 年代，话说有个和谢里曼一样的业余考古爱好者，美茵茨的前市长、工程学博士汉斯·雅各彼，准备向他的前辈学习，手捧《尼伯龙根之歌》，开始寻梦。雅各彼博士的忠实助手是他的儿子——建筑师汉斯·耶尔格。他们所在的美茵茨位于当年勃艮第人的首府沃尔姆斯以北 50 千米处。可以说，正是当年尼伯龙根宝藏所引起的爱情、仇恨与嫉妒的故事发生的地方。雅各彼博士认为史诗始终围绕着宝藏展开，因此，宝藏肯定是实有其事的，并不是中世纪的僧侣和行吟诗人们向壁虚构。日耳曼部落通常在受到危险的时候把国王的宝藏埋藏起来或扔进河里。因此史诗里所说的哈根把它放进洞里，沉没在莱茵河里，是民族的固有习俗。雅各彼博士相信以前发掘的那些宝藏都是其他日耳曼部落东哥特人和西哥特人首领的宝藏，真正的尼伯龙根之宝应该还在莱茵河底。并且，为了掩人耳目，按照常理推断，应该在河水最深且最不易发觉的地方。为此，他做了周密的准备，弄清莱茵河河床几百年来的变化。莱茵河平均只有几米深，但在离沃尔姆斯 15 千米远的格尔默尔斯海姆处，莱茵河转了个几乎 180 度的大弯，河水也特别深。水流十分强大，且河床上满是冲蚀而成的洞穴。因此，雅各彼博士打算从那里入手。配备了现代化的科学仪器，诸如探测器、雷达、潜水镜等设备，雅各彼博士充满信心，世人也翘首以待。毕竟，世界充满奇迹。

克里姆林宫地下室有没有伊凡雷帝的书库

伊凡雷帝是俄国第一任沙皇，有关他的各种传说众多，其中在俄罗斯便流传着他在克里姆林宫的地下室藏有大量珍贵的书籍和重要文件的说法。但是令人遗憾的是，亲眼见过的人很少。从16世纪开始就有很多人对这一传闻进行探索，但是都是无功而返，时至今日，所谓的伊凡雷帝“书库”仍是一个谜。

1533年，年幼的伊凡四世即位。1547年1月，大主教马卡里在克里姆林宫乌斯宾大教堂为其举行了隆重的加冕仪式，伊凡正式加冕成为俄国第一个沙皇（意即皇帝）。

根据有关弗恩修道院的修道士马克西姆·克里柯的传说，伊凡雷帝收藏了大量的书籍，这很有可能是真实的。这主要是根据这些藏书是一大批非常宝贵的古代抄本，数量非常多，足以抵得上一个图书馆。那么，这批书籍究竟藏在克里姆林宫的什么地方呢？

在16世纪，一本名为《里波利亚年代记》的书对此事有如下记载：“德国神父魏特迈曾见过伊凡雷帝的藏书。它占据了克里姆林宫地下室的两个房间……”

克里姆林宫和皇冠

一个俄罗斯谚语这样形容雄伟庄严的克里姆林宫：“莫斯科大地上，唯见遥遥苍穹。”

但是，在当时的其他文献或记录中，都没有提起伊凡雷帝“书库”的事。这是因为藏书已散失了，还是因为它本来就不存在呢？

19世纪，一个德国人为了弄清楚藏书的来龙去脉，还特意来到莫斯科。他查遍了古代记录中所有关于这方面的材料，也没有找到所需要的线索。但是他确信伊凡雷帝的书库还沉睡在某个不为人知的地方。

在19世纪末期，俄国著名历史学家扎贝林，曾听某官员说看到过一本很奇怪的书，上面记的全是以前的事。其中有这样一件事：

在1724年，彼得大帝决定迁都彼得堡，把莫斯科作为陪都。同年12月，一个在教会工作的名叫奥希波夫的人，来到彼得堡，向财务管理部门提交了一份报告。在报告上谈到了莫斯科的克里姆林宫的地下有两个秘密的房间，房间的铁门上贴了封条，还加了大锁。有关方面对此报告进行研究后决定，立即开始了对克里姆林宫地下室的调查。但是不久之后，彼得堡传来指示命令马上停止调查。1733年，奥希波夫再次提出要求，希望能对克里姆林宫地下室进行发掘。但是，结果如何呢？公文保管处所保存下来的报告中写道：“尽管全力以赴，但没有发现秘密场所。”苏联科学院的院士索伯列夫斯基认为，虽然奥希波夫没有成功，但是这并不能说明伊凡雷帝书库就不存在。而且他深信，这个谜总有一天会揭开的。

惊人的印加宝藏

曾经生活在南美大陆上的印加人早在新大陆被哥伦布发现之前，就已经创造了属于自己的辉煌文明。印加帝国在印第安人的传说中，就是一个金子的王国。由于那里盛产黄金，所以人们在建筑宫殿时会用大量的黄金作为装饰，比如首都库斯科的太阳神庙和黄金花园就闪耀着金灿灿的光芒。

最初到南美大陆掠夺黄金的是西班牙人弗朗西斯科·皮扎罗。1533年，皮扎罗率领180名骁勇善战的西班牙士兵穿越危险重重的安第斯山脉，到达了印加北部重镇卡沙马尔卡，从未见过这些奇异白人的印加人以为是天使降临人间。为了打败印加人，皮扎罗精心策划了一场战斗，180名西班牙人以少胜多，打败了4万多人的印加军队。被杀的印第安人有5000人之多，而西班牙人几乎没有伤亡，他们还抓获了国王阿塔瓦尔帕。战斗结束后，皮扎罗不但派人前往印加军营搜刮了价值8万比索的黄金，还以国王阿塔瓦尔帕为要挟向印加人勒索巨额赎金，最终13265磅黄金、26000磅白银被送到西班牙殖民者的手中。尽管得到了巨额宝藏，皮扎罗却背信弃义地依然要将国王阿塔瓦尔帕这位最后的印加太阳王子杀掉。当阿塔瓦尔帕走上绞架之时，他面对印加人世代崇拜的太阳之神和浩渺神秘的亚马孙丛林，痛切地诅咒这些可恨的刽子手。这些双手沾满了罪恶与血腥的强盗最终都受到了诅咒，他们在掠夺了印加人的大量金银之后，终因分赃不均而引发了激烈内讧，几乎所有的头目，包括皮扎罗、他的4个兄弟及伙伴都被杀死或囚禁。那批巨额的印加财宝也因此下落不明，不知所终。

有关印加人宝藏的传说还远不止这些。1576年，西班牙商人古特尼茨就发现了“小鱼宝藏”。他在一位印第安部落首领的带领下，通过一条崎岖的地道进入了秘鲁印加国王的墓穴，发现了大量令人眼花缭乱的金银珠宝。这批宝藏之所以叫作“小鱼宝藏”，是因为其中有许多眼睛由翡翠打制、全身由黄金制成的小鱼。传说在发现“小鱼宝藏”的地方另一侧还有埋藏着“大鱼宝藏”的陵墓。几个世纪以来，为了找到“大鱼宝藏”，寻宝者前赴后继，寻遍了附近所有的陵墓，结果一无所获。现在秘鲁政府为确保宝藏不落入他人之手，公开宣布在政府不允许的情况下，任何人不得擅自开掘、破坏陵墓。

还有一处印加宝藏，即传说中的印加“黄金湖”，也格外令人瞩目。据传印加王的加冕仪

↗传说中的黄金城图绘

式就在湖畔举行。周身涂满金粉、耀眼夺目的新国王，代表着太阳之子的光辉。他在湖水中将金粉洗去，臣民们纷纷把自己最珍贵的宝石、黄金献于国王的脚前。新国王把所有的这些都投入湖中，作为奉献给太阳的礼品。如此世代积累，黄金湖中就积存了大量金银珠宝。自从16世纪西班牙征服印加帝国后，对黄金湖的寻找和打捞行为就从未中断。最后人们确定传说中的黄金湖就是今天哥伦比亚的瓜达维达湖。1545年，一支西班牙探险队在该湖中捞起了几百件黄金制品，更加证实了黄金湖的传说，更多的寻宝者纷纷被吸引到这里。1911年，一家英国公司妄图抽干湖水获得宝藏，花费了巨大的人力、财力，结果却没有找到他们想要的巨额财宝。1974年，为了保护湖中的宝藏，哥伦比亚政府下令禁止在湖中打捞任何物品，并派军队加以保护。黄金湖的传说从而也更加神秘了。

与“黄金湖”宝藏对应的是“黄金城”的传说，这是一个更让寻宝者向往的地方。皮扎罗在得知这一传说后，为探寻其源头严刑拷打了一些印加贵族。一位贵族承受不了重刑，吐露了黄金的所在——位于亚马孙密林中的一位印第安酋长帕蒂统治的玛诺阿国，那里产有堆积如山的金银，但这个地方只有国王和巫师知道，其他人无从知晓。西班牙人立即组织了一支探险队开赴那个既不知道方位、又不知道道路的神秘地区。面积达280万平方千米的亚马孙原始森林是如此广袤无垠、遮天蔽日，在这里每前进一步都意味着向死神的靠近。因此无数的探险队不是狼狈逃回，就是下落不明，损失极其惨重。

直到17世纪时，有6个葡萄牙人带领一群印第安人和黑人闯入了亚马孙丛林。辗转数年，突然有一天他们透过密林发现了一座壮观辉煌的古城遗址和一片大草原，古城中间有一座手指北边高山的石像。几位幸存者将探险经过写成报告，并放置在巴西里约热内卢图书馆里。后来有人依据报告的记载来到遗址，但只找到了小部分的宝藏。

传说中的印加宝藏并不止于此，有人统计过，印加人黄金的数量相当于当时世界其他地方黄金数量的总和。但面对危险丛生的亚马孙密林，更多的冒险家只能“望林兴叹”。或许死去的印加王的灵魂附着在这些珠宝上，它们牢牢看守着这些藏在密林深处的宝藏，世人永远不会找到。

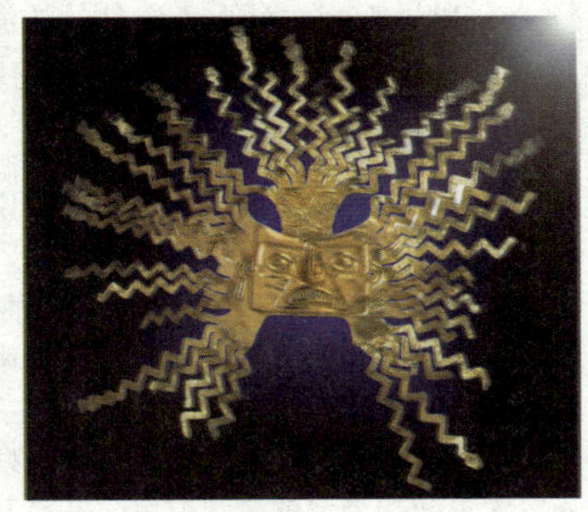

黄金制成的印加太阳神像。“印加”在印第安人语言中意为“太阳之子”。

黄金制成的印加人饰品

今天的瓜达维达湖正是传说中的黄金湖，也是印加人心目中的圣湖。

可可岛宝藏

可可岛位于中美洲哥斯达黎加太平洋沿岸以南600千米的海面上，面积只有24平方千米，风景秀丽，是人人向往的旅游胜地。关于可可岛，有一个十分诱人的传说——岛上埋藏着大量的金银珠宝，事实上，这才是该岛闻名遐迩的根本原因。

有关岛上神秘财宝的传说很多，说法虽不一致，但大同小异。

从1535年西班牙殖民头子弗朗西斯科·皮扎罗占领秘鲁开始，利马一直被作为南美西班牙殖民地总督的驻地，这种情况一直持续到1821年。当年，殖民军在南美肆无忌惮地残杀印第安人，大量掠夺当地的金银财宝，并将其聚集在利马，然后定期用船只装运至西班牙。当时有人说利马连大路都是由“金银铺砌而成”，这当然有夸张的成分，但说利马富甲南美一点不假。当科克伦勋爵在海上击溃了西班牙人的三桅战舰“埃斯梅拉达号”和其他几艘战舰后，圣马丁将军也很快兵临利马城下。趁西班牙人大乱之际，以威廉·汤普森为首的英国海盗洗劫了秘鲁太平洋港口城市卡亚俄，并且先于圣马丁的船队，带着劫掠的大批金银珠宝逃离卡亚俄港。据史料记载，这批宝物价值连城，共计24大箱，其中包括大量金币、金杯、一尊圣母玛利亚金像以及其他数不胜数的金银首饰和宝石。

汤普森船长在“玛丽·迪尔号”满载着乘客和贵重物品起航后，改变了主意，他没有将船开往西班牙港口城市加的斯，而是径直往北驶去。他在船员们的协助下，把船上的乘客统统杀死并残酷地扔进了大海，从此“玛丽·迪尔号”成了一艘名副其实的海盗船。经过一番考虑后，汤普森决定往可可岛进发。汤普森的考虑不是没有根

黄金胸饰　南美洲

金饰品　南美洲

图中饰品是公元700～1500年的南美洲的黄金饰品，在一个黄金做成的竹筏子上，描绘了一个典礼仪式的场景。其中个头较大的人为该部落的首长，在主持仪式；其他人在聆听首领的讲话。

据的，因为几个世纪以来，可可岛与世隔绝，其优越的地理位置使他能够轻易地摆脱任何海上监控和追踪，这对南美洲海盗们来说是颇有吸引力的。汤普森小心翼翼地将船上的主要财宝埋藏在可可岛，然后将“玛丽·迪尔号”帆船毁掉，与船员们分乘小艇去了中美洲。

也许是为了摆脱良心上的谴责，汤普森在临死前，决定向一个人透露可可岛上的藏宝秘密，他选中了自己的好友基廷，并将一份平面图和关于藏宝位置的资料交给了他。

基廷曾 3 次登上可可岛，带回的财宝价值 5 亿多法郎，但他始终没能找到“玛丽·迪尔号”船上的主要财宝。后来，基廷又向好友尼科拉·菲茨杰拉德海军下士说了可可岛的秘密。这位海军下士很穷，甚至没有足够的钱购买一条船，所以他一直没能去可可岛。菲茨杰拉德临死前，又将藏宝情况告诉了曾经救过自己性命的柯曾·豪上尉。由于种种原因，柯曾·豪上尉也没能去成可可岛。有关可可岛上藏宝的资料就这样一次又一次地不断传递，一份菲茨杰拉德根据基廷提供的情况写成的资料，至今保存在澳大利亚悉尼的“海员和旅游者俱乐部”里。

1927 年，法国托尼·曼格尔船长复制了这份资料，并于 1927 ~ 1929 年两次去可可岛上寻找宝藏。汤普森是在 1820 年用一个八分仪埋藏这笔财宝的，因为它有很大偏差，这种八分仪在 1820 年藏宝之后就被回收不再使用了。根据 1820 ~ 1823 年的航海仪表资料，托尼校正了汤普森的某些数据，并确信汤普森的财宝就埋在希望海湾和石磨岛附近的海岛。托尼·曼格尔找到一个洞穴，它只有在落潮时将近一个小时的时间里可以进入。他独自一人进入，但洞穴水流很急，当他竭力在水下排除洞外杂物时，洞口的水越来越多，差一点将他淹死。经过一番挣扎，最终回到岸上，他把这个看成“对藏宝寻找者的诅咒”，从此以后再也不敢去那里冒险了。

随着时间的推移，有关可可岛藏宝的资料也越积越多，虽然他们都自称是可靠的。

曾有无数寻宝人满怀希望去可可岛探宝，结果却总是空手而归。几经折腾，原来风光旖旎的小岛已被折磨得满目疮痍，生态环境也遭到了严重的破坏。

最近，为保护岛上的植物资源，哥斯达黎加政府从长远利益出发，决定禁止人们到可可岛上探宝。同时政府也相应地提高了旅游者在可可岛上应交纳的税金和船只的停泊费，前一项由原来的 1.2 美元增加到 15 美元，后一项则由每天 15 美元增至 100 美元不等。这些措施虽然能大大限制旅游者的活动，却不能阻挡人们对可可岛宝藏的向往。

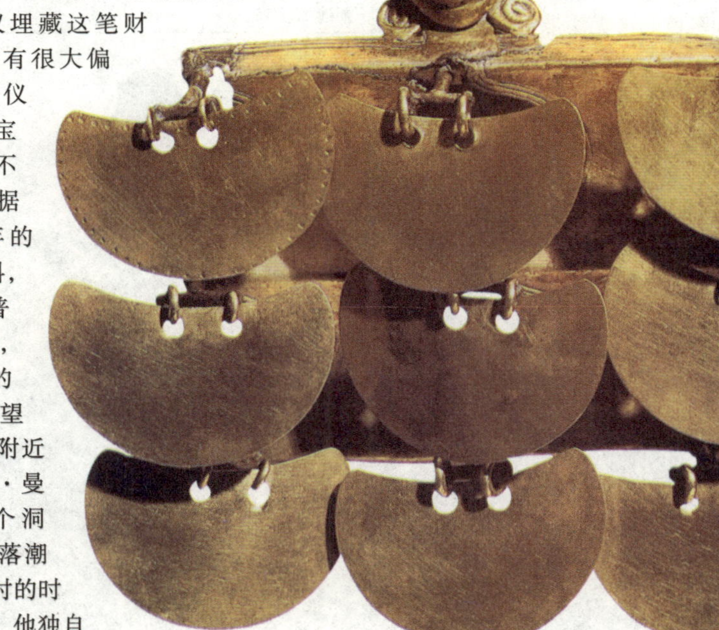

金挂件　南美洲

该挂件发现于一海盗墓地，疑是当年欧洲殖民者从南美掠夺的黄金制品，在运回欧洲途中而遭遇海盗们的攻击，从而流失。图中人物是一南美巫师形象：二目紧闭，似是在施法。

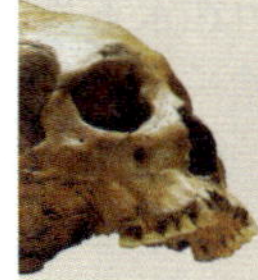

拿破仑的战利品

1812年6月，拿破仑在粉碎第五次反法同盟的进攻后，毅然决定进军俄国，以清除欧洲大陆上的最后一个顽敌。同年9月14日，拿破仑率军占领了莫斯科。莫斯科当时几乎已是一座空城：近20万居民大部分随俄军撤走，剩下的人数还不到1万。当天晚上，城内几处建筑起火，火势蔓延开来，整整烧了6天6夜。

拿破仑以战养战的策略，在俄国人坚壁清野战术的打击下，完全发挥不了作用。法军将战线拉得很长，这使得他们运送粮食和弹药的运输队常遭俄军袭击，无法保证军需物质的供应，而俄皇亚历山大一世又不接受和谈。严寒和饥饿威胁着法军，拿破仑不得不在5天之后放弃刚刚占领的莫斯科，向西南方向缓慢后撤。法军在撤退途中不断受到俄国农民游击队和正规军的狙击，而且有暴风雪的袭击。危急关头法军的辎重队伍丢下25辆装满战利品的马车，而这批战利品的去处便成了令人费解的谜。

“11月1日，拿破仑继续痛苦地退却。在禁卫军的护卫下，他踏上了通向斯摩棱斯克的道路。由于担心途中会遭到俄军的堵截，皇帝决定尽快后撤。”作家瓦·斯戈特所著的《法国皇帝拿破仑·波拿巴的生涯》中对这段历史有这样的描写，“拿破仑感到目前的处境非常危险，他深知在莫斯科所掠夺的古代武器、大炮、克里姆林宫中的珍贵物品、伊凡大帝纪念塔上的大十字架、教堂的装饰品以及绘画和雕像等已无法带走，但他又不能容忍让俄国人继续拥有这些宝物，于是命令手下将这些东西沉入萨姆廖玻的湖里。”

↙ 尽管拿破仑在法兰西战役一开始取得了一些胜利，他却在阿列斯度过了一段艰难岁月，这个1814年1月至3月的时段令他真正意识到了大厦将倾的危势，他的元帅及士兵已今非昔比了，甚至他的元帅们亦劝他退位。随着拿破仑自身处境的变动，他多年来搜罗来的各国奇珍异宝也变得扑朔迷离起来。

1805年为拿破仑特制的宝座

其扶手为神话中的“飞狮”镀金形象。诸如此类以动物的双翼作为帝王座椅的扶手的情形很常见，双翼的大小由使用者的地位来决定。

他的作品引起了人们的注意，苏联学者尤·勃可莫罗夫觉得这部书可能有助于寻找拿破仑掠夺的宝藏。勃可莫罗夫认为瓦·斯戈特是一位注重史实的作家，他完成和出版这本书的时间为1831～1832年，与拿破仑远征莫斯科仅隔20年，比较可信。那些曾参加了这次远征的人所写的手记或回忆录应该对此有所涉及，于是他决定要查阅一下与拿破仑同时代的人所留下的记录。

阿伦·德·哥朗格尔是拿破仑最信任的两名亲信之一，他曾和另外一个人一起与拿破仑乘雪橇向西疾驰，这件事发生在法军败退之时。勃可莫罗夫在哥朗格尔的回忆录中见到如下一段话：“11月1日，拿破仑从比亚吉玛退走。第二天，我们来到了萨姆廖玻。11月3日到达斯拉普柯布。在这里，我们遇到大雪的侵袭……”

哥朗格尔提及拿破仑曾在萨姆廖玻，斯戈特说拿破仑把战利品沉入了萨姆廖玻的湖里。两者提供的地点和日期是完全相符的。勃可莫罗夫向苏联科学院地理研究所的专家咨询了相关情况，对方在回信中说：“在比亚吉玛西南29千米的沼泽地有条叫萨姆廖夫卡的河，那块沼泽地的名字也叫萨姆廖夫卡。”

那么100多年来，有人对这块沼泽进行过探索吗？勃可莫罗夫虽然查阅了许多资料，但收获甚微。斯摩棱斯克地方政府内政管理局记录保存室提供的一点线索：

1835年有人根据斯摩棱斯克地区长官的命令率领工兵部队对这个湖进行勘查。他们测量湖水深度时发现，在离水面5米左右的地方，有一堆像岩石般的堆积物，铅锥碰上去，似乎发出一种金属的声音。尼古拉一世拨款4000卢布，用来建立围堰，把水抽干。但后来发现那只是一堆岩石而已，搜寻就此中止。随后勃可莫罗夫的探索因故中断，拿破仑的战利品到底隐身何处愈加迷离。

知识链接

拿破仑兵败俄国

1812年5月，拿破仑率领57万大军远征俄罗斯。俄军坚决抵抗拿破仑侵略，虽然法军一路取得胜利，但是伤亡极其惨重。1812年9月7日法军历经博罗迪诺战役（法军有7万人阵亡和重伤）后，即将进入莫斯科。俄国统帅库图佐夫力排众议，决心放弃首都，他要拯救另一半俄军的有生力量。

9月16日，拿破仑骑着高头大马进入莫斯科，亚历山大一世和库图佐夫带着俄国高级将领和大部分莫斯科居民已经撤出了莫斯科。拿破仑本以为亚历山大一世将会妥协，未料到迎接他的却是莫斯科全城的大火。寒冬马上要来临，而俄罗斯人民坚决不投降，此时在国内的马莱将军又策划了一场失败的政变，以及无时无刻不出现的俄国追军和游击队使不可一世的拿破仑也畏惧了，法军不是战死就是冻死，最后回到法国的只有不到3万人。

法军1812年冬季从莫斯科撤退过程中，渡过布雷兹纳河的情景。

远征俄罗斯失利后，让整个欧洲都战栗的大军不复存在，法兰西第一帝国元气大伤。

纳粹匿藏宝藏

1945年3月底，第三帝国危在旦夕，纳粹元首希特勒进行着最后的挣扎，为了有朝一日能东山再起，他命令其副手马丁·鲍曼负责设计一个转移柏林庞大的黄金储备和价值连城的艺术珍宝的方案。

马丁·鲍曼接到希特勒的指示后，经过周密部署，最终决定把这些财宝分批运送出去，一批运往色林吉亚丛林地区，另一批运往巴伐利亚南部。一方面，分批运送可以减少人们的注意，如被发现也可减少损失；另一方面，南部的这两个地方相对比较安全，背靠阿尔卑斯山，完全可以在柏林失守后作为负隅顽抗的据点。

让马丁·鲍曼始料不及的是，巴顿将军的装甲部队行动神速，运宝队刚到色林吉亚，盟军就跟了进来。希特勒匆忙下达了一项“就地隐蔽和疏散”的指令，于是这批财宝被仓促地隐藏在色林吉亚南部马克斯村附近的凯塞罗盐矿中。

1945年4月，赫伯特·埃纳斯特少将率领隶属巴顿第3军团第7军的第90师装甲部队开到了色林吉亚，挖宝行动迅速展开。他们在那里找到了550只装有22亿德国马克的布袋，然后又在离地面600米的矿洞中找到一批艺术珍品和许多罕见的古代制服，寻找纳粹宝藏的序幕就此拉开了。

4月8日，他们又在一个45米长、22.5米宽的地窖里找到了大约7000只口袋，口袋里面装满了金锭和金币。除此之外还有大捆的纸币以及金银假牙、表匣、眼镜架、结婚戒指和一串珍珠项链等。很明显，这些都是从战败国以及集中营的被害者那儿劫掠来的，其中黄金约有250吨、艺术珍品400吨，几乎欧洲所有纸币币种在地窖中都能找到。

盟军在检查西柏林地堡中的残留物，寻找希特勒宝物的蛛丝马迹。

运往色林吉亚的这批德国财宝已经找到，那么另一批财宝又在巴伐利亚南部的何处呢？

美军的情报人员从德国间谍那儿得知，用飞机押运的珠宝埋在了得克森附近的山脚下，同时运送财宝的代号为“杜哈”的专列和5辆卡车在到达巴伐利亚时也被盟军顺利截获。然而是否还有其他的黄金被运走了呢？

据说，1945年4月13日这天，一架满载珠宝的飞机在党卫军将军斯潘卫的押运下飞往德国南方，同时载着52亿德国马克和黄金的两辆列车也随之驶离柏林，其代号为“杜哈”和“鹰”。除此之外，还有5辆装满珠宝的大卡车也离开了柏林，其目的地是距慕尼黑西南50千米柏莱森堡的一个矿井。

盟军马上开始着手寻找那批代号为“鹰”的专列所运走的黄金。不久在密顿华特村附近爱因西特尔山上的一个山洞里，盟军发现了一处数量为1吨左右的纳粹金库，被证实是“鹰”专列上运送的那批财物。可令人百思不得其解的是，其数量为何如此之少。其他的大批财宝都到什么地方去了呢？有三种可能：一是分批藏起来；二是

建筑形圣遗物箱　德国

圣遗物箱是用来安放基督教圣者遗物或骸骨的容器。这在中世纪的欧洲是最典型的，圣遗物箱的造型主要有建筑形、人物形、动物形三类，而最常见的是建筑形，一般按照中世纪的建筑式样来制作，庄重肃穆，豪华典雅，各种人物雕饰布满器身，增添了奇妙的装饰效果。

被人在路上抢走一部分；三是有人已发现了一些并取走。

经过一番调查，最终确认为第二种情况，即一大部分被别人抢走了。

失踪的黄金就此不知去向。多年来人们对它的下落发表了许多看法：

有人说，这批黄金很可能是德国人勾结美国军队，经过一番密谋后抢掠走的。他们甚至指出，这个集团在1945年6月7日从爱因西特尔山洞中搬走的金锭多达728块。五角大楼的发言人对这种说法提出批评，一再说这是无稽之谈。不管美国军方怎样为自己辩解，他们都无法否认曾组织过300多人员专门调查此案的事实。而且爱因西特尔山洞的黄金失窃一事也被记载在美军第3军团的档案中，白纸黑字，无可否认，就连军队内部的一些官员也存有“不排除其中一部分落到非官方手里的可能性”的看法。

同时，另外一些人更执着地搜集着材料，从而较为详细地提供了这批黄金的下落：

1945年6月初，有两个自称为“德国平民”的神秘人物向第3军团驻密顿华特地区的指挥官麦肯齐少校透露了纳粹黄金藏匿的地点。麦肯齐听到这一消息，迅速与上尉博格开着一辆卡车前往藏匿地点。这两个“德国平民”所报告的事情属实，他们确实找到了黄金，并尽可能多地将这些黄金搬上车，途中，博格上尉将司机枪杀。两天后，有人发现他们分别化名尼尔和哈普曼躲藏在瑞士一个名叫维兹瑙的地方。也有人说，1946年5月博格又逃往南美，在那儿的一个大农场里过着神仙般的隐居生活。

黄金真是被麦肯齐与博格掠走的吗？由于没有更确凿的证据证实这一点，黄金失踪案恐怕仍然是美国陆军部卷宗上一宗无法破解的悬案。

知识链接

“纳粹”一词的来历

“纳粹”的称呼来自德语的“Nazi”，是德文“Nationalsozialist”的简写。纳粹主义，是德文“Nationalsozialismus”缩写“Nazismus”的音译，意译为“民族社会主义”，是第二次世界大战前希特勒等人提出的政治主张。

纳粹主义的基本理论包括：宣扬种族优秀论，认为“优等种族”有权奴役甚至消灭“劣等种族”；强调一切领域的“领袖”原则，宣称“领袖”是国家整体意志的代表，国家权力应由其一人掌握；鼓吹社会达尔文主义，力主以战争为手段夺取生存空间，建立世界霸权；反对共产主义思想体系和社会主义制度，恶毒攻击马克思主义理论。

希特勒像

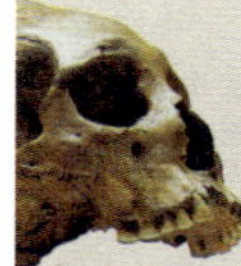

消失的隆美尔财宝

1943年3月8日清晨，在地中海之滨的哈马迈特城的一幢漂亮别墅里，几位军官围坐在宽敞、明亮的起居室里，却没有一个人有心情享受这难得的清晨美景。坐在正中间的正是纳粹德国的悍将之一、人称“沙漠之狐”的隆美尔元帅，他一扫昔日的威风，神情无比沮丧，他周围的6名亲信军官和一名年轻士兵也好不到哪里去，一个个像斗败了的公鸡，垂头丧气地坐着。

原来，隆美尔率领的非洲军团近来损失惨重，还被蒙哥马利将军统帅的英军沙漠部队团团围住。3天前，输急了眼的隆美尔集结他仅剩的140辆坦克，孤注一掷地向同盟国军队发起进攻，企图扭转不利局面，重新掌握战场上的主动权。结果不仅没获得期望的胜利，反而因此陷入了更加被动的处境。眼看战争失败的命运已无可挽回，隆美尔开始同手下商量如何处理陆续从各地掠夺来的一大批财宝。

在更早一些时候，隆美尔就多次考虑过要把这批财宝经突尼斯城走海路运到意大利南部去。可是战场上的形势瞬息万变，隆美尔的计划还没来得及实施，英军就已经完全取得了对这一地区的海、空控制权，德国舰艇再也没有办法横越地中海了。隆美尔急得像热锅上的蚂蚁，害怕这批财宝落到对头们的手中。因此，一大清早就召集心腹们开会讨论怎样妥善处理这批宝贝。

↗ 战败后的隆美尔究竟将财宝藏在何处，随着他的自杀，恐怕没有人知道真相了。

仔细研究过后，以狡猾著称的隆美尔决定采取声东击西的策略，把这批财宝藏到他认为最安全的地方去，那就是突尼斯西南杜兹附近的沙漠里。杜兹是撒哈拉大沙漠边缘的一个小镇，沙漠上的小小绿洲，在它周围是无数个形状相似、大小不一的沙丘。即使狂风劲吹，黄沙漫卷，也很难改变这些沙丘的模样。如果把财宝埋在那许许多多沙丘之间的某个地方，人们是很难找到的。

当天晚上，隆美尔先派出一支高速快艇舰队，装上他从博物馆和阿拉伯酋长的宫殿里抢来的几十箱艺术珍品，准备穿过地中海运到意大利去。一直密切监视隆美尔一举一动的英国情报机关立即行动起来，派出大量的轰炸机和军舰到海上搜索这些满载着财宝的运输队。

与此同时，隆美尔立即派出一支有15～20辆军车组成的车队，每辆车上都装满了金币和奇珍异宝，由隆美尔最信任的军官汉斯·奈德曼上校负责押送，借着黑暗的掩护，消失在无边的夜色中。车队沿着土路以最快的速度向沙漠中驶去，按照原定计划，这批财宝在杜兹镇卸下，再由一支骆驼队运到沙丘间的一个安全地点埋藏起来。

但是，从此这支车队就失去了消息，焦急的隆美尔还没等到战争结束就被希特勒赐死了。后来就再也没有一个人知道这批财宝究竟被埋在哪一个沙丘的下面。

30多年后，当时充当随军摄影师的海因里希·苏特作为这件事的当事人之一，向人们回忆了这个故事。他说，在车队出发几周以后，英国的无线广播电台称英军在杜兹附近沙漠边缘与一支装备精良的德军小分队相遇，经过长达一天的战斗，英军全歼了这支小分队，德军士兵无一生还。据估计，这支小分队是被派到一个边远地点执行任务后回去与所属部队会合的。苏特认为，这支被全歼的小分队就是去藏宝的人员，他们在返回杜兹的途中遭到伏击，全部战死。因此，隆美尔的这批财宝到底藏在哪儿就成了一个难解的谜。

可是上述整个故事都只是苏特的一家之言，以此很难判定故事的真实性。隆美尔的财宝真的被埋在沙漠里了吗？

又过了很多年，一个名叫肯·克里皮恩的美国人对这个故事产生了浓厚的兴趣，为了核实苏特故事的真实性，克里皮恩借着到突尼斯度假的机会，特地到哈马迈特城和杜兹镇进行了为期约一个月的实地考察。面对克里皮恩的询问，杜兹镇的许多老年居民都不知道当年的车队和骆驼队的事，但是有一个名叫尤素福的70多岁的老人说，当年他在骆驼市场做生意，曾亲手把5匹骆驼卖给了一批外国人。老人之所以能清楚地记得这件事，不仅是因为这些人一口气买了六七十匹骆驼，出的价钱要比平常的高；还因为这是他第一次看见金黄色头发的人，他们都穿着军装，可是他不知道这些人离开市场后朝哪个方向走了。另一位名叫赛伊迪的老人则记得大约在那个时间有一些卡车开进了他们的村庄，后来那些人就不知道去哪儿了，过了几个星期，一批英国士兵来到他们村开走了那些车。

克里皮恩的考察结果看起来很有价值，但他也是在苏特的故事基础上进行推测的，整个故事还是存在着不少的疑点。如果隆美尔的财宝真的被运往沙漠藏起来了，那么那支庞大的运宝骆驼队到哪儿去了，是否真的无人生还，那批财宝是否真的还在沙漠的某个地方无人发现，恐怕只有一望无际的撒哈拉大沙漠才知道全部的真相。

知识链接

隆美尔指挥装甲部队作战的特点

一、善于利用战场空间和时间因素，指挥部队快速机动和集中兵力。在进攻中，以装甲部队为突击群，趁敌人犹豫不决和混乱之机，冒着暴露侧翼和后方的危险，大胆穿插迂回，攻击敌人侧翼和后方，从而瓦解敌方整个防御，而步兵则在正面实施牵制行动。在抗击敌人优势坦克的反冲击时，常以防御行动并使用高射炮平射打坦克的手段挫败对手，而后转入反攻。在城镇攻坚战中，一般以步兵先行突破，而后投入坦克。当敌方溃退时，即以坦克不停地追击来发展胜利。在防御战役中，通常将装甲部队作为预备队，对突入之敌实施反冲击和反击。在退却时，则以机动防御阻滞对方追击。

二、惯于身临前线，靠前指挥。他经常乘装甲指挥车或坦克甚至飞机来指挥，出现在最紧张、最紧要的时间和地点，临危不乱，一再死里逃生。对下属要求严格，倡导勇猛无畏的尚武精神，虽然常有轻率鲁莽之举，但却在士兵中享有较高声誉。

三、主张在战役、战斗中使用一切欺敌手段和伪装手法，使敌产生错觉，达到奇袭的效果。在入侵法国的进军中，他多次令坦克乘员坐在坦克外边摇动白旗，弄得敌人目瞪口呆，不知所措，竟忘掉了抗击。在北非作战中，他令部下制造大量假坦克欺骗敌人的空中侦察。他惯用声东击西的战术，诱使敌人上当，然后用所谓“右肘弯击法”给敌方侧翼和后方以致命的打击。

隆美尔像

这位人称“沙漠之狐”的德国元帅，尽管诡计多端，然而由于希特勒的多疑和战略物资的不足而被蒙哥马利打败，他本人也由于被指控参与谋杀元首而被迫自杀，至于他遗留下多少财宝可能无人知晓。

马科斯找到山下奉文宝藏了吗

第二次世界大战进行到了尾声的时候，各个纳粹国家眼看败局已定，纷纷将自己在战争中掠夺来的大量财宝开始转移。日本法西斯侵略军的大将、号称“马来亚虎”的山下奉文也急急忙忙把自己在东南亚搜刮来的财宝秘密藏了起来，据说这批大部分为金块、总重量约6000吨的财宝被藏在菲律宾吕宋岛的某个山洞里。对于习惯以克来衡量黄金的普通民众来说，6000吨的黄金实在是一个难以想象的天文数字。即使到了现在，在一些发展中国家的国库里，恐怕也很难找到这样大的一批巨额财富。

二战中日本战败，山下奉文作为战犯被处死，那批巨额财宝也就留在了菲律宾。战后，菲律宾的掘金热一浪高过一浪，结果都是一无所获。其中最狂热的要数当时菲律宾前总统马科斯了，他曾下令在全国172个地方同时展开掘金寻宝的行动，不同的是，当时没有人知道他到底找到了什么。

1986年，新上台的菲律宾总统科拉松·阿基诺下令调查和追回马科斯的财产，1991年7月31日，主管追查工作的菲律宾“廉政公署”公布了他们掌握的马科斯的部分财产总数。据查，马科斯在瑞士银行存有多达5325吨的黄金，在香港的银行里有5个秘密账户，存款总额至少有四五亿美元，很可能高达10亿美元以上。

马科斯为什么会拥有如此巨额的财产？1992年2月，马科斯遗孀伊梅尔达·马科斯对外宣称她的丈夫之所以拥有这样多的财产，是因为他找到了“山下奉文宝藏”。有些人不相信马科斯夫人的说法，认为她实际上是为马科斯当菲律宾总统时的贪污劫掠行为辩护。事实上，作为世界八大黄金产地之一的菲律宾，其所开采的黄金一大部分都落入了马科斯的私人腰包。而两个美国人的经历似乎可以证明马科斯财产确实有一部分是来自“山下奉文宝藏”。

其中一位名叫洛克萨斯，他对外宣称山下奉文的财宝最早是由他发现的，可惜后来被马科斯抢走了。原来，1970年，在菲律宾经商的洛克萨斯有一次偶然去日本旅行，从而结识了一位早年曾追随过山下奉文的退役日本军官，后来他从这个人手里买了一张藏宝图。当他回到菲律宾后，按照藏宝图上标示的路线，来到一座荒山的山洞里。他很快就发现一尊高71厘米的金佛，扭开可以开合的佛头，只见金佛肚子里藏满了钻石和珠宝。大喜过望的洛克萨斯正准备继续向里走，洞顶上的石头突然开始松动，他只好抱起金佛跑出山洞，刚一离开，整个洞口就崩塌了。这个故事听起来很像天方夜谭，但是洛克萨斯发现的宝藏如何落到马科斯手里呢？主要是洛克萨斯让友人们参观了他找到的金佛，得到消息的马科斯立即派了一队士兵查抄了他的家，拿走了金佛。他向法庭提起诉讼，要求归还他的金佛。法庭受理了此案，经过裁决马科斯应该将金佛还给他，可是最后洛克萨斯拿到手的却是一尊仿制的铜佛。有苦难言的洛克萨斯求告无门，只得忍气吞声。

人们推测，马科斯从洛克萨斯手中夺走了藏宝图，出动重型机械，挖开坍塌的山洞，从而获得了大量藏金。因此，山下奉文宝藏转移到了马科斯名下，并被他秘密转移重新埋藏起来。马科斯本人对关于他获得山下奉文宝藏的传说态度含糊，既不承认，也从没有明确否认过。至于真相如何，随着马科斯的去世，事情就变得死无对证。

虽然对山下奉文宝藏的存在与否人们意见相左，但是有80多个寻宝团体，包括菲律宾政府在内都曾在各地发掘宝藏，而且这股“寻宝热”至今仍未降温。不知道是那些人的运气太坏，还是宝藏根本就是子虚乌有的事，到现在也没有一个人得到所谓的宝藏，山下奉文宝藏仍是一个被迷雾笼罩着的巨大诱惑。

失窃的楼兰宝藏

位于新疆罗布泊附近的楼兰曾经是西域丝绸路上的绿色明珠和佛教文化的鼎盛之邦。据《史记·大宛列传》记载，楼兰是西域的一个小国，建在盐泽边上，有城郭，但“兵弱易击”。楼兰在汉昭帝时改国名为鄯善，并请求朝廷驻军伊循城。楼兰自此成为中央政府控制西域的战略支点。东汉时楼兰在丝绸之路上依然占据着重要位置，东汉朝廷大力开发楼兰，并在当地大规模屯田。以后几百年直到魏晋，楼兰一直是内地通往西域的重要交通枢纽。再后来，由于时势与环境的变迁，它逐渐退出了历史舞台，并最终湮没于岁月和自然的风尘之中。19世纪末，西方探险家们的到来打乱了这里静谧的时空，在被撩开神秘面纱的同时也受到了不应有的玷污。

楼兰古城的平面大体上是一个长方形。若以复原的城墙计算，面积达 10 余万平方米。它的东城墙长约 333.5 米，南城墙长约 329 米，西城墙和北墙均长约 327 米。北城墙和南城墙因顺东北风势，所以保存得较为完整，而东城墙和西城墙因受东北风的强烈侵蚀，已所剩无几。

在新疆探险史上，英籍匈牙利人奥利尔·斯坦因的名声、影响、地位与斯文·赫定大致持平。1906 年，斯坦因在楼兰古城中发掘了一处近 100 平方米的废墟，在这里发现了少量的文简牍和大量汉文简牍以及铜、陶、木器、漆器、丝、毛织品等。

根据汉文简牍可以得知，城中西南的大院落为长史衙署遗址，其附近为长史衙署的附属建筑。建筑形式既具有内地建筑的特点，也保持了当地的建筑风格。城内渠道以东的一组房屋建筑规模宏伟，是客馆和高级官吏的邸宅。南城似乎为军事驻地。散布在城内的其他建筑，可能是当地土著与汉族的寄居区。

简牍上面所记载的日期表明这个神秘之城被废弃的时间大约在公元 3 ～ 4 世纪。

在 1907 年对楼兰的第二次考察中，斯坦因发现了“从未报道过、完全出乎意料”的楼兰壁画。当来到一座大佛寺里，在长方形的基座走廊上，他发现了一个穹顶的圆形建筑，在这里意外地看见了美丽的壁画——“带翼天使”的头像。斯坦因断言：“壁画的整体构思和对眼睛等的表现，纯粹是西方式的。残存的带有卢文题记的祷文绸带说明，这里的寺院废弃于公元 3 ～ 4 世纪。这一点是毫无疑问的。”“带翼天使”的发现令他激动不已：“这真是伟大的发现！我们在这里找到了世界上最高的安琪儿。她们大概在 2000 年前就飞到中国来了。”楼兰壁画是新疆境内最古老的壁画之一，在这里发现的“带翼天使”可以说是古罗马艺术向东方传播的最远点。

仅斯坦因一人从楼兰古国盗走的珍贵文物就是无法统计的，这些文物是无价的精神财富，它们凝结着一个消亡文明曾经创造的灿烂文化成果，也是现代人研究古楼兰消亡原因以及再现其原貌的重要依据。然而，这些文物被盗后再也未曾露面。

楼兰古城遗址

太平天国窖藏珠宝

在江苏省南京市，有一处举世闻名的古代建筑遗址，这就是太平天国天王府旧址。虽然这里的大部分建筑都遭到了破坏，但每天仍有许多人前来参观。100多年前的那段血雨腥风的历史虽然早已过去，留给人们的思考却还没有结束，其中让许多学者特别关心而又百思不得其解的问题是：太平天国的窖藏珠宝埋于何处?

1853年太平天国攻占南京，在此建都，并改南京为天京。当时盛传洪秀全和天国的新贵在这里聚敛了大量的财宝。1864年7月天京陷落，湘军从天京的各个城门蜂拥而入，对整座天京城进行了三天三夜的搜查，其中天王府被曾国荃和萧孚泗率先洗劫，府衙甚至民宅内的一切财物，连同几万名女俘被一并掠去。但是，历来“洪逆之富，金银如海，百货充盈”的传闻，使他们远不以此为满足，他们认为一定还有更多的财宝被藏在某个未知的地方。

据说曾国荃抓到李秀成后，一直逼问他天京窖藏珠宝的下落。没过多久曾国藩也从安庆赶到南京，兄弟二人软硬兼施，希望能从李秀成处获知宝藏的所在。李秀成被较晚处死，这可能也是原因之一。李秀成虽然最后投向曾氏兄弟，但关于太平天国天京的窖金一事，终因诸多原因而被搁置。

然而太平天国在天京藏有窖金确有其事。虽然湘军纪律严明，规定“凡发掘贼馆窖金者，报官充公，违者治罪”，但天京被攻破后，仍有少量窖金被兵丁发现后私吞。据《能静居士日记》卷十二记载：“另有其余死者寥寥，大半为兵勇扛抬什物出城。或引各勇挖窖，得后即行纵放。”上元人孙文川的《淞沪随笔》手抄本里也有“城中四伪王府以及地窖，均已搜掘净尽”的记载，但他说的可能是斗筲金银，而关于大宗窖金的下落则鲜有著述提及，给后人留下一个疑团。

据一些当时流传的文本记载，南京从前有个叫蒋园的富丽堂皇的大花园，园主姓蒋，绰号“蒋驴子”。据说他本来只是一个靠毛驴贩运货物的商贩，因为一次偶然的机会，得到太平天国忠王李秀成的赏识，得了个“驴马车三行总管”的官衔。天京被围后，“宫中顷有急信至，诸王妃等亦聚金银数千箱令载，为了埋藏其物”。《红羊佚闻·蒋驴子轶事》的记载则说“有金银数千箱，命驴往，埋于石头山某所”。蒋氏后来成为近代金陵巨富就是凭此起家的。但这显然也只是传说，蒋园并不是靠太平天国的金银建成的。

20世纪初，关于这件事情的传闻很多，且各执一词，此事即成为疑案。民国初年，据一些南京士绅报告，“洪氏有宝藏在某处，彼亲与埋藏”，一些辛亥元勋“皆以旦夕可以财为期”，多人由此起了贪心，雇人掘宝，结果却一无所获。

太平天国天王府石舫

传说中的窖藏珍宝便埋藏于天王府地下。

太平天国天王府花园

太平天国时期天王洪秀全的衙署。

相传南京解放时，有人听信传闻放干了蒋园中的湖水，但仍丝毫不见洪秀全窖金的踪影。

一般说来，农民领袖由于阶级本性的原因，出于一种小农心态，是很爱金银财宝的。他们绝不肯轻易将财物送给他人，而是将它们保存起来，这样，窖藏就成了首选。传说翼王石达开在部队被困大渡河时，曾将大批宝物窖藏；阶王谭体元十万将士大败于广东嘉州（梅州）城南铜鼓嶂、大田等地时，也曾将一批宝物深埋地下，这些都引起了后人对天京窖藏的极大兴趣。

那么，太平天国窖藏的珠宝到底在哪里呢？

一种可能是如曾国藩向皇帝所奏报的，确实没有窖金；另一种可能是确有窖金，但被湘军掠夺殆尽。据《能静居士日记》记载，萧孚泗“在伪天王府取出金银物资，即纵火烧屋以灭迹”。曾国藩兄弟的收获当然也不少，当时的《上海新报》对此曾有报道说，“宫保曾中堂之太夫人，于三月初间由金陵回籍，护送船只约二百数十号”，窖金或许就包括在这些搜刮之物中。如若天京窖金的数量真如传闻所说之巨，它是不可能被湘军全部挖走的，因此极有可能更多的窖金因埋藏巧妙至今没有被人发现。

太平天国天王玉玺

曾国荃攻陷天京后，除把这颗印上缴外，其他财物上缴极少，太平天国十几年所积的大量财宝不翼而飞，天国的册书文档也被湘军一举焚毁，太平天国财宝去向遂成不解之谜。

知识链接

太平天国天王府

太平天国天王府位于南京，是明清王府官邸。明代时称此园为“煦园”，是一座具有江南特色的古典园林。天王府原为朱元璋所建的汉王府，清王朝把这里辟为两江总督署衙门。1853年3月，太平军定都南京，5月开始在原两江总督衙门的基础上修建天王府，随即以原两江总督署为中心，扩建为天王府。至11月，不慎失火，夷为平地，1854年2月再次破土动工。1864年7月，湘军曾国荃部攻陷天京，放火烧了天朝宫殿，中心建筑五间八架的“金龙殿”与西花园内的石舫等保留了下来。1912年孙中山在南京就任临时大总统，以此作为临时大总统办公处，中华人民共和国成立前夕，天王府又成为国民党的总统府。

天王府分为太阳城和金龙城两部分，周围约有10里，有“宫垣九重”。公元1864年天京陷落，建筑大部被毁。清同治九年（1870）又重建两江总督署，有正宅、厅楼、亭阁等1189间。1912年中华民国成立，此处为临时大总统府所在地。1948年改为国民政府总统府，直至1949年人民解放军占领南京。1951年在此建立“太平天国起义一百周年纪念碑”。

慈禧太后的随葬品

1835年11月29日，也就是清道光十五年十月十日，镶蓝旗里出生一个女婴，她就是对中国历史产生重大影响的叶赫那拉氏——后来的慈禧太后。

1851年咸丰皇帝诏选秀女，第二年那拉氏被选入宫，封为兰贵人。1854年又被封为懿嫔，两年后她为咸丰帝生下了皇长子载淳，从而晋封为懿妃。1857年，她的地位再次得到提升，被封为懿贵妃，从此她在宫中的地位仅次于咸丰帝的皇后钮祜禄氏。由于得到咸丰帝的宠幸，慈禧太后开始干预朝廷政事。咸丰皇帝死后，她夺得太后的权位，与钮祜禄氏平起平坐。这也标志着继唐代武则天成为中国古代历史上唯一的女皇之后，又有一位女性开始操纵中国的命运。

当时清王朝的统治已处于风雨飘摇之中，民族矛盾、阶级矛盾、统治阶级内部矛盾日益尖锐。慈禧太后一面在外国势力和国内的统治阶级之间周旋，一面充分享受着“皇太后”的优裕生活，奢侈腐朽、唯利是图。不仅如此，她还两次大兴土木，为自己修建了豪华的陵墓——菩陀峪定东陵。

她死后，陪葬的奇珍异宝不计其数。据大太监李莲英等所著《爱月轩笔记》记载：慈禧太后入棺前，棺底先铺上1层珍珠和3层金丝串珠绣花锦褥，棺头放满翠碧透、筋络自然天成的翠玉荷叶，棺尾则是一朵粉红色碧金大莲花。慈禧太后头戴珍珠串成的凤冠，身着通贯金线串珠彩绣袍褂。衾被上有用珍珠制成的一朵硕大的牡丹花，手上戴的手镯则由钻石镶嵌的一大朵菊花和六朵小梅花连贯而成。

尸身旁放置有白玉、翡翠、红宝石、金雕佛像各27尊。脚下左右两边各放翡翠西瓜1个、翡翠白菜2棵、翡翠丝瓜2个，还有宝石制成的枣、杏、桃、李200多枚。她的尸身右侧放置一株玉雕红珊瑚树，上绕一颗青根绿叶红果的玉蟠桃，树顶处则是一只翠鸟。

尸身左侧放着1枝玉石莲花和3节白玉石藕，藕上有天然生成的灰色“泥污”，藕节上长着绿色的荷叶，上面开着粉红色莲花。棺内还有玉石十八罗汉、玉石骏马等700多种珍宝。为填补空隙，棺内还倒入了红、蓝宝石2200多块和4升珍珠。慈禧太后口中含有一颗巨大的夜明珠，当它被分成两块时，透明无光，合拢成为一个圆珠后，则能射出一道绿色寒光，在晚上的亮度可使人在百步之内看清慈禧太后的头发。由

珠光宝气的慈禧太后朝服像

↗慈禧陵的地宫，孙殿英当年盗墓的入口

此可见，慈禧太后不仅生前穷奢极欲，死后也要躺在成堆的金银珠宝之中。

从1879年慈禧太后墓完工到地宫最后封闭，共用时30余年，其间还陆续向地宫内放置了各种金玉祭品、珍奇瑰宝1000余种。据估计，慈禧太后的随葬品约值白银上亿两。然而稀世珍宝给她带来的并不是永恒的安宁，而是横尸荒冢之祸。

1928年7月，大军阀孙殿英盗掘了慈禧太后的陵墓，制造了震惊中外的盗陵窃宝案。

1928年夏，孙殿英率军驻扎在蓟县马仲桥，此地与清东陵仅一山之隔。这个军阀头子早就听说这两座清朝鼎盛时期的陵墓中藏有许多无价之宝。

7月，东北军一名土匪出身的团长马福田开枪打死奉军军官，趁队伍调防之机拉出一支人马，直奔东陵旁的马兰峪，准备挖坟盗宝。孙殿英得知这一消息后，马上以“剿匪”的名义，派第八师师长谭温江带兵连夜出击，赶走马福田，并以检查武器、搜索敌人为名直奔陵区。他们四处张贴告示，说部队要在东陵搞军事演习，然后在陵区内安营扎寨，设置了许多岗哨。各项准备工作完成之后，一场震惊中外的所谓的“军事演习”就开始了。

谭温江率领两个旅的士兵开进了菩陀峪定东陵的宫门。隆恩殿、东西配殿的64根金龙盘玉柱，不幸成为最先遭劫的艺术珍品。

匪兵们从一个建陵老人口中得知地宫入口的位置后进入了古洞门，然后在15米长的青砖券尽头的“金刚墙”地面处，炸开一个洞口进入地宫。闯过地宫最后一道堂券——“金券”，券顶及四壁均为汉白玉石，室内正中摆放着“宝床”，它是一个汉白玉座，慈禧太后的棺椁就摆放在宝床上面。

匪兵们小心翼翼地把五面斗形的棺盖撬开，棺内放射出一片奇光异彩，慈禧太后如熟睡一般，只是脸一见空气就变黑了。棺内除慈禧太后的尸体外，全部都是奇珍异宝。匪徒们为了取宝方便，把慈禧太后的尸体扔到棺外。

掀翻棺椁后，匪兵们发现底下有一眼井。传说这是一口神秘的“不竭不溢”的“金眼古井”，建陵时即取中了这口井的风水“穴位”，慈禧太后亲手将她手腕上戴的珍珠手串投入井中点“穴”。但她万万没有想到，自己费尽心机建造的藏满奇珍异宝的地下宫殿，却变成了大军阀孙殿英的宝库。

盗宝事件发生后，中外震惊。孙殿英为了不惹出祸患，将其中的精品分别孝敬给国民党的要员。他将慈禧太后墓中的翡翠西瓜送给了宋子文，慈禧太后口含的夜明珠送给了宋美龄，朝鞋上的宝石送给了孔祥熙，连蒋介石也得到了许多好处。尽管清朝贵族的遗老遗少们要求严惩首犯孙殿英，但因他手握重兵，南京当局并不想得罪他。这场轰动一时的盗陵窃宝案只能不了了之，而落入孙殿英手中的那部分财宝也自此下落不明。

知识链接

清东陵

清东陵坐落在河北省唐山市的遵化市境，西距北京市区125千米。康熙二年（1663）开始修建，陵区南北长125千米、宽20千米，四面环山，正南烟炖、天台两山对峙，形成宽仅50公尺的谷口，俗称龙门口。清代在此陆续建成217座宫殿牌楼，组成大小15座陵园，诸陵园以顺治的孝陵为中心，排列于昌瑞山南麓，均由宫墙、隆恩殿、配殿、方城明楼及宝顶等建筑构成。其中方城明楼为各陵园最高的建筑物，内立石碑，碑上以汉、满、蒙三种文字刻写墓主的谥号；明楼之后为“宝顶”（大坟头），其下方是停放灵柩的“地宫”。从陵区最南端的石牌坊向北到孝陵宝顶，由一条约12公尺宽、6千米长的神道连通，沿途大红门、大碑楼（圣德神功碑楼）、石像生、龙凤门、七孔桥、小碑楼（神道碑楼）、隆恩门、隆恩殿、方城明楼等建筑井然有序，主次分明。

文化迷踪

耶稣裹尸布真伪之谜

1357年，一块未说明来历的亚麻裹尸布在法国利莱展出。这块布上留有明显影像——一个裸体、有胡子、留长头发的男人的图像，其大小与真人差不多。死者的面容安详，有鞭痕和钉痕留在其身上。布上相当于死者的头、手、腰、足等部位都有斑斑“血”迹。有人认为这就是大约2000年前约瑟用来包裹耶稣尸体的那块圣布，因为裹尸布上的影像与《福音》书上所描述的耶稣受难时的形象十分相像。从此，基督教徒一直将这块裹尸布奉为圣物而加以顶礼膜拜。

据说在耶稣的12个门徒中，有一个叫犹大的门徒出卖了他，耶稣在受尽折磨后被钉死在十字架上。耶稣死后，他的尸体被自己的另一个门徒约瑟用一块裹尸布精心包裹好后放在哥尔高扎的一个石洞墓里。3天后，几个去石洞吊唁的妇女发现耶稣复活了。基督教徒后来把这个日子视为自己的重要节日——复活节。然而，就在耶稣复活后，他的那块裹尸布不见了踪影。

不管这块经历了许多历史挫折的亚麻布是否真是耶稣的裹尸布，此物已经被专家研究过许多次，并出现了不少与它有关的怪异事情，同时更多令人难解的疑团也被引发出来。

1898年，在得到都灵大主教的许可后，一批科学家对裹尸布进行了考察。这批科学家发现，裹尸布的人形是一个裸体的形象，这违背了当时的风俗，因为传统的十字架上的耶稣受难形象是穿着希腊长衣，或者腰间束有绷带。另外，裹尸布上的耶稣形象留有发辫痕迹，而中世纪时几乎所有的圣像都没有发辫。因此，他们对裹尸布的真实性提出了质疑。尽管如此，有人仍然找出了一些证据来证明耶稣裹尸布的真实可靠。相信者们发现：裹尸布的画像上的脸形、胡子及披肩的发式都属于公元前的犹太人型，并且裹尸布上的形象与查士丁尼二世时货币上的圣像有65处相似。生物学家还用气化理论回答了裹尸布上的图像是怎样形成的。他们发现，死者在生前最后一刻流出的汗与古代涂在尸体上的芦荟剂香料混合在一起，会有氨气放出，而正是由于汗气熏蒸而形成了裹尸布上的图像。

当时的研究水平有限，尽管其他的人也对这块布进行了大量的研究，但人们一直都没有达成

埋葬基督

据说耶稣尸体被放下来之后，圣约翰用白色的裹尸布裹住基督的身体，等到耶稣复活后，裹尸布却不翼而飞，于是这块布便成为基督教的圣物。

一致的看法。

1978 年，在获得天主教的特准后，好几个国家的专家组成研究小组。这个专家小组来到都灵，用各种精密先进的科学仪器检测裹尸布，包括 X 光荧光分析、光谱分析、红内线分析、紫外线分析等。

怀疑派认为，裹尸布上的影像是画上去的，时间在 14 世纪。美国鉴定真伪专家麦克科朗支持这一看法，他认为：血迹可能是用氧化铁颜料和中古时代艺术家常用的玫瑰赤黄颜料掺和在一起画上去的，并用此法复制了一件，否则不可能经历 2000 年还这么鲜艳。但原来的裹尸布与它有一个极不相似之处，就是颜色透过麻布，两面都看得见。

纺织学家经过研究发现，这块亚麻裹尸布明显具有古代耶路撒冷地区的特征，而在古代的中东地区常以亚麻布做尸衣、尸布。同时，科学家们还发现有一些花粉混合在裹尸布上，这些花粉大部分是属于生长在圣地耶路撒冷的植物。因此有人断定，裹尸布肯定在耶路撒冷保存过一段时间。但是这种说法很快受到了一些人的反驳，这些人指出，花粉是可以随风飘荡或被鸟类带到很远的地方的，而裹尸布恰恰在几个世纪中被放在露天场地上展出过。因此，花粉之说不足以证明裹尸布的真实性。于是，为了证明裹尸布确系公元 1 世纪的产物，有人提出用放射性碳断代法来测出裹尸布的确切年代，但因为用这种方法会破坏掉一部分原物，所以没有得到允许。

正当欧洲的科学家们为此争执不休的时候，另一个不同的研究结果从大洋彼岸的美国传来了。

首先，由于没有发现裹尸布上有颜料的成分，因此，科学家们一致认为这块裹尸布不是一幅画，而裹尸布的画像也不是由蒸汽产生的。至于如何形成了这个图像，他们受到了 1532 年那场火灾提供的线索的启发，断定它是由别人用轻微的焦痕巧妙构成的。

其次，科学家们通过研究裹尸布上的“血”迹，确认了裹尸布上留下的“血”迹确系人血。但经过分析发现，裹尸布上的血不是来源于尸体，而是后来加上去的。原因是“血”迹部分拍摄的底片上呈白色，也就是说裹尸布上的血迹是阳性的，而人体影像却是阴性的。有些科学家根据这些证据断言，这块亚麻布根本不是传说中的耶稣裹尸布，裹尸布上的耶稣图像是伪造的。

然而，现在有一种“立体显像镜”可以把平面图像化成逼真的立体影像，而任何绘画都不能产生这种效果。如果是伪造的，那么这个伪造者的本事，着实超出科学家的想象。

那么，裹尸布上的影像到底是不是耶稣的呢？至今困扰着科学家的还有以下几个问题：如果裹尸布上的图像是由焦痕形成的，那么要有怎样的烧烫技术才能绘制出这样一幅图像呢？裹尸布上的图像是立体的，但古代人类是否已掌握立体成像技术？而最重要的是，历史上的耶稣裹尸布真的存在吗？

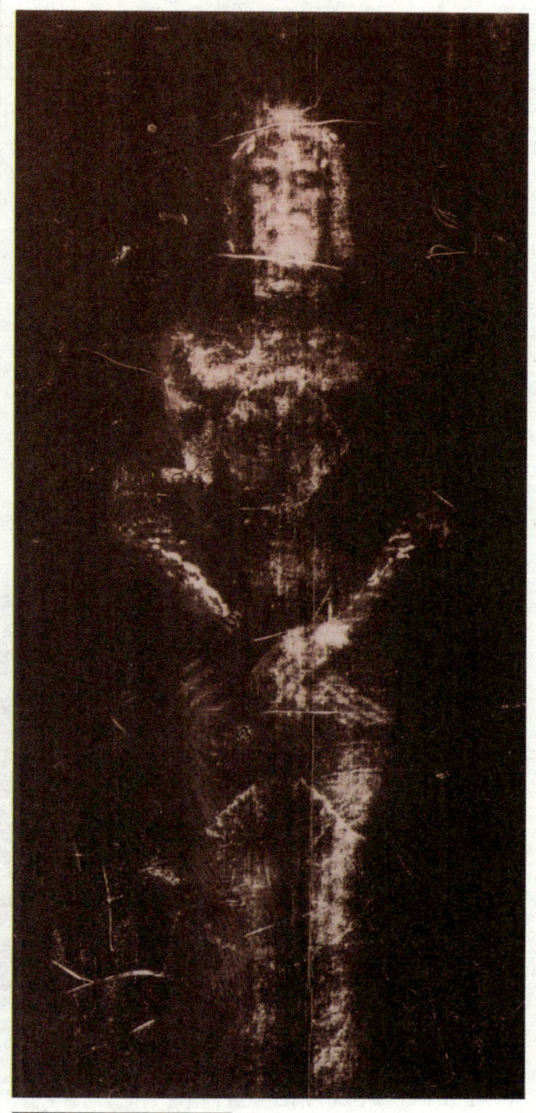

裹尸布上的完整图像

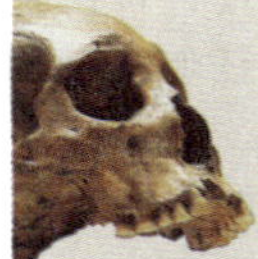

美洲“黄泉大道”之谜

在南美，印第安部落的奇怪消亡，使得许多印第安人创造的文明得不到明确的解释，成了历史之谜。

在美洲的著名古城特奥蒂瓦坎，有一条被称为“黄泉大道”的纵贯南北的宽阔大道。它被称作这样一个奇怪的名字，是由于公元10世纪时来到这里的阿兹台克人沿着这条大道来到这座古城时，发现全城没有一个人，他们认为大道两旁的建筑都是众神的坟墓，所以就给它起了这个名字。

1974 年，一位名叫休·哈列斯顿的人在墨西哥召开的国际美洲人大会上声称，他在特奥蒂瓦坎找到一个适合它所有街道和建筑的测量单位。通过运用电子计算机计算，这个单位长度为 1.059 米。例如特奥蒂瓦坎的羽蛇庙、月亮金字塔和太阳金字塔的高度分别是 21、42、63 个单位，其比例为 1 ∶ 2 ∶ 3。

哈列斯顿测量黄泉大道两边的神庙和金字塔遗址，发现了一个让人惊讶的情况：“黄泉大道”上那些遗址的距离，恰好表示着太阳系行星的轨道数据。在“城堡”周围的神庙废墟里，地球和太阳的距离为 96 个单位，金星为 72，水星为 36，火星为 144。“城堡”后面有一条特奥蒂瓦坎人挖掘的运河，运河离“城堡”的中轴线为 288 个单位，刚好是木星和火星之间小行星带的距离。离中轴线 520 个单位处是一座无名神庙的废墟，这相当于从木星到太阳的距离。再过 945 个单位，又是一座神庙遗址，这是太阳到土星的距离。再走 1845 个单位，就到了“黄泉大道”的尽头——月亮金字塔的中心，这刚好是天王星的轨道数据。假如再把“黄泉大道”的直线延长，就到了塞罗戈多山山顶，那个地方有一座小神庙和一座塔的遗址，地基还在。其距离分别为 2880 个和 3780 个“单位”，刚好是冥王星和海王星轨道的距离。

如果说这一切都只是偶然的巧合，显然不能让人信服。假如说这是建造者们有意识的安排，那么“黄泉大道”很明显是根据太阳系模型建造的，特奥蒂瓦坎的设计者们肯定早已了解整个太阳系的行星运行的情况，并了解了太阳和各个行星之间的轨道数据。但是，人类在 1781 年才发现天王星，1845 年发现海王星，1930 年才发现冥王星。那么在混沌初开的史前时代，又是哪一只看不见的手，给建筑特奥蒂瓦坎的人们指点出了这一切呢？

特奥蒂瓦坎遗迹

从月神金字塔前俯瞰，正中的大道正是长 4000 米、宽 45 米的“黄泉大道”。祭祀活动中，祭司将活人送往神殿祭神。这条大道是牺牲者所走的最后一段人生之路，“黄泉大道”由此而得名。

谁修建了非洲石头城

在津巴布韦共和国境内，有石头城遗址200多处，最大的一处在首都哈拉雷以南320千米的地方，占地面积达到7.25平方千米，人们通常称为"大津巴布韦遗址"。

大津巴布韦遗址在丘陵地带上，三面环山、背面是风景优美的凯尔湖。所有建筑都使用长30厘米、厚10厘米的花岗岩石板垒成，虽不用胶泥、石灰之类的黏合物，却十分严整牢固，浑然一体。石头城由三部分组成：呈现椭圆形的大围场、呈现山顶堡垒状的卫城和平民区。大围场依山而建，城墙长达420米，高10米，城内面积4600平方米。城门和石柱顶端大多雕刻着一只似鸽又像燕的鸟，当地人称为"津巴布韦鸟"，现在已经被立为国鸟。

出城门沿着石阶可走向高度达100米的卫城，这是整个遗址的制高点。原来城堡高7.5米，底厚6米，正面有大门通向大围场，背面是绝壁。堡内有小围墙，将建筑物分割成许多块，其间通道多得像走迷宫，建筑与雕饰之精美，并不在王城之下。

大围场和卫城周围还没有发现大型的建筑物遗址，但是墙基纵横交错，并且留有作坊、商店、货栈、炼铁炉、住宅、水井、税区、梯田等的遗迹，还发掘出中国明代的瓷器、阿拉伯的金器、印度的念珠等珍宝，这里显然是庞大复杂的平民生活区了。

20世纪，统治津巴布韦的英国殖民当局对这里采取了保护性的措施，同时组织多批考察队进行系统研究，使神秘的石头城日渐明朗化。

在公元前2000年到公元初，位于地中海东岸的腓尼基人穿过撒哈拉大沙漠，定居在津巴布韦，创建了一系列的石头城。15世纪，欧洲人开始进入非洲南部，劫掠财富，掠夺黑人，致使石头城荒废。另外的说法排除了"腓尼基人创造说"，他们认为石头城是欧洲人创建的，或是由另外的"优秀"民族来指导非洲人民建的。这外来民族可能是"天外来客"，即来自地球以外的外星人。

进入现代以来，运用放射性碳法测定石头城及其出土物，以及其他一系列的考古论证，已经基本否定了某些西方学者的偏见。石头城最晚至公元5世纪时才有人类定居，公元10 ~ 11世纪时成为铁器时代一个部落的大聚合点，13世纪时发展为一个强大的国家中心。最有说服力的证据是"津巴布韦鸟"石雕，因为这鸟是津巴布韦一个部落世代崇拜的图腾，并且至今仍被许多居民所信奉。此外，王城与卫城分离，政权与宗教分离，是非州中部黑人的典型习俗，并没有什么外来的影响包含在内。特别是津巴布韦全国7个省的调查显示，在民间口头传说中，确有一个擅长片石砌墙的部族。11世纪，这个部族创建了马卡兰加王国，定都于大津巴布韦遗址，开始营建都城。后来这里又被莫诺莫塔帕王国取代了，该国继续扩大都城，15世纪进入极盛期。那么，石头城是"土产"的事实，到这里就已经是肯定的了。

大津巴布韦遗址远眺

这座遗址是非洲南部最具特色的民族建筑之一。它的发现证明了南部非洲确有较为先进的古代文明。

《荷马史诗》的作者究竟是谁

公元前9世纪至前8世纪左右，古希腊产生了一部史诗巨著，直到今天，人们翻开这部史诗，还是会立刻沉浸其中，这就是《荷马史诗》。的确，《荷马史诗》影响了世界上一批又一批著名的文学家、艺术家，从柏拉图和亚里士多德开始，几乎没有一个文学爱好者不从中获益。但是这么一部文学巨著，人们对它的作者知之甚少。

公元前5世纪以后，希腊的历史学家、批评家才着手研究、调查有关作者的资料，而《荷马史诗》对于那时的希腊人，无异于近代人眼中的史前神话。柏拉图、亚里士多德所了解的《荷马史诗》，还不如今天读者所了解的莎士比亚戏剧详细。导致这种差异的原因是：莎士比亚生活在印刷术盛行的时代，与他同时代的人都能看到他的剧本；而在当时的希腊，即使是一些受过教育的人，也很难有机会见到《荷马史诗》的手稿本，只是以某种形式在心中记忆他的诗而已，至于具体采用什么记忆方式，我们今天已经不得而知。大约在公元前6世纪，由文学家、哲学家柏拉图整理了荷马的诗文，且以一定形式记载下来。但是对于他的作者究竟是谁，却没有任何的资料以供参考。

一般认为，荷马史诗的作者是盲诗人荷马（Homeros，在爱奥尼亚土语里就是“盲人”的意思），但是对于这位盲诗人的出生地有众多说法。因为《荷马史诗》在世界上的巨大影响，一个城邦如果被看作荷马的故乡便有着莫大的荣耀，因此有密而纳、科络丰、皮罗斯、西俄斯、雅典、阿尔格斯等众多城邦争先恐后地宣称是荷马的故乡，直到今天，仍有许多地方以自己培育了一个“伟大的诗人荷马”而感到自豪。事实上，在古希腊，虽然人们不知道荷马个人的具体资料，但是并不否认盲诗人荷马的存在，他们承认荷马就是荷马史诗的作者。柏拉图曾在《理想国》中指出，当时人们尊敬荷马，认为他“教育了希腊人民”。直到18世纪以前，这种看法在欧洲一直占主流。

荷马吟咏史诗图

古希腊著名诗人荷马正在爱奥尼亚一条大路旁，一边演奏竖琴，一边吟唱歌颂特洛伊英雄的史诗。

到了1725年，意大利史学家维柯在《新科学》一书中的《发现真正的荷马》一文里，对这种传统的观点首先发难。他认为荷马这个人根本就不存在，因此争论荷马的故乡就显得毫无意义甚至可笑。他的理由是:《伊利亚特》和《奥德赛》之间的间隔达百年之久，怎么可能是同一作家所为呢？他提出了自己的看法：荷马史诗像大多数民间文学作品一样，是古希腊人民共同创造的，荷马也不过是希腊各民族民间神话故事的总代表罢了。

荷马与诸神　浅浮雕

在这个公元前2世纪晚期以“荷马之神化”著称的浅浮雕中，诗人端坐在浮雕底部左侧的王位上。浮雕上部，宙斯和阿波罗被刻画成和众缪斯在一起。

1795年，德国学者沃尔夫在《〈荷马史诗〉研究》一书里做出更详尽的论证，指出《荷马史诗》从公元前10世纪开始形成，经过长时间的口头流传，在流传过程中又经过不断修改，直到公元前6世纪才用文字记录下来。他的理由是两部史诗都可以分为若干独立的部分，每一部分都曾作为独立的篇章被歌手演唱，经过反反复复的修改才成为我们今天看到的样子。因此他认为《荷马史诗》是由众多民间诗歌汇编而成的。

然而以德国学者尼奇为代表的一部分人，却反对这种“汇编”而成的说法，他们认为历史上确实存在荷马这个人，因为柏拉图等人明确提到过此人。

另外，《荷马史诗》具有统一的艺术结构，至于其中存在的一些矛盾，尼奇作了这样的解释：一部如此宏伟的巨著，出现一些前后不相一致的地方是正常的，也是可以理解的。尼奇论断说，那些认为《荷马史诗》是众多人合写而成的说法是毫无根据的，也是荒诞的。

还有一种折中的看法，认为《荷马史诗》刚开始是一部短诗，可能由盲诗人荷马创作，但是随着时间不断地流传，一些其他诗人对它进行了再创作，不断充实它的内容，就成了今天这样的长诗。这种说法的根据是：《伊利亚特》是以阿喀琉斯的愤怒为核心，《奥德赛》是以尤利西斯的漂流为中心，两者都有一个核心部分，这个核心部分很可能就是荷马所创作的短篇的原型，而其他部分则是后来添加上去的。正因为如此，史诗才一方面具有统一的风格，而另一方面也有着诸多前后矛盾的地方。

20世纪，美国学者帕里从语言学的角度，又提出了新的见解。他在研究中发现《荷马史诗》中有大量程式化的语句，数量高达2.5万个，几乎占全诗的1/5，这些程式化的语句是早期诗歌中诗乐结合的常见现象，但如此众多，绝对不可能由一个诗人独创，一定是经过世代民间歌手不断加工而成的。

荷马，究竟是一个诗人的名字，还是一群诗人的名字，今天仍没有定论，但其留下的英雄史诗却与世共存。

知识链接

《荷马史诗》中的英雄人物阿喀琉斯

《荷马史诗》

《荷马史诗》是《伊利亚特》与《奥德赛》的合称。《荷马史诗》被称为欧洲文学的始祖，是西方古代文艺技巧高度发展的结晶。三千多年来，许多学者研究这两部史诗，单就研究结果印成的书，就可以自成一个小图书馆。《荷马史诗》写的是公元前12世纪希腊攻打特洛伊城以及战后的故事。史诗的形成和记录，几乎经历了奴隶制形成的全过程。特洛伊战争结束后，在小亚细亚一带就有许多歌颂战争英雄的短歌流传，这些短歌的流传过程中，又同神的故事融合在一起，增强了这次战争英雄人物的神话色彩。经过荷马的整理，至公元前8世纪和公元前7世纪，逐渐定型成为一部宏大的战争传说，在公元前6世纪的时候才正式以文字的形式记录下来。到公元前3世纪和公元前2世纪，又经亚历山大里亚学者编订，各部为24卷。这部书的形成经历了几个世纪，掺杂了各个时代的历史因素，可以看成古代希腊人的全民性创作。

耶稣是否真有其人

从2000年前基督教创立伊始，至今已有数以亿计的基督徒遍布世界各地。基督教的教徒们都虔诚地奉耶稣为其始祖。然而，耶稣是否真的在历史上存在过？关于这一问题众多学者各持己见。

有的学者认为：耶稣这个人的确存在过，但是被基督教徒奉为“救世主”的耶稣是一位凡人而不是神明。在公元1世纪罗马帝国奥古斯都和提比留时代，在巴勒斯坦有一位拿撒勒人名叫耶稣，他创立了基督教。后来的基督教徒崇奉他为“救世主”，基督由此得名。

这些学者们甚至明确地指出了耶稣的身世背景。耶稣的父母是公元前1世纪初生活在巴勒斯坦北部伯利恒一个小镇上的木匠约瑟和农家女玛利亚。约瑟与玛利亚共有4个孩子，耶稣是他们的长子，他从小就跟着父母去宗教圣地耶路撒冷虔诚朝拜。

由于从小没有受过传统的正规教育，耶稣的知识主要来源于社会。他的父母都十分虔诚，定期去宗教圣地耶路撒冷顶礼膜拜。耶稣在与父母同去耶路撒冷的过程中自然就可以了解巴勒斯坦和世界各地的情况，获取丰富的知识，他逐渐成了一个知识渊博的人。著名的犹太历史学家约瑟弗斯在其著作《犹太人的古代事迹》一书中称赞耶稣“是一个有智慧、行神迹的人，是一个全心信奉真理的教师”，赞美之词溢于言表。后来，耶稣和他的12个门徒在巴勒斯坦各地云游传教，四处奔波。在他们的广泛宣传下，下层的人民都将耶稣宣扬的“天国”当作福音，于是他们离开家乡，跟随耶稣到处布道传教。

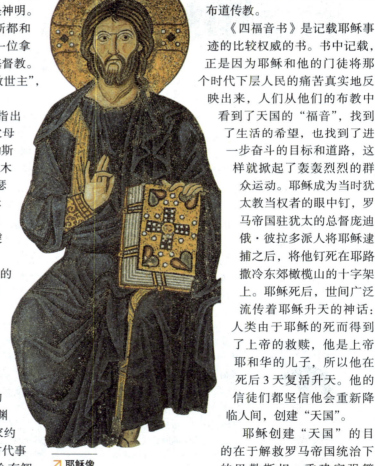

耶稣像

《四福音书》是记载耶稣事迹的比较权威的书。书中记载，正是因为耶稣和他的门徒将那个时代下层人民的痛苦真实地反映出来，人们从他们的布教中看到了天国的“福音”，找到了生活的希望，也找到了进一步奋斗的目标和道路，这样就掀起了轰轰烈烈的群众运动。耶稣成为当时犹太教当权者的眼中钉，罗马帝国驻犹太的总督庞迪俄·彼拉多派人将耶稣逮捕之后，将他钉死在耶路撒冷东郊橄榄山的十字架上。耶稣死后，世间广泛流传着耶稣升天的神话：人类由于耶稣的死而得到了上帝的救赎，他是上帝耶和华的儿子，所以他在死后3天复活升天。他的信徒们都坚信他会重新降临人间，创建“天国”。

耶稣创建“天国”的目的在于解救罗马帝国统治下的巴勒斯坦，重建富强繁荣的希伯来王国（即大卫王国）。他主张让权贵失位，提高卑贱者的地位；叫饥饿的人吃饱，让富足的人空手；凡自以为是、自负的必降为卑，提高自卑者的自信心。在犹太人民的心目中，耶稣不但是宗教的先知，还是大卫王国的皇位继承人。在这种信念的鼓舞下，耶稣和他的门徒逐渐建立起来了当时罗马帝国最大的宗教基督教，后来基督教又逐步发展成为影响欧洲乃至世界最为深远的宗教之一。

历史学家们则认为耶稣和他所做的一切事情在这个世界上根本就不存在，他只是人们塑造出来的一个美好的形象而已，这个形象是人们心中渴望已久的。被基督教奉为经典的《圣经》有许多虚构的神，迄今为止，不但所有的历史资料都不能证明确有耶稣这个人，即便按照耶稣创建基督教的时代来推算，也没有多少史籍记载过耶稣的生平事迹以及他详细的建教过程。换句话说，还没有史料能够证明耶稣曾真实地存在于世上。

首先，遍览与基督教产生同时代的各种史籍著作，其中有关耶稣本人的生平事迹以及他创建基督教的材料几乎没有。耶稣在《新约全书》中被描述为一位天神的形象，因此他肯定不是一个凡人。同时在基督教产生以后很久才逐渐出现了各种记载耶稣事迹的福音书。因为宗派斗争，各教派根据各自的需要也都按各自的意图来重新编写福音书，因此救世主耶稣的形象也各不相同，所以《路加福音》中的耶稣家谱不同于《马太福音》中的耶稣家谱。即使在一本书中也是自相矛盾，比如《马太福音》中对耶稣的描写就矛盾多多，一会儿说耶稣是上帝的独生子，一会儿又认为他是大卫的子孙，所以说耶稣是基督教徒“人为描绘出来的救世主”并不为过。

其次，“耶稣”在犹太词语中是一个非常普通的名字，它的希腊文“Josua”意思是“上帝耶和华拯救”，希腊文音译的“基督”（chrisistos）的意思是“救世主”，因此无论是“基督”或“耶稣”，都是同一意义的宗教用语。基督教在萌芽时期是社会下层平民狂热宣扬“救世主”的群众运动，苦难的民众企盼“救世主”的拯救，所以人们称心目中的“救世主”为“基督”或“耶稣”就十分自然了。

圣诞节（每年的12月25日）自古以来就是人们在冬至日祝贺太阳复活而经常举行的祭奠太阳神生日的活动，基督教会把这个日子直接安排到耶稣的身上，久而久之就形成了基督教的“圣诞节”，事实上12月25日并不是耶稣的诞生日。同样的道理，说基督独创了“圣诞节”也是不正确的，实际上基督教产生300多年后，教会才逐步确定了12月25日作为耶稣的诞生日。以上材料说明基督教是“人工塑成的世界宗教”。

再次，基督教与犹太教之间关系极为密切，这是由于基督教受到了犹太教的影响。追溯基督教的源头，其原本就是犹太教的一个新宗派，而且最早的基督教徒中犹太人占了绝大多数，从种种福音书的记载就能够看出犹太教对基督教的影响非常深远。

最后，把耶稣说成全人类的“救世主”是随着基督教在全世界的传播、发展的需要而形成的说法。记录在《马太福音》中的耶稣家谱为了使耶稣成为救世主的说法具有合法性和神圣性，就把耶稣说成是犹太国王的子孙。

由于基督教信奉上帝耶和华的“一神论”，所以基督教徒又将耶稣说成是上帝耶和华的独生子。而这与上帝的威严神圣和高尚纯洁又有了矛盾之处，他怎么可能与凡人结合生子呢？写福音书的人只好挖空心思地将耶稣的母亲说成是“玛丽亚未出嫁就受圣灵感召而怀孕”，以此来弥补其说法上的漏洞。

以上这几种观点，否认了耶稣真实存在和他创造基督教的这一说法。但作为一个影响巨大的历史人物，耶稣的真实存在与否还难成定论。

《圣经·福音书》封面

米洛的维纳斯断臂之谜

古希腊神话传说中，有一个女神叫阿佛洛狄忒，专管“美”和“爱”。到了古罗马时代，罗马人将她称为维纳斯。没有人见过这位女神，但是关于她的雕像留下很多。其中最有名的就是一尊断臂的维纳斯雕像。

1820年4月的一天，农民伊沃高斯带着他的儿子在爱琴海中的米洛岛上耕地。当他们正打算铲除一些矮灌木时，突然一个大洞穴出现在他们面前。他们走进这座山洞，发现了一座非常优美的半裸的女性大理石雕像，这就是“断臂维纳斯”神像。

法国驻希腊代理领事路易·布莱斯特很快得知了这个消息，他立即向法国公使利比耶尔侯爵作了报告。侯爵以高昂的价格从伊沃高斯手中买下了这座雕像，价格高达2.5万法郎，又把它装上法国军舰，偷偷运往法国。现在这座雕像就陈列在法国巴黎著名的卢浮宫美术馆里，成为卢浮宫的镇馆珍品之一。

断臂的维纳斯

希腊化时期（公元前4～前1世纪）的经典作品，体现了该时期的艺术新风尚：裸体美神像成为创作主流，风格由庄严崇高向世俗化转变，但仍带有大气磅礴的精神气质。在这件作品中，美神阿佛洛狄忒端庄秀丽，表情宁静平淡，身体曲线呈螺旋上升状，起伏变化中暗含着音乐的节律。裸露与遮掩恰到好处，尽显女性的婉丽娇媚之姿，错落有致的衣褶变化又添其优美的神韵，同时，作者对人物整体简洁阔大的处理又增加了雕塑纪念碑式的崇高感。这种优美与崇高的完美结合使这件作品成为古希腊人体雕塑中美的典范。

从那以后世上就广为流传着有关断臂维纳斯的故事，人们不仅惊叹于维纳斯之美，也对她充满了的疑问和困惑。她是谁？她的制作者又是谁？臂断之前她又是怎样的姿态呢？

这尊在米洛岛上发现的雕像是维纳斯公认的形象，被命名为“米洛的维纳斯”。有些人认为她的这个名字过于“外国化”，因此将它命名为“米洛的阿佛洛狄忒”。又因为这座石像的脸型很像公元前10世纪古希腊著名雕像家普拉克西德雷斯的作品“克尼德斯的维纳斯”的头部，所以这件作品又被叫作“克尼德斯的阿佛洛狄忒”。正因为这两件作品如此相似，很多人断言她的创作者就是普拉克西德雷斯。但是也有相当一部分人认为这么优美的作品的作者应该是公元前5世纪古希腊更伟大的雕像家菲狄亚斯或菲狄亚斯的学生，因为作品的风格和这个时代相似。时至今日，比较公认的看法是认为这是一件晚至公元前1世纪希腊化时期的作品；还有一种看法认为这只是一件复制品，是仿制公元前4世纪某件原作而雕塑出来的，而原件已经消失了……总之众说纷纭，莫衷一是。

现在人们又对另一个问题产生了兴趣：她断了的两只胳膊原来是什么姿势？是拿着金苹果，是扶着战神的盾，还是拉着裹在下身的披布……近年来的考据家则较一致地认为，她的一只手正伸向站在她面前的“爱的使者”丘比特。虽然不少人曾依照各自的推测补塑了她的双臂，但总觉得很别扭，不自然，还不如就让她缺两只胳膊，让人们用自己的想象去补全它，从此她就以“断臂美神”而闻名遐迩了。

虽然这是个半裸的女性雕像，而且优美、健

维纳斯的诞生　意大利　波提切利

全裸的维纳斯从海中贝壳里升起，她是宙斯和大海女神之一狄俄涅的女儿，维纳斯的美具有全希腊的意义。

康、充满活力，可是给人的印象并不柔媚和肉感。她的身姿转折有致，显得大方甚至“雄伟”；她的表情里有一种坦荡而又自尊的神态，显得很沉静。她无须故意取悦或挑逗别人，因为她不是别人的奴隶；她也毫无装腔作势、盛气凌人之感，因为她不想高踞他人之上。在她的面前，人们感到的是亲切、喜悦以及对于完美的人和生命自由的向往。

自普拉克西德雷斯以来，艺术家们为了歌颂这位女神的美丽与温柔，塑造了各种姿态的裸女造型，而最成功的就是这尊雕像。她体现了菲狄亚斯的简洁，普拉克西德雷斯的温情，也具有留西波斯的优美的人体比例。她的面庞呈椭圆形，鼻梁垂直，额头很窄，下巴丰满，洋溢着女性典雅与温柔的气息。虽然衣裙遮住了她的下肢，但人体动态结构准确自然，艺术家的不凡技艺尽在其中。

然而，现在可能还是她的断臂让人们最感兴趣：美人的手臂在何处呢？

人们曾经在发现石像的同一座洞穴里找到过一些断臂与手的残碎石片，但这些究竟是不是这座雕像的手与臂的残片呢？目前还没有一致的看法。

“断臂”使这座雕像显得很神秘，却更增添了她的残缺美。人们为了解开断臂之谜，还发挥着无尽的想象力，但这个谜也许永远都不会有答案。

知识链接

神话中的维纳斯

维纳斯是古希腊神话人物。她是宙斯和大海女神之一狄俄涅的女儿。又说她从浪花中出生，故称阿佛洛狄忒（出水之意）。

最初为丰收女神之一。奥林波斯教形成后，被作为爱情、性欲及美的女神。

最早崇拜她的地方是塞浦路斯、库忒拉岛、小亚细亚，后来对她的崇拜传入希腊。

作为女海神，她的祭品是海豚。

作为丰收女神，她的祭品是麻雀、鸽子和兔子。

作为爱情女神，她有一条神奇的宝腰带。在古希腊女子结婚时，要把自己织成的带子献给她。

传说她的女祭司用肉体换钱来为之服务，这与当时的婚姻制度有关。

在奥林波斯教中，她是工匠之神赫菲斯托斯的妻子，却与别人相好：与战神阿瑞斯私通，生下5个子女（小爱神爱罗斯是其中之一，他的罗马名字是丘比特）；与赫耳墨斯生子；与英雄安喀塞斯生下埃涅阿斯，由于她是埃涅阿斯之母，故被视为尤里乌斯皇祖的女始祖。

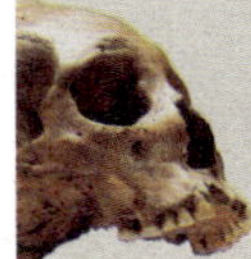

纳斯卡地画从何处来

秘鲁的纳斯卡高原是世界上最干燥的地区之一，这里终年骄阳似火，经常连续几年滴水不降。几十年前的一天，位于秘鲁首都利马的民族学博物馆来了一位飞行员，他自称在秘鲁的安第斯山一带纳斯卡高原的沙漠上，发现了古代印第安人的“运河”。他拿出一张用铅笔勾抹着一些奇形怪状线条的地图，作为自己的证据。

几年过去了，这张地图辗转到历史学家鲍尔·科逊克的手里。科逊克带领一支考察队来到纳斯卡高原。在黑褐色的高原上，他们的确发现了十分明显的“白带”。在这条“白带”上，有的沟形状怪异，沿途也崎岖不平；有的沟则笔直，会长达 1.5 ~ 2 千米。顶多深 15 ~ 20 厘米的河床，即使在如此平坦的原野上，水也不会安然流淌在这样的运河里，用运河来命名它，似乎有些夸张。所以，用“沟”来称呼这条“白带”似乎更为准确和到位。考察队的队员们手拿指南针，沿着弯曲的沟行走，同时在地图上记下沟的形状与方位。一段时间过后，他们完成了这个有趣的实验，沟的形状和方位图画成了。令人惊奇的是，这图就像一只喙部突出的巨鹰。与一条长约 1.7 千米的笔直的沟相连的是鹰的尾部。

在当时的情况下，人们是怎样画出这幅巨鹰图的呢？又是怎样确定线条方向和准确地制定鹰身各部位的比例呢？当时采用的测量仪器又是什么样的呢？纳斯卡高原沙漠在考古学家面前展现了它迷宫的一角。

紧接着，一些巨大的人工平行线和许多奇异的图案被发现。当考古学家们乘上飞机以一定的角度在纳斯卡高原上空缓缓盘旋时，数千条方向各异的线条，分别组成三角形、螺线、四边形等多种几何图形。真是一组奇妙的画面！而且，人们还发现这里面有一幅章鱼图，章鱼伸展着八条弯弯曲曲的触角，非常形象。

人们还发现了这些地上画的规律，即完全相同的动物画，就像盖图章一样，每隔几十千米就出现一批。同时，比这些动物画大数十倍的人物画也被发现。其中一个长 620 米，躯干挺直而且双手叉在肋下的人像，令人称奇；还有一幅没有脑袋，却画有六个手指的人物等。

还有许多沟更令人不解，它们有十分精确的南北走向，误差不超过一度。史料中没有记

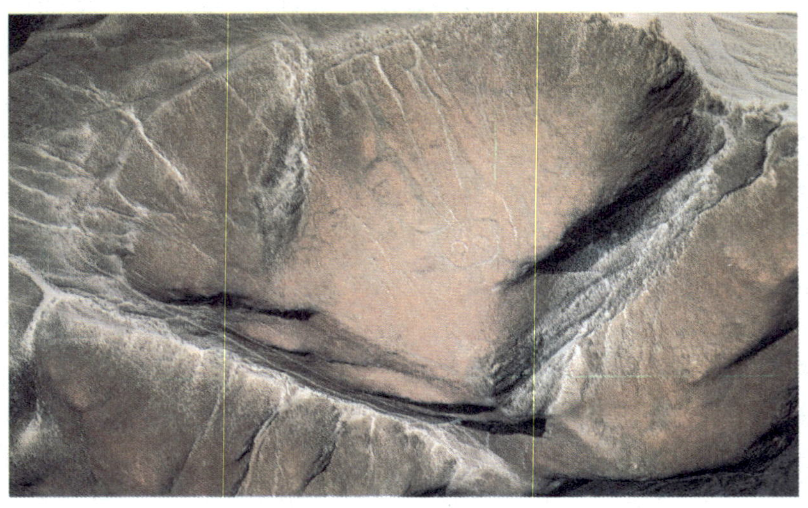

发现于纳斯卡石谷中的地画

↗ **猴子巨画**

非常形象地展现了巨猴的外貌特征，但在纳斯卡高原究竟是谁完成了如此巨大的工程，结论尚未肯定。

载南美居民持有指南针，而且北极星根本不会出现在南半球，在这样的条件下，画家怎么能画得如此精确呢？

以上种种原因和迹象，使纳斯卡高原上的地上画引起了人们的惊叹与关注。有些学者认为它可以与埃及金字塔和巴尔贝克神殿相媲美，将之称为世界第八大奇观。

科逊克等人在将星相图和纳斯卡高原平面图进行对照之后，发现整个四季的天文变化在这些地上画中也有明确的显示。有的标记代表月亮升起的地点，有的画还指出了最明亮的星的位置。在这部地上"天文历"上，太阳系的各大行星，都被标上了各自的三角形和线。在形状的帮助下，点缀在南半球空中的众多星座也能够在地上画中一一找到。

尽管人们对这些巨大的地上画有不同的解释，但大多数人都同意一点，即只有拥有高度发达的测量仪器和计算仪器的人才能制作出这些画，而且由于只有在空中才能看到它们的形状，所以它们是为专门从空中看才制作的。

据说印加人的部落曾经观察过在这里出现的让他们终生难忘的外星生物（或外星人），他们极其热切地希望这些外星生物（或外星人）能够回来。在年复一年的等待中，当他们的愿望实现不了的时候，他们便开始像外星生物（或外星人）一样在平地上构建图案。

但是，诸神一直没有光临，在这期间人类周而复始地出生、死亡，起初人们借助划线方法并未将诸神召回，就开始刨出巨大的动物形象：首先是人们描绘各种各样象征飞行形象的鸟；后来在想象力的驱使下又去描绘蜘蛛、鱼和猿猴的概貌。

另外一些考古学家则持否定态度，认为这些图形和线条是半神半人的"维拉科查人"遗留下的作品，并不是出自凡人之手。这个族群在好几千年之前也将他们的"指纹"遗留在了南美洲安第斯山脉其他的地区。

专家们对镶嵌在线条上的陶器碎片进行了检测，同时对这儿出土的各种有机物质通过碳-14进行测度，结果证实，纳斯卡遗迹年代十分久远，大概是从公元前350年到公元600年间。至于这些线条本身的年代，由于它们跟周围的石头一样，本质上都是无法鉴定年代的，所以专家没做任何推测。我们只能这么说：年代最近的线条至少也有1400年的历史，但在理论上，这些线条可能比我们推测的年代更为久远。如果是后来的人携带这些我们据以推断日期的文物到纳斯卡高原，也是很有可能的。

以上的种种假设都存在着一些问题。首先，这些线条的坐标和动物的标志只有从高空中才能看出来，地面上的人如果没有先进的技术，根本无法画出来。其次，位于秘鲁南部的纳斯卡高原是一个土壤贫瘠、干燥荒凉、五谷不生的地方，长久以来人烟非常稀少，恐怕将来也不会有大量人口移居这里，在这种地方谁会去完成如此巨大的工程？

直到今天，人类仍然无法知道纳斯卡线条的真正用途和真正年代，更别说是谁画的。这些线条和图形是一个谜团，越仔细观察，就越觉得充满了神秘。

莎士比亚是否真有其人

莎士比亚是世界文学史上最为重要的作家，在国际上甚至有人专门研究莎士比亚并形成了一门学问即“莎学”。但是，有人提出莎士比亚只是一个化名而已，他并不是真实存在的，这是怎么回事呢？

早在几个世纪以前，就有人提出了疑问，因为莎士比亚是世界著名的伟大剧作家，他有很多作品为后人所传颂，但其生平不为人知之处仍有很多，况且他个人也没留下这类的文字。有关莎翁身世的材料极少，这就给莎士比亚蒙上了一层神秘的面纱。即使是在莎士比亚的女婿霍尔医生所写的日记中，也难以寻到其岳父是杰出剧作家的一点说明。让人感到奇怪的是，当时没有人明确地指出哪些作品是莎士比亚创作的，也没有人对莎士比亚的去世表现出关注之情，因为没有一个人根据当时的习俗为他的去世写过表达缅怀之情的哀诗。因此，就是像拜伦和狄更斯这样的大作家也对莎士比亚曾写过的那些杰作表示怀疑，狄更斯就曾经表示一定要揭开“莎士比亚真伪之谜”。

莎士比亚像

现在我们所知道的关于莎士比亚的生平只限于以下这些。莎士比亚是欧洲文艺复兴时期最杰出的戏剧家和伟大的诗人，他出生于英国埃文河畔斯特拉特福镇一个普通的商人家庭中。年仅21岁时，他就告别了父母，到外面去寻找生活的门路。他曾做过剧场的杂役，后来又靠个人学习成长为一名演员，并逐渐成了一名剧作家。莎士比亚一生中创作了154首十四行诗和2首长诗、37部戏剧，可以说是著作颇丰。除了他生前自己发表的两首长诗以外，莎氏的其他作品都是别人在他死后搜集整理成书的。

首先明确表示出怀疑的是美国作家德丽雅·佩肯，他指出：“英国著名哲学家弗朗西斯·培根才是莎剧的真正作者。”他还列举出了自己的理由。第一，莎士比亚生活于英国伊丽莎白王朝宗教、政治以及整个社会大动荡的时代，上流社会认为写剧演戏有伤风化，是一件可耻的事，但在牛津大学和剑桥大学的知识分子中，仍有不少学者在悄悄地排戏。可能是迫于社会的压力，为之撰写剧本的人就虚拟出了一个“莎士比亚”的笔名。在当时的知识分子中，培根才华超群，阅历丰富，理所当然是剧作者。

其二，莎剧内容博大精深，气势恢宏，涉及天文地理、异域风情、宫闱之事，而演员莎士比亚出身于一个普通的市民家庭，从来没上过大学。因此，莎士比亚不可能写出这样的剧本，说它出自才华横溢的培根之手才能说得通。

其三，将莎剧剧本（尤其是初版作品）和培根的笔迹进行对比，可以发现二者有惊人的相似之处，这可以看作“莎剧系培根所著”的线索。

而美国的文艺批评家卡尔文·霍夫曼于1955年提出了一个轰动一时的莎士比亚“新候选人”，他认为与莎氏同时代的杰出剧作家克利斯托弗·马洛才是莎剧的真正作者。霍夫曼认为1593年马洛假称自己受到迫害，离开英伦三岛，只身逃到欧洲大陆。他在以后的生活中以威廉·莎士比亚的笔名，不断地将他创作的一些戏剧作品寄回祖国，从而不断地在英国发表并搬上舞台。他的根据是与演员莎士比亚同样年龄的

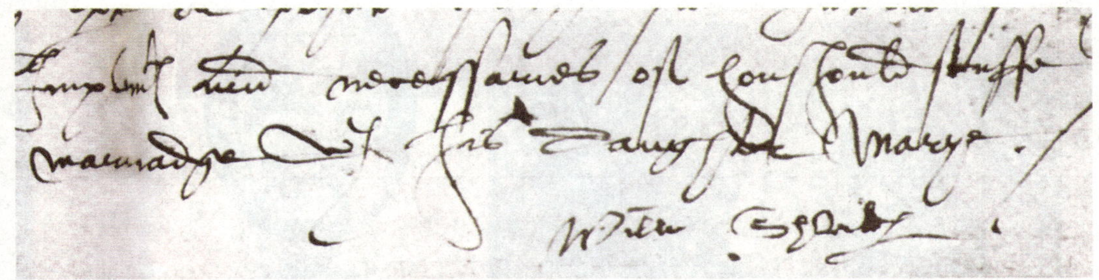

莎士比亚的笔迹

右下角为1612年5月11日莎士比亚为贝洛特与蒙乔伊案件的陈述状签名。

马洛是一个才华超群、阅历丰富的作家，毕业于剑桥大学，著名戏剧《汤姆兰大帝》就是他的作品。这位剧作家的作品其文体、情节以及作品中塑造的人物和莎剧极其相像，据此卡尔文·霍夫曼断定这些剧本为马洛一人所创作。

还有学者认为，莎士比亚是伊丽莎白女王借用的名字，这个观点让人十分吃惊。莎士比亚第一本戏剧集是潘勃鲁克伯爵夫人出版的，而她正好又是伊丽莎白女王的亲信密友和遗嘱执行者。那些学者们认为女王知识渊博，智力超群，对人们的情感具有极高的洞察力，是完全能够写出那样的杰作的。莎士比亚戏剧中不少主角的处境与女王都出奇地相像。女王能言善辩，词汇丰富，据统计反映，莎剧中的词汇也非常丰富，多达21000多个。女王在1603年去世以后，以莎士比亚为名发表的作品数量大为减少，在质量上也大打折扣，这些很有可能是女王早期的不成熟之作，而在她死后由别人收集出版的。

然而，和彻底驳倒各种各样的怀疑论者一样，要完全推翻莎士比亚的著作权也是极为困难的。到现在，绝大多数人仍坚持莎剧为莎翁创作的说法。

莎士比亚的作品是16～17世纪英国社会现实的深刻反映。莎氏博采欧洲文艺复兴时期的众家之长，大大丰富了自己的新文化思想，从而创作出了能够代表文艺复兴时期文学成就的作品。莎剧情节动人，语言优美，人物个性鲜明，给人们留下了深刻印象。由于其作品反映的是当时英国封建制度解体和资本主义兴起时的各种社会力量冲突的现实，因而其作品有“时代的灵魂”之称。众所周知，莎剧以其四大悲剧而著名，即《李尔王》《麦克白》《奥赛罗》和《哈姆雷特》，这也是奠定莎剧在世界文坛上崇高地位的力作。

正因为如此，莎士比亚不仅仅是一个名字，更成为一个时代的化身，他代表了那个时代。因此，许多人不再去关心莎士比亚真伪的问题，但随着新技术不断运用于历史研究中，相信这个谜题一定会被揭开。

《哈姆雷特》中的戏剧场面

《哈姆雷特》堪称莎剧中最为经典的一部，演出经久不衰，被改编成不同形式加以演绎，所表达的戏剧精神已根植于西方乃至全人类的心中。

牛顿晚年为何会精神失常

伊萨克·牛顿（1642～1727）是英国近代著名物理学家、天文学家、近代力学奠基人。一提起他，人们很自然地会想起苹果落地的故事：1665年，牛顿在家乡林肯郡的一个乡村疗养。有一天，他坐在一棵苹果树下读书，突然一只熟透了的苹果从树上掉了下来，引起了牛顿新的思考：苹果为什么会垂直落到地上？这个问题最终促成了一个伟大的原理——万有引力定律的产生。可以说牛顿的一生是充满智慧和创造的一生，而就是这样一位充满智慧的伟人，却在50～51岁时突然精神失常。对于其中的原因，当时及此后250多年的时间里，众多的科学家都试图找出一种合理的解释，但还没有最终达成共识。有人认为这主要是由于劳累、用脑过度所致；有人则认为是外界强烈的刺激，引起了他精神的暂时“短路”，还有人提出是汞中毒的结果。

其中认为牛顿是由于劳累和用脑过度而导致精神失常的观点得到大多数人的支持。关于牛顿专心工作的故事，就连小学生也可以随口说出一件来：牛顿请朋友吃饭，他却一直在实验室工作得忘了时间，饿极了的朋友只好先吃了一只鸡，骨头堆放在盘子里。过了好久，牛顿才出来，看到盘中的鸡骨头，“恍然大悟”地说：“原来我已经吃过饭了。”就又回到实验室工作去了。

1687年，45岁的牛顿发表了《自然哲学的数学原理》，这是他一生最为重要的著作，该书以牛顿三大运动定律和万有引力为基础，建立了完美的力学理论体系。为做好这项工作，牛顿夜以继日地在实验室专心研究。他很少在夜间两三点钟前睡觉，有时一直要工作到清晨五六点钟。

↗**牛顿像**

伊萨克·牛顿是世界上杰出的科学家。他在物理、天文、数学等领域都做出了卓越的贡献，为现代科学的发展奠定了基础。

《自然哲学的数学原理》问世后，他又立即转入了光学的研究。如此高强度的工作使他不到30岁就须发皆白了，长期的用脑过度，极端紧张的工作，造成了科学家植物性神经功能紊乱，最终使他患上了精神失常的疾病。

还有人认为牛顿精神失常是受外界环境的强烈刺激所致。牛顿18岁便进入剑桥大学学习，很快就在科学界崭露头角，以自己的才华得到了很多前辈的赏识，在科学的道路上可谓一帆风顺。

但1677年，他的恩师巴罗和一向爱护他的皇家学会干事巴格相继去世，这令他极度悲伤，曾使他的研究工作一度停止。在1689年，他被选为英国国会议员。来到灯红酒绿的伦敦后，他已不可能像从前那样待在安静的实验室里，各种上流社会的交际应酬使得他的经济捉襟见肘，但多方努力都无法摆脱困境，最后，他闷闷不乐地回到了剑桥大学。

1691～1692年，又有两件重大的事情对他的精神产生了极为不利的影响。一件是他母亲的去世，在此后相当长的一段时间内，他都一直精神不振。另外一件是著作的手稿被烧毁。在他办完母亲的丧事回到剑桥大学后不久的一天早晨，当他从教堂做完祈祷回来，竟发现燃尽的蜡烛已将他书桌上摆放的有关光学和化学的手稿及其他一些论文都化为灰烬了。《光学》是他一生中仅次于《自然哲学的数学原理》的最重要的一部著作，《化学》也是他花费近 20 年时间辛勤研究的结晶，堪称一部科学巨著。对此，牛顿懊悔不已。他不得不重新整理《光学》手稿，至于《化学》他却再没有精力去做了。

牛顿一生成绩斐然，受到了世人的尊重。图为各国发行的纪念牛顿的邮票。

还有一种较新的看法是，牛顿精神失常是由于汞中毒所致。有两位专门研究牛顿生平的学者，对牛顿遗留下来的四绺头发通过现代中子活化、中子衍射等先进手段来综合分析。发现牛顿头发中所含的有毒微量元素的浓度是正常人的好几倍，尤其是汞的含量更是高得可怕。许多学者由此断定：牛顿长期待在实验室里，经常接触有毒的金属蒸气，特别是汞，从而导致中毒精神失常。但这种说法也遭到很多人的质疑，因为牛顿一生中，只有 50 ~ 51 岁精神失常过，其余都处于正常状态，而且我们也无法断定这四绺头发就是他患病期间的，就头发来推断他精神失常的原因太没有说服力了。其次，人头发的微量元素受外界影响很大，这四绺头发历经 250 多年，很难保证没有受到外界因素的干扰。现在医学上判定汞中毒的临床表现，如手指颤抖、牙齿脱落、四肢无力等症状，牛顿都不曾有过，所以汞中毒的说法很难令人信服。

时至今日，对于牛顿晚年精神失常的原因，仍然没有找到一个合理的解释。

知识链接

站在巨人的肩上

牛顿的研究领域非常广泛，除了在数学、光学、力学等方面做出卓越贡献外，他还花费大量精力进行化学实验。他常常六个星期一直留在实验室里，不分昼夜地工作。他在化学上花费的时间并不少，却几乎没有取得什么显著的成就。为什么他在不同领域取得的成就差距那么大呢?

其中一个原因就是当时各个学科处在不同的发展阶段。在力学和天文学方面，有伽利略、开普勒、惠更斯等人的努力，牛顿在此基础上建立起一座宏伟壮丽的力学大厦。正像他自己所说的那样，“如果说我看得远，那是因为我站在巨人的肩上”。而在化学方面，因为正确的道路还没有开辟出来，所以牛顿没法走很远。

牛顿在临终前对自己的生活道路是这样总结的：“我不知道在别人看来，我是什么样的人；但在我自己看来，我不过就像一个在海滨玩耍的小孩，为不时发现比寻常更为光滑的一块卵石或比寻常更为美丽的一片贝壳而沾沾自喜，而对于展现在我面前的浩瀚的真理的海洋，却全然没有发现。”

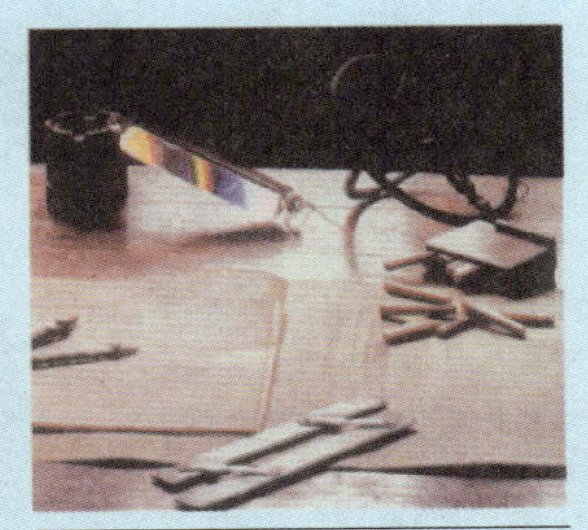

牛顿的办公桌

桌上摆满了光学和数学仪器，牛顿以他天才的智慧使人类的科学研究登上一个新的高度。可能是由于用脑过度的缘故，他患上了精神病。

安徒生是王子吗

如果你到丹麦首都哥本哈根旅游，一定会注意到一个美丽的雕像——海的女儿，并且导游一定会向你讲述一个与此相关的童话故事：一个万籁俱寂的夜晚，月亮温柔地注视着大海，在海面上缓缓浮出一个人身鱼尾的少女，她是海底的公主，要去和人间的恋人——英俊的王子长相厮守。可是她的鱼尾阻碍着她的美梦。海巫婆告诉她："有一种药物，可以化鱼尾为双腿，但是你必须放弃你300年的生命。"她毫不犹豫地把药喝了下去……当她醒来时，慈祥的阳光抚摸着她漂亮的眼睫毛，英俊的王子正抱着她，对着她微笑……当你还在回味这个美丽的故事时，导游往往又会打断你的畅想，很得意地告诉你："这是我国伟大的童话作家安徒生写的童话。"

一般的安徒生传记是这样叙述他的生平的：1805年4月2日出生于丹麦富恩岛上一个鞋匠之家，一家人都挤在一间低矮破旧的平房里。由于一家人的生活重负都压在收入不高的父亲身上，致使其操劳过度，在安徒生11岁时就早早离开了人世。此后家境更为贫困，母亲不得已而改嫁，于是安徒生开始了一生的漂泊。他做过各式各样的学徒，经常梦想着长大后能做一个演员，可以在舞台上成为威严的国王、英俊潇洒的王子。到14岁时，他到丹麦皇家剧院做临时演员，可是因为失声，他的演员之梦破灭了。之后尝试给剧团写剧本，可是每次都被退回，幸亏一个导演看中他的才华，动了伯乐惜才之心，资助他读完大学。这样安徒生不断进行学习与积累，奠定了文学创作的基础。因为感慨于自己童年的不幸，他就决定给全世界的孩子写故事，以让所有的孩子有一个梦一般美丽的童年。1835年，安徒生出版了第一本童话集，反响非常好，于是他一发而不可收，以后每年圣诞节，他都新出一本童话集，作为给孩子们的新年礼物。在40年的创作生涯里，他写了160多篇童话，这些童话，今天成为流行全世界的文学经典。

安徒生和丑小鸭雕像

《丑小鸭》的故事充满隐喻色彩，是否暗示了安徒生真实的高贵身份？

最近，有人对安徒生的身世提出了怀疑，认为他实际上是一个"落难王子"。这场争论越来越热闹，以至于1990年在安徒生的家乡欧登塞大学举办了数百名学者参加的研讨会，专门讨论安徒生的身世。历史学家延斯·约

画家笔下的美人鱼形象

根森在他的著作《安徒生——一个真正的童话》中，认为安徒生是丹麦皇室的私生子。他的生母是王储克利斯蒂安的情妇。安徒生出生后，为了遮丑，就被送给一个鞋匠收养。这中间安徒生其实一直受到皇室的照顾，不然一个平民少年，怎么可能出入皇家剧院呢？所谓安徒生吃苦的事情，纯粹是皇室故意编造，为的是掩人耳目罢了。另外有人从安徒生童话中寻找证据，发现许多童话都与王子和皇室有关，并且在安徒生童话中还有这样一个故事：一个鞋匠与一个洗衣妇结婚，生下了一个相貌不雅的儿子，却不能自己抚养，这个孩子四处流浪，无意中得到贵人相助，结果发了财，成为社会名流。可是最后丑儿知道了自己发财的原因：原来自己是国王的私生子。这个童话中，丑儿显然是安徒生自己的写照，因为他的“父亲”是一个鞋匠，“母亲”是一个洗衣妇，并且最后安徒生也功成名就。那么这个故事的后半部分是不是也是作家的真实经历呢？专家们作了这样的猜测：安徒生后来获知了自己的身份，也得知自己的成功原来也是别人的刻意帮助，非常烦闷，又不能把这件事公布出去，就只能将之编成童话。

为了搞清楚安徒生的真实身份，丹麦政府也提供了大力支持。在政府许可下，丹麦历史学家塔格·卡尔斯泰德查阅了克利斯蒂安的档案，结果发现，这位风流的国王确实有一个普通的民女情妇。档案中有这样的材料：国王得知自己有了私生子后，曾经派人送钱给他们母子，并且为他的私生子安排了工作。但是资料说得很不详细，历史学家没关于找到有安徒生母子的明确材料。

知识链接

安徒生童话特色

安徒生的童话故事体现了丹麦文学中的民主传统和现实主义倾向。他的许多童话脍炙人口，到今天还为世界上众多的成年人和儿童所传诵。有些童话如《卖火柴的小女孩》（*The Little Match Girl*）、《丑小鸭》（*The Ugly Duckling*）、《看门人的儿子》等，既真实地描绘了穷苦人的悲惨生活，又渗透着浪漫主义的情调和幻想。由于作者出身贫寒，对于社会上贫富不均、弱肉强食的现象感受极深，因此他一方面以真挚的笔触热烈歌颂劳动人民，同情不幸的穷人，赞美他们的善良、纯洁等高尚品质；另一方面又愤怒地鞭挞了残暴、贪婪、虚弱、愚蠢的反动统治阶级和剥削者，揭露了教会僧侣的丑行和人们的种种陋习，不遗余力地批判了社会罪恶。《皇帝的新装》（*The Emperor's New Clothes*）辛辣地讽刺了皇帝的昏庸无能和朝臣们阿谀逢迎的丑态；《夜莺》（*The Nightingale*）和《豌豆上的公主》嘲笑了贵族的无知和脆弱。他在最后一部作品《园丁和主人》中，还着力塑造了一个真正的爱国者的形象，反映了作者本人始终不渝的爱国主义精神。

拇指姑娘

梵·高开枪自杀是精神失常了吗

现代印象派绘画艺术的杰出代表——梵·高，具有非凡的绘画才能，他的绘画作品在他死后才被世人视为珍品，他也由此享誉全球。然而他生前命运多舛，贫困、疾病、饥饿以及天才的不得志使得梵·高的境遇十分凄惨。在1890年6月29日他开枪自杀，因伤重不治而亡，年仅36岁。

近年来，随着对梵·高所代表的印象派绘画艺术欣赏和理解的人的增多，有关梵·高生平的研究也得到越来越多的关注和重视。这位艺术家的死成了人们关注的焦点。他选择以自杀的方式离开这个世界究竟是出于什么原因呢？有一点似乎非常明显——那是他的精神失去控制后，在失常情况下所采取的非理智行为。可是，梵·高精神失常的原因又是什么呢？对这个问题的探讨早已在文化界、艺术界乃至化学界、医学界的专家和学者们中激烈地展开了。

梵·高的代表作《向日葵》

从不同的角度出发，学者们提出了许多不同的观点。

这些观点一般分为两大类。第一类是由医学界、化学界的专家所持的自然原因观点。他们从梵·高的生前嗜好、日常活动和生理疾病着眼，做出了不尽相同的解释。一些人认为：梵·高的精神系统被他的一些不良生活习惯严重地损害了，这直接导致他因失去控制而自杀。

他们指出梵·高生前非常喜欢喝艾酒，而艾酒内含有对动物神经组织极为有害的物质岩柏酮，饮艾酒成了他的癖好，这严重伤害了他的神经系统。有大量的证据表明，梵·高体内含有相当惊人的高浓度的岩柏酮。他去世后一年，他的棺椁就被种植在他坟墓上的一棵喜欢岩柏酮的小树的树根紧紧包裹起来，后来为他移坟的人被迫连此树一起移走。也有人认为，梵·高有癫痫症，为了治疗而长期使用对神经系统有麻痹作用的药物洋地黄，最终因这种药物的中毒而导致神经损坏。

第二类观点认为，社会原因造成梵·高的精神失常。一种说法是：梵·高精神崩溃而自杀是因为对心理疾病和自身生理感到恐惧和羞愧。直至最后，持这种观点的人在大量研究历史资料后指出：梵·高死前不但患有严重的青光眼，而且患有梅毒症。他自己也清楚，他不久将失去对画家来说最珍贵的视力，而且，他也有很强的“恋母情结”。这给他很大的精神压力，终使他不堪

↗ **梵·高自画像**

这是梵·高自残一耳后的画像，此时他的精神已极不稳定。

重负而崩溃。

也有很多的艺术、文学界人士是从思想方面找寻原因的。他们认为，梵·高的一生虽然短暂，但历经了太多的磨难。他干过 9 种职业，四处颠沛流离，饱尝了生活的艰辛和世道的不公。他渴望去拯救那些劳苦大众，可现实总是粉碎他的理想。这就足以使他对生活不再抱有希望。作为艺术家，绘画是他的生命。而且，他有极高的天分、极强的创造力。他从事绘画不过 7 年，就创作了大量水平极高的作品。可是在那个时代，世人并不理解和认识他所代表的艺术风格，因此他的作品一点销路也没有。在他生前，只有一两幅画被售出，以至于他不得不依靠弟弟的不断资助来维持生活。他本来已经脆弱的神经被这些无情的现实极大地撞击着，终于不堪重负，所以他才选择用自杀的方式逃避这个没有给他带来什么温暖和快乐的世界。

也许，单纯从某个角度来分析梵·高精神失常的原因都有失偏颇，如果能综合而全面地分析梵·高，可能得出对梵·高死因的最好的解释。不管如何，这位画家总算在死后能安息了。

知识链接

梵·高独特的印象主义理念

梵·高绘画着意于真实情感的再现，也就是说，他要表现的是他对事物的感受，而不是他所看到的视觉形象。

梵·高在巴黎结识了印象主义画家之后，他的调色板就变亮了。他发现，他唯一深爱的东西就是色彩，辉煌的、未经调和的色彩。他手中的色彩特征，与印象主义者的色彩根本不同。即使他运用印象主义者的技法，但由于他对于人和自然特有的观察能力，因而得出的结论也具有非凡的个性。

梵·高把他的作品列为同一般印象主义画家的作品不同的另一类，他说："为了更有力地表现自我，我在色彩的运用上更为随心所欲。"其实，不仅是色彩，连透视、形体和比例也都变了形，以此来表现与世界之间的一种极度痛苦但又非常真实的关系。而这一鲜明特征在后来成了印象派区别于其他画派而独立存在的根本。

↗ **麦田上的鸦群**

这是梵·高最后的作品。低沉的天空、惊惶的鸦群以及具有强烈动势的麦田，真实反映出梵·高自杀前极度迷惘绝望的心境。

列侬为什么会遇刺身亡

凡是爱好音乐的人没有不知道“甲壳虫”乐队大名的，而对于乐队的创始人约翰·列侬更是崇拜万分，直到现在，还有不少人收藏“甲壳虫”的唱片。这个成立于20世纪50年代的乐队，在60年代可以说主宰了整个摇滚乐坛。吸引无数青年人的不仅是他们的音乐，还有爱德华七世时代的服饰和那一头拖把似的长发，他们所到之处，受欢迎的程度可以用狂热一词来形容。这支独特的乐队风靡了欧美各国，在世界各地巡回演出并发行了大量的唱片专集，给英国财政赚回了不少外汇。因此，1965年的时候，英国政府特意为乐队颁发了大英帝国勋章。而作为整个乐队灵魂的列侬，不但演唱出色，而且还具有非凡的创作才华，写了不少动听迷人的歌曲。随着他们的作品被制成唱片在国内外大量发行，列侬的名气也如日中天，拥有了越来越多的歌迷和崇拜者，许多人日夜守候在列侬可能出现的地方，只为能够得到列侬的亲笔签名。

就是这样一位天才的音乐家，却于1980年12月8日的深夜，在纽约达科他寓所门口被人枪击而死。

列侬的死震惊了全世界，成千上万的人为他的死悲痛、惊叹、沮丧、愤怒，以各种方式来哀悼他。歌迷的反应不亚于对谋害肯尼迪兄弟，或者像精神领袖马丁·路德·金的反应，因为在他们的心中，列侬已经成为一代人的象征。

历史定格在12月8日那个令人心碎的凄惨夜晚，列侬在录音棚里工作到了很晚才回家。当天一直下着小雨，透过雨丝看到属于他的那扇窗口中的昏黄的灯光，列侬不知不觉地加快了脚步。“列侬先生。”黑暗中有人叫着他的名字，他刚要转过身去，只见一个穿着黑雨衣的男子突然从阴影中冲了出来。同时列侬听见了一声剧烈的枪响，等他醒悟过来时，一颗子弹已经飞快地穿进了他的胸膛，然后是第二发、第三发、第四发……这时家家户户的电视中正在放着同一个画面，那就是当天下午列侬在接受旧金山电视台的访问实况，电视上的列侬微笑着对电视机前所有看到他的人说：“我希望前程万里。”

“甲壳虫”乐队到达美国时的情景。

由于一切是在突然的情况下意外发生的，致使人们对整个事件的发生充满了疑惑：凶手为什么要杀死列侬？这是不是一次蓄意谋杀？

有人认为列侬是因为拒绝为可能是歌迷或崇拜者的凶手签名，便遭到了恼羞成怒的凶手的杀害。中国1981年第六期《电影世界》上刊登了一篇题为《“披头士”歌星约翰·列侬》的文章中说：“他在纽约的大门口，因拒绝为人签名，被一个莫名其妙的凶手开枪打死。”而列侬的遗孀大野洋子则认为，凶手可能是个糊涂人，他想用制造轰动事件来使自己出名，于是，凶手把目标锁定当时红得发紫的列侬。

可是有人认为列侬的遇害并不简单，是一次有预谋的暗杀。事后很快就抓住了凶手，他是一个住在夏威夷的25岁的青年马克·查普曼，以前当过保安人员。在事发前两天，他来到纽约，住在离列侬家有 9 个街区的基督教男青年会里，并且和许多崇拜者一起到列侬的住所门口，希望得到列侬的亲笔签名。而在列侬给查普曼签名以后的几个小时，他再一次等待列侬的出现，并向他开枪。当警察抓住他时，发现他身上还带着有列侬亲笔签名的纪念册，可是凶手始终没有说出自己杀害列侬的动机。有人推测查普曼可能是个偏执狂或是歇斯底里症患者，这些人在情绪激动或受到某种刺激后便无法控制住自己的行为。

艺术界很多人也同意列侬是被谋杀的说法，因为列侬与“甲壳虫”乐队其他成员比，更加关注政治，其后期的作品包含有对社会的评论。列侬还是一个参加和平运动的积极分子，因此，他遭到过很多次攻击，生命也多次受过威胁。

早在 1964 年，乐队在法国举行第一次音乐会时，列侬在后台就收到了一张纸条：“我要在今天晚上 9 点钟把你打死。”在查普曼到达纽约的当天晚上，他叫了一辆出租汽车，去了格林尼治村一趟。第二天晚上他就突然离开青年会，搬到希尔顿中心的一家饭店里去住，并且大吃了一顿。第三天晚上他就开枪杀死了列侬，这实在是令人不得不怀疑，凶手极可能是受雇于人。

列侬的歌曲可以说是一代人最大的希望和最美的梦想的集合体，歌者虽然去了另外一个世界，那些优美的旋律永远留在了一代又一代人的心目中。

知识链接

The Beatles

The Beatles（甲壳虫乐队，也译作“披头士”或“披头四”）可以说是摇滚乐史上最成功和最重要的一支乐队。甲壳虫乐队是在20世纪50年代后期由JohnLennon（吉他手）、PaulMcCartney（贝斯手）、GeorgeHarrison（吉他手）在英国的利物浦组建。鼓手RingoStarr在1962年甲壳虫乐队第一次正式录制唱片前加入这支即将震撼世界的乐队。

甲壳虫乐队出道之初，吸收了当时各种不同风格的流行音乐，将它们糅合为一，形成了他们自己的风格。这种糅合的痕迹从甲壳虫乐队早期的歌曲以及他们的第一张唱片中反映出来。但不久他们就开始摈弃其他流行音乐的影响，甲壳虫乐队从古典音乐和印度音乐中汲取营养，打造出一种全新的流行音乐风格。

甲壳虫乐队毫无疑问是流行音乐界历史上最伟大、最有影响力、最为成功的乐队。甲壳虫乐队对于流行音乐的革命性发展与影响力无人可出其右，对于世界范围内摇滚的发展做出了非常巨大的贡献，影响了自20世纪60年代以后的数代摇滚乐队的音乐和思想，直接影响了摇滚乐的变革和发展。在英国，甲壳虫乐队更是影响了20世纪60年代至今几乎每一支乐队的形成和发展。

“甲壳虫”这支以打击乐著称的乐队在20世纪60年代风靡全世界。

音乐大师贝多芬猝死之谜

天才似乎总要受到更多的磨难，世界音乐史上最伟大的音乐家贝多芬便是这样。他一生与病痛为伴，饱受折磨，尤其是耳朵失聪，几乎断送了他的音乐前程。由此他的精神支柱坍塌了，甚至曾一度绝望得企图自杀。终于，这颗音乐巨星于1827年3月26日下午5时30分陨落，给世人留下无限遗憾。

关于贝多芬的死因，人们大都认为：这位作曲家的死是由严重酗酒而引起肝病所致，他在55岁时被发现患有严重肝病。但是英国尤维尔区医院风湿科顾问医师帕尔福曼对这种看法提出了异议。他认为折磨这位作曲家的许多病痛是一种少见的风湿病引起的，这种少见的风湿病会使身体的每个器官发炎，并逐渐侵袭全身。贝多芬禁不住要自杀主要是因为这种病痛非常剧烈。最后，贝多芬被这种风湿病折磨致死。他还认为，如果用现代的类固醇给他治疗，给他做肝脏移植手术，贝多芬可以多活许多年，足以让他完成“丢失”的第十首交响曲。

法国著名作家阿尔方斯·卡尔是贝多芬的同时代人，他的《在椴树下》一书为贝多芬之死的原因和具体情况提供了新的线索，并详细介绍了自己的观点。他写道：作曲家死前不久的一天，他的侄子来信说自己在维也纳被牵连进一桩麻烦的事件中，只有伯父出面才可以帮他脱离困境。贝多芬接到信后立即徒步上路，夜宿于一家农舍。到了夜里，贝多芬感到浑身发烧，疼痛难忍。他辗转反侧，难以入睡，于是爬起身，赤着双脚到田野里徜徉。由于待的时间太长，夜寒侵骨，回来时他已冷得发抖。主人从维也纳请来一位医生为其诊治。最后医生确诊为肺积水，生命危在旦夕。得知贝多芬病重的消息后，德国著名钢琴演奏家和作曲家胡梅尔来看他，但贝多芬已无法与其交谈，他仅用饱含感激的目光凝视着他。胡梅尔通过听音筒向他表示他的悲伤之情。贝多芬以听音筒依稀听见几句大声的喊叫之后，顿觉畅然，他两眼熠熠生辉，对老朋友说：“胡梅尔，我果真是个天才吗？”说完后，他张大嘴，两眼直勾勾地瞪着胡梅尔，溘然长逝。

贝多芬像

另外，还有一些研究专家试图从贝多芬的家庭关系上来揭开作曲家的死亡之谜。中国学者赵鑫珊在《贝多芬之魂》一书中认为：贝多芬的侄子卡尔长期的烦扰，大大损害了贝多芬的健康，给他的精神带来了莫大的痛苦，导致他过早地离开了人世。他的侄子在别人面前称呼贝多芬“老傻瓜”，而且只要人家看到他同这个“老傻瓜”在一起，他就觉得丢脸。只要贝多芬对他稍加严格，言语过重，这个无赖就会用自杀来威胁。尽管如此，贝多芬对他慈父般的爱还是有增无减，并且一再容忍他。1826年12月1日，卡尔不听贝多芬之劝，硬要去军队服役，贝多芬只好陪他上路。就是在旅途上贝多芬得了严重风寒，从此一病不起。他回到维也纳时，完全是个去日无多的老人。可是伯父卧床不起的消息传到卡尔那儿后，他竟无动于衷，依然自娱自乐。严重的肺炎过后，接着便是肝硬化，最后引起水肿。有的学者非常明确地说：实际上，贝多芬是被侄儿气死或逼死的。

贝多芬真的是死于酗酒所致的肝病吗？亦有人说他的耳聋和他在爱情上的失意使得他的身心遭受极大的创伤，由此而抑郁成疾。有关贝多芬的死因我们现在去探究似已无必要，我们对他更多的只是崇敬和景仰罢了。

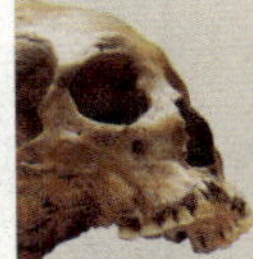

《山海经》到底是什么书

《山海经》是我国第一部描绘山川与物产、风俗与民情的大部头地理著作，还是我国古代第一部神话传说的大汇编，有着巨大的文化价值与历史价值。全书共18篇，分为《山经》和《海经》两个部分。对于这样一部体系庞大的“怪”书的性质归类，却是各有各的看法。

有一种比较有影响力的观点认为，《山海经》是一部巫术之书，即祭祀的礼书和方士之书，是古人行施巫术的参考书。鲁迅在《中国小说史略》中称：“《山海经》…… 盖古之巫书也”。他的观点对中国学者产生了重大的影响，绝大多数人都持此种观点。班固把《山海经》置于“术数略”的“形法家”，是“大举九州之势”而求其“贵贱吉凶”，类似后世讲究“风水”的迷信之书。这是对《山海经》性质的最早的说明。后司马迁认为它荒诞不经，难登大雅之堂，认为《山海经》中虽然记载了方位、山川、异域，但那是因为祭祀神灵的需要，如《海外西经》记载的“登葆山，群巫所从上下也”。此外，《海经》中所记载的海外殊方异域、神人居住的地方、怪物的藏身之处，都是秦汉间鼓吹神仙之术的方士的奇谈。由于诸多对巫术和祭祀的记载，《山海经》被归类为语怪、巫术书。

《山海经》内文

《山海经》是中国古代最为深奥的著作之一。它被认为是地理书、文学书、巫术书、神话集、游记以及小说。

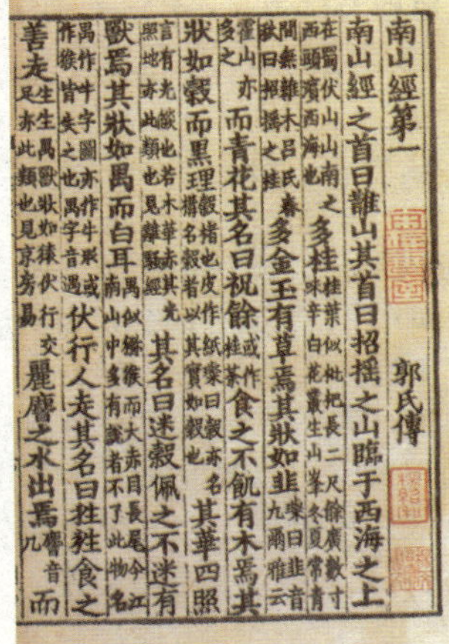

南山經第一　郭氏傳

南山經之首曰䧿山其首曰招搖之山臨于西海之上多桂多金玉有草焉其狀如韭而青花其名曰祝餘食之不飢有木焉其狀如穀而黑理其華四照其名曰迷穀佩之不迷有獸焉其狀如禺而白耳伏行人走其名曰狌狌食之善走麗𪊨之水出焉而

《山海经》书影

《山海经》是中国古代神话宝库中的经典，记载的著名神话有“精卫填海”“刑天争帝”“夸父追日”“西王母”“天有十日”“月有十二”等，对后世文学产生了深远影响。

茅盾从神话学角度把《山海经》归为一部杂乱无章的神话总集，专记古怪荒诞的神话故事。这一看法很具有普遍性。《山海经》所收的神话故事源自上古历史传说，以及各地诸侯国的报表文书和采自民间的神话故事。如我们周知的“女娲补天”就来自于《大荒西经》，还有《大荒北经》中的夸父追日，《北山经》中的精卫填海、后羿射日、共工怒触不周山、大禹治水、黄帝擒蚩尤等这些神话传说都来自《山海经》中的记载。

此外，还有不少学者认为《山海经》是一部自然地理和人文地理专著，是“第一部有科学价值的地理书”，具有极高的军事价值和政治价值，它详细地记载了境内山川地貌的距离和里数，还记录了各个地区的山脉、河流，以及草木、鸟兽、矿藏等，还有关于各地的特产和风情的记载。

近世的许多学者，也都认为它是一部既有科学内容、又杂有巫术迷信成分的地理志。既是历史地理学家又精通古代神话和宗教的顾颉刚颇赞同此观点，或许是为了在巫书与地理志之间寻求一种平衡与融合。很长一段时间内，《山海经》是地理书似乎成了定论。但是后来也有人认为，虽然《山海经》记述了山川、异域，但是它并不是以讲述地理为目的，不能够把它误认为一部实用的地理书。

青藤老人卧看《山海经》图　清　任颐

青藤老人即明代大书法家、画家、文学家徐渭，这位智者同时也是伟大的叛逆者。他背对着读者，正卧看《山海经》。

还有一种观点，认为《山海经》是根据图画记述的。在晋代，陶渊明有诗曰："泛览周王传，流观山海图，俯仰终宇宙，不乐复何如？"《山海经》中有些文字，如"叔均方耕""长臂人两手各操一鱼"，确实是根据图片来述说的。根据我国古代很早就有的关于山川地图的记载，可以推测出《山海经》成书时有一种绘载山川道里、神人异物的图画，也就是说最早的《山海经图》是图文并茂的，上面既有图形图画，多为一幅幅线描的怪兽人神插图，也有文字，还有大量图画式的文字。

《山海经》是实用的自然地理和人文地理专著，还是杂乱古怪的神话？是奇士编撰的小说，还是巫术和方士之书？它成书于什么时代，作者又是谁？谜底仍未解开，还有待于新的发现和进一步探讨。

知识链接

《山海经》

《山海经》全书18篇，约 31000 字。有五藏山经5篇、海外经4篇、海内经5篇（含书末海内经1篇）、大荒经4篇。《汉书·艺文志》作13篇，未把大荒经和书末海内经计算在内。全书内容，以五藏山经5篇和海外经4篇作为一组；海内经4篇作为一组；而大荒经4篇以及书末海内经1篇又作为一组。每组的组织结构，自具首尾，前后贯串，有纲有目。五藏山经的一组，依南、西、北、东、中的方位次序分篇，每篇又分若干节，前一节和后一节又用有关联的语句相承接，使篇节间的关系表现得非常清楚。

该书按照地区不按时间把这些事物一一记录。所记事物大部分由南开始，然后向西，再向北，最后到达大陆（九州）中部。九州四围被东海、西海、南海、北海所包围。

就其叙述的内容而言，从天文、地理、神话、宗教，到民族、动物、植物、矿产等，天南海北，包罗万象，堪称我国古籍中蕴珍藏英之最者，实为研究上古时代绝好的宝贵资料。然而，由于它所述多奇诡怪异，常被人斥为荒诞无经，所以，《山海经》的书名虽最早见之于《史记》，但司马迁观之却叹曰："至《禹本纪》《山海经》所有怪物，余不敢言之也。"因此，直到约百年后汉成帝时，刘向、刘歆父子奉命校勘整理经传诸子诗赋，才将此书公之于众。

《山海经》主要栏目有中篇新故事、聪明人的故事、城乡奇闻、惊险故事、家庭悲喜剧、清官故事、幽默与讽刺故事、民间传奇、茶馆趣闻录、妙联巧对故事、民间奇案、海外奇闻、伤心女子故事、宫廷秘闻、三教九流的故事、谜语故事等。

《山海经》涉猎之广，内容之奇杂，从古至今使人对其该归于何类多有分歧。《汉书·艺文志》将它列入形法家之首，《隋书·经籍志》以下则多将它归入地理书，但清《四库全书总目提要》却谓其为"小说之最古者尔"，鲁迅先生则将它视为"古之巫书"。因此，《山海经》问世之后，围绕其内容、成书时间的争论，对它的作者是谁一直众说纷纭是个谜，乃至成为学术界中千年未解的悬案。

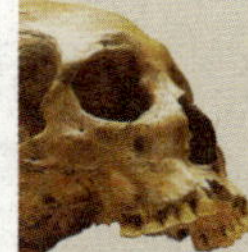

唐代诗人李白死亡之谜

集诗仙、酒仙于一身的唐代诗人李白是杰出的浪漫主义诗人，关于他的死，后人有多种说法。概括起来，一种说法认为他是死于疾病；另一种说法则带有浓厚的浪漫色彩，那就是认为他死于“揽月落水”，即溺水说。

李阳冰为李白诗集写的《草堂集序》说李白是病死的，以后的碑碣著述多沿用此说。范传正的《墓铭》中即有“至今尚疑其醉在千日，宁审乎寿终百年”的文字。李白嗜酒成性，特别到了晚年，“狂饮”更是他生活中的一个重要组成部分，所以醉而致疾极有可能。晚唐诗人皮日休作《李翰林诗》(《七爱诗》之一)，其中有“竟遭腐胁疾，醉魄归八极”的说法，明白地指出李白因醉得疾。郭沫若考证说，61岁的李白曾游金陵，往来于宣城、历阳二郡间。李光弼东镇临淮，李白曾决定从军，到了金陵发病，只得半途而返，此时李白处于“腐胁疾”之初期，估计当为脓胸症。郭沫若又说，李白62岁在当涂养病，脓胸症慢性化，胸壁开始穿孔，成为“腐胁疾”，十一月卒于当涂。

《旧唐书》上则说，李白因为饮酒过度，引发疾病，而死于宣城。这种说法也有一定的道理，纵观李白一生，坎坷流离，经历曲折。爱酒、爱月、恃才而狂、傲视权贵。他才气冲天，却命运多舛。晚年穷极悲苦却又不甘寂寞，常感慨自己的一生。他胸怀大鹏之志，却只能听任命运之神的安排，发“中天摧兮力不济”的不堪、“白发三千丈”的忧怨，没奈何，只得呼酒买醉。可惜“举杯消愁愁更愁”，大量的酒精已经使他的肌体受到侵蚀损害，但他仍贪杯，直至病入膏肓而不可救药。推断其死因，人们认为他族叔李阳冰的话应该是可信的。

李白“溺死”说也有一定的依据，五代王定保《唐摭言》说：“李白着宫锦袍，游采石江中，傲然自得，旁若无人，因醉入水中捉月而死。”宋代洪迈《容斋随笔》中记载类似，不过在前面加了“世俗言”三字。“世俗言”的意思是这是民间的一种出于美好的想象而产生的传说。值得一提的是，这种带有浪漫色彩的民间传说的出现，是在李白去世不久，而不是在王定保或洪迈的记述之时就已广为流传了。到了元代，王伯成编《李太白流夜郎》杂剧，其中有李白落水的说法。虽然艺术无法与现实等同，但其出处也有一定的真实性。

对于李白诗歌的爱好者来说，他们更愿意相信李白是“揽月落水”而死。因为他有许多诗是写月的，他把月亮看成高尚皎洁的象征。所以人们愿意接受他的死与月亮有关之说。但李白究竟是因“揽月落水”而死还是发病而死，只有诗人自己知道了。

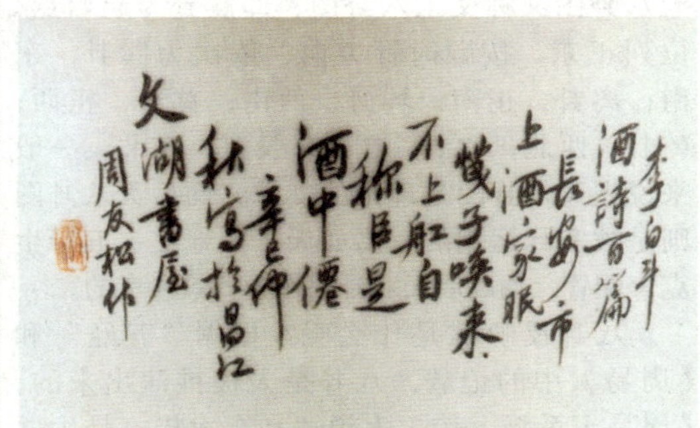

粉彩李白醉酒图花盆　清

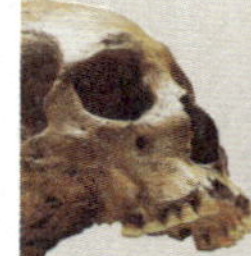

八卦的原意何在

八卦图是我国上古传下来的神秘未解的图形，传说是古代圣人伏羲创造出来的。《易经》中记载着在我国远古的伏羲氏时代，一匹龙马驮着一幅奇怪的图案游出黄河将它献给伏羲，这就是《河图》；又有一只神龟从洛水爬出来，龟壳上写着些神秘的符号，这就是《洛书》。伏羲氏得到《河图》和《洛书》后苦思冥想，恍然大悟后画出了八卦，用以推算历法、预测吉凶等。在中国传统文化中认为八卦图里面蕴含着极其深奥的道理，它可以推算天命、预测未来，使八卦中掺杂进了万物天定的宿命论的内容。后来的学者否定了这种迷信的说法，但关于八卦只有传说和不确切的猜想，它因此成为中国历史中最引人入胜的未解之谜之一。

八卦图的外观是正八边形，每条边上都有一个特殊的符号，分别代表了宇宙的八种最主要的物质，即乾、坤、震、巽、坎、离、艮、兑。八卦图有“先天”“后天”之分，先天八卦图又称伏羲八卦图，以乾坤代表天地定位，形成中轴经线；以坎离代表水火为界，作为横轴纬线。相对二卦阴阳爻相反，互成错卦。后天八卦图又称文王八卦图，即震卦为起始点，位列正东。按顺时针方向，依次为巽卦，东南；离卦，正南；坤卦，西南；兑卦，正西；乾卦，西北；坎卦，正北；艮卦，东北。一般来说先天八卦图是理论的支撑，而后天八卦图则是被实际运用的。诸如天干、地支、五行生克等配置，均以后天八卦图作为背景参考的。

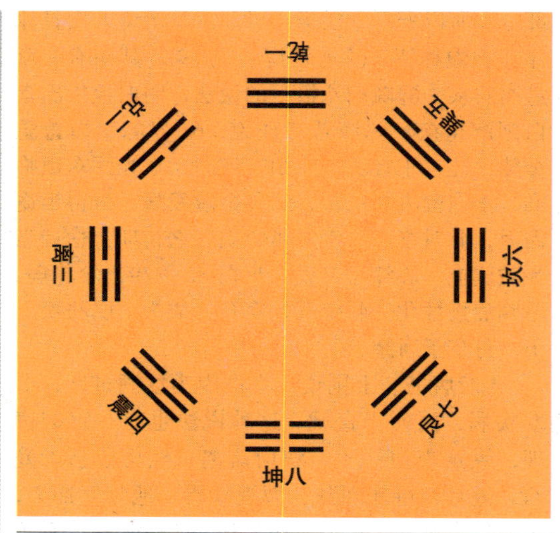

伏羲先天八卦图

据史书记载：古者伏羲氏之王天下也，仰则观象于天，俯则观法于地，观鸟兽之文，与地之宜；近取诸身，远取诸物。于是始作八卦，而文籍生焉。此图就是伏羲氏所作八卦。

八卦反映的是什么呢？根据“五经”和《周易》中的记载，八卦是太极推演出来的。《周易·系辞上传》上说“易有太极，是生两仪，两仪生四象，四象生八卦。八卦定吉凶，吉凶生大业。”这句话是说：生生之易的太极，运转中生成阴阳两种属性的物质，阴阳两种属性的物质不断分化、组合，又产生了“四象”和“八卦”。其中“四象”，有人解释为太阴、太阳、少阴、少阳，而“八卦”则是指构成宇宙的八种最主要的物质，即天（乾）、地（坤）、雷（震）、风（巽）、水（坎）、火（离）、山（艮）、泽（兑）。因此对八卦最普遍的看法是它反映的“天道”“地道”和“人道”。天道所反映的是宇宙中所有事物产生、发展、变化乃至灭亡的规律，阴阳互补是这种变化的主要特征，如季节的变化、日月的起落等，先天八卦图是它的有机模拟和高度概括。“地道”反映的是地面万事万物之间相互依存、克制、促进的规律，如江河奔流、生态平衡等，后天八卦图是它的有机模拟和高度概括。“人道”反映的是人与自然界之间的关系，也就是说人的生存变化都不过是自然中的一员，人应该遵循自然的规律。邵庸在他的著作《皇极经世·天象数第二》

中说："天地定位一节，明伏羲八卦也。八卦者，明交相错，而成六十四卦也。数往者顺，若顺天而行，是左旋也，皆已生之卦也。故云数往也。知来者逆，若逆天而行，是右行也，皆未生之卦也。"古代著名学者邵庸将先、后天八卦融会贯通，用先八卦图解释后八卦图，收获很多。他在《皇极经世》中对先、后天八卦这样说："乾坤定上下之位，离坎列左右之门，天地之所阖辟，日月之所出入。是以春夏秋冬、晦朔弦望、昼夜长短、行度盈缩，莫不由乎此矣。"

八卦亭

到了近代，对八卦又产生了许多解释。韩勇在《太易论》中认为八卦是反映太阳运动的："先天八卦反映了太阳相对于地球周期运转的循环规律，其运动方向与月亮相对于地球的运转方向恰恰相反，前者是顺时针，后者是逆时针，所以太阳运动的卦序方向是震、离、兑、乾、巽、坎、艮、坤。而后天八卦方位图中帝指的是太阳……是说太阳在南方乾卦位天气最干，太阳最炎，而至巽卦位，太阳就开始下落入地，到西方坎卦位太阳就已陷入地下，即日落西山。"也有科学家认为八卦是外星人的生物密码，还有人认为它是结绳记事的工具，总之是五花八门。

八卦图还有一些有趣的事。现代电子计算机二进位制的创始人莱布尼茨在收到了他的朋友从北京寄给他的"伏羲六十四卦次序图"和"伏羲六十四卦方位图"后发现，八卦由坤卦到乾卦，正是由0到7这样8个自然数所组成的、完整的二进位制层数形。受到八卦图的启发，他发明了二进制。1930年当时在法国留学的中国人刘子华发现太阳系的各星体与八卦的卦位有对应的关系，依据这个关系，利用天文参数进行计算，他根据这些推出当时未知的第十颗行星的速度、密度等，引起了一时轰动。

八卦图究竟是怎么创造出来的？八卦图有哪些作用？创造出它来究竟是为了什么目的？这些仍是围绕在八卦图上的疑云。

知识链接

八卦象征事物

卦名	自然	特性	家人	肢体	动物	方位	季节	阴阳	五行
乾	天	健	父	首	马	西北	秋冬间	阳	金
兑	泽	悦	少女	口	羊	西	秋	阴	金
离	火	丽	中女	目	雉	南	夏	阴	火
震	雷	动	长男	足	龙	东	春	阳	木
巽	风	入	长女	股	鸡	东南	春夏间	阴	木
坎	水	陷	中男	耳	猪	北	冬	阳	水
艮	山	止	少男	手	狗	东北	冬春间	阳	土
坤	地	顺	母	腹	牛	西南	夏秋间	阴	土

预测千古的《推背图》究竟是什么

人类文明的发展历史已有至少5000年，在历史的车轮滚滚前进的同时，现代文明快速发展也伴随着一些人类自身难以解释和解决的问题。对于难以预测的未来，如果有人或有些事物能揭露其奥秘，一定会引起社会上的轰动。各国的科学家与有识之士都进行了大量的推测，就连好莱坞的大片也对此热衷不已。而中国在这方面也有自己的很多预言，其中最家喻户晓、脍炙人口的，而且最为扑朔迷离的，当属1300多年前唐贞观年间袁天罡及李淳风合作的《推背图》。

《推背图》是中国比较有影响力的预言之一，由初唐的司天监李淳风和袁天罡共同编写，共六十象，分别预言了从唐朝后发生的主要历史事件。从地域范围来看，涉及中国和外国，如三十八象——噬嗑卦，预言的就是第一次世界大战。据说《推背图》有数个版本，原因是清兵入关后，恐怕有人能预知清朝未来，清廷故意颠倒《推背图》的顺序而制作不同版本流入民间。

对于《推背图》起源的说法也很神秘。据说，李淳风精通天文历算，有一次他坐观紫微星斗，进行推算，预感到不久将有武则天乱唐的灾难。当他准备一直推演下去时，突然被另一位术士袁天罡从后面推了一下后背，提醒道："天机不可泄露！"他才就此罢手，不再推算，但这时他已经推到千年之后了。李淳风便把他推算的天机写成诗歌，并配以图画，通过袁天罡作为奏章呈给了唐太宗。这种事关国家机密的东西当然是不能再让别人看的，可是后来不知怎么泄露出来，这就是我们现在看到的所谓的《推背图》。《推背图》不仅把唐数百年间，而且唐代以后的宋辽金元明清的治乱兴衰都预测得分毫不差。最为珍贵的是它的一幅幅插图，把唐以后1000多年的中外服饰也都预测出来了，包括清朝的花翎马褂，甚至洋人的西服革履，也预言得惟妙惟肖。从这个意义上来说，人们是很难解释得通为什么唐代的一个术士，能够预测未来的事情，以至于后来的清朝统治者都惧怕它的神奇魔力，不得不通过扰乱视听的方式，破坏《推背图》的版本的完整，以此来维持自己的统治。

唐太宗像

民间传说中，唐太宗从李淳风手里得到推算出来的天机，但自知天命难违，只好作罢。

据说一位预言家曾引用《推背图》的预言，证实唐朝的武则天和杨贵妃乱唐之事也被预言中了。如《推背图》第二象，谶曰：

累累硕果　莫明其数
一果一仁　即新即故

颂曰：

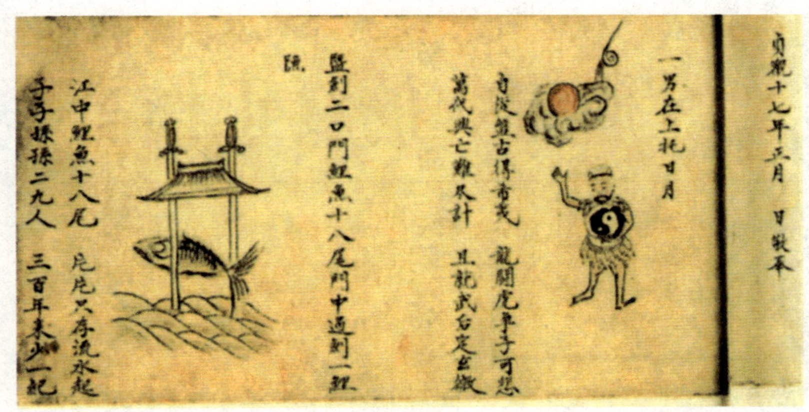

《推背图》书影

《推背图》是图文并茂的奇书，文字怪异，图像深奥。

万物土中生　二九先成实

一统定中原　阴盛阳先竭

预言研究家据此认为，第二象预言的是唐朝女祸灾难。一盘果子是指李子这种果实，即指代唐朝，它的个数是二十一，指的是从唐高祖至昭宣年间共有二十一主。“二九”者指唐289年。“阴盛者”指武则天当女皇统治大唐，淫昏乱政，几乎危及唐朝的稳固统治。开元之治虽然可以与贞观之治媲美，却由于杨贵妃招来灾祸，女人受到宠幸，以致国乱家毁，所以称之为“阴盛阳先竭”。而这些从中国历史上都能找到证据来证明，从而也愈来愈加剧了人们对《推背图》的向往和崇拜，也增添了《推背图》在人们心目中的神秘色彩。

由上我们不难理解为什么《推背图》在人们心目中如此有吸引力。的确，在人们心中，《推背图》是一种很神秘的东西。它是一本天书，能预知未来，包含着无尽的“天机”，预言着未来的社会变迁，而且诗图并茂，在世界上被一些人称为“中国七大预言”之首，颇能引起人们的好奇心。但是如果《推背图》真能预知未来，李淳风这个人也太神奇了。他真是历史中确切存在的人吗，真的有什么特殊的才能吗？

李淳风确有其人，在《旧唐书》《新唐书》中都有他的传。他是唐太宗时人，博览群书，精通天文历算、阴阳之学。他曾经主持铸造过浑天仪，编成《麟德历》以取代过时的《戊寅历》，在唐代是一个了不起的天文学家、科学家。另外，他在史书中又被塑造成一个预言家，在稗官野史中更成了出阳入阴、兼判冥事的半仙（故事虽然在《西游记》中为大家所知，最早却是见于唐人的笔记《朝野佥载》）。后来，由于他预测武则天乱唐之事，激怒了唐太宗被杀。由此可见，所谓预言书的作者的真伪更多的是文学家的描绘多一点，而他本身的真实情况也因此变得扑朔迷离。

长期以来，《推背图》一直被当成禁书，不要说市面上不能出售，就是家里私自收藏和传阅也是违法的。

人们往往有这样一种心理，对于一些“禁”的东西兴趣愈浓，所以越是不让看的书就越是感到神秘，这样一来二去，反而不少人心里真的认为《推背图》中藏着什么天机。这也从另一方面增添了《推背图》的神秘。但不论怎么讲，《推背图》都反映了中国传统文化的瑰丽灿烂、博大精深和神秘。

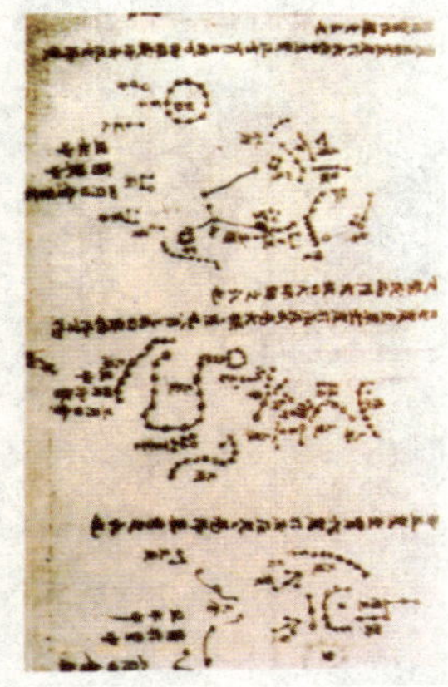

敦煌星图　唐

唐代在天文学领域取得了辉煌的成就，出现了众多著名的天文学预言家。李淳风和袁天罡即是其中的代表人物。敦煌藏经洞出土的星图可以证明唐代天文学的昌盛与发达。

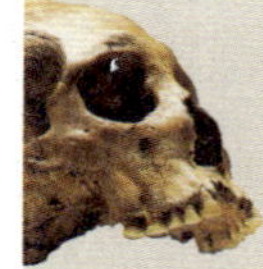

谁是《金瓶梅》的真正作者

《金瓶梅》是一部惊世奇书，也是"明代四大奇书"之一，还被清代小说点评家张竹坡誉为"第一奇书"。它借《水浒传》中"武松杀嫂"一节引出以西门庆为主角的一段市井生活，借宋代的人物暴露明代社会的腐败。一般认为，《金瓶梅》的书名是以西门庆3个重要女人名字中的各一个字拼凑成的。"金"指潘金莲，"瓶"指李瓶儿，"梅"指庞春梅。这本书思想内容丰富、艺术手法娴熟，但是它问世时，作者并没有署上自己的真实姓名，以至《金瓶梅》的作者到底是谁，迄今仍然无定论，所以学者们对它的作者问题始终抱有很大的兴趣。

《金瓶梅》的作者署名"兰陵笑笑生"，但其真名实姓至今并无定论，作者是何方人氏也说法不一。因为作者声称写的是山东地面的人和事，署名中又有"兰陵"字眼，加之作品用语基本上是北方话，所以多认为其是山东人。有的研究者认为作者是李开先。李开先是山东人，嘉靖进士，40岁罢官回家，他的身世、生平及其对词曲等市井文学的极深的爱好和修养，与前人对《金瓶梅》的说法不谋而合。作品本身也证明它同李开先关系密切：李开先的作品《宝剑记》也是用《水浒》的故事，把《金瓶梅》和李开先的《宝剑记》做比较，就会发现不少相同之处。由此似乎可判定，《金瓶梅》和《三国演义》《水浒传》《西游记》一样，都是在民间艺人中长期流传之后经作家个人写定的，而这个写定者就是李开先。还有人认为作者是另一个山东人贾三近，他是嘉靖、万历年间大文学家，因为《金瓶梅》一书从头到尾贯穿了大量的峄县人仅用的方言俚语。峄古称兰陵，从贾三近的生平事迹，以及宦游处所、人生经历、嗜好、著作目录等方面看，他是最接近"兰陵笑笑生"的人。

《金瓶梅》故事图　清

此是清初人依据《金瓶梅词话》第六十三回所绘的图画。画面中央艺人正在表现海盐腔，右下方的伴奏乐队有提琴、三弦、笙、笛、云锣等乐器，两旁是饮酒看戏的宾客，左上方是掀帘看戏的女眷。

最流行的看法则认为，嘉靖年间的大文学家王世贞是《金瓶梅》的作者。王世贞，字元美，号凤洲，又号燕州山人，是南京刑部尚书，也是明代著名的文学家、史学家。王世贞才学富赡，文名满天下，与李攀龙、谢榛等合称为"后七子"，在前后七子中最博学多才。李攀龙去世后，他独领文坛20年。《明史》称他"才最高、地望最显，声华意气，笼盖海内"。

王世贞为官清正，不附权贵。东林党杨继盛被严嵩陷害下狱，他经常送汤药，又代杨妻草疏。杨被害后，他为杨殓葬；父亲被严嵩陷害，他作长诗《袁江流钤山冈》和《太保歌》等，揭露严嵩父子的罪恶。他精于吏治，乐于提拔有才识之人，衣食寒士，不与权奸同流合污，

仇英本《清明上河图》

《金瓶梅》在表现市民社会意识上取得了划时代的进步。它生动地反映了商人的经济活动和追求财富的人生观念，同时，受整个社会风潮的影响，为了迎合市民的口味，它对爱情与婚姻故事也进行了大量的渲染和描写。仇英本《清明上河图》在结构上对原作进行了复制，而图中的人物、服饰、建筑及风土人情，都是明代南方商业市镇的真实刻画，再现了当时南方小市民的生活情景，可说是《金瓶梅》的鲜活的画册。仇英（？～1551年），字实甫，号十洲，太仓（今江苏太仓）人。师从周臣学画，工山水人物。最擅临摹古人名迹，落笔乱真，尤工于仕女，为明代工笔之杰。他与沈周、文徵明、唐伯虎合称为“吴门四家”。

受时人推重。

据说王世贞作《金瓶梅》是想为父报仇。他的父亲因献《清明上河图》的赝品，被人识破，因而得罪权臣严嵩和严世蕃父子，最后被残害致死。王世贞为报父仇，特作小说《金瓶梅》献给严世蕃投其所好。书的内容隐射严嵩父子，揭露他们的种种丑行，而书上又涂有毒药，当严世蕃读完此书后就中毒而死了。

但是著名学者吴晗率先对这个观点提出质疑，他查阅了大量的正史、野史、笔记，以翔实的史料作为依据，推翻了前人据以立论的主要依据——《清明上河图》与王世贞家族的关系，得出历史上的王世贞之父并不是因为献假图被害，严世蕃也不是因为中毒而身亡的结论，否定了《金瓶梅》为王世贞所作的传统看法。吴晗还从书中大量运用的“山东方言”这一点来看，认为王世贞虽然在山东做过3年官，但是要像本地人一样用方言写出这样的巨著是不可能的。他还明确指出，《金瓶梅》应为万历十年至三十年的作品，作者绝不可能是王世贞。有不少研究者也撰文支持吴晗的观点。

20世纪80年代，国内开始有语言学家发表文章对作者的山东籍贯表示怀疑，理由是作品中有不少用语是当今山东方言所没有的，反而在吴方言区经常用到，于是有人设想作者有可能是吴方言区人。早在20世纪30年代时，英国汉学家阿瑟·韦利就曾提出《金瓶梅》作者是徐渭这一说法，绍兴文理学院讲师潘承玉新近出版的《金瓶梅新证》证实了这一说法。

潘承玉的《金瓶梅新证》首先从时代背景推断《金瓶梅》成书时代为明嘉靖末延续至万历十七年稍后，而这正与徐渭的生活时代相吻合。从地理原型、风俗、方言等诸角度多层面来看，小说与绍兴文化也有很深刻的联系，根据《金瓶梅》是一部“借宋喻明”“借蔡讽严（嵩）”之作的定论，指出当时正是绍兴形成了全国第一个反严潮流，披露了徐渭与陶望龄以及沈炼为代表的一大批“反严乡贤”鲜为人知的史实，从沈炼正是被严嵩迫害致死，断言徐渭是因感于乡风，感于沈炼的冤死愤慨而作《金瓶梅》。另外，徐渭在晚年曾暗示过他花40年心血而完成了一部长篇小说。而《金瓶梅》的措辞用语、文风都与徐渭十分吻合。另外，从作者写作《金瓶梅》的特殊心态，也跟徐渭的遭际一脉相承。

中国古典文学名著《金瓶梅》问世400多年来，作者究竟是谁，创作背景怎样？笑笑生究竟是何人，还是一个未解的谜，这一连串疑问仍像重重迷雾笼罩，等待后人的解答。

高鹗续写了《红楼梦》吗

《西游记》《水浒传》《三国演义》以及《红楼梦》并称为我国古典文学的四大名著，其中又以《红楼梦》成就最高，达到了我国古典文学的顶峰。《红楼梦》成书至今已有200余年的历史了。作为我国古代最重要的一部小说，它不仅感动了中国人，也得到了世界人民的重视与喜爱。《红楼梦》有各种不同的版本，数十种续书，流传到世界各国。

长期以来，人们普遍认为曹雪芹只写了《红楼梦》的前80回，后40回是清代文人高鹗所写。然而由于《红楼梦》的成就如此之高，人们对它的热爱如此之深，曹雪芹心中的《红楼梦》的后40回究竟如何，一直成为文学界乃至热爱“红楼”的人的一大遗憾。

“高鹗续书说”最早是由我国大学者胡适提出来的。他最早看到《红楼梦》的时候，认为小说的诗词是在暗示人物的命运和结局，但是看到后来，有些人物的结局并不按照诗词所预言的那样。所以他提出小说的前 80 回和后 40 回有矛盾，进而猜测《红楼梦》可能是由两人所写。同时，经他考证，高鹗的同年进士张船山在《赠高兰墅鹗同年诗》题解中写道：“传奇《红楼梦》后四十回俱兰墅所补。”于是胡适便将补书的作者认定是高鹗。这种观点提出后长期被人们接受。

曹雪芹画像

对于高鹗补写后 40 回，也有不同的说法。一种说法是高鹗根据自己的喜好编出自己喜欢的后 40 回，自娱自乐；还有一种说法认为高鹗奉清廷的要求，修改和续写“红楼”，所以在思想上必然受到约束。

然而，随着对内容的进一步研究，很多学者、专家认为高鹗不可能续后 40 回《红楼梦》。首先，从高鹗的生平来看他不可能续写《红楼梦》：高鹗，字兰墅，一字云士，清代文学家。因为他酷爱小说《红楼梦》，所以自取别号“红楼外史”。他是汉军黄旗内务府人，祖籍铁岭（今属辽宁）。他于乾隆五十三年（1788）中举人，六十年（1791）中进士。据胡适考证，高鹗续写“红楼”的时间是 1791 ~ 1792 年，只有两年的时间。然而，这么短的时间，高鹗可能写出占原书 1/3 篇幅的后 40 回吗？高鹗怎么可能在求取功名的时间里花如此多的精力续写《红楼梦》？这显然是件不合情理的事情。其次，高鹗续写“红楼”的时候，真本的《红楼梦》并没有完成太久，可能根本就没有消失，只是零散不全，需要补充，那么高鹗何必又要舍弃原来的而自己另写后 40 回呢？

而且，据我国的红学专家周汝昌老先生考证，《红楼梦》的结果不是高鹗所续的那样，而是在大抄家后，贾府全家败落，在贾环及赵姨娘等的密告下宝玉和凤姐入狱，后来被小红（红玉）和贾芸搭救，凤姐因此心力交瘁而亡，宝玉沦为更夫时宝钗也已郁郁而亡。在抄家前黛玉与湘云投湖自尽，后来史湘云被搭救，沦落风尘。最后与宝玉邂逅，二人结为夫妻。这才是故事真的结局。这么说，高鹗续书又何必两头不讨好呢？

我们再来看看曹雪芹。传说他曾“披阅十载，增删五次”，这说明《红楼梦》很可能本来就已经写完了，只是一些原因，我们没有看到后40回。那么高鹗是否真的续写后40回呢？

目前，一些专家学者认为高鹗不仅没有续写后40回，而且现存的红楼梦都是曹雪芹本人所写。据他们考证，将1959年在山西发现的《乾隆抄本百廿回红楼梦稿》（简称《红楼梦稿》）与其他所有版本进行了比照，发现《红楼梦稿》才是曹雪芹的手稿本，而其他所有版本都是曹雪芹在这部稿本上一边修改一边由不同的人抄录出去的。只是由于全书修改的时间很长，抄出去的版本很多。另外，从语言上来考证，全书120回通用的语言风格都是南京话，而东北人高鹗是写不出来的。况且，“红楼”中的人物是变化发展的，不一定与诗词的预言发生矛盾。

无独有偶，一位计算机专家从数学统计方面入手，在语言风格上，通过计算机的统计、处理、分析，也对《红楼梦》后40回由高鹗所作这一流行的看法提出了异议，认为120回都是曹雪芹所作。

《红楼梦》后40回到底是由谁续写的？也许这并不重要，正如断臂维纳斯因为不完美而完美，后40回是给读者留个想象空间。

到底是谁误读了《红楼梦》？高鹗是否钻了只有80回的这个空子，他是否真见到了80回以后的残稿？他的40回续书，到底和曹雪芹真书有无关系？这成了一个历史之谜，不过也正是因为后人的续写，才使得《红楼梦》这一经典成为一部有始有终的完整作品。

知识链接

《红楼梦》

《红楼梦》是一部具有高度思想性和高度艺术性的伟大作品，可以代表古典小说艺术的最高成就。它以荣国府的日常生活为中心，以宝、黛、钗的爱情悲剧及大观园中点滴琐事为主线，以金陵贵族名门贾、王、薛、史四大家族由鼎盛走向衰亡的历史为暗线，展现了穷途末路的封建社会终将走向灭亡的必然趋势。并以其曲折隐晦的表现手法，凄凉深切的情感格调，强烈高远的思想底蕴，容及百家之长，汇集百科之粹，在我国古代民俗、封建制度、社会图景、建筑金石等各领域皆有不可替代的研究价值，达到我国古典小说的高峰。

《红楼梦》在流传初期是通过名为《石头记》的手抄本形式流传，手抄本仅有八十回（根据有些学者的研究，流传下来的手抄本实为79回，今存手抄本的第80回仅仅是第79回的后半节，被后人割裂，以凑足八十回的整数；也有部分学者认为今79回、80回本均为续作混入）。

大观园图　清

大观园是《红楼梦》中的主要人物贾宝玉、林黛玉等人活动的场所。此图纵137厘米，横362厘米，展现了在凹晶馆、牡丹亭、蘅芜院、蓼风轩和凸碧山庄5个地方活动的人物173个，是研究《红楼梦》的珍贵资料。

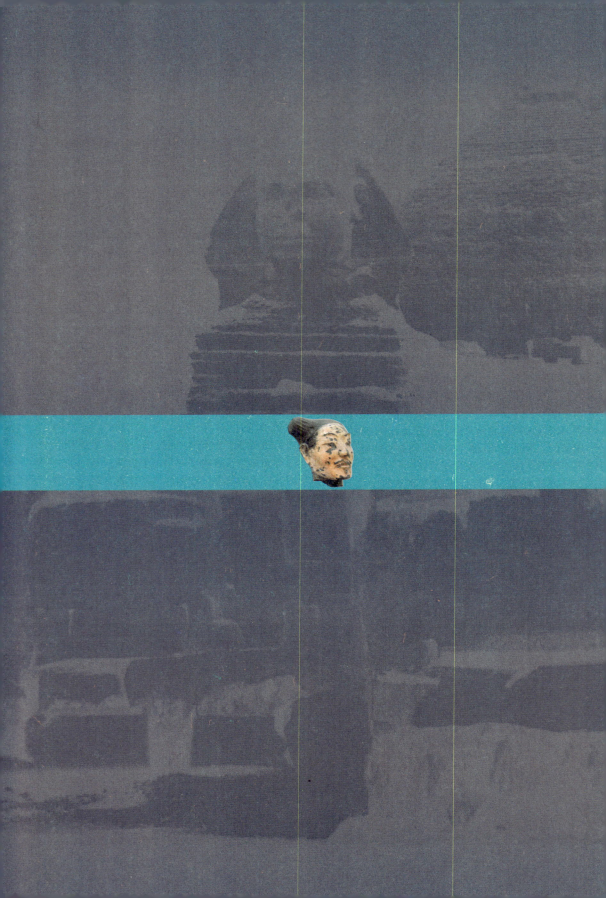

建筑之谜

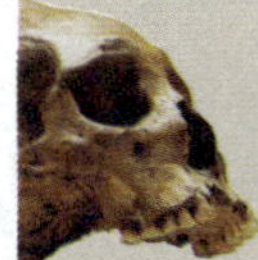

史前图书馆之谜

我们的祖先以何种方式生存，他们如何交流，与自然有着怎样的关系？

无论在世界的哪个角落，我们都会发现他们为后人留下的记载，而且其中不乏惊人的相似之处。现在让我们去看一下意大利的瓦尔卡莫尼卡，那里同瑞典、法国和葡萄牙一样，成千上万的岩石雕刻讲述着人类的史前史。让我们试着“解读”一下这些先于任何字母的沟通体系。

瑞典博赫斯兰的塔姆地区有着巨大的弗松岩刻。这里是欧洲后旧石器时代岩刻艺术荟萃之地，著名的岩刻就多达1500余处，共计4万多个形象，内容包括船舶、武士、武器和动物等，雕刻的年代为公元前1500～前500年。

瓦尔卡莫尼卡的农民称岩石雕刻为“皮托蒂”——玩偶。在这个曾居住过卡穆奈人的伦巴第大区的峡谷里，每年都会有新的岩刻被发现。这些岩刻画包括武士、走兽和武器，还有狩猎和耕耘的情景。这些仍是谜团的符号在向我们讲述着远古的人类，我们的祖先。

现在让我们想象一下当时的情景：一个人以灵活而准确的动作，锤击着一块巨大而平滑的岩石。岩石离村庄不远，上面被冰川冲刷出许多条划痕。他锤凿的技巧是：用一块削尖的坚硬石头重复地敲击巨石的平面，获得一系列的米点效果，从而构成各种造型。有时造型周围已经有一些被填平了的浅线条的雕刻。

常常有这种情况出现：新的形象靠近甚至重叠到一些更为古旧的形象之上。在同一块岩石上，有一部分充满史迹，而另一部分则令人费解地留着空白。结果就形成了一种繁杂的壁画，成了难以想象的和等待人们去破译的史前史图书馆。破译谈何容易。这些岩刻的含义还是学者们仍在研讨的课题。

学者们进一步解释说：“尽管说综合诠释并不那么简单，因为岩石艺术显示的技巧高超，风格多样，内容和质量博大精深，但是我们还是有理由去到神灵的领域里寻求答案。”这些雕刻起初似为一种象征性的东西。铜器－青铜器时代（公元前3000～前1000年）的武器和工具是单独放置的，从未握摸和使用过。有时会出现一种难以解释的构图神话，也可理解为一种宗教思想。

塔姆地区崖刻画

塔姆崖刻画位于瑞典哥德堡，形成于公元前1500～前500年的青铜时代。

随着铁器时代（公元前1000年左右）的到来，岩刻表现的场景特色具有了讲述故事的性质。在这个年代，特别是在瓦尔卡莫尼卡这地方，尽管岩刻主题各异，有些题目却占有重要地位：比如武士的造型和鹿的造型。很多画面都表现了狩猎此种动物的情景，但带有怪诞色彩。比如，我们不明白为什么猎人握着投枪，而不是使用射程更远的弓箭这一更为有效的武器；还有，骑手常常是站在马上，好像是考验他的灵巧性；决斗者被刻画成携带着非真实性武器的形象，不是流血形象。这就使人将岩刻的含义与青年人进入青春期时要经受的考验联系在一起。

瓦尔卡莫尼卡岩石画

瓦尔卡莫尼卡岩石画的创作年代，最早可以追溯到1万年以前。更新世的冰川退去之后，一些半游牧的狩猎部落在瓦尔卡莫尼卡定居。因此，最初的岩画主要描绘的是大型野兽。

还有专家认为，可能是刚刚迈入青春期的贵族征战者在启蒙导师的指引下，聚集在远离村庄的一块僻静之地，去度过他们能够享有成人权利的过渡期。在发现的一张19世纪的地图上面标有瓦尔卡莫尼卡地区现在的阿夸乃岩刻天然公园和阿夸乃的解说词。从现在仍在阿尔卑斯山东部和中部一代流传的神话故事中得知，阿夸乃是水族中的一群仙女，她们的使命就是帮助青年人克服生活中的困难，因此雕刻中的故事可能就是当时神化需求的反映。对卡穆人来说，那些神仙可能就生活在那里的岩石之上。

这种解释还不能使意大利史前史艺术权威之一的埃玛努尔·阿纳蒂完全信服。要知道，不管是谁从事这方面的研究都离不开他的研究成果和由他领导的卡穆人史前史研究中心所展开的工作。他认为：瓦尔卡莫尼卡铁器时代的造型，首先表现的是对死者丰功伟绩的怀念与赞颂，以及对神话的崇拜。这些形象反映了人们同逝者、祖先、英雄人物以及至高无上的超自然力量之间进行精神对话的需求。在一些画面中，我们看到了有狩猎或者猎物的场面，这好像人们为了得到他们所企望的物质在祈求神灵的恩佑。在岩刻中也不乏对日常生活的现实描绘。还有，人们都拥有自己的圣地。瓦尔卡莫尼卡、贝戈山和奇迹山谷位于阿尔卑斯山伸向法国一边的那些山坡就曾经是青铜时代人们定期朝觐的圣地，他们在那里举行隆重的庆祝仪式。贝戈山巍峨壮观的雄姿和有时突发的暴风骤雨、雷电交加的情景，会给那个时代的人类留下十分深刻的印象，他们很可能把这一切都归因于那是神灵居住之地。

这类史前史图书馆在欧洲的许多地方都存在，但瓦尔卡莫尼卡的史前史图书馆却是首屈一指的。它拥有30万个造型，涵盖了从中石器时代（即从公元前8000年起）至罗马人到来这一时间的所有内容。法国的奇迹山谷讲述着铜器和青铜器时代文明的许多故事，而人们在瑞典的博赫斯兰地区、挪威的阿尔塔、葡萄牙的科阿河谷也发现了几十个动物造型，可以称得上是1万年以前旧石器时代动物形态的典型索引。

然而，这一人类的遗产正在遭受着巨大的威胁：在这些有着丰富的岩石雕刻的地区，人们开始了水力发电站水库的建设，很大一部分岩刻被湮没在水下和泥土之中。在葡萄牙公众舆论的压力下，这一破坏行为才被制止。

在瓦尔卡莫尼卡地区正在进行的工程同样是有害的：建设中的隧道和高压输电网距切莫大岩石仅有数米，竖立的电线支架就紧靠着著名的岩刻，而道路则刚好从阿夸乃国家公园的底下通过。数千年保留下来的这些人类财富，在我们还没弄清楚它的来龙去脉时就可能被人的无知毁于一旦。

金字塔到底是什么

长期以来，人们一直认为大金字塔就是法老胡夫的陵墓。据文件记载，公元820年，即阿拉伯人统治埃及期间，阿拉伯王子阿布杜拉·艾尔玛曼为了寻宝，曾凿破北侧石壁，沿甬道闯入传说中的"王室"和"后室"，但进去之后发现，那里不但没有宝藏，也没有法老和王后的遗骸，只有两处空空荡荡的房间，却封印完整。

艾尔玛曼的发现使世人深感震惊。既然金字塔内没有尸骸，就无法证明它是法老的陵墓。所谓王宫、后室等，也都不过是约定俗成的叫法。这个世界上最大的建筑究竟是做什么用的呢？

有人认为，在古埃及第一、第二王朝时，无论王公大臣还是老百姓死后，都被葬入一种用泥砖建成的长方形坟墓，古代埃及人叫它"玛斯塔巴"。后来到第三王朝时期，一位名叫伊姆荷太普的年轻设计师，在给埃及法老佐塞设计坟墓时，发明了一种新的建筑方法。他用山上采下的呈方形的石块来代替泥砖，并不断修改陵墓的设计方案，最终建成一个六级的梯形金字塔，这就是我们今天所看到的金字塔的雏形。

但是，考古学家、心灵学家和秘传研究的学者等并不同意这种见解。一些研究秘传的学者认为，坐落在埃及等地的每一座金字塔都是一个巨大的文化、祭祖和能量聚集的中心：塔里面还存放着许多经书，待在里面可以使人接受宗教的洗礼；集聚在金字塔里的能量强大无比，它可以影响到四周地域的气候变化。

还有一种说法，古埃及的圣人才子为防范后人破坏他们的创造物，就利用金字塔的能量摧毁了胡夫金字塔周围的一切，使之成为一片茫茫沙漠……

有人认为金字塔是纪念物。据考证，狮身人面巨像是在大约公元前2500年古王国时代第四王朝的埃及法老海夫拉统治时期修建的。海夫拉巡视墓碑时，为没有一个体现其法老威仪的标志而不满，一位石匠投其所好，建议利用工地上一块200吨重的巨石雕一座象征法老威严与智能的石像，遂有了驰名世界的斯芬克斯狮身人面像。

有人认为，金字塔是灵魂安息之处。古埃及人认为，诸神告诫人们做什么，人们就应该做什么。他们还相信，世界有始无终，万事万物都循环往复。他们的时间观偏重未来，相信无尽的世界正等着他们去享受。古埃及人还认为，人生在世，主要依靠两大因素：一是看得见的人体，二是看不见的灵魂。灵魂"巴"的形状是长着人头、人手的鸟。人

胡夫陵内部结构示意图

胡夫金字塔由大约230万石块砌成，外层石块平均每块重2.5吨，塔原高146.5米，经风化腐蚀，现降至137米。整个塔建筑在一块占地约5.29万平方米的凸形岩石上。

死后，“巴”可以自由飞离尸体。但尸体仍是“巴”依存的基础。为此要为亡者举行一系列名目繁多的复杂仪式，使他的各个器官重新发挥作用，使尸体（木乃伊）能够复活，继续在来世生活。

人总是要死的，但是，为什么要花费这样多的劳力，消耗这样多的钱财，为自己建造一个尸体贮存所呢？除了国王们的豪华奢侈外，有没有其他的原因呢？科学家们的研究表明，金字塔的形状，使它贮存着一种奇异的“能”，能使尸体迅速脱水，加速“木乃伊化”，等待有朝一日的“复活”。法国科学家鲍维斯发现，在塔高1/3的地方，垃圾桶内的小猪、小狗之类的尸体，不仅没有腐烂，反而自行脱水，变成了“木乃伊”。他按照金字塔的尺寸比例，做了一个小型金字塔，也同样取得了防腐保鲜的效果，这种家庭用的小型金字塔曾经在美国畅销，供防腐保鲜和试验之用。捷克的无线电技师卡尔·德尔巴尔根据鲍维斯的发现，创制了“金字塔”刀片锋利器，并在1959年获得了捷克颁发的“专利权”。埃及科学家海利也做了个实验，他把菜豆籽放进金字塔后，同一般菜

1963年，俄克拉何马大学的生物学家们断定：已经死了好几千年的埃及公主梅纳，栩栩如生的躯体上的皮肤细胞仍具有生命力。所以，有的科学家认为：金字塔的结构是一个较好的微波谐振腔体，微波能量的加热效应可以杀菌，并且使尸体脱水，而在这个腔体中，可以充分发挥微波的作用。可是，4000年前的法老，怎么知道利用微波呢？这仍然是一个谜。

有人认为，金字塔是地球与外星人联系的方式。美国宇航员最近发现：在一年中特定的某几天，当太阳照在吉萨高地金字塔顶上的条纹大理石板上的时候，反射到空中的亮光在月亮上都能清楚地看到。这难道是与外星人进行通联的方式吗？也许正如埃及古谚语所说“金字塔是光明之顶，是巨大的眼睛”。

还有人认为，金字塔是在法老作古及其继任者登基时，用来演绎远古传说中的法老欧西里斯死后，经由猎户座达到永生而成为某界之王的仪式性建筑。

金字塔留给了人们太多的谜团。至于金字塔究竟是做什么用的，科学家们还在研究中。

金字塔的建造过程

如何解释金字塔里的超自然现象

很多人之所以不相信埃及金字塔出自人类之手，在很大程度上是因为围绕着它出现了很多神秘的超自然超时代现象。如果仅仅以为金字塔是生命和能量的源泉，那就错了，金字塔正以它神秘的恐怖手段，阻止人们进一步探索。而迄今为止，也没有人能对这些现象做出令人信服的解释。

金字塔向人们显示了它奇特的结构效应：保存在其中的食物不易腐烂，鲜花不易枯萎；进入金字塔参观的游客也会感到格外舒适，头脑清醒，精神爽快。对金字塔内部的测定，表明它是一个很好的电磁波的共鸣器，它能够接收许多波段的能量，杀死细菌。有的科学家利用金字塔小模型做实验，发现只要方位放得对，它能使刀片锋利、有机物脱水。还有的研究者模仿金字塔内部构造建起一座住所，发现居住在其中能使人的注意力更加集中，思维也更加敏捷。

科学家们试图揭开金字塔内部构造的奥秘，然而屡遭失败。他们发现，似乎一些残留的古代电磁技术依然在保护金字塔，使后人无法窥探它的秘密。有人做过试验，利用宇宙射线对巨石堆进行穿透显示，用以透视金字塔内部结构。虽然试验做得很内行，但是电子计算机等现代仪器在同一区域的记录从来没有稳定过，每天都得出完全不同的记录曲线。这种现象违反了一切已知的科学法则和电子学理论，而且在科学上是不可能的。该试验毫无结果而告终。究竟是什么能量储存在金字塔内部一直干扰了现代的科学实验呢？这种能量也许与金字塔的死亡效应不无联系。

1922 年，人们发掘了公元前 18 世纪去世的图坦卡蒙国王的陵墓，墓穴入口处赫然写道：“任何盗墓者都将遭到法老的诅咒！”科学家理所当然地蔑视“法老的诅咒”，然而厄运和灾难一再证明法老诅咒的效力。

先是发掘的领导人之一卡那公爵被蚊虫咬了一口，突然发疯去世。接着，参观者尤埃尔因落水溺死；参观者美日铁路大王因肺炎猝死；用 X 光照相机给国王木乃伊拍照的新闻记者突然休克而死。另一名发掘者肯塔博士的助手麦克、皮切尔先后去世，死因不明，皮切尔的父亲跳楼自杀，送葬汽车又轧死了一名 8 岁儿童。在发掘

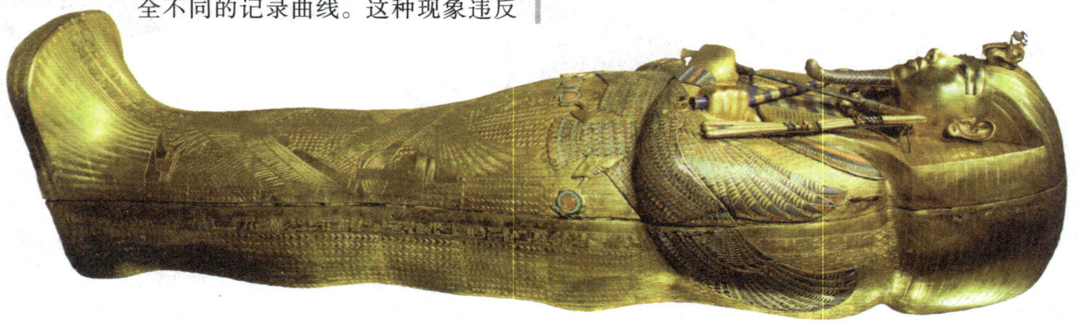

图坦卡蒙金棺

这是一具镀金木棺，上面雕刻着年幼法老的金像。而最内层是纯金，厚为 0.38 厘米～0.53 厘米，棺内放着法老的木乃伊。

后3年零3月的时间内，先后有22名与发掘有关的人神秘地去世。胡夫金字塔上也有一段可怕的铭文："不论是谁骚扰了法老的安宁，死神之翼将在它的头上降临。"

开罗大学伊瑟门塔亚博士认为：木乃伊体内存在着一种曲霉细菌，会导致感染者呼吸系统发炎，皮肤上出现红斑，最后因呼吸困难而死亡。美国《医学月刊》曾刊登一篇调查报告：100名曾经到过金字塔观光的英国游客，在未来10年内死于癌症的竟达40%，而且，年龄都不大。而那些胆大妄为、胆敢爬上金字塔顶的人，都很快出现昏睡现象，无一生还。最近，迈阿密贝利大学的化学教授达维多凡从金字塔中检验出衰退的辐射线，很显然，这正是英国游客患癌的主要原因。但是，金字塔外没有这种辐射。可见，金字塔的结构可以防止放射线的外泄。因此，他提出了一个推断：金字塔是史前外星人的核废料储存所。但是这种推测似乎与金字塔结构效应相矛盾。

卡特将图坦卡蒙金棺上的灰尘拂去，法老的遗体封在三层棺椁中，金棺是它的第二层。

近年来，对在埃及一些金字塔和未被发掘的古墓的新发现，又进一步提供了考古学上的可能证据。众所周知，科学界在进入20世纪70年代以后才开始研究和成功制造人造心脏，时至今日，人造心脏仍然未能取代天然心脏的地位。但是日本考古学家和埃及专家合作，对一具金字塔中的男童木乃伊进行研究后发现，在他体内有一副状似心脏的仪器。这副仪器是经过精密的外科手术安装进去的。这个死时年纪约为10岁的男孩，已经在金字塔中安眠了5000年之久，他体内的这颗人造心脏是从何而来呢？

彩色电视机在现代社会中的应用也不过几十年的时间。然而，有人在尼罗河畔从未被发掘的古墓中，竟然发现了一台酷似电视机的仪器。这台彩电安装有四面三角形的荧光屏，屏的四周镀有黄金，机件是用质地极为坚固的金属钛制造的，它的动力来自太阳能电池。不过，它只有一条线路，只能接收一个电视台的图像。专家们把这台古代电视机与古墓中所存的手工艺品一起通过碳－14年份鉴定，证实它已有4200年以上的历史。目前这台电视机虽然已经基本失灵，但太阳能电池仍能正常工作。

发现者认为，这可能是来自另外的文明世界的礼物，通过它可以与后来的世界保持联系。也就是说，它属于古代来访者遗留的星际通信工具。这种说法得到了出自金字塔中其他发现的支持。在一个距今3000余年的金字塔中，科学家发现了一幅古老的UFO图案。在这幅壁画上，UFO被清楚地绘成一种倒转了的碟子形状。这是否表明，早在数千年前，外来文明的使者就乘坐这UFO来到地球，与古埃及人彼此沟通了。

作为更利于人们推测的直接证据，考古学家们最近在大金字塔进行内部设计技术研究时，发现塔内密室中藏有一件冰封的物件。探测仪器显示该物体内部有心跳频率及血压，这使人相信冰封底下是某种具有生命力的生物。据同时在塔内发现的一卷象形文字资料记载：5000年前，一辆飞天马车从空中坠落在开罗附近，并有一名生还者。古卷中称这位生还者为"设计师"。考古学家联想到塔中的冰封生物可能就是参与金字塔设计与建造的外来世界的智能使者。所谓飞天马车可能就是我们今天所说的UFO的星际交通工具。

那么，发现于金字塔中的千年不化的冰格是怎样制造出来的？是否可以唤醒冰封状态中的外来使者呢？金字塔会不会既是法老陵墓又是星际联系的文明标志呢？

科学家们普遍认为金字塔内确实存在一种超自然的因素，能够产生一种超自然的力量，而这种超自然的因素是什么呢？为什么能够产生超自然的力量呢？这种种问题，目前仍然没有结论。

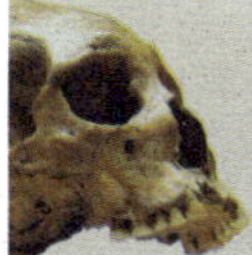

传达法老威严的狮身人面像

在埃及的尼罗河畔，除了众所周知的金字塔外，还屹立着一座巨人——狮身人面像。它从埃及向东方凝视，面容阴沉忧郁，既似昏睡又似清醒，蕴含着一股雄壮的气势，给人以神秘的遐想。经过几千年的风吹日晒雨淋，一切都在变化之中，然而狮身人面像一直默默地守护在尼罗河畔，似乎在捍卫着什么、守望着什么。然而又是谁建造了它，保护了它，为它除沙除尘呢？

有种意见认为，狮身人面像在埃及"古王国"时期建成，是由第四王朝的法老卡夫拉建成的（其在位时间是公元前2520～前2494年）。这是传统历史学观点，它出现在所有埃及学标准教科书、大百科全书、考古杂志和常见的科学文献中。这些文献都表示，狮身人面像的面部是按照卡夫拉本人的模样来雕刻的——也可以说，卡夫拉国王的脸就是狮身人面像的面孔，这一点已被认为是历史事实了。比如，闻名世界的考古专家爱德华兹博士就说过，狮身人面像的面部虽已严重损坏，"但依然让人觉得它是卡夫拉的肖像，而不单只是代表卡夫拉的一种象征形式"。

他们之所以这样说，根据之一乃是竖立在狮身人面像两前爪之间的一块花岗岩石碑上刻着一个音节——khaf。这个音节被认为是卡夫拉建造狮身人面像的证据。这块石碑与狮身人面像并不是同时出现的，而是对图特摩斯四世法老（公元前1401～前1391）功德的纪念。这位法老把即将埋住狮身人面像的沙土彻底清洗干净了。这块石碑的碑文说狮身人面像代表了"自始至终存在于此的无上魔力"。碑文的第13行出现了卡夫拉这个名字的前面一个音节khaf。按照瓦里斯·巴杰爵士的说法，这个音节的出现"非常重要，它说明建议图特摩斯法老给狮身人面像清除沙土的赫里奥波利斯祭司认为狮身人面像是由卡夫拉国王塑造的"。

然而仅仅根据一个音节，我们就能断定卡夫拉建造了狮身人面像吗？1905年，美国埃及学者詹姆斯·亨利·布莱斯提德，对托马斯·扬的摹真本进行了研究，却得出了与此相悖的结论。布莱斯提德说："托马斯·扬的摹真本提到卡夫拉国王的地方，让人觉得狮身人面像就是这位国王塑造的——这完全是没有事实根据的；摹真本上根本看不到古埃及碑刻上少不了的椭圆形图案……"

你也许会问什么是椭圆形图案。原来，在整

夜幕下的卡夫拉金字塔及狮身人面像

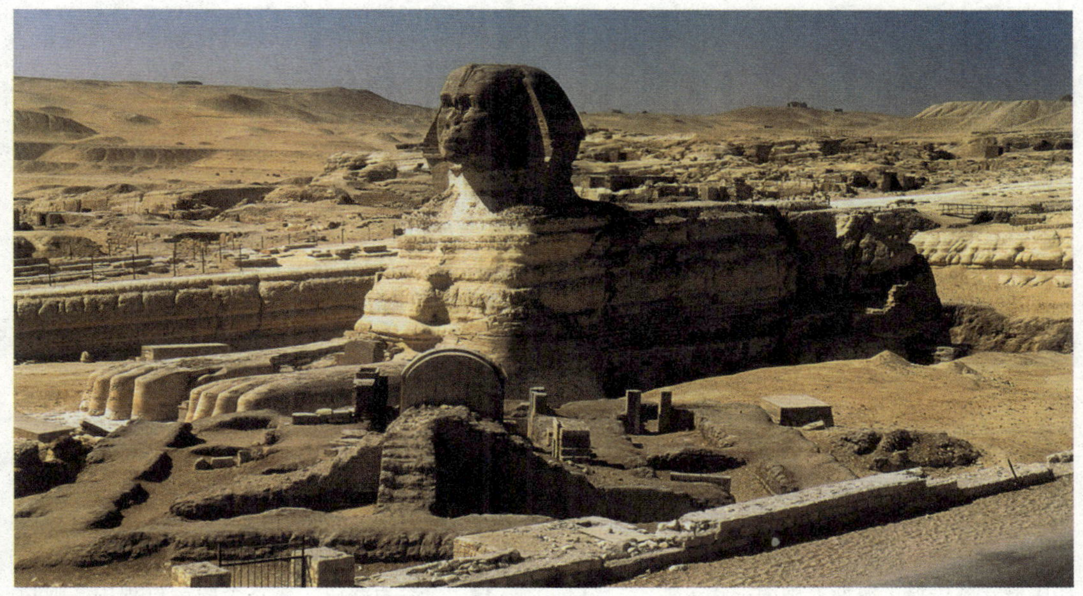

↗ 狮身人面像全景

个法老统治的文明时期，所有碑文上国王的名字总是包围在椭圆形的符号里面，或是用椭圆图案圈起来。所以，很难使人明白刻在狮身人面像两前爪之间的花冈岩石碑上的卡夫拉这位大人物的英名——实际上其他任何一位国王都不例外——怎么可以缺少椭圆图案？

再者，即使碑文第13行的那个音节指的就是卡夫拉，也不能说明是卡夫拉雕刻了狮身人面像。卡夫拉可能还因为其他功绩被怀念着。卡夫拉身后的许多位（或许其身前也有许多位）国王（如拉美西斯二世、图特摩斯四世、阿摩斯一世等）都修复过狮身人面像，卡夫拉怎么就不可能是狮身人面像的修复者之一呢？

实际上，19世纪末和20世纪初开创埃及学的一大批资深学者，都认为狮身人面像并不是由卡夫拉雕刻的，这一说法才是合乎逻辑推理的。当时担任开罗博物馆古迹部主任的加斯东·马斯伯乐也是那个时代最受人推崇的语言学家，也是认同这种观点的学者之一。他在1900年写道：

“狮身人面像石碑上第13行刻着卡夫拉的名字，名字前后与其他字是隔开的……我认为，这说明卡夫拉国王可能修复和清理过狮身人面像，这在某种程度上也证明了狮身人面像在卡夫拉生前已被风沙埋没过……千百年过去了，‘斯芬克斯’仍然伫立在尼罗河畔，即使它的身上已经是千疮百孔，但对于敬仰它的人、膜拜它的人来说，这无损于它的形象。”

知识链接

关于狮身人面像的神话传说

在古代的神话中，狮身人面像是巨人与妖蛇所生的怪物：人的头，狮子的躯体，带着翅膀，名叫斯芬克斯。斯芬克斯生性残酷，他从智慧女神缪斯那里学到了许多谜语，常常守在大路口。每一个行人要想通过，必须猜谜，猜错了，统统吃掉，蒙难者不计其数。有一次，一位国王的儿子被斯芬克斯吃掉了，国王愤怒极了，发出悬赏：“谁能把他制服，就给他王位！”勇敢的青年俄狄浦斯，应国王的征召前去报仇。他走呀走，来到了斯芬克斯把守的路口。“小伙子，猜出谜才让通过。”斯芬克斯拿出一个最难最难的给他猜。“能发出一种声音，早晨用四条腿走路，中午用两条腿走路，晚上却用三条腿走路，这是什么？”“这是人。”聪明的俄狄浦斯很快地猜了出来。俄狄浦斯胜利了，他揭开了谜底。但斯芬克斯不服输，又给俄狄浦斯出了一个谜语：“什么东西先长，然后变短，最后又变长？”俄狄浦斯狄浦斯猜出了谜底“影子”。于是斯芬克斯原形毕露，便用自杀去赎回自己的罪孽。

其实，狮身人面像并不是只有埃及开罗才有。只是在开罗的这一座最大，而且是最古老的。不过，各处雕刻的大小狮身人面（或牛头、羊头等）像，都是蹲着的。不同的是，有个别的还举起了一只爪子。

罗得岛巨人雕像之谜

希腊邮票上的罗得巨像——太阳神赫利俄斯穿着短裤，头戴太阳冠冕，左手按剑于腿上，右手托着火盆在头顶上，双腿叉开立于两座高台上，背后是海港，胯下是出入口航道。那样的巨像该有多大？据说神像高约32米，以450吨青铜铸成，站立的石座高达四五米，巨人的手指头有几人合抱之粗，大腿中空，内部可居住一家人。

罗得巨像建于公元前292～前280年，历时12年完成。公元前408年，罗得国控制爱琴海几个岛屿，向地中海沿岸殖民，引起雅典、斯巴达、马其顿、波斯人的嫉恨与恐慌。公元前305年，波斯的季米特里国入侵罗得岛，全岛居民撤守罗得城。波斯人围困一年未能攻陷，只好撤离该岛。走时匆忙，将攻城装备和大批兵器遗弃于城下。罗得人感谢太阳神的保佑，决定将收集的金属器材熔化铸造一尊赫利俄斯的神像。铸成的巨大铜像立于港口，雄镇海疆。

巨像坠倒的时间确认在公元前225年。在一次大地震中太阳神像坍塌，倒在原地。这就是说，神像立于基座不过55年，这可能是罗得巨像记载不详的原因之一。巨像倒地后，断成几截，后人记载称："底座只剩下巨像的双脚，其他部分全散落地上，露出中间的铁质骨架。"罗得人认为这是"神的意志"，不愿再加修复。后来罗得城从破坏中复苏，繁荣不减当年，要复原巨像毫无问题，然而再也找不到像以前的艺术大师，只好任其自然了。巨像散落后，为何消失得无影无踪？此谜有三解：

第一，公元653年，阿拉伯人占领罗得岛，看中了神像残骸的巨大物质价值，击碎躯体，搬走碎块，运往意大利，变为废铜出售。

罗得岛上的太阳神巨像绘图

第二，铜像可能被人盗走，赃船在海上遇风沉没了。12世纪的编年史，记载了阿拉伯人捣毁巨像的细节：阿拉伯人用粗绳系住巨像残腿，甩力把它拉倒在地，将大块残体打碎以便于搬运，甚至就地起炉生火，将碎铜熔为锭块。在整个搬运过程中，阿拉伯人动用了980匹骆驼才将金属碎片运完。搬运使用了骆驼，金属残片显然是从陆路运走，即从罗得岛渡海运到最近的土耳其大陆，再以骆驼运到阿拉伯某地。若运去意大利出售，必然要装船海运，哪里还用得着骆驼？上述记录属于追记，并不全然可信。但增强了阿拉伯人毁灭铜像的可信性，排除了就地熔化铸为其他器械或盗运沉海的两种猜测。

第三，难道铜像残骸真的躺在地上达887年之久才被阿拉伯人拿走？不大可能。罗得岛从公元前2世纪开始，历经罗马帝国、拜占庭、阿拉伯、土耳其的统治。罗得人视太阳神像为圣物，肯定不会自行捣毁。在罗马帝国时期，恺撒、庞培等帝王、贵族都曾到过罗得城游览，他们对太阳神巨像的精巧与庞大惊叹不已。罗马人不可能当废金属处理掉，很有可能运回本土收藏起来了。

然而，这仅仅是猜测而已，太阳神巨像的下落就像它的铸成一样，千百年来一直都是个谜。

雄伟壮观的“太阳门”之谜

前印加时期的蒂亚瓦纳科文化遗址位于安第斯高原上。遗址被一条大道分成两部分，大道一侧是阶层式的阿加巴那金字塔，另一侧是至今仍保存得很完整的卡拉萨萨亚建筑，在卡拉萨萨亚西北角就是美洲古代最卓越的古迹之一——太阳门。

太阳门是由一整块重达百吨以上的巨石雕刻而成的，它高 3.048 米，宽 3.962 米，中间凿开了一个门洞。据说，每年 9 月 21 日黎明时分，第一缕曙光总是会很准确地从门中央射入。这座雄伟壮观的太阳门是怎样建造起来的呢？它又有什么用处呢？

为了弄清太阳门的真实来历，许多国家的学者们做了大量艰苦卓绝的工作，也取得了很多重要的进展。

美国考古学家温德尔·贝内特用层积发掘法，证明太阳门和其他一些建筑是在 1000 年正式建成的。这里曾经是一个宗教圣地，朝圣的人们跋山涉水去那里参加仪式，可能在朝拜的同时采运了石料，建造起了神殿，而太阳门就是这座神殿的一部分。

以上观点得到了很多学者的支持，但如果真是这样的话有一些事情不好解释。据估计，在当时要把数十吨甚至上百吨重的石块从 5 千米外的采石场拖拽到指定地点，每吨至少要 65 人和几里长的羊皮拖绳，这样就得有一支 2.6 万人左右的队伍，而要解决这支大军的吃住，非得有一个庞大的城市才行，这在当时还没有出现。

著名的玻利维亚考古学家卡洛斯·桑西内斯认为，蒂亚瓦纳科曾经是一个举行宗教仪式的中心场所，而太阳门则是卡拉萨萨亚庭院的大门。门楣的图案反映了宗教仪式的场面。

阿根廷考古学家伊瓦拉·格拉索则认为，太阳门可能是阿加巴那金字塔塔顶上庙堂的一部分，理由是它作为一个凯旋门或庙堂的外大门，显得过于矮小，尤其是中间的过道，高个子如不弯下腰就通不过去。

美国的历史学家艾·托马斯则认为，这里并不是一个宗教中心，而是一个大商业中心，或者说文化中心。阶梯通向之处是中央市场。

1949 年，苏联的几位学者成功地破译了太阳门上的部分象形文字，发现它是个石头天文历，只不过它不是一年 365 天，而是 290 天，即在一年中的 12 个月里，10 个月 24 天，2 个月 25 天。这样的历法在地球上有什么用呢？于是有人推测蒂亚瓦纳科文明来自外星世界，它是某一时期外星人在地球上建造的一个城市，太阳门是外空之门。又有人根据这里的另一处象形文字，发现太阳门上留有大量天文方面的记载，记录了 2.7 万年前的天象，其中还有地球捕获到卫星的天象，而当初卫星的“一年”是 288 天。由此就可以得出结论，太阳门是当时人用来观察地球卫星用的。然而，这种解释本身就难以让人信服。在 2.7 万年前，最先进的地球人还处于石器时代，他们有这样高深的天文知识和高超的建筑技能吗？

“太阳门”之谜还需要人们进一步探索。

太阳门

太阳门位于秘鲁的蒂亚瓦纳科城，它是古印加文化最为杰出和典型的代表，它是用一整块巨石雕刻而成的。

“黑色犹太人”是否建造了独石教堂

在埃塞俄比亚首都亚的斯亚贝巴以北50千米的拉利贝拉，海拔2500米的约瑟夫主教山麓隐藏着一座“教堂城”。从地面看去，山坡没有什么建筑物。走近一看，11座石构教堂全部没于地下，建筑物顶端与地面齐平，原来这是世界上独一无二的独石教堂。

独石教堂于1974年被重新发现。据多年的考证，它已荒废了600多年。此地原名罗哈，11～14世纪曾作为扎格王朝的首都约300年，后来以国王的姓氏而易名为“拉利贝拉”。

扎格王朝1181～1221年在位的国王拉利贝拉，征调5000名匠人，用30年时间凿成独石教堂。扎格王朝为什么要雕琢独石教堂呢？据说是为了安全和隐蔽，避免外族的入侵。另一种说法是出于宗教上的考虑和需要：教堂必须同大地连成一体，建筑根植于大地，上联天体，使上界和下界浑为一体，以取得上帝的庇佑。这些教堂兼宗教、政治、军事三项功能于一身，是王室的住地、祈祷场所和防御要塞。独石教堂纯粹是宗教建筑群，周围没有民用建筑和石镇，那么教士们靠什么供养自己？有人说独石教堂曾经做过国都，实在令人怀疑。

没于地下的独石教堂

在独石教堂附近进行的宗教仪式

拉利贝拉处于火山凝灰岩地带，岩石裸露，群山被染上斑斓的色彩。工匠首先选择完整的没有裂缝的巨岩，除去表层浮土和软岩，往四周挖12～15米深的深沟，而后在巨岩内预留墙体、屋顶、祭坛、柱、门、窗，将空间凿掉，精雕细刻，修饰镂空窗户，最后成为一座宏丽的教堂。在兴建独石教堂当中，不能排除使用黑色犹太人的可能性。

所谓黑色犹太人，是指埃塞俄比亚的一个古老民族，为犹太人和埃塞俄比亚人的混血种。他们自称是公元前10世纪犹太国王所罗门和埃塞俄比亚女王示巴的私生子的后裔。历史学家认为此说并不可信。黑色犹太人应是公元前8世纪亚述国俘获的以色列战俘流落到埃塞俄比亚后与土著混血的后裔。这支混血人在公元初繁衍到上百万人，后来大部分皈依基督教，成为王族的中坚，大部分国王都宣称属于“所罗门血统”。而

埃塞俄比亚的圣·乔治教堂

整座教堂其实是一块巨型岩石，内部掏空，外部则是希腊的十字形状。这些独石教堂在布局、比例、风格上都有各自的特点，一系列地道、深沟和涵洞把一座座教堂连接起来。

俯视圣·乔治独石教堂

坚持信仰犹太教的混血人则遭大规模屠戮，残部一部分沦为奴隶，一部分逃进北部的锡缅山隐居下来。扎格王朝属于"土著血统"，与犹太人势不两立，对犹太人绝不手软，在当时劳动力严重缺乏的情况下，估计他们肯定使用了犹太奴隶。后来的扎格王朝，正是被"所罗门血统"的绍阿王朝取代的。那些"顽固不化"坚持信奉犹太教的黑色犹太人，被称为"法拉沙"（意为"外来户""逃亡者"），最后只剩5万人，处于与世隔绝的原始状态。

20世纪70年代，在头人"回耶路撒冷"的号召下，法拉沙人真的"逃亡"了，携家将雏，不畏万难，向北方的苏丹国迁徙，准备出走以色列，结果被苏丹国围在难民营内。在美国的帮助下，以色列架设了"空中桥梁"，实施秘密的"摩西行动"，派出运输机接运自己的"子民"，历时10年，运走黑色犹太人3万多人。至此，纯种的黑色犹太人在埃塞俄比亚基本绝迹了。

有人说，当时应该已经有垒砌法等比较先进的建筑技术，而拉利贝拉还是采用原始的凿岩造屋方法是因为这些先进技术失传了。凿岩造屋的水平比垒砌法低吗？这是不能自圆其说的。何况独石教堂内有许多石碑式的雕刻品，怎么能说是技艺失传呢？这类石碑属于记功、祭祀类纪念碑，高达几十米，重四五百吨，类似于埃及的方尖碑，直到今天仍然是埃塞俄比亚古建筑的标志。种种事实表明，独石教堂是扎格王朝的拉利贝拉国王凿造的。

那么，到底"黑色犹太人"是否开凿了独石教堂，至今依然没有结论。

知识链接

拉利贝拉石构教堂的宗教祭典

每当到了"德姆卡多"这一天，拉利贝拉岩石教堂周围的岩壁上，就会挤满成千上万听祭司说教的人群。因为这一天是基督教洗礼之日的祭典。凡是参加"德姆卡多"祭典的少年们，都必须盛装打扮来参加。在少女们的低声祈祝中，他们双手捧着神具，跟随着大人进入设在广场上的小木屋里。人们还夜宿于此，做虔诚的祈祷。每当教堂的晨钟在黎明时分响起时，修道士们就开始对巡礼者说教。由祭司将祝圣过的圣水分洒给在场的每一个人。在随后的祭祀活动上，一个称为"达玻多"的十诫木板从教堂里面运出，象征着摩西从耶稣那儿得到了十诫。在木板的中央，还有一幅圣徒降服巨龙的图画。最后，这个十诫木板要被安置在广场上搭建的小木屋里。"德姆卡多"祭典一共要连续举行三天，是埃塞俄比亚高原上最大的宗教性活动。

重见天日的古罗马庞贝城

在意大利半岛西南角坎佩尼地区有一座历史悠久的古代名城——庞贝城。它曾经是罗马富人寻欢作乐的胜地；它曾经是一座人口超过2.5万人的酒色之都；它也曾经是一座背山面海的避暑小城。然而在一夜之间，这一切都灰飞烟灭了。

公元79年8月24日这一天，维苏威火山醒过来了。刹那之间，火山喷出的灼热岩浆遮天蔽日，四处飞溅；浓浓的黑烟裹挟着滚烫的火山灰，铺天盖地地降落到庞贝城。令人窒息的硫黄味弥漫在空气中，弄得人头昏脑涨。很快，厚约5.6米的熔岩浆和火山灰就毫不犹豫地将庞贝城从地球上抹掉了。

1748年，一位当地的农民偶然发现了埋葬于地下1000多年的庞贝城。即使到今天，庞贝城也只有3/5被考古学家们发掘出来，仍有许多死难者、器具和建筑物被深深地掩埋在地下，尽管如此，富丽堂皇的庞贝城也使人们产生无限遐想。

庞贝城占地面积1.8平方千米，用石头砌建的城墙周长4.8千米，有塔楼14座、城门7个，蔚为壮观。纵横的4条石铺大街组成一个“井”字形，全城被分割成9个区，每个城区又有很多大街小巷相通，金属车轮在大街上辗出了深深的车辙，历历在目，仿佛马车刚刚驶过一般。

在大街的十字路口都设有高近1米、长约2米的石头水槽，用来向市民供水。那么水槽里的水又是从哪里引来的呢？原来水槽与城里的水塔相通。水塔的水则是通过砖石砌成的渡漕从城外高山上引进来的，然后分流到各个十字路口的公共水槽中，这个系统也为贵族富商庭院的喷泉和鱼池供水。

庞贝遗址

庞贝原是一个平凡的城市，住着平凡的市民，在历史上充其量只能占一个不起眼的地位。但是一场浩劫把它从活人的世界上抹去，把庞贝人的生活冻结了十几个世纪。

考古专家正对庞贝古城遗址进行勘察

1863年，庞贝挖掘活动频繁。工人把清理出来的垃圾放在筐里背走。泥水工正在修屋顶，竖起柱子，架上横梁。

庞贝城里还有3座大型剧场，其中最大的一座剧场位于城东南，建于公元前70年，可容纳观众2万人，也可以当作角斗场，当年人与人、人与兽的角斗就曾在这里举行。

这座大型剧场的东侧还有一座近似正方形的

↗ 描绘庞贝古城居民生活的绘画

知识链接

庞贝古城建筑特点

庞贝是古罗马第二大繁华富裕的城市。古城略呈长方形，有城墙环绕，四面设置城门，城内大街纵横交错，街坊布局有如棋盘。据记载，庞贝城是由奥斯坎斯部落兴建的，它已是一座人口稠密，商旅云集的小城。公元前 89 年，庞贝城被罗马人占领，成为罗马帝国的属地。到公元 79 年为止，这里已经成为富人的乐园，贵族富商纷纷到此营建豪华别墅，尽情寻欢作乐。庞贝城人口超过 2.5 万人，成为闻名遐迩的酒色之都。重要建筑围绕市政广场，有朱庇特神庙、阿波罗神庙、大会堂、浴场、商场等，还有剧场、体育馆、斗兽场、引水道等罗马市政建筑必备设施。作坊店铺众多，都按行业分街坊设置，连同大量居民住宅，构成研究罗马民用建筑的重要实物。富裕之家一般均有花园，主宅环绕中央天井布置厅堂居室，花园中有古典柱廊和大理石雕像，厅堂廊庑多施壁画，是古典壁画重要的遗存。

圆形体育场，边长约 130 米，场地三边用圆柱长廊围住，黄柱红瓦，金碧辉煌，场地正中是一个游泳池。这个体育场估计能容纳观众 1 万余名。

城西南有一个长方形广场，是全城政治、经济和宗教中心，四周建有官署、法庭、神庙和市场。城市至少建有一座公共浴室，不但冷热浴、蒸汽浴样样具备，还附有化妆室、按摩室，装修也十分到位，墙上还用石雕和壁画装饰着。

庞贝城遗址充分反映了古罗马社会的道德沦丧，一部分人沉溺于酒色、纸醉金迷、生活糜烂。庞贝城明显有两多：一是妓院多，二是酒馆多。不堪入目的春宫画画满了妓院的墙壁，各种淫荡的脏话在墙壁上随处可见，城内酒店林立，店铺不是很大，酒垆与柜台都在门口，酒徒可以站在柜台外面喝酒，酒鬼们在一些酒店的墙壁上留下了信手涂鸦的歪诗邪文，至今依稀能够辨识出来。

比起埋在地下 20 ~ 30 米深且被新城覆盖的赫库兰尼姆，庞贝城埋在地下平均深度为 3.6 米，较易发掘，但要运走那么多的泥石，也不是一件容易的事。目前，整个庞贝遗址就是一座博物馆，用外墙围住，不准任何人居住，更不准车辆入内，而在遗址外围，逐渐形成了一座几万人的游览城市。

一座死城在科学家们的努力下重见天日。它反映了古罗马时代城邦居民的日常生活，是一座世界少有的天然历史博物馆。

↘ 庞贝城房屋复原图

共和国时代典型的庞贝城式房屋，有镶嵌式地板和墙壁漆画。

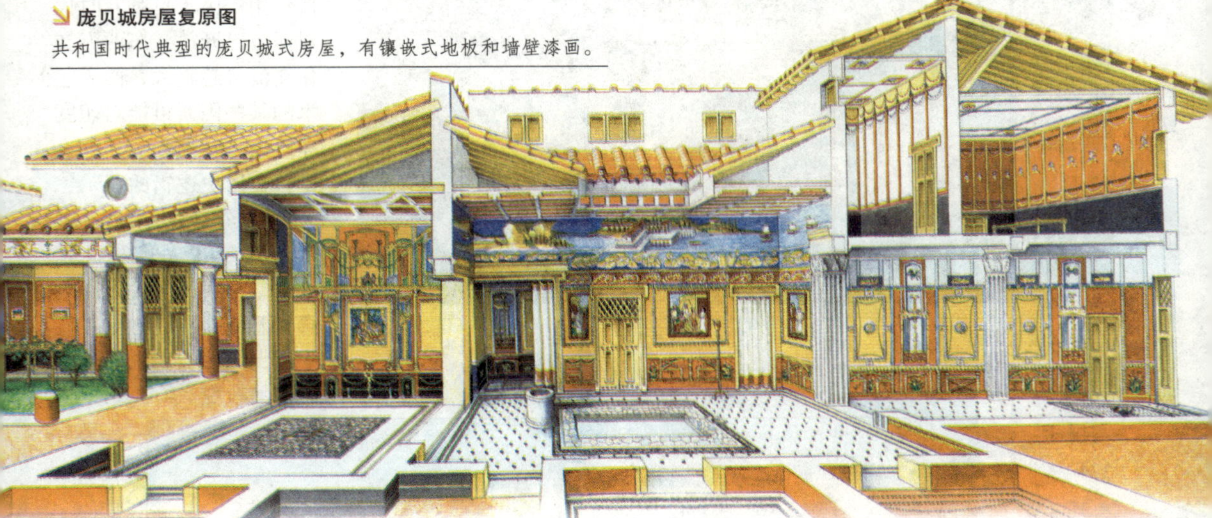

泰姬陵的设计建造之谜

中国人不能没有长城，印度人不能没有泰姬陵，作为世界七大建筑奇迹之一的泰姬陵是印度人的骄傲。但是，泰姬陵的设计建造和艺术流派问题，引起了印度国内外学者们的关注和争议。人们尤其感兴趣的是：究竟是谁建造了泰姬陵？从建筑风格上可以看出建造者为谁，而建造者的身份又决定了他的建造目的。所以，这后一个问题耐人寻味，很多人对此纷纷发表看法，并做了新的探究。

泰姬陵始建于1631年，由来自中亚各地、波斯、土耳其、印度和欧洲国家的建筑师和工匠参与建造。

陵园的构想和布局是一个完美无比的整体，它庄严肃穆、气势宏伟和富于哲理。那么，谁是这一宏伟壮观杰作的设计和建造者呢？

数十年来，《大英百科全书》的作者一直认为，泰姬陵的建造者是沙·贾汉皇帝。主要设计者是波斯人（一说土耳其人）乌斯泰德·伊萨，由他负责全部事务。

还有人认为泰姬陵是欧亚文化结合的产物。这一说法的代表人物是英国旧牛津学派的印度史学家密斯。他认为，泰姬陵是“欧洲和亚洲天才结合的产物”。意大利人吉埃落米莫·维洛内奥和法国建筑师奥斯汀·德·博尔多等诸多欧洲文艺复兴时代的建筑大师均参加了设计，且在艺术风格上颇受西方影响。印度史学家莫因·乌德一丁·艾哈迈德驳斥了这种说法，他在1904年写的一本题为《泰姬陵的历史》中完全否认这座建筑物是出自西欧文艺复兴时代大师们的构思。

还有一种说法，即“主体艺术印度说”。持这一看法的学者中，有已故的印度著名史学家马宗达（1888～1980）。他说，在探讨这一设计功劳归于谁时，不应忘却印度自身的因素。泰姬陵的平面图和主要特点与苏尔王朝舍尔沙陵墓和莫卧儿胡马雍的陵墓，在建筑上有师承关系；就建筑材料——纯白大理石及其上面的宝石镶嵌工艺水平而言，在西印度的拉杰普特艺术中早已存在，不能把此陵的设计和建造完全归功于波斯的影响和支持作用；由于莫卧儿时代对西方已开放，东西方文化交流日趋扩大，西方艺术的某些因素可能对印度建筑风格带来影响，这也是符合历史逻辑的。

时至今日，这3种说法还是让人难辨谁是谁非，然而不论怎样，泰姬陵在印度人民心目中的地位不会因此而有丝毫的改变。

泰姬陵正面图

泰姬陵是古代印度建筑中的杰作，这是一座几乎完全由白色大理石建成的，它的建筑以对称布局作为主要特点。

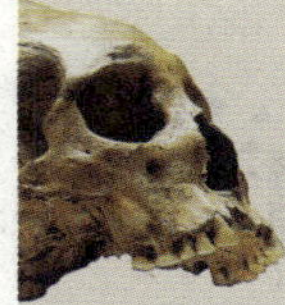

斜而不倒的意大利比萨斜塔

意大利比萨斜塔修建于1173年，由著名建筑师那诺·皮萨诺主持修建。它位于罗马式大教堂后面右侧，是比萨城的标志。

开始时，塔高设计为100米左右，但动工五六年后，塔身从3层开始倾斜，直到完工还在持续倾斜，在其关闭之前，塔顶已南倾（即塔顶偏离垂直线）3.5米。1990年，意大利政府将其关闭，开始进行整修。

在实际工作中，许多专家对比萨斜塔的全部历史以及塔的建筑材料、结构、地质、水源等方面进行充分的研究，并采用各种先进的仪器设备进行测试。比萨中古史学家皮洛迪教授研究后认为，建造塔身的每一块石砖都是一块石雕佳品，石砖与石砖间的黏合极为巧妙，有效地防止了塔身倾斜引起的断裂，成为斜塔斜而不倒的一个因素。但他仍强调指出，当务之急是弄清比萨斜塔斜而不倒的奥妙。

从事观测该塔的专家盖里教授根据比萨斜塔近几年来倾斜的速度推测出，斜塔将于250年后因塔身的重心超出塔基外缘而倾倒。但是公共事务部比萨斜塔服务局的有关人员却针对盖里教授的看法提出了反驳，认为只按数学方式推算是不可靠的，比萨斜塔是“一个由多种事实交织成的综合性问题”。另一些研究者通过调查发现，比萨斜塔塔身曾一度向东倾斜，而后又转向南倾斜，他们同样认为250年后该塔会不会倒不能局限于简单的假设和预测。

当然，最关心斜塔命运的自然是比萨人，尽管他们也对斜塔的倾斜感到担忧，但更多的是骄傲和自豪，为自己的故乡拥有一个可与世界上任何著名建筑媲美的斜塔而感到自豪。他们坚信它不会倒下，他们有这样一句俗语：比萨塔像比萨人一样健壮结实，永远不会倒下去。他们对那些把斜塔重新纠正竖直的建议深恶痛绝。如1934年，相关部门在塔基及四周喷入90吨水泥，实施基础防水工程，塔身反而更加不稳，向周围移动，倾斜得更快。

人们目前还难以预言比萨斜塔今后的命运，但仍感叹它斜而不倒的壮观景象。

比萨斜塔全景

比萨斜塔位于比萨市奇迹广场，它是由著名建筑师皮萨诺建造的。比萨斜塔奇特的结构和宏伟的外观吸引了众多游人，它与大教堂、洗礼堂和公墓构成了比萨“奇迹区”。

神秘的印度尼西亚“千佛寺”

人们都公认由释迦牟尼创立的佛教产生于印度，然而世界上最大的佛塔在印度尼西亚，而并非建于佛教起源国印度，这不能不说是一件令人奇怪的事情。

印度尼西亚的婆罗浮屠被列为东方文明的四大奇观之一，也是世界石刻艺术宝库之一。

佛塔基座上刻有160块浮雕，这些浮雕都是根据佛经刻出来的。中部5层塔身和围墙上也刻有1300块精美浮雕，描绘了佛祖解脱之前日常生活的情景，但并不全是佛教的传说，也有一些反映的是民间传说故事。这些浮雕刻画人物栩栩如生，形象逼真。

佛塔的数量很多，佛像也很多，庙中佛像有1000多尊、大型浮雕1400余块。所以，在爪哇历史上，这座佛塔又被称为“千佛寺”。佛塔被后人发掘出来后，大批学者纷纷前来对它进行研究。然而，时至今日，人们仍在努力探索，一直未能解开它的秘密。

秘密之处首先在于建筑。关于佛塔的建筑年代在任何史料中都没有明确的记载。据考古学家们考证，建筑年代应该十分久远，为公元772～830年，具体什么时间却无法确定。另外，佛塔的设计者究竟是什么人也无从考察，而仅能从民间传说中寻找到一点蛛丝马迹——可能是萨玛拉罗国王。

另外，塔内众多的佛像、雕石均有着深刻的含义。然而，它不是容易为今人所理解的。迄今为止，世人能够理解的仅占20%。如《独醒图》表现富贵不能淫;《救世图》赞扬佛的慈悲宽宏;《身教图》则教育人们不要冤冤相报，而剩下的大部分佛像雕石今人都已经很难理解其深刻含义了。

还有一个就是种神奇的数字。在佛塔的整个建筑中，多次用到了“8”“10”等数字。3层圆台上的小舍利塔的数目分别为32、24、16，塔内佛像总共有504尊，全部都是8的倍数。佛塔建筑中所有舍利塔的数目是73。而“73”的个位数与十位数之和恰好是10，这是佛教中一种圆空、轮回的教义的体现。另据传说，原来塔内佛像总数为505尊，后来由于塔顶原来的佛像修行圆满，达到涅槃，远走高飞了，所以现在的只剩下504尊。原佛像数505这3位数之和也是10，这与舍利塔的总数目具有相同的道理，即从0出发，经过9个实数后，回复到0。佛像在数字方面时时都注意体现教义。

随着佛塔神秘面纱的揭开，也许会出现越来越多的类似的难题。但相信随着时间的推移和高科技的发展，神秘的千佛寺将完全地展露在世人面前。

最高平台上的佛像和钟形佛龛

重现于世的吴哥古城

历史总留下很多遗憾，光阴总毁去太多珍奇。庞贝古城、玛雅文化遗址已让人们感慨不已，吴哥古城更在丛林之中吸引着人们的目光。吴哥古城是柬埔寨的象征，它与埃及金字塔、中国的长城、印度尼西亚的波罗浮屠并称为“东方四大奇观”。12 世纪前半叶，吴哥王朝进入全盛时期，信奉婆罗门教的高棉国王苏利耶跋摩二世，为了祭祀“保护之神”毗湿奴，炫耀自己的功绩，而建造了著名的吴哥窟（小吴哥）。

大吴哥位于吴哥窟的北部，是耶跋摩七世统治时期建造的新都。吴哥城规模非常宏伟壮观，护城河环绕在周围。城内有各式各样非常精美的宝塔寺院和庙宇。在吴哥城中心的是巴扬庙，它和周围象征当时 16 个省的 16 座中塔和几十座小塔，构成一组完美整齐的阶梯式塔形建筑群。重现于世的吴哥古迹，具有独特和永久的魅力，这使世人为之倾倒、赞服，同时又使人们产生了无穷的遐想和许多疑问。

疑问之一，是何人建造了美妙绝伦的古城。它的每一块石头都是精雕细琢，遍布浮雕壁画，其技巧之娴熟、精湛，想象力之丰富，使人难以置信，以至于长时间流传着吴哥古迹是天神的创造，不可能出自凡人之手的说法。在垒砌这些建筑时，没有使用黏合剂之类的材料，完全靠石块本身的重量和形状紧密相连，丝丝入扣。时至今日，吴哥古迹的大部分建筑虽历经沧桑，仍岿然不动。吴哥古迹充分向人们展示了柬埔寨人民高度的艺术才能和伟大的智慧。

疑问之二，通过对吴哥城的规模进行估计，在这座古城最繁荣的时候，至少近百万居民生活在这儿。可是为什么这样一座繁荣昌盛的都城竟会湮没在茫茫丛林里呢？它的居民为什么都不见了呢？有人猜测，流行瘟疫或霍乱之类的疾病，使他们迅速地在极短时间内全部死去。还有人猜测，可能是外来的敌人攻占这座城市后，将城里的所有居民赶到某一地方做奴隶去了。

疑问之三，在柬埔寨历史上，放弃吴哥是一个具有重要转折意义的事件，它标志着一度强大的吴哥王朝的瓦解。那么，是不是有别的因素呢？中国一些学者认为，这种结局与暹罗人的不断入侵有关，这使得高棉人做出了撤离吴哥的最终决定。自从暹罗人不断强大后，使高棉人蒙受深重的灾难和巨大的损失。日益衰竭的国力使高棉人无法应付暹罗人的挑战，只好采取回避的方法。O.W. 沃尔特斯博士也有相似的看法。但是他认为，吴哥王朝的衰弱和抵抗力的丧失，并非完全是暹罗人所造成，而是高棉王族之间内部矛盾斗争发展的后果。这时，暹罗人入侵，从而导致了吴哥王朝放弃古城之举。

15 世纪上半叶，吴哥王朝被迫迁都金边，曾经繁华昌盛的吴哥城杂草丛生，逐渐被茂密的热带森林所湮没。由于有关柬埔寨中古时代的史料极其缺乏，重现于世的吴哥古城只能有待后人去探索研究。

吴哥巴扬寺神化的国王石像头

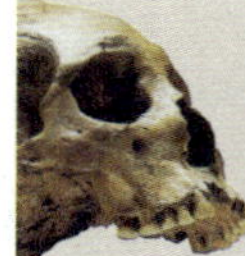

印度河文明两大古城遗迹之谜

印度河文明最早引起人们注意是18世纪哈拉帕遗址的发掘。19世纪中叶，印度考古局长康宁翰第二次到哈巴拉时，发掘出一个奇特的印章，但他认为这不过是个外来物品，只写了个简单的报告，此后50年，再也无人注意这个遗址了。后来，考古专家以含哈拉帕在内的旁遮普一带为中心，在东西1600千米、南北1400千米的地域内，发现了属于同一文明的大量遗址。这个发现震动了考古学界，因为涵盖范围如此之大的古文明在世界上可以说是独一无二的。1922年，一个偶然的机会使人们发现了位于哈拉帕以南600千米处的摩亨佐·达罗遗迹。这里出土的物品与哈拉帕出土的相似，人们才想起了50年前哈拉帕出土的印章，考古学家开始注意这两个遗址间的广大地区。

据考证，遗址始建于5000年以前甚至更早。然而令人激动的还不仅是它的面积和年代，不久，人们就发现虽然这些遗址属于同一文明，但生活水平并不一样，这是什么原因呢？

对哈拉帕出土的印度印章进行研究的结果令人失望，没有人能释读印章上的文字。文字是一个国家文明的水准，有文字的印章可能在政治、经济活动中担任重要角色。而且印章只在摩亨佐·达罗和哈拉帕出土，于是专家们推断，摩亨佐·达罗与哈拉帕都是都市，这就可以解释为什么处于同一文明的人生活水准不一样，当然这只是推测。

一枚摩亨佐·达罗印章上饰有一头独角兽，它上面的印度文字至今尚未被破译。

为了进一步证实它们的都市性质，考古学家对摩亨佐·达罗进行了最广泛的发掘。摩亨佐·达罗面积约为100平方千米，分西侧的城堡和东侧的广大市街区。西侧的城堡建筑在高达10米的地基上，城堡内有砖砌的大谷仓和被称为“大浴池”的净身用建筑等，谷仓的庞大似乎显示了这个城市当时的富足，但装满大谷仓的谷物是怎样征集来的呢？

市区有四通八达的街道，东西走向和南北走向的各宽10余米，市民的住房家家有井和庭院，房屋的建材是烧制的砖块。如果不是亲眼所见，这是难以置信的，因为在其他古代文明中，砖块只用于王宫及神殿的建筑。最令考古学家惊异的是其完整的排水系统。其完善程度就连现今世界上数一数二的现代都市也未必能够达到。住宅区各处均设有岗哨。从挖掘结果看，这是一个十分注重市民生活公共设施的城市。这是一个什么形态的社会呢？为什么它没有宫殿，所有的住房水准又都一样，完全不同于宫殿、神殿林立的古印加，美索不达米亚及国王、法老陵密布贫富悬殊的埃及呢？除了完善的公共设施之外，还有不少通向印度河乃至阿拉伯海的港埠，这是国内外广泛而积极的经济活动的表现。这所有的一切出于何人的规划？这个设计师可以说具有现代化的头脑。另外，整个摩亨佐·达罗没有防御系统和攻击武器，也没有精美夺目的艺术作品，这也是已知古代文明中的唯一先例。

这些城市的统治者是什么人？考古学家按照惯例首先在摩亨佐·达罗寻找王宫和神殿，结果一无所获。这又牵涉了一个问题：是什么人，用什么样的方法统治这块辽阔的国土？而且摩亨佐·达罗和哈拉帕有着完全相同的城市建设，难道它们都是首都？因为没有神殿，能不能用其他古文明中的例子——古印加、美索不达米亚、古埃及的国王同时兼任法老或祭司王来推测统治者呢？所有遗址中确实没有发现有祭司王统治的痕迹，难道5000多年前的印度河文明已经废弃了君主制？这么大的国土不可能没有统治者，考古学家又仔细研究第一块和以后出土的印章，但经过一个世纪的努力，印章上的字还是无法解读。

↗ 哈拉帕地区东南边缘4000年前的洛萨港口

因为有一小部分印章上刻有神像，于是有人推测，这可能是宗教遗物。但也有人反驳说，这完全是家族或个人的保存品，不能说明整个国家具有宗教性质，况且出土的近3万枚印章有神像的只是很小部分。谜团越来越多。大多数考古学家认为必须从多方面研究，以触类旁通。

进一步考古发现，无论是文字还是印章都是其他地方看不到的，而且对出土人类骨骼的鉴定也表明这里的人融混了许多人种的要素，不是现在已知的某个特定民族。

如果不是印度人的先人，那又是什么人呢？印度河文明是怎样被废弃的？后者可以从摩亨佐·达罗出土的人骨上找到一些线索。这里出土的人骨都是在十分奇异的状态下死亡的，换言之，死亡的人并非埋葬在墓中。考古学家发现这些人是猝死的，在通常的古文明遗址中，除非发生过地震和火山爆发，否则不会有猝死的人。摩亨佐·达罗没有发生过上述两件事，人骨都是在居室内被发现的，有不少居室遗体成堆地倒着，惨不忍睹。印度考古学家卡哈对出土的人骨进行了详细的化学分析。卡哈博士的报告说："我在9具白骨中发现均有高温加热的痕迹……不用说这当然不是火葬，也没有火灾的迹象。"摩亨佐·达罗遗址与古代假想中的核战争有无关系呢？事实上印亚大陆是史诗神话中经常传诵的古代核战争的战场。前3000年的大叙事诗《玛哈巴拉德》中记叙的战争景象一如广岛原子弹爆炸后之惨景，提到的武器连现代化武器也无法比拟。

另一首叙事诗《拉玛亚那》描述了几十万大军瞬间完全被毁灭的景象。诗中有一点值得注意：大决战的场地在被称为"兰卡"的城市，而"兰卡"正是当地人对摩亨佐·达罗的称呼。据当地人说：1947年印巴分治后属巴基斯坦而被禁止发掘的摩亨佐·达罗，有不少似广岛核爆炸后遗留下来的"玻璃建筑"——托立尼提物质（即世界上第一颗原子弹在美国托立尼提沙漠中试爆后，沙因高温凝固成的玻璃状物质）。答案似乎出来了。但推断毕竟是推断，虽然科学家越来越相信地球上出现过数次文明并被毁灭，但要人们信服摩亨佐·达罗的遗弃与核战争有关还为时过早。

有人认为，印度河文明与其他文明是同时崛起并存的。是不是可以说，印度河文明发展之初，受到过外来文明的影响，在漫长的历史长河中孕育出独特的高度文明？还有人提出，印度河文明是多种文化融合的结果，众说纷纭。有一点可以肯定，印度河文明的特殊性和神奇性，使其过去、现在都为人类历史的发展奉献着无法取代的财富，它不仅是印度文化的源头，也是人类文明史的重要一环，揭开它的谜底是今人的重任。

巴比伦“空中花园”的建造之谜

在2500年前，一名希腊经师写下了眩人耳目的七大奇观清单：罗得岛巨像、奥林匹亚宙斯神像、埃及金字塔、法洛斯灯塔、巴比伦空中花园、以弗所阿提密斯神庙以及毛索罗斯王陵墓。这位经师说，七大奇观，“心眼所见，永难磨灭”。这就是所谓世界七大奇观的由来。

巴比伦空中花园是什么时间建造的呢？一般认为，巴比伦空中花园是在幼发拉底河东面，距离伊拉克首都巴格达大约100千米，是在巴比伦最兴盛时期尼布甲尼撒二世时代（前604～前562）建造的。

千年古都巴格达曾是阿拉伯鼎盛时期阿拔斯王朝的首都，向来以文学艺术和雕塑绘画著称于世，世界名著《一千零一夜》中许多故事的出处都在巴格达。然而，美丽的巴比伦空中花园究竟在哪里呢？据历史记载，巴比伦是公元前626年迹勒底人建立的新巴比伦王国的遗址，主要由阿什塔门、南宫、仪仗大道、城墙、空中花园、石狮子和亚历山大剧场等建筑组成。遗址一直埋在沙漠中，直到20世纪初才被发现。而汉谟拉比（前1792～前1750）时代的古巴比伦王国遗址，至今还被埋在18米深的沙漠。

汉谟拉比头像

他是公元前第二个千年间在位的伟大的古巴比伦国王，他曾将整个美索不达米亚都置于其统治之下。

在遗址宫殿北面外侧不远的一堆矮墙中阿巴斯是一个深深的地下室，散发出一种异样的味道，原来这就是空中花园的所在地，阿拉伯语称其为“悬挂的天堂”。据说，花园建于皇宫广场的中央，是一个四角锥体的建筑，堆起纵横各400米，高15米的土丘；共有7层，每层平台就是一个花园，由拱顶石柱支撑着，台阶并铺上石板、芦草、沥青、硬砖及铅板等材料，眼前只有盛开的鲜花和翠绿的树木，而不见四周的平地；同时泥土的土层也很厚，足以使大树扎根；虽然最上方的平台只有20平方米左右，但高度却达105米（相当于30层楼的建筑物），因此远看就像是一座小山丘。

更有历史学家放言道：“从壮大与宽广这一点看，空中花园显然远不及尼布甲尼撒二世宫殿，或巴别塔，但是它的美丽、优雅，以及难以抗拒的魅力，都是其他建筑所望尘莫及的。”公元前1世纪作家昆特斯·库尔提乌斯这样描述这座空中花园：“无数高耸入云的树林给城市带来了荫蔽。这些树有12英尺之粗，高达50英尺。从远处看去，如茵的灌丛让人以为是生长在高大巍峨、树木繁盛的山上森林。”

然而这么豪华的“天堂”现在什么也看不到了，只有一段修复后的低矮墙中残留的一小块原址遗迹，旁边有一口干枯的老井。据说这就是当年空中花园的遗存品，但尼布甲尼撒博物馆的馆长说，经过考证，现在仍不能确认这就是真正的空中花园遗址，因为这里离幼发拉底河20多千米，而资料记载空中花园就在河边上。事实上，大半描绘空中花园的人都从未涉足巴比伦，只知东方有座奇妙的花园。而在巴比伦文本记载中，它本身也是一个谜，其中没有一篇提及空中花园。所以真正的空中花园在哪里，至今没人能说得清楚。

至于为什么要建造奇特的巴比伦空中花园，古代世界就有两种不同的说法。

一种说法是，公元前1世纪中叶，西西里岛的希腊历史家狄奥多罗斯在他的40卷《历史丛书》中提及，“空中花园”由亚述女王塞米拉米丝供自己玩乐所建。空中花园或许真的曾名噪一时，但塞米拉米丝实无其人，她只是希腊传说中的亚述女王。

另一种说法是，来自巴比伦祭司、历史家贝罗索斯（前3世纪前期）写过一部向希腊人介绍巴比伦历史和文化的著作，曾提及公元前614年巴比伦国王去世，新国王尼布甲尼撒即位后，迎娶了北方国米提之女安美依迪丝为妃。而米提是一个山国，山林茂密，花草丛生。米提生长的王妃骤然来到长年不雨的巴比伦，触目皆是黄土，不觉怀念起故乡美丽的绿丘陵来。她日夜愁眉苦脸，茶不思，饭不想，本来美丽的身影不久就瘦骨嶙峋了。这可急坏了巴比伦国王。可是，在巴比伦连块石头也难找到。怎么办呢？他请来了许多建筑师要他们在京城里建造一座大假山。经过几年的营造，也不知耗费了多少奴隶的血汗，一座大山终于造好了。山上还种上了许多奇花异草。这些花木远看好像长在空中，所以叫作“空中花园”。花园里，还建造着富丽堂皇的宫殿，国王和王后得以饱览全城的风光。据说，米提公主从此兴高采烈，思乡病一下子消失得无影无踪。

虽然空中花园已全部为荒漠所吞噬，但同伊甸园一样，空中花园的传说一直吸引了无数人。很长时间以来，许多古代的著作对它是否真的存在过表示疑问。19世纪，德国考古学家罗伯特·科德卫发现了一些证据，他认为可以证明空中花园确实存在过。第一条线索是若干个石拱，它们可以轻易支撑住树林、土壤、岩石以及导水管的巨大重量。接着，他又发现一根轴，从屋顶一直延伸到地面，这可能就是一口井，空中花园的水也就是从这里抽取。进一步的研究表明，屋檐正下方的地面曾用于某种形式的储存。这极可能是一个蓄水库。今天美索不达米亚一带气候干燥、缺少石材，空中花园离幼发拉底河又有一段距离，而花园的花离不开水，那么它是如何解决供水问题的呢？如果真是这样的话，在水泵发明几个世纪前，水又是如何被运到屋顶花园的？

公元前1世纪的历史学家兼作家斯特拉博曾记载：“有专门的旋转式螺旋桨把水送到屋顶。这些螺旋桨的功能就是不断地从幼发拉底河抽取水源以播洒滋润整个花园。”尽管人们一直把这种旋转式螺旋桨视为阿基米德螺旋泵，并且由于它能够较好地输送大量水源，最终引发了全世界农业的革新，然而奇怪的是，古代文卷中没有一处特别提到巴比伦曾使用过这种水泵。可这种水泵被另一位统治者亚述国王塞纳恰诺波使用过，他的都城设在尼尼微——底格里斯河。

专家们认为，空中花园应该要有完善的输水设备，由奴隶不停地推动着相连的齿轮，把地下水运到最高层的储水池中，再经过人工河流供给植物水分。同时美索不达米亚平原没有太多石块，因此研究员相信花园所用的砖块定是被加入了芦苇、沥青及瓦，狄奥多罗斯甚至指出空中花园所用的石块加入了一层铅板，以防止河水渗入地基。

事实究竟如何呢？还有待于进一步考证。迷人的空中花园，将无尽的谜尽藏腹中。

巴比伦城门复原图

古巴比伦城是人类古代文明的一大发源地，也是世界文明史上的一个著名古都。它是巴比伦文化的象征和结晶，建于4000多年以前。现巴比伦遗址坐落在巴格达东南90千米处，与巴比伦省会哈莱相距10多千米。

新巴比伦王国修建过通天塔吗

如今的人们，已能利用航天飞机深入宇宙，更能用望远镜探望宇宙深处的秘密，但人们还是很向往更遥远的天外，希望能达到世界的顶端。这种愿望自古有之。

基督教经典著作《圣经旧约·创世记》第11章曾有这样一段记述：古时候，天下众多的人口，全都说着同一种语言，人们在向东迁移时，走到一处叫示拿的地方，发现那里是肥沃的平原，就定居下来。他们商定在这里用砖和生漆修建一座城和高耸通天的塔，以此传播声名，免得四处流散。这件事惊动了耶和华，他看到城和大塔就要建成，便施法术变乱了人们的口音，使人们的言语各不相同。结果工程不得不停顿下来，人们从此分散到了世界各地，大塔最终没有建成，后人把这座大塔称作巴别，"巴别"就是"变乱"的含义。

如何看待《圣经》中这段记述，史学界众说纷纭，有的人认为《圣经》中这段传说有所根据，认为《创世记》记载的那座大塔的原型，就是古代两河流域（即示拿）新巴比伦王国时代巴比伦城内的马都克神庙大寺塔。这座大寺塔，被称作埃特曼安基（意为天地之基本住所）。它兴建于新巴比伦国王那波帕拉沙尔（前626 ~ 前605）在位时，到其子尼布甲尼撒（公元前604 ~ 前562年）在位时才建成。这一传说也反映了新巴比伦王国时代，巴比伦城内居民众多、语言复杂的情况。公元前5世纪，古希腊历史学家希罗多德在其所著的《历史》一书第1卷181节中记载了如下事实："在这个圣域的中央，有一个造得非常坚固、长宽各有一斯塔迪昂（古希腊长度单位，约合185米）的塔，塔上又有第2个塔，第2个塔上又有第3个塔，这样一直到第8个塔。人们必须循着像螺旋线那样地绕过各塔的扶梯走到塔顶的地方去。那里有一座宽大的圣堂。"希罗多德说塔共11层，可能是把塔基的土台或塔顶的庙也计算在内了。公元前331年马其顿亚历山大到巴比伦时，这座大塔已非常破败。为了纪念自己的武功，亚历山大曾有意重建此塔，可是，据估算，光是清除地面废料，就需要动用1万人，费时2个月。由于工程浩大，亚历山大只好放弃了这个打算。

巴比伦宝塔式建筑遗迹

相反，有的学者不同意《圣经》中提到的通天塔就是新巴比伦时代马都克神庙大寺塔的观点，认为在巴比伦城内，早在新巴比伦时代以前就曾有两座著名的神庙，一座叫作萨哥—埃尔（意为"通天云中"），一座叫作米提—犹拉哥（意为"上与天平"），它们很可能就是关于通天塔的传说的素材。但是，有关这两座神庙，没有更多的史料可以提供参考。

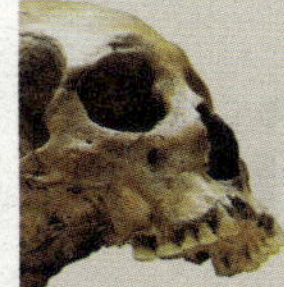

马耳他岛巨石建筑之谜

地中海上的马耳他岛，位于利比亚与西西里岛之间。1902年，在这里的首府瓦莱塔一条不引人注意的小路上，发生了一件引起世人轰动的大事。有人盖房时在地下发现一处洞穴，后来人们才知道，原来这里埋藏着一座史前建筑。它由上下交错、多层重叠的多层房间组成，里边有一些进出洞口和奇妙的小房间，旁边还有一些大小不等的壁孔。中央大厅耸立着直接由巨大的石料凿成的大圆柱和小支柱，支撑着半圆形屋顶。整个建筑线条清晰，棱角分明，甚至那些粗大的石架也不例外，没有发现用石头镶嵌补漏的地方。天衣无缝的石板上耸立着巨大的独石柱，整个建筑共分3层，最深处达12米。这些不可思议的史前地下建筑的设计者是谁？在石器时代，他们为什么花费这么大的精力来建造这座巨大的地下建筑？

11年后，在该岛的塔尔申村，人们又一次发现了巨大的石制建筑。经过考古学家们挖掘和鉴定，认为这是一座石器时代庙宇的废墟，也是欧洲最大的石器时代遗址。这座约在5000多年前建造的庙宇，占地达8万平方米，整个建筑布局精巧，雄伟壮观，好多个祭坛都刻有精美的螺纹雕刻。

在马耳他岛上的哈加琴姆、穆那德利亚、哈尔萨夫里尼，考古学家们曾几次发现精心设计的巨石建筑遗迹。

哈加琴姆的庙宇用大石块建造，也是最复杂的石器时代遗迹之一。有些“石桌”至今仍未肯定其用途。石桌位于通往神殿门洞内的两侧，神殿里曾发现多尊母神的小石像。

穆那德利亚的庙宇，俯瞰地中海，扇形的底层设计是马耳他岛上巨石建筑的特征，这座庙宇大约建于4500年前，有些石块因峭壁的掩遮，而保存得相当完整。

最令人不可理解的是“蒙娜亚德拉”神庙，这座庙宇又被称为“太阳神”庙。一个名叫保罗·麦克列夫的马耳他绘图员仔细地测量了这座神庙后发现，这座神庙实际上是一座相当精确的太阳钟。根据太阳光线投射在神庙内的祭坛和石柱上的位置，可以准确地显示夏至、冬至等主要节令。而更令人震惊的是，从太阳光线与祭坛的关系推测，可以毫不犹豫地得出结论：这座神庙是公元前10205年建成的，离现在已经整整1.2万年了。

马耳他岛的面积很小，仅246平方千米。但在这样一个小岛上，却发现了30多处巨石神庙的遗址。不少学者的研究表明，这些巨石建筑的建造者们在天文学、数学、历法、建筑学等方面都有极高的造诣。有些研究者甚至推测判断节令的历法标志，而且可用作观察天体的视向线，甚至能当作一部巨型计算机，准确地预测日食和月食。

石器时代的马耳他岛居民真有这么高的智慧吗？如果真是这样，那么他们是怎样获得这些知识的？为什么他们在其他领域却没有相应的发展？是什么因素激发了他们建造巨石建筑的疯狂热情？而这些知识又为什么莫名其妙地中断了？这一切至今仍没有人能够回答。

马耳他巨石文化时代的神殿

它位于马耳他的戈佐岛，面向东南，背朝西北，是用硬质的珊瑚石灰岩巨石建成的，神殿外墙的最后部分所用的石材高达6米。

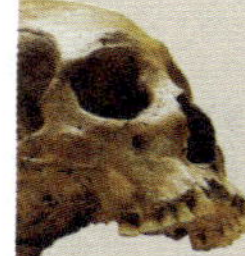

阿迪密斯神庙建造之谜

充满神话色彩和宗教气氛的阿迪密斯神庙坐落在希腊的埃非索斯喀斯特河口的平原上，被希腊人称为“希腊的神奇”和“上帝的居所”。

阿迪密斯是古希腊的一位女神。直到公元4世纪末期，当地的埃非索斯人仍然是她忠实的崇拜者，在神庙的圣窗上有她的塑像。塑像的技法是粗糙的，僵硬而呆板，在塑像的身上刻满了各种图画，有公牛、狮子、鹿，还有带翅膀的怪兽，其中有狮身人面的形状和半人半鸟的图像。学者认为这座神庙是古希腊精妙的艺术和东方精神的完美结合，是全世界共同拥有的一个来自神的馈赠。

目前，人们只是通过发掘出来的残存物来推测神庙的架构。从神庙出土的钱币上可以看到庙的支柱是经过雕琢的圆形基座，这在其他庙宇建筑里是常见的，并不能说明它的特色。在钱币上，还可以看到平台的外延，距离很长，人们想象神庙一定是一个极大的、向外扩展的造型，以象征神的无限包容。尽管柱子的确切数目和它们各自的位置还存在疑问，但这种做法在萨莫斯神庙里已经存在。一些保存较好的钱币向我们呈示了神庙的屋顶结构和山墙的设计。它的中央并没有顶，而是10根圆柱。考古学家又发现了内殿区内有排水沟的迹象，证明了这座神庙是露天的。但有的专家从黏土制的屋顶砖和喷水头的方面出发，坚决说神庙的屋顶是存在的。

神庙真正神秘的是来自阿迪密斯的魅力。在发掘现场，最壮观的是成堆的塑像，是由金子、象牙或黏土制成的小型塑像。我们无法想象在古罗马和古希腊中女神的神秘力量有多大，神庙的非凡构造应属于那些具有重大作用的人，这是不是表明在古希腊女性依然像原始社会那样具有绝对的位置？

现在，人们依然崇拜着这位来自远古的女神。来自各地的香客和旅游者为重建庙宇做出了不可磨灭的贡献，工匠出售他们的塑像和一些精巧的制作品，变换各种能够增加魅力的形状。阿迪密斯以她的精神使神庙得以圣化，神庙也使女神的精神发挥到了相当的水平。

在古希腊，庙宇有双重功能，它一方面是宗教圣地，另一方面是战争和瘟疫的避难所。传说在6世纪，一个妙龄少女遭受残忍的暴君毕达哥拉斯的追捕，逃往神庙，在绝望中悬梁自尽。后来，波斯王耶克萨斯被希腊人打败，无路可走，为了保存自己的后代，将他的孩子送往阿迪密斯神庙。这座庙宇曾经承受了希腊和罗马人民的风风雨雨，它是历史的见证，是多难的人们的庇护所。今天，它的建筑已经被毁灭了，人们甚至无法去恢复和想象出它的历史风貌，但它依然吸引了众多的朝拜者。阿迪密斯的多乳塑像和相似的塑像在今天还存在。考古学家和地质家一直没有停止对神庙的发掘和测量，从各种发现的古文物中探索神庙的遗留，重新绘出神庙的原样，是考古学家最大的愿望，因为阿迪密斯神庙是古希腊人表达灵魂的方式。尽管神庙和它的主人有着巨大的魔力，但神庙的建筑结构和女神的身份及力量并不清晰，这个建筑来自远古，也带来了难以解开的古老的谜。

阿迪密斯神庙主殿建筑遗址

这个神庙曾经是一个露天的建筑，主殿里石像、石柱都是原来的东西。

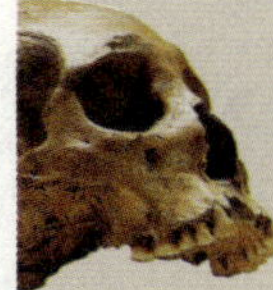

令人惊奇的土耳其地下城市

这个世界上有许多神奇而又古老的地方，土耳其的卡帕多基亚就是其中之一。它位于土耳其的格尔里默谷地，有许多奇形怪状的石堡，这一地貌是由火山熔岩硬化后形成的。真正使卡帕多基亚闻名世界的是这里地下城市的发现。

迄今为止，人们在这一地区发现了大约36座地下城市。虽然不是所有的都像卡伊马克徊或代林库尤附近的地下城市那么大，但都称得上城市。现在人们已经描绘出了这些城市的俯视图。熟悉这一地带的人认为，地下城市的数量肯定比这要多。现在所发现的地下城市相互间都相通，以一系列地道连接在一起。连接卡伊马克徊和代林库尤的地道，足有10千米长。

令人惊奇的是地下城市确确实实存在着，可谁是建造者呢？它们是什么时候建成的？用途又是什么？对此，人们众说纷纭。当然也有人举出具体的史实加以考证。史实之一是，据记载在基督教早期，这一新生宗教的信徒为了寻找避难之地来到了此地。最早的一批大约在公元2世纪或3世纪，以后一直延续到拜占庭时期，也就是阿拉伯军队攻打坚固的君士坦丁堡（即今伊斯坦布尔）的时候。然而考古学家发现他们并不是真正的建造者，因为在他们到来之前地下城市就已存在。

这一带的地基是由凝灰岩构成的，因为附近就是火山群。只要有黑曜岩，即火石，地基就十分容易被凿空，而火山在这一地区十分常见。就这样，也许花了不过一代人的时间，地基就被掏空了。地下城市大多是超过13层的立体建筑。在最底下的一层，人们甚至发现了闪米特时代的器物。

问题是人们修建这些地下城市有什么用途？他们为什么要躲避在地下？一个最有可能的原因是由于对敌人的畏惧。谁会是敌人呢？

首先，假设地面上的敌人拥有军队，在地面上，他们肯定能看到耕种过的土地和没有人烟的房屋。而地下城市里建有厨房，炊烟将通过通气井冒出地面，很容易被敌人发觉。人们都知道要把待在鼠洞般的地下城市里的人们饿死或者封闭通气通道憋死是一件轻而易举的事。所以，人们恐惧的不是地面上的敌人，而是能飞行的敌人。这个猜测是否有道理呢？

当然有。根据闪米特人在他们的圣书《科布拉·纳克斯特》中的记载，我们知道所罗门大帝曾经利用一只飞行器把这一地区搞得鸡犬不宁。不仅他本人，他的儿子、所有服从他的人也都曾乘坐过飞行器。阿拉伯历史学家阿里·玛斯乌迪曾描述过所罗门的飞行器，并大致介绍了他的部族。当时的人类对于飞行器现象产生恐惧，这是很有可能的。也许他们曾被剥削、奴役过，所以每当警报响起来的时候，人们就纷纷逃进地下城市。当然这种说法也仅仅是一种推测。人们至今仍不知道土耳其地下城市的真正用途，但神秘的地下城市引起人们更多的关注。

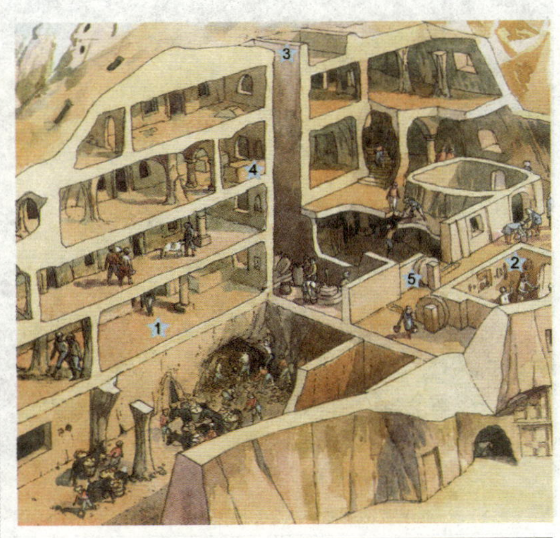

土耳其地下城市示意图

①地下街道 ②小教堂 ③通风井 ④箱式床 ⑤滚轮门

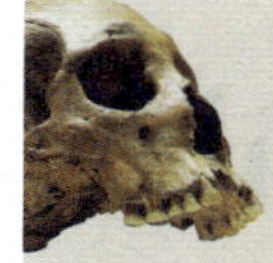

印加人的“巨石文化”是怎样创造出来的

1911 年，美国的考古学家海勒姆教授在秘鲁库斯科以北 120 千米处的高山上，发现了一座被人们遗忘了 300 多年的神秘古城——马丘比丘。

马丘比丘位于海拔 2450 米的丛山之巅，据考证，此城建于 15 世纪，是南美洲西部的印加帝国第八代国王帕查库蒂·尤潘基统治时期（1438 ~ 1463 或 1471）的历史遗迹。数百年来，历经山洪暴雨和雷击地震的摧残，这座山城中的多数建筑已经倒塌，但仍有 216 间石屋至今仍完好无损。尤其是这座山城中用花岗岩巨石砌成的墙垣，更是巍然屹立。建造这道墙垣的石块，体积大小几乎相等，层层叠加，不施泥灰抹缝却坚固无比。在简单的金石工具的时代，印加人的石砌技术能达到如此精湛的程度，既让人感到无比惊奇，又让人觉得不可思议。

在印加人留下的遗迹中，最引人注目的特点就是以巨石为材料的建筑艺术，其规模之宏大，技艺之高超，常常显示出超越当时的工艺水平。考古学家和史学家把这些巨石建筑说成巨石文化，该文化中首先应该介绍的是印加帝国的首都库斯科。这座城市的主要建筑全部由精工凿平的巨石砌造，石块之间没有任何黏合剂衔接，但至今连剃须刀片都插不进去。

马丘比丘历史圣地

位于秘鲁东南部的库斯科省，距省会库斯科城西北约 112 千米，是印加帝国都城遗址。

知识链接

巨石文化

所谓“巨石文化”，是指从石器时代至铜器时代分布于欧洲、亚洲、非洲、美洲、大洋洲等世界各地的以巨大石结构建筑为标志的古代文化类型，这些巨大的石质建筑物以宏大的平面布局和奇特的造型而著称于世。

在总体特征上，亚洲地区的大石文化与西方欧洲的巨石文化既有相似之处，也存在一定的区别。从文化背景上讲，在不同的地区出现相同或相近的大石建筑及其文化，至少有两个相同的因素。其一，自然地理环境的相似性，即建造大石遗迹的人们多是处于多石多山的地域环境，人们在生产和生活的实践中有充足的石料来源，并对石质材料的建筑技能有相当程度的掌握；其二，观念意识方面的相似性，即以大石遗迹为标志的古代部族建造这种非生活生产性质的石结构建筑物时，大体上是出于相同或相似的观念，或源于宗教礼祭和神灵崇拜，或源于古人“事死如事生”的习俗，为死者建造有茔域标志及地面象征物的建筑等。正是由于这两种最基本的相同因素，大石遗迹在世界不同的地区都有一定的分布，从而形成了在建筑形式上具有抽象美的“巨石文化”，从欧洲到西亚、中亚，再到南亚和东南亚基本构成了一条巨石文化的“传播走廊”。欧、亚两洲巨石文化在时空方面表现出的这种关联性质，其中既可能缘于民族的直接迁徙、文化的融合和传播，也可能是观念意识形态的间接传播，甚至可能存在各自独立发明、起源的类同性。但无论是直接传播还是间接影响，欧亚大石文化的相似性都反映出其文化所具有的共同客观条件，即相同的物质环境和共同的精神需要，否则我们就无法解释为什么在中国黄河、长江流域的大部分原始文化中没有出现与欧洲和亚洲其他地区相类似的大石文化遗迹。

库斯科城梯田和灌溉渠遗址

在库斯科城四周的山岭上有很多古堡，其中城北的萨克萨瓦曼古堡有三道石墙围护，每一道石墙高 18 米，长 540 米以上。每块巨石长 8 米，宽 4.2 米，厚 3.6 米，体积约 121 立方米，重量达 200 吨。在 500 多年前的美洲，既没有钢铁工具，又没有开山炸药、车轮技术，印加人怎么能开采出如此巨大的石料呢？又怎么能运到目的地呢？这些疑问都让人困惑不解。

许多考古学家和历史学家经过长期研究和考察认为，印加人石砌技术的秘密正在逐步为人们所认识。印加人的叠石建筑艺术，是从以前各个时代的巨石文化传统中继承下来的。在印加帝国鼎盛时期，各地优秀的工匠集中到库斯科，从而为巨石文化的进一步发展创造了前提。在进行大规模的建筑活动中，又总是出动上万人做工，这就使得滚木运石的方法得以实行。

法国著名学者、美洲史专家波尔·里维等人通过考证指出，印加人虽然还不知道怎样冶炼钢铁，但他们能够利用铜、锡、金、银的不同比例，配制成多种合金，并熟练地掌握了锻造、加工和成型蜡模浇铸等工艺技术。特别是他们使用含锡量不同（3% ~ 14%）的青铜合金，再经过高温锻炼，就可以造出坚硬如铁的斧、凿、钎、锤等破石工具，这样就可以比较轻松地进行巨石开采。

对于印加人加工巨石的方法，秘鲁的专家们获得了一个惊人的发现。他们在对库斯科附近的一个采石坑进行考察时，发现里边有许多植物的枝叶残迹。据当地传说，有一种啄木鸟，常常用嘴衔着一种神奇的植物在岩壁上钻孔筑巢。照此推测，这种植物具有软化石头表面、降低岩石硬度的奇妙功能。印加人掌握了用这种植物软化岩石的方法，然后再利用金石工具，就可以随心所欲地对中长石、玄武岩、闪绿石进行加工，凿成各种形状，刻成各种浮雕。

如果真是这样的话，那么巨石文化的秘密就基本揭开了。可惜的是，以上解释只不过是专家们的推测，还需要加以证实。

如何解释秦始皇陵墓之谜

秦始皇陵墓位于西安市临潼区城东，背靠骊山，面临渭水。据《史记》记载：秦始皇13岁即位（前247）就开始建造自己的陵园，直到死时（前210）建成，历时37年。为造秦陵，当时征发了所谓的“罪人”有72万人之多。秦始皇陵墓规模宏大，气势雄伟，经勘察，面积达57平方千米，分内外两城，内城周长2.5千米，外城周长6千米，呈南北长方形。秦陵的布局，东侧1500米处是大型兵马俑坑，西侧是车马陪葬坑及大批刑徒墓地，西北角有面积相当大的秦代石料加工场，南面还有一道长达1500米防止洪水冲毁陵墓的人工堤渠。据《史记》记载，陵墓内挖地极深，用铜液浇灌加固，上面放置棺椁；墓中建有宫殿及文武百官的位次，还有大量的珠宝玉器等；为防盗墓，里面设有弩机暗器，地底下又灌注水银，造型似江河、大海，以机械转动川流不息；又用鱼油膏做成蜡烛，点燃长明，久不熄灭。

秦始皇陵墓至今还未完全发掘。科学家利用高科技手段对秦始皇陵墓进行了多次探测，也由此引出了一系列谜团：秦始皇陵墓的封土取自何处？史料中记载的“旁行三百丈”究竟是什么意思？秦陵司马道究竟是南北走向还是东西走向？是谁点燃了秦宫火？

秦俑头

秦始皇陵封土堆呈覆斗形，高76米，长和宽各约350米，如此大规模的封土堆在国内堪称之最。体积如此庞大的封土取于何处，历来人们说法不一。在临潼地区长期流传着一种说法，认为封土堆的土是从咸阳运来的，因经过烧炒，所以秦陵上寸草不生。关于秦始皇陵的封土来源，史书中也多有记载。《史记·秦始皇本纪》中说，“复土骊山”。《正义》注释道：“谓出土为陵，即成，还复其土，故言复土。”意思是说把原来从墓穴中挖出来的土，再回填到墓上去。《水经·渭水注》记载：“始皇造陵取土，其地深，水积成池，谓之鱼池。池在秦始皇陵东北五里，周围四里。”今天在秦始皇陵封土东北2.5千米的鱼池村与吴西村之间，确实有这处地势低洼、形状不规则的大水池，有人曾估算鱼池总面积达百万平方米。于是郦道元“取土于鱼池”的说法也得到了不少考古专家的认可。究竟秦始皇陵的封土取自何处，还要通过大量的勘测、体积还原计算和对比才能最后定论。

立射俑　2号坑出土

这种兵俑均是战袍轻装，左腿微拱，右腿后绷，左臂向左侧半举，右臂横曲胸前。这正与我国古代的立射之道相吻合。

《汉旧仪》一书中有一段关于修建秦陵地宫的介绍：公元前210年，丞相李斯向秦始皇报告，称其带了72万人修筑骊山陵墓，已经挖得很深了，好像到了地底一样。秦始皇听后，下令“再旁行三百丈乃至”。“旁行三百丈”一说让秦陵地宫的位置更是显得扑朔迷离。近些年来，科技人员运用遥感和物探的方法对秦始皇陵进行了多次探测，证实了地宫就在封土堆下，距离地平面35米深，东西长170米，南北宽145米，主体和墓室均呈矩形。秦始皇陵的地宫虽然被定位，但史料记载“旁行三百丈”究竟何意？有专家认为：“旁行三百丈”是地宫初挖点比原来计划向北移了700米。因为在封土堆南约700米处出现了重力异常的现象，按地质理论说明该异常区与周围土质存有差异。所以有人推断，秦始皇陵地宫最初挖掘点可能位于这个异常区，因土中含有大量砾石，修陵人无法挖掘，只好向北移到了目前封土堆的位置。也有专家认为：秦始皇陵封土堆南部紧挨骊山，由于山间冲积扇的原因，山下的地层中分布着厚层的砾石，修陵人从地宫向南挖巡游通道时，遇到了大砾石，最后不得不顺着砾石层改向挖掘，即所谓的“旁行三百丈”。

古时候，帝王在世时专用的道路叫“御道”，而死后特意为其专修的道路就叫“神道”，也叫司马道。司马道一般也是帝王陵墓的中轴线，具有重要的考古意义。可是秦始皇陵司马道究竟是南北走向还是东西走向，考古学家和地质专家说法不一。袁仲一、王学理等众多秦陵考古专家都一致认为，秦陵的司马道为东西走向，即陵园面向东。但也有专家认为“陵园南高北低，背依骊山，俯视渭河，南北高差达85米，陵园面向北是再合适不过了。同时，其他国君大多将封土堆安置在回字形陵园的中部，而秦始皇陵的封土堆却位于内城南半部，从对称角度讲，司马道东西走向说不通”。司马道为南北走向的观点最早是由地质学家孙嘉春先生提出来的，并得到了不少人的赞同。

另外，火烧秦陵仅仅是一种燎祭方式还是项羽所为？这一历史悬疑至今也没有结论。项羽是否火烧秦陵？在对秦始皇陵的发掘过程中，考古专家发现了陵区有大面积的火烧土分布，同样考古专家在对秦陵陪葬坑的挖掘中也发现了大量火烧土和残余焦木。有人认为这正验证了历史上项羽火烧阿房宫的记载。但也有人提出，如果是项羽火烧了秦陵，那么陪葬坑里的珍宝为什么没有被运走？珍禽异兽坑虽然遭到了火烧，但坑内完好保存着精美的铜鹤、铜鹅、铜鸭子等，这让人不可思议。于是有专家认为“火烧陵墓很可能是当时的一种祭祀方式，即所谓的燎祭”。

关于秦始皇陵众多谜团的种种说法，只是人们根据已有材料的推断。我们期待着秦始皇陵墓的进一步考古发掘，也期待着考古专家们早日为我们揭开这些谜团。

↗ 秦兵马俑

悬空寺之谜

悬空寺位于山西省浑源县，距大同市65千米，是国内仅存的佛、道、儒三教合一的独特寺庙，属于国家重点文物保护单位。悬空寺始建于1400多年前的北魏王朝后期，北魏王朝将道家的道坛从平城（今大同）南移到此，古代工匠根据道家“不闻鸡鸣犬吠之声”的要求建成了悬空寺。悬空寺距地面高约50米，悬空寺建造的位置山势陡峻，两边是直立100多米、如同斧劈刀削一般的悬崖，而悬空寺就建在这悬崖上，它给人的感觉像粘贴在悬崖上似的，从远处抬头望上去，看见的是层层叠叠的殿阁，只有数十根像筷子似的木柱子把它撑住。而悬空寺顶端那大片的赭黄色岩石，好像微微向前倾斜，马上就要塌下来似的。于是有不少人用建在绝壁上的“危楼”来描述悬空寺，那么这座绝壁上的危楼又是怎么建造的呢？它又为什么要建造在悬崖绝壁上呢？又是什么原因使它历经千年仍旧保存得如此完好呢？

近些年来，专家们对悬空寺进行了多次实地考察，提出了许多新观点。

有专家认为悬空寺之所以能够建在悬崖上，主要是由“铁扁担”把楼阁横空架起。专家们介绍说，从三官殿后面的石窟侧身探头向外仰望，会发现凌空的栈道只有数条立木和横木支撑着。这些横木又叫作“铁扁担”，是用当地的特产铁杉木加工成为方形的木梁，深深插进岩石里去的。据说，木梁用桐油浸过，所以不怕被白蚁咬，还有防腐作用。这正是古代修筑栈道的方法，悬空寺就是用类似修筑栈道的方法修建的，把阁楼的底座铺设在许多“铁扁担”上。与此同时，也有专家指出悬空寺之所以能够悬空，除了借助“铁扁担”之力以外，立木（即柱子）也立下了汗马功劳。这些立木，每一根的落点都经过精心计算，以保证能把整座悬空寺支撑起来。据说，有的木柱起承重作用；有的是用来平衡楼阁的高低；有的要有一定重量加在上面，才能够发挥它的支撑作用，如果空无一物，它就无所借力而“身不由己”了。还有专家认为悬空寺全寺40间殿阁，表面看上去支撑它们的是十几根碗口粗的木柱，其实有的木柱根本不受力，所以有人用“悬空寺，半天高，三根马尾空中吊”来形容悬空寺。而真正的重心撑在坚硬岩石里，利用力学原理半插飞梁为基。也就是在山崖上先开凿好窟窿，将粗大的飞梁插到这些窟窿里，这插到山里的一大半支撑着楼体，露在外面的一小半便是楼阁的“基石”。这样，看上去像是空中楼阁平地而起，实际上楼阁的重心在山体。悬空寺到底是怎样建造的，专家们各持己见，争论不休。

那么悬空寺又为什么要建造在悬崖绝壁上呢？又是如何保存得如此完好呢？人们也是说法不一。有人说以前这里暴雨成灾，只好把寺建在悬崖上，悬空寺处于深山峡谷的一个小盆地内，全身悬挂于石崖中间，石崖顶峰突出部分好像一把伞，使古寺免受雨水冲刷。山下的洪水泛滥时，也免于被淹。也有人说以前这里是南去五台、北往大同的交通要道，悬空寺建在这里，可以方便来往的信徒进香。而且浑河河水从寺前山脚下流过，当时常常暴雨成灾，河水泛滥，人们以为有金龙作祟，便想到建浮屠来镇压，于是就在这百丈悬崖上悬空修建了寺院。另外，也有人指出这里的山势好像一口挂起来的锅一样，中间凹了进去，而悬空寺恰好就建在锅底。这种有利的位置，不仅使得塞外凛冽的大风不能吹袭悬空寺，而且寺院前面的山峰又起了遮挡烈日的作用；据说，在夏天的时候，悬空寺每天只有3个小时的日照时间，这也正是悬空寺为什么能够历经千年风吹日晒，仍然牢牢地紧贴在峭壁上的重

悬空寺

要原因之一。近些年有专家指出，悬空寺之所以历经千年而保存得如此完好，除上述原因外，也归功于它奇特的建造。悬空寺除一进寺门有一条长不及10米、宽不到3米的长方寺院可容数十人外，其余楼台殿阁尽由狭窄廊道和悬梯相连，游人只能鱼贯缓行，不会造成拥挤现象，这就大大减轻了游人对廊道和悬梯的压力。另外也有专家认为悬空寺还有一个与众不同的特点，就是“三教合一”。在寺院北端的最高层，有座三教殿，我国佛、道、儒三大教派的释迦牟尼佛、老子、孔子端坐一殿。自古以来，各教派为赢得百姓崇信，各执己见，争论不休，故天下寺殿多是分立，悬空寺却将三教融入一殿，实为罕见。而悬空寺内佛、道、儒三教兼有，历代朝野臣民对其都倍加爱护，这也是其完好无损的一个重要原因。

远望悬空寺，其凌空欲飞，似雏燕展翅；近观，如雕似刻，镶嵌在万仞峭壁。“飞阁丹崖上，白云凡度封。蜃楼疑海上，鸟道滑云中”。古代诗人用这样优美的诗句赞美悬空寺，并非夸张。唐朝大诗人李白游完悬空寺，大笔一挥，写下“壮观”二字。明代旅行家徐霞客当年游历到此，惊叹悬空寺为“天下巨观”。悬空寺以其独特的建筑风格和文化内涵吸引着古往今来的游人，那一个个至今尚未被世人解答的谜也给悬空寺增加了几分神秘。

知识链接

悬空寺奇特的建筑布局

悬空寺发展了我国的建筑传统和建筑风格，其建筑特色可以概括为“奇、悬、巧”三个字。

值得称“奇”的是建寺设计与选址。悬空寺处于深山峡谷的一个小盆地内，全身悬挂于石崖中间，距地面高约50米，石崖顶峰凸出部分好像一把伞，使古寺免受雨水冲刷。山下的洪水泛滥时，也免于被淹。四周的大山也减少了阳光的照射时间。优越的地理位置是悬空寺能完好保存的重要原因之一。

“悬”是悬空寺的另一特色，全寺共有殿阁40间，表面看上去支撑它们的是十几根碗口粗的木柱，其实有的木柱根本不受力。据说在悬空寺建成时，这些木柱其实是没有的，只是人们看见悬空寺似乎没有任何支撑，害怕走上去寺会掉下来，为了让人们放心，所以在寺底下安置了这些木柱，所以有人用“悬空寺，半天高，三根马尾空中吊”来形容悬空寺。悬空寺真正的重心撑在坚硬岩石里，岩石凿成了形似直角梯形的样子，然后插入飞梁，使其与直角梯形锐角部分充分接近，利用力学原理半插飞梁为基。再者，悬空寺飞梁所用的木料是当地的特产铁杉木加工而成的，据说用桐油浸过，不怕白蚁咬，也有防腐的作用，所以悬空寺千年不倒也并非奇迹，乃是人们智慧的结晶。

悬空寺的“巧”体现在建寺时因地制宜，充分利用峭壁的自然状态布置和建造寺庙各部分建筑，将一般寺庙平面建筑的布局、形制等建造在立体的空间中，山门、钟鼓楼、大殿、配殿等都有，设计非常精巧。寺内有佛像八十多尊。

唐开元二十三年（735），李白游览悬空寺后，在石崖上书写了“壮观”二字。明代大旅行家徐霞客称悬空寺为“天下巨观”。

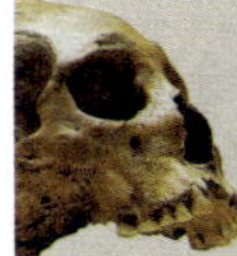

扶风法门寺地宫之谜

法门寺是我国著名的古刹，位于陕西省扶风县城以北的法门镇。法门寺始建于东汉。据史料记载，古天竺（印度）国王为弘扬佛教，各地分葬佛祖释迦牟尼的真身舍利，于是在世界各地建塔，法门寺即是其中之一，并以珍藏佛指舍利而闻名于世。

法门寺的历史与发掘

民国28年（1939）修整时，法门寺寺院殿宇焚毁殆尽，仅明代修建的砖塔独存。1981年，因雨积水，明塔半边倒塌。政府拨款重建寺塔，并整修了殿宇。相传法门寺塔下藏有佛祖释迦牟尼的一节手指骨舍利，因此寺塔又尊称大圣真身宝塔，所以当1987年清理塔基时，佛指舍利成了万众瞩目的焦点。

考古工作者非常小心地拨开黄土，发掘到法门寺塔下地宫后室的藻井大理石盖，透过西北角的裂缝，当手电筒的光照进去的时候，反射出了一道道耀眼夺目的金光。推开地宫两扇厚重的石门，于公元1987年（佛历二五三一年）5月5日凌晨1时，正是农历四月初八，释迦牟尼佛祖的诞辰，考古工作者发现了供奉于地宫的佛陀真身舍利。整座地宫结构复杂，用材讲究，雕饰精美。在目前全国已发掘的塔基地宫中是独一无二的。这种三室制的地宫，显然是模拟人间埋葬皇帝的最高规格的墓室构筑的。

法门寺出土的文物

法门寺塔地宫出土的遗物约170余件，可分为两大类：一是4枚佛指舍利；二是为供奉舍利而奉献的物品。奉献的物品有金银铜铁器、瓷器、玻璃器、珠宝玉器、漆木器、石质器、杂器以及大量的纺织品和货币。由于都是唐代皇室贡奉的物品，所以数量大、等级高，錾文内容丰富。仅金银器就有121件，与佛教有关的造像和法器有菩萨像、香案、舍利棺椁、宝函、阏伽瓶、锡杖、如意、钵盂等；日常生活用具有盆、盒、茶箩子、碗、碟、香炉、香囊、茶碾子、笼子、盐台等。这批金银器是长安的文思院和江南地区制造的。文思院是专为皇室制作金银器的手工业作坊，是当时工艺水平最高的制造所。江南地区在晚唐也是制作金银器的主要地区，都曾向朝廷进献过金银器。出土的石刻有石碑、灵帐、阿育王塔等，其中记述了奉献物品的名称、数量、器重以及奉献者的名衔等，使我们确切了解了出土器物的名称，使以往一些不确切的称谓得以纠正。出土的19件琉璃器中，不少为伊斯兰器，是中国与西亚交通和文化交流的物证，是早期伊斯兰美术的重要发现。

所有的出土文物都与塔中瘗埋的舍利有关，如捧真身菩萨，是全国数以万计出土文物中独一无二的稀世珍品。菩萨原置于地宫中室的东北角，完好地盛放在银棱檀香木顶宝函之中。菩萨头戴化佛花蔓冠，花蔓冠边缘串饰珍珠。上身袒露，双手捧着上置发愿文的鎏金银扁荷叶形银盘，下着羊肠大裙，单腿跪于莲座上，通身装饰珍珠璎珞。菩萨手捧的金匾呈长方形，匾栏上贴饰16央宝相花，匾上錾文：“奉为睿文英武明德至仁大圣广孝皇帝，敬造捧真身菩萨永为供养。伏愿圣寿万春、圣枝万叶、八荒来服、四海无波。咸通十二年辛卯岁十一月十四日皇帝巡庆日记。”通观全像，菩萨与像座构成一个完整的曼荼罗，即密教的坛场。唐懿宗咸通末年，迎法门塔佛指舍利入宫内，即置于菩萨双手捧着的荷叶形盘内，供帝后嫔妃们顶礼膜拜，所以称为“捧真身菩萨”。懿宗登基后，内忧外患，于是想通过迎佛骨来缓和阶级矛盾和安定政治局面。咸通十四年（873）三月二十三日，从法门寺地宫中迎出舍利，经安福门送入宫内，放置在捧真身菩萨双手捧持的荷叶盘上供养。因此，这尊捧真身菩萨既是唐代最隆重崇佛的产物，也是唐代最后一次迎佛骨的见证。它的历史价值还在于是迄今为止唯一有皇帝名号的文物。

佛指舍利探秘

据历史文献记载，我国境内曾有四大名刹供奉释迦牟尼真身舍利。岱州五台及终南五台之舍利，在唐武宗会昌年间灭法时敕令毁坏；泗州普王寺之舍利也于清康熙十九年（1680）沉入洪泽湖中，此三寺的真身舍利已无法见到。唯有法门寺地宫是目前国内得以保存释迦牟尼真身舍利的地宫。地宫于唐懿宗咸通十五（874）年封闭直至这次发掘，1113年间从未被移动过。这次发掘共发现佛指舍利4枚。据唐释道宣《集神州塔寺三宝藏通录》记载，显庆五年（660）春三月，敕取法门寺舍利往洛阳宫中供养，“皇后（武则天）舍所寝衣帐直绢一千匹，为舍利造金棺银椁，数九重，雕镂穷奇”。

法门寺所收藏的佛指骨舍利，极其受到历代信佛帝王的尊崇与信奉，在唐代时更是达到了狂热的程度。自唐太宗以降，朝廷多次加以殊礼，据唐宪宗敕命撰写的《佛骨碑》中所记载：“太宗特建寺宇，加以重塔；高宗迁之洛邑；天后荐以宝函；中宗纪之国史；肃宗奉之内殿；德宗礼之法宫。”唐贞观五年（631），唐太宗开启塔墓，以舍利示人。舍利出土之时，瑞光四射，四方民众，蜂拥寺内，同观佛光。从此，震荡大唐朝野达200多年之久的“佛骨旋风”拉开了序幕。

第二次奉迎佛骨发生在唐显庆五年（660），唐高宗李治一生信奉佛法，对于“三十年一开闭，开则五谷丰登，兵戈自息，天下太平”的礼迎佛骨之事自然热衷。敕令将佛骨从法门寺迎请到东都洛阳，并由道宣律师主持法事。在由法门寺经长安到洛阳的数百里路途中，僧俗士民络绎不绝，翘首踮足，急欲一睹佛骨风采。这次礼佛活动时间很长，规模很大：佛骨在京师供奉了4年之久才送回法门寺，并敕令为舍利建造了九重金银棺椁，以为供奉，皇后武则天也施舍了衣帐、直绢1000匹。

第三次奉迎佛骨是在武则天称帝后的武周长安四年（704），武则天早年为妃嫔时曾被迫迁出宫中，削发为尼，度过了一段黄卷青灯的孤苦年华，便和佛教结下了缘分。于是，崇佛的高潮再度掀起，一时之间，烧指顶缸者争先恐后，舍财投宝者不计其数，种种香花鼓乐、华盖幡幢，如海如潮，盛况空前。

第四次礼佛发生在唐肃宗上元元年（760），“安史之乱”尚在继续，国难当头，唐肃宗临阵奉佛，希望止息兵戈，社稷安宁。这次迎奉佛骨的时间和规模都比前几次小得多，气氛也很不同，“道俗瞻恋，攀缘号诉，哀声振薄”，一派三界火宅、众苦煎熬的悲戚景象。

第五次奉迎佛骨在唐贞元六年（819），当时的唐朝处于“藩镇割据”的局面。藩镇诸将，胡族甚多，尤崇佛教。唐德宗的奉佛之举，或许正是为了笼络这些地方实力派吧！

第六次奉迎佛骨是在唐元和十四年（819），唐宪宗派专使往法门寺，将佛骨迎入宫供养三天，然后率皇室人员及文武百官一一礼拜，并交京城佛寺轮流供奉。唐宪宗的这一举动震动京城，王公士庶奔走相告，“焚顶烧指，千百为群；解衣散钱，自朝至暮；转相仿效，唯恐后时；老少奔波，弃其业次”。整个长安城掀起崇佛狂潮。这使刑部侍郎、著名文学家韩愈十分忧虑，奋笔写下《谏迎佛骨表》上奏皇帝。他拍着胸脯慷慨

法门寺塔

陕西省扶风县法门镇，苍松翠柏与蓝天白云无法掩盖佛指舍利的夺目光芒。经过千年历史风云变化，佛经的吟诵依旧回荡在耳边：微尘映世界，瞬间含永远。

激昂地表示：假如佛陀真能显灵，施人祸祟，那么所有的灾祸都由我韩愈来承担，上天作证，决不反悔。崇佛极深的唐宪宗哪能接受韩愈的逆耳忠言，一怒之下，要将韩愈处斩。众宰臣苦请从宽，最后韩愈得免死罪，但被贬到当时边远瘴疠的广东潮州。

迎请佛骨最为铺张的莫过于唐咸通十四年（873），第七次迎取佛骨。是年春，唐懿宗诏令大德高僧数十人恭迎法门寺佛骨，朝中百官纷纷上疏劝阻，唐懿宗却说：只要能见到佛骨，死也心甘了。为了奉迎佛骨，在皇帝的亲自安排下，长安倾城出动，官民齐做准备，从长安到法门寺的100千米之间，车马昼夜不绝，沿途都有饮食随时供应，称“无碍檀施”。沿途制作数以万计的浮图、宝帐、香舆、幡花、幢盖、幢伞。其中用金银宝物制成的宝帐香舆，用孔雀羽毛装饰宝刹，宝刹小者高一丈，大者二丈高，抬一座宝刹要用轿夫数百人。迎请佛骨的仪仗车马，由甲胄鲜明、刀杖俱全的皇家禁军导引，文武大臣护卫，名僧大德供奉，长安各寺僧众拥戴，成千上万善男信女膜拜，音乐沸天，旗旌蔽日，绵亘数十里。长安城里的豪富还在每条街上用绸缎结扎成各式彩楼，并饰以珠玉金宝，五光十色，巧夺天工。同时，他们还施舍钱物，号为无遮会，争奇斗富，场面之盛令人叹为观止。唐懿宗亲往佛寺，恭迎佛骨入城，并顶礼膜拜，泣不成声。在奉迎佛骨的日子里，召请两街供奉僧入内，赏赐金银布帛，还把佛骨迎入皇宫内道场，设金花帐、温情床，铺龙鳞之席、凤毛之褥，供奉三日然后送出，先后安放于安国寺、崇化寺，宰相以下文武百官竞相布施金帛供奉。由于皇帝带头迎拜佛骨，长安城内虔诚的佛教徒更是如痴如醉。为了表达对佛的虔敬，有的在佛骨面前砍断自己的左臂，用右手拿着断臂，一步一叩首，血流满地；有的肘行膝步，爬到佛骨面前；有的用牙咬断手指，用火烧手指，在佛骨面前发誓许愿；还有的头顶干草，点火燃起，直至头顶焦烂，哭卧于佛骨面前。在这场规模空前的迎请佛骨活动中，君臣士民皆激动不已，沉浸在宗教狂热之中。除皇室、百官、豪富争施金帛外，长安城内各坊里百姓组织社团，凡居民无论男女长幼，每人每十日捐钱一文，积钱无数，法门寺地宫内的稀世珍宝，大多是唐懿宗迎请佛骨送归时奉献的。然而，唐懿宗在大张旗鼓奉迎佛骨的第二年便死去了，唐僖宗继位登基后，立即诏令将佛骨送回法门寺，在仪式上也大大从简，远没有迎出时那番热闹了。饱经流离、生逢衰世的百姓，呜咽流涕，执手相谓：“六十年一度迎真身，不知何日能再见。”

法门寺文物与茶文化

自唐代起，茶艺广为盛行，茶具也是各种各样，美不胜收。烹茶、啜饮呈礼仪化、规范化和艺术化，特别是陆羽的《茶经》问世后，越来越多的人开始饮茶。陆羽也因此被奉为“茶神”。法门寺地宫中出土的多种茶具，虽配套不甚严格，但仍可作一组器物，它们各专其用又互相配合，为我们认识晚唐饮茶方式提供了重要的实物资料。

地宫出土的鎏金镂空鸿雁纹银笼子，通体镂空，纹饰鎏金，两侧口缘下铆有环耳，环耳上套置提梁，上有银链与盖顶相连。笼子底部边錾“桂管臣李杆进”六字。

唐宋饮茶，烹煮时可先将茶团饼碾成茶末。因此碾是烹茶的重要器具。《茶经》里说茶碾用木制，讲究的则用银制。地宫出土的鎏金鸿雁流云纹银茶碾子，浇铸成形，纹饰鎏金，通体作长方形，由碾槽、辖板和槽座组成，碾槽嵌于槽身之中，底部弧形，便于碾轴反复运行。槽身两侧饰天马流云纹。与碾子配套使用的是碾轴，地宫出土的鎏金团花纹银锅轴，錾文“锅轴重一十二两”，浇铸成中间粗壮、手执处渐渐锐小的圆杆，两端刻花。碾出的茶末要过箩。箩细则茶浮，粗则水浮。因此，对箩孔的粗细有一定的要求。地宫出土的鎏金飞天仙鹤纹壶及门座银箩子，钣金成型，纹饰鎏金，箩外底錾有铭文。茶箩为仿木制的箱匣结构，由盖、身、座、箩、屉五部分组成，残存的纱箩极细密，反映这时茶末颗粒已很细。这组茶具上多处刻有“五哥”字样。僖宗李儇为懿宗第五子，册立为皇太子前宗室内以“五哥”相称。这组茶具是僖宗供奉的，茶是佛前供奉品之一，因而奉献茶具是在情理之中的。

此外，还出土有蕾纽摩纹三足架银盐台、壶门高圈足银风炉、鎏金四出花纹银箸、鎏金银龟盒等，它们分别用作盛盐、鼓风、拨炭、贮茶等。总之，法门寺地宫出土了一整套晚唐时期的饮茶用具，如此齐全的配置，在我国尚属首次。对研究唐代饮茶史，其重要意义是不言自喻的。

明十三陵碑文之谜

明王朝自朱元璋创立后，历经几百年，其间有辉煌也有没落，资本主义的萌芽就是从明王朝开始的，在中国历史上，它占有举足轻重的地位。明王朝为历史留下许多不解之谜，其中十三陵的无字碑，便给后人留下许多想象的空间，这里面蕴藏着何种奥秘呢？

在这十三陵中，只有明成祖朱棣的石碑上有碑文，这块长陵石碑，正面刻有“大明长陵神功神儒碑”字样，下面刻有朱棣儿子明仁宗亲自题写、为其父歌功颂德的3000余字的碑文。既然十三陵中的第一陵有碑文，其余十二陵为什么不刻上碑文呢？

顾炎武在访问十三陵之后，写出的《昌平山水记》中这样说：传说嗣皇帝谒陵时，问过随从大臣：“皇考圣德碑为什么无字？”大臣回答说：“皇帝功高德厚，文字无法形容。”而《帝陵图说》给出了另外一种解释，《帝陵图说》写道，明太祖朱元璋曾说：“皇陵碑记，都是大臣们的粉饰之文，不能教育后世子孙。”他这一批评，使翰林院的学士们，再不敢为皇帝写碑文了。后来，写碑文的任务，便落在嗣皇帝的肩上。所以孝陵（太祖）碑文是成祖朱棣亲撰，而长陵（成祖）的碑文，是明仁宗朱高炽御撰。

但明仁宗以后各碑的碑文，为何嗣皇帝不写了呢？依照这种说法，长、献、景、裕、茂、泰、康七陵门前，并没有碑亭和碑。到了嘉靖时才建，嘉靖十五年（1536）建成，当时礼部尚书严嵩，曾请明世宗撰写七陵碑文，可是嘉靖帝迷恋酒色，又一心想“成仙”，哪有心思写那么多的碑文，因此就空了下来。

明世宗以外的各皇帝，看到祖碑上无字，自己也就不便只为上一代皇帝写碑文，但如果都写的话，也没有太多的精力。因此，一代一代的皇帝传下来，就出现了这些无字碑。实际上，自明朝中期以后，皇帝多好嬉戏，懒于动笔，而最主要的原因是，如不加以粉饰，他们所谓的“功德”已不能直言了，因而这些皇帝干脆不写了。

还有人认为，这些皇帝的做法是效仿武则天。因为武则天是一个聪明的人，“无字碑”建立，功过是非让后人去评论，这是最好的办法。这些皇帝们知道自己有可以肯定的地方，但同时肯定也有应该否定的地方。他们知道对自己的一生人们会有各种各样的评价，碑文写得好坏都是难事，因此才决定立“无字碑”，功过是非由后世评说。

不管这些说法怎样，到现在，这些无字碑还在十三陵中，同它们身后的皇帝一起，真正做到了“功过是非由后世评说”。

雕琢如此精细的石碑竟无一字，功过是非留给后人评说。

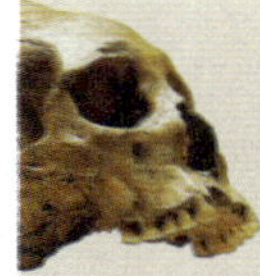

众说纷纭的明孝陵

据说，明孝陵是明代开国皇帝朱元璋和皇后马氏的合葬陵墓，坐落在紫金山南独龙阜玩珠峰下，东毗中山陵，南临梅花山，是南京最大的帝王陵墓，也是我国古代最大的帝王陵寝之一。

明孝陵规模宏大，建筑雄伟，形制参照唐宋两代的陵墓而有所增益。陵占地长22.5千米，围墙内宫殿巍峨，楼阁壮丽，南朝70所寺院有一半被围入禁苑之中。陵内植松10万株，养鹿千头，每头鹿颈间挂有“盗宰者抵死”的银牌。为了保卫孝陵，内设神宫监，外设孝陵卫，由5000名到1万名军士日夜守卫。

明孝陵是明太祖朱元璋的陵寝建筑，但其地宫的具体位置在哪里，众说纷纭，史无定论。加之朱元璋下葬时曾有13个城门同时出殡和葬于南京朝天宫、北京万岁山等民间传说，因此朱元璋是否真的葬在明孝陵也成为数百年来人们心中挥之不去的谜团。

谜团之一：朱元璋是否葬在独龙阜?

专家们采用的精密磁测技术是根据物体磁场原理，通过探测地下介质（土、石、砂及人工物质）磁场的空间分布特征，根据其空间磁力线分布图像的不同，输入计算机分析，来判别地下掩埋物是否存在及其形制的。

最初的测网布置乃以明楼为中心。探测结果发现这条中轴线上没有想象中的地下构筑物。通过异常的向东南延伸的磁导信号，找到了宝城内明孝陵地宫的中心位置，确认朱元璋就葬在独龙阜下数十米处，而且这座地下宫殿保存完好，排除了过去流传的地宫被盗之说。

谜团之二：墓道入口在哪儿?

在对明楼中轴线以北的测网资料分析中，通道状并无连续的异常，相反以东拐向东南的线状异常。而且这种隧道状构筑物的异常是连续的，长度达到120米，具有一定宽度，内径为5～6米。同时判断，该隧道状构筑物的入口之一位于明楼东侧的宝城城墙之下。

经地表调查，在相应的宝城城墙上可看到两处明显的张性破裂的裂口和下沉错位的痕迹，由此推测这里很可能就是隧道状构筑物即地下宫殿的入口之一。

谜团之三：墓道弯曲，是岩石“作怪”？

明孝陵与历代帝王陵寝相比，有许多不同之处，其中之一就是墓道弯曲不直。

通过探测，结果发现竟是两种不同的岩石所致。明楼以北的山坡，地下由两种不同岩石组成，西侧是下中侏罗纪的砾岩，东侧是稍晚的长石石英砂岩。这两种岩石本身的磁性差异很大，更奇怪的是，这两种不同岩体

明孝陵博物馆陈列馆

的接触界面呈南北走向，并且位置也靠近明楼中轴线，开始时被误认为墓道。

由于西侧岩石硬度强，开挖困难，专家根据宝城内的地质特征，认为不排除存在这样一种可能：当年明孝陵的建筑工程主持者已注意到当地岩石的磁性差异，而修改了原有的施工方案。

明孝陵神道

神道两侧布置6种石兽12对，这些石兽形体硕大，造型生动逼真。

明孝陵地宫确实在独龙阜下，其墓道偏于宝城一侧的做法起因是什么，目前尚不可知，但这种制度一直影响到明代后来的帝陵规制。如北京明十三陵中已发掘的定陵，其墓道入口便是偏向左侧，与孝陵墓道正好相反，但避免把墓道开在方城及宝城中轴线上是它们共同遵循的法则。

谜团之四：宝顶表面巨大的卵石有什么用？

考古人员还发现独龙阜山体表面至少60%的地方是经过人工修补堆填的，宝顶上遍布有规则排列的大量巨型卵石。经过研究分析，这些巨型卵石是当年造陵工匠用双手从低处搬运上去的，是帝陵美学的要求，还是为了防止雨水对陵表的冲刷和盗陵者的掘挖？

明孝陵坐北朝南、依山傍水，堪称风水宝地。它留给世人的这些谜团也散发着神秘魅力，给后人留下了广阔的想象空间。

知识链接

明孝陵

史料记载，明洪武十四年（1381）朱元璋下令建陵。次年8月，马皇后去世，9月葬入此陵墓，定名为“孝陵”。孝陵之名，取意于谥中的孝字，有“以孝治天下”之意，一说是马皇后谥“孝慈”，故名。明孝陵永乐三年（1405）建成，历时25年。明皇室先后调用军工10万人，耗费了大量人力、物力。明孝陵规模宏大，建筑雄伟，形制参照唐宋两代的陵墓而有所增益。建成时围墙内享殿巍峨，楼阁壮丽，南朝七十所寺院有一半被围入禁苑之中。陵内植松十万株，养鹿千头。因屡遭兵火，明孝陵除陵寝地宫外，现仅存神道、下马牌坊、大金门、四方城等。

墓区的建筑大体分为两组：第一组神道部分，从下马坊起，到孝陵正门；第二组是主体部分，从正门到宝城、明楼、崇丘为止。现存建筑有神烈山碑、禁约碑、下马坊、大金门、四方城、神功圣德碑、孝陵殿、大石桥等。

洪武三十一年（1398），做了31年皇帝的朱元璋去世，礼葬孝陵。朱元璋及皇后合葬的地宫俗称“宝城”，是一个直径约400米的圆形大土丘，它的四周有条石砌成的石壁，其南边石壁上刻有“此山明太祖之墓”七个大字。宝城厚实坚固，依山势高低起伏，下砌巨石，上用明砖垒筑，厚约1米，是中国现存最大的陵墓之一。历经600余年的风雨之后，近年来宝城墙体出现了局部坍塌、墙面剥落，个别地方因为地基沉降逆向撕裂而形成巨大裂缝。南京市文物部门先后投资300多万元，采用东南大学古建筑专家的保护方案，按照修旧如旧的要求，对墙体进行了维修，如“缝合”裂缝，整平“墙面”，对变形的墙体进行了修补和防水防渗漏“手术”。

朱元璋坐像

明孝陵就是明太祖朱元璋的陵寝。明孝陵于洪武十四年（1381）开始营建，次年葬入马皇后。马皇后谥“孝慈”，故名“孝陵”。

故宫为何称为紫禁城

故宫旧称紫禁城。明永乐四年至永乐十八年，明成祖开始修建故宫，历经明、清两代24个皇帝在此执政。紫禁城为皇家宫殿，金碧辉煌，为什么称皇家宫殿为紫禁城呢？

一种说法认为这与古时候“紫气东来”的这个典故有关。传说老子出函谷关，有紫气从东至，被守关人看见，不久，老子骑着青牛姗姗而来，守关人便知道这是圣人。守关人请老子写下了著名的《道德经》。因此紫气便被认为具有吉祥含义，预示着帝王、圣贤和宝物出现。杜甫的《秋兴》诗曰：“西望瑶池降王母，东来紫气满函关。”

从这以后古人就把祥瑞之气称为紫云，传说中的仙人居住的地方称为紫海，将神仙称为紫皇，把京城郊外的小路称为紫陌。紫气东来，象征吉祥，由此可知紫禁城中的“紫”大有来头。皇帝居住的地方，防备森严，寻常百姓难以接近，所以称为紫禁城。

还有一种说法认为，紫禁城的来历与迷信和传说有关。皇帝自命为是天帝之子，即天子。天宫是天帝居住的地方，也自然是天子居住之地。《广雅·释天》曰：“天宫谓之紫宫。”因此皇帝住的宫殿就被称为紫宫。紫宫也称为紫微宫，《后汉书》说：“天有紫微宫，是上帝之所居也，王者立宫，象而为之。”《艺文类聚》记：“皇穹垂象，以示帝王，紫微之则，弘诞弥光。”

还有一种说法认为紫禁城的来历与古代“星垣”学说有关。古时，天上星垣被天文学家分为三垣、二十八星宿及其他星座。三垣指太微垣、天市垣和紫微星垣。而紫微星垣是代称天子的，处于三垣的中央。紫微星即北极星，四周由群星环绕拱卫。古时有“紫微正中”之说和“太平天子当中坐，清情官员四海分”之说。

既然古人将天子比作紫微星垣，那么紫微垣也就成了皇极之地，所以称帝王宫殿为紫极、紫禁、紫垣，“紫禁”的说法早在唐代即已有之。王维《敕赐百官樱桃》诗曰：“芙蓉阙下会千宫，紫禁朱樱出上兰。”北京故宫占地1087亩，南北长961米，东西宽753米，周长约7里，全部殿堂屋宇达9000多间，四周城墙高10余米，称这座帝王之城为紫禁城不仅名副其实，且含天子之城的意思。考察故宫中的建筑，象征着“天”的崇高和伟大的太和殿，位于故宫中极，是最高大突出的地方；象征着天和地的乾清、坤宁二宫紧密相连；它们两侧的日精、月华二门，象征着日和月；而象征着十二星辰的东西六宫以外的数组建筑则表示天上的群星。这些象征性的建筑群拱卫着象征天地合璧的乾清、坤宁二宫，以表明天子“受命于天”和“君权神授”的威严。

故宫的旧称——紫禁城，从“星垣”学来看，其命名与建筑设计可以说是高度统一、珠联璧合的。

故宫太和殿云龙石刻御路

太和殿云龙石刻御路在殿前正面中央，大块青石雕刻而成，两边施以青石阶及汉白玉栏。刻工精细，下有山海之势，上有盘龙戏珠之妙，云气腾绕，可谓气象殊观。

北京古城墙为何独缺一角

《光绪顺天府志》说，北京城雉堞11038，炮窗2108。内城周长约四十里。墙高三丈五尺五寸，围栏高五尺八寸，通高四丈一尺三寸。明洪武、永乐年间都重修加固城垣。宣德九年，以五城神机营军工和民夫修城垣。这时才把城垣外壁包上砖。正统元年到四年才建成九门城楼和桥闸、月城（平常叫瓮城）和箭楼等。城垣内壁也包上砖。各城门外立牌楼，内城四隅各立角楼。城外挖濠建石桥。嘉靖年间又在南边增修了二十七里的外城。修建北京城一直是“皇极用建，永固金汤”的大事。

全城以前门至地安门为中轴，正南正北，整齐如划。从1972年和1975年美国发射的两颗地球资源卫星在北京上方900多千米的高空拍摄的卫星照片上看，最为清晰的就数明代修建的内城城墙形象了。一般说来，城墙应修筑成方形的，我国的一些古城大都如此。可是北京内城城垣的西北角不呈直角，呈东北—西南走向。这究竟是为什么呢？

有人从地形上进行分析：元时大都的北城墙，在现今德胜门和安定门以北五里处，至今遗迹犹存。它的西北角并无异常，是呈直角的。明代重修北京城，为了便于防守，放弃了北部城区，在原城墙南五里处另筑新墙。新筑的北城墙西段穿过旧日积水潭最狭窄的地方，然后转向西南，把积水潭的西端隔在城外，于是西北角就成了一个斜角。明初时，积水潭的水远比现在要深得多，面积也大得多。为了城墙的坚固和建筑的需要，城墙依地形而呈抹角是合乎情理的，所以这种观点被很多人所接受。

第二种说法是，从国外卫星影像分析，北京城西北角既有直角墙基的影像，又有斜角的墙基影像。这两道墙基的夹角为35°～36°，正东正西墙基线正位于元代海子西北端北岸附近，和东段城墙在同一纬线上，这说明这里确实曾修过城墙。可是为什么没有修成呢？通过卫星影像还可以看到，从车公庄到德外大街有一条地层断裂带，正好经过城的西北角与那段直角边斜向相交。现在的北京城是明朝永乐年间修建的，建城时北京城四角都是直角。但明清两代，北京及其附近地区经常发生强烈地震，每次地震北京城西北角从西直门到新街口外这段城墙都要倒塌。虽经重修多次，但无论建得怎样坚固，总是被地震震塌。据考证，原来地下地基不牢，可能有活断层。皇帝陛下不得不屈服于地震的威力，决定将西北角的城墙向里缩一块，避开不稳定地段。以后北京地区虽又经历几次地震，城墙却再没有倒塌。这就是为什么缺一个角的原因。

第三种说法是，北京城的设计处处都有含义。如紫禁城这个名字取自紫微星垣，紫微星垣系指以北极星为中心的星群。古人认为紫微星垣乃是天帝的居所，而群星拱卫之。所以自汉以来皇宫常被喻为紫微。为佐证这个说法，紫禁城内特意设有七颗赤金顶（分别是五凤楼四颗，中和殿、交泰殿、钦安殿各一颗），喻北斗七星。有七星在此，谁能说不是天上宫阙？所以北京城墙缺一角必然有什么含义。

其中就有这么一个故事，在明初年，燕王修建北京城，命手下的两个军师刘伯温和姚广孝设计北京城的图样。他们俩在设计的时候，不知为什么眼前都出现了哪吒的模样，他们很害怕，哪吒说不用害怕，我是上天派来的，告诉你们要如何建造都城，你们按我手中的图建造吧。于是两个人就都各自照着画了。姚广孝画到最后，吹来了一阵风，把哪吒的衣襟掀起了一块，他也就随手画了下来。后来建城的时候，燕王下令：东城照刘伯温画的图建，西城照姚广孝画的图建。姚广孝画的被风吹起的衣襟，正好是城西北角从德胜门到西直门往里斜的那一块，所以至今那里还缺着一个角呢！

奇域之谜

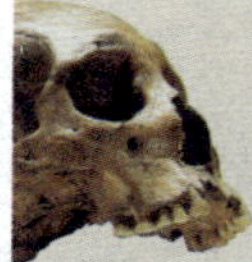

神秘莫测的间歇泉

在中国西藏雅鲁藏布江上游的搭各加地，有一种神奇的泉水——间歇泉。间歇泉的泉水涓涓流淌，在一系列短促的停歇和喷发之后，随着一阵震人心魄的巨大响声，高温水汽突然冲出泉口，即刻扩展成直径2米以上、高达20米左右的水柱，柱顶的蒸汽团继续翻滚腾跃，直冲蓝天。它的喷发周期是喷了几分钟、几十分钟之后就自动停止，隔一段时间才再次喷发。

除了中国的间歇泉外，在冰岛首都雷克雅未克附近，还有一眼举世闻名的间歇泉——“盖策”泉。这个泉在间歇时是一个直径20米、被热水灌得满满的圆池，热水缓缓流出。不久，池口清水翻滚暴怒，池下传出类似开锅时的呼噜声，随之有一条水柱冲天而起，在蔚蓝色的天幕上飘洒着滚热的细雨，这条水柱最高竟可达70米。

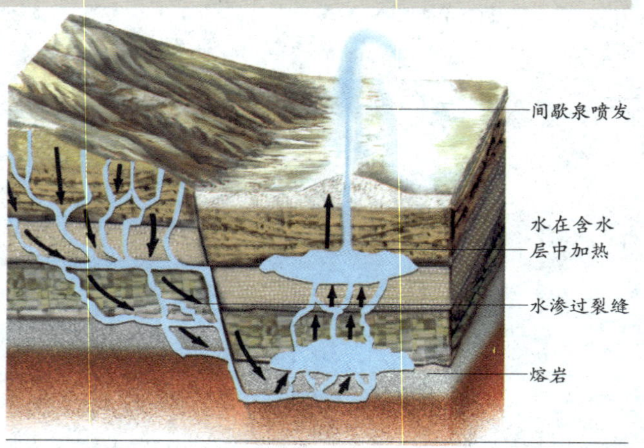

间歇泉喷发原理图

间歇泉与温泉不同，温泉不仅水温高，而且含少量硫；间歇泉水温一般比较低，且含大量硫和碳酸气。间歇泉的通道上层狭窄，并且上层的冷水像个盖子，使下层沸水受压力越来越大，终于冲开盖子喷发出来。

科学家经过考察指出，适宜的地质构造和充足的地下水源是形成间歇泉最根本的因素，此外，还要有一些特殊的条件：首先，间歇泉必须具有能源，地壳运动比较活跃地区的炽热的岩浆活动是间歇泉的能源，因而它只能位于地表稍浅的地区。其次，要形成间歇性的喷发，还要有一套复杂的供水系统来连接一条深泉水通道。在通道最下部，地下水被炽热的岩浆烤热，但在通道上部，泉水在高压水柱的压力下又不能自由翻滚沸腾。同时，由于通道狭窄，泉水也不能进行随意的上下对流。这样，通道下面的水在不断地加热中积蓄能量，当水道上部水压的压力小于水柱底部的蒸汽压力时，通道中的水被地下高压、高温的热气和热水顶出地表，造成强大的喷发。喷发后，压力减低，水温下降，喷发因而暂停，为下一次新的喷发积蓄能量。

间歇泉

神奇的尼亚加拉瀑布

尼亚加拉大瀑布是驰名世界的大瀑布，坐落在纽约州西北部美加边境处，位于尼亚加拉河的中段。它发源于伊利湖，向北流入安大略湖，仅长58千米，但因为伊利湖与安大略湖地势相差100多米，当河水流经陡峭的断岩带时，便形成了气势磅礴的大瀑布。

尼亚加拉瀑布以山羊岛为界，分为加拿大瀑布和美国瀑布两部分，由三股飞瀑组成。两处瀑布的水源虽来自同一处，可是只有6%的水从美国瀑布流下，其他94%的水是从加拿大瀑布流下。其中，在河东美国一侧的两条瀑布，有着“彩虹瀑”和“月神瀑”的美称，后者因其极为宽广细致，很像一层新娘的婚纱，又称婚纱瀑布，两瀑布中间隔着兰那岛。在河西加拿大一侧的飞瀑最为壮观，形状有如马蹄，故称马蹄瀑。马蹄瀑与前两瀑相距约二三百米，但看上去基本是“三位一体”的半弧形。

历史上的尼亚加拉瀑布，曾是美国和加拿大两国争执不休，甚至兵戎相见的必争之地。1812～1814年，两国曾多次为此发动战争。后来，双方签订了《根特条约》，规定尼亚加拉河为两国所有，以中心线为界。从那时起近200年来，加美两国享有一条和平的边界，双方都在各自的一边设立了尼亚加拉瀑布城。150多年前，拿破仑的弟弟耶洛姆·波拿巴曾携新娘到瀑布度蜜月，开创了到此旅行结婚风俗之先河。据统计，每年来尼亚加拉瀑布旅游的游客约400多万人，其中以情侣、恋人居多。

“尼亚加拉”一词来自印第安语，意即“如雷贯耳”。关于这个瀑布有一则动人的传说：从前，有一位美貌的印第安姑娘被部落的酋长相中。酋长想娶她为妻，但姑娘不愿意，于是，在新婚之夜，她独自划着独木舟沿尼亚加拉河而上。在河水中，姑娘变成了美丽的仙女，后来经常出现在大瀑布的彩虹中。

尼亚加拉瀑布原本是人迹罕至、鲜为人知之地，几千年来，只有当地的印第安人知道这一自然奇观。在他们实际上见到瀑布之前，就听到如同打雷般的声音，因此他们把它称为“Onguiaahra”，意即“巨大的水雷”。据传，欧洲人布鲁勒于1615年领略到尼亚加拉瀑布奇观。1625年，欧洲探险者雷勒门特第一个写下了这条大河与瀑布的名字，称为尼亚加拉。

据说尼亚加拉瀑布已存在约1万年了，它的形成在于不寻常的地质构造。在尼亚加拉峡谷中岩石层是接近水平的，每英里仅下降19　22英尺。岩石的顶层由坚硬的大理石构成，下面则是易被水力侵蚀的松软的地质层。激流能够从瀑布顶部的悬崖边缘笔直地飞泻而下，正是由松软地层上的那层坚硬的大理石地质层所起的作用。更新世时期，巨大的大陆冰川后撤，大理石层暴露出来，被从伊里湖流来的洪流淹没，形成了现今的尼亚加拉大瀑布。通过推算冰川后撤的速度，瀑布至少在7000年前就形成了，最早则有可能是在2.5万年前形成的，但具体形成于何时还有待考证。

尼亚加拉瀑布

雄奇的尼亚加拉瀑布还是勇敢者挑战自我、表演绝技的场所。1859年，法国走钢丝演员查理·布隆丹从一条长335米，悬于瀑布水流汹涌处上方49米的钢丝上走过。

能“报时”的澳大利亚怪石

岩石能报时？听起来近乎天方夜谭，但在澳大利亚中部阿利斯西南的茫茫沙漠中，确实有一块能“报时”的怪石。

屹立在沙漠中的这块怪石高达348米，周长约8000米，仅其露在地面上的部分就可能有几亿吨重。这块怪石通过每天很有规律地改变颜色来告诉人们时间的流逝：早晨，旭日东升、阳光普照的时候，它为棕色；中午，烈日当空的时候，它为灰蓝色；傍晚，夕阳西沉的时候，它为红色。它是当地居民的“标准时钟”，当地居民根据它一日三次的颜色变化来安排农事以及日常生活。

澳大利亚巨石示意图

澳大利亚巨石是物理风化和化学风化共同作用下的产物，一般称为岛山。雨水不断侵蚀岩石的表层，热昼和凉夜则使岩石日复一日经历膨胀和收缩的过程，最终致使岩石表面开裂。

雨水侵蚀下形成沟壑。

流水汇聚成的沟壑渠道。

岩石层层剥落，称为球状风化。

怪石除了随太阳光强度不同而改变颜色外，还会随着太阳光照射角度的变化而变幻形象：时而像一条巨大的、悠然漫游于大海之中的鲨鱼的背鳍；时而像一艘半浮在海面上乌黑发亮的潜艇；时而像一位穿着青衣、斜卧在洁白软床上的巨人……

澳大利亚怪石

怪石为何具有“报时”的功能？

为了解释怪石“报时”的现象，许多考古学家和地质学家对怪石所处的气候条件、地理环境进行了详细考察，并对怪石的结构成分等进行了深入的研究。一些科学家试图这样解释怪石产生的“怪现象”：怪石之所以会变色是由于怪石处在平坦的沙漠，天空终日无云，空气稀薄，而怪石的表面比较光滑，在这种情况下，怪石表面有镜子的作用，能较强反射太阳光，因而从清晨到傍晚天空中颜色的变化能相应地在怪石上得到呈现。

怪石变幻其形象则是由于太阳光在不同的气候条件下活动而产生反射、折射的数量及角度的不同，这种变化反映到人眼，即成为怪石幻形。

海上坟地——马尾藻海

马尾藻是一种普通的海藻，可是生长在大西洋的马尾藻与众不同，它们连绵不断地漂满约450万平方千米的海区，以至于这个海区被称作马尾藻海。

马尾藻海上的马尾藻直接从海水中摄取养分，并通过分裂成片、再继续以独立生长的方式蔓延开来。厚厚的一层海藻铺在茫茫大海上，一派草原风光。

马尾藻海一年四季风平浪静，海流微弱，各个水层之间的海水几乎不发生混合，所以这里的浅水层的营养物质更新速度极慢，因而靠此为生的浮游生物也是少之又少，只有其他海区的1/3。这样一来，那些以浮游生物为食的大型鱼类和海兽几乎绝迹，即使有，也同其他海区的外形、颜色不同。

1492年9月16日，当哥伦布的探险船队正行驶在一望无际的大西洋上时，忽然，船上的人们看到在前方有一片绵延数千米的绿色“草原”。哥伦布欣喜若狂，以为印度就在眼前。于是，他们开足马力驶向那片“草原”。但当哥伦布一行人驶近“草原”时，不禁大失所望，原来那“草原”是一望无际的海藻。那片海域即今天的马尾藻海。

马尾藻海有“海上坟地”和“魔海”之称。这是因为许多经过这里的船只，不小心被海藻缠绕，无法脱身，致使船上的船员因没有食品和淡水，又得不到救助，最后饥渴而死。最先进入这片海域的哥伦布一行就在这里被围困了一个多月，最后在全体船员们的奋力拼搏下才得以死里逃生。在第二次世界大战中，英国奥兹明少校曾亲自去了马尾藻海，海上无风，“绿野”发出令人作呕的奇臭，到处是毁坏了的船骸。到了晚上，海藻像蛇一样爬上船的甲板，将船裹住不放。为了航行，他只好把海藻扫掉，可是海藻反而越来越多，像潮水一样涌上甲板。经过一番搏斗，筋疲力尽的他才侥幸得以逃生。

马尾藻海又称为萨加索（葡萄牙语“葡萄果”的意思）海，大致在北纬20°～35°、西经35°～70°，覆盖大约450万平方千米的水域。

马尾藻海位于大西洋中部，强大的北大西洋环流像一堵旋转的坚固围墙，把马尾藻海从浩瀚的大西洋中隔离出来。因此，由于受海流和风的作用，较轻的海水向海区中部堆积，马尾藻海中部的海平面要比美国大西洋沿岸的海平面平均高出1米。

马尾藻海究竟是怎样形成的呢？如果把大西洋比作一个硕大无比的盆子，北大西洋环流就在这盆中做圆周运动。而马尾藻海则非常平静，所以许多分散的悬浮物都聚集在这里，海上草原就是这样形成的。但是，马尾藻海里的马尾藻究竟是怎么来的，人们还没有找到一个肯定的答案。有的海洋学家认为，这些马尾藻类是从其他海域漂浮过来的。有的则认为，这些马尾藻类原来生长在这一海域的海底，后来在海浪作用下，漂浮出海面。

最令人称奇的是，这里的马尾藻并不是原地不动，而是像长了腿似的时隐时现，漂泊不定。一些经常来往于这一海区的科学家经常遇到这样的怪事：他们有时会见到一大片绿色的马尾藻，过了一段时间，却不见它们的踪影了。在这片既无风浪又无海流的海区，究竟是何种原因使这片海上大草原漂泊不定呢？至今仍是个谜。

诡秘幽灵岛

西方人酷爱航海，而历来航海史上怪事多多。在斯匹次培根群岛以北的地平线上，1707年英国船长朱利叶斯发现了陆地，但这块陆地始终无法接近，然而值得肯定的是，这块陆地不是光学错觉，于是他便将“陆地”标在海图上。200年后，乘“叶尔玛克”号破冰船到北极考察的海军上将玛卡洛夫与他的考察队员们再次发现了一片陆地，而且正是朱利叶斯当年所见到的那块陆地。航海家沃尔斯列依在1925年经过该地区时，也发现过这个岛屿的轮廓。但科学家们在1928年前去考察时，在此地区没有发现任何岛屿。

一艘意大利船在1831年7月10日途经西西里岛附近时，船长突然发现在东经12° 42′ 15″、北纬37° 1′ 30″的海面上海水沸腾起来，一股直径大约200米、高20多米的水柱喷涌而出，水柱刹那间变成了一团500多米高的烟柱，并在整个海面上扩散开来。船长及船员们从未见过如此景观，被惊得目瞪口呆。当这只船在8天以后返航时，发现一个冒烟的小岛竟出现在眼前。许多红褐色的多孔浮石和大量的死鱼漂浮在四周的海水中，一座小岛在浓烟和沸水中诞生了，而且在随后10多天里不断地伸展扩张，周长扩展到4.8千米，高度也由原来的4米“长”到了60多米。由于这个小岛诞生在突尼斯海峡里，这里航运繁忙，地理位置重要，因此马上引起了各国的注意，大量的科学家前往考察。但奇怪的事情发生了，正当人们忙于绘制海图、测量、命名并多方确定其民用、军事价值时，小岛却突然开始缩小。到9月29日，在小岛生成后一个多月，它已经缩小了87.5%；又过了两个月，海面上已无法再找到小岛的踪迹，该岛已完全消失。

关于幽灵岛的记载，历史上有很多。爱琴海中就曾先后涌现过4个小岛，当时被称为“神岛”。挪威海域的“多尔蒂岛”从1840年到1929年也曾多次神秘失踪。

类似的事情也发生在大西洋北部。有一座盛产海豹的小岛，它是100多年前由英国探险家德克尔斯蒂发现的，它也因此被命名为德克尔斯蒂岛。大批的捕捉者来到了这个盛产海豹的岛上，并建立了修船厂和营地，但此岛在1954年夏季突然失踪了。大量的侦察机、军舰前来寻找均无结果。事隔8个月以后，一艘美国潜水艇在北大西洋巡逻，突然发现一座岛屿出现在航道上，而航海图上却从来没有标示过这样一个岛屿。潜水艇艇长罗克托尔上校经常在这一带海域航行，发现此岛后大为震惊，罗克托尔上校通过潜望镜发现岛上有人居住，有炊烟，于是命令潜水艇靠岸登陆。经过询问岛上的居民才知道，这正是8个月前失踪的德克尔斯蒂岛。

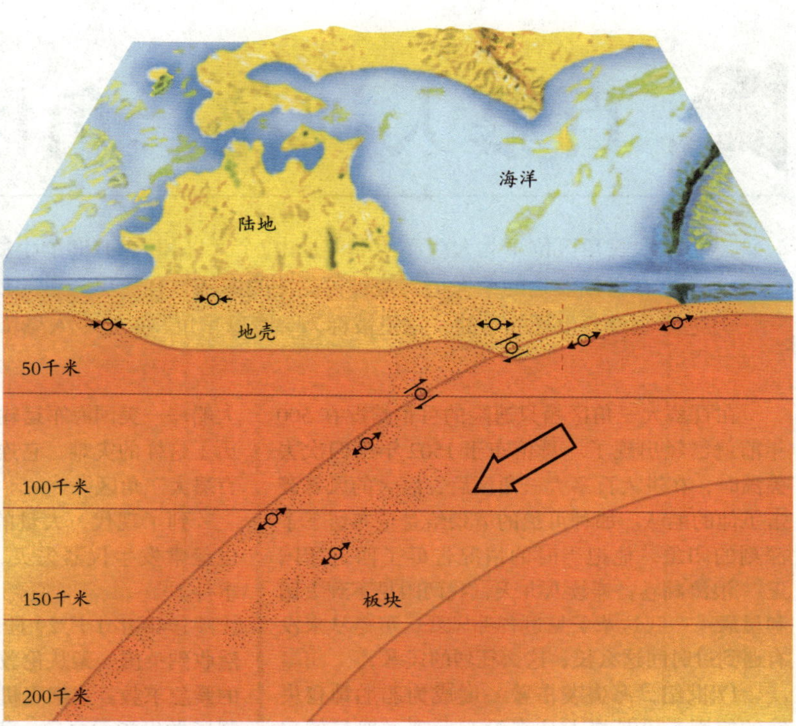

类似的怪事还有很多，科学家们称这种行踪诡秘、忽隐忽现的岛屿为“幽灵岛”。它们不同于那种热带河流上常见的、由于涨水或暴风雨冲走部分河岸或沼泽地而形成的漂浮岛。那么，幽灵岛是怎样形成的呢？这种时隐时现的小岛究竟是从何而来，又因何而去的呢？这成为世界海洋科学家们的热门话题。

地球内部板块运动示意图
随着地球内部板块运动的变化，海上岛屿便有了出现与消失的可能。

法国科学家对这类来去匆匆的“幽灵岛”的成因作了如下解释：由于撒哈拉沙漠之下有巨大的暗河流入大洋，巨量沙土在海底迅速堆积增高，直至升出海面，因此临时的沙岛便这样形成了。然而，暗河水会出现越堵越汹涌的情况，并会冲击沙岛，使之迅速被冲垮，并最终被水流推到大洋的远处。

美国的海洋地质学家京利·高罗尔教授却提出了完全不同的观点。他认为海洋上的“幽灵岛”的基础是花岗岩石，而并非由泥沙堆积而成。它形成的年代久远，岛上有茂盛的植物和动物群，是汹涌的暗河流冲击不垮的。那么“幽灵岛”为什么会突然消失呢？他认为“幽灵岛”出现的海域是地震频繁活动的地区，海底强烈的海啸和地震使它们葬身海底。高罗尔教授还认为，如果太平洋西北部的海底板块产生强烈的大地震使之大分裂的话，日本本州、九州也会遭到和“幽灵岛”同样的命运，沉没在碧波万顷的大海之中，而且他声称自己并非在危言耸听。

另有学者认为，这不过是聚集在浅滩和暗礁的积冰，还有人推测这些“幽灵岛”是由古生代的冰构成，最终被大海所“消灭”。多数地质学家则认为是海底火山喷发的作用形成此类小岛。他们认为，有许多活火山在海洋的底部，当这些火山喷发时，喷出来的熔岩和碎屑物质在海底冷却、堆积、凝固起来，随着喷发物质不断增多，堆积物多得高出海面的时候，新的岛屿便形成了。有的学者认为，小岛的消失是因为火山岩浆在喷出熔岩后，基底与海底基岩的连接不够坚固，在海流的不断冲刷下，新岛屿自根部折断，最后消失了。有的学者认为，可能在海底又发生了一次猛烈的爆炸，使形成不久的岛屿被摧毁。还有学者认为，是火山活动引起地壳在同一地点下沉，使小岛最终陷落。

以上观点虽然各有各的道理，但都不能说明为什么有些小岛会一而再，再而三地“耍把戏”。为什么它们在同一地点突现、消失、再突现、再消失，而与其邻近的海域却没有异常现象发生呢？到底是什么所为呢？这一难以解开的谜团始终困惑着科学家。

百慕大神秘三角区

百慕大三角区位于北大西洋西部，是由7个大岛和大约150个小岛以及一些礁群组成的群岛。它在科技发达的今天仍然是神秘莫测的海域，在这里先进的仪器都会失灵，而人员一旦遇险则没有生还的可能。这里被称为“魔鬼三角”，是令人恐怖的神秘之所。

在百慕大三角区船只遇险的可怕情况在500年前就已经出现了。哥伦布于1502年第四次去美洲时，在进入百慕大三角区后，巨大的风暴袭击了他的船队。那种可怕的情景给哥伦布留下了深刻的印象，他把当时的情况告诉了西班牙国王：“浪涛翻卷，连续八九天，我两眼见不到太阳和星辰……我这辈子见过各种风暴，可是从来没有遇到过时间这么长、这么狂烈的风暴。”

17世纪，海盗袭击曾一度成为船舶神秘失踪的原因，可是岸上从来没有发现过船员的尸体和船只的残片。到了19世纪，海盗几乎绝迹，可是船舶失踪的事件依然不断发生。

1925年4月18日，日本货船“来福丸”号从波士顿出港。不久，北面出现了低气压，为了进入平静的海区，船员把罗盘刻度向南回转，经过百慕大群岛海域。然而不久，这艘船就下落不明了，船与船员都消失得无影无踪。19000吨的大船——美国海军运输船“赛克鲁普号”同样经历了这样的灾难，它连同309名乘员一起消失在百慕大三角区……

百慕大三角区神秘恐怖的海上巨型漩涡

海面上的海水因海底的强大吸力而形成巨大的漩涡，仿佛被一个无底洞穴在猛烈地抽吸着朝着海底涌去，航行经过这里的船只由于毫无准备，常常会被吸进去，从而消失，所以百慕大海域又称魔鬼海域，是举世闻名的“陷阱海域”。

到了现代，大量的飞机在飞经这一海域时，也经常发生仪器失灵、飞机及人员神秘失踪的事件。

1948年1月29日，百慕大机场的控制塔突然收到英国一架从伦敦飞往百慕大三角区的客机的紧急求救。这架飞机请求帮助指明航向，在控制塔做出指示之前，飞机上的26名乘客连同飞机全部消失得无影无踪。

1967年2月2日，美国一架从佛罗里达机场飞向波多黎各的飞机，在空中与机场的联络良好，机组人员预计下午3时到达波多黎各。但后来空中突然没有了电波，飞机再也没能降落。

……

令人百思不得其解的是，救援者在出事现场既没有看到舰船、飞机的残骸，也看不到遇难者的尸体。更神秘的是，一些失踪的船只在许久之后竟重新在此海域出现，可船上没有一个人影。为了找出百慕大三角区的神秘事件的原因，专家们从不同角度加以探测。

一些人认为百慕大三角区的怪异现象是“虚幻之谜”。美国科学家拉里·库什利用大量可靠的原始资料进行了广泛深入的研究，他说早在16世纪哥伦布探险时期就有记载的这些奇异现象，大多是由于狂浪、飓风、海啸等自然灾害造成的。很多研究百慕大的学者在研究这些空难或海难时没有重视它，甚至有意或无意地删去这些情节，这完全出于猎奇心理，甚至有些人为了吸引别人注意还把发生在其他地方的空难、海难事故说成在百慕大三角区发生的。最后，拉里·库什呼吁：“再也没有比相信百慕

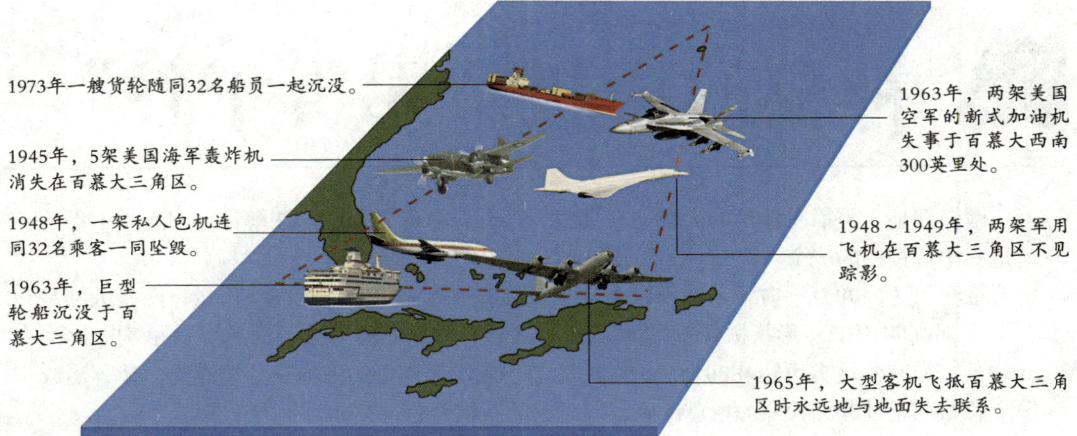
1973年一艘货轮随同32名船员一起沉没。
1945年，5架美国海军轰炸机消失在百慕大三角区。
1948年，一架私人包机连同32名乘客一同坠毁。
1963年，巨型轮船沉没于百慕大三角区。
1963年，两架美国空军的新式加油机失事于百慕大西南300英里处。
1948～1949年，两架军用飞机在百慕大三角区不见踪影。
1965年，大型客机飞抵百慕大三角区时永远地与地面失去联系。

不祥之海

大约有1000名飞行员、水手和乘客在100多种不同的飞机或船只失事中消失在百慕大。

大三角区之谜更为糟糕的了。百慕大三角区是最典型的伪科学、超科学、科学幻想和宣传上的胡作非为。”

但更多的人并不否认百慕大的神秘。苏联科学家最早提出海底水文地壳运动说。他们认为，由于百慕大海域的洋流因其极为复杂的海底地貌而纵横交叉、变幻莫测，多个巨大的漩涡流在这里形成，后来美国科学家又进一步证实了这种观点。他们认为，百慕大海域的巨大漩涡在阳光照耀下产生极高的温度，船舰沉没、飞机爆炸就是因此而造成的。

次声波地磁引力说是第二种主要观点。苏联地球物理学家B.B.舒列金在20世纪30年代提出，海浪产生的次声波可以解释百慕大三角区的神秘现象。他认为，在发生地震、风暴、火山爆发等自然灾害的同时，次声波也随之震荡，这种次声波人耳无法听到，却具有十分巨大的破坏力。处在振荡频率约为6赫的环境中，人便会感觉极度疲劳，随后又出现本能的恐惧和焦躁不安；而处在频率为7赫的环境中时，人的心脏和神经系统陷入瘫痪。次声波在百慕大三角这个区域十分活跃，它可能就是导致种种惨剧发生的罪魁祸首。

此外，一些人还把百慕大三角区同“时空隧道”、外星人基地等联系起来，这些无疑又给百慕大三角区蒙上了更加神秘的色彩。

知识链接

地球奇异现象之中国南海魔鬼三角

在中国南海有片神秘莫测、令世人恐惧的海域。这片海域西起香港，东至台湾，南至菲律宾吕宋岛，面积约10万平方千米。自1979年以来，不断出现航船失踪事件，令人百思不解的是，这些航船失踪后，竟未发现任何碎片，油渍或尸体。

1979年5月中旬的一天，阳光灿烂，清风徐徐，一艘菲律宾货轮“海松”号正开足马力，由中国南海向马尼拉方向驶去。与此同时，马尼拉南港海岸防卫队的无线电接收机突然收到一个紧急呼救信号：“海松”号在台湾以南、吕宋岛以北海域遇难。信号来得那样突然，又消失得那样急促，甚至来不及报告遇难原因和当时的情况。搜寻小组火速赶往出事海域，经多方搜寻，非但25名船员踪迹全无，就连上千吨的货轮也没有留下半点残迹。

7个月后，在“海松”号发出最后求救信号的海面上，由菲律宾马尼拉驶往台湾的“安吉陵明”号货轮又失踪了。

1980年2月16日，距“安吉陵明”号遇难正好两个月，灾难又一次发生了。菲律宾东方航运公司的“东方明尼空”号货轮在行驶到中国香港与马尼拉之间时，东方航运公司马尼拉办事处的通信控制室里，突然接到“东方明尼空”号发来的求救信号。求救信号还来不及发完，联络即急促中断。据信号判断，这艘货轮遇难时正行驶在这片海域。搜寻和救援的飞机来到失事地点，未找到任何残迹。30名菲律宾船员也全部失踪。

不到10个月的时间，三艘货轮在同一海域神秘失踪，引起了人们极大的恐慌。人们惊奇地发现，这片海域的位置，恰好与举世闻名的大西洋百慕大魔鬼三角的位置遥遥相对，于是，中国南海魔鬼三角的称谓不胫而走。

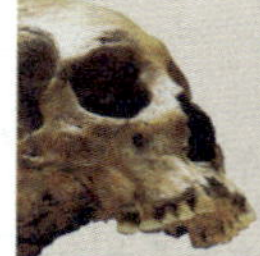

神秘的南极“无雪干谷”

南极洲是人类最少涉足的大洲，在那里，还有许多现象人们无法解释，“无雪干谷”就是其中最神秘的一个。

总面积达1400万平方千米的南极大陆，大部分被冰雪覆盖，从高空俯瞰，南极大陆是一个中部高四周低、形状极像锅盖的高原。这个被形象地称为冰盖的冰层，平均厚度为2000米，最厚的地方可达4800米。大陆的冰盖与周围海洋中的海冰在冬季连为一体，形成一个总面积超过非洲大陆的白色冰原，这时它的面积要超过3300万平方千米。

在南极洲麦克默多湾的东北部，有三个相连的谷地：维多利亚谷、赖特谷、地拉谷。这段谷地周围是被冰雪覆盖的山岭，但奇怪的是谷地中异常干燥，既无冰雪，也少有降水，到处都是裸露的岩石和一堆堆海豹等海兽的骨骸，这里便是“无雪干谷”。走进这里的人都感到一种死亡的气息，于是它又被称为“死亡之谷”。

当科学家探测至此，他们对于岩石边的兽骨百思不得其解。最近的海岸离这里也有数十千米，而远一点的海岸则要上百千米。习惯于在海岸旁边生活的海豹一般情况下不会离开海岸跑这么远，可这些海豹偏偏违背了通常的生活习性来到这里。那么，海豹为什么要远离海岸爬到“无雪干谷”呢？

一些科学家认为，这些海豹来到这里是因为在海岸上迷失了方向。在这个没有冰雪的无雪干谷地区，海豹因为缺少可以饮用的水，力气耗尽而没能爬出谷地，最后干渴而死，变成了一堆堆白骨。

由于存在着鲸类自杀的现象，还有一些科学家认为这些海豹跑到无雪干谷地区就像鲸类一样是自杀。可是并没有充足的理由证明这是海豹自杀，因而有些科学家认为，这些海豹可能是受到了什么惊吓，在什么东西的驱赶下才到了这里。那么海豹在过去的年代里到底是惧怕什么而慌不择路呢？又是一种什么样的东西将它们驱赶到这里呢？这真令人费解。除了神秘的兽骨，无雪干谷还有许多让人无法解释的景观。

新西兰在这个无雪干谷的腹地建立起一座考察站，并根据考察站的名字，把考察站旁边的一个湖取名为“范达湖”。一些日本的科学家在1960年实地考察了无雪干谷的范达湖，奇异的水温现象使他们感到惊讶，水温在三四米厚的冰层下是0℃左右，在15～16

罗斯像

19世纪探险家罗斯在其三年的南极航行中，除发现了以他名字命名的罗斯冰架外，也对无雪干谷进行了探测。

米深的地方升到了 7.7℃，到了 40 米以下，水温竟然跟温带地区海水的温度相当，达到了 25℃。科学家们对范达湖这种深度越大水温越高的奇怪现象兴奋不已，纷纷来到这里进行考察。

日本、美国、英国、新西兰等国的考察队从各个角度对这一疑团加以解释，争论不休。其中有两种学说颇为盛行，一种是地热说，一种是太阳辐射说。

坚持地热说的科学家们提出这样的观点：罗斯海与范达湖相距 50 千米，在罗斯海附近有默尔本灿和埃里伯斯两座活火山。前者是一座正处于休眠期的活火山，后者至今仍在喷发。这表明这一带的岩浆活动剧烈，因此会产生很高的地热。在地热的作用下，范达湖就会产生水温上冷下热的现象，然而有很多证据表明，在无雪干谷地区并没有任何地热活动。这一观点并不足以解释上述现象。

坚持太阳辐射说的专家们则认为，在长期的太阳照射下，范达湖积蓄了大量的辐射能。当夏天到来时，强烈的阳光透过冰层和湖水，把湖底、湖壁烘暖了。湖底层的咸水吸收、积蓄了大量剩余阳光中的辐射能，而湖面的冰层则是很好的隔离屏障，阻止了湖内热量的散发，产生一种温室效应。南极热水湖含有丰富的能有效蓄积太阳能的盐溶液，这就是范达湖的温度上冷下热的原因。但有许多人并不同意此种说法。他们认为：南极夏季日照时间虽长，但很少有晴天，因此地面能够吸收到太阳的辐射能很少，再说又有 90% 以上的辐射能被冰面反射。另外，暖水下沉后必然使整个水层的水温升高，而不可能仅仅使底层的水温升高。这样一来，太阳辐射说的理论似乎又站不住脚了。美国学者威尔逊和日本学者鸟居铁经过多年的研究，提出了新的论点：虽然南极的夏季少晴天，致使地表只能吸收很少的太阳辐射，但是透明的冰层对太阳光有一定的透射率。这样，靠近表层的冰层会或多或少获得太阳辐射的能量。此外，冬季凛冽的大风会将这一地区的积雪层吹得很薄，而每到夏季，裸露的岩石又使地表能够吸收充足的热量。日积月累，湖水表层及冰层下的温度便有所上升，最后到了融化的程度。由于底层盐度较高，密度较大，底层不会上升，结果就使高温的特性保留下来。同时，在冬天时表层水有失热现象，底层水则由于上层水层的保护，失热较少，因而可以保持特别高的水温。据一些科学家的观测记录显示，此说法还是有一定说服力的。

通向大海的四万个台阶

有这样一个神话，爱尔兰巨人麦科尔砌筑了一条路，从他在爱尔兰北部安特里姆郡的家门穿过大西洋，到达他的死敌苏格兰巨人芬哥尔所在的赫布里底群岛。但狡猾的芬哥尔先发制人，在麦科尔还未采取行动前先来到爱尔兰。麦科尔的妻子机智地骗芬哥尔说，熟睡中的麦科尔是她襁褓中的儿子。芬哥尔听了很是害怕，心想襁褓中的儿子已如此巨大，他的父亲一定更加巨大。于是惊慌地逃到海边安全的地方，并把走过的路拆毁，令砌道不能再用。

另一种传说则要平和、浪漫得多。传说，中古爱尔兰塔拉王的武士芬恩·麦库尔爱上了内赫布里底群岛中斯塔法岛上的一位身材高大的美女。为了把这个美人脚不沾水地娶回阿尔斯特，芬恩建造了这条通往斯塔法岛的石路……

今天，在爱尔兰北部海岸的贾恩茨考斯韦角，我们看见的数以万计的多角形桩柱，据说就是巨人麦科尔砌筑的。这些桩柱大部分高 6 米，拼在一起成蜂巢状，构成一道阶梯，直伸入海。从高空望下去，砌道就像沿着 270 多千米长的海岸，由人工砌筑出来的道路，往北一直延伸到大西洋。这些屹立在大海之滨已有数千万年之久的岩层，以其井然有序的排列组合及美妙无比的造型，令无数游人叹为观止。

贾恩茨考斯韦角的桩柱可分作大砌道、中砌道和小砌道三组，人们饶有兴趣地给这些桩柱起了些古怪的名字，如被峭壁隔开的“烟囱顶”和“哈米尔通神座”观景台。

千万年来，浪花不倦地冲刷着岩层，剧烈的海风和多变的气候也不断地对石柱进行侵蚀和雕琢。

早在 17 世纪，学者们就开始研究它的起源，“巨人之路”及其周围海岸也很快发展成为一个科学家们频繁光顾的地质学研究场所。撇开神话不谈，关于这条砌道是怎样形成的，就有多种认识。曾有人认为这些桩柱是海水中的矿物沉积所成。

今天，大部分地质学家都认为砌道的形成源自火山活动。约在五千万年前，爱尔兰北部和苏格兰西部的火山活动活跃，从火山口涌出的熔岩冷却后僵化，在新爆发之后，另一层熔岩又覆盖在上面。熔岩覆盖在硬化的玄武岩层土上冷却得很慢，收缩也很均匀。熔岩的化学成分令冷却层的压力平均分布于中心点四周，因而把熔岩拉开，形成规则的六角形。这个过程发生一次后，基本形状就确定下来了，于是便在整层重复形成六角形。冷却过程遍及整片玄武岩，这样就形成一连串的六角形桩柱。在首先冷却的最顶上一层，石头收缩，裂成规则的菱形，当冷却和收缩持续，表面的裂缝向下伸展到整片熔岩，整片玄武岩层就被分裂成直立的桩柱。千万年来，坚硬的玄武岩柱不断被海洋侵蚀，就成了高低不一的模样。石柱的颜色则受到冷却速度的影响，石内的热能渐渐散失后，石头便氧化，颜色由红转褐，再转为灰色，最后成为黑色。不过，地质学家的这种观点还有待进一步考证。

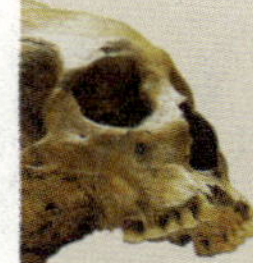

沙漠为热带雨林“施肥”

亚马孙河是拉丁美洲人民的骄傲，它浩浩荡荡，蜿蜒流经秘鲁、巴西、玻利维亚、厄瓜多尔、哥伦比亚和委内瑞拉等国，滋润着800万平方千米的广袤土地，孕育了世界最大的热带雨林——亚马孙热带雨林。亚马孙原始森林，占地球上热带雨林总面积的50%，达650万平方千米，其中有480万平方千米在巴西境内。这里自然资源丰富，物种繁多，生态环境纷繁复杂，生物多样性保存完好，被称为“生物科学家的天堂”。

森林具有涵养水源、调节气候、消减污染及保持生物多样性的功能。热带雨林就像一个巨大的吞吐机，每年吞噬全球排放的大量的二氧化碳，又制造大量的氧气，亚马孙热带雨林由此被誉为“地球之肺”。热带雨林又像一个巨大的抽水机，从土壤中吸取大量的水分，再通过蒸腾作用，把水分散发到空气中。另外，森林土壤有良好的渗透性，能吸收和滞留大量的降水。但奇怪的是，那里的土地十分贫瘠。那么，树木生长所需的养分从哪里来呢？有些科学家认为，是位于东半球的撒哈拉沙漠漂洋过海来给亚马孙热带雨林“施肥”。这是真的吗？

亚马孙河横贯南美洲，沿途有数以千计的支流汇入，河流流域面积为700多万平方千米。其中，亚马孙平原占地面积约为560万平方千米，是世界上最大的冲积平原。由于亚马孙平原位于赤道附近的多雨地区，所以这里四季高温，每月平均气温都在26℃以上。但这里的降水量极为丰富，年平均降水量在1000毫米以上，西部地区甚至可以达到3000毫米。然而，亚马孙河流域的土地由于严重缺乏磷酸钙，所以流域内几乎没有腐殖土。有人指出，正是由于非洲沙漠尘土的侵入，才使亚马孙河流域成为广阔富饶的热带雨林。否则，这里将是一望无际的大草原。

亚马孙热带雨林

在数万年前，亚马孙河流域的森林面积非常小，只相当于现有规模的很小一部分。近年来，美国航空航天局通过气象卫星和特殊飞行器，对南美洲的巨大尘埃云进行追踪，发现这些尘埃主要来自非洲的撒哈拉沙漠及其以南的撒海尔半干旱地区。美国迈阿密大学的一位科学家经过仔细研究，发现这些尘埃云也对美国南部的一些地方和加勒比海的一些岛屿的气候产生影响，在这些尘埃云的作用下，巴巴多斯岛上相当一部分土壤是来自非洲的。此外，尘埃云还将非洲尘埃带到迈阿密，从而使迈阿密城披上了一层红色。那么，这些尘埃是如何飞越辽阔的大西洋，从遥远的非洲来到美洲的呢？

一些科学家认为低纬地区上空的东风带是运送这些尘埃的载体。如果按东风的平均风速计算，富含养分的撒哈拉沙漠的尘土需要5～10天才能跨越大西洋到达亚马孙河流域。美国一位热带生态学家认为，如果每年有1200万吨尘土落到亚马孙地区，则可以使平均每公顷土地增加1.1千克的磷酸钙。

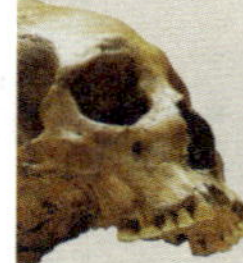

扑朔迷离的太湖成因

太湖的水域形态就像佛手，作为江南的水网中心，太湖蕴藏了丰富的资源并孕育了流域内人们的繁衍生息，自古就被誉为“包孕吴越”；历代文人墨客更是为之陶醉，留下了许多脍炙人口的诗句。太湖风光秀丽，物产富饶，附近的长江三角洲河网纵横，湖荡星罗棋布，向来是中国的鱼米之乡。太湖四周群峰罗列，出产的碧螺春名茶与太湖红橘，在古代就是朝廷的贡品。太湖里还富有各种各样的水产品，其中的太湖银鱼，身体晶莹剔透，肉质细嫩，是筵席上的美味佳肴。

然而，就是这样一个兼具秀丽风景和浩渺壮阔气派的饮誉中外的太湖，关于它的成因，直到今天还争论不休。

早在20世纪初，中国地理学家丁文江与外国学者海登施姆就认为，是大江淤积导致了太湖的形成。他们指出，在五千年前江阴为海岸，江阴以东、如皋以南、海宁以北，包括太湖地区在内都是长江淤积的范围，这是最初对太湖成因所作的理论上的描述。

到20世纪30年代，由于在湖区地下发现有湖相、海相沉积物等，所以学术界对太湖的形成有了较成熟和系统的看法。著名的地理学家竺可桢与汪胡桢等提出了潟湖成因论，潟湖论在以后又不断被充实进新的内容。德国人费师孟在1941年提出，经太仓、嘉定外冈、上海县马桥、金山漕泾，直至杭州湾中的王盘山附近，是公元1～3世纪的海岸线。后经对位于冈身的马桥文化遗址下的贝壳碎屑进行碳-14测定，研究者基本上公认冈身是6000年前的古海岸线。

华东师范大学海口地理研究所的陈吉余教授等，在总结前人研究的基础上，发展和完善了潟湖论。该论点主要依据太湖平原存在着海相沉积来推断，认为因长江带来的大量泥沙逐渐在下游

太湖景观

堆积，使当时的长江三角洲不断向大海伸展，从而形成了沙嘴。以后沙嘴又逐渐环绕着古太湖的东北岸延伸并转向东南，与钱塘江北岸的沙嘴相接，将古太湖围成一个潟湖。后来又因为泥沙的不断淤积，这个潟湖逐渐成为与海洋完全隔离的大小湖泊，太湖则是这些分散杂陈的湖群的主体，又经以后的不断淡化而成为今日的太湖。

近年来，随着对太湖地区地质、地貌、水文、考古和文献资料等方面的不断研究，尤其是几十处距今5000年前的新石器时代遗址，以至汉、唐、宋文化遗物的发现，许多研究者对潟湖论中所存的问题提出了质疑。他们认为，在海水深入古陆地的过程中，虽然是一边冲蚀、一边沉积，但这种情况对于整个古陆地来说是不平衡的，有的地方虽有潟湖地貌的沉积，但它不具整体意义。因此，潟湖论虽然可以解释太湖平原的地形和地质上的海湖沉积，但难以解释何以在太湖平原腹地泥炭层之下以及今日湖底普遍有新石器遗址与古生物化石的存在，同时这也与全新世陆相层的分布范围不符。许多人因此提出，太湖平原大部原为陆地，所以古代居民能够在上面聚居生存。

人们推测，大约在6000年前，太湖地区是一片低平的平原，人们曾经在这里生活和居住过。由于地势较低，终于积水成湖，人们还没有来得及搬走他们的家当，就被洪水淹没了。

至于太湖这片洼地的形成，人们认为这和地壳运动有关。太湖地区可能一直是一个地壳不断下沉的地带，由于地势低洼，从四面八方汇来的流水不能及时排出去，自然就形成了湖泊。太湖的"平原淹没说"还没有得到更多的传播和响应，又一种成因说突然出现了。最近，一批年轻的地质工作者用全新的观点来解释了太湖的形成。

他们大胆地假设，可能是在遥远的古代，曾有一颗巨大无比的陨石，从天外飞来，正好落在太湖的位置上。也就是说，偌大的太湖竟然是陨石砸出来的！他们估计，这颗陨石对地壳造成了强大冲击力，其能量可能达到几十亿吨的黄色炸药爆炸产生的能量，或者等于1000万颗在日本广岛上空爆炸的原子弹的能量。

提出"陨石冲击"假说的年轻人，列出了如下几个方面的证据：第一，从太湖外部轮廓看，它的东北部向内凹进，湖岸破碎得非常严重；而西南部则向外凸出，湖岩非常整齐，大约像一个平滑的圆弧，与国外一些大陆上遗留下来的陨石坑外形十分相似。第二，研究者在调查中发现，太湖周围的岩石岩层断裂有惊人的规律性。在太湖的东北部，岩层有不少被拉开的断裂，而西南部岩层的断裂多为挤压形成。这种地层断裂异常情况只有在受到一种来自东北方向的巨大冲击时才会出现。第三，研究者还发现，成分十分复杂的角砾存在于太湖四周，在显微镜下观察这些岩石，其中还可以看到被冲击力作用产生的变质现象。另外，他们还在太湖附近找到了不少宇宙尘和熔融玻璃，这些物质只有在陨石冲击下才会产生。

由以上的证据，他们推断，这颗陨石是从东北方向俯冲下来的。由于太湖西南部正好对着陨石前下方，冲击力最大，所以产生放射性断裂，而东北部受到拉张力的作用，形成与撞击方向垂直的张性断裂。由于陨石巨大的冲击力，造成岩石破碎，形成成分混杂的角砾岩和岩石的冲击变质现象。

对太湖的成因，目前还没有形成统一的认识，但所有这些不同的观点都有助于推动人们做进一步的调查和研究。随着探究的不断深入，相信人们最终一定能揭开扑朔迷离的太湖成因之谜。

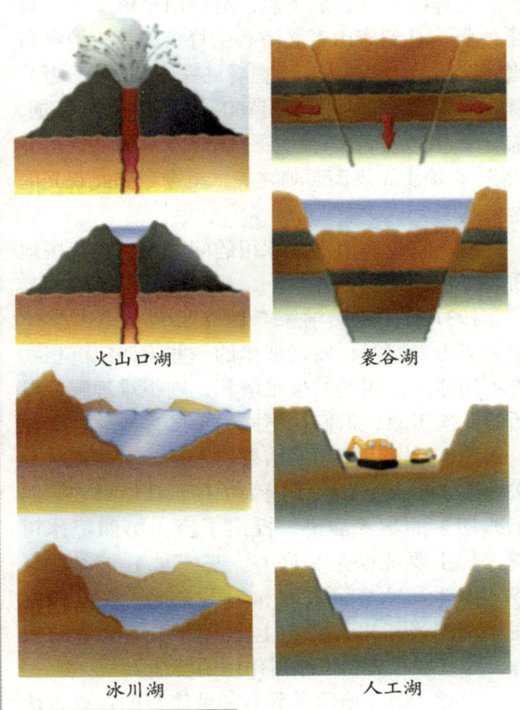

各类湖泊构成示意图

难识庐山真面目

庐山的形成只能是地质年代地壳构造运动的结果。在遥远的地质年代，这里原是一片汪洋，后经造山运动，庐山脱离了海洋环境。现今庐山上所裸露的岩山，如“大月山粗砂岩”，就是元古代震旦纪的古老岩石。那个时代的庐山并不高，在漫长的地质年代里，它经历了数次海侵和海退。庐山大幅度上升是在距今六七千万年前的中生代白垩纪。当时，地球上又发生了强烈的燕山构造运动，位于淮阳弧形山系顶部的庐山，受向南挤压的强力和江南古陆的夹持而上升成山。山呈肾形，为东北——西南走向，形成了一座长25千米、宽10千米、周长约70千米，海拔1474米以上的山地。这就是千古名山庐山的形成过程。

庐山“奇秀甲天下”之说并非过誉。因为这里无论石、水、树无一不是绝佳的风景，五老绝峰，高可参天，经常云雾缭绕。说到庐山多雾，这与它处于江湖环抱的地理位置密不可分。由于雨量多、湿度大，水汽不易蒸发，因此山上经常被云雾所笼罩，一年之中，差不多有190天是雾天。大雾茫茫，云烟飞渡，给庐山平添了不少神秘色彩。凡到庐山者必游香炉峰，因为香炉瀑布银河倒挂，确实迷人。李白看见香炉瀑布后，万分赞叹，留下了千古不朽的诗句：“日照香炉生紫烟，遥看瀑布挂前川；飞流直下三千尺，疑是银河落九天。”香炉瀑布飞泻轰鸣之美，至今令到此观光的游者倾倒。

庐山有没有出现过冰川的问题一直在我国地质界存在争议。

1931年，地质学家李四光带领北京大学学生去庐山考察时，发现那里的一些第四纪沉积物若不用冰川作用的结果来解释，则很难理解。以后的几次考察，人们从不同的角度再研究这些现象，确信是冰川作用的结果。于是，李四光在一次地质学年会上发表了题为《扬子江流域之第四纪冰期》的学术演讲，提出了庐山第四纪冰川说。其主要证据是平底谷、王家坡U形谷、悬谷、冰斗和冰窖、雪坡和粒雪盆地。在堆积方面，李四光指出：庐山上下都堆积了大量的泥砾，这些堆积显示了冰川作用的特征。

当时，国际地质学界有一种流行的观点，认为第三纪以来，中国气候过于干燥，缺乏足够的降水量，形成不了冰川。英籍学者巴尔博根据对山西太谷第四纪地层的研究，认为华北地区的第四纪只有暖寒、干湿的气候变化，没有发生过冰期。他认为：一些类似冰川的地形，既可能是流水侵蚀所成，也可能是山体原状，而王家坡U形谷的走向可能和基岩的构造有关。法籍学者德日进也排除了庐山冰川存在的可能性。

以后的几年里，李四光也在寻找更多的冰川证据，以说服持怀疑论者。1936年，他在黄山又发现了冰川遗迹，更加证明庐山曾有冰川。他的论著《冰期之庐山》，总结了庐山的冰川遗迹，进一步肯定了庐山的冰川地形和冰碛泥砾，描述了在玉屏峰以南所发现的纹泥和白石嘴附近的羊背石。该书专门写了《冰碛物释疑》一章，对反对论者所提出的观点进行了分析与反驳。对于泥砾的成因问题，他否定了风化残积、山麓坡积、山崩、泥流等成因的可能性，再次肯定泥砾的冰川成因。不久，他又著《中国地质学》一书，着重讨论了泥流和雪线问题。对于泥流，他认为既然承认如此巨大规模的泥砾是融冻泥流所形成的，那就完全有必要承认在高山上发生过冰川作用，因为如果山下平原区发生了反复的冰冻与融化，以至产生了泥流的低温条件，按升高1000米降低温度4℃～6℃计算，庐山上面的温度就要比周围平原低6℃～9℃，这样就不可避免产生冰川。据此，反对庐山冰川的泥流作用，反过来却成了庐山冰川说的有力证据。对雪线问题，他认为在更新世时期，雪线在东亚有所降低，因此，虽然庐

庐山三叠瀑

山海拔较低，也能产生冰川。

20世纪60年代初，黄培华再次对庐山存在第四纪冰川提出质疑。其依据是：所谓“冰碛物”不一定是冰川的堆积，其他地质作用如山洪、泥流都可以形成；地形方面，庐山没有粒雪盆地，王家谷等地都不是粒雪盆地，而且山北“冰川”遗迹遍布，何以在山南绝迹？庐山地区尚未发现喜寒动植物群，只有热带亚热带动植物。支持冰川说的曹照恒、吴锡浩，从庐山的堆积物、地貌、气候及古生物方面反驳了黄培华的观点。

20世纪80年代初，持非冰川论观点的施雅风、黄培华等又进一步从冰川侵蚀形态、冰川堆积和气候条件等方面，对庐山第四纪冰川说加以否定。持冰川论观点的景才瑞、周慕林等人，则从地貌、堆积，特别是冰川时、空上的共性与个性等方面进一步论证了庐山冰川的可能性。

在据最新论据的争论中，持非冰川论观点的谢又予、崔之久作了庐山第四纪沉积物化学全量分析，“泥砾”中砾石形状、组织的统计、分析，以及电镜扫描所采石英砂表面形态与沉积物微结构特征等，认为庐山的“冰川地貌”是受岩性、构造控制的产物，而不是真正的冰川地貌；所谓“冰川泥砾”也不是冰碛物，而是典型的水石流、泥石流和坡积的产物。

以上的争论并没有完结，面对庐山的地貌和沉积物这一共同事实，争论一方说是冰川作用的证据，而另一方却判定为非冰川作用的证据。庐山的真面目，至今仍是个谜。在庐山上是否存在过冰川，这对我国第四纪地层划分起着重要作用，因此有待于更深入的探讨。

知识链接

庐山

美丽的庐山，是世界级名山。地处江西省北部，风景区总面积为382平方千米，山体面积为282平方千米，主峰大汉阳峰海拔1474米。东偎鄱阳湖，南靠南昌滕王阁，西邻京九大通脉，北枕滔滔长江。大江、大湖、大山浑然一体，雄奇险秀，刚柔并济，形成了世所罕见的壮丽景观。“春如梦，夏如滴，秋如醉，冬如玉”，更构成一幅充满魅力的立体天然山水画。历史造就此山，文化孕育此山，名人喜爱此山，世人赞美此山。

中华民族源远流长的历史和数千年博大精深的文化孕育了庐山无比丰厚的内涵，使她不仅风光秀丽，更集教育名山、文化名山、宗教名山、政治名山于一身。从司马迁“南登庐山”，到陶渊明、李白、白居易、苏轼、王安石、黄庭坚、陆游、朱熹、康有为、胡适、郭沫若等1500余位文坛巨匠登临庐山、留下4000余首诗词歌赋的文化名山的确立；从朱熹重建白鹿洞书院弘扬“理学”，到教育丰碑的构建；从“借得名山避世哗”的隐居之庐，到20世纪初世界上25个国家风格的庐山别墅群的兴建；从胡先骕创建中国第一个亚热带山地植物园，到李四光“第四纪冰川”学说的创立；从20世纪中叶庐山成为国民政府的“夏都”，到庐山作为政治名山地位的确立……庐山的历史遗迹，处处闪烁着中华民族历史文化的光华，充分展示了庐山极高的历史、文化、科学和美学价值。

庐山是一座地垒式断块山，外险内秀，具有河流、湖泊、坡地、山峰等多种地貌。水流在河谷发育裂点，形成许多急流与瀑布。著名的三叠泉瀑布，落差达155米。庐山生物资源丰富。山麓鄱阳湖候鸟保护区，是“鹤的王国”，有世界最大的白鹤群，被誉为中国的“第二座万里长城”。庐山地处中国亚热带东部季风区域，面江临湖，山高谷深，具有鲜明的山地气候特征。良好的气候和优美的自然环境，使庐山成为世界著名的避暑胜地。

神农架之谜

神农架是世界中纬度地区唯一的一块绿色宝地。它拥有当今世界中纬度地区唯一保持完好的亚热带森林生态系统，是最富特色的垄断性的世界级旅游资源，动植物区系成分多样，古老、特有而且珍稀。苍劲挺拔的冷杉、古朴郁香的岩柏、雍容华贵的梭罗、风度翩翩的珙桐、独占一方的铁坚杉，枝繁叶茂，遮天蔽日；金丝猴、白熊、苏门羚、大鲵以及白鹳、白鹤、金雕等走兽飞禽出没草丛林间。

这里山峰瑰丽，清泉甘洌，风景绝妙。神农顶雄踞“华中第一峰”，风景垭名跻“神农第一景”；红坪峡谷、关门河峡谷、夹道河峡谷、野马河峡谷雄伟壮观；阴峪河、沿渡河、香溪河、大九湖风光绮丽；万燕栖息的燕子洞、时冷时热的冷热洞、盛夏冰封的冰洞、一天三潮的潮水洞、雷响出鱼的钱鱼洞令人叫绝；流泉飞瀑、云海佛光皆为大观。

这里还有着优美而古老的传说和古朴而神秘的民风民俗，人与自然共同构成中国内地的高山原始生态文化圈。神农氏尝草采药的传说、“野人”之谜、汉民族神话史诗《黑暗传》、川鄂古盐道、土家婚俗、山乡情韵都具有令人神往的诱惑力。

谜之一：动物白化现象

我国许多城市的动物园里都养有白熊。从外表看，它们实在没有什么区别，若注意到产地栏的记载，就会发现其中的大不同。原来多数白熊都属引进的北极熊，唯独武汉动物园里的白熊标记着“神农架”三个字，是地道的“国产货”。关于神农架白熊是否真是白熊的问题，科学界在20世纪50年代就有争议，至今余波未了。

20世纪50年代初期，人们在神农架山林里捕到的第一只白熊被送到武汉动物园，引起了科学界的震惊。依照常理，白熊只能生活在北极圈内、北冰洋地区，神农架属中纬度地区，是亚热带向温带气候的过渡地带，怎么可能出现白熊呢？

未过多久，人们在神农架又相继捕到4只白熊，而且雄雌老幼兼备。

20世纪70年代，在两次大规模的“鄂西北奇异动物科学考察”过程中，科学工作者竟陆续捕到了神奇的白蛇、白獐、白麂、白龟、白金丝猴、白苏门羚、白鹳、白皮鹭、白冠长尾雉……当地百姓还曾目睹过白“野人”、白蟾蜍等，几乎所有的动物物种都有白的。

在古代传说中，白色动物一直被视为修行千载、始悟仙道的精灵或神物。《史记·五帝本纪》中记述的曾帮助轩辕黄帝立下赫赫战功的“罴”即为白熊。《白蛇传》中的白娘子也是白蛇修成人身的。

神农架的白色动物同非白色的同种动物相比，在生活习性方面尚未发现有多大差异。

通体白色的动物在当今世界上已为数寥寥了，非洲白狮、白人猿，印度白鹿，中国台湾白猴等无不被人视为珍宝。在我国珍稀动物名录里，诸如白鹳、白冠长尾雉等占据了相当大的比重，神农架被称为“白色动物之乡”的确当之无愧，而神农架所有白色动物均享受国家一类保护动物的待遇也是理所当然的。不过人们至今还是不清楚，为什么唯独在神农架才会出现这么大规模的动物白化现象。

谜之二：山溪之间的潮汐

潮汐是由月球对地球的引力而产生的海水涨落现象。谁能相信，这海边特有的自然现象竟也能出现在神农架的山溪间呢？流经红花乡茅湖村境内林区的潮水河就可以看到这种现象。

观察潮水河奇观最理想的地方当数横卧于上游的一座小桥。桥不知建于何时，虽历经修补，却依然保留着原有的模样，桥墩用石头垒砌，桥身由树干架成，高丈余。平时看来，这座桥似乎架得多余。因为只有汩汩流水从桥下淌过，行人完全可以凭“石步子”安全过往。唯有到涨潮的时候才可以认识到桥的必要，那时候水位陡升，波涛翻腾，一下子便漫上桥头，需半个多钟头才会慢慢消退。溪水从观音岩上的一个岩洞中涌出，滚坡直下，最初为一挂瀑布，降至谷底才形成一条小溪。细观瀑流，时粗时细，一昼夜三变，因而引起溪水三起三落。涨潮时波澜翻滚，汹涌澎湃，落潮时水位锐减，露出岸边卵石。这与海边潮汐又不尽相同。

地质工作者曾探察过潮水河的源头，发现观音岩上的岩洞内通地下河，地下河的源头远在海拔2060米的“一碗水”，“一碗水”又是一处间歇泉，因此认为潮汐为间歇泉所致。但“一碗水”究竟有多大蓄水量？间歇泉是怎么形成的？间歇泉有能量使下游的溪水如潮水般定时暴起暴跌吗？潮水河还有许多令人费解的现象。譬如，它来潮时的水色因时节而不同。若逢干旱时节，水色混浊，像暴起的山洪；若逢淫雨时节，则碧波荡漾，如奔腾的清流。为什么如此泾渭分明呢？再譬如，它左右各有一条水溪，水色也因时节而异，不过恰与潮水河色相反，这是为什么呢？这些问题谁能解答呢？

谜之三：真假虚实的动物故事

神农架动物世界奇闻特别多。1986年12月4日的《江汉早报》上赫然登着一则报道，题曰《神农架巨型水怪之谜》。报道称新华乡农民发现三只巨型水怪，“栖息在深水潭中，皮肤呈灰白色，头部像大蟾蜍，两只圆眼比饭碗还大，嘴巴张开有四尺多长，两前肢生有五趾……浮出水面时嘴里喷出几丈高的水柱，接着冒青烟”。

与水怪传闻大致相似的还有关于棺材兽、独角兽和驴头狼等的传闻。《神农架报》称棺材兽是自然保护区科考队员黎国华最早在神农顶东南坡发现的，是一种“长方形怪兽，头大，颈短，尾巴细长能自由摆动，时而还能搭到背脊骨上，全身麻灰色毛……向山下疾奔，碰得树枝噼里啪啦地脆断，四蹄带起的石头轰隆隆地滚动”。《神农架之野》里说独角兽“头跟马脑壳一样，体像大型苏门羚，四肢比苏门羚还长，后腿略长，尾巴又长又细，末梢有须……前额正中生着一只黑色的弯角，像牛角，长有40厘米，从前额弯向脑后，呈半回形弧弓。后颈部长有鬃毛，类似于马鬃”。

在谜一般的神农架，据说还生活着一种驴头狼身的怪兽，当地群众称为“驴头狼”。据目击者说，驴头狼“四条腿比较细长，尾巴又粗又长，除了腹部有少量白毛外，全身是灰毛。头部跟毛驴一样，而身子又跟大灰狼一样，好比一头大灰狼被截去狼头换上了驴头，身躯比狼大得多。长着四只像狼那样的利爪，是一种凶猛的食肉动物”。当地不少人都见过它的踪迹，在20世纪60年代，有的猎手还打到过这种怪兽，可惜尸体没有保留。

这些传闻似乎荒诞可笑，但又是如此的言之凿凿，我们能断定它是否存在吗？

↗神农架燕子垭

神农架风光

谜之四：盛夏结冰川的洞穴

一般岩洞内都是冬暖夏凉，但这也仅是相对暖和而言，凉倒也罢了，可是隆冬热风扑面来，犹如置身于暖气房；盛夏冰川林立，好像钻进了广寒宫，这样的现象就很奇怪了。神农架就有这样一个奇洞，名叫“冰洞”。冰洞山高耸在宋洛河西侧，主峰海拔2400多米，顶部呈棱台状，正中内陷，形成一个倒扣的漏斗形天坑。天坑约10米深，7米宽，20米长，原来曾盛着半池清水，大概是周围林木被砍伐殆尽的原因，水位渐跌，以致到今天完全枯竭了。冰洞口便显露在石体上，仅有一人多高，宽也不过4米左右。在洞口处站不到1分钟，就能强烈地感到这里气候与外界截然不同。冰洞的主洞道不长，支岔却很多，门洞稍微宽展些，越向前越狭窄，可容游人通行者不足1000米。洞内有一条暗河，基本沿主洞道而流，水量不大，却可闻潺潺之声。究竟洞深几许，尚属未解之谜。冰洞内的景象因时而异：春来珠光宝气，夏至冰塔林立，秋季碧水轻流，冬时暖气融融。结冰一般在七八月开始溶化，有人做过测试，化冰时洞口温度为21℃，山麓温度为30℃。三伏盛夏，进入冰洞，犹如登上了嫦娥蟾宫。先前还是汗流浃背，马上就有了彻骨寒意，得赶紧加穿衣服，适应了才能慢慢观赏。只见头上悬着各式各样的“冰灯”，脚下踩着形状各异的冰球，四壁耸立着奇形怪状的冰柱，深处飘逸着时隐时现的冰流。那些“冰灯”无不灵巧生动，辉煌耀目；那些冰球无不通体透明，漫地滚动；那些冰柱无不攀龙附凤，熠熠生辉；那些冰流无不从天而降，气势逼人。

在冰洞里，似乎一切全是白银打造而成，所有景观都是翡翠装点，满目是玉树琼花，遍地皆锦鳞秀甲。以科学的观点来分析，冰洞的奇特现象极有可能与洞体结构和所处的环境有关。冰洞山高达2000多米，冰洞深藏在天坑底部，洞道又呈正东西走向，洞体全是坚实的岩石，石体具有吸热快、散热也快的特点。冬季，地心温度高于地表，寒风有天坑遮挡，难以吹进洞内，来自地底的暖气流同外界的冷气流在洞口处相遇，于是形成了水珠。夏季情况则相反，外界的暖气流从天坑底部涌入洞内，遇上了来自地心的冷空气，温度骤降，就可能结水成冰。但这尚不是最终结论，人们仍须继续探索。

谜之五：信疑难定的“野人”传说

神秘的神农架，久为世人向往，而神农架“野人”之谜更像磁石一般吸引着世人的目光。

神农架地区自古以来就有“野人”的传说。在鄂西北地区的历代地方志中都有“野人”出没的记载。据报载，至今有数百人声称他们见过“野人”。而且类似的报道现在仍时有耳闻。在传说中，“野人”有许多与人类相似的特征：体形似人，满身红毛，无尾巴，身材高大，能直立行走，能发出类似鸟类的鸣叫声。

如此众多的报道、如此言之凿凿的描述，不能不引起科学界的关注。1976年5月，中国科学院组织了“鄂西北奇异动物考察队”深入神农架林区，收集了大量“野人”脚印、毛发、粪便样本。经初步鉴定，认为“野人”是一种接近于人类的高级灵长类动物，推测其正处于从猿到人进化过程中的一个阶段，即“正在形成的人”。

其后又有数支考察队进驻神农架林区，得出了相似的结论。但是到目前为止，还没有捕获一个活的“野人”，因此神架“野人”仍是一个谜。它们是尚处蒙昧阶段的原始人类，是人类的近亲灵长类动物，或者是人们虚构出来的不存在的东西？如果人类能捕捉到一个活的“野人”，也许这一切都将迎刃而解，我们拭目以待。

“冷热颠倒”的地温异常带

每当数九寒冬和酷热的盛夏来临之际，爱幻想的人们总渴望能有一个冬暖夏凉的地方。虽然春夏秋冬的变换是一种规律，但世界如此之大，无奇不有，在这个地球上竟有一部分幸运的人居住在冬暖夏凉的“地方”，这就是辽宁省东部山区桓仁县，被人们称为“地温异常带”的地方。

这条“地温异常带”一头开始于浑江左岸满族镇政府驻地南1.5千米处的船营沟里，另一端结束于浑江右岸宽甸县境内的牛蹄山麓。整个“地温异常带”长约15千米，面积约10.6万平方米。

夏天到来时，“地温异常带”的地下温度开始逐渐下降。在气温高达30℃的盛夏，这里地下1米深处，温度竟为-12℃，达到了滴水成冰的程度。

入秋后，这里的气温开始逐渐上升。在隆冬降临、朔风凛冽的时候，“地温异常带”却热气腾腾。人们在山后的山冈可以看到，虽然大地已经封冻，但是种在这里的农作物依然是蔓叶壮肥，周围的小草也还是绿色的。有人在这个地方平整了一块地，在上面盖上塑料棚，在棚里种上大葱、大蒜，蒜苗已割了两茬，大葱长得翠绿。经过测定，发现在这个棚里的气温可保持17℃，地温保持15℃。在这小冈上整个冬春始终存不住雪。

还有一个具有这种特性的地方——位于河南林州石板岩乡西北部的太行山半腰海拔1500米的“冰冰背”。在这里，阳春三月开始结冰，冰期长达5个月；寒冬腊月，却又热浪滚滚，从乱石下溢出的泉水温暖宜人，小溪两岸奇花异草，鲜艳嫩绿。

自然界的气温变化取决于太阳的光热，随着地球的公转，当它和太阳距离缩短时，太阳辐射给地球的热能就会增加，使地球变热、变暖。反过来，地球就变凉、变冷。这样就形成了春夏秋冬。而这些奇异的土地却打破了这一自然规律，出现了神奇的现象，这引起了很多科研人员的注意。他们中有些人认为，这里的地下有寒热两条储气带同时释放气流，遇寒则出热气，遇热则出冷气。他们还认为，在这种冷热异常的地带，它的地下可能有庞大的储气结构和特殊的保温层，在这特殊的地质构造之中产生的大气对流导致了这一奇异现象。还有人认为，这个地下庞大的储气带的上面带有一个特殊的阀门，冬春自动开闭，从而导致这种现象的产生。但这些分析都只是推论而已，地温异常带到底是如何形成的，这里的地质结构有什么与众不同，还需要科学工作者进一步考证。

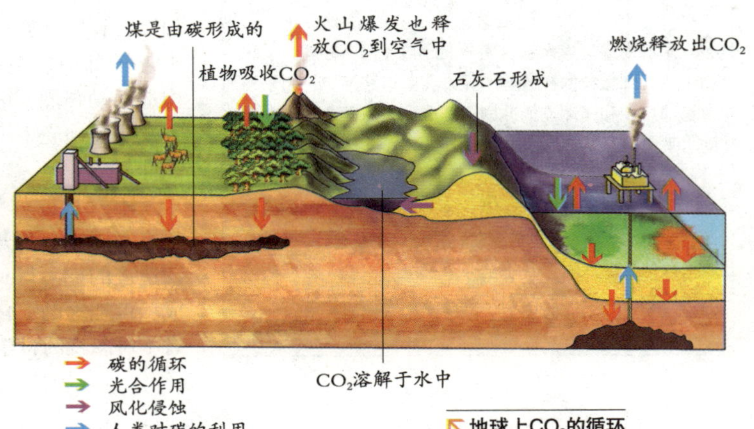

地球上CO_2的循环

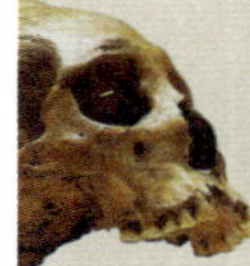

渤海湾内的水下影像

渤海是中国的一个内海，位于辽宁、河北、山东、天津之间，是个半封闭的大陆架浅海。面积为7.7万平方千米，平均水深约为18米，最深处也不到百米。渤海古称沧海，有30多个岛屿，总称庙岛群岛或庙岛列岛。

据说渤海曾是一个地势坦荡、一马平川的大平原。当渤海尚未形成时，庙岛群岛曾是平原上拔地而起的丘陵地带，山丘高度约 200 米。当时气候寒冷，强劲的西北风和冷风寒流互相作用，致使渤海古陆平原上飘来了大量的黄土物质。风沙不仅填平了古陆上的沟壑，而且堆起了山丘，如今庙岛上独具特色的黄土地貌仍依稀可辨。

现今，在黄土中有许多适宜寒冷气候的猛犸象、披毛犀和鹿等动植物化石，这些动植物化石表明，当时渤海古陆平原生机勃勃。

在对渤海湾卫星图像进行解释时，科学家发现多波段彩色合成的卫星图像中有一清晰方正的矩形影像异常，中间有一中线将其分成两个方格。矩形影像南北长约 24 千米，东西宽约 20 千米，中心位置在大连市西北方向约 79 千米处渤海湾内。矩形影像异常的纵边与子午线一致，上下底边与纬度线平行，从经度和纬度上量恰好都合 14′，这种巧合不像自然现象，而像是与人类的活动分不开的，并体现了与天文地理上的自然联系，这种方方正正、坐北朝南的布局似乎体现了我国古代城池建筑的风格。

这会不会是沉陷在海底的水下古城池的显示呢？为此，科学家搜集了有关水下资料，从水深图中发现有三条浅水带与影像的三条纵边吻合。该区附近平均水深在 30 米左右，三条浅水线深在 10 ~ 20 米，说明该异常为一正地形显示，这与推测影像为古城池的解释相一致。

此外，科学家还走访了有关单位，根据古地理研究，渤海湾有过多次海进海退，最后一次海进距今约六七千年，从当时人类的生产能力分析是不太可能完成如此巨大工程的。那么，是否是沙俄或日伪时期偷建的水下军事工程呢？从当时的技术水平来看，似乎完成这样大的水下工程也并非容易，这种推断从有关单位得到的回答也是否定的。

渤海湾内水下影像异常究竟是怎样形成的，是海底地形地貌或海底地质构造现象的显示吗？

如果是，这样规则的图形是很难用自然现象加以解释的，亦不好断言定论。但是，鉴于该异常位于郯庐断裂西侧边缘，该区地震频繁，新构造运动强烈，因此不能排除古代人类活动的人工遗迹因地壳下沉被海水淹没形成影像异常的可能性。

不管目前如何解释，对渤海这一影像异常很有必要进一步开展研究工作。如果这系人类活动遗迹的推测得到证实，无疑对研究渤海湾的形成、古地理的演化变迁和中国社会历史的发展具有不可忽视的科学价值。

知识链接

渤海湾

渤海海底地形大致自南向北、自岸向海倾斜，沉积物主要为细颗粒的粉砂与淤泥。在蓟运河河口，由于河口输沙量少和受潮流的冲刷，形成一条从西北伸向东南的水下河谷，至渤海中央盆地消失。

渤海湾正处在中生代古老地台活化地区，位于冀中、黄骅、济阳三拗陷边缘，经历了各个地质时期的构造运动和地貌演变，形成湖盆，并在其上覆有1~7千米巨厚松散沉积层。沿岸几乎全为第三纪沉积物，形成典型的粉砂淤泥质海岸。又因几经海水进退作用，使海湾西岸遗存有沿岸泥炭层和三条贝壳堤。

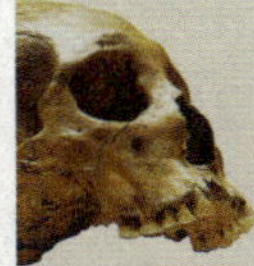

罗布泊是游移湖吗

罗布泊位于新疆塔里木盆地东部，面积约为3000平方千米，湖面海拔768米，是我国仅次于青海湖的第二大咸水湖，由于河流改道和入湖水量变化，湖面逐渐缩小。沿岸盐滩、荒漠广布，人们虽然经多次考察，但还是没有找到罗布泊的确切位置，于是科学家们就罗布泊是否是游移湖产生了争论。

酷热、干旱、风沙、陡崖、盐滩，使得人们不能接近罗布泊，多少年来一直被称为“死亡之路”。历史上曾有许多中外学者试图冲破层层阻碍穿越大沙漠，完成对罗布泊的考察，然而许多人都是壮志未酬甚或魂断沙漠。仅有的几次成功考察，却又在罗布泊确切位置上产生了分歧。

最先认为罗布泊是游移湖的人是俄国探险家普热瓦尔斯基。他在1876年曾到的罗布泊位于塔里木河口的喀拉和顺境内，比我国地图所记的位置还要往南，纬度大约有1°之差，而且，他所见到的湖泊是一片淡水湖，芦苇丛生的大沼泽地，聚集着成千上万的鸟类。而北罗布泊的水都已干涸，变成盐滩，十分荒凉。

普热瓦尔斯基认为，罗布泊从形成时期起，它的位置和形态就随着充水量的变化而南北变动着，有时偏北，有时偏南，有时水量很多，有时则很少，甚至干涸。

瑞典的斯文·赫定到罗布泊地区考察，也认为罗布泊游移到喀拉和顺去了。斯文·赫定还推测了罗布泊游移的原因，他认为罗布泊游移是由于进入湖中的河水（塔里木河）夹带着大量泥沙，泥沙沉积在湖盆，使湖盆抬高，导致湖水往较低的方向移动。过一段时期后，被泥沙抬高露出的湖底又遭受风的吹蚀而降低，这时湖水又回到原来的湖盆中。罗布泊像钟摆一样，南北游移不定，而且游移周期可能为1500年。

但也有人认为罗布泊从来就不是个游移湖。卢支亭先生认为，罗布泊由于受湖盆内部新构造运动和入湖水量变化的影响，在历史上常出现积水轮廓的大小变动，此种变动本来是一种自然的历史演变过程，而不能称为游移湖或交替湖。

中国科学院新疆综合考察队地貌组通过对罗布泊进行实地调查和卫星照片分析，证明罗布泊从第四纪以来始终没有离开过罗布泊洼地，虽然由于各个历史时期的气候变化、古代水文条件的改变以及最新断块运动而导致其水量的涨缩，但它始终是在湖盆内变动，湖水从未超湖盆范围以外的湖面。

罗布泊在水面涨缩变化过程中，除了最重要的结构因素、古代水文因素，还有人为因素。一些河道的改道总是以人为因素为主，特别是干旱少雨的塔里木河、孔雀河下游的改道，如果不与社会联系起来，从人与自然的相处上面寻找原因，是难以找到正确答案的。

从目前看，以上两种说法似乎都有道理，势均力敌，不管这个谜底究竟是什么，我们都应该好好思考，怎样做才是对自己、对自然、对子孙负责的行为。

干枯的罗布泊

科学奥秘

地球内部的奥秘

一直以来，人们力图探寻地球内部的奥秘。18世纪，人们计算出地球的平均密度后发现：地球内部的平均密度为5.52克/厘米^3，而地球表面岩石的平均密度是2.67克/厘米^3，两者相差1倍多。这说明地球内部一定存在着重物质。19世纪中期以后，人类开始大规模地探索地球内部的奥秘。

地球物理学家通过地震仪测量发现，每当发生巨大地震时，受到强烈冲击的地下岩石会产生弹性震动，并以波的形式向四周传播，这种弹性波就是地震波。地震波分为纵波（P波）和横波（S波）。纵波可以通过固体、液体和气体传播，且传播速度较快；横波只能通过固体传播，传播速度较慢。由此可知，随着所通过物质性质的变化，纵波和横波的传播速度也会发生变化。

1909年10月8日，萨格勒布地区发生了一次强烈地震，南斯拉夫的地震学家莫霍洛维奇经过研究发现，地震波在传到地面下33千米处发生了折射现象，于是他认为这个发生折射的地带正是地壳和地壳下面物质的分界面。1914年，在一次地震中，美国地震学家古登堡又发现在地表下面2900千米处，纵波的传播突然急剧变慢，横波则完全消失了，这说明存在着另一个不同物质的分界面。后来，人们为纪念他们，将以上两个不同的界面分别命名为“莫霍面”和“古登堡面”。

地球内部以莫霍面和古登堡面为分界，分为地壳、地幔和地核3个圈层。地壳是地球的最外层，指从地面到莫霍面之间很薄的一层固体外壳。地壳主要由各种岩石组成，高低不平，平均厚度为17千米，大陆部分远比海洋部分厚，平均厚度为33千米，高山、高原地区甚至厚达60千米～70千米，海洋地壳平均厚度仅有6千米。

地幔位于地壳和地核之间，是从莫霍面以下到古登堡面以上的一层固体物质。这一层的主要成分是铁镁的硅酸盐类，其含量由上而下逐渐增加。这一层分为上地幔和下地幔，深度为从地下5～70千米以下到地下2900千米以上，从莫霍面到1000千米深处是上地幔，地下50～250千米是上地幔顶部，这里存在一个软流层，岩浆可能就是发源于此。地下1000～2900千米深处是下地幔，其温度、压力和密度都比上地幔大，物质状态可能不再是固体，而是可塑性固体。

地核是地球的中心部分，位于地球的最里层。1936年，丹麦地质学家莱曼通过对地核中传播的地震波速度的测量，发现地核又可分为外核和内核两部分。外核在2900～5000千米深处，物质状态接近液体。内核又叫“铁镍核心”，在5000千米以下深处，其温度、压力和密度更高了，物质成分近似于铁镍陨石。

美国科学家做了大量的模拟试验后发现：地核温度从内到外温度逐渐降低，地

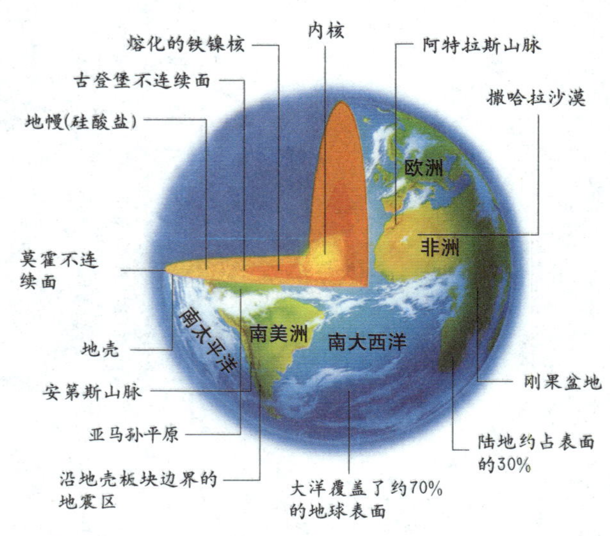

地球的横切面显示了地球内部的结构

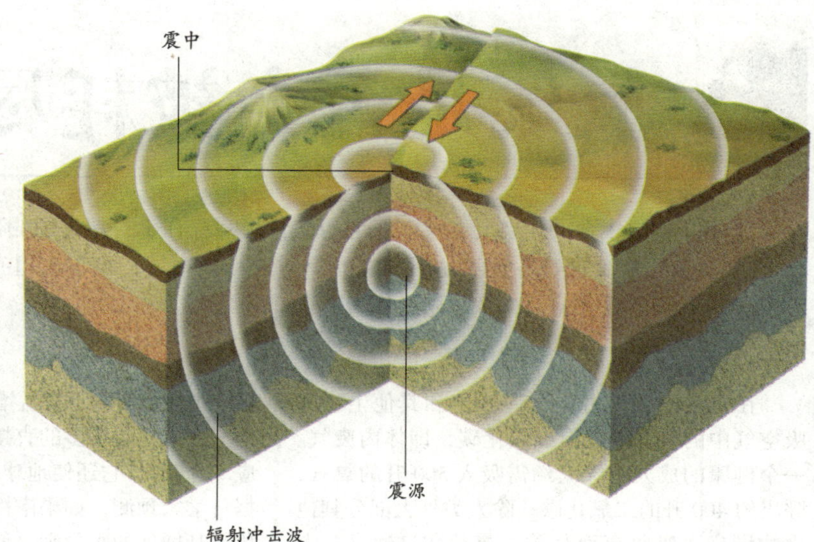

↗地震发生时，地震波从震源辐射出去，地表正对着震源的地方叫震中。震源发出的压力波和地震波造成地面开裂，破坏房屋。

球中心的温度大约是 6880℃；内外核相交面的温度是 6590℃，略低于地球中心；外核与地幔的相交面的温度更低，是 4780℃。除此之外，科学家还发现，地球内核的压力极大，每 6.5 平方厘米为 2200 万千克，是海平面的地球大气压的 330 万倍。

近年来，借助大型计算机，研究人员从地面上 3000 个监测站收集到了大量的地震观察情报，并对之进行了综合分析，描成一张总图，结果发现：地核表面布满"山头"和凹凸不平的地带，结构与海洋相似，充满了低密度流体。

20 世纪 90 年代，在中欧的一个小城温迪施埃中巴赤，人们钻探出了一个直径 22 厘米、深 14 千米的世界上最深的洞。这个地区地理情况十分特殊，这里的岩石有 30 千米厚，并向地表突出。历史上古老的欧洲板块和非洲板块在这里相互碰撞，彼此推挤和啮合。正是由于这种地理情况的存在，地质学家们打算用管状的、中空的特殊钻孔器旋出岩心，把这些岩心提取上来，但这次努力最后还是以失败而告终。

经过多次的失败，人们不得不暂时承认，肉眼不能直接看到地球内部的情景。但是我们相信，总有一天人类能够揭开地球内部的奥秘。

↙地壳及地幔示意图

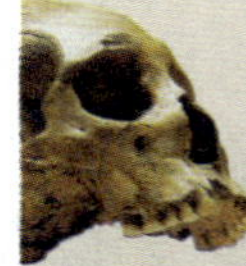

氧气是否会被耗尽

氧是构成生命的重要元素之一，它以气体形式存在于自然界中的合成物——氧气是地球上大多数生命进行各种活动所必需的物质之一。不过，也有人担心氧气会被耗尽，那么，这种担心是不是真的像“杞人忧天”那样毫无根据呢?

在空气中氧气占21%，我们和其他生物呼吸空气中的氧，释放出二氧化碳，即体内废气。一个健康的成人每天大约需吸入500升的氧气，呼出约400升的二氧化碳；除人类外大部分其他生物同样也吸收氧而释放二氧化碳。通常，大气中的水蒸气和二氧化碳的含量是不变的。一般二氧化碳含量为百万分之三，但是生产的发展使煤、石油、天然气等含碳燃料被大量使用，造成了大气中的二氧化碳逐年增加。美国世界观察研究所公布了一份报告统计，100年前全世界每年进入大气的二氧化碳仅为9600万吨，而目前则达到50亿吨，预计在最近10年将递增到80亿吨，增长速度惊人。

早在100多年前，就已有人为二氧化碳含量的增加而担心了。1898年，英国物理学家凯尔文曾指出：随着工业的发展和人口的增多，这种情况十分让人担心。地球上的氧气500年后将全部被消耗光，只剩下日益增多的二氧化碳。

二氧化碳增多的直接后果是地球的“温室效应”。同时，它还使地球的温度上升，冰川融化。据科学家预测，如果南极大陆的冰川因高温而融化，其增加的水量则可使美国的摩天大楼淹没至20层，并淹没荷兰等一些地势较低的国家，使它们不复存在。那时的陆地面积很可能只占地表面积的5%～10%。在更为狭小的陆地上将生存全世界60亿～70亿的人口，人类恐怕也会逐渐灭绝。

那些和凯尔文一样担心氧气将会被耗尽的人们，只看到了问题的一个方面。事实上，除了绿色植物在消耗二氧化碳外，科学家们还发现在二氧化碳和水的作用下，岩石中所含的碳酸钙会变成酸式碳酸钙，这种形式的碳酸钙可以溶解在水中。据分析，每年由于岩石风化耗掉大约40亿～70亿吨二氧化碳，这些风化的岩石随着江

河流入大海，它再与石灰化合并重新形成石灰石，并以新的岩石的形式沉入海底。

当然不必担心氧气会被耗尽的主要理由是，地球上生长着种类丰富、数量众多的绿色植物。世界上大量的绿色植物在光合作用中会吸收大量的二氧化碳，同时排出氧气。据科学家们实验分析，三棵大桉树每天吸收的二氧化碳，相当于一个人每天所呼出的二氧化碳的量。因而一些人乐观地认为，地球不会变成二氧化碳的世界，但二氧化碳的含量也会略有增加。各国科学家积极探索一些新途径，希望能减少二氧化碳的排放量，并尽可能将其再生利用，但是没有更好的方法增加氧气的生成。专家们认为，减少森林面积的流失、保护绿色植物就是人类最好的保护氧气的方法。这些大量的绿色植物生产了我们人类赖以生存的氧气。

我们可以想象，如果有一天地球上的氧气被消耗殆尽的话，将会出现多么恐怖的场景。而地球上的氧气是否真的会耗尽，则取决于人类的努力程度。如果人类不加克制地乱砍滥伐林木、破坏生态平衡，势必造成氧气生成机制的阻碍，那么我们真的可能会在某一天面临缺乏氧气的危机。反之，若人类能未雨绸缪，尽早地采取相应措施，就有可能避免氧气被耗尽的窘境。一切都取决于我们人类自身的行为。

科学研究发现，每年由于岩石风化耗掉大约40亿～70亿吨二氧化碳，这些风化的岩石随江河流入大海，然后再与石灰化合并重新形成石灰石。

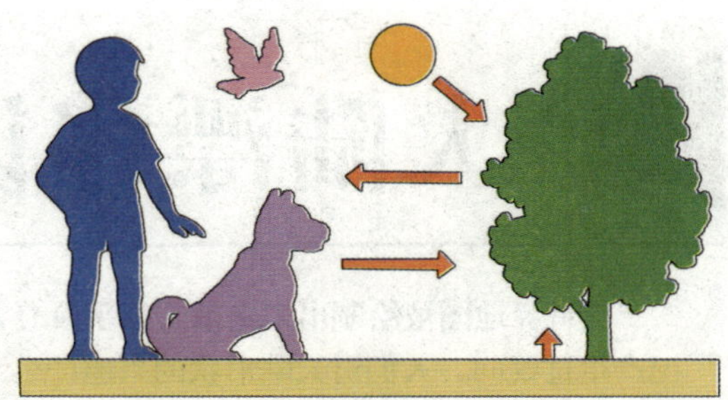

植物吸收阳光、水分和其他生物呼出的二氧化碳，释放出氧气，而氧气又为其他生物体吸收利用。

知识链接

地球氧气的形成

地球的岩石层形成于大约45亿年前，当时的火山比现在要活跃多了，地球表面到处都散布着火山爆发冷却后沉积下来的岩石层。与此同时，火山爆发释放出大量的气体和水蒸气。较轻的气体比如氢气便上浮到宇宙空间，而较重的空气则由于地球引力作用而留在了近地球的适当位置。这样便形成了早期的大气，其中含有大量的氮气、二氧化碳和水蒸气，但是几乎没有氧气。

在大约40亿年前，地球温度降低，使得部分水蒸气开始聚集起来。最初，水蒸气形成小水滴，整个地球上空覆盖起了云层。水蒸气聚集到一定程度，便形成了第一次降雨。有些倾盆大雨甚至持续了几千年，大量的降水渐渐形成了大海，随后大洋也开始出现了。而这里正是生命诞生的地方。

地球最初形成的岩石层已经看不到任何痕迹了，因为它们早已经被破坏掉了。迄今为止发现的最早的岩石层大约形成于39亿年前，这些岩石中不存在化石。尽管如此，科学家们还是相信，当这些岩石形成时，生命已经开始起步了。这些原始生命存在于地球上氧气非常稀少的时候。但是在接下来的20亿年中，大气中的氧气含量开始渐渐上升，直到其达到21%的比例——这也正是如今氧气在大气中的含量。神奇的是，这种变化完全是由生命体带来的，负责该项转化工程的生物是微小的细菌：通过阳光、水和二氧化碳，细菌渐渐形成一种生存的方式，即光合作用——细菌从空气中获取二氧化碳，而将氧气作为副产品释放出来。每一个细菌释放的氧气量都很小，但是经过万亿代的努力，大气中开始出现大量的氧气。没有这些早期的细菌，空气根本不适宜呼吸，动物类生命更不可能存在于地球上了。

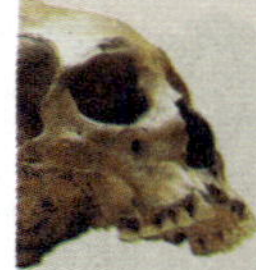

大陆漂移说

在世界地图被绘制出来之前，几乎没有人对我们生活于其中的这个星球的海陆分布状况产生过疑问，人们对大陆形状的兴趣产生于第一张世界地图产生之后。在对现有海陆分布情况做出解释的各种学说中，“大陆漂移说”影响最大，也最具争议。那么，“大陆漂移说”到底成不成立呢?

麦卡托是一名荷兰学者，他于16世纪末结合人类长期积累的地理资料，依据地理大发现，绘制出人类第一张世界地图。由此，人们对地球表面的基本地理状况有了比较准确的了解，许多人还因此对大陆状况产生了兴趣。科学家在19世纪末发现了一种蚯蚓，叫作“正蚯蚓”，它在欧亚大陆与美洲东海岸广泛分布，在美洲西部却没有。这显然说明，正蚯蚓很可能是从大西洋彼岸的欧亚大陆“迁徙”到了美洲东海岸。这一发现令当时的许多科学家百思不得其解。

魏格纳是一名德国气象学家，1910年，30岁的他曾因病住院。有一天他躺在床上出神，床对面墙上有一幅世界地图。突然他从地图上获得了某种灵感，发觉大西洋两岸的轮廓非常吻合，他还发现非洲一边的海岸线与南美洲一边的海岸线看上去就像一张被撕成两半的报纸，凹凸相对。他认为美洲与非洲原来是连在一起的，但这个念头一闪而过，并没有深究。

1911年秋天，魏格纳读到了密卡尔逊写的关于正蚯蚓奇怪分布的书。读后魏格纳不禁想到他在一年多以前注意到的那个奇怪现象，即非洲的西海岸与南美洲的东海岸中一个大陆的凸出部分正好与隔海相望的大陆的凹入部分边缘相似，且遥相呼应。他不由地猜测，本来就是一整块的大西洋两岸大陆后来破裂漂移开来，成为现今的东西两个海岸线。如果是这样，蚯蚓就不是横渡大洋了。沿着这个思路，他又进行了许多研究。魏格纳在1912年发表了一篇论文，在论文中他提出了“大陆漂移说”。1915年他出版了一本轰动世界地质界的著作，书名叫《大陆与海洋的起

最新研究发现，约4.5亿年前，非洲大陆位于南极，被一片厚冰所覆盖，后来逐渐向北漂移。在漂移的过程中，大量的冰块融化流出，削平了撒哈拉一带像石板路一样的岩石，冲出又直又长的沟壑。

源》。他认为，地球在远古的时候只有一块陆地，这块陆地叫作“泛大陆”；一个统一的大洋包围着这块泛大陆，这个大洋叫作“泛大洋”。大约两亿年前，地球上发生了一次重大的变化，泛大陆在这次变化中开始发生破裂。破裂了的大陆在地球自转和天体引力的影响下向外漂移，像航行在水面上的船舶一样。这些漂移的大陆在距今约2300万年前，终于漂到了今天的位置，形成了七大洲、四大洋，即现代地球版图的基本面貌。

许多人对大陆漂移说持怀疑态度，因为人们不相信庞大的大陆可以在水中漂移。另外，限于当时的研究水平，魏格纳的理论也存在着许多破绽和缺陷。1930年，在第四次前往格陵兰考察时，魏格纳不幸遇难，从此大陆漂移说的主要倡导者也没有了。这一学说一度几乎被人们完全遗忘。

随着海洋地质研究的深入，古地磁研究所总结的大量资料，魏格纳的大陆漂移学说在20多年后，又在新的理论基础上重新获得了生命力。

英国物理学家布莱克特是专门研究古代地磁学的专家。1954年，他找到了大陆漂移的直接证据。1961年英国人赫兹依据沿大洋海岭对称分布有磁性条带这一新发现，提出了地幔对流和海底扩张说。他设想新地壳的诞生处是大洋的海岭，地幔中的物质不断从海岭当中的裂缝中流出来，并凝结在海岭两边，造成海岭不断向外扩张，并以一浪接一浪、后浪推前浪的方式运动。赫兹认为，迄今这种运动过程仍然持续不断。

1968年，法国人勒皮雄提出板块构造理论。这种理论认为地球的外壳由20几个大板块组成，其中最基本的是太平洋板块、印度洋板块、美洲板块、欧亚板块、非洲板块、南极洲板块等6大板块。根据他的板块构造理论，地壳不断发生变化，在整个地质时代载着大陆的板块都在运动着，地球大陆在漫长的年代里实际上被“撕裂”过若干次。新的海洋就在它们被撕裂时形成了，但有时大陆在板块相互碰撞的情况下又黏结在一起，原来的海洋地带就变成了陆地，在别的地方又撕裂成了新的海洋。

通过大洋海岭的扩张，海底也同样不断扩张，这一点成功地解释了目前地球海陆的分布状态。板块学说是一种全新的地理学观念，它指出：大陆和海洋都有分有合，有生有灭，并非永恒不变。

随着更多的观测事实的积累，20世纪60年代以后，大陆漂移论又在新的理论基础上复活。现在通过人造卫星的精密测量，人们已经证实：大西洋在以每年1.5厘米的速度扩展，太平洋上的夏威夷群岛与南美大陆和北美大陆相互靠近的速度是平均每年5.1厘米，澳洲与美洲大陆分离的速度则达到了每年1厘米。但是，这并不意味着这一学说已经被所有的人无条件地接受了。

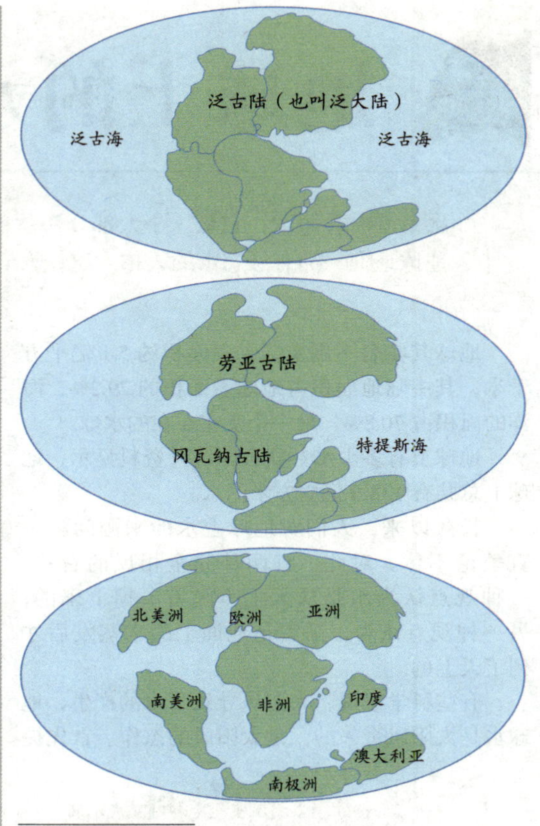

大陆漂移示意图

时至今日，人们仍不太相信这个理论。一些科学家就认为“大陆漂移说”的前提是地球体积和地表总面积固定不变，这是从对地壳变动的认识来分析问题的，因而有许多疑点无法解释。他们认为相似的“板块构造说”也是如此。但勒皮雄关于大陆本来连在一起的思想启发了许多研究者，包括后来怀疑、反对他的研究者。

关于大陆漂移说成立与否的争论还在继续，许多新的学说还在不断涌现，到底孰是孰非，尚无定论。但是可以肯定的是，随着对该问题探讨的深入，人类对它的认识必将日益接近事实。

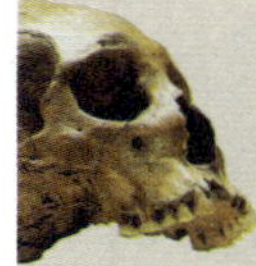

地球上的水来自何处

从太空中看地球，它是一个大部分为蓝色的圆球，那些蓝色的部分便是水。在太阳系中，地球是唯一拥有液态水的天体。这让人们不禁想问：地球上的水来自何处?

地球其实名不副实，它表面积约5.1亿平方千米，其中陆地面积占地球表面积的29.2%，海洋的面积占70.8%，是一个实实在在的水球。

地球上有多少水？联合国统计资料显示，地球上总共有138.6亿立方米的水。

长久以来，人们对地球上水的来源问题一直争论不休。对此，有两种完全相反的看法，一种观点认为水是从天上（雨雪）掉下来的；另一种观点认为，雨雪是地面上的水蒸发后才到了天上的。

有些科学家说，太阳风导致了水的产生，地球水是太阳风带来的，是太阳风的杰作。首先提出这一观点的科学家是托维利，他认为太阳风是太阳外层大气向外逸散出来的粒子流，电子和氢原子核——质子是其主要成分。根据计算，托维利得出这样一个结论：从地球形成到今天，地球已从太阳风中吸收的氢的总量达 1.70×10^{23} 克。我们知道，氢和氧结合就会产生水，如果把这些氢全部和地球上的氧结合，就可产生 1.53×10^{24} 克的水，地球水现在的总量145亿吨与这个数字是十分接近的。更重要的是，地球水中的氢与氚含量之比为6700 ：1，这同太阳表面的氢氚比也是十分接近的。因此托维利认为，根据这些计算和成分对比，可以充分说明地球水来自太阳风。

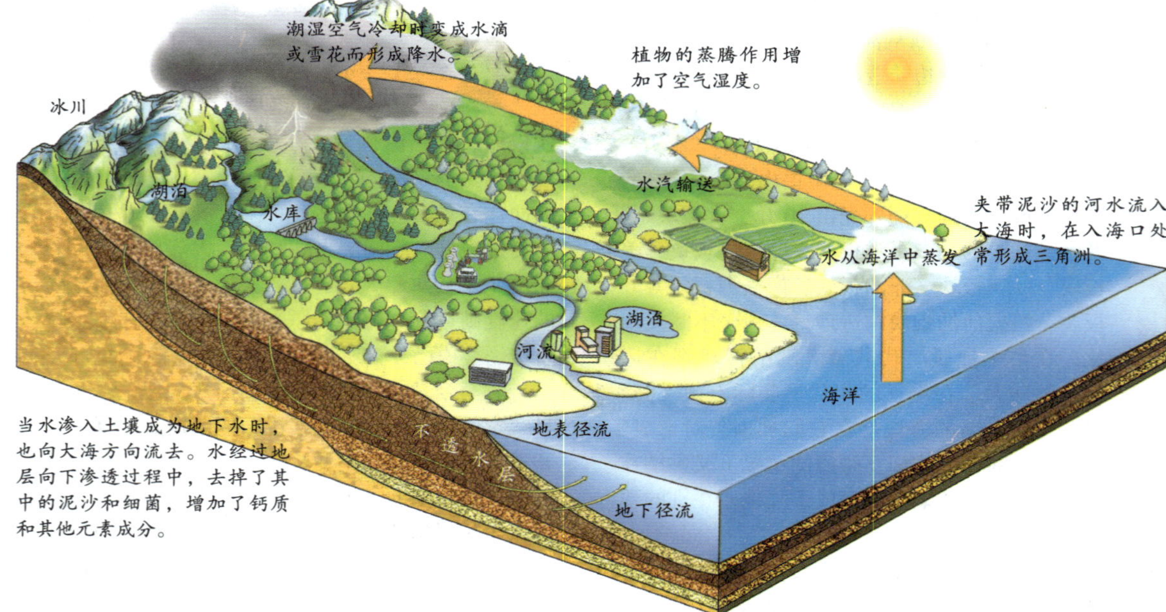
潮湿空气冷却时变成水滴或雪花而形成降水。
植物的蒸腾作用增加了空气湿度。
冰川
湖泊
水库
水汽输送
夹带泥沙的河水流入大海时，在入海口处常形成三角洲。
水从海洋中蒸发
湖泊
河流
海洋
当水渗入土壤成为地下水时，也向大海方向流去。水经过地层向下渗透过程中，去掉了其中的泥沙和细菌，增加了钙质和其他元素成分。
不透水层
地表径流
地下径流

地球水循环

在自然界，水是以气态（水蒸气）、液态和固态（冰）这3种形态存在的。地球上各种水体通过蒸发（包括植物蒸腾）、水汽输送、降水、下渗、地表径流和地下径流等一系列过程和环节，把大气圈、水圈、岩石圈和生物圈有机地联系起来，构成一个庞大的水循环系统。水循环的特点是完全闭合的，无论是地表水还是地下水，一般都要流归大海，只是流归的方式、时间不同而已。

研究地球物质成分和内部构造的科学家认为，地球上的水其实是从地球内部挤压出来的，地球表面原本是没有水的。水最早是从星云物质中带来的，在地球形成时，通过地球的演化，后来不断从地球深处释放出来。几乎在每次火山喷发时总会喷出大量气体，水蒸气要占到75%以上。地下深处的岩浆中有水分，即使是由岩浆凝固结晶而成的火成岩，水也以结晶水的形式存在其中。

但是，随着人们对火山现象研究的深入，上述观点被推翻。人们发现同火山活动有关的水，是地球现有水循环的一部分，并不是什么从深部释放出来的“新生水”。

科学家克莱因分析了世界各火山活动区与火山有关的热水中的氚，证明它们与当地的地面水是相同的，从而确认它们是渗入地下的地面水，在火山热力的作用下重新变为水蒸气上升。

后来，科学家根据对某些地区火山热力所导致的氚进行分析，发现人工爆炸能够导致氚含量的升高，这就进一步说明其实是新近渗入地下的雨水变成了火山热水。这些研究成果使那些主张地球水来自“娘胎”的研究者修正了对火山水的看法。

水的来源并无定论，美国艾奥瓦大学的弗兰克等科学家还提出了一个引人注目的新理论：太空中由冰组成的彗星才是地球上水的来源。

原来，科学家发现，大气中水蒸气分子在太阳紫外线的作用下，会分解成氢原子和氧原子。氢原子向外飘扬，当它到达80 ~ 100千米气体稀薄的高热层中时，氢原子的运动速度会超过宇宙速度，能摆脱地球引力离开大气层从而进入太空。这样一来，地球表面的水就流失到了太空。人们经过计算发现，飞离地球表面的水量差不多等同于进入地球表面的水量。可是，有一个奇怪的现象似乎不符合这种说法，那就是地质学家发现，2万年来，世界海洋的水位涨高了大约100米。地球表面水面为什么不断增高呢？这至今还是个谜。

自1918年以来，弗兰克等人通过对从人造卫星发回的几千幅地球大气紫外辐射图像仔细研究，发现总有一些小黑斑出现在圆盘形状的地球图像上。每个小黑斑面积约有2000平方千米，大约存在2 ~ 3分钟。经过仔细研究和检测分析后，弗兰克等人发现这些黑斑是由一些肉眼看不见的由冰块组成的小彗星，撞进地球大气层，融化成水蒸气造成的。这些小彗星频繁地坠入大气层，每5分钟大约有20颗平均直径为10米的这种冰球进入大气层，每颗融化后能变成100吨左右的水，地球因此每年可增加约10亿吨水。地球从形成到今天，大约有46.5亿年的历史，照此计算，这种冰球一共为地球提供了460亿吨水，比现在地球水体总量还多。

关于地球水的来源有许多各不相同的认识，各有各的道理，但真相究竟如何，还有待于科学家们收集更多的客观证据，以揭开这个谜。

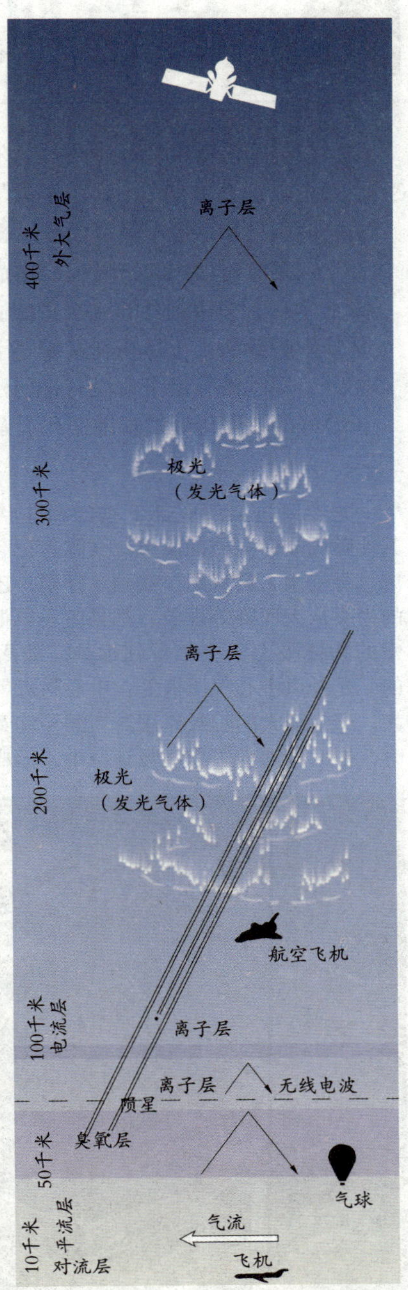

大气层结构示意图

大气层从内到外分为对流层、平流层、中间层、暖层和散逸层。这主要是根据大气的密度、温度等物理性质区别的。

龙卷风成因探秘

在美国俄克拉荷马州阿得莫尔市曾经发生过这样一件怪事：两匹马拉着一辆大车在路上行走，车夫坐在车上，由于天气闷热，他打起了瞌睡，突然一声巨响把他惊醒。睁眼一看，两匹马和一根车辕都已经无影无踪了，而自己和车子却安然无恙。

俄克拉荷马州的一对夫妇也遭到过这种厄运。在1950年的一个晴朗的夏日，他们躺在床上休息。一声刺耳的巨响将他们惊醒，他们俩起来看一看什么也没有发现，以为这声音是梦中听到的，于是重新又躺了下来。但是，他们忽然发现他们的床已被弄到荒无人烟的旷野，周围没有房子，没有任何建筑物，也没有牲畜。只有一只椅子还留在他们的旁边，折叠好的衣服仍好端端地摆在上面！据说这件怪事的罪魁祸首是龙卷风。

龙卷风是云层底部下垂的漏斗状的云柱及其伴随的非常强烈的旋风。文献上记载的下银币雨、青蛙雨、黄豆雨、铁雨、虾雨，还有血淋淋的牛头从天而降等现象，都是龙卷风把地面或水中的物体吸上天空，带到远处，随雨降落造成的。龙卷风中心气压极低，中心附近气压梯度极大，产生强大的吮吸作用。当漏斗伸到陆地表面时，把大量沙尘等物质吸到空中，形成尘柱，称陆龙卷；当漏斗伸到海面时，便吸起高大的水柱，称水龙卷或海龙卷。龙卷的袭击突然而猛烈，产生的风是地面上最强的。

在龙卷风的强烈袭击下，房子屋顶会像滑翔翼般飞起来。一旦屋顶被卷走后，房子的其他部分也会跟着崩解。龙卷风的强大气流还能把上万吨的车厢卷入空中，把上千吨的轮船由海面抛到岸上。在美国，龙卷风每年造成的死亡人数仅次于雷电。它对建筑的破坏也相当严重，经常是毁灭性的。1925年3月18日，一次有名的“三州旋风”遍及美国密苏里、伊利诺伊和印第安纳三个州，损失达4000万美元，死亡695人，重伤2027人；1967年3月26日，上海地区出现的一次强龙卷，毁坏房屋1万多间，拔起或扭折22座抗风力为12级大风两倍的高压电线铁塔；1970年5月27日，一个龙卷风在湖南形成后经过沣水，在沣水的江心卷起的水柱有30米

龙卷风过境后

当龙卷风将旋转的气柱伸向地面，它中心的气压比正常大气压低几百毫帕，当气旋靠近建筑物时，建筑物内的空气向低气压区突然冲出，引起猛烈的爆炸。此图反映了美国佛罗里达州的一小城镇在龙卷风过后的狼藉景象。

高、几十平方米大，河底的水都被吸干了。

↗当雷暴云形成并迅速释放出巨大的能量时，就会产生破坏力巨大的龙卷风，将海水抛向高空，同时伴随着强烈的闪电。

龙卷风在世界各地都曾出现过，龙卷风在中国不多见，而在美国、英国、新西兰、澳大利亚、意大利、日本出现的次数却很多。龙卷风在美国又叫旋风，是常见的自然现象。1879年5月30日下午4时，在堪萨斯州北方的上空有两块又黑又浓的乌云合并在一起，15分钟后在云层下端产生了旋涡。旋涡迅速增长，变成一根顶天立地的巨大风柱，在3个小时内像一条孽龙似的在整个州内胡作非为，所到之处无一幸免。龙卷风旋涡竟然将一座新造的75米长的铁路桥从石桥墩上“拔”起，把它扭了几扭然后抛到水中。事后专家们认为，这次龙卷风旋涡壁气流的速度已高于音速，威力巨大。

把高于音速的龙卷风比喻为一个魔术师一点也不为过。1896年，美国圣路易市发生过一次旋风，使一根松树棍竟轻易穿透了一块1厘米左右的钢板。在美国明尼苏达州，1919年也发生了一次旋风，使一根细草茎刺穿一块厚木板，而一片三叶草的叶子竟像模子一样，被深深嵌入了泥墙中。更让人不解的是一次龙卷风将坐在家中的一对夫妇和他们的大儿子、小儿子吹到一条沟里，而她的次子则被刮走不见影踪，直到第二天才在另一个市被找到。尽管他吓得魂不附体，但丝毫未受损伤。令人奇怪的是，他不是顺着风向被吹走的，而是逆着风被吹到那个市的。

尽管人们早就知道龙卷风是在很强的热力不稳定的大气中形成的，但对它形成的物理机制，至今仍没有确切的了解。有的学者提出了内引力——热过程的龙卷成因新理论，可是用它也无法解释冬季和夜间没有强对流或雷电云时发生的龙卷风。龙卷风有时席卷一切，而有时在它的中心范围内的东西却完好无损；有时它可将一匹骏马吹到数千米以外，而有时却只吹断一棵树干；有时把一只鸡的一侧鸡毛拔光，而另一侧鸡毛却完好无缺，龙卷风造成的这些奇怪现象的原因至今都不清楚。

龙卷风的风速究竟有多大？没有人真正知道，因为龙卷风发生至消散的时间短，只有几分钟，最多几个小时。作用面积很小，一般直径只有25 ~ 100米，在极少数的情况下直径才达到1000米以上，以至于现有的探测仪器没有足够的灵敏度来对龙卷风进行准确的观测。相对来说，多普勒雷达是比较有效和常用的一种观测仪器。多普勒雷达对准龙卷风发出微波束，微波信号被龙卷风中的碎屑和雨点反射后再被雷达接收。如果龙卷风远离雷达而去，反射回的微波信号频率将向低频方向移动；反之，如果龙卷风越来越接近雷达，则反射回的信号将向高频方向移动。这种现象被称为多普勒频移。接收到信号后，雷达操作人员就可以通过分析频移数据，计算出龙卷风的速度和移动方向。为了制服龙卷风，预测龙卷风，人们正努力探索龙卷风形成的规律，以解开这个自然之谜。

球形闪电之谜

夏天，雷电交加的晚上雷声隆隆，火花在天空中闪亮，一道道明亮刺眼的闪电划破寂静的夜空。闪电是人们司空见惯的一种自然现象。专家计算过，全世界平均每秒钟就要发生100次闪电。人们常常见到的闪电大多是分岔的枝条状而非平直的线条状，科学家对此有着不同的解释。

荷兰科学家曼努埃尔·艾里亚斯解释说，大气放电过程中存在两种媒介，即中性气体和一个充斥着电离气体的“通道”，“通道”在一定的时机会成为一个导体，放电时电流进行自由的流动，而电离气体和中性气体由于界限的不稳定就会出现交融，因而出现了分岔的枝条状现象。

球状闪电出现时间通常很短，伴随着巨大的爆炸声又会消失不见。
球状闪电运动路线不规则，速度极快。
球状闪电所过之处会燃烧成一个大洞。
玻璃陶瓷类器皿会突然爆裂。
球形闪电示意图

科学家还解释说，分枝现象是否出现取决于电场的强度。如果电场强度大，也有可能使阴极和阳极气体迅速形成“枝繁叶茂”的闪电现象。

除了树枝状的闪电以外，还有一种球形闪电也是多年来科学家研究探索的现象之一。几乎所有的报道都表明，球状闪电出现在雷暴天气下，且尾随于一次普通闪电之后。它出现时常飘浮在离地面不远的空中，接触地面后常反弹起来，而被接触的物质通常会被烧焦。目前，国内外有很多关于球形闪电的报道。

10多年前，出现在德国的球状闪电却很奇特。人们看到一个大火球自天而降，击在一棵大树顶上，当即分散成10多个小火球，纷纷落地，消失了，犹如天女散花一样。

在苏联的一个农庄，两个孩子在牛棚的屋檐下躲雨。突然，屋前的白杨树上滚落下一个橙黄色的火球，直向他们逼来。慌乱中一个孩子踢了它一脚，轰隆一声，奇怪的火球爆炸了，两个孩子被震倒在地，但没有受伤。事后，人们才知道那个火球是罕见的球状闪电。

在美国一个叫龙尼昂威尔的小城里曾发生过一件怪事：一位主妇清楚地记得，她放进冰箱的食品是生的，可是在她从市场回到家里，打开电冰箱一看，发现所有的食品都成了熟食。后来，经过科学家的研究才明白，这是球状闪电开的玩笑。不知怎么搞的，它钻到电冰箱里把冰箱变成了电炉，奇怪的是，冰箱竟没有损坏！

一位名叫德莱金格的奥地利医生，在钱包被盗的当天晚上，被请去为一个遭雷击的人看病，他发现那个人的脚上印着两个“b”字，同自己丢失的钱包上的“b”字大小相同，结果钱包就在这个人的口袋里。

1962年7月22日傍晚，我国科学工作者在泰山顶上对雷暴进行研究时，亲眼看见了一次奇怪的球状闪电。随着一声巨响，在窗外冒雨工作的科学工作者发现一个直径约为15厘米的红色火球从西边窗户的缝中窜入室内，大约几秒钟后，又从烟囱里飘出。在离开烟囱口的瞬间，发生了爆炸，火球也消失了。桌子上的热水瓶、油灯都被震碎，烟囱也被震坏。火球所经过的床单上，留下了10厘米长的焦痕。

1979年1月6日，在我国吉林市，有人曾经看到一个落地球状闪电在气象站办公室转了数圈，然后又腾空而起，往东方飞去。它像个大探照灯，一路照得通亮，最后落入松花江里消失了。

1981年7月9日，随着一声惊雷，人们看到两个橘红色的大火球，带着刺耳的呼啸声，从乌云中滚滚而下，坠落在上海浦东高桥汽车站。两个火球在地面相撞，发生一声巨响，消失了。

1993年9月16日晚大约19时45分，江苏省滨海县城天气异常闷热，气压很低，突然一条红火龙从该县东坎镇东村东园组的村东向西飞来，飞到杨某家周围上空时，变为一只火球窜进屋内，紧接着一声巨响，一人遭雷击身亡，身上衣服头发均被烧光，还有二人被击昏在地，身上多处烧伤，后经抢救脱险。

球状闪电这种罕见的自然现象给充满好奇心的人类带来了无尽的遐想。古人在很长一段时间只能借想象来解释它。把它描绘成骑着火团的矮精灵，或者是口吐火焰、兴风作浪的怪物。

在19世纪初，科学家们开始了对球状闪电的漫长的探索。球状闪电虽然罕见，但两个世纪来，人们还是得到了大量的直观资料，其中包括一些科学家的目击记录。球状闪电是一种奇特的闪电，但它的形成原因至今尚未弄清。有人认为它是一团涡旋状的高温等离子体；有人认为它本身就是一种特殊形式的大气放电等。

最新的科学进展使一些科学家将分形理论引入球状闪电的研究，提出分形球状闪电模型：在普通闪电的一次放电瞬间产生的颗粒极小的高温微尘与周围介质碰撞并黏结成一种错综复杂的网状结构——一种分子形结构。它有相对稳定的形状，但密度极小，绝大部分体积是空隙。正是这些空隙储存了球形闪电的能量，它是一种化学能，能量的释放可能是一个链式的化学反应。

从人类已掌握的自然规律出发，科学家们已提出了几十种模型，他们都能不同程度地解释球状闪电的一部分性质。然而，因为不能在实验室中对球状闪电直接研究，无法获得充分的数据，而目击报告中许多现象又似乎矛盾重重，所以，能得到普遍认可的模型至今还没出现。200年已经过去，自然界仍在炫耀它天才的创造。它里面究竟隐藏着什么奥秘？相信总有一天人类能够解开这其中的谜团。

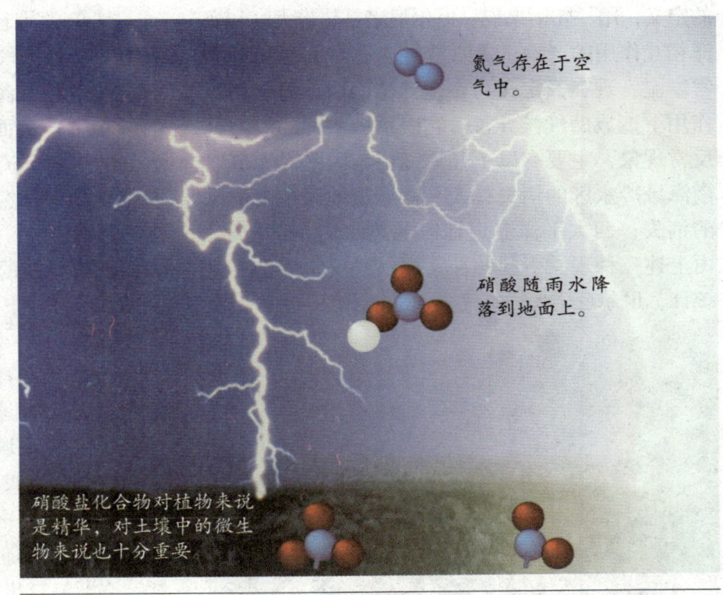

氮气存在于空
气中。
硝酸随雨水降
落到地面上。
硝酸盐化合物对植物来说
是精华，对土壤中的微生
物来说也十分重要

闪电的贡献

闪电产生的热能迫使空气中的氮分子发生分裂，氮与氧结合形成氮的氧化物，溶于水则形成硝酸，弱硝酸水降落到地面上，在土壤里分解成硝酸盐化合物和亚硝酸盐化合物，这些化合物对植物和微生物十分重要。

撒旦的诅咒——厄尔尼诺

近些年，每当人们讨论气候和自然灾害的时候，往往会提到这样一个名词：厄尔尼诺。在各种媒体上，它的出现频率也非常高。在人们眼里，厄尔尼诺显然已成了“灾星”的代名词。

厄尔尼诺是南美洲秘鲁渔民最早对影响当地鱼流的秘鲁近海暖洋流的通俗叫法，在西班牙语中是“圣婴”的意思，指的是圣诞节前后发生在南美洲的秘鲁和厄尔尼诺附近，即赤道太平洋东部和中部海水大范围持续异常偏暖现象。厄尔尼诺现象不仅扰乱秘鲁渔民的正常渔业生产，引起当地气候反常，而且在厄尔尼诺现象强烈的年份，还会给全球气候带来重大影响。主要表现在：从北半球到南半球，从非洲到拉美，气候变得异常，该凉爽的地方骄阳似火，温暖如春的季节突然下起大雪，雨季到来却迟迟滴雨不下，正值旱季却洪水泛滥……

现在，人们对厄尔尼诺已有了一个基本一致的定义，用一句话来说：厄尔尼诺是热带大气和海洋相互作用的产物，它原是指赤道海面的一种异常增温，现在其定义为在全球范围内，海气相互作用下造成的气候异常。它表示一系列的海—气反常现象，主要有以下几方面：东太平洋赤道以南海域冷水区的消失；太平洋赤道地区东南信风的消失；西太平洋赤道地区的热水向东部扩散；由上述三种现象引起的一系列气候反常。据专家统计，厄尔尼诺大约每过 2 ~ 7 年出现一次，但没有一定的周期性，每次发生的强度不尽相同（即表层海温的异常程度不同），持续时间也有差别，短的持续半年，长的持续一年以上。

厄尔尼诺现象造成孟加拉国洪涝之灾。

但到目前为止，科学家们依然没弄清厄尔尼诺现象发生的原因。

有一种观点目前较为盛行，这就是大气因子论。这种观点认为，赤道太平洋受信风影响，形成了海温和水位西高东低的形势。与此同时，在赤道太平洋西侧的上升气流和东侧的下沉气流的影响下，信风会加强；一旦信风减弱，太平洋西侧的海水就会回流东方，赤道东段和中段太平洋的海温因此会异常升高，从而导致厄尔尼诺现象的发生。

气象学家已证实，厄尔尼诺确实会引发世界上一些地区气候异常及气象灾害，如干旱、洪涝、沙尘暴、森林大火等。因为海洋在厄尔尼诺的影响下，表面温度上升 3℃ ~ 6℃，导致地球大气的正常环流受到干扰。结果全球气候都因此变得异常，自然灾害迭起，并最终影响地球陆地生态系统。

随着科技的发展和科学家经验的积累，在过去的几十年中，对厄尔尼诺的研究工作已取得较大进展。

1997 年 9 月，科学家们利用气象监测卫星收集到了大量数据，并据此得到了一张图片。他们发现了一块水域，其水面要高出正常情况 33 厘米，这是因为肆虐的贸易风推动了温暖的热带海水。它表明，一次剧烈的厄尔尼诺现象正在进行中。果然，在随后的几个月中，该水域对气候的影响逐渐显露出来，全球各地区几乎无一幸免。

今天，天文学观测手段和计算机技术越来越先进，厄尔尼诺现象也越来越被人们所了解，但依然有很多未解之谜需要我们继续探索研究。

会呼吸的水晶头颅

1924年，英国探险家米切尔·海吉斯在中美洲的鲁班埃顿古城发现了一个水晶头颅，这个水晶头颅相当精致洁净，长约18厘米，宽高各约13厘米，重约5千克。在形状与构造上，几乎完全等同于人的头颅。奇怪的是，虽然头颅本身没有什么色泽，但是它能放射出一种明亮无色的光，仿佛夜晚明月的光环一样。如果把它放在房间里，将会有某种声音不时地从屋子的四周发出来。那声音不像是乐器发出的，而更像从人的嗓子里发出的柔和的歌唱声，在它发出的声音中还有一阵阵响亮悦耳的银铃声伴随其中。

水晶头颅还能刺激人的大脑中枢神经，使人产生五种感觉：味觉、触觉、嗅觉、视觉和听觉。它能使观者听到声音，让人浮想联翩，并使人感到口渴。凡是站在水晶头颅前静静深思的人都有这种感受，同时身体以及脸部也会感受到某种压力。如果一个感觉灵敏的人把手放在头颅附近，就会感到一种特别的震颤和推力，而且手的冷热感觉随手在头颅上下左右的位置不同而变化。

除了有节奏感的叮当声和人们发出的微微呼吸声外，还有各种神秘的感觉和声音出现在屋子的周围。夜里还会出现奇怪的鸬鹚叫声和其他各种轻微的声音。多伦特博士对这个水晶头颅研究后曾说："头颅常常处在不停的运动状态之中，它的透明度、色彩都不断在变化。头颅的前面部分有时会变得模糊不清，就像软棉花糖一样，头颅的中间部分有时却变得非常透明清澈，在视觉上会产生有一个大洞的错觉。整个头颅的水晶颜色会变化成一块块绿色、紫罗兰色、琥珀色、红色、紫红色、蓝色等。头颅对大多数观看者还会产生催眠作用。"更重要的一点是，由于水晶是折射性能极好的物质，物体形象通过水晶体会被散射或分解，而亮度和视角却没有出现什么变化，这样，这个水晶头颅十分适合于做占卜用的反射镜。很明显，这个水晶头颅与当地宗教有十分密切的关系。

在大英博物馆里还有一颗水晶头颅，自1898年水晶头颅入展后，各国考古学家们纷至沓来，竞相考证，询问这件珍品的来历。但是，这里的统计资料往往使他们大失所望，因为上面只有那句简单说明词："水晶人头，1898年从美国纽约'提法尼'珠宝店购进，可能是殖民时代拉美阿祖提人的杰作。"

第三颗水晶人头陈列在法国巴黎人类博物馆，在那里人们会向你进行较为详细的介绍。在一个经常被众人围观的玻璃柜前，从该馆人员的解说中你可以知道："经科学鉴定，这颗水晶人头被认为由14世纪或15世纪墨西哥印第安人——阿兹台克人制作。从历史和宗教角度分析，估计它是用来装饰阿兹台克人的一个祭司权杖，从而证明中古时期阿兹台克人已懂得欣赏水晶的美丽和水晶的制作技术。表明他们很早就懂得怎样冶炼铜，因在这颗水晶人头附近，有不少精制的小型铜工具。看来阿兹台克人是用铜制工具雕制成这个水晶人头的。在众多听众中只有英国几个考古学家对此种解说无法理解，因为拉丁美洲的印第安人，于20世纪40年代还在密林中过着原始生活，无法设想墨西哥的印第安人能在14或15世纪冶炼出铜并制出铜具，而又拥有如此高超的雕刻技艺。可见，法国对第三颗水晶人头的解说要得到更多人的认可，还有待于考古学家考证。

究竟是什么人在什么时候制作了这3颗水晶人头？它们是做什么用的？仅仅是作为一种装饰吗？

↗ 米切尔·海吉斯水晶头骨

细菌带有磁性之谜

1975年，布莱克摩尔博士在实验中发现了一个怪现象：当他在显微镜下观察含有微生物的水滴时，发现有些细菌很快地向显微镜靠北的一边移动。布莱克摩尔博士以为实验靠北面的窗子射入了更多的光线，诱使这些小东西朝北游动。于是，他换了一个位置，观测到的现象却与先前一样。他又试验了其他几种有可能影响细菌游动方向的因素，细菌并不受这些因素的影响仍旧向北边游动。

到底是什么力量促使这些细菌总是向北游动呢？布莱克摩尔想到鸽子能够依靠地球磁场来为自己导航的现象，他从中得到启示，是否是磁场影响了这些细菌的游动方向呢？他决定用磁铁试一试。当他在显微镜附近放一块磁铁再观察时，布莱克摩尔博士看到了更为奇妙的现象——细菌朝磁铁的北极方向游去。原来这些细菌具有磁性，在地球磁场的作用下它们总是朝北方运动，因此它们的运动是有定向性的。

科学家们在发现这种细菌后又想了很多问题，这些细菌感知磁场方向的能力从何而来？为什么它们总是朝北移动？经过反复试验，科学家终于揭开了磁性细菌的部分奥秘。原来这些细菌体中有一块很小很小的Fe_3O_4（天然磁铁矿的成分）的单畴颗粒。在地球磁场中小磁石的两端像指南针似的指向南、北两极，细菌的“身体”也随着这种取向做定向移动。

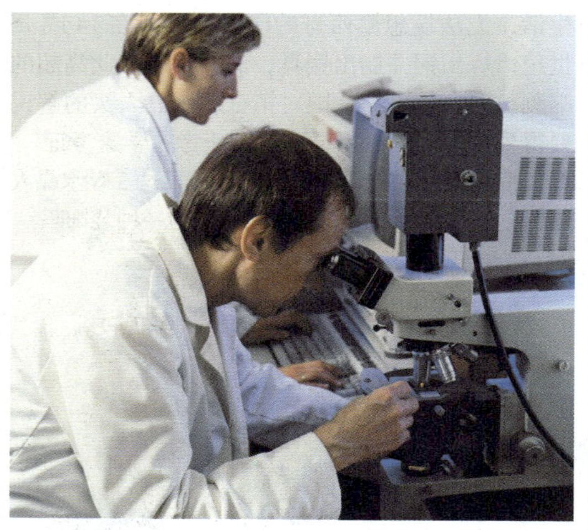

科学家们对磁性细菌的定向移动进行观察研究。

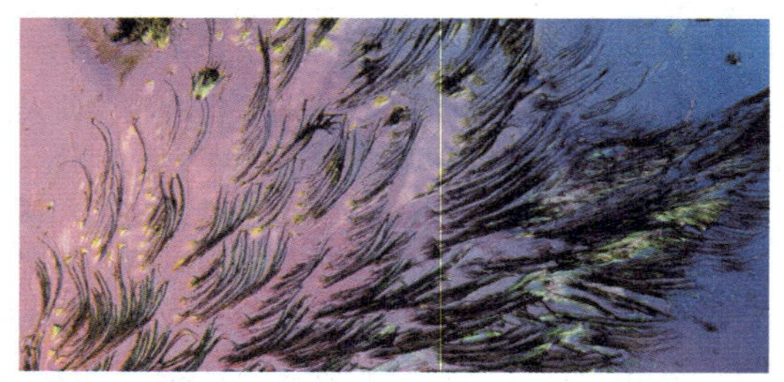

磁性细菌定向移动

在显微镜下，这些微生物总是朝向一个方向移动，到底是什么力量促使这些细菌向同一方向移动呢？如果是磁场，那么磁性细菌的定向运动是否能够产生现代“磁疗”的某些奇特效能呢？

既然有朝北游动的细菌，那么有没有朝南游动的细菌呢？科学家们经过不懈的努力，终于在地球的南半球找到了向南移动的细菌。原来，细菌的运动具有对称性，南半球的细菌大多数朝南运动；北半球的细菌大多数是朝北运动；赤道附近的细菌，向两个方向运动的数目大体相等。由于地球磁场是倾斜的，这些细菌的运动实际上也不是正南正北的。朝南运动的细菌在北半球向南向上运动，而在南半球则向南向下；朝北运动的细菌，在北半球向北向下运动，在南半球则向北向上运动。如果再给这些细菌加上一个脉冲磁场，这些细菌就可以逆向运动了。

许多研究者对这些古怪的小东西、这种古怪的运动产生了“古怪”的兴趣。但迄今人们还没有真正地深入认识它们的运动原因。但是磁性细菌的发现明确地指出生物和生物运动受地球磁场的影响，有可能某些“磁疗”的奇特效果就是基于这种原理呢！

为什么有的细菌能耐高温

细菌忍耐的温度极限有多高，人们一直有不同的看法。人们曾在90℃的温泉水中发现过细菌，而比其温度更高些的水中则未发现过任何的微生物。因而大多数专家认为，细菌的耐高温极限是90℃。绝大多数微生物在90℃以下就纷纷丧命，所以将水煮沸来杀菌一般来说还是管用的。

然而，与此同时，人们也在想，难道世界上的生命活动就不能超越90℃的极限了吗?

1983年，有人在美国的加利福尼亚海湾入口的海底温泉中发现了一种高温细菌。发现这种新细菌的两位生物学家测得该处的水温是250℃，他们顿时被在如此高的温度中仍存在有生命力的细菌惊呆了。

人们都知道，水在常压下100℃时就要沸腾，变为蒸汽，这些来自海底火山的温泉处于2600米的大洋底部，压力高达265个大气压，所以形成了很奇特的高温水。

为了对这些高温细菌进行研究，科学家们采用特殊方法人工培育这些细菌。他们用金属钛制成可耐高温高压的全套设备，并在设备中营造了海底环境。科学家们对高温细菌进行了深入的化验分析，结果发现这类细菌的DNA构造十分异常，但从理论上说这种构造也只能使细菌在不超过120℃的水中生存。所以，可以断言高温细菌必定还有其他不为人知的特异之处。

科学家们经过不断的探索，又发现了这类高温细菌的蛋白质分子中存在着某些特殊类型的氨基酸，而这些氨基酸此前从未在其他任何生物机体中发现过。这类氨基酸中有多余的稳定化学键，使蛋白质具有极高的强度。另外，在其脂类化合物的结构上，也发现了分枝形化学键，使细菌可以经受住高温分子的猛烈撞击。

除此之外，科学家们认为，高温细菌对环境的适应一定是多方面的，在生物、化学方面必定也存在一些适应因素。后来发现硫元素在这类细菌的新陈代谢中起着主要作用。

高温细菌的发现在科学界引起了轰动，促使专家们必须重新考虑一些生物学方面的问题。如生命的起源问题——也许并不像专家们过去认为的那样，地球上的生命是在地球冷却之后出现的。传统观点认为温度高过一二百摄氏度是不会再出现生命的。如今，这些观点似乎都需要进行修正。

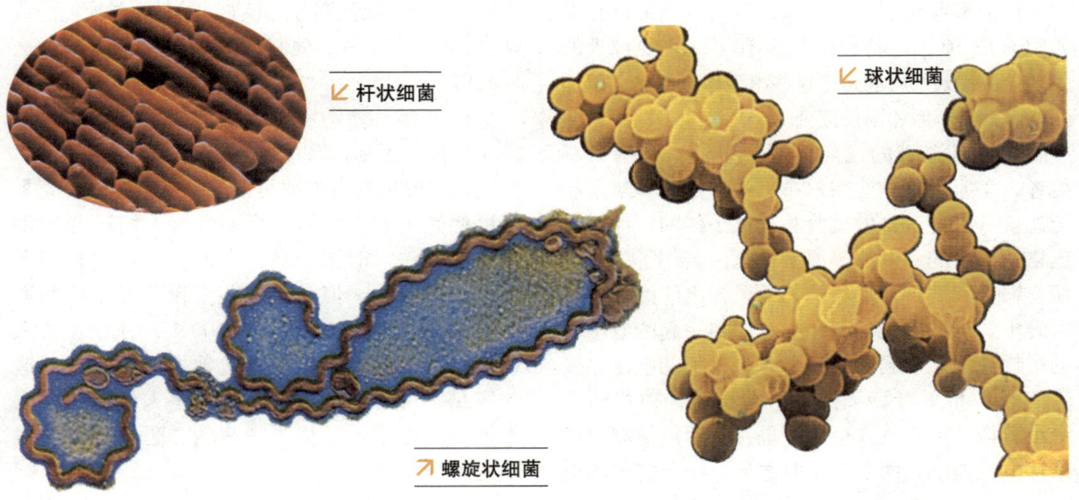

杆状细菌

球状细菌

螺旋状细菌

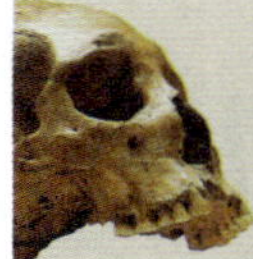

巴格达古电池做何解释

1936年6月，巴格达城郊，同往常一样，一群筑路工人一大早开始在这里修筑公路。大概过了一个多小时，一个工人突然铲到一个硬硬的东西，怎么也掘不动，于是呼唤同伴帮忙，大家齐心合力，在这周围用力挖掘，结果竟挖出了一个巨大的石棺。考古人员马上赶来，小心地打开石棺，发现了大量的金银器具和613颗珍珠组成的念珠等贵重物品，经专家鉴定为公元前248～前226年波斯王朝的文物。在这些文物中，有些东西人们始终不知道是做什么用的。

饮酒雕刻与金管子

这块天青石柱形印鉴上的雕刻，表现的是一个苏美尔人正从一个深碗中享用着啤酒。巴格达电池就是用这样的溶液来给器具镀金的。

那是一大堆奇怪的陶制器皿，锈蚀的铜管和铁棒。时任伊拉克博物馆馆长的德国考古学家威廉·卡维尼格这样描述这些奇怪的文物：“陶制器皿类似花瓶，高 15 厘米，白色中夹杂一些淡黄色，边沿已经破碎，上端为口状，瓶里装满了沥青。沥青中有一个铜管，直径 2.6 厘米，高 9 厘米，铜管顶端有一层沥青绝缘体。在铜管中又有一层沥青，并有一根锈迹斑斑的铁棒，铁棒高出沥青绝缘体 1 厘米，由一层灰色偏黄的物质覆盖着，看上去，好像一层铅。铁棒的下端长出铜管的底座 3 厘米，使铁棒与铜管隔开。看上去好像是一组化学仪器。”经过鉴定，卡维尼格宣布了一个令世界震惊的消息：“在巴格达出土的陶制器皿，铜管和铁棒是一个古代化学电池，只要加上酸溶液，就可以发出电来。”卡维尼格悄悄带着这些东西回到了柏林，进行了一项重要的试验，他把那些陶制器皿、铁棒、沥青绝缘体和铜管组合成 10 个电池，结果又有了一个更惊人的发现：古代人很可能是把这些电池串联起来，以加强电力，给塑像和饰物镀金。

古人难道真的已经使用了电池？德国另一位考古学家阿伦·艾杰尔布里希特抱着科学求实的态度，决定亲自做试验验证这个传闻。他仿照巴格达出土的“电池”原型，自己制作了一些陶瓶、铜管和铁棒，从新鲜葡萄里榨出汁液，倒进铜管中。奇迹出现了，和电池连在一起的电压表的指针突然移动起来，显示有半伏特的电压。接着艾杰尔布里希特又做了一个试验，他找到一个小雕像，把它放入金溶液里，然后用仿制的巴格达电池通电，两个多小时之后，一个完美的镀金雕像摆在他的眼前。艾杰尔布里希特宣布说：“我起初也不相信这件事情，但是我的试验至少证明了，卡维尼格先生并没有撒谎。”

美国科学家为了验证巴格达电池的真伪也进行了一系列的试验。他们首先成功地从仿制的巴格达电池中获得了半伏特电压，并且用它连续工作了 18 天之久。他们使用了多种溶液，都是古代人类已经发现或者开始使用的，例如葡萄糖溶液、醋酸、硫酸铜等。参加试验的科学家们一致认为，除了发电外，他们不知道这些东西还有什么别的用途。

1938 年，德国考古学家柯尼希在巴格达城郊又发掘出了远古时代的一组电池，与两年前不同，这次发现的古电池是铜外壳、铜蕊，外壳是借助铝和锡固定好的，直到今天人们还普遍采用这个方法。时至今日，人们仍然难以相信卡维尼格的推论，但是这之前发现于巴格达的古电池又该怎样解释呢？2000 多年前的埃及人或巴格达人已经开始使用电池发电、镀金，这确实是不可思议的事情，无怪乎人们对此采取审慎的态度了。要想弄清真伪，恐怕仍需要科学上的新发现。

古埃及的"木鸟模型"与外星人有关吗

距今4000年前的古埃及人，一直是考古学家的研究对象。这个文明古国至今仍有不少未能解开的谜团。大家都知道，直到1903年地球上的人类才制造了第一架飞机。可奇怪的是，考古学家们却在埃及发现了四千年前的飞机模型以及浮雕上的飞机图案。难道4000多年前的古埃及人就看见过或者发明过飞机？

不明飞行物

古代银币上雕有飞碟状的飞行器。

早在1898年，就有人在埃及一座4000年前的古墓里发现了一个与现代飞机极为相似的模型。这个模型是用古埃及盛产的小无花果树木制成的，重约31.5克。发现之初，人们还不知道什么是飞机，便把它称为"木鸟模型"。这个模型现在存放在开罗古博物馆中，编号为"物种登记"第6347号，仔细想来，人类史上的第一架飞机直到1903年才出现，那么，在4000多年以前的飞机模型从何而来呢？

1969年，考古学家卡里尔经仔细分析和研究，断定这是飞机模型，而绝不是"鸟"的模型。因为埃及古墓里飞鸟模型具备现代飞机的特点：有一个平卧的机体，一对平展的翅膀，尾部还有垂直的尾翼。

卡里尔博士组织了大量专家对其进行分析和研究，以弄清这架飞机模型的本来面目。专家们认为，这个模型具备了现代飞机的基本特点：机身长5.6英寸，两翼平展跨度7.2英寸，嘴尖长1.3英寸，机尾垂直，尾翼上有一个类似现代飞机尾部平衡器的装置。尾翼的外形设计完全符合空气动力学原理，更重要的是，其特点使机身有巨大的上升力。机内各部件的比例也经过了精确的计算，设计得非常精确。后来，在埃及其他一些地方，人们又陆续找到14架这样的飞机模型。古埃及人掌握了这样的技术吗？

在南美洲的一些地方，人们发现了一些与之类似的奇妙飞机模型。还有更令人难以相信的事情，在哥伦比亚，人们在地下约530米深的地方，挖出了一个古代飞机模型，这个黄金做的家伙竟然跟美国的B-52轰炸机十分相似。据科学家们分析，这架飞机的模型不但设计精巧，而且具有飞行性能。美国纽约研究所的专家们在为这架古代飞机模型做过风洞试验后，绘制了一张技术图纸，这些图纸把古代飞机模型的概貌描绘出来。1954年，哥伦比亚共和国在美国的博物馆展出过古代金质飞机的模型。后来在南美其他国家也陆续发现过这类飞机模型。

古埃及与南美之间的飞机模型之间有什么内在联系吗？是埃及人驾机曾经飞到过南美洲吗？既然4000多年前的人已经发明了飞机，可为什么直到1903年才有了世界上的第一架飞机呢？古代人是凭借什么手段制造了飞机呢？难道真的是外星人的作为吗？

很难断定4000年前的古埃及人，有否看过直升机、潜艇或其他飞行物体。研究外星人的学者一直相信，远古的高度文明是由外星人传来的。在阿特兰提斯与玛雅文明等，都有类似的传言。古埃及人是否曾经接触过外星人？逝去的历史我们无法确知。

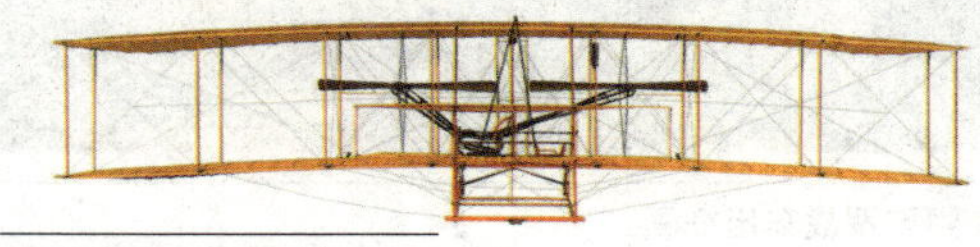

莱特兄弟制造的飞机

古希腊人制造过齿轮计算机吗

在20世纪初，一位采集海绵的希腊潜水员在安蒂基西拉海峡的水底看到一个巨大的黑影。他游过去一看，发现是一艘古代沉船的残骸，这令他大吃一惊。这个突然的发现使他十分激动，他又一次潜下水，仔细察看，发现有很多大理石雕像和青铜雕像装在古船里面。

不久人们成功打捞了这艘沉船。经专家考证，这艘古船沉没在水下已达2000年之久。也就是说，它沉没于公元之初。有关组织马上采取措施保护船上珍贵的古代艺术珍宝。

然而，人们又发现了另一奇迹，而它的价值，所有雕像都不能及。

在工作人员分析、清理船上物品时，他们发现有一团沾满锈痕的东西夹在无用的杂物中。在认真的处理后，人们发现那里面有青铜版，还有一块上面刻有精细的刻度和奇异的文字，有被机械加工的铜圆圈残段。专家们马上意识到这圆圈意义重大，这种东西怎么会出现在古代船上呢？

在认真地将它拆卸、清洗两次之后，专家们更加惊异了。这块青铜版竟是一台由复杂的刻度盘、活动指针、旋转的齿轮和刻着文字的金属版组成的机器。经复制发现它由20多个小型齿轮、一种卷动转动装置和1只冠状齿轮组成，一根指轴在一侧，指轴的转动会带着刻度盘以各种不同的速度转动。青铜活动版保护着指针，版上面有供人阅读的长长的铭文。

美国学者普莱斯用X光对这台机械装置进行了检查，最后断定它是一台计算机，太阳、月亮和其他一些行星的运行都可以用它来计算。据检测，它制造于公元前82年。世人都为之惊异。要知道，1642年帕斯卡尔才发明了计算机，而且他当时制造的计算机械十分不准确。虽然希腊人被人们公认是古代最有智慧的民族，但人们对这台古代计算机的出现，还是感到不可理解。

还有，这个机械装置全部是由金属制成的，精密的齿轮转动装置也在其中使用。而人们都知道，在文艺复兴时代才开始使用金属齿轮转动的，必须具备钳、刨、铣等机械加工工具才可以制作它，而在古希腊根本就不存在这些工具。

于是人们又提出这样一个问题：到底是谁制造了这台机器？

有人说，如果确是古希腊人制造了它，那么恐怕要彻底改写古希腊科学技术的历史。但又无法进行这样的改写，因为只有这个计算机的证据，人们并不知道它的制造者。在古希腊和其他一切古代民族的文献中，也从未发现过关于计算机机械的记载。

如果不是古希腊人制造了它，那么必定是远比古希腊人更聪明、工艺水平和科学技术水平也要高得多的智慧生命制造了它。

阿波罗战车出征画

在太阳还停留在神话中的希腊，居然已经有了测量日月星辰运动的计算机，实在令人惊奇！

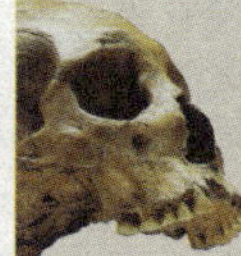

千年不腐的马王堆古尸

1972年，在中国湖南马王堆古墓中出土了一具女尸，震惊了世界。为什么呢？原来，尽管历经2000年，但这具女尸外形完整，面色鲜活，发色如真。解剖后，其内脏器官完整无损，血管结构清楚，骨质组织完好，甚至腹内一些食物仍存。为什么这具古尸历经千年不腐呢？

一般来说，古墓中的尸体留至今天，只会出现两种结果：一是腐烂。因为在有空气、水分和细菌的环境里，大量的有机物质会很快腐烂，棺木也会腐朽，最后尸体也难免烂掉。二是形成干尸。这需要极为特殊的气候条件，在特别干燥或没有空气的地方，细菌微生物难以生存，这样，尸体会迅速脱水，成为“干尸”。

马王堆的女尸为何是“湿尸”而不腐烂呢？其原因是：

第一，尸体的防腐处理完善。经化学鉴定，它的棺液沉淀物中含有大量的乙醇、硫化汞和乙酸等物。这证明女尸是经过了汞处理和其他浸泡处理的，硫化汞对于尸体防腐的作用很大。

第二，墓室深。整个墓室建筑在地底16米以下的地方。上面还有高20多米，底径五六十米的大封土堆。既不透气也不透水，更不透光。这就基本隔绝了地表物理和化学的影响。

第三，封闭严。墓室的周壁均用可塑性大、黏性强、密封性好的白膏泥筑成。泥层厚约1米左右。厚为半米的木炭层衬在白膏泥的内面，共5000多千克。墓室筑成后，墓坑再用五花土夯实。这样，地面的大气就与整个墓室完全隔绝了，并能保持18℃左右的相对恒温，光的照射被隔绝，地下水也不能流入墓室。

第四，隔绝了空气。由于密封好，墓室中已接近了真空，具备了缺氧的条件。在这种条件下，厌氧菌开始繁殖。存放在椁室中的丝麻织物、乐器、漆器、木俑、竹简等有机物和陪葬的大量的食物、植物种子、中草药材等，产生了可燃的沼气，从而加大了墓室内的压强。沼气能杀菌。细菌在高压下也无法生存。

第五，棺椁中存有具有防腐和保存尸体作用的棺液。据查，椁外的液体约深40厘米，棺内的液体约深20厘米。但它们都不是人造的防腐液，而是由白膏泥、木炭、木料中的少量水分和水蒸气凝聚而成的。而内棺中的液体是女尸身体内的液体化成的“尸解水”。这种自然形成的棺液防止了尸体腐败，并使得尸体的软组织保持了弹性，肤色如初，栩栩如生。

在重见天日之时，马王堆古尸随同所有出土的文物，散发着迷人的光芒，让人不禁惊叹于造化的神奇。

马王堆女尸

动植物之谜

恐龙灭绝之谜

在距今大约6500万年前，恐龙从地球上消失了，留下来的只有深埋在地层中的形形色色的化石以及科学家们的思考。长期以来，科学家们对恐龙这种史前生物的灭绝一直有很多猜测：究竟是因为它们自身进化的失败遭到了大自然的淘汰，还是因为飞来的天外横祸将这些头脑简单、躯体庞大的家伙斩草除根的呢？

在人类出现以前，一种十分庞大的动物——恐龙曾经统治地球达1.6亿年之久。那时候，地球上随处可见各种各样的恐龙。它们的体形和习性相差很大。最大的可达30米左右，小的却跟一只小公鸡差不多。它们的脖子长，头小，一只长长的尾巴拖在身体后面，极不成比例。许多人都以为恐龙是生性残暴的肉食性动物。其实不然，它们中也有温和的草食性动物和像我们人类一样的杂食性动物。像跃龙、霸王龙等蜥龙类就是典型的肉食动物。它们的前肢不发达，后肢着地，奔跑速度极快；它们不仅捕食各种动物，而且连同类的草食恐龙也不肯放过。而溪龙、梁龙、雷龙等鸟龙类则是草食性恐龙，它们的头要比蜥龙类的稍小，其中有许多长着尖角，身上全副武装着硬甲。

霸王龙外形

霸王龙是生活在侏罗纪时期的大型食肉动物，凶猛无比，有良好的视力和敏锐的嗅觉，坚硬的头骨能承受住以32千米/小时的速度与猎物的冲击。被称为残暴的爬行动物之王。

科学家们为此对恐龙化石进行了深入的研究，希望可以从中找到一些线索。

最初，一些科学家从进化论的角度研究恐龙最终灭绝的原因，认为恐龙自身种族的老化以及在与新兴哺乳动物的进化竞争中的失败造成了恐龙的灭绝。在几千万年前，正当恐龙称霸于地球之时，大自然的力量造就了一种新兴的高等动物——哺乳动物。与庞大的恐龙相比，单个哺乳动物的力量是微弱的，可它们却依靠自身的优势成功地在地球环境变化中生存了下来，哺乳动物有能够隔热和保温的毛皮和脂肪层，高度发展的大脑和非常高的幼子成活率。而貌似强大的恐龙由于种族的老化，在残酷的斗争及大自然的变迁中逐个倒下，最终退出了生存的历史舞台。

还有一些观点则认为慢性食物中毒导致了恐龙的灭绝。原来，曾在中生代遍布全球的苏铁、羊齿等裸子植物，为了保护自身的生存和繁衍，在自己体内产生了一些有毒的生物碱，如尼古丁、吗啡、番木碱等，一些食草恐龙吞入这些植物，也就相当于吞下了“毒药”，在食物链的作用下，食肉恐龙也间接中毒。这样恶性循环下去，毒素在恐龙体内越积越多，由于毒素侵袭，恐龙神经变得麻木，直到最后导致了整个种群都消失灭绝。

另外类似的观点，还有氧气过量说、便秘说等。但这些观点都是纯粹基于生物学角度来看问题。现代科学家们认为，这些观点的不足之处在于：生物学意义上的物种灭绝是需要一个极为漫长的过程的，而人们目前已经掌握的资料显示，恐龙是在距今大约6500万年“很短”的一段时期内突然灭绝的。因此，这些生物学假设现在受到很大质疑。

现在，支持宇宙天体物理变化导致恐龙灭绝这种观点的科学家越来越多。1979年，美国加州大学伯克利分校著名物理学家、诺贝尔奖获得者路易斯·阿尔瓦雷兹提出了著名的“小行星撞击说”，为人类开辟了一条探讨恐龙灭绝之谜的新道路。

1983年，根据各自的研究，美国物理学家理查德·马勒、天文学家马克·戴维斯、古生物学家戴维·罗普和约翰·塞考斯基以及轨道动力学专家皮埃·哈特等人，共同提出了“生物周期性大灭绝假说”，也叫“尼米西斯假说”。他们的观点是，地球上类似恐龙消失这种“生物大灭绝”是具有周期性的，在地球上大约以2600万年为一个周期。其原因在于银河系中的大多数恒星都属于双星系统，太阳当然也不例外，它有一颗人类从未见过的神秘伴星——“尼米西斯星”。“尼米西斯星”在太阳系的外围，大约每隔2600万～3000万年运转一周。在其影响下，冥王星外飘荡着的近10亿颗彗星和小行星就会脱离原来的轨道，组成流星雨进入太阳系，其中难免有一两颗不幸撞击或者落在地球上，而也许正是这概率极小的偶然，使一些生物遭到灭顶之灾。

还有一些科学家认为，太阳系在银河系中的“死亡穿行”是恐龙灭绝的主要原因。众所周知，九大行星在太阳系中围绕着太阳旋转，而太阳系则又以银河系为中心旋转，旋转一周需要2.5亿年。在受从中心释放出的强烈放射性物质的影响下，一块“死亡地带”在银河系的一部分地区形成了。距今6500万年前，太阳系刚好在这个“死亡地带”中穿行，放射性射线袭击了所有的地球生物，恐龙也在这次灾难中惨遭灭顶之灾。

另外一些科学家的观点是，6500万年前这场灾难的罪魁祸首是人们根本无法看见的宇宙射线。苏联科学家西科罗夫斯基称，太阳系附近一颗超新星的爆发导致了恐龙的灭绝。据科学家们推算，在距今7000万年前，一颗非常罕见的超新星在距太阳系仅32光年的地方爆发。爆发释放出的巨大能量和许多宇宙射线向整个宇宙发散，包括地球在内的整个太阳系都未能幸免于难。强烈的辐射把地球的臭氧层和电磁层完全摧毁了，地球上大多数生物都没能幸免于这场“飞来横祸”。在宇宙射线的侵蚀下，就连庞大的恐龙都几乎完全丧失了自我防御的能力，只能在眼看着自己的身躯慢慢坏死的恐惧中痛苦地死去。那些躲在洞穴或地下的小型爬行动物和哺乳动物，作为幸存者而生存了下来。

恐龙时代的各型动物

此外还有一些观点认为，地球本身的改变造成了这场灾难。科学家们发现，大约每20万年地球上就会有一次地磁磁极反转的现象发生。在这可能长达1万年的漫长岁月中，地球会暂时得不到磁场的保护，这时宇宙放射性射线就会袭击地球，从而成为恐龙这样的地球生物纷纷灭绝的原因。

最近的科学研究发现，恐龙的灭绝实际上也是一个持续了几十万年的过程，与此同时，恐龙至少经历了两次大规模的死亡。因此，所谓恐龙突然灭绝的这个“突然”不是绝对意义上的。而对地球产生短期影响的“飞来横祸”和地球自身的突变，不可能持续几万年，甚至几十万年。看来，这些观点都无法成为解答恐龙灭绝之谜的完满答案，因此人类暂时还无法证实或推翻这些科学的“推断”和“假设”。

太平洋怪兽是蛇颈龙、鲨鱼还是爬虫

1977年4月25日，日本大洋渔业公司的一艘名叫“瑞洋丸号”远洋拖网船，在新西兰克拉斯特彻奇市以东50多千米的海面上捕鱼。当船员们把沉到海下300米处的网拉上来时，竟然是一只庞然大物。网里是一具见所未见的怪兽尸体。为了看清楚它的全貌，船员们用起重机把它吊了起来。尸体散发出一股强烈的腐臭，一小部分肌肉和尸体上的脂肪，拉着长长的黏丝掉在甲板上。这下人们看清楚了：这是一个类似爬虫类动物的尸体。尽管尸体已经腐烂，整个躯体却完整地保存着，可以清楚地看到它的脖子长长的，脑袋小小的，肚子很大（腹部已空，五脏俱无），而且长着4个很大的鳍……怪兽身长大约10米，颈长1.5米，尾部长2米，重量近2吨，估计死去已经月余。它肯定不是鱼类，也不像是海龟，在海上捕鱼多年的船员谁也不认识它。人们正在议论纷纷之际，船长闻讯赶来，见大家在欣赏一具腐臭的怪物，大发脾气，为了避免自己船舱里的鱼受到损失，他命令船员们把怪物立即丢到海里去！所幸的是，随船有位矢野道彦先生，觉得这是个不寻常的发现，在怪兽被抛下大海之前，拍摄了几张照片并做了相关记录。

消息传到日本之后，举国震动，尤其是动物学家、古生物学家们更是兴奋，他们在对照片进行了分析之后认为：“这不像是鱼类，一定是非常珍贵的动物”，“非常惊人呀！这是不次于发现矛尾鱼那样的世纪性的大发现”。“本世纪最大的发现——活着的蛇颈龙”……消息随之传遍了全世界，各国报刊都很快转载了照片，发了消息。各国著名生物学家都对这件事给予了极大的关注。

但怪物已经被丢弃了，尽管大洋渔业公司立刻命令在新西兰海域的所有渔船，到现场去重新捕捞怪兽尸体，但由于消息发表之日（7月20日）与丢弃怪物之日已相隔3个月，人们只能徒劳而返。不过，这次发现总算给生物学家们保留下了3个线索：一是怪兽的4张彩色照片，二是四五十根怪兽的鳍须（鳍端部像纤维一样的须条），三是矢野道彦先生在现场画的怪兽骨骼草图。

1977年日本拖网渔船瑞洋丸号网到的已经腐烂了的不明生物的巨型骸骨，他们拍了照和做了速写后，由船长下令将这个神秘而令人厌恶的东西抛回海中。这个长颈生物的骸骨重约1.8吨。

（1）照片：从照片来看，它的头部甚小，与现存的所有鲸鱼类的头骨迥然不同，而且颈部奇长，特别是有4个对称的大鳍，这就没有其他海洋动物或鱼类可以与它相提并论了。

（2）鳍须：这是留下的唯一重要物证。它是怪兽鳍端的须状角质物。

长23.8厘米，粗0.2厘米，呈米黄色的透明胶状，尖端分成更细的3股，很像人参的根须。

（3）骨骼草图：草图左上方写着“10时40分吊起，尼西（即尼斯湖里的怪兽？）拍了照片”。怪兽骨骼长10米，头和颈部长约2米，其中头部45厘米，颈的骨骼粗20厘米，尾部长2米，根部粗12厘米，尾端部粗3厘米，身体部分长约6.05米。

虽然上述这些记录和证据是非常宝贵的，而且成为科学家们研究、鉴定、探讨的依据，但是要依靠它们来确定怪兽究竟属于哪一种动物，还缺少根本性的依据。因为没有实物，无法与已知的各种动物和古生物的化石骨骼做比较，也就无法对比鉴定。所以，科学家们至今还对这个怪物到底是什么的问题争论不休。

有人怀疑它是7000万年前便已绝灭了的蛇颈龙的子孙。其中一个主要的依据是它的长颈。许多学者据此认为它是“活着的蛇颈龙”。日本横滨国立大学的鹿间时夫教授认为：“从照片上看，仅限于爬行类，然而可以考虑太古生息过的蛇颈龙，可以说是发现了名副其实的活着的化石。”这种说法曾经轰动一时，甚至有报纸认为：“这是本世纪的最大的发现！”

但是不久，东京水产大学对怪物须条进行了蛋白质的分析后，发现它的成分酷似鲨鱼的鳍须，于是报纸、新闻又转向鲨鱼说，一时间“巨鲨”“一种未见过的鲨鱼”的说法又充斥了报纸杂志。英国伦敦自然史博物馆的奥韦恩·惠勒说：“这个猎获物大概是鲨鱼，以前在世界各海滨附近曾发现许多别的怪物，结果弄清楚后，都是死鲨鱼。鲨鱼是一类软骨鱼。它们没有硬骨架。当鲨鱼死后，尸体逐渐腐烂时，头部和鳃部先从躯体脱垂，这样就形成一个细长的‘颈’，末端像个小小的头。许多日本渔民，甚至更为内行的人都被类似蛇颈龙的形状所愚弄……”这种说法似乎很有道理，而且一时间许多持有蛇颈龙说法的人也都放弃了自己原来的主张，认为怪兽就是鲨鱼，言之凿凿，仿佛已成定论。

但是，对怪物须条进行重复测试后，又不能肯定它是鲨鱼了。一些科学家和日本记者提出了种种否定它是鲨鱼的根据：

其一，鲨鱼的肉是白的，而怪兽则是赤红的。

其二，鲨鱼没有排尿器，体内积蓄的尿是利用海水的浸透压力，从全身排出的；因此，鲨鱼的肉有一种尿特有的臭味，有经验的渔民都会闻出来。“瑞洋丸”的渔民们正是根据这一点而否定了它是鲨鱼。

其三，如果真是鲨鱼，那么具有软骨架的鲨鱼，在死了半年之后，是绝对不会被起重机吊起来的。因为尸体开始腐烂，软骨也开始腐烂，尸体的软骨架绝对经受不住大约两吨的自重。对此，许多鱼类学权威都认为这是否定鲨鱼说的一个重要论据。

其四，怪兽有较厚的脂肪层，包裹在全身的肌肉上，而鲨鱼只在肝脏里才有脂肪。

于是，从鲨鱼说又转回到爬行类动物说。证明怪兽可能是爬行类动物还有一个重要的论据，即怪兽的头部呈三角形，这是爬行类独具的特点。

到现在为止，围绕着这个奇怪的太平洋怪兽到底是什么的问题，科学家们仍然在议论纷纷，人们都盼望有一天怪兽会再现其踪影。

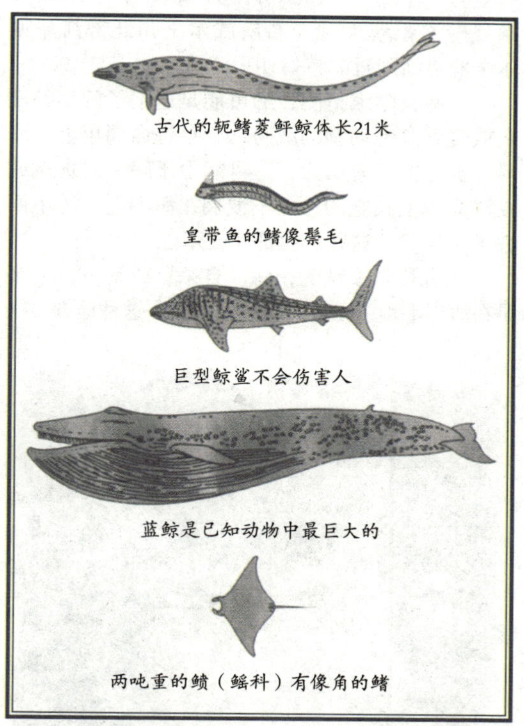

古代的轭鳍菱鲆鲸体长21米

皇带鱼的鳍像鬃毛

巨型鲸鲨不会伤害人

蓝鲸是已知动物中最巨大的

两吨重的蟦（鳐科）有像角的鳍

错认身份的案例

海蛇是科学家未能查清而真实存在的动物，并非完全不可能。最为人接受的解说是被目击者形容为怪物的东西实际上是记录详尽但罕见的海洋动物，例如一条蓝鲸。上图中见到的是五种古代和现代已知的动物，形状酷似各种报告提到的海怪。

动物集体自杀之谜

一个风雨交加的夜晚，印度北部有一个小村镇的一伙村民，正举着火把寻找一头失踪的水牛，忽然发现大群的鸟向他们扑来，跌落在火把周围。它们不再飞回空中，也不愿吃东西，不到两天全部死去。在这里，每年都有大量的鸟群"自杀"。每当秋季风越大、雨越多的时候，到这里"自杀"的鸟也越多。令人奇怪的是，这一现象只发生在这个丛林中的小村附近，而不发生在其他地方，这其中的原因是什么呢?

其实，一些动物的集体"自杀"现象早已引起了科学家们的研究兴趣。1946年10月10日，835头虎鲸凶猛地冲上了阿根廷马德普拉塔城海滨浴场，全部死亡。1976年10月，在美国的科得角湾沿岸的辽阔的海滩上，有成千上万的乌贼登岸"自杀"。1980年6月30日上午，有58条巨鲸游上澳大利亚新南威尔士州北部海岸西尔·罗克斯附近的特雷切里海滩死亡。

一些科学家猜测，鲸可能是遇上了凶猛的鲨鱼或受到其他动物的威胁，仓皇逃命而窜上了海滩；也有的学者认为，这可能由于鲸一时贪玩或在浅海边上找吃的，而不慎搁在海滩上，游不回去了。显然，这些理由都比较牵强。

还有科学家认为，鲸"自杀"的地方，大多是在海岸平坦或泥沙冲积成的海滩。这种地方，往往不能很好地将"超声波"反射回去。这就使鲸发出"超声波"后，接收回声发生困难，造成确定方向、浮测目标"失灵"，而发生"盲目行动"，冲上海滩死亡。后来，有两位美国科学家在死鲸的耳朵里发现很多寄生虫，他们据此认为，就是这些寄生虫影响了鲸的耳朵功能，造成了悲剧。

↗因海水落潮而搁浅的白鲸

与鲸相反，陆上动物旅鼠曾多次集体奔入大海"自杀"。在澳大利亚昆士兰地区，曾发生过13次规模宏大的旅鼠投海"自杀"事件。这又是什么原因呢？有人认为这是旅鼠为了求生而采取的手段。早在1万多年前，它们就有规律地跨越波罗的海和北海到对岸的陆地去另觅乐土，那时海峡尚窄，泅渡到对岸很容易。后来由于地理环境的变化，海水越来越湍急，但是旅鼠一无所知，仍然一如既往地跳入海中，由于无法抵抗海水的冲击，结果就发生了大规模的旅鼠死亡事件。但是这无法解释旅鼠周期性自杀的现象：难道旅鼠不会从一次又一次的失败中总结教训，另辟新途？

还有人认为这是旅鼠们实行的一种"计划生育"的手段。因为这种旅鼠的繁殖力特别强，过多的旅鼠破坏了居住地的生态平衡，为了缓解这种状况，其中的一些旅鼠就选择了自戕。这样的解说实在是难以令人信服。如果真的是这样的话，那么造物主是不是过于残忍了一些？

动物集体自杀的现象在我国也曾发生过。1975年的冬季，我国海城地区发生了一次大地震，而在地震发生的前十几天，成批的冬蛇集体自杀。经过了10多年的研究，科学家们还是没有弄清楚其中的缘由，只是提出了3种解释：

一是地声说。科学家认为在地震发生前地壳深处会发出一种细小的声音，但是人是听不到

1984年，95头鲸鱼因不明原因集体冲上美国马萨诸塞州海滩，随后全部丧生。

的，由于蛇的听觉很灵敏，能够听到，以为是大祸临头了，所以爬出了洞。

二是地气说。这种观点是说在岩层的强烈摩擦中，会产生大量的氡气，大量的氡气积聚在蛇洞中，使冬眠的蛇清醒后被迫爬出洞。

第三种说法就是地热说。这是目前比较流行的一种说法。因为蛇是冷血动物，体温会随外界温度的变化而变化。在地震前，由于岩石的摩擦产生了大量的热，使地温升高，蛇从冬眠状态醒来，纷纷出洞觅食，结果被冻死。

这三种解释都有一定的道理，但是还是存在一些疑点。蛇是一种反应比较迟钝的动物，上述的变化都发生在地震前很短的时间内，蛇又怎么会在地震发生的十几天前就感觉到呢？

动物界昆虫类的自杀事件似乎不是很多，但是这些低等的动物自杀的原因往往更令人不解。其中，蝎子的自杀就是一例。动物学家研究发现，无论是在自然条件下，还是在实验的条件下，蝎子都是对火畏若神明的。遇到火的时候，就躲在碎石下、树叶下或者土洞中不出来，更为奇怪的是，要是用大火将它们团团围住，它们会弯起尾钩刺向自己的背部，不一会儿就会死亡。对于这种现象，有人认为这是蝎子在长期进化的过程中形成的，是一种遗传的结果。有人对此提出异议，因为根据科学家和生物学家的检测结果，蝎子不是死于自己的蝎毒。还有人说是由于蝎子天生在阴暗潮湿的环境中生活，突然见到光明，为了保护自己，就假装自戕而死。事实究竟如何，还有待于查证。

北欧寒冷地区是旅鼠的生活栖息地。

动物自杀的记录到现在已经100多年了，这种现象至今仍是有增无减。科学家们尽管对此现象作了大规模的调查研究，但仍然没有令人信服的权威性的答案。

知识链接

旅鼠的投海自杀

对于旅鼠投海自杀的行为，苏联科学家又提出了新的想法。他们认为，在1万年以前，北冰洋的洋面在地球寒冷的冰期中冻结了，风和飞鸟分别把大量的沙土和植物的种子带到这个巨大的冰盖上。正因为如此，一到夏季，原来的汪洋大海就成了水草丰盛之地，旅鼠在此生存不成问题。只是由于冰期过后，全球温度升高，北冰洋又恢复了原来的面貌。而如今旅鼠就是为了去寻找那块水草丰盛的地方才要向北方迁徙，而且最后跳入巴伦支海的。这一解释虽然听起来很有道理，但是也找不到充足的证据，只能说差强人意。

旅鼠的耳朵很小，掩在浓毛中，毛色会因时变化。它们在迁移途中的“自杀”行为至今令科学家们迷惑不解。

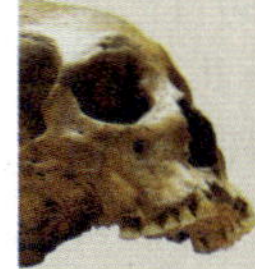

动物为何冬眠

冬眠是一些不耐寒动物度过不利季节的一种习性。许多动物都会冬眠，每年的霜降前后，气温逐渐降低，池塘里的蛙鸣消失了，刺猬、仓鼠等也进入了洞穴开始了它们的长睡。进入冬眠的动物在体温、呼吸以及心率等方面都要发生改变，新陈代谢会降到最低。而且热血动物和冷血动物的冬眠还不同，在冬眠的时候，冷血动物体温的升降是一种被动的形式，完全由外部的环境来决定。而热血动物则不同，它们是有目的地对体温加以控制，调节到冬眠时的最佳温度后才开始冬眠。而当它们苏醒的时候，制造热量的器官会充分地调动起来，在几小时内把温度恢复到原来的水平。

研究人员经过研究发现，刺猬在冬眠的时候会把身体蜷缩起来，不吃不喝。呼吸变得极其微弱，心跳缓慢，每分钟只跳 10 ~ 20 次。一只清醒的刺猬放到水里几分钟就会淹死，而冬眠的刺猬半小时也淹不死。黄鼠在冬眠的 130 多天中总共放出的热量才 29 焦耳，而在冬眠过后的 13 天中却放出 2420 焦耳的热量。

动物在冬眠的时候，白细胞还会大大地减少。通过对土拨鼠的实验发现，平时土拨鼠 1 立方毫米的血液中含有的白细胞数是 12180 个，而冬眠时平均只有 5950 个。

科学家们对动物冬眠时发生的制造热量、补偿体温消耗和保持恒温的高级的复杂的生理现象非常感兴趣，作了许多的研究，但迄今为止，有关动物冬眠诱因和生理机制还是众说纷纭，莫衷一是。

刺猬在冬眠的过程中，通常躲在用树叶或干草做的窝里，并且将身体蜷缩起来，不吃不喝，心跳速率减慢，不过在天气稍暖的日子里，它们也可以醒来，到外面觅些食物，以提供消耗的热量。

有的科学家认为，外界的刺激是导致动物冬眠的原因。外界的刺激主要有温度下降和食物不足两个方面。有人对蜜蜂做过这样的实验，当气温在 7℃ ~ 9℃的时候，蜜蜂的翅膀和足就停止了活动，但轻轻地触动还是能微微抖动的，当气温降到 4℃ ~ 6℃的时候，就完全进入了麻痹的状态，如果再降低温度，就会进入更深的睡眠状态。由此可见，动物的冬眠和温度的关系密切。实验中还发现，笼养的小囊鼠在供食充足的情况下，冬季的时候不会进入冬眠的状态。

但是有人提出，人工降温并不能保证所有的冬眠动物都能进入冬眠的状态；不少冬眠动物在进入冬季的时候就会自动地停止进食或拒绝进食，并不是由于食物不足的原因。以此来反对上述的观点。

还有的科学家提出了生物钟学说，认为是生物的节律控制了每年冬眠动物的代谢变化，恒温动物的冬眠变温现象是进化生态的一种次生性的退化，是和动物迁徙和冬季储藏食物相似的一种生态的适应，是在进化中已固定下来的一种生物节律。但是这种学说缺少事实性的根据。

科学家们发现在冬眠动物的体内存在一种诱发冬眠的物质。在对黄鼠进行的实验中，科学家在人工条件下冬眠的黄鼠身上抽取出血液，然后注射到活蹦乱跳的生活在夏季的黄鼠体内，这些黄鼠很快进入了冬眠状态。目前在冬眠动物的血液中还有 3 种颗粒无法鉴定。与正常的黄鼠相比，冬眠黄鼠的血液红细胞较结实，不容易分解，一种还呈褶皱状。而且进入冬眠时间长的

蛙或蟾蜍在冬季到来之前便纷纷寻觅冬眠的地点，或干草窝，或湿洼泥地，当气温降到7℃～8℃时，大多爬行动物便开始进入冬眠状态，并且体温会随气温的变化而发生变化。在第二年春天到来之前，它们基本上一动不动。

动物的血液比刚进入冬眠的动物的血液诱发冬眠的作用更强烈。诱发动物冬眠的物质存在于血清中。我们知道，通常不同动物之间会发生物质的排异反应，但令人奇怪的是，将正在冬眠的旱獭的血清注射到清醒的黄鼠的体内，黄鼠不仅不会发生排异的反应，反而会呼呼大睡。科学家们还发现，在冬眠动物的体内不仅存在诱发冬眠的物质，还存在和冬眠物质相对抗的另一种物质。这种物质可以维持动物的正常的活动和清醒的状态，它和冬眠物质相结合形成复合体，当冬眠物质超过抗冬眠物质的时候，动物才会冬眠。

由此看来，动物何时开始冬眠，不仅取决于诱发的物质，还取决于诱发物质和抗诱发物质的比例。科学家推断：冬眠动物可能全年都在“制造”诱发物质，而抗诱发物质是在进入冬眠之后才产生的。该物质产生之后就会不断地上升，直到春天开始的时候才会开始下降。当它在血清中的浓度高于诱发物质的浓度时，动物就会从冬眠的状态苏醒过来。但是，对于冬眠诱发物质和抗冬眠物质到底性质如何，为什么会引起动物生理发生这么大的变化，科学家们还是不了解。

1983 年，科学家从松鼠的脑中提取到了一种抗代谢的激素。把这种激素注射到没有冬眠习惯的小鼠的体内，发现小鼠的代谢率会明显地降低，体温也会降低到 10℃左右，看来激素可能也是诱发动物冬眠的一个因素。最近，又有科学家想从细胞膜的角度来探讨动物冬眠的机理。但是细胞膜的变化和神经传导是如何联系的，对于动物的冬眠是否具有关键性的作用还有待于研究。

到现在为止，人们还没有完全地揭开动物冬眠的秘密。科学家们还在继续探索。我们相信，谜底终究会有揭开的一天。

知识链接

棕熊的冬眠

棕熊是每年都会隐居的“隐士”。每年冬天，它都会因没有食物来源而不得不进行冬眠。每年秋天，棕熊会很细心地准备过冬的洞穴。如果找不到合适的地点，或是以前的巢穴被杂物阻塞，棕熊也会退而求其次，只要找到一个能够容身的地方就很满足了。它会把洞穴里的杂物清除干净，铺上一些小树枝或青苔，在穴口处用泥土或树枝挡一下，防止积雪堵住洞口。

在最寒冷的地区，棕熊一般从10月就开始冬眠了，一直持续到来年5月冰雪融化时。棕熊在冬眠时的血液循环和呼吸系统会自行减慢到能维持生命的最低限度，但体温没有太大的变化，下降幅度不会超过2℃。虽然棕熊的冬眠要持续很长一段时间，但它们中途会醒来几次，同时它们会保持高度的警戒，如果有人踏进它们的巢穴，它们能立刻感觉到。但如果来者不接近，它们一般也不会有任何攻击的企图。一旦被打扰，它们一般不会回到原来的巢穴中，而是再找一个较简单且离第一个巢穴较远的地方继续冬眠。

为了保证冬眠顺利进行，棕熊会从夏天开始聚积大量的脂肪，脂肪的重量可占到总体重的40%，其中肾脏周围的脂肪竟有15厘米厚。这层厚厚的脂肪便是它冬眠时能量的来源。当冬眠结束时，它的体重往往会下降1/5～1/4。冬眠结束后，它就会像秃鹰一样捕猎各种小动物，以便迅速地恢复体力。

处于冬眠状态的棕熊

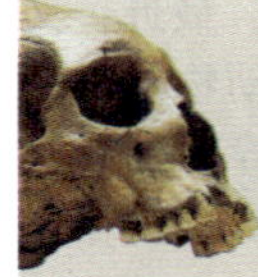

动物之间为什么会发生争斗

在地球上，除了人类以外，动物界也经常发生大大小小的争斗。在以往的很长时间内，动物学家们都认为大多数的动物并不会杀害它们的同类。动物之间经常会发生侵犯的行为，主要是一种耀武扬威的姿态，而不是残杀性的。有时为了集体的利益，它们通常是相互合作的。

比如说在草原上生活的土狼，为了捕捉长耳兔经常采用接力的方法来弥补体力的不足。当第一条土狼追到体力不足的时候，就把长耳兔沿着对角线的方向追赶到一个隐蔽处，等在那里的另一条土狼会跳出来接着追赶，第一条土狼趁机抄近路跑到前边，等到充分地休息后，再接着追下去，就这样两条土狼轮番地追赶，直到兔子筋疲力尽，成为土狼的口中美食。

还有一种长鼻浣熊，生活在中南美洲。喜欢吃栖息在树上的一种蜥蜴，可是对于浣熊来说，到树上捉蜥蜴是不容易的，它们就采取兵分两路的方法，一个在树下等，另一个则到树上把蜥蜴赶下树，彼此配合来捕捉蜥蜴。

几十年来，通过大量的观察，科学家们发现，在动物中间也存在着争斗的现象。而且在争斗的过程中还有着一定的规则，任何一方都严格遵守，决不违背。

蝙蝠的争斗方式是身体倒挂在石岩上，彼此通过鼻子的碰撞来发泄愤恨。蛇类相斗时从不以毒牙加害对方，常常采取的方式是将尾部交缠在一起，挺起胸膛竭力将对方的头部按下，谁将对方牢牢按压住几秒钟，谁就是胜者。雄旱龟在彼此相斗时，仅仅将对手翻个仰面朝天失去战斗力就算赢家。

鸟类之间的竞争准则很多。如鸽子之间仅仅是以发怒的一方羽毛横竖挺着胸在另一方面前踱步的方式来进行对抗。谁的外貌显得雄壮威武谁就为胜利的一方。红眉雄黑禽鸡在争斗时要先发出一阵啾啾声，然后张开翅膀像公鸡一样厮杀，胸脯碰撞，相互击打，看起来就像一大团羽毛在狂飞乱舞。

大型的动物中争斗方式比较奇特的要数棕熊

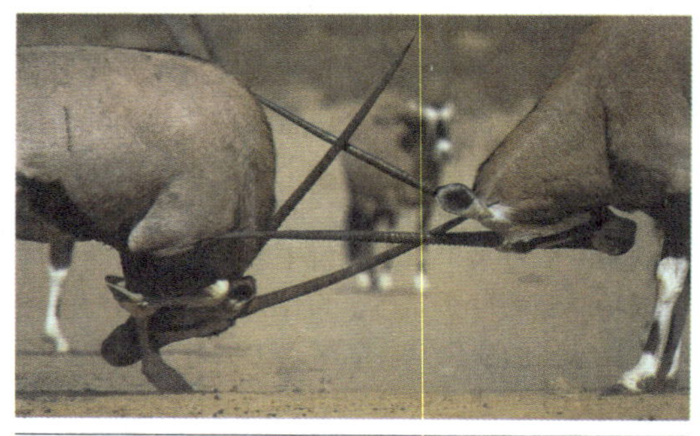

↗无论是长颈鹿、斑马或是羚羊，它们的争斗行为基本上是为了争夺配偶、领地或食物等，所以它们的争斗往往只是分出胜负即可，并非定要将对手置之死地才罢手。

↗两只白鹭为争夺一只配偶，而在空中大动干戈，占尽先机的一只显然出招凌厉，一口咬住对方的脖子，胜机已然在握，处于劣势的一只禁不住“嘎嘎”求饶了。

了。雄性的棕熊在发情期间会变得格外凶悍，不仅会因争夺配偶斗得头破血流，还会疯狂地袭击附近的民宅。

对于动物来说在争斗中总是以最强壮的器官作为理想的兵器。袋鼠的争斗很像“拳击”，因为它们自信自己的前爪最有力。海狸争斗的武器是尾巴，而长颈鹿是用脖子来击打对方。有蹄类的动物常常将角作为自卫的武器。但是对于过于锋利的武器，动物之间也是要遵循一定的规则的，直角羚从不在同类的争斗中使用角。而鹿和驼鹿则在准备争斗的时候，目不转睛地盯着对手，直到弱小的一方认输为止。狼和狗在争斗中如果认输时，会把身体中最薄弱的咽喉暴露给对方，而胜者决不会再碰负者一下。

当然，在动物中也有一些相互残杀的例子。有记载的最触目惊心的一个例子在20世纪70年代，一群约15头黑猩猩，以每次杀死一头雄性黑猩猩的方法，杀死了邻近的一小群黑猩猩。

对于动物之间的这种争斗和残杀，有一些是可以找到原因的。比如为了争夺配偶、领地或者食物等。美国动物学家曾经亲眼看见过象海豹为了争夺首领而厮打的场面。当两头雄性象海豹中的一头被打得晕倒在地的时候，一群雄性的象海豹扑到战败者的身上，把它折磨致死。在1990年的6月澳大利亚曾发生过一起大群企鹅自相残杀的事件。这场残杀导致大约7000只企鹅丧生，其中有雏企鹅6000只。而科学家们对于事件的原因却无法解释。

社会生物学家对于动物之间的争斗现象是这样解释的：他们说这完全是出于动物的一种自私的本性。所有的动物都想把自己的基因或者亲属的基因传到下一代去。所以，它们进行漫山遍野的厮杀，只是为了让自己的后代进行繁殖，并不是为了种族的利益去牺牲。因此在一个亲属关系比较稳定的群体里很少发生剧烈的厮杀。

而动物学家却认为，动物是不存在传宗接代的自觉意识的。它们所进行的争斗和残杀原因很可能是偶然的。随后发生的大规模的征战很可能是由于受到刺激而引起的。而且在缺乏信息交流和手段的动物中是很容易发生这种情况的。

动物学家们有着不同的观点，但是有一点意见是统一的，他们一致认为动物之间进行的不流血争斗有着积极的生态学意义。年轻而健康的动物虽然在争斗中败北，却为以后获得幸福准备了条件，而在争斗中以流血殆命的动物也是自然淘汰的一种途径，也就是说残杀的威胁可能有助于形成动物的行为，对于物种遗传是有利的。但是，真正引起动物们争斗的谜底是什么？人类至今不得而知。

↗这两只棕熊是为了能在河道中占据一个有利的位置以便能捕到更多逆流而上的大马哈鱼而互不相让，直到一方受伤离去。大马哈鱼每年都要到上游去繁殖，棕熊当然不会错过这种可以“不劳而获”的机会。

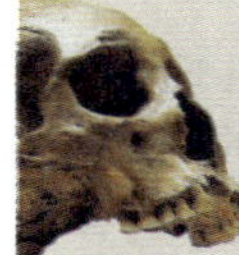

龟类长寿之谜

为什么人们将龟比作“老寿星”，龟为什么长寿百岁？虽然人们说法不一，却不能否定龟是一种长寿的动物。

1971年，人们在长江里抓住了一只大头龟，龟甲上刻有“道光二十年”（即1840年）字样，这分明是记事用的。1840年，正是中国的鸦片战争发生的那一年。换一种说法，从刻字的那年算起，到抓获的时候为止，这只龟至少有132年的寿命。在上海自然博物馆里，它的标本至今仍在。另外，据说有一只龟经过7代人的饲养，足足有300年，一直到抗日战争时候才中断了对它的喂养。

1737年，在印度的查戈斯群岛有人捕到一只龟，那个时候科学家鉴定它有100岁左右。后来，它被送到了英国，在一个动物爱好者的家里生活了很长的一段时间后，被送到伦敦动物园。到20世纪20年代，它有了300年左右的寿命。

1983年，一只海龟在中国人民革命军事博物馆展览，重120千克，在展览的过程中，它还生了30个蛋。根据有关人的鉴定，这只海龟已经活了3个世纪。

龟虽然堪称动物世界中的“长寿冠军”，可是，不同种类的龟，它们的寿命也是长短不一的。有的龟能活100岁以上，有的龟仅能活15年左右。就算是长寿的龟种，事实上也不是每一只都能“长命百岁”。因为疾病和敌害从它们诞生的那一刻起就时刻威胁着它们，人类的过量捕杀和海洋环境的污染也直接威胁到它们的生命。

人们都认为龟是长寿动物，可是对于龟的长寿原因能不能下定论呢？

有的科学家认为，龟的寿命跟龟的个子大小有关联。个头儿小的龟寿命短，个头儿大的龟寿命就长。有记录表明，龟类家族的大个子像海龟和象龟都是长寿龟。但在中国上海自然博物馆的动物学家并不认同这样的观点，因为前边提到的那只大头龟至少已经活了132年了，可是它的个头就不大，这又如何解释呢？

有些养龟专家和动物学家认为，食素的龟要比杂食或食肉的龟活得久。生活在印度洋和太平洋热带岛屿上的象龟，是世界上最大的陆生龟，它们以吃青草、仙人掌和野果为生，所以寿命十分长，能活到300岁，大家都认为它是长寿龟。但另一些龟类研究人员却并不这样认为。比如以鱼、蛇、蠕虫为食的大头龟和一些杂食性的龟，寿命超过100岁的也不少见。

目前，一些科学家还从细胞学、生理学、解剖学等方面去研究龟的长寿秘密。有的生物学家将一组寿命较长的龟和另一组寿命较短的普通龟进行了对比实验。研究结果表明，那组寿命较短的龟细胞繁殖代数一般较少。这也就得出结论，龟细胞的繁殖代数多少，跟龟的寿命长短关系非常密切。

有的医学家和动物解剖学家还对龟的心脏进行了检查，他们把龟的心脏取出来之后，整整两天龟的心脏还在跳动。这表明，龟的心脏机能很强，跟龟的寿命长也有直接的联系。

还有科学家认为，龟的长寿跟它的新陈代谢较低、行动迟缓和具有耐旱耐饥的生理机能有着直接的联系。

总而言之，科学家从各种不同的方面对龟的长寿原因进行探索和研究，得出的结论却各不相同，为什么会不同呢，还需要科学家们进行深层次的论证。

鲨鱼抗癌之谜

迄今为止，癌症仍然是威胁人类生命的主要疾病之一，而且目前科学家仍未找到治疗癌症的特效药物。因此，寻找抗癌治癌良药，已成为科学上的一座难攻的堡垒。

生物学家发现，鲨鱼的身体异常健康，它们即使受了很大的创伤，也能迅速痊愈而且丝毫不会发生炎症，更不会感染疾病。

美国著名的生物化学博士鲁尔，在闻名的玛特海洋实验室工作，他对鲨鱼的生理和病理做了长期的研究。在25年间，他先后对5000条鲨鱼进行过病理解剖研究，只发现1条鲨鱼生有肿瘤，而且是良性肿瘤。

在全美国低等动物肿瘤登记处过去16年的记录中，鲨鱼患癌症是最少的。鲁尔还发现在科学家所调查的25000多条鲨鱼中，只有5条长有肿瘤。鲁尔的这个发现，引起了科学家对鲨鱼的极大兴趣，各国科学家都开始了对鲨鱼的研究。

美国佛罗里达州的科学家曾用一种极猛烈的致癌剂——黄曲霉素去饲养鲨鱼。在将近8年的饲养试验中，未发现1条鲨鱼长出1个肿瘤。可见鲨鱼的抗癌能力是极强的。那么，它的抗癌绝招是什么呢？

有的科学家认为，鲨鱼的抗癌绝招是它的肌肉里能产生一种化学物质，这种化学物质能抑制癌细胞生长，因此不易患癌。

鲁尔博士则认为，鲨鱼的肝脏能产生大量的维生素A。实验证明维生素A有使刚开始癌变的上皮细胞分化、恢复正常细胞的作用。所以鲁尔认为保护鲨鱼免于患癌的秘密武器是维生素A。

另一些科学家则认为，在鲨鱼的血液中能产生一种抗癌物质。中国上海水产学院的科学家也支持这一观点。1984年，他们从鲨鱼的心脏中采血，然后提取一定浓度的血清，再把它注入人体红细胞性白血病（一种血癌）细胞株中。经过一段时间，他们发现一些癌细胞的正常代谢作用被破坏，大部分癌细胞已死亡。这说明鲨鱼的血清具有杀伤人类红细胞性白血病肿瘤细胞的作用，可见鲨鱼的血液中有抗癌物质。

还有科学家认为，鲨鱼的软骨组织中有秘密武器。从前，科学家已发现牛犊的软骨有一定的防癌作用。1982年，美国麻省理工学院的科学家朗格尔在研究中发现：鲨鱼的骨骼全部由软骨组成。这些软骨组织中有一种能阻断癌肿周围血管网络的化合物，它能断绝癌细胞的供养而使癌肿萎缩，同时能杀死癌细胞。他通过实验证实了鲨鱼软骨中的物质能完全阻止癌细胞的生长而无任何副作用，其抗癌作用比牛犊软骨中的物质强10万倍。

美国哈佛大学科学家曾用鲨鱼软骨提取物治疗32个晚期癌症病人，结果11人治愈，其余人的癌肿也明显地缩小了。1991年，墨西哥康脱拉斯医院用鲨鱼软骨提取物治疗晚期癌症病人8例，他们的癌细胞不同程度地缩小了30%～100%。分子生物学家扎斯洛夫认为，鲨鱼的抗癌武器在胃部。他在实验研究中发现：鲨鱼的胃部能分泌一种叫“角鲨素”的抗生素，它的杀菌能力比青霉素还要强，并且它还能同时杀死原生物和真菌，还能抗艾滋病和癌症。

结论真是五花八门。

鲨鱼体内真的含有抗癌物质吗？这种抵抗癌症的秘密武器到底是什么？上述问题到现在仍是个谜。相信这个谜底被揭开之时，便是人类送走癌症瘟神之日。

↙ 用从鲨鱼体内提炼出来的鱼肝油制成的药丸

匪夷所思的蚂蚁行为

科学家们发现，生活在南美洲的蓄奴蚁竟然是靠掠夺、蓄养奴隶为生的，它们就像我们人类社会的奴隶主那样实行王国统治。蓄奴蚁是一种非常强悍的蚂蚁，它们没有兵蚁、工蚁之分，几乎所有的工蚁都变成了兵蚁。这些蓄奴蚁大都懒惰成性，从不进行造巢、抚幼、觅食、清洁工作。看到这里，读者不禁要问，它们是如何生存的呢？

原来，蓄奴蚁都勇猛好战。它们通过发动战争，闯入其他蚂蚁的巢穴，将其他蚂蚁的幼虫和蛹掠夺过来抚养长大，使它们最终成为蓄奴蚁蓄养的“奴隶”。蓄奴蚁懒得去做的如造巢、抚育幼虫、觅食、打扫卫生等种种繁重的工作，都由它们去做。由于“奴隶”蚁寿命很短，为了补充“劳动力”，蓄奴蚁就会不断发生战争。

一种叫红蚁的蓄奴蚁长期过着“剥削”的生活，它们衣来伸手、饭来张口，懒惰成性，完全丧失了独立生活的能力。这种蓄奴蚁宁愿饿死也不肯自己张口取食，就算食物就在眼前也要“奴隶”蚁侍候着喂食。

蚂蚁虽小，它们的力量却不可忽略。有人曾在非洲看见一只大老鼠不小心闯进了蚂蚁的阵营，几秒钟之内，这只大老鼠的身上就爬满了黑色的蚂蚁。一会儿工夫，只见地上血淋淋的鼠肉连续不断地被运回蚂蚁巢穴。5小时之后，那只活蹦乱跳的大老鼠就只剩下一副骨头架子了。

在南美洲的热带丛林里，生活着很多种蚂蚁，其中最厉害、最凶猛的当属食肉游蚁了。当食肉游蚁来“拜访”人类住宅时，人们就得提防着它的攻击。尽管它们会让人心惊肉跳，但房屋一经它“光顾”以后，屋里的蟑螂、蝎子等害虫就会一扫而光，其效果是杀虫剂比不了的。

在草丛里，食肉游蚁若碰上了别的动物，它们就会成群地聚集起来，群起而攻之。一次，食肉游蚁遇上了一条睡在草丛里的毒蛇，它们立即把毒蛇团团围住，并逐渐缩小包围圈。然后，一些游蚁冲上去狠狠地咬住毒蛇。蛇受伤惊醒过来后，会凶狠地向四周冲撞，可是食肉游蚁并不放松，迫使它不断退缩回来。游蚁们同毒蛇扭成一团，边咬边吞食着蛇肉。这样，几小时后，地下就只剩下一条细长的蛇骨架了。

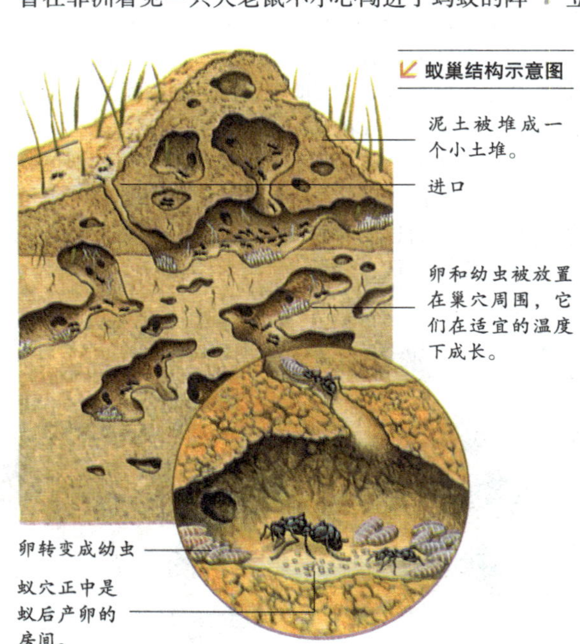
泥土被堆成一个小土堆。
进口
卵和幼虫被放置在巢穴周围，它们在适宜的温度下成长。
卵转变成幼虫
蚁穴正中是蚁后产卵的房间。

蚁巢结构示意图

蚂蚁非常聪明，其自身有一种化学信息素会在蚁群的集体行动中发挥出神奇的作用。搬运食物时，它们会散发出气味，形成一条“气味走廊”。它们还能发出警戒激素，接收到这种警戒激素的蚁群就会做好防卫或逃离的准备。

有一次，几只蚂蚁一起抬出了一只强壮的蚂蚁。这只蚂蚁一次一次地爬回到蚁巢里，但很快又被蚁群一次一次地抬出洞外。这是怎么回事呢？原来，那只蚂蚁身上沾上了死蚂蚁的气味，回巢后，引起了蚁群的误会，蚂蚁可不允许洞内有“死亡气味”，也不管你

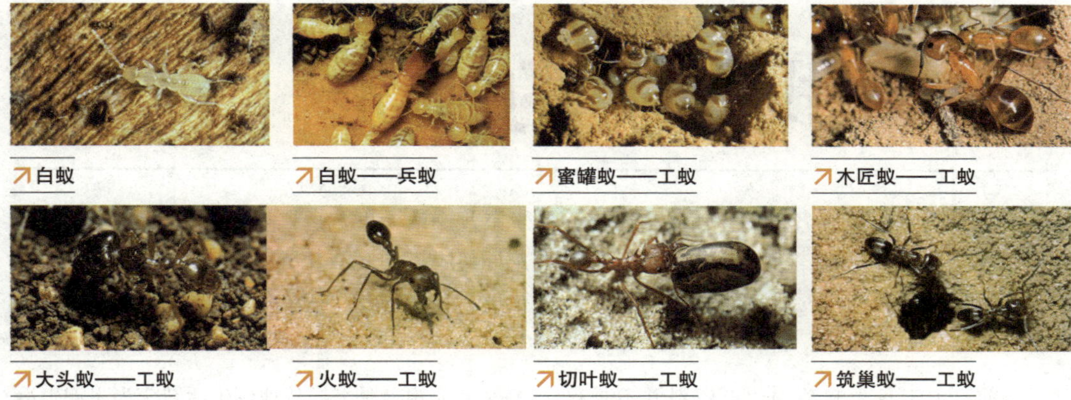
白蚁　白蚁——兵蚁　蜜罐蚁——工蚁　木匠蚁——工蚁
大头蚁——工蚁　火蚁——工蚁　切叶蚁——工蚁　筑巢蚁——工蚁

是死是活。于是，众蚂蚁把它当作死尸抬出洞外，不管它如何挣扎，直到它身上的那种气味完全消失了，才被允许回巢。

夏日里，人们常常能看到成群的蚂蚁在一起混战，一直杀得天昏地暗。蚂蚁为什么这样好战呢？原来，不同窝的蚂蚁身上都有一种独特的“窝味”，能分辨出对方是不是“自家人”。如果不是，就有可能厮杀起来。如果其他同窝的蚂蚁看见了，就会立即赶来增援，一场血腥“大战”就这样开场了。有趣的是，如果去掉正在拼杀的蚂蚁身上的“窝味”，它们便会相安无事地走开。如果同窝的一只蚂蚁身上沾上香料后回到窝中，那么同窝的同伴马上会把它当作异己分子驱赶出去。

人们还发现了一个有趣的现象，蚂蚁经常会跟在蚜虫后面。经过研究后才知道，蚜虫在蚂蚁触角的按摩下，会分泌出“乳汁”。担任“运输工”的蚂蚁就会从伙伴手中接过乳汁，运回巢中。在蚂蚁的按摩下，有些蚜虫能不断分泌蜜滴。例如，一只椴树蚜虫能分泌 23 毫克的蜜汁，超过自身体重的好几倍。

最大的黑树蚁“嗉囊”的平均容量为 2 立方毫米，而褐圃蚁只有 0.81 立方毫米，全体“搬运工”要将 5 升蜜滴运回蚁穴就必须往返数百万次。负责按摩的“挤奶员”占蚁群总数的 15% ~ 20%，它们平均每天要“挤”25 次“奶”。一棵老树根上大约有 2 万个黑树蚁家庭营巢，它们能在一个夏天得到寄生在豆科植物上的蚜虫分泌的高达 5107 立方厘米的“奶汁”。

为了保证蚜虫的生活，蚂蚁会不惜花费大力气来修建“牧场”。在聚集大量蚜虫的枝条的两端，它们用黏土垒成土坝，形成一个牧场，土坝上开的两道缺口就是牧场的“入口”和“出口”。为避免有“小偷”混入，两边“拱门”都会有蚂蚁重兵把守。当“牧场”的蚜虫繁殖过多时，蚂蚁就会把多余的蚜虫转移到新的地方。为了保护和抢夺蚜虫，不同家族的蚁群经常会展开战争。

令人费解的是，没有蚂蚁的地方绝对找不到斯托马菲奈夫蚜虫。蚂蚁甚至会把蚜虫的越冬卵也保存在蚁穴里，像照顾自己的孩子一样照顾着虫卵。春天，蚂蚁会把从卵中孵化出的小蚜虫小心翼翼地护送到幼嫩的树梢上。

更让科学家感到惊讶的是，有的蚂蚁还会种蘑菇，这就是生活在南美的一种切叶蚁。切叶蚁整天在枝叶繁茂的大树上爬来爬去，如果相中了哪一棵果树，它们就会用大颚切光满树的叶子，只剩下光秃秃的树干。所以，果农们对这些破坏树木的家伙讨厌极了。不过，切叶蚁并不喜欢吃树叶，而是把切碎的叶子搬回蚁巢，再用大颚将碎叶反复嚼成碎屑，堆入一间间的“蘑菇房”，还在其上排泄粪便并用来栽培蘑菇。不久，碎叶堆里就会长出一种小型蘑菇。等蘑菇长大后，切叶蚁咬破蘑菇的顶部吸吮破口处分泌出来的黏液，这种黏液就是蚂蚁们的第一道菜。子实体表面积聚了很多蛋白质，会慢慢变得黏稠，这些蛋白质就是切叶蚁的第二道菜。有趣的是，年轻的雌性切叶蚁会在自己的“嗉囊”里装上蘑菇碎片去为自己另辟新家。雌蚁们在新家里种下带有孢子的碎蘑菇，孢子萌发后又会长出新蘑菇。

让人不可思议的是，这种小蘑菇只有在切叶蚁的蚁穴中才能看到。如果没有切叶蚁的帮助，它们肯定早就绝种了。看来，切叶蚁完全可以申请“种植专利权”了。

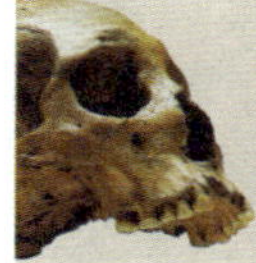

寻找鸟类的祖先

目前，从对世界各地的化石研究发现，科学家普遍认为恐龙是鸟类的祖先。把鸟类称为“活着的恐龙”或“会飞的恐龙”。但是恐龙如何脱离地面演化成蓝天中的精灵——鸟类？演化的具体环节是什么？这些问题一直是个谜。

目前，关于鸟类起源的化石资料并不是很多。因为鸟类的骨骼脆弱，又是在天空飞的，形成化石的机会很少。世界上已发现的原始鸟类的化石只有5例。这5例原始鸟类化石距现在已有1.5亿年了，都是在德国巴伐利亚州的石灰岩层中发现的。这些化石被证明为始祖鸟。这些化石有与现代鸟类相似的特征。如在化石上有清晰的羽毛印痕，而且分为初级和次级飞羽，还有尾羽。它的前肢进化成飞行的翅膀，后足有4个趾，三前一后；锁骨愈合成叉骨，耻骨向后伸长等。但奇怪的是，化石上还具有和爬行类极为相似的特征，它的嘴里长着牙齿，翅膀尖上长着3个指爪；掌骨和趾骨都是分离的，还有一条由许多节分离的尾椎骨构成的长尾巴。经研究证明，它是爬行类向鸟类过渡的中间阶段的代表，所以被称为“始祖鸟”。据测定，始祖鸟最小飞行速度是每秒7.6米，它可以鼓翼飞行，但不能持久。始祖鸟是怎样从地栖生活转变为飞翔生活的呢？

对于这个谜，100多年来，学术界一直存在着两大推论：树栖说和地栖说。树栖说认为飞翔是由栖息在树上的生物借助重力，经过一个滑翔阶段形成的；而地栖说则认为，居住在地面上的生物在用力奔跑的过程中学会了飞翔。

一直以来，地栖说在学术界占有主导地位，与树栖说相比得到更广泛的认可，更容易被人接受。美国蒙大拿大学生物飞行实验室的肯·戴乐教授发现一些幼鸟在爬坡时拍打翅膀，帮助它们向上爬。基于这一发现，他推测鸟类的祖先在奔跑的同时拍打翅膀，从而学会了飞翔。

中国科学院古脊椎古人类研究所的徐星博士认为，从逻

没有牙齿的嘴覆盖着一层坚硬的角质鞘。
每一翅上都伸出3个带有弯曲利甲的指。
雄性拥有两根长而艳丽的尾羽。
尾羽从合并在一起的尾骨上长出。
大脚趾同现代鸟一样倒转生长。

孔子鸟

孔子鸟是一种像喜鹊大小的鸟，生活在白垩纪早期的中国。它们栖息在树上，吃植物，成百只共同生活繁殖。其中一些鸟大概是雄性，有华丽的长尾羽，这或许只是用来炫耀的装饰。另一些鸟则只有短而粗的尾羽。孔子鸟的飞行能力较始祖鸟强，显示出一种发展过渡期间的特征。它的爪、扁平的胸骨、腕、臀部和腿部让科学家们想到始祖鸟；显现的进化的特征则有：较深的胸腔，角质无牙的嘴，融合的骨形成的尾骨。一些科学家把孔子鸟归为尾综鹘目类。

辑上来讲，戴乐教授所支持的地栖说是可行的。他说："对恐龙的行为研究表明，恐龙是典型的生活在地面的奔跑型动物。通过对化石的研究可以推测恐龙在奔跑的过程中演化出飞行需要的一切结构，并且能够达到起飞所需要的速度。有很好的模型和数据可以描述这一过程。"

但是，他又说："戴乐教授的推测是很冒险的。我们是在用现代的眼光来推测古代的行为。古代行为产生的原因很多，我们并不知道。（地栖说）从生物力学的角度来说是可行的。"

始祖鸟化石

始祖鸟的第一块化石，于1860年在德国巴伐利亚的索冷霍芬一个采石场发现。这块化石的原始所有人，以700英镑的价格卖给大英博物馆。第二副骸骨在1877年发现，最初由一位精明的收藏家以140马克买到，他立刻转手卖出。由于物以稀为贵，他卖给柏林大学洪堡博物馆的价格是2万马克。

虽然大家都赞成鸟类是从恐龙演化而来的，有人预测一些恐龙长着羽毛，但是在此之前从来没有人发现过化石证据。相反，许多化石证明恐龙长着鳞片，像爬行动物一样。科学家们希望发现恐龙身上的鳞片是如何变成羽毛的，恐龙身上是否有羽毛。世界上已经命名的恐龙一共有1200多个属，但其中很多是无效的，目前得到认可的恐龙大约有300～400属。在中国，除了海南、福建和港澳台地区外，其他地区都发现过恐龙化石，从化石的数量和种类上看，云南、四川、新疆、内蒙古、辽宁的恐龙化石资源最为丰富。尤其是近年来辽宁的化石发现正在使我国成为世界恐龙研究的中心。1996年以来在辽西连续发现了"中华龙鸟"、"原始祖鸟"、尾羽龙、北漂龙、中国鸟龙、小盗龙等恐龙化石，这些化石都表明恐龙长着羽毛，有的是原始羽毛，有的是现代羽毛。

相对于地栖说，树栖说也有自己的优势。与滑翔或飞行相关的动物几乎生活在树上，比如蝙蝠。一般来说，飞行动物祖先的身体结构还不会完全适应飞行，因此飞行最初借助重力更容易。徐博士和同事的论文就为这一观点提供了新的证据就是在中国辽西发现的四翼恐龙化石。他们认为，鸟类的祖先最先利用重力学会了滑翔，然后才有了鸟类的拍打飞行。从恐龙前后肢上羽毛的形态和排列方式来看，它们与鸟类的翅膀完全相同。

加州大学伯克利分校的帕丁教授评论说："这一发现的潜在重要性和始祖鸟一样。"英国里兹大学的进化生物学家瑞讷博士称，四翼恐龙是始祖鸟之后在鸟类演化研究领域最重要的发现，但是，现在只有顾氏小盗龙一种恐龙可以证明四个翅膀的滑翔阶段是向鸟类进化的必经阶段，要想在演化树上代表一种必经阶段还需要有其他的恐龙化石予以佐证。

也有些科学家提出四翼恐龙化石可以用其他方式进行解释，也就是说，四个翅膀不一定是恐龙向鸟进化的必经阶段，也许只是进化过程中的一个旁支。

但并不是所有的科学家都对徐星等人所做出的推论表示认同。美国芝加哥大学的保罗·塞里诺教授认为只有找到腿上长有羽毛的其他恐龙的化石之后才能肯定小盗龙（中国四翼恐龙）代表了鸟类进化过程中的必经阶段。

推测和事实相比，我们更加相信科学。从上述的内容中，我们可以知道，尽管科学家们目前认为恐龙是鸟类的祖先，但是还没有足够的证据来证明这一点。鸟类的祖先是否为恐龙还有待于推敲。

贝加尔湖为什么会有海洋生物存在

贝加尔湖位于俄罗斯东西伯利亚南部，中国古代称“北海”，那里曾是中国古代北方民族主要的活动地区，汉代苏武牧羊即在此地。“贝加尔”一词源于布里亚特语，意为“天然之海”。该湖湖面狭长弯曲，好像一轮弯弯的月亮镶嵌在崇山峻岭中，它长636千米，平均宽48千米，最宽处79.4千米；面积约为31500平方千米，是世界上第七大湖泊。贝加尔湖是全世界最深也是蓄水量最大的淡水湖，容纳了地球全部淡水的1/5，相当于北美洲五大湖的总水量。

贝加尔湖是由地壳的深裂谷或积水而形成的。2000万年前，这里曾发生过强烈的地震，地壳岩层发生大断裂，大块土地塌落下去，形成了巨大的盆地，湍急的河川向着盆地飞奔而来，形成了瀑布，不断地注入湖中。至今，仍有色楞格河等300多条河流注入该湖泊，但只有一条河——安加拉河从湖泊向北流去，奔向叶尼塞河，年均流量仅为1870米^3/秒。在湖水向北流入安加拉河的出口处有一块巨大的圆石，人称“圣石”。当湖水上涨时，圆石宛如滚动之状。相传很久以前，湖边居住着一位名叫贝加尔的勇士，他有一个美貌的女儿安加拉。有一天，海鸥飞来告诉安加拉，有位勤劳勇敢的青年叶尼塞非常爱慕她，安加拉听了怦然心动。但贝加尔断然不许，安加拉只好乘父亲熟睡时悄悄出走。贝加尔猛醒后，追之不及，便投下巨石，以挡住女儿的去路，可女儿早已离去。从此，那块巨石就屹立在湖中间。贝加尔湖中还散落着27个岛屿，最大的是奥利洪岛，面积约730平方千米。湖滨夏季气温比周围地区约低6℃；冬季约高11℃，相对湿度较高，具有海洋性气候特征。在冬季，湖水冻结至1米以上的深度，历时4～5个月。但是，湖底深处的温度一直保持3.5℃左右。

贝加尔湖边村落典型的木结构房屋

贝加尔湖蕴藏着丰富的生物资源，是俄罗斯的主要渔场之一。湖中生活着600多种植物和1200多种动物，其中3/4是世界其他地方寻觅不到的。奇怪的是贝加尔湖是淡水湖，湖里却生活着许许多多海洋生物，如海螺、海绵、龙虾等。在贝加尔湖里还生活着世界上唯一的淡水海豹，它们喜欢成群结队活动，冬季时常在冰中咬开洞口来呼吸。由于海豹一般是生活在海水中的，人们曾认为贝加尔湖有一条地下隧道与大西洋相连。在欧洲的典型湖泊中，通常只有几种端足类动物（虾状甲壳动物）和扁虫，而贝加尔湖却有200多种端足动物和80多种扁虫。而且有些种类十分奇特，有一些端足类动物呈杂色斑驳，与周围环境的色彩混为一体。贝加尔湖底还有1～15米高像丛林似的海绵，这在其他湖泊里是找不到的，奇形怪状的龙虾就藏在这个“丛林”里。

贝加尔湖形成的年代不过几千万年，而5亿

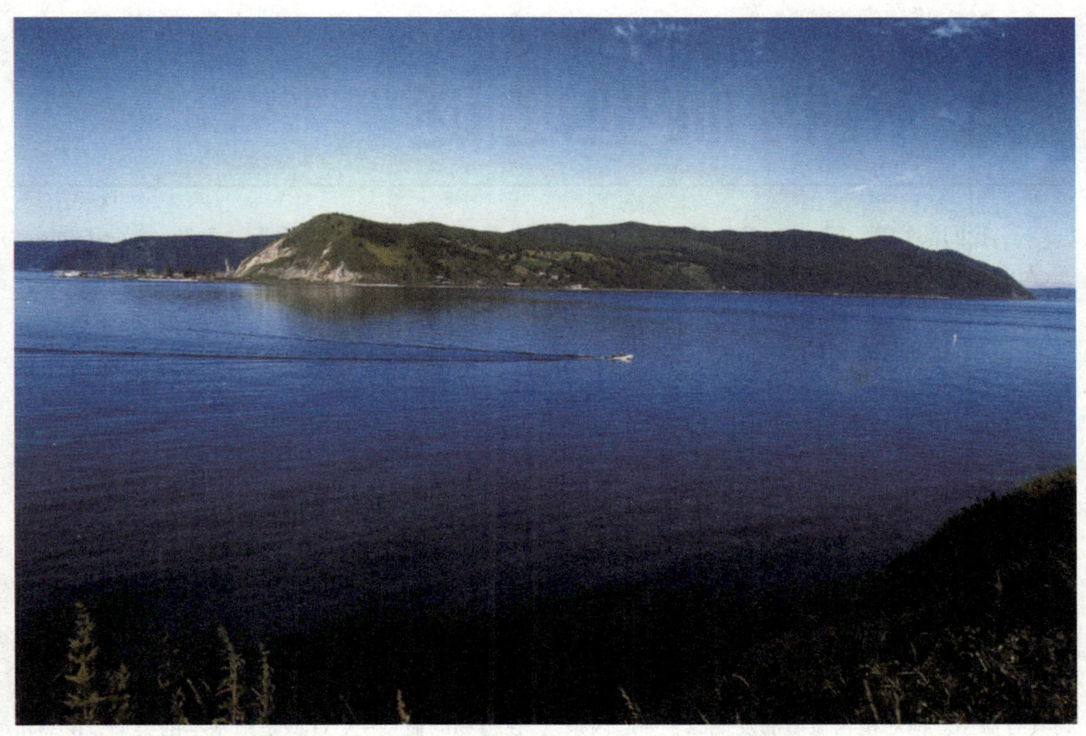

贝加尔湖

贝加尔湖的意思是“富饶的湖泊”，由于其形状像一弯新月，所以又有“月亮湖”之称。

多年来西伯利亚中部从未被海洋淹没过。这里的地层曾经发生过剧烈的断裂，有的下降为狭长的洼地，有的上升为高山。洼地积水成了湖泊，从而形成了狭长而深邃的断层湖。那么，海洋生物又从何而来呢？有一种观点认为，这些生物是从海洋通过河流迁移过来的；也有人认为，这些海洋生物就产生于本地。

在苏联，贝尔格院士等人在对贝加尔湖的奇特生物现象进行研究后认为，贝加尔湖中真正的海洋生物只有海豹和奥木尔鱼，它们可能是沿着江河从北冰洋旅居到贝加尔湖的。那么，海豹和奥木尔鱼又是在谁的驱使下，从北冰洋跨越2000多千米来到贝加尔湖这样一个淡水湖来生活的呢？而且更令人不可思议的是，这些动物如何知道有贝加尔湖的存在，又如何知道这个湖会适合它们生存呢？还有，海螺、海绵、鲨鱼、龙虾等生物又是通过什么样的方式来到贝加尔湖，并长期在此生存的呢？

关于贝加尔湖的生物来源问题，至今科学家们尚未给出明确的答案。但我们相信，随着科学研究的进一步深入，这一问题终究会水落石出的。

知识链接

“贝加尔湖”名称的来源

“贝加尔湖”的寓意，有三个各不相同的答案：《世界文化与自然遗产》的解释是“富饶的湖泊”；《彩图版世界文化与自然遗产》则这样记叙：当地的布里亚特人称之为“贝加尔—达拉伊”，意思是“天然之海”；而《世界奇景探胜录》的文字却是：“贝加尔”之名据说是大约1300年前住在这里的库里堪人起的，意思是“大量的水”。

贝加尔湖最早出现在书面记载中是在公元前110年前，中国汉代的一个官员在其札记中称贝加尔湖为“北海”，这可能是贝加尔湖俄语名称的起源。关于贝加尔湖名称来源还有一种简单解释：突厥人称贝加尔湖为“富裕之湖”，突厥族语“富裕之湖”逐渐演化成俄语的“贝加尔湖”。我国汉代称之为“柏海”，元代称之为“菊海”，18世纪初的《异域录》称之为“柏海儿湖”，《大清一统志》称为“白哈儿湖”，早期沙俄殖民者亦称为“圣海”。

植物血型之谜

我们都知道，人类和动物的血液有不同的类型，科学家们将其称为“血型”。不同的人血型是不相同的，目前已知道的人类常见的血型有4种，即A型、B型、AB型和O型。对于血型的区分，可以避免在给病人输血的过程中由于血型的不吻合发生的危险。不仅人类的血型不同，动物的血型也是不相同的，这一点已经得到了科学家的证实。然而，令人感到惊奇的是，人们发现植物也有血型。植物既没有红色的血液，又没有红细胞，怎么会有血型呢？这个消息立即引起了科学家们的研究兴趣，纷纷要揭开植物血型的秘密。

大家知道，人和一些动物的血液呈现红色是因为里面有红细胞，在红细胞的表面有一种特殊的抗原物质，是它决定了血液的类型（即血型）。但是植物没有红色的血液，也没有红细胞，为什么会有血型呢？

日本警察研究所的法医山本茂最早提出植物具有血型。他对植物血型的发现源于一起凶杀案，在侦查案件时，他在一点血迹都没有的现场，发现在一个枕头上竟有微弱的AB型反应。为了弄清事实的真相，他对装在枕头里面的荞麦皮进行了血型的鉴定，鉴定的结果却让他大吃一惊：荞麦皮显示出AB血型的特征。山本茂随后又对150种蔬菜、水果以及几百种植物的种子进行了实验检测，结果显示有79种植物有血型反应。在这些植物中，大多数的血型是O型，其余为AB型、B型。进行了大量的实验后，山本茂在世界上首次宣称：植物也有血型。他还认为，在植物的血型中，O型是最基本的类型，B型和AB型是从O型发展而来的。

后来，世界上的许多科学家对植物的血型进行了研究。科学家通过研究发现，植物体内有和人类很相似的附在红细胞表面上的血型物质，即血型糖。人体的血型是由血型糖来决定的，O型血、A型血、B型血，分别由岩藻糖、N-乙酰-D-半乳糖、D-半乳糖所决定。植物体内也有和人类这些血型物质相同的东西，其中在红色果实的植物中数量最多。科学工作者还发现，大多数植物的种子和果实都含有血型物质，并且植物的血型物质在果实成熟和发育过程中，从无到有逐渐增多，到发育成熟后，血型物质便达到最高点。

↘植物细胞模型

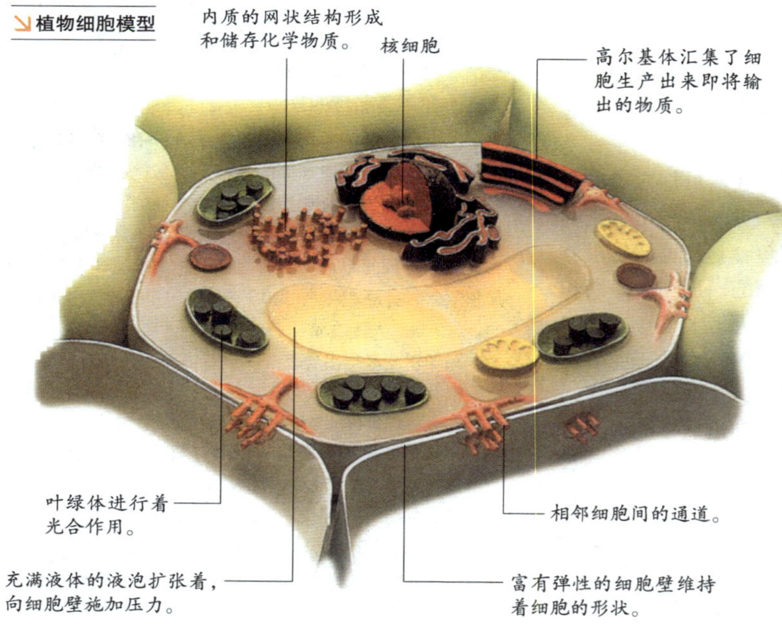
内质的网状结构形成和储存化学物质。
核细胞
高尔基体汇集了细胞生产出来即将输出的物质。
叶绿体进行着光合作用。
相邻细胞间的通道。
充满液体的液泡扩张着，向细胞壁施加压力。
富有弹性的细胞壁维持着细胞的形状。

植物体内血型物质的发现，不仅为植物

云杉

据说杉树也有一种“流血”的本领，在威尔士有一株700多年的云杉，树干上有一条2米多长的裂缝，里面长年流出一种像血液一样的液体，引起科学界的注意。

植物纤维中潜藏着植物血型的区别内因

的分类测定、细胞融合、品种杂交等提供了新思路，还可为案件的侦破提供方便。比如，通过对被害者胃里食物的检测，确定食品的类别，可以为侦破案情提供线索。

现在人们已知道，大多数的生物机体内部有血型物质，氨基多糖和蛋白质是决定血型的抗原性的基本物质，不同种生物血型物质是不同的，即使是同种生物，血型物质也不相同。这是由于各种氨基多糖的差别很大，结构也不稳定，导致血型物质种类很多。

对于生物界存在血型物质的原因，目前还不十分清楚。但是，科学家对血型物质的作用目前有几种不同的看法。有的科学家认为血型物质起一种信号作用。比如，通过实验发现，生物体内的糖链合成达到一定长度时，在它的顶端就会形成血型物质，然后合成就停止了。有的科学家认为，植物的血型物质，具有贮藏能量的作用；还有科学家认为植物的血型物质的黏性大，似乎担负着保护植物体的任务。

虽然目前还没有全部揭开植物血型之谜，但是已开始在侦破案件中应用。据报道，在日本中部地区的某县发生了一次车祸，肇事司机把一名儿童撞伤后，开车跑掉了。后来警察发现了这辆汽车，对车轮子上的血型进行验证后发现，除了有被撞儿童的O型血外，还有B型血和AB型血。当时警察怀疑，这辆汽车除了撞伤这位儿童外，还撞伤或撞死过其他人，但司机只承认撞伤了那名儿童，不承认还撞过其他人。后来经过科学研究所的验证，原来其余两种血型是植物的血型，这样才使案件得到正确处理。

现在日本已研究出了检验荞麦、胡萝卜等一些植物的抗血清。山本茂等人声称，一旦有了已经确定血型的植物的全部抗血清，就能准确地判断植物的种类，这样，利用植物血型侦破案件的时代就将到来。

现在，对植物血型的探索还只是刚刚开始，植物体内存在血型物质的原因以及血型物质对植物本身有什么意义，还需要科学家们去进一步研究和探索。

随着研究工作的不断深入和发展，人们也将揭示出植物血型在其他方面的广泛用途。

知识链接

动植物的血型

除了人类以外，猴子、猩猩、大象、狗等高等动物也存在血型，甚至乌龟、青蛙身上也可以找到血型的痕迹。人类通过对动物血液的研究，发现动物的血型也很复杂。例如，狗的血型有5种，猫的血型有6种，羊的血型为9种，马的血型为9~10种，猪的血型有15种，牛的血型达40种以上。

植物也有血型，科学家们怎样对植物进行血型鉴定的呢？人体血型鉴定，即是用抗体鉴定人体内是否存在有某种特殊的糖。科学家鉴定植物血型的方法是利用人体或动物血液分离出来的抗体，然后观察抗体与植物体内汁液的反应情况，由此即可得知植物血型。有的科学家认为，植物的血型物质还具有贮藏能量的作用。

经过科学家们的研究，现在已经知道：萝卜、芜菁、葡萄、山茶、山槭、卫矛等为O型；梧桐、玉米、葫芦等为A型；扶劳藤、罗汉松、大黄杨等为B型；李子、荞麦、金银花等为AB型。有趣的是，枫树却有O型和AB型两种血型。到了秋天，属O型的树叶变红，属AB型的则泛黄。这也许是血型与枫叶颜色有某种联系的缘故。

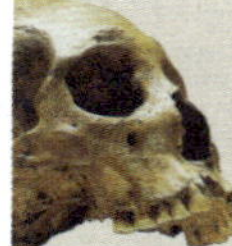

解读植物自卫之谜

有些人认为，自卫是一种有目的的反应，它需要神经系统做出判断，需要一种意识活动，而这两点都是植物所不具有的，因而，植物根本就不具有自卫的活动。但是如果说不存在植物自卫，那么在自然界所发生的一些情况又如何解释呢？

1970年，阿拉斯加原始森林中的野兔繁殖非常迅速，它们啃树的嫩芽，破坏根系，严重威胁森林的存在，人们想方设法消灭野兔来保护森林。然而，各种方法都收效甚微。眼看大量森林就要遭到毁灭，这时，野兔却集体生起病来，短短几个月内，野兔的数量急剧减少，最后在森林中消失了。野兔为什么会自己消失了呢？科学家们发现，森林中所有被野兔咬过的树木，在它们新长的芽、叶中都产生了一种叫萜稀的化学物质。就是这种物质使野兔生病、死亡，最终被迫离开森林。

1981年，类似的情况在美国又发生了一次。一种叫舞毒蛾的害虫把东北部大片橡树林的叶子啃得精光。美国有关部门束手无策。但奇怪的是，一年过后，这种害虫全部消失了。大森林又重新恢复了生机。一些科学家通过对橡树叶子化学变化的分析，发现这样一个秘密：橡树叶子在遭受舞毒蛾破坏之前，含有很少量的单宁酸，但在害虫咬过之后，叶子中的单宁酸的含量迅速增加。恰恰是这种单宁酸跟害虫胃里的蛋白质非常容易结合，从而使这些叶子难以被消化，导致了舞毒蛾的最终灭亡。

通过这两件事，一些科学家就认为：植物是能够进行“自卫”的。接着很多的科学家对此进行了大量的研究。

刺毛覆盖着荨麻的叶子和茎。

荨麻上一根刺的放大图

从切断的大戟茎中渗出炽热的树液。

炽热的树液

许多植物通过化学物质使自己不好吃或吃起来很危险。一些植物的叶子上含有一种刺激性气味的油，另一些植物还含有剧毒树液。大戟植物产生一种具有烧焦气味、浓厚得像牛奶一样的树液，迫使大多数动物远离它们。

有毒的刺

带刺的荨麻被像针一样的毛覆盖着，它能刺穿碰着它的动物。在每一根毛的根部都有充满毒素的孔，当毛的尖端断裂时，毒素就喷到动物的伤口上，引起剧烈的疼痛。

科学家发现，植物的自卫措施真是多种多样。有些是保护植物免遭一切危险；有些则是有效地对付某些“敌人”；有些防御手段仅使“敌人”反感；而有些手段则是伤害那些企图侵害它的动物。比如，许多植物都含有各种化学物质，有些生物碱类的有毒物质，对抵抗动物侵害有很强的威力。如马利筋和夹竹桃，都含有强心苷，可以使咬食它们的昆虫肌肉松弛而丧命；丝兰和龙舌兰含植物类固醇，可使动物红细胞破裂。一些金合欢植物含有氰化物，能损坏细胞的呼吸作用；漆树中含漆酚，使人中毒，被称为“咬人树”；有些植物体则是在受到侵害后，通过化学变化，体内产生抵抗害虫的物质。更令人惊奇的是，当柳树受到毛虫咬食时，不但受到毛虫咬食的柳树会产生抵抗物质，而且3米之外没有受到咬食的柳树也会产生抵抗物质。

有的植物虽不含毒素，但是在它们体内却含有的某些物质，使它们不受动物欢迎。如橡树叶子含鞣质，能与蛋白质形成一种络合物，降低了叶子的营养价值，昆虫也就不爱吃了。某些植物或苦或酸，多数动物尝过后就不再问津。气味不佳的有毒植物，如水毒芹和烟草，草食动物闻到难闻的气味后便去别处觅食了，从而也保护了草食动物。干紫杉、万年青等植物能产生蜕皮激素或类似蜕皮激素的物质，昆虫食后，会造成发育异常而无法繁衍后代。

采用外部的形态进行自卫的植物占植物总量的大多数。如皂荚树等植物，树干和枝条上都生有许多大而分枝的枝刺，连水牛都不敢碰它一下。“玫瑰虽好刺太多，有心摘花又怕扎”，正是这些刺保护了植物。栓皮栎和软木栎的树皮上都有一层厚厚的木栓层，这是它们的“防弹衣”。桃核等核果的核坚硬如石，有保护种子的作用。

樱树叶柄上的蜜腺，分泌甜汁，喜欢吃此甜汁的蚁类常徘徊于枝叶上，而毛虫类害虫因害怕蚁的攻击而不敢去侵犯树木。蜜腺成了樱树招镖护卫的本钱。

另外有些植物还可用花朵的气息、自身的毒毛等本领驱除前来侵犯的敌人。有的植物身上的毛虽然无毒，却能阻止一些害虫的啃食和产卵。如臭虫爬上蚕豆叶面时，就会被一种锋利的钩状毛缠住，动弹不得而饿死；棉花植株的软毛能排斥叶蝉的侵犯；大豆的针毛能抵制大豆叶蝉和蚕豆甲虫的进攻。

科学家还发现，植物分布的地理环境也决定其防御武器的形式。如生长在干燥和干旱地区的植物，一般都具有保护并帮助植物贮水的针状叶。对这些植物来说，防御动物的侵害尤为重要，因为这里缺少动物可以为食的其他植物。各种奇异的自卫措施，使许多植物种类保持了自己种族数量的稳定。

但是有些科学家仍然反对植物具有自卫能力这种说法，他们认为以上的情况只是植物的一种本能，而且只是部分植物有这种本能。植物本身没有神经系统、没有意识，所以不能说植物有自卫的行为。

究竟植物有没有自卫的能力呢？是不是所有的植物都能够进行自卫呢？这些问题都要等植物学家们做进一步的研究后，才能最终揭开谜底。

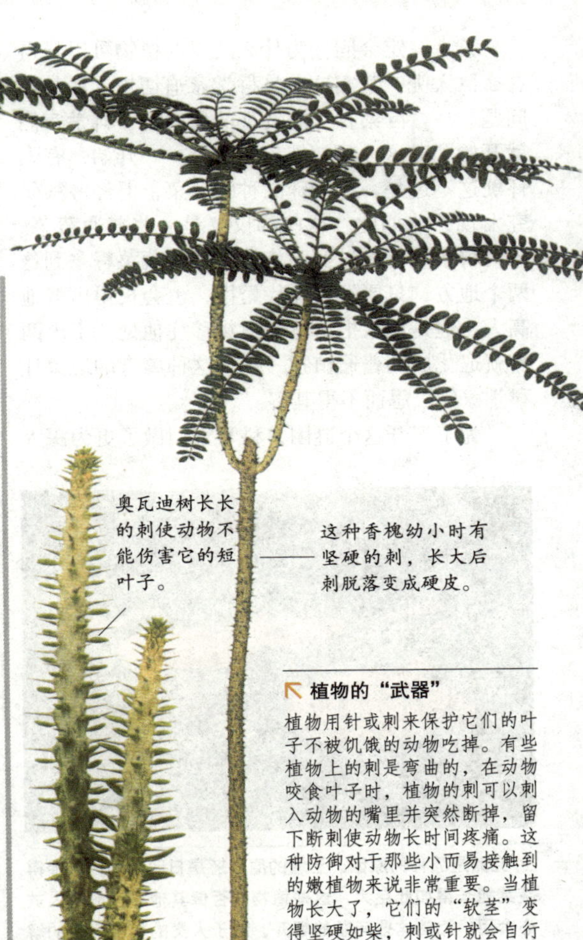

臭瓦迪树长长的刺使动物不能伤害它的短叶子。

这种香槐幼小时有坚硬的刺，长大后刺脱落变成硬皮。

植物的“武器”

植物用针或刺来保护它们的叶子不被饥饿的动物吃掉。有些植物上的刺是弯曲的，在动物咬食叶子时，植物的刺可以刺入动物的嘴里并突然断掉，留下断刺使动物长时间疼痛。这种防御对于那些小而易接触到的嫩植物来说非常重要。当植物长大了，它们的“软茎”变得坚硬如柴，刺或针就会自行消失。

“巨菜谷”的蔬菜肥硕之谜

看过叶永烈著的《小灵通漫游未来》的朋友一定对未来世界的农场里的长得有圆桌面那么大的西瓜羡慕不已，但也只是把这当成一种美好的理想，从来没有想过在现实世界中会有这么大的西瓜，因为这不符合植物生长的自然规律。不过正所谓大千世界，无奇不有，美国阿拉斯加州安哥罗东北部的麦坦纳加山谷和俄罗斯濒临太平洋的萨哈林岛（库页岛）这两个神奇的地方就具有这种化腐朽为神奇的能力。据一本科学杂志介绍，那里的蔬菜长得硕大异常：土豆长得像篮球那么大，一个白萝卜重达20多千克，红萝卜有20厘米粗、约35厘米长，卷心菜平均30千克重，豌豆和大豆能长到2米高，牧草也高得可以没过骑马者的头顶。由于这个地方所有的植物都长得非常高大，所以被人称作“巨菜谷”。

读者一定会问，为什么这里的植物可以长得这么巨大呢？其实这也是科学家迫切想弄清楚的问题。从“巨菜谷”被发现的那天起，科学家们就开始了对这一反常现象的研究。一开始，有人怀疑这不过是一些特殊品种的蔬菜，但经考察研究发现并非如此，这些都仅仅是一些普通蔬菜。因为科学家曾做过实验，将外地的蔬菜籽拿到这两个地方，只要经过几代繁衍，也会长得出奇地高大，但是如果把那里的植物移往他处，不出两年就退化成和普通植物一样。这种离奇的现象让科学家们百思而不得其解。

↗巨菜谷的蔬菜

为了解开这个谜团，科学家们做了更为深入细致的研究，也各自提出了不同的解释。有的科学家认为，这是由于这两个地方都处在高纬度地带，夏季日照时间长，所以这里的植物能够吸收到特别充分的阳光照耀，这就刺激了它们的生长激素，导致它们变态性地生长。但是，这种解释是经不起仔细推敲的。因为，还有很多地方和这两个地方处于相同的纬度，但在这些地方并未发现有如此高大的同类植物。因此，又有科学家提出观点认为，这种奇怪现象是悬殊的日夜温差起作用的结果，骤冷骤热的日夜温差破坏了植物的生长系统，使得它们疯狂生长。但这种解释和前一种观点有同样的漏洞，即它也同样无法解释为什么有类似气候条件的其他地方却没有这一奇异现象。

↗究竟是品种的原因、土壤的原因还是日照的原因，使得蔬菜能长得如此巨大？这些植物能否像其他蔬菜般令人放心食用？相信这些问题的解开，对于人类的粮食问题的解决一定会有极大的帮助。

这种现象让我们想起了中国古代晏子的那句

名言，“橘生淮南则为橘，生于淮北则为枳”。难道真的是水土的原因吗？于是科学家们的关注点从植物研究转到土壤研究。有科学家提出了这样一个假设，认为这可能是富饶的土质或者土中有什么特别的刺激生长的物质起作用的结果。为了验证这种假设，科学家们对这里的土壤进行了实地化验，但化验的结果却提供不出可用以说明这里土质特殊的资料和数据。

以上几种观点都有自己的理论破绽，所以有些科学家认为起作用的并不是一种原因，而是上述各种条件的综合。其他地方虽然和这两处地方处于同一纬度，但由于不具备如此巧合的几方面条件，所以生长不出这样高大的蔬菜和植物。这种观点比起前几种观点要完善得多，种种假设都被人们考察的结果无情地否定了，关于这个问题的研究似乎无法再深入下去了，因此一直没有取得什么实质性的进展。

近些年，一些生物家注意到有一种寄生在植物幼芽上的细菌会分泌一种赤霉素，这种植物激素具有促使植物神速生长的奇效。这个发现给长期被这个问题困扰的科学家带来了一丝曙光。他们据此认为，这两个地方的巨型植物的出现，可能是某种适宜于当地生长的微生物的功劳。于是他们又开始了对这种特殊的微生物的寻找工作。但直到今天，他们仍然没有查清究竟是哪种微生物在起作用。

如果说“巨菜谷”还牵涉到植物种子的话，那么在我国也有一个地方，竟不用播种也能收获油菜籽。这块不种自收的神奇“福地”在湖北兴山县。在兴山县的香溪附近，有一块面积为 200 平方千米的土地，当地人每年冬天将山坡上的杂草灌木砍倒，到春天用火将草木烧掉，待几场春雨后，地里就会自己长出碧绿的油菜来。到了 4 月中旬油菜花开季节，只见漫山遍野一片金黄，当地人对这种不种自丰收的现象自然是乐不可支，但对科学家们来说未必是什么好事。

据当地老农说，这里方圆 20 多个村庄，每户人家每年都可收野生油菜籽 60 多千克，基本上可满足当地人的生活用油。就连 1935 年那年山洪暴发，坡上的树都被连根拔走了，可第二年春天这里依然到处是野生的油菜。

不少科学家曾到此做过考察，也做过种种解释，但始终没有一种理论能把这里出现的奇迹确切地加以说明。“巨菜谷”的植物为什么会长得如此巨大？“福地”为什么能不种自收、不劳而获呢？这至今仍是无法揭开的谜，这一旷日持久的探索或许还要继续下去。

知识链接

史前植物的疯长

研究表明，从距今3.09亿年到距今6000万年的第三纪的石炭纪这段史前年代，是地球上植物最为生机勃勃、繁荣昌盛的时期。而从6000万年至今，植物已进化到了有史以来最高级的被子植物时代，地球上植物的生长速度理应更快更好，更加繁茂昌盛、生机勃勃，然而事实是植物生长速度已大不如前了。

古气候史的研究结果表明，从距今3.09亿年至距今6000万年这段2亿余年的漫长史前年代，地球有时处于冰川广布的大冰期，有时又处于气温较高的温暖期。另外，史前年代的土壤构成和化学成分同目前不相上下，如磷、钾、锰等元素含量同目前差不多，空气中植物生长的主要原料——CO_2含量可能比目前还低。

综上所述，从距今6000万年前至距今3.09亿年前的这段史前年代，植物品种比目前低级，在比目前生存环境还差的自然条件下，当时的植物生长速度却要比目前快得多，体形大得多。史前年代植物疯长同现阶段“巨菜谷”植物疯长的现象具有惊人的相似之处，它们应该是由于同一类原因造成的，不同之处在于史前年代是全球性植物疯长。

不能进行光合作用，没有根、茎、叶的大花草却是当之无愧的“花中之王”。

光合作用之谜

作为地球上最重要的化学反应，光合作用对大多数人来说，好像并没有什么太大的秘密，它的过程无非就是吸收二氧化碳、放出氧气。然而，尽管光合作用的发现距今已有200多年的历史，并且已有多位科学家在光合作用前沿研究上频频摘取诺贝尔奖，但其内在复杂机理仍被重重谜团笼罩。科学家坦言，要真正揭开“绿色工厂”的全部谜底，仍有很长的一段路要走。

为什么科学家们要对光合作用进行研究呢？这是因为人类所需要的各种生产生活资料都是由光合作用产生的，如果没有光合作用就不会有人类的生存与发展。所以，光合作用研究是一个重大的生物科学问题，同时又与人类现在面临的粮食、环境、材料、信息问题等密切相关。现在世界上每年通过光合作用产生2200亿吨生物质，相当于世界上所有的能耗的10倍。要植物产生更多的生物质，就需要提高光合作用效率。通过高新技术转化，我们甚至可以让有些藻类，在光合作用的调节与控制下直接产生氢。根据光合作用原理，还可以研制高效的太阳能转换器。

光合作用与农业的关系同样密切，农作物干重的90%～95%来自光合作用。高产水稻与小麦的光合作用效率只有1%～1.5%，而甘蔗或者玉米的效率则可达到50%或者更高。如果人类可以人为地调控光能利用效率，农作物产量就会大幅度增加。

近年来，空气中二氧化碳不断增加，产生温室效应。光合作用能否优化空气成分，延缓地球变暖，也很值得探索。光合作用研究，还可以为仿真模拟生物电子器件、研制生物芯片等，提供理论基础或有效途径，对开辟21世纪新兴产业产生广泛而深远的影响。

早在一个多世纪以前，科学家就已经知道了

雌性球果能长到55厘米。

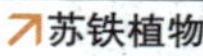

苏铁植物

全球有160种苏铁植物生长在热带和亚热带地区，它们是大约2.5亿年前繁茂生长的古老植物群的后代。尽管人类的地区几经变迁，仍有许多绿色植物得以保留并延续至今，其光合作用的机理也并没有改变。

苏铁化石表明随时间的变化，苏铁树叶变化不明显。

光合作用，但真正开始研究光合作用还是在量子力学建立之后，人们也越来越为它复杂的机制而深深叹服。

现在，科学家们已经知道，光合作用的吸能、传能和转化均是在具有一定分子排列及空间构象、镶嵌在光合膜中的捕光及反应中心色素蛋白复合体和有关的电子载体中进行的。但是让科学家们不可思议的是，从光能吸收到原初电荷分离在不到万分之一秒的瞬间完成。这么短的时间内却包含着一系列涉及光子、激子、电子、离子等传递和转化的复杂物理和化学过程。

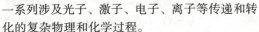

↗植物的光合作用可分为两部分，光反应和暗反应。在光反应中植物吸收CO_2，同时释放出O_2；在暗反应中，ATP及$NADPH_2$中的能量用以还原CO_2，形成高能量的葡萄糖。

更让人惊奇的是，这种传递与转化不仅神速，而且高效。在光合膜系统中，在最适宜的条件下，传能的效率可高达94% ~ 98%，在反应中心，只要光子能传到其中，能量转化的量子效率几乎为100%。这种高效机制是当今科学技术远远不能企及的。

那么，光合系统这个高效传能和转能超快过程到底是如何进行的，其全部的分子机理及其调控原理究竟是怎样的，为什么这么高效？迄今为止这仍是一直困扰着众多科学家的谜团。有科学家说：要彻底揭开这一谜团，在很大程度上依赖于合适的、高度纯化和稳定的捕光及反应中心复合物的获得，以及当代各种十分复杂的超快手段和物理及化学技术的应用与理论分析。事实上，当代所有的物理、化学最先进设备与技术都可以用到光合作用研究中。

光合作用的另外一个谜团是：生化反应起源是自然界最重大的事件之一，光合作用的过程是一系列非常复杂的独立代谢反应，它究竟是如何演化而来？美国亚利桑那州立大学的生化学家罗伯特教授说：“我们知道这个反应演化来自细菌，大约在25亿年前，但光合作用发展史非常不好追踪。有多种光合微生物使用相同但又不太一样的反应。虽然有一些线索能把它们联系在一起，但还是不清楚它们之间的关系。”罗伯特教授等人还试图通过分析5种细菌的基因组来解决部分的问题。他们的研究结果显示，光合作用的演化并非一条从简至繁的直线，而是不同的演化路线的合并，把独立演化的化学反应混合在一起。也许，他们的工作会给人类这样一些提示：人类也可能通过修补改造微生物产生新生化反应，甚至设计出物质的合成反应。这样的工作对天文生物学家了解生命在外星的可能演化途径，也大有裨益。

我国著名科学家匡廷云院士曾深有感触地说：“要揭示光合作用的机理，就必须先搞清楚膜蛋白的分子排列、空间构象。这方面我们最新取得的原创性成果就是提取了膜蛋白，完成了LHC-Ⅱ三维结构的测定。由于分子膜蛋白是镶嵌在脂质双分子膜里面的，疏水性很强，因此难分离，难结晶。”现在，中国科学院植物研究所经过多年努力已经提取了这种膜蛋白，在膜蛋白研究上，我国已经可以与世界并驾齐驱。

那么是否可能有那么一天，人们可以模拟光合作用从工厂里直接获取食物，而不再一味依靠植物提供呢？

科学家们认为，这在近期内是不可能的，因为人类对光合作用的奥秘并不真正了解，还有很多问题需要进一步弄清楚。要实现人类的这一长远理想，可能还要付出更为艰辛的努力。

食虫植物为什么喜欢“吃”虫

地球上很多地方都分布着食虫植物。食虫植物主要分布在热带和亚热带地区。根据目前的统计数据显示，地球上的食虫植物共有500种左右，其中，在我国境内的约有30种。这些食虫植物“猎手”身上都具有特殊的武器，一是香饵或伪装，用来诱捕昆虫，像气味、花蜜、颜色等；二是各种陷阱；三是具有分泌溶化昆虫的消化液。

捕蝇草是一种珍奇植物。18 世纪中叶，科考人员在美洲的森林沼泽地里进行科学考察时发现了这种植物。这种植物有一个美丽的名字——孔雀捕蝇草。其叶子是长形的、厚实的，叶面上长着几根尖尖的绒毛，边缘上还有十几个轮牙。每片叶子中间有一条线，把叶子分成两半，可随时开合，就像开屏的孔雀一样，十分漂亮。

平时，捕蝇草像敞开的蚌壳一样，还有一种香甜的气味散发出来，诱惑那些贪婪而愚蠢的昆虫上钩。捕蝇草的叶子只要一经昆虫触动，就会迅速地折叠起来，边上的轮牙也互相交错咬合，虫子就被关在陷阱里，成了它的食物。它的叶子既是用来捕捉猎物的武器，又是消化器官。陷阱里会分泌出消化液，将昆虫消化掉。这个叶子就像一个“临时胃”，虫子越挣扎，叶子就夹得越紧，分泌的消化液就越多。猎物很快就被“吃”完了，然后叶子又设下新的陷阱，等待着别的虫子上钩。然而，这个漂亮的猎手一生中只有 3 次打猎的机会，然后就逐渐枯萎，再也不能狩猎。

在沼泽地带或潮湿的草原上生活着一种植物猎手，叫“毛毡苔”。那里繁衍着众多小虫和蚊子，它们都是毛毡苔捕获的对象。

茅膏草是一种淡红色的小草，它的叶子大小就像一枚硬币，上面长着许多既能伸开又能合拢的绒毛。一片叶子上有 200 多根绒毛，它们像一根根纤细的手指。在绒毛的尖上有一颗闪亮的小露珠，这是绒毛分泌出来的黏液，散发出蜜一样的香味。昆虫闻到香味禁不住诱惑，就会迅速飞过来，碰到绒毛时，绒毛上吸引昆虫的黏液就会黏住昆虫。这时候绒毛就像手一样握起来，抓住昆虫，不让它跑掉。接着，绒毛又分泌出可以分解昆虫的蛋白酶。然后，茅膏草的叶细胞就把消化后的养料吸到植物体内。一切结束后，它的绒毛就又伸开了，等待着新的“猎物”，就像刚才什么也没有发生过一样。

每个叶片在枯萎之前大约要消化3只昆虫。

活动的陷阱——维纳斯捕蝇草

有些食肉植物如捕蝇草，具有可活动的陷阱。陷阱由位于叶端处的圆裂片构成。圆裂片的边缘长有很长的褶边，内面呈红色并长有灵敏的长毛。这些长毛可感受到轻微的触动并启动陷阱。维纳斯捕蝇草仅在美国的北卡罗里纳和南卡罗里纳沼泽地里发现。

茅膏草捕捉昆虫过程

茅膏草植物的叶子上覆盖着红色的布满腺体的茸毛，这些茸毛能分泌出透明清澈的黏性液体。昆虫被闪光的小黏液滴吸引着落而被粘住。昆虫的挣扎会刺激叶子上的茸毛向其弯曲紧紧缠绕。当叶子将猎物完全包裹后，叶子就分泌出消化酶，将昆虫溶解消化吸收。

植物茸毛顶端分泌出黏性小液滴，吸引昆虫。

苍蝇的挣扎使叶上的茸毛弯曲成弓形。

酶破坏了苍蝇的机体组织，蛋白质被分解，液体营养被叶子吸收。

不能消化的苍蝇残骸粘留在叶子上。

最有代表性的食虫植物要属猪笼草。它看上去像普通的百合花或喇叭花，有的还能散发出香味，这些香味像紫罗兰或蜜糖一样吸引着昆虫的到来。它是一种生活在我国海南岛、西双版纳等地的绿色小灌木，这些地方一般有潮湿的山谷。

每片猪笼草叶子尖上，都挂着一个长长的带盖的小瓶子。由于它们很像南方运猪用的笼子，所以被称为“猪笼草”。它身上的瓶子色彩鲜艳，异常美丽，有红的、绿的、玫瑰色的，甚至镶着紫色的斑点。而且，与别的植物猎手一样，这些瓶子能在瓶口和内壁处分泌出又香又甜的蜜汁。闻到香味，小虫子就会爬过去吃蜜。正在享受之际，小虫子的脚下突然一滑，一头栽进了瓶子里，再也爬不出来了。小瓶子里盛的是酸溜溜的黏液，被黏液黏住的小虫子成了猪笼草的一顿美餐。

不仅陆地上有这种吃虫的植物，水里也有，比如狸藻。狸藻没有根，它漂浮在池塘的静水里。这种水草的叶子伸展开来，就像丝一样，长达1米。有很多扁圆形的小口袋长在它的茎上，口袋的口上有个小盖子，盖子都是向里打开的，盖子上长着能“绑”住昆虫的绒毛，口袋里能产出消化液。上千个小口袋长在一棵狸藻上，每个小口袋就像是一个小陷阱。狸藻在水里分布开来，上千个小陷阱形成一个陷阱网。小虫子不小心撞进网里，只要碰到小口袋盖上的绒毛，小口袋盖就会张开，小虫就随着水进入陷阱，小口袋很快合上，把小虫子囚禁起来。这时候，口袋的内壁分泌出消化液杀死小虫子。小口袋很快就会恢复原来的样子，等待下一个猎物的到来。

为什么这些植物要“吃”虫子呢？一些科学家认为，这也许跟它们生存的环境有关。食虫植物一般分布在贫瘠的地方，例如生长在酸性沼泽地、泥炭地上、水里、平原、丘陵或高山上。这些食虫植物居住的地方一般缺少养分和阳光，它们的生存受到威胁，但那里一般有很多昆虫，它们学会了捕食昆虫的本领，这种本领使它们能在当地生存下去。当然，这只是人们的一种猜测，很多问题现在都无法解答。比如，为什么这些植物的感觉非常灵敏，在它们体内又是怎样传递着外界的刺激信息的呢，它们是否有神经系统和大脑呢？这些问题都有待于人们进一步研究。